合格のための入試レーダー　東京都

2024年度入試はどう行われたか

受検者のみなさんへ

東京都内ではおよそ約200校の都立高校が入学者を募集し　で学んでいます。各校は公立高校としての共通の基盤に立って一方向　を保ちながら，教育目標や指導の重点を定めて特色ある教育を展開し　。私立高校との比較でいえば，公立であるため学費が安い，特定の宗教に基づいた教育はしない，などの違いがあげられます。

都立高校にはいろいろな種類の学校があります。それぞれの学校の特色を理解し，志望校選びをしましょう。なお，現在は学区制度がなく，どの学校にも同じ条件で出願できるようになっています。

全日制課程

普通科　普通教科(おおよそ中学校の９教科と考えてよい)の学習を中心とする。国公立や難関私立大への進学実績の向上を目指した進学指導重点校・社会生活を送る上で必要な基礎的，基本的学力をしっかり身につけるためのエンカレッジスクールなどもある。単位制の学校では，多様な選択科目が準備され，自分の興味・関心のある分野を重点的に学ぶことができる。また，コース制では，外国語や芸術など学習内容の重点化を図っている。

専門学科　普通教科に加え，専門的な教科(農業・工業・科学技術・商業・ビジネスコミュニケーション・海洋国際・家庭・福祉・理数・芸術・体育・国際・産業)の学習を行う。進学型商業高校(大田桜台高校・千早高校)，先端技術分野の学習と大学進学を目指す科学技術高校(科学技術高校・多摩科学技術高校)，生産から流通まで一貫して学べる産業科高校(橘高校・八王子桑志高校)などがある。

総合学科　普通教科から，工業や商業・情報や美術などの専門教科まで，自分の興味・関心や進路希望に応じて履修科目を選択し，幅広く学べる。現在，晴海総合高校・つばさ総合高校・杉並総合高校・若葉総合高校・青梅総合高校・葛飾総合高校・東久留米総合高校・世田谷総合高校・町田総合高校や王子総合高校がある。

定時制課程

総合学科　チャレンジスクール：午前・午後・夜間の各部からなる三部制で，普通科の科目以外にも福祉や商業や美術などに関する専門的な学習ができる。

普通科・専門学科　夜間などの時間を利用して授業を行うもので，都内に勤務先がある者でも出願できる。単位制普通科の学校には午前・午後・夜間の各部からなる三部制の昼夜間定時制高校もある。専門学科には農業・工業・商業・産業・情報がある。

その他，**通信制課程**　**中高一貫教育校**　**高等専門学校**　がある。

英語リスニングテストの音声について

※コードの使用期限以降は音声が予告なく削除される場合がございます。あらかじめご了承ください。

リスニングテストの音声は、下記アクセスコード(ユーザー名／パスワード)により当社ホームページ(https://www.koenokyoikusha.co.jp/pages/cddata/listening)で聞くことができます。(当社による録音です)

〈アクセスコード〉ユーザー名：koe　パスワード：04191　使用期限：2025年3月末日

●全日制課程

学力検査に基づく選抜の実施要綱

●第一次募集

1 応募資格

(1)2024年３月に中学校を卒業する見込みの者，中学校を卒業した者，など。

(2)原則として，都内に保護者とともに在住し，入学後も引き続き都内から通学することが確実な者，または応募資格審査を受け，承認を得た者。

2 出　願

インターネット出願を実施。出願は１校１コースまたは１科（１分野）に限る。ただし，志望する同一の都立高校内にある同一の学科内に２科（２分野）以上ある場合（芸術に関する学科を除く）は，志望順位をつけて出願することができる（立川高校と科学技術高校の理数科については別に定める）。

出願情報入力期間　　12月20日（水）～２月６日（火）

書類提出期間　　１月31日（水）～２月６日（火）

変更は他学科か他校へ１回のみ

3 志願変更

願書提出後，１回に限り志願変更をすることができる。ただし，同校同一学科内の志望の順位を変更することはできない。

願書取下げ　２月13日（火）　　願書再提出　２月14日（水）

原則５教科入試

4 学力検査等

学力検査教科は５教科を原則とし，５～３教科の中で各校が定める。ただし，エンカレッジスクール（蒲田，足立東，東村山，秋留台，中野工科，練馬工科）は学力検査を実施しない。また，傾斜配点の実施や，面接，実技検査，小論文または作文を行う学校もある。

学力検査日　２月21日（水）

9:00～9:50	10:10～11:00	11:20～12:10	昼食	13:10～14:00	14:20～15:10
国　語	数　学	英　語		社　会	理　科

※英語学力検査時間の最初の10分間にリスニングテストを実施する。

日比谷，戸山，青山，西，八王子東，立川，国立，新宿，墨田川，国分寺は，自校で作成した国語，数学，英語の問題（社会，理科は都の共通問題）を使用する。国際高校では英語のみ自校作成問題を使用する。

5 選　考

選考は，調査書，学力検査の成績（面接などを実施する学校はそれらも含む），スピーキングテストの結果（英語の学力検査実施校のみ）の総合成績と入学願書による志望，都立高校長が必要とする資料に基づいて行う。なお，自己PRカードは点数化せず面接資料として活用する。

原則

学力検査：調査書＝７：３

総合成績の算出

学力検査と調査書の合計を1000点満点とする。各校は学力検査と調査書の比率を７：３に定め，それぞれの得点を比率換算し得点を算出する。ただし，体育科（駒場，野津田）および芸術科（総合芸術）は学力検査と調査書の比率を６：４とする。それらの得点に，スピーキングテスト・面接・実技検査・小論文・作文（それぞれ実施した場合）の得点を加えて総合成績とする。

6 合格発表

合格者の発表　３月１日（金）　８時30分（ウェブサイト），９時30分（校内掲示）

手続き　３月１日（金），４日（月）

●全日制課程 第二次募集

第二次募集は3教科
原則
学力検査：調査書＝6：4

1 出　願

出願日　3月6日(水)　インターネット出願は実施しない。

志願変更日　取下げ　3月7日(木)　再提出　3月8日(金)

2 選抜日程等

学力検査　　3月9日(土)　　国語，数学，英語（各50分）

※面接・実技検査等・傾斜配点を行う学校がある。また，学力検査と調査書の比率は6：4となる。

合格者の発表　　3月14日(木)

※「インフルエンザ等学校感染症罹《り》患《かん》者等に対する追検査」は同じ日程で行う。ただし，分割募集実施校は追検査を実施しない。

●分割募集

全日制都立高校は，第一次募集期間における募集＝分割前期と第二次募集期間における募集＝分割後期の2回に分けて募集を行うことができる。日程，出願方法などは，第一次募集，第二次募集の規定による。

※2024年度実施校…日本橋，八潮，田園調布，深沢，竹台，大山，田柄，青井，足立新田，淵江，南葛飾，府中東，山崎，羽村，蒲田，足立東，東村山，秋留台，中野工科，練馬工科，野津田(体育)

●海外帰国生徒等入学者選抜
(帰国生徒対象/4月入学生徒)

1 実施校

三田，竹早，日野台，国際

2 出　願

出願情報入力期間　　12月20日(水)～2月7日(水)

書類提出期間　　1月31日(水)～2月7日(水)　インターネット出願を実施する。

3 志願変更

願書取下げ　2月13日(火)　　　願書再提出　2月14日(水)

4 検　査

検査日　　2月15日(木)　国語(作文を含む)，数学，英語，面接

※国際高校：現地校出身者は日本語または英語による作文，面接

5 合格発表

合格者の発表　　2月19日(月)

※国際高校の国際バカロレアコースなどの募集に関しては，別に定められている。

普 工 商 農 家 他

都立 戸《と》 山《やま》 高等学校

【所在地】 〒162-0052　新宿区戸山３－19－１　☎03（3202）4301（代）　FAX03（3204）1045
【交　通】 地下鉄副都心線「西早稲田駅」より徒歩１分，JR線・私鉄各線「高田馬場駅」より徒歩13分，都営大江戸線「東新宿駅」より徒歩15分
【生徒数】 956名（男子504名，女子452名）　【登校時間】 8：30

栃木県に校外施設「那須寮」がある。ほかに講堂，自習室，階段広場，ビオトープなど。本校はスーパーサイエンスハイスクール（SSH）指定校。

在校生からのメッセージ

戸山高校は生徒主体の学校です。運動会や戸山祭などの大きな行事もすべて生徒を中心に企画・運営しています。部活動もさかんで，加入率は例年100％を超えており，どの部も自主的に活動しています。生徒としての自覚と責任を通し，人間的に成長できる学校です。（江東区立第二南砂中出身　Ｔ・Ｉ）

学校からのメッセージ

本校では幅広い教養を身につけさせるために，きめ細かな教育を行っています。東京都の進学指導重点校として，単なる受験対策指導ではなく，「いかに生きるべきか」を根本において指導しています。生徒には，学習と学校行事・部活動の切り換えを意識させ，リーダーの素養が培えるようにしています。

◎授業

３学期制・50分×６時限　習数英　講放課後・長期休業　朝ー

１・２年はほぼ共通履修で，数学・英語で少人数制や習熟度別授業を実施。また，入学直後より国公立大医学部医学科をめざすチームメディカル（約30名選抜）を編成し，医学部体験や病院研修なども行って意識を高める。さらに理数系の学習に注力するSSHクラス（２クラス）やテーマ研究など探究活動に取り組む「知の探究」を設定。２年にはドイツ・フランス語の自由選択も設置。３年は大幅な科目選択制を採用し，本校独自の演習講座も多数用意するほか，12月からは受験対策の特別授業を展開し，学力強化に努める。

◇３年間の主な流れと主要５教科の週授業数（2024年度）

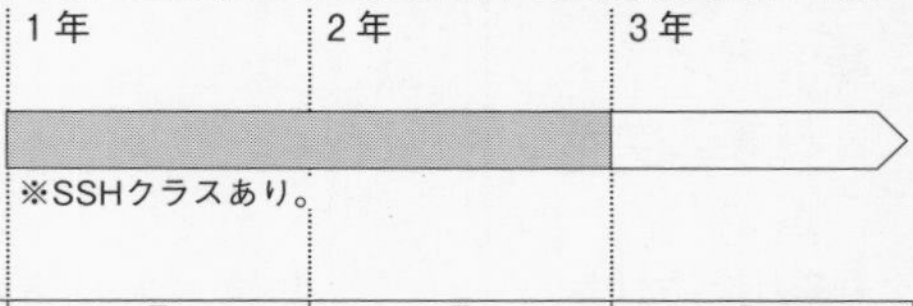

	１年	２年	３年
国	5	5	2～
社	6	4	2～
数	6	6	0～
理	3	6	0～
英	5	5	6～

※基本的に必修授業。

行事＆海外研修

９月の戸山祭は３日間にわたる本校最大の行事。クラスごとに１年展示・２年演劇・３年映画に参加し，全員の協力で質の高いものをつくりあげる。５月の運動会は応援合戦や騎馬戦に歓声が集まる。秋の１年HR合宿（那須寮，２泊３日）では討論会や登山などを行う。ほかに伝統の新宿戦（新宿高との運動部を中心とした対抗戦），クラスマッチ，２年修学旅行（関西方面）などがある。なお，SSHの一環として海外研修を実施し，大学・企業などを訪れる（希望者）。

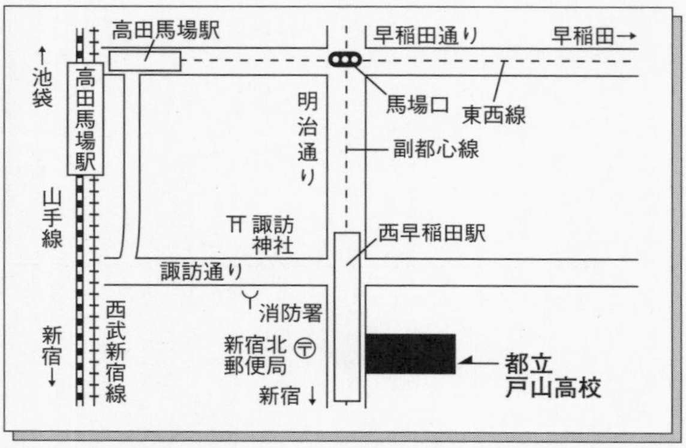

▶土曜の扱い…年20回，４時限の授業を実施。また，部活などに活用する。

部活動

運動系では水泳部，陸上競技部がインターハイに出場し，ソフトテニス部，アメフト部，女子サッカー部，剣道部などは都大会で活躍。文化系では都教委から表彰された地理歴史部のほか，写真部，新聞部，ブラスバンド部，軽音楽部などが頑張っている。

プロフィール

創立は1888年で，2017年に創立130周年を迎えた伝統校。

国際社会に貢献するトップリーダーの育成をミッションとし，「幅広い教養と総合力を培う教育の推進」「自主学習の推進と文武両道の実現」「強い意志と高い志の育成」に取り組んでいる。

●階段教室での授業

入試ガイド

入試概況

※2024年度より男女合同定員。

年度	募集定員	推薦入試 定員	推薦入試 志願者数	推薦入試 合格者数	推薦入試 実質倍率	一般入試 定員	締切時志願者数	確定志願者数	受検者数	合格者数	実質倍率
2024	316	64	214	64	3.34	252	502	499	401	258	1.55
2023	男165 女151	33 30	97 135	33 30	2.94 4.50	132 121	266 228	260 230	213 206	138 121	1.54 1.70
2022	男164 女152	32 30	129 157	32 30	4.03 5.23	132 122	278 246	283 242	249 225	134 127	1.86 1.77

選抜方法(2024年春)

	推薦入試	一般入試	
推 薦 枠	20%	試験科目	5科
特別推薦	—	学力検査	700点
調 査 書	450点	調 査 書	300点
個人面接	150点	スピーキング	20点
小 論 文	300点	自 校 作成問題	国・数・英

ワンポイント・アドバイス

☆一般は前年の倍率低下の反動が予想されたが,男女合同選抜への警戒からか,総受検者数は若干減少。　☆SSHなど指導体制も充実しており,来春は要注意。確実な併願校を。

併願校リスト

※Bは本校とほぼ同レベルを,Aは上位,Cは下位レベルを示す。

	国公立	私立	
A	筑波大附 日比谷	◇慶應義塾女子 �●慶應義塾	早稲田実業 ◆早大高等学院
B	西 戸山 青山 新宿	淑徳(S) 中央大杉並 駒込(理) 淑徳巣鴨(ア)	法政大第二 ◆城北 宝仙学園(理)
C	小山台　竹早 三田 駒場 豊多摩　北園	◇十文字(特) 国学院	日本大鶴ヶ丘(特)

◆は男子募集,◇は女子募集,無印は共学または別学募集。

主な併願校 早稲田実業, 国学院, 城北, 淑徳巣鴨,宝仙学園

ミニ情報

▷自習室・図書館は平日夜8時まで開放され,定期考査前は卒業生の大学生チューターがサポート。
▷英語4技能の向上をめざし,オンライン英会話やGTEC®を実施。
▷本校のシンボルは中心角1ラジアン(約57度)の扇形をした「ラジアン池」。
▷卒業生で組織する城北会が設立した深井奨学財団があり,本校生徒に奨学金を支給している。
▷経済アナリストの森永卓郎さん,漫画家の藤巻忠俊さん,演出家の長塚圭史さんは本校の卒業生。

▶通学区域トップ5…練馬区12%, 板橋区10%, 江戸川区8%, 江東区6%, 世田谷区6%

合格のめやす

60%合格圏
総合得点(内申−偏差値)

普通科　880(59 − 66)

卒業後の進路

進学準備ほか 30.1%
大学 69.9%

卒 業 生 数… 312 名
大 学… 218 名
短期大学… 1 名
専門学校… 0 名
留 学… 0 名
進学準備ほか… 93 名
(2023年3月卒業生)

〔大学進学率の推移〕 70%(23年)←72%(22年)←74%(21年)

〈大学合格実績〉 ※( )は現役で内数。 (2023年春)

大学名	人数	大学名	人数	大学名	人数
東京大	9(7)	京都大	6(3)	早稲田大	78(56)
東京医歯大	2(1)	東京工業大	9(7)	慶應義塾大	52(28)
一橋大	9(9)	大阪大	3(0)	上智大	48(36)
名古屋大	1(0)	東北大	5(3)	東京理科大	116(76)
北海道大	10(8)	筑波大	12(10)	明治大	146(97)
東京都立大	6(6)	お茶の水大	9(8)	青山学院大	22(18)
東京外語大	6(6)	九州大	2(0)	立教大	59(32)
神戸大	2(2)	千葉大	18(10)	中央大	34(18)
電気通信大	9(6)	東京農工大	6(6)	法政大	39(28)

指定校推薦

東京都立大, 早稲田大, 慶應義塾大,東京理科大, 明治大, 青山学院大, 中央大, 法政大,学習院大, 北里大など。

進路指導

難関国公立大への進学をめざす「進学指導重点校」に指定され, きめ細かな進路指導を展開。各界で活躍する先輩の講演会, 東大・東工大・一橋大生の大学生チューター, 難関大ガイダンス, 大学見学会などにより, 進学する目的の明確化と具体的な志望校の選択に役立てる。学習ガイダンス, 充実した夏期講習, 実力テストなど学力養成対策には万全を期す。

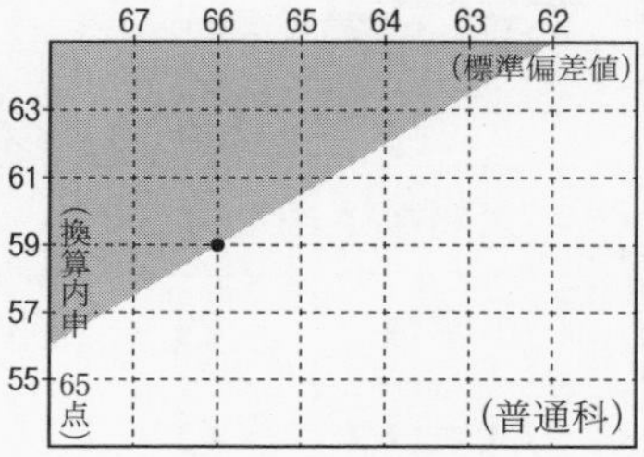

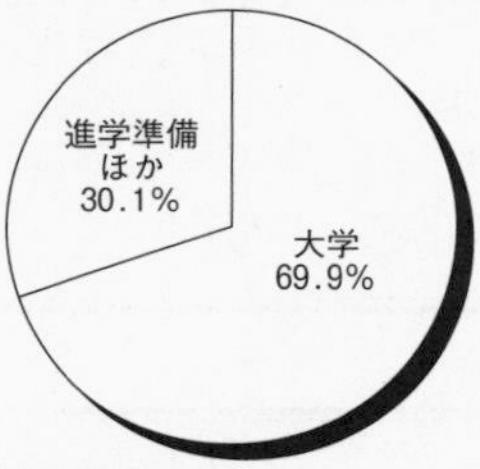

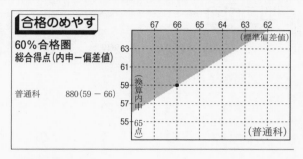

出題傾向と今後への対策 英語

出題内容

	2024	2023	2022
大問数	3	3	3
小問数	29	29	27
リスニング	○	○	○

◎大問３題の出題で，構成は放送問題１題，長文読解２題となっている。また40～50語程度のテーマ作文が出題されている。

2024年度の出題状況

1 放送問題

2 長文読解総合―会話文

3 長文読解総合―説明文

解答形式

2024年度	記　述／マーク／併　用

出題傾向

単に「知識」で対処できるような設問は見られず，「聞き取り」「読解力」「表現力」がバランスよく試されている。いずれも表面的な知識のみならず思考力を含め真の英語力を問う，工夫が凝らされた良問がそろっている。英語の学習のみならず，ふだんから多角的に物を見て自分の言葉で表現する姿勢が必要である。

今後への対策

長文は，長文読解問題集を使って，長文に慣れておきたい。初めて見る英文を，辞書を引かずに読み設問を解いてみる。その後で必ず，わからなかった所や間違った箇所を辞書や解説を見ながら確認すること。放送問題は，短時間でも毎日継続することが重要。作文は，日頃から身近な物事について英語で表現する習慣をつけておこう。

◆◆◆◆◆ 英語出題分野一覧表 ◆◆◆◆◆

分野 ＼ 年度			2022	2023	2024	2025 予想※
音声	放送問題		●	●	●	◎
	単語の発音・アクセント					
	文の区切り・強勢・抑揚					
語彙・文法	単語の意味・綴り・関連知識					
	適語(句)選択・補充					
	書き換え・同意文完成					
	語形変化				●	△
	用法選択					
	正誤問題・誤文訂正					
	その他					
作文	整序結合		●	●	●	◎
	日本語英訳	適語(句)・適文選択				
		部分・完全記述				
	条件作文					
	テーマ作文		●	●	●	◎
会話文	適文選択					
	適語(句)選択・補充					
	その他					
長文読解	内容把握	主題・表題				
		内容真偽	●	●	●	◎
		内容一致・要約文完成	●		●	◎
		文脈・要旨把握	●			△
		英問英答				
	適語(句)選択・補充		●		●	◎
	適文選択・補充		■	★	■	◎
	文(章)整序		●	●	●	◎
	英文・語句解釈(指示語など)		●	●	●	◎
	その他(適所補充)					

●印：１～５問出題，■印：６～10問出題，★印：11問以上出題。
※予想欄　◎印：出題されると思われるもの。　△印：出題されるかもしれないもの。

出題傾向と今後への対策　数学

出題内容

2024年度　作　証　~~グ~~

大問４題，14問の出題。1は小問集合で，５問。数の計算，二次方程式，連立方程式，確率，平面図形の出題。平面図形は作図問題。2は関数で，放物線と双曲線に関するもの。比例定数，座標，面積比などが問われている。3は平面図形で，三角形と，三角形の３つの頂点を通る円を利用した問題。２つの三角形が合同であることの証明問題も出題されている。4は空間図形で，円柱を利用したもの。数の性質に関する問題も含まれている。

2023年度　作　証　~~グ~~

大問４題，14問の出題。1は小問集合で，５問。数の計算，方程式，確率，平面図形の出題。平面図形は作図問題。2は関数で，放物線と直線に関するもの。3は平面図形で，平行四辺形と，その４辺に接する円を利用した問題。２つの三角形が相似であることを示す証明問題もある。4は空間図形で，直方体の辺上を２点が移動する問題。２点を結ぶ線分の長さや，それらの点を通る平面で切断したときの断面の面積や立体の体積などが問われている。

作…作図問題　証…証明問題　グ…グラフ作成問題

解答形式

2024年度　記　述／マーク／併　用

出題傾向

1の小問集合は，数と式，データの活用，図形などからの出題。図形は，作図問題が出題されている。2～4は，関数，平面図形，空間図形でほぼ固定されている。平面図形は証明問題が出題されている。空間図形は点が辺上を移動する問題となることが多い。また，関数，空間図形では過程を記述する問題が出題されている。

今後への対策

関数，図形からの出題が多いので，この２分野を中心に学習を進めるのがよいだろう。公式や定理を覚えるのはもちろんのこと，これらは導き出せる(証明できる)ようにもしておこう。特に，図形は，点や図が移動する問題に対する考え方もしっかり身につけること。過程を記述する問題もあるので，ふだんから練習を。

◇◆◆◆◆ 数学出題分野一覧表 ◆◆◆◆◇

分野	年度	2022	2023	2024	2025 予想※
数と式	計算，因数分解	●	●	●	◎
	数の性質，数の表し方				
	文字式の利用，等式変形				
	方程式の解法，解の利用	■	■	■	◎
	方程式の応用				
関　数	比例・反比例，一次関数				
	関数$y=ax^2$とその他の関数	★	★	★	◎
	関数の利用，図形の移動と関数				
図　形	（平面）計　量	■	■	■	◎
	（平面）証明，作図	■	■	■	◎
	（平面）その他				
	（空間）計　量	★	★	★	◎
	（空間）頂点・辺・面，展開図				
	（空間）その他				
データの活用	場合の数，確率	●	●	●	◎
	データの分析・活用，標本調査				
その他	不 等 式				
	特殊・新傾向問題など				
	融合問題				

●印：１問出題，■印：２問出題，★印：３問以上出題。
※予想欄　◎印：出題されると思われるもの。　△印：出題されるかもしれないもの。

出題傾向と今後への対策 国語

出題内容

2024年度

一 漢字　二 漢字
三 随筆　四 論説文
五 説明文

課題文
三宮本百合子『雨と子供』
四濱　良祐「現代メディア論」
五渡辺秀夫『かぐや姫と浦島』

2023年度

一 漢字　二 漢字
三 小説　四 論説文
五 説明文

課題文
三滝口悠生『長い一日』
四寺田寅彦『万華鏡』
五上野洋三『芭蕉の表現』

2022年度

一 漢字　二 漢字
三 随筆　四 論説文
五 説明文

課題文
三中　勘助『夏目先生と私』
四桑子敏雄『環境の哲学』
五高橋睦郎
『読みなおし日本文学史』

解答形式

2024年度	記　述／マーク／併　用

(記述に○印)

出題傾向

出題形式は，一般の都立高入試とほとんど同じである。解答形式は，記述式と記号選択式の併用であるが，設問数は，一般の都立高入試より若干多くなっているほか，200字以内の作文も出題される。課題文の分量は，一般の私立高校の入試よりもやや多めで，内容的にも高度なものが選ばれている。

今後への対策

基礎学力だけでなく，応用力も身につけなければならないので，比較的高度な問題集を数多くこなすこと。解答は，記述式のものがよい。また，古文・漢文・韻文についても，現代文の中で問われる可能性があるので，ひと通りの基礎知識は，参考書や問題集で確認しておこう。作文は，実際にいくつか自分で書いてみる必要がある。

◆◆◆◆◆ 国語出題分野一覧表 ◆◆◆◆◆

分野		年度	2022	2023	2024	2025 予想※
現代文	論説文 説明文	主題・要旨				
		文脈・接続語・指示語・段落関係				
		文章内容	●	●	●	◎
		表現				
	随筆 日記 手紙	主題・要旨				
		文脈・接続語・指示語・段落関係				
		文章内容	●		●	◎
		表現	●		●	◎
		心情	●		●	◎
	小説	主題・要旨				
		文脈・接続語・指示語・段落関係				
		文章内容		●		△
		表現		●		△
		心情		●		△
		状況・情景				
韻文	詩	内容理解				
		形式・技法				
	俳句 和歌 短歌	内容理解	●			△
		技法		●		△
古典	古文	古語・内容理解・現代語訳				
		古典の知識・古典文法				
	漢文	(漢詩を含む)				
国語の知識	漢字 語句	漢字	●	●	●	◎
		語句・四字熟語	●			△
		慣用句・ことわざ・故事成語				
		熟語の構成・漢字の知識				
	文法	品詞				
		ことばの単位・文の組み立て				
		敬語・表現技法				
	文学史					
作文・文章の構成・資料			●	●	●	◎
その他						

※予想欄　◎印：出題されると思われるもの。　△印：出題されるかもしれないもの。

●出題傾向と対策

東京都立高等学校

【社会・理科】
共 通 問 題

社会　出題傾向と対策

●出題のねらい

地理，歴史，公民の各分野とも基礎知識を中心に幅広い出題がなされている。ほとんど全ての問題が地図，統計，図表などを利用して出題されており，単に知識を問うだけでなく，資料を読み取り，総合的に考察する力を見ようとしている。

出題形態にも工夫がなされており，地理，歴史，公民の各分野が融合問題や総合問題の形式をとっているなど，社会科の学力を総合的に試そうとする意図が感じられる。個々の知識を互いに関連させて問題をとらえる力が求められている。

●何が出題されたか

2024年度は昨年同様，大問が全６題出題された。構成は，三分野の小問集合問題が１題と地理が２題，歴史が１題，公民が１題，三分野総合問題が１題となっている。また，小問数は昨年までと同様20問で，文章記述の解答は昨年より１問増えて３問であった。配点は全問５点で，三分野の出題のバランスはとれている。

[1]は三分野の基礎事項からなる問題で，地図の読み取りを含む小問形式である。[2]は世界地理で，各国の気候や産業などに関する問題。[3]は日本地理で，各県の自然環境や，産業などに関する問題。[4]は歴史で，古代から現代までの海上交通に関する歴史をテーマにした問題。[5]は公民で，社会集団をテーマにした問題。[6]は三分野総合問題で，国際社会とグローバル化をテーマに，地図，グラフを用いた問題となっている。

〈社会出題分野一覧表〉

	分野＼年度	2021	2022	2023	2024	2025予想※
地理的分野	地形図	●	●	●	●	◎
	アジア		地産 総	産		◎
	アフリカ				総	△
	オセアニア	総				△
	ヨーロッパ・ロシア	地産		総	総	◎
	北アメリカ		総			△
	中・南アメリカ					△
	世界全般	総	総	総	産 総	◎
	九州・四国					△
	中国・近畿					△
	中部・関東		産		産 総	◎
	東北・北海道					△
	日本全般	総	総	産人総	総	◎
歴史的分野	旧石器～平安	●	●	●	●	◎
	鎌倉	●	●		●	◎
	室町～安土桃山	●	●	●	●	◎
	江戸	●	●	●	●	◎
	明治		●	●	●	◎
	大正～第二次世界大戦終結	●	●	●	●	◎
	第二次世界大戦後	●	●	●	●	◎
公民的分野	生活と文化		●			△
	人権と憲法	●	●	●	●	◎
	政治	●	●		●	◎
	経済	●		●	●	◎
	労働と福祉	●				△
	国際社会と環境問題			●	●	◎
時事問題						△

注）地理的分野については，各地域ごとに出題内容を以下の記号で分類しました。
地…地形·気候·時差，産…産業·貿易·交通，人…人口·文化·歴史·環境，総…総合
※予想欄　◎印：出題されると思われるもの。　△印：出題されるかもしれないもの。

●はたして来年は何が出るか

形式は本年のように全６題程度の大問構成となる可能性が高く，地理，歴史，公民の各分野だけでなく，総合問題などを含んだバランスのよい出題となろう。内容も基礎事項を中心としながらも，資料分析力や総合的考察力などさまざまな力を試そうとする傾向には変化がないと思われる。地理では地図や統計を用いて自然や産業を問うもの，歴史では１つのテーマを取り上げて展開していくもの，公民では政治や経済，国際社会など，その他各分野にわたる総合問題など例年どおりの出題傾向が続くと考えられる。また，資料の読み取りを伴う文章記述の問題を重視する傾向にあることに注意しておきたい。

●どんな準備をすればよいか

基本的な設問から応用力が求められる問題まで確実に対応するためには，基本的知識を確実に理解していることが重要である。そのためには教科書を十分に活用して基礎知識をしっかり定着させることから始めたい。その際，知識を個別に覚え込むだけでなく，地図帳や年表，資料集などを積極的に利用して，個々の事項がどのように関連しているか，体系的にまとめていくとよい。地図や図表は例年出題されているので，日頃の学習の中で十分慣れておきたいし，統計も最新のものを確認しておきたい。また，地理，歴史，公民といった分野の枠を越えた総合的な学習も心がけたい。そのためにはニュースなどを通じて現代の社会の課題や国際問題などに対する関心を深めておこう。最後にそれまでの学習の成果を確認し，弱点を補強するためにも過去の問題を解いておこう。問題演習に慣れるとともに出題の意図や傾向を知り，その後の学習に生かしていくことが望ましい。

理科　出題傾向と対策

●出題のねらい

理科の出題のねらいは，中学校で学習する範囲内の各単元について，基礎的な理解度を見ることにある。基本的な知識を問うとともに，実験や観察を題材として，その手順と方法，結果，考察に関わる事柄にも重点が置かれている。出題単元についても，特定のものにかたよることなく，それぞれの分野の各単元間のバランスがはかられており，出題形式についても，記号選択式だけでなく記述式の出題を加える工夫が見られ，受検者の学力が適切に評価される内容となるように配慮されている。

●何が出題されたか

1は物理・化学・生物・地学の４つの分野から１，２問，合計６問の出題で，いずれも基礎的な知識を確認するための問題。2は岩石についての自由研究のレポートから，岩石に含まれる化石，金属を取り出せる岩石，石英，生物由来の岩石について，示準化石・示相化石，酸化銅の還元，光の屈折，生物どうしのつながりに関する４問。3は地球と宇宙から，太陽と地球の動きについて，知識や理解を問う問題。4は植物の体のつくりとはたらきから，光合成と呼吸について，知識や考察力を問う問題。5は水溶液に関する問題。電解質・非電解質，溶解度について，知識と理解が問われた。6は運動とエネルギーから，力学的エネルギーについて，仕事や作用・反作用，速さ，分力，エネルギーなどの知識や理解が問われた。

〈理科出題分野一覧表〉

分野	年度	2021	2022	2023	2024	2025予想※
身近な物理現象	光と音	●	●	●	●	◎
	力のはたらき(力のつり合い)	●	●			◎
物質のすがた	気体の発生と性質					△
	物質の性質と状態変化	●	●	●		◎
	水溶液			●	●	◎
電流とその利用	電流と回路	●	●	●	●	◎
	電流と磁界(電流の正体)	●				◎
化学変化と原子・分子	いろいろな化学変化(化学反応式)	●		●	●	◎
	化学変化と物質の質量	●	●		●	◎
運動とエネルギー	力の合成と分解(浮力・水圧)				●	△
	物体の運動	●	●	●	●	◎
	仕事とエネルギー		●		●	◎
化学変化とイオン	水溶液とイオン(電池)		●	●	●	◎
	酸・アルカリとイオン	●	●			◎
生物の世界	植物のなかま		●	●		◎
	動物のなかま	●			●	◎
大地の変化	火山・地震	●	●	●		◎
	地層・大地の変動(自然の恵み)		●		●	◎
生物の体のつくりとはたらき	生物をつくる細胞					△
	植物の体のつくりとはたらき	●	●		●	◎
	動物の体のつくりとはたらき	●	●	●	●	◎
気象と天気の変化	気象観察・気圧と風(圧力)	●			●	◎
	天気の変化・日本の気象	●	●	●		◎
生命・自然界のつながり	生物の成長とふえ方		●	●		◎
	遺伝の規則性と遺伝子(進化)	●	●			◎
	生物どうしのつながり			●	●	◎
地球と宇宙	天体の動き	●	●	●	●	◎
	宇宙の中の地球					△
自然環境・科学技術と人間						
総合	実験の操作と実験器具の使い方	●		●	●	◎

※予想欄　◎印：出題されると思われるもの。　△印：出題されるかもしれないもの。
分野のカッコ内は主な小項目

●はたして来年は何が出るか

例年どおり，特定の分野にかたよることなく，物理・化学・生物・地学の各分野からバランスよく出題されており，来年もこの傾向が続くのは確実である。その中で，「化学変化」，「電流とその利用」など，理解度の差が表れやすい化学や物理の分野の重要単元については，連続して出題されることが多い。地学や生物の分野でも，「火山・地震」，「動物の体のつくりとはたらき」，「天体の動き」などは同様である。いずれの分野も実験の経緯や観察結果の考察が問われるのは間違いない。年によって論述式解答問題や作図問題が出題されている。この傾向は今後も続くことが予想される。

●どんな準備をすればよいか

まず，教科書で扱われている内容については，しっかり理解できるようにしておくことが何よりも重要である。出題範囲の点でも，難易度の点でも，教科書レベルを超えることはないのだから，教科書のマスターを最重要課題とすべきである。知識的な項目を覚えていくことも必要だが，実験や観察を通して求められる理科的な思考力を身につけていくことが大切である。それには，教科書をただ読んでいくだけでは不十分で，自分なりの「理科ノート」をつくっていくのがよいだろう。特に実験や観察については，その目的，手順，使用する器具，操作の注意点，結果，考察のそれぞれについて，図やグラフも含めて丹念に書きすすめていくこと。この過程であいまいな点が出てきたら，学校の授業ノートや参考書で確認しておくとよい。この一連の作業をすすめていくことができれば，自然に重要なポイントを押さえることができるはずだ。テストや問題集で自分が間違えたところをノートにフィードバックさせていけば，さらに有益だろう。

Memo

2025年度 高校受験用

都立戸山高等学校　5年間スーパー過去問

をご購入の皆様へ

お詫び

本書、都立戸山高等学校の入試問題につきまして、誠に申し訳ございませんが、以下の問題文は著作権上の問題により掲載することができません。設問と解説、解答は掲載してございますので、ご必要とされる方は原典をご参照くださいますよう、お願い申し上げます。

記

2022年度　国語　五　の問題文

以上

株式会社　声の教育社　編集部

特別収録

中学校英語
スピーキングテスト(ESAT-J)

- スピーキングテストについて
- スピーキングテストの準備と対策
- 問題と解答例

2023年度　11月27日実施
2023年度　12月18日実施(予備日テスト)
2022年度　11月27日実施
2022年度　12月18日実施(予備日テスト)

中学校英語スピーキングテストについて

※中学校英語スピーキングテスト(テスト名称：ESAT-J)は，東京都教育委員会が英語の「話すこと」の能力を測るアチーブメントテストとして実施しており，都立高等学校入学者選抜学力検査とは異なるテストです。

1 実施方法

タブレット端末等を用いて，解答音声を録音する方法で実施し，試験時間は準備時間を含み，65分程度とする。

2 出題方針

(1)　出題の範囲は，実施年度の中学校学習指導要領における英語「話すこと」に準拠した内容とする。

(2)　問題は，中学校検定教科書や東京都教育委員会が指定する教材に基づく。

(3)　基礎的・基本的な知識及び技能の定着や，思考力・判断力・表現力などをみる。

3 問題構成及び評価の観点

※評価の観点 ①コミュニケーションの達成度 ②言語使用 ③音声

Part	ねらい	出題数	評価の観点		
			①	②	③
A	英文を読み上げる形式の問題で英語音声の特徴を踏まえ音読ができる力をみる。	2			○
B	図示された情報を読み取り，それに関する質問を聞き取った上で，適切に応答する力や，図示された情報をもとに「質問する」，「考えや意図を伝える」，「相手の行動を促す」など，やり取りする力をみる。	4	○		
C	日常的な出来事について，話の流れを踏まえて相手に伝わるように状況を説明する力をみる。	1	○	○	○
D	身近なテーマに関して聞いたことについて，自分の意見とその意見を支える理由を伝える力をみる。	1	○	○	○

4 評価の観点の内容

①　コミュニケーションの達成度(２段階)：コミュニケーションの目的の成立

	Part B	Part C	Part D(意見)	Part D(理由)
○	・各設問の問いかけに応じた内容を伝えることができている。 ・相手に適切な行動を促すことができている。 ★1	・各コマのイラストの内容(事実)を伝えることができている。 ★2	・意見(自分の考え)を伝えることができている。	・意見(自分の考え)をサポートする理由を伝えることができている。
×	・各設問の問いかけに応じた内容を伝えることができていない。 ・相手に適切な行動を促すことができていない。	・各コマのイラストの内容(事実)を伝えることができていない。	・意見(自分の考え)を伝えることができていない。	・意見(自分の考え)をサポートする理由を伝えることができていない。

★1　問題趣旨に沿って解答できていれば，解答は単語・センテンスのどちらでもよいとする。

★2　各コマのイラストについて判断する。

② 言語使用(５段階)：語彙・文構造・文法の適切さ及び正しさ，内容の適切さ(一貫性・論理構成)

	Part C，Part D
◎◎	・豊富で幅広い語彙・表現や文法を，柔軟に使用することができる。 ・アイデア間の関係性を整理して伝えることができる。 ・語彙や文構造及び文法の使い方が適切であり，誤解を生むような文法の誤りや，コミュニケーションを阻害するような語彙の誤りもない。
◎	・複雑な内容を説明するときに誤りが生じるが，幅広い語彙・表現や文法を使用し，アイデアを伝えることができる。 ・簡単なアイデアを順序立ててつなげることができる。 ・語彙や文構造及び文法の使い方が概ね適切である。
○	・使用している語彙・表現や文法の幅が限られているが，簡単な接続詞を使って，アイデアをつなげたりすることができる。 ・簡単な描写を羅列することができる。 ・語彙や文構造及び文法の使い方に誤りが多い。
△	・使用している語彙や表現の幅が限られているが，簡単な接続詞を使って，単語や語句をつなげることができる。 ・簡単な事柄なら言い表すことができる。 ・語彙や文構造及び文法の使い方に誤りが非常に多い。
×	・求められている解答内容から明らかに外れている。 ・英語ではない，あるいは，英語として通じない。 ・力を測るための十分な量の発話がない。

③ 音声(４段階)：発音，強勢，イントネーション，区切り

	Part A，Part C，Part D
◎	・発音は概ね正しく，強勢，リズムや抑揚が，聞き手の理解の支障となることはない。 ・言葉や言い回しを考えたり，言い直したりするために，間(ま)を取ることがあるが，発話中の間(ま)は，概ね自然なところにあり，不自然に長くない。
○	・発音は概ね理解できるが，強勢，リズムや抑揚が，聞き手の理解の支障となることがある。 ・不自然なところで区切っていたり，言葉や言い回しを考えたり言い直したりするための間(ま)が不自然に長かったりすることがあるが，話についていくことには可能な程度である。
△	・簡単な単語や語句の強勢は適切であるが，全体を通して発音の誤りが生じ，抑揚がほとんどない。 ・不自然なところで区切っていたり，言葉や言い回しを考えたり言い直したりするための間(ま)が多い，もしくは不自然に長かったりすることがあり，話についていくことが難しい。
×	・求められている解答内容から明らかに外れている。 ・英語ではない，あるいは，英語として通じない。 ・力を測るための十分な量の発話がない。

5 テスト結果の評価と留意点

●テスト結果は，都教委によるESAT-J GRADE(６段階評価)で評価する。

※IRT(項目応答理論)により，採点結果を統計的に処理し算出。

●このテスト問題及びそれに付随する採点基準・解答例の著作権は，試験実施団体に帰属します。

スピーキングテスト(ESAT-J)の準備と対策
～試験までにできること～

★ESAT-J全体の特徴

◆これまでの傾向

➡2022年度・2023年度に実施された計４回のテストからわかる傾向を見てみよう。

☞ 形式：自分の声をタブレット端末に吹き込んで行う。

☞ 構成：４つのパート，計８問(下表参照)で構成される。これはGTEC®(Coreタイプ)*とほぼ同じ。

*民間の英語試験。学校を通じて申し込める。できれば事前に一度受けておきたい。
*「GTEC(Coreタイプ)」は，株式会社ベネッセコーポレーションの登録商標です。

◆ESAT-Jの構成とパートごとの特徴

Part	No.	概要	準備時間	解答時間	類似問題
A	1, 2	40語程度の英文を音読する	30秒	30秒	英検®３級[1]
B	1, 2	与えられた情報を読み取り，それに関する質問に答える	10秒	10秒	英検®準２級[2]
	3, 4	与えられた情報について，自分の考えを伝える，自分から質問する	10秒	10秒	なし
C		４コマのイラストを見て，ストーリーを英語で話す	30秒	40秒	英検®２級[3]
D		身近なテーマに関する音声を聞き，その内容について自分の意見と，その意見をサポートする理由を述べる	１分	40秒	英検®２級[4]

1　３級は30語程度。準２級になると50語程度になる。ESAT-Jはその中間といえるが英検®のように英文に関する質問はない。
2　準２級のNo.２とNo.３は，やや異なる形式ではあるが，単文解答式でという点で類似している。
3　２級の問題は３コマ。英検®の場合はイラストの中に文字情報があるが，ESAT-Jにはない。
4　２級のNo.３とNo.４は，やや異なる形式ではあるが，あるテーマについて自分の意見と理由を述べるという点で類似している。
*　英検®は，公益財団法人 日本英語検定協会の登録商標です。

★ESAT-Jの対策

➡スピーキングは一朝一夕では身につかない。大切なのは積み重ね。日頃から次のことを心がけよう。

☞ 教科書などを音読する。音読する際は，区切りや抑揚，それに英文の意味を意識して読む。

☞ いろいろな質問に英語で答える習慣をつける。聞かれた内容を理解し，それに応じた返答をする。

☞ 日常の生活で目にする光景や状況を日本語から英語の順でよいので，言葉にする習慣をつける。

☞ 身の回りのさまざまな問題やテーマについて考え，自分の意見を言えるようにしておく。日本語からでよい。日本語で言えないことは英語でも言えない。まず日本語で自分の考え・意見を持つことが大切。その後英語にする。

⇨Part Dの自分の意見とそう考える理由を問う形式は，高校入試の英作文問題でもよく出題されている。作文とスピーキングの違いはあるが，やること自体は変わらない。こうした作文問題に数多く取り組むことで，さまざまなテーマについて自分の意見を考え，養うことができるようになると同時に，その解答を英語で準備することで使える語彙や表現が増える。さらにそれを音読して覚えていくことで，即座に答える瞬発力を上げていくことができる。

◆対策のまとめ

Part	対策
A	・単語を正しく発音する。 ・適切な場所で区切って読む。不適切な場所で区切ると，聞く人の理解が妨げられる。 ・強く読むところや，語尾を上げて読むところなどを意識し，抑揚をつけて読む。 ⇨読む英文にネイティブスピーカーの音声がついている場合は，その音声の真似をして読むとよい。
B	・聞かれたことに対してしっかり答える。 ・情報から読み取れないことなどについて，自分から質問したり，自分の考えを伝えたりする習慣をつける。
C	・日常の場面を英語で表現する習慣をつける。 ・ストーリーはいきなり英語にしなくてよい，まず日本語で考え，それから英語にする。 ・必要に応じて接続詞などを効果的に使いながら文を膨らませ，伝える内容を発展させる。
D	・まず流れる音声を正確に聞き取る。リスニング力も求められている。 ・日頃から身の回りのさまざまな問題やテーマについて考え自分の意見を述べ，それを英語で表現する習慣をつけておく。 ⇨あるテーマについて意見を述べさせる形式は，高校入試の英作文問題でもよく出題されている。こうした問題に多く取り組むことが対策になる。書いた英文は先生などにチェックしてもらい，完成した英文を繰り返し音読し覚える。 ・表現の幅を広げるために，学習した語彙や表現を日頃から文単位で書きとめ，蓄積し，それを繰り返し音読して使えるようにしておく。
全体	・機械に吹き込むことに慣れておく。 ・毎日少しでも英語を声に出す習慣をつける。その際，ただ声に出すだけでなく，英文の意味を理解しながら読む。 ・解答までの準備時間があるので，まず日本語で考えてからそれを英語にした方がよい。 ・解答する時間には制限があるので，時間を意識しながら時間内に答えられるように練習する。 ・試験当日は，肩の力を抜いてできるだけリラックスする。 ・最初から完璧に話そうとする必要はない。途中で間違えても言い直せばよい。相手にきかれたこと，自分の言いたいことを，相手に伝えることが何よりも大事である。 ・Practice makes perfect.「習うより慣れよ」

★ESAT-Jの今後の予測

➡2023年度のテストは2022年度のテストと形式や構成，難度の面で変化は見られなかった。2024年度も同様の構成，難度で実施されることが予想される。

★参考

■東京都教育委員会のウェブサイトには，ESAT-Jの特設ページが用意されており，採点例や英語力アップのためのアドバイスなども掲載されている。

■英検®のウェブサイトには，各級の試験の内容と過去問１年分が公開されている(二次試験のスピーキングはサンプル問題)。

取材協力：星昭徳氏(日本大学高等学校)

2023年度　中学校英語スピーキングテスト（ESAT-J）　（11月27日実施）

Part A

Part A は、全部で２問あります。聞いている人に、意味や内容が伝わるように、英文を声に出して読んでください。はじめに準備時間が３０秒あります。録音開始の音が鳴ってから解答を始めてください。解答時間は３０秒です。

【No.1】

あなたは留学先の学校で、昼休みの時間に放送を使って、新しくできたクラブについて案内することになりました。次の英文を声に出して読んでください。録音開始の音が鳴ってから解答を始めてください。

（準備時間３０秒／解答時間３０秒）

▸ **No. 1**

Have you heard about the new math club? It will start next week. Club members will meet every Tuesday afternoon at four o'clock in the computer room. They'll study together and play math games. If you want to join, please talk to Mr. Harris.

【No.2】

留学中のあなたは、ホームステイ先の子供に、物語を読み聞かせることになりました。次の英文を声に出して読んでください。録音開始の音が鳴ってから解答を始めてください。

（準備時間３０秒／解答時間３０秒）

▸ **No. 2**

A woman lived in a large house. She liked singing and writing songs. One night, her friends came to her house for dinner. After dinner, she sang her new song for them. What did her friends think? They loved it, and they wanted to learn the song, too.

Part B

Part Bは、全部で４問あります。質問に答える問題が３問と、あなたから問いかける問題が１問あります。与えられた情報をもとに、英語で話してください。準備時間は１０秒です。録音開始の音が鳴ってから解答を始めてください。解答時間は１０秒です。

No. １とNo. ２では、与えられた情報をもとに英語で適切に答えてください。

【No.1】

留学中のあなたは、友達と学校の掲示板に貼ってある、来年開催される地域のイベントのポスターを見ています。友達からの質問に対して、与えられたポスターの情報をもとに、英語で答えてください。録音開始の音が鳴ってから解答を始めてください。

（準備時間１０秒／解答時間１０秒）

Question: What are all of the events in September?

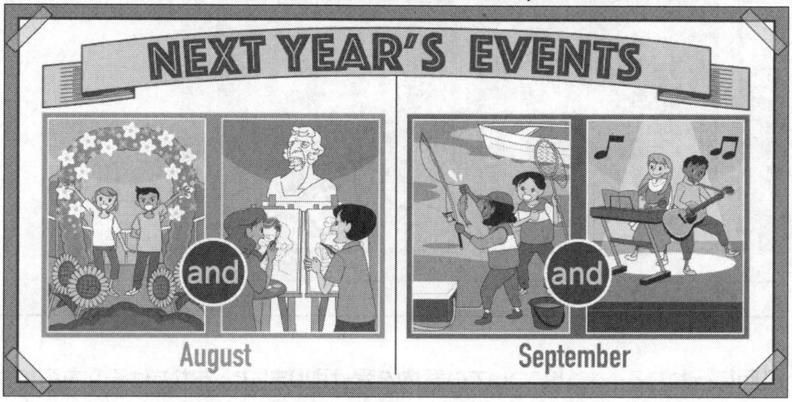

【No.2】

留学中のあなたは、友達とコンサートに行くために、あなたのいる場所から会場までの行き方を、あなたの携帯電話で調べています。友達からの質問に対して、与えられた情報をもとに、英語で答えてください。録音開始の音が鳴ってから解答を始めてください。

（準備時間１０秒／解答時間１０秒）

Question: What is the fastest way to get to the concert hall?

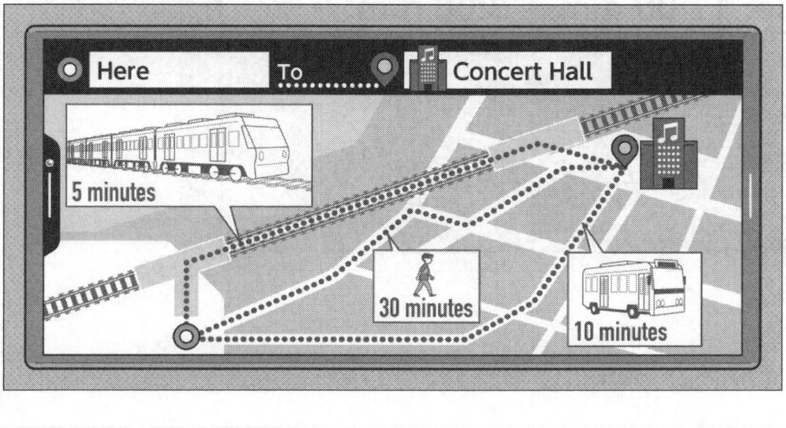

No. 3とNo. 4は、同じ場面での問題です。

No. 3では、質問に対するあなた自身の答えを英語で述べてください。No. 4では、あなたから相手に英語で問いかけてください。

【No.3】

留学中のあなたは、2日間で行われるサマーキャンプに参加していて、初日の活動の案内を見ています。キャンプ担当者からの質問に対して、与えられた活動の情報をもとに、あなた自身の回答を英語で述べてください。録音開始の音が鳴ってから解答を始めてください。

（準備時間10秒／解答時間10秒）

Question: Which activity do you want to do?

【No.4】

次に、あなたはキャンプ2日目に行われるイベントについての案内を受け取りました。あなたはその内容について、案内に書かれていないことで、さらに知りたいことがあります。知りたいことをキャンプ担当者に英語で尋ねてください。録音開始の音が鳴ってから解答を始めてください。

（準備時間10秒／解答時間10秒）

We’re going to have a walking event.

Part C

Part C は、4コマイラストの問題です。これから画面に表示される1から4の全てのイラストについて、ストーリーを英語で話してください。はじめに準備時間が30秒あります。録音開始の音が鳴ってから解答を始めてください。解答時間は40秒です。この Part には例題はありません。

あなたは、昨日あなたに起こった出来事を留学生の友達に話すことになりました。1のイラストに描かれた人物になったつもりで、相手に伝わるように英語で話してください。
（準備時間30秒／解答時間40秒）

Part D

Part D は、英語で話される音声を聞いたうえで、質問に対する自分の考えとそう考える理由を英語で述べる問題です。英語の音声は2回流れます。そのあと準備時間が1分あります。録音開始の音が鳴ってから解答を始めてください。解答時間は40秒です。この Part には例題はありません。

海外姉妹校の生徒であるマイクから、ビデオレターで質問が届きました。そこで、あなたは、英語で回答を録音して送ることにしました。ビデオレターの音声を聞き、あなたの**意見**を述べ、そう考える**理由**を詳しく話してください。日本の地名や人名などを使う場合には、それを知らない人に分かるように説明してください。
（準備時間1分／解答時間40秒）

【英語音声のみ・画面表示なし】

Hello. At my school, the students are going to choose a place for this year's one-day school trip. We can go to a mountain or an art museum. In your opinion, which is better for students, a trip to a mountain or a trip to an art museum? Tell me why you think so, too. I'm waiting to hear from you.

2023年度　中学校英語スピーキングテスト（ESAT-J）（11月27日実施）　解答例

○　本テストでは、「コミュニケーションの達成度」、「言語使用」、「音声」の各観点により話すことの力を総合的に判定します。なお、各パートで評価する観点を設定しています。

○　各パートにおける評価の観点の表記
- コミュニケーションの達成度…【コミュニケーション】
- 言語使用…【言語】
- 音声…【音声】

Part A【音声】

No.1（省略）

No.2（省略）

Part B【コミュニケーション】

No.1（例）(They are) a fishing event and a music event. / Fishing and music.

No.2（例）The fastest way (to get there) is by train. / By train.

No.3（例）I want to [cook / dance / ride a bike [[bicycle]]].

No.4（例）Which way is shorter, A or B? / What should I take (on the walk)?

Part C【コミュニケーション】【言語】【音声】

I was running at a school event. Then, I dropped my cap. There was a boy behind me. He got my cap and gave it to me. After that, we finished running together.

Part D【コミュニケーション】【言語】【音声】

○生徒は遠足で山に行くべきという意見の例

I think it's good for students to go to a mountain. The students can spend time together in nature on the mountain. So, they experience nature and enjoy time with friends.

○生徒は遠足で美術館に行くべきという意見の例

In my opinion, it's better for students to go to an art museum because they can learn about many kinds of art at the museum. Then, they can find their favorite picture.

2023年度　中学校英語スピーキングテスト（ESAT-J）（予備日テスト）　（12月18日実施）

Part A

Part A は、全部で２問あります。聞いている人に、意味や内容が伝わるように、英文を声に出して読んでください。はじめに準備時間が３０秒あります。録音開始の音が鳴ってから解答を始めてください。解答時間は３０秒です。

【No.1】

留学中のあなたは、ホームステイ先の子供に、物語を読み聞かせることになりました。次の英文を声に出して読んでください。録音開始の音が鳴ってから解答を始めてください。

（準備時間３０秒／解答時間３０秒）

▸ No. 1

A boy lived in a house near a forest. In his free time, he liked to walk in his family's garden. One day, he saw a rabbit in the garden. What was it doing? It was sleeping in the flowers because it was warm there.

【No.2】

あなたは留学先の学校で、昼休みの時間に放送を使って、来週の校外活動について案内することになりました。次の英文を声に出して読んでください。録音開始の音が鳴ってから解答を始めてください。

（準備時間３０秒／解答時間３０秒）

▸ No. 2

We're going to go to the city library on Saturday. Are you excited? Let's meet in front of the school at nine o'clock. You can find many kinds of English books at the library. After visiting the library, we're going to have lunch in a park. You're going to love this trip!

Part B

Part B は、全部で４問あります。質問に答える問題が３問と、あなたから問いかける問題が１問あります。与えられた情報をもとに、英語で話してください。準備時間は１０秒です。録音開始の音が鳴ってから解答を始めてください。解答時間は１０秒です。

No. １と No. ２では、与えられた情報をもとに英語で適切に答えてください。

【No.1】

留学中のあなたは、友達とテニススクールの体験レッスンの案内を見ています。友達からの質問に対して、与えられた案内の情報をもとに、英語で答えてください。録音開始の音が鳴ってから解答を始めてください。

（準備時間１０秒／解答時間１０秒）

Question: What do you need to take to the lesson?

【No.2】

留学中のあなたは、友達と季節ごとの果物について調べるためにウェブサイトを見ています。友達からの質問に対して、与えられたウェブサイトの情報をもとに、英語で答えてください。録音開始の音が鳴ってから解答を始めてください。

（準備時間１０秒／解答時間１０秒）

Question: What is the best month to get cherries?

No. 3とNo. 4は、同じ場面での問題です。

No. 3では、質問に対するあなた自身の答えを英語で述べてください。No. 4では、あなたから相手に英語で問いかけてください。

【No.3】

留学中のあなたは、学校で開催される職業紹介イベントの案内を見ています。先生からの質問に対して、与えられた案内の情報をもとに、あなた自身の回答を英語で述べてください。録音開始の音が鳴ってから解答を始めてください。

（準備時間１０秒／解答時間１０秒）

Question: Which job do you want to learn about?

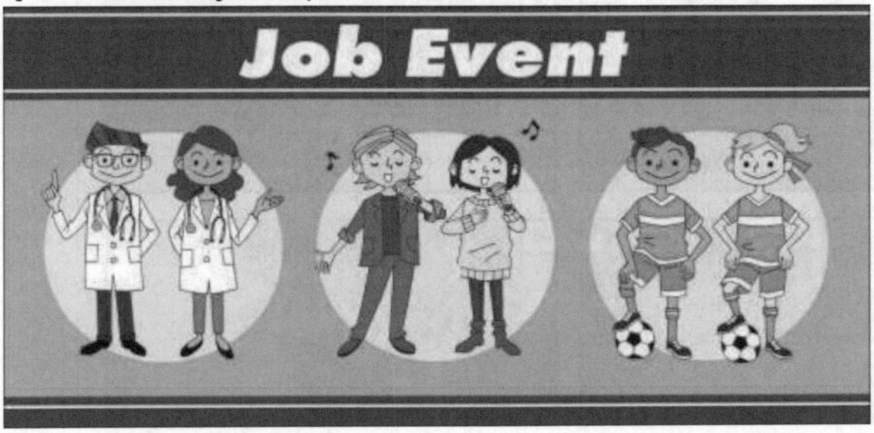

【No.4】

次に、職業紹介イベントで行われるスピーチに関する案内を受け取りました。あなたはその内容について、案内に書かれていないことで、さらに知りたいことがあります。知りたいことを先生に英語で尋ねてください。録音開始の音が鳴ってから解答を始めてください。

（準備時間１０秒／解答時間１０秒）

We’re going to have a special guest.

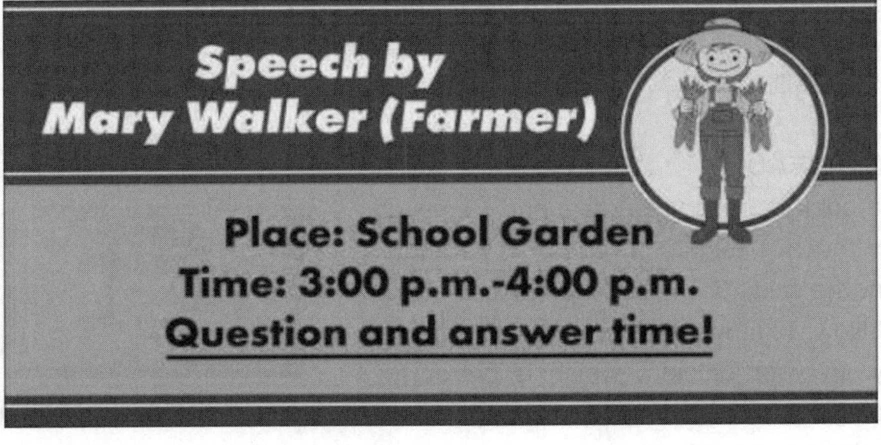

Part C

Part C は、４コマイラストの問題です。これから画面に表示される１から４の全てのイラストについて、ストーリーを英語で話してください。はじめに準備時間が３０秒あります。録音開始の音が鳴ってから解答を始めてください。解答時間は４０秒です。この Part には例題はありません。

あなたは、昨日あなたに起こった出来事を留学生の友達に話すことになりました。１のイラストに描かれた人物になったつもりで、相手に伝わるように英語で話してください。

（準備時間３０秒／解答時間４０秒）

Part D

Part D は、英語で話される音声を聞いたうえで、質問に対する自分の考えとそう考える理由を英語で述べる問題です。英語の音声は２回流れます。そのあと準備時間が１分あります。録音開始の音が鳴ってから解答を始めてください。解答時間は４０秒です。この Part には例題はありません。

海外姉妹校の生徒であるマイクから、ビデオレターで質問が届きました。そこで、あなたは、英語で回答を録音して送ることにしました。ビデオレターの音声を聞き、あなたの**意見**を述べ、そう考える**理由**を詳しく話してください。日本の地名や人名などを使う場合には、それを知らない人に分かるように説明してください。

（準備時間１分／解答時間４０秒）

【英語音声のみ・画面表示なし】

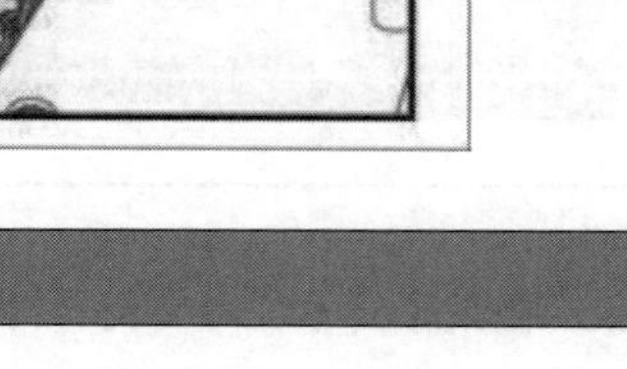

Hello. I read a book in class yesterday, and I enjoyed the story very much. I told John, one of my friends, about that, and he said, "I enjoyed watching a movie of that story." Now, I know that there are two ways to enjoy a story. In your opinion, which is better for students, reading a book of a story or watching a movie of a story? Tell me why you think so, too. I'm waiting to hear from you.

2023年度　中学校英語スピーキングテスト(ESAT-J)(予備日テスト)(12月18日実施)　解答例

○　本テストでは、「コミュニケーションの達成度」、「言語使用」、「音声」の各観点により話すことの力を総合的に判定します。なお、各パートで評価する観点を設定しています。

○　各パートにおける評価の観点の表記
・コミュニケーションの達成度…**【コミュニケーション】**
・言語使用…**【言語】**
・音声…**【音声】**

Part A **【音声】**

No.1（省略）

No.2（省略）

Part B **【コミュニケーション】**

No.1（例）We need to take a shirt and shoes. / A shirt and shoes.

No.2（例）June is the best month (to get cherries). / June.

No.3（例）I want to learn about [doctors / singers / soccer players].

No.4（例）What will Mary Walker talk about? / How long is the question and answer time?

Part C **【コミュニケーション】【言語】【音声】**

I went to a coffee shop. I looked for a place to sit. Then, I found a chair. But I couldn't sit there because a baby was sleeping on it.

Part D **【コミュニケーション】【言語】【音声】**

○生徒は物語について本を読むべきという意見の例

I think it's better for students to read a book of a story because books often have more information. So, students can understand the story much more.

○生徒は物語について映画をみるべきという意見の例

In my opinion, it's better for students to watch a movie of a story. To understand the story, watching a movie is easier than reading it. And they can also see their favorite characters.

Part A

Part A は、全部で２問あります。聞いている人に、意味や内容が伝わるように、英文を声に出して読んでください。はじめに準備時間が３０秒あります。録音開始の音が鳴ってから解答を始めてください。解答時間は３０秒です。

【No.1】

あなたは留学中です。あなたは近所の図書館で子どもたちに絵本を読んであげることになりました。次の英文を声に出して読んでください。

（準備時間３０秒／解答時間３０秒）

▸ **No. 1**

Tom always had his soccer ball with him. He even took it to bed. One day, he put the ball into his bag and took it with him to school. After lunch, he looked in his bag. The ball wasn't there. Where was it?

【No.2】

あなたは英語の授業で、最近経験した出来事について短いスピーチをすることになりました。次の英文を声に出して読んでください。

（準備時間３０秒／解答時間３０秒）

▸ **No. 2**

Do you drink tea? You may have seen that there's a new tea shop next to our school. It opened last Saturday. Yesterday, I got some tea at the new shop with my family. It was great. You should try the shop, too!

Part B

Part B は、全部で４問あります。質問に答える問題が３問と、あなたから問いかける問題が１問あります。与えられた情報をもとに、英語で話してください。準備時間は１０秒です。録音開始の音が鳴ってから解答を始めてください。解答時間は１０秒です。

No. １と No. ２では、与えられた情報をもとに英語で適切に答えてください。

【No.1】

あなたは、あなたの家にホームステイに来た留学生と一緒に旅行をしていて、泊まっているホテルのフロアガイドを見ています。留学生からの質問に対して、与えられたフロアガイドの情報をもとに、英語で答えてください。

（準備時間１０秒／解答時間１０秒）

Question: Which floor is the restaurant on?

【No.2】

あなたは、留学生の友だちとスポーツを観戦するために、スポーツの種類とその開始時間が書かれたウェブサイトを見ています。友だちからの質問に対して、与えられたウェブサイトの情報をもとに、英語で答えてください。

（準備時間１０秒／解答時間１０秒）

Question: Which event will start the earliest?

No. 3とNo. 4は、同じ場面での問題です。

No. 3では、質問に対するあなた自身の答えを英語で述べてください。No. 4では、あなたから相手に英語で問いかけてください。

【No.3】

あなたはアメリカに留学中です。所属している生物クラブの活動で、自分たちで資金を集めて校外で活動を行うことになりました。あなたは今、資金集めの活動が掲載されたチラシを見ています。先生からの質問に対して、与えられたチラシの情報をもとに、あなた自身の回答を英語で述べてください。

（準備時間１０秒／解答時間１０秒）

Question: There are three activities. Which one do you want to do?

【No.4】

資金集めを終え、校外活動では動物園に行くことになりました。校外活動の案内を受け取ったあなたは、その内容について、案内に書かれていないことで、さらに知りたいことがあります。知りたいことを先生に英語で尋ねてください。

（準備時間１０秒／解答時間１０秒）

The club is going to visit this zoo.

Part C

Part Cは、４コマイラストの問題です。これから画面に表示される１コマめから４コマめのすべてのイラストについて、ストーリーを英語で話してください。はじめに準備時間が３０秒あります。録音開始の音が鳴ってから解答を始めてください。解答時間は４０秒です。このPartには例題はありません。

あなたは、昨日あなたに起こった出来事を留学生の友だちに話すことになりました。イラストに登場する人物になったつもりで、相手に伝わるように英語で話してください。
（準備時間３０秒／解答時間４０秒）

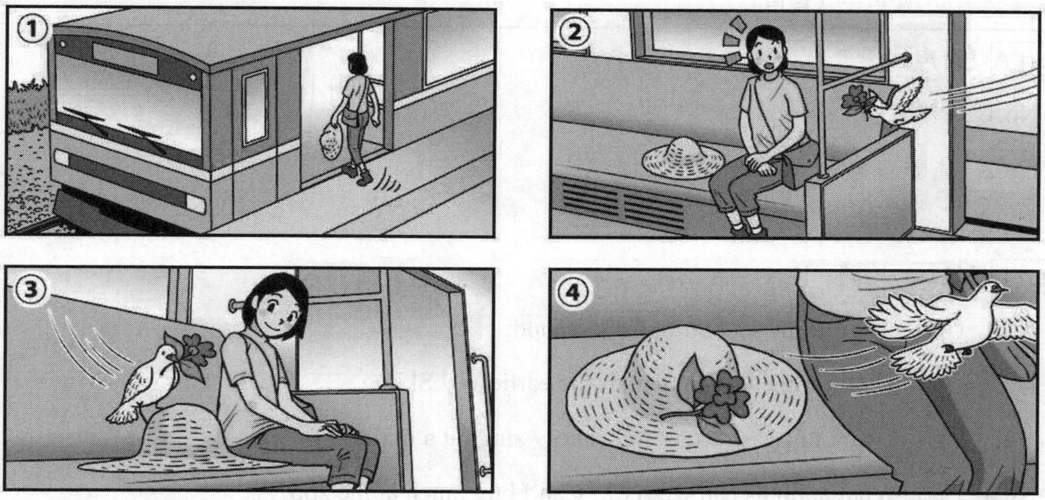

Part D

Part Dは、英語で話される音声を聞いたうえで、質問に対する自分の考えとそう考える理由を英語で述べる問題です。英語の音声は２回流れます。そのあと準備時間が１分あります。録音開始の音が鳴ってから解答を始めてください。解答時間は４０秒です。このPartには例題はありません。

海外姉妹校の生徒であるマイクから、ビデオレターで質問が届きました。そこで、あなたは、英語で回答を録音して送ることにしました。ビデオレターの音声を聞き、あなたの**意見**を述べ、そう考える**理由**を詳しく話してください。日本のことを知らない人にも伝わるように説明してください。
（準備時間１分／解答時間４０秒）

【英語音声のみ・画面表示なし】

At my school, we can choose different foods for lunch. For example, I had pizza for lunch today, and one of my friends had a hamburger. But I heard that in Japan, students have the same school lunch. In your opinion, which is better for students: eating the same school lunch or choosing different foods for lunch? Tell me why you think so, too. I'm waiting to hear from you!

2022年度　中学校英語スピーキングテスト(ESAT-J)　(11月27日実施)　解答例

○　本テストでは、「コミュニケーションの達成度」、「言語使用」、「音声」の各観点により話すことの力を総合的に判定します。なお、各パートで評価する観点を設定しています。

○　各パートにおける評価の観点の表記
・コミュニケーションの達成度…【コミュニケーション】
・言語使用…【言語】
・音声…【音声】

Part A【音声】

No.1（省略）

No.2（省略）

Part B【コミュニケーション】

No.1（例）(It's on) the second floor. / Second.

No.2（例）The skiing event (will start the earliest). / Skiing.

No.3（例）I want to [wash cars / sell cakes / sing (at a mall)].

No.4（例）What animals can we see? / Can I buy lunch at the zoo?

Part C【コミュニケーション】【言語】【音声】

I got on a train. Then, a bird came into the train. It had a flower. The bird sat on my hat. It put the flower on the hat and then went away.

Part D【コミュニケーション】【言語】【音声】

○生徒は学校が提供する同じ昼食を食べるべきという意見の例

I think students should have the same lunch. School lunches are good for students' health. Each day, they can have different kinds of food. So, it's healthy.

○生徒は学校で食べる昼食を自分で選ぶべきという意見の例

I think students should choose their food for lunch because students like many different things. So, it's good for them to choose their favorite foods. Then, they'll be happy.

2022年度　中学校英語スピーキングテスト(ESAT-J)(予備日テスト)　(12月18日実施)

Part A

Part A は、全部で２問あります。聞いている人に、意味や内容が伝わるように、英文を声に出して読んでください。はじめに準備時間が３０秒あります。録音開始の音が鳴ってから解答を始めてください。解答時間は３０秒です。

【No.1】

あなたは留学中です。あなたはホームステイ先の小学生に頼まれて、絵本を読んであげることになりました。次の英文を声に出して読んでください。

（準備時間３０秒／解答時間３０秒）

▶ **No. 1**

There were three cats, and they were brothers. One loved to play. Another one loved to sleep. And the youngest one loved to eat. One day, the youngest cat ate his brothers' food when they weren't looking. Do you know what his brothers did next?

【No.2】

あなたは海外の学校を訪問しています。その学校の先生に、あなたが日本でよく利用する交通手段についてクラスで発表するように頼まれました。次の英文を声に出して読んでください。

（準備時間３０秒／解答時間３０秒）

▶ **No. 2**

Do you like trains? There are many trains in my country. My family and I like to take the trains in Tokyo every weekend. We can see many beautiful parks, rivers and tall buildings from the trains.

Part B

Part B は、全部で４問あります。質問に答える問題が３問と、あなたから問いかける問題が１問あります。与えられた情報をもとに、英語で話してください。準備時間は１０秒です。録音開始の音が鳴ってから解答を始めてください。解答時間は１０秒です。

No. １と No. ２では、与えられた情報をもとに英語で適切に答えてください。

【No.1】

あなたはカナダに留学中です。あなたは今、学校の図書館で動物に関する新着の本を紹介するポスターを見ながら友だちと話しています。友だちからの質問に対して、与えられたポスターの情報をもとに、英語で答えてください。

（準備時間１０秒／解答時間１０秒）

Question: What will be the new book in July?

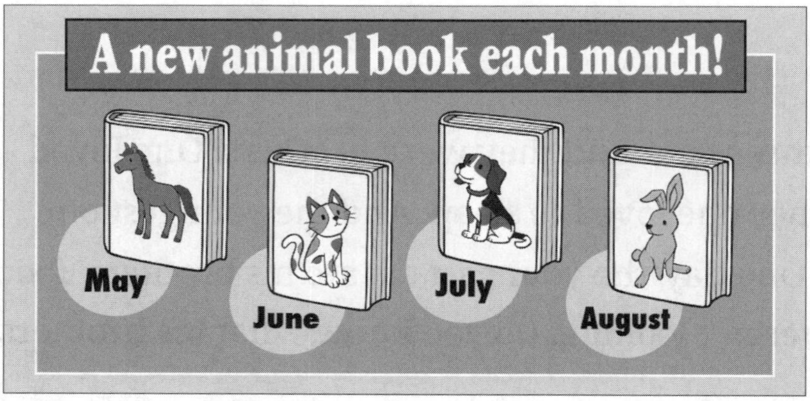

【No.2】

あなたはアメリカでホームステイ中です。ホームステイ先の高校生と、一緒にホームステイ先に飾る絵を買おうとしていて、あなたはカタログで絵を探しています。ホームステイ先の高校生からの質問に対して、与えられたカタログの情報をもとに、英語で答えてください。

（準備時間１０秒／解答時間１０秒）

Question: We have 12 dollars. Which picture can we buy?

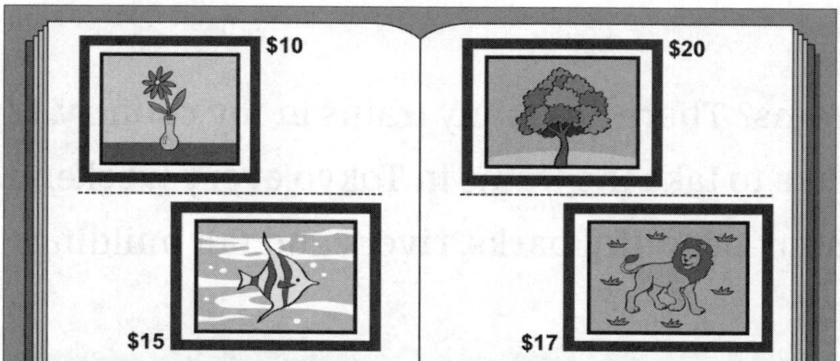

No. 3とNo. 4は、同じ場面での問題です。

No. 3では、質問に対するあなた自身の答えを英語で述べてください。No. 4では、あなたから相手に英語で問いかけてください。

【No.3】

アメリカに留学中のあなたは、スポーツセンターの受付で、スポーツ教室を紹介するポスターを見ながら、スタッフと話しています。スタッフからの質問に対して、与えられたポスターの情報をもとに、あなた自身の回答を英語で述べてください。

（準備時間１０秒／解答時間１０秒）

Question: Which class do you want to take this weekend?

【No.4】

どの教室に参加するか決めたあなたは、スタッフから無料のウェルカムパーティーの案内を受け取りました。あなたはパーティーに参加するために、案内に書かれていないことで、さらに知りたいことがあります。知りたいことをスタッフに英語で尋ねてください。

（準備時間１０秒／解答時間１０秒）

We're going to have a welcome party!

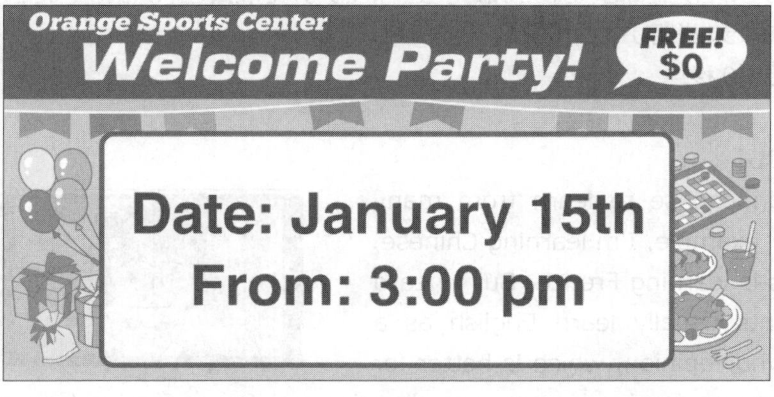

Part C

Part C は、４コマイラストの問題です。これから画面に表示される１コマめから４コマめのすべてのイラストについて、ストーリーを英語で話してください。はじめに準備時間が３０秒あります。録音開始の音が鳴ってから解答を始めてください。解答時間は４０秒です。この Part には例題はありません。

あなたは、昨日あなたに起こった出来事を留学生の友だちに話すことになりました。イラストに登場する人物になったつもりで、相手に伝わるように英語で話してください。

（準備時間３０秒／解答時間４０秒）

Part D

Part D は、英語で話される音声を聞いたうえで、質問に対する自分の考えとそう考える理由を英語で述べる問題です。英語の音声は２回流れます。そのあと準備時間が１分あります。録音開始の音が鳴ってから解答を始めてください。解答時間は４０秒です。この Part には例題はありません。

海外姉妹校の生徒であるマイクから、ビデオレターで質問が届きました。そこで、あなたは、英語で回答を録音して送ることにしました。ビデオレターの音声を聞き、あなたの**意見**を述べ、そう考える**理由**を詳しく話してください。日本のことを知らない人にも伝わるように説明してください。

（準備時間１分／解答時間４０秒）

【英語音声のみ・画面表示なし】

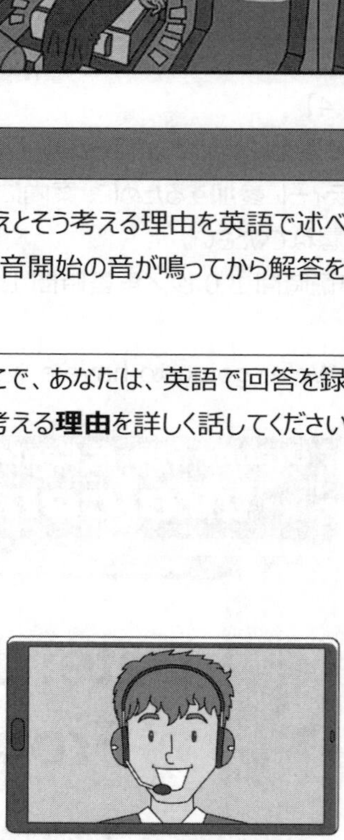

At my school, we can choose to learn from many foreign languages. For example, I'm learning Chinese, and one of my friends is learning French. But I heard that in Japan, students usually learn English as a foreign language. In your opinion, which is better for students: learning the same foreign language or choosing a different foreign language? Tell me why you think so, too. I'm waiting to hear from you!

2022年度　中学校英語スピーキングテスト(ESAT-J)(予備日テスト)　(12月18日実施)　解答例

○ 本テストでは、「コミュニケーションの達成度」、「言語使用」、「音声」の各観点により話すことの力を総合的に判定します。なお、各パートで評価する観点を設定しています。

○ 各パートにおける評価の観点の表記
- コミュニケーションの達成度…**【コミュニケーション】**
- 言語使用…**【言語】**
- 音声…**【音声】**

Part A **【音声】**

No.1（省略）

No.2（省略）

Part B **【コミュニケーション】**

No.1（例）(The new book in July will be) about dogs. / A dog book.

No.2（例）(We can buy) the picture with the flower. / The flower picture.

No.3（例）The [running / baseball / badminton / basketball] class.

I want to take the [running / baseball / badminton / basketball] class.

No.4（例）What will we do at the party? / Do I have to bring something to the party?

Part C **【コミュニケーション】【言語】【音声】**

I went to see a movie. A man sat down in front of me. I couldn’t see the movie because he was tall. So, I sat on my bag. Then, I could see the movie.

Part D **【コミュニケーション】【言語】【音声】**

○生徒は同じ言語を学ぶべきという意見の例

I think learning the same language is better for students. They can help each other when they have problems. Then, they can learn the language well.

○生徒は違う言語を学ぶべきという意見の例

I think choosing a language is better for students because it's good for them to learn about their favorite things. Then, they can learn a lot of things about them.

Memo

●2024年度

都立戸山高等学校

独自問題

【英語・数学・国語】

2024年度 都立戸山高等学校

【英　語】（50分）〈満点：100点〉

■リスニングテストの音声は，当社ホームページで聴くことができます。（当社による録音です。）
再生に必要なアクセスコードは「合格のための入試レーダー」（巻頭の黄色の紙）の１ページに掲載しています。

1　リスニングテスト（**放送**による**指示**に従って答えなさい。）

〔**問題A**〕 次のア～エの中から適するものをそれぞれ**一つずつ**選びなさい。

＜対話文１＞

ア　One dog.　　イ　Two dogs.

ウ　Three dogs.　　エ　Four dogs.

＜対話文２＞

ア　Tomatoes.　　イ　Onions.

ウ　Cheese.　　エ　Juice.

＜対話文３＞

ア　At two.　　イ　At one thirty.

ウ　At twelve.　　エ　At one.

〔**問題B**〕 ＜Question 1＞ では，下のア～エの中から適するものを**一つ**選びなさい。
＜Question 2＞ では，質問に対する答えを英語で書きなさい。

＜Question 1＞

ア　Two months old.　　イ　One week old.

ウ　Eleven months old.　　エ　One year old.

＜Question 2＞

（15秒程度，答えを書く時間があります。）

※（編集部注）＜**英語学力検査リスニングテスト台本**＞を英語の問題の終わりに掲載しています。

2 次の対話文を読んで，あとの各問に答えなさい。
（＊印の付いている単語・語句には，本文のあとに〔注〕がある。）

Mari is a junior high school student who lives in Tokyo. Emily is a high school student from the UK. She came to Japan a month ago, and has stayed with Mari's family since then. Takeshi is Mari's brother. He is a high school student. One evening, Mari, Emily, and Takeshi are talking in the living room.

Mari: Is everything all right at school, Emily?

Emily: [(1)-a] I enjoy the classes and I'm glad all my classmates are so friendly to me.

Mari: I'm happy to hear that. But if you need any help, we'll be ready to help you at any time.

Emily: Oh, thanks. Actually, there's one thing I want you to teach me.

Takeshi: What is it?

Emily: Wait a minute. I'll go and get it from my room.

Emily comes back with a book.

Emily: I bought this book yesterday. It's a book about origami. I read it and tried making some by myself, but it was too difficult for me. Will you help me?

Mari: Sure. I'm good at origami.

Emily: Great!

Takeshi: What do you want to make? You can make many kinds of things, such as animals, birds, flowers, fish, and boxes.

Emily: I want to make a flower and send it to my mother.

Mari: [(1)-b] How about this flower?

Emily: It looks pretty. I want to try it. By the way, what does this line mean?

Takeshi: It means "*valley fold." You fold the paper along the line, and it'll look like the letter "V."

Mari: And this different type of line means "mountain fold." It's the *opposite of "valley fold."

Takeshi: Each symbol has its own meaning. If you learn the meaning, you'll be able to make origami easily.

Emily: Interesting! They're just like *musical notation. If you know the meaning of the symbols, you can play any piece of music you like.

Takeshi: That's right.

Mari: Now, let's make the flower.

They finish making the origami flower.

Emily: Wow, it's so beautiful. Origami is fun!

Takeshi: A few days ago, I read in the newspaper that there's an origami *exhibition at the art museum this month. Shall we go there this weekend?

Emily: Sounds good! I'll be free this Sunday. How about you, Mari?

Mari: I'll be free, too.

Takeshi: OK, then let's go there together.

On Sunday, they go to the museum. Mr. Ito, the manager of the exhibition, welcomes them.

Mr. Ito: Good morning. Welcome to our exhibition. Is this your first visit here?

Takeshi: Yes, it is.

Mr. Ito: I can show you the exhibition if you like.

Emily: Oh, thank you. That's very kind of you.

Mr. Ito: All right. Then, please come this way. In this room you can learn about the history of origami. Do you know where paper was first invented?

Mari: In Japan?

Mr. Ito: No. People say it was invented in China and was brought to Japan. According to some researchers, paper was first used in Japan for writing. They say people began to fold it or cut it into different shapes, and used it for other things, such as *decorations for *wedding ceremonies. More and more paper was needed, so paper began to be produced all over Japan. The paper, or *washi*, was thin and strong, so various origami works were created. Look at this book.

Emily: What is it?

Mr. Ito: This is the oldest origami textbook that *exists in Japan. It was printed around 1800. It shows how to make paper cranes.

Takeshi: Around 1800! That means paper cranes have been around for about 200 years.

Mr. Ito: (1)-c Look at this *sword. You can see some origami cranes *carved on the *hilt. This sword was used around 1600. That means paper cranes already existed more than 400 years ago.

Mari: That's surprising.

Mr. Ito: Yes. They have a long history. Let's go to the next room. You can enjoy some of the works created by origami artists of the 21st century.

Takeshi: I like this origami bee. It looks [(2)-a].

Mari: I like this origami horse. It's so cool.

Mr. Ito: Yes. This artist makes good origami animals. I like his works, too.

Emily: This artist is from the US, and this artist is from Spain. Oh, this artist is from the UK, my home country!

Mr. Ito: There are origami artists all over the world. Many of them belong to an origami group in their own country and work with other origami artists there.

Takeshi: [(3)]

Mr. Ito: Origami is popular not only in Japan but also in foreign countries. Now, let's go to the next room. Have you ever thought about how origami is related to our health?

Mari: No. How are they related?

Mr. Ito: Many doctors say that origami is good for our health because our brain becomes active through the activity. When you *work on origami, you use your *imagination, and choose the best color of paper for your idea. You read the instructions in your origami books, and have to *figure out how to fold the paper. Then you move your fingers and try hard to fold the paper carefully. Sometimes you may enjoy chatting with other people while folding the paper. All of these make your brain active. Look at this picture. It shows which area of the brain becomes active when you work on origami.

Emily: It's amazing! Origami has such a good *effect on our health.

Mr. Ito: It has a good effect on children. It also helps adults to stay healthy.

Emily: I'll tell my parents about this!

Mr. Ito: Let's go to the next room. Come this way. Look at this boat. This type of boat is called a kayak.

Mari: Is this an origami kayak?

Mr. Ito: No, it isn't. It is a real kayak. You can ride in it if you want to.

Takeshi: Then, why is it in this exhibition?

Mr. Ito: Because it is related to origami in some way. Can you guess how?

Takeshi: [(1)-d]

Mr. Ito: Look at it carefully. Do you see the lines? If you fold it along the lines, the kayak gets smaller and smaller, and finally it becomes as small as a suitcase. Shall we try?

They fold the kayak.

Takeshi: Wow! It's smaller now.

Emily: I can't believe it!

Mr. Ito: You can put it in your house when you aren't using it. Also, you can carry it to a river easily when you want to use it. This kayak was created by a man who loves riding in a kayak. When he moved to a new house, there was not enough space to put his kayak. Then he read an article about an origami artist, and got the idea of creating a *foldable kayak. He kept making different *models using paper, and finally he was [(2)-b] in making the right model. Then he made a real kayak based on the model, and this is the one he made.

Takeshi: He must be a creative man.

Mr. Ito: He sure is. Just like the man who created this kayak, some *experts are trying to use the *technique of folding and *unfolding in their own fields. (4) For example, one university in the US is trying 【 ① and ② a tiny robot ③ be ④ can ⑤ create ⑥ folded ⑦ sent ⑧ that ⑨ to 】 into the body to carry medicine. If they can make one, they may be able to *cure the injured part of the body more easily. Origami is giving ideas for new technology.

Emily: Wow! How interesting!

Mr. Ito: Well, this is the end of the tour. I hope you enjoyed the exhibition.

Takeshi: Thank you for showing us around. We learned a lot of new things about origami.

They leave the museum.

Mari: I learned that (5) origami is both old and new. It's part of our tradition, but it's still very helpful now.

Takeshi: I was especially [(2)-c] about the foldable kayak. Maybe we can make some other foldable things like the kayak.

Emily: It'll be fun to think about it!

〔注〕 valley 谷 opposite 正反対のもの musical notation 楽譜
exhibition 展覧会 decoration 飾りつけ wedding ceremony 婚礼
exist 存在する sword 刀 carve 彫る
hilt 刀の柄(手で握る部分) work on ～ ～に取り組む
imagination 想像力 figure out ～ ～を理解する
effect 効果，影響 foldable 折りたたむことができる
model 模型 expert 専門家 technique 専門技術
unfold （折りたたんだものを）開く cure 治療する

〔問１〕 本文の流れに合うように，[(1)-a] ～ [(1)-d] の中に英語を入れるとき，最も適切なものを次のア～クの中からそれぞれ一つずつ選びなさい。ただし，同じものは二度使えません。

ア　I agree with you.
イ　I have no idea.
ウ　I think so.
エ　I wonder how much it is.
オ　Yes, I do.
カ　No, I don't like it.
キ　Longer than that.
ク　That's a nice idea.

〔問２〕 本文の流れに合うように，[(2)-a] ～ [(2)-c] の中に英語を入れるとき，その組み合わせとして最も適切なものは，次のア～クの中ではどれか。

	(2)-a	(2)-b	(2)-c
ア	real	possible	exciting
イ	real	successful	exciting
ウ	really	possible	exciting
エ	really	successful	exciting
オ	real	possible	excited
カ	real	successful	excited
キ	really	possible	excited
ク	really	successful	excited

〔問３〕 本文の流れに合うように，[(3)] に英語を入れるとき，最も適切なものは，次の中ではどれか。

ア　I didn't know that origami is enjoyed by so many people around the world.
イ　I didn't know that these origami artists are so famous in Japan.
ウ　I didn't know that there are so many origami groups in Japan.
エ　I didn't know that many origami artists belong to origami groups to stay healthy.

〔問4〕 (4) For example, one university in the US is trying 【 ① and ② a tiny robot ③ be ④ can ⑤ create ⑥ folded ⑦ sent ⑧ that ⑨ to 】 into the body to carry medicine. とあるが，本文の流れに合うように，【　　】内の単語・語句を正しく並べかえたとき，【　　】内で３番目と６番目と９番目にくるものの組み合わせとして最も適切なものは，次のア～カの中ではどれか。

	３番目	６番目	９番目
ア	①	④	②
イ	①	⑧	⑥
ウ	②	③	⑦
エ	②	⑦	⑥
オ	⑧	⑥	⑦
カ	⑧	⑦	②

〔問5〕 (5) origami is both old and new とあるが，この内容を最もよく表しているものは，次の中ではどれか。

ア　Origami is enjoyed not only by children but also by adults.
イ　Some old origami works are kept in a good condition thanks to modern technology.
ウ　Origami works from a long time ago and a modern origami textbook are shown at the exhibition.
エ　People have enjoyed origami since a long time ago, and we still get new ideas from it today.

〔問６〕 本文の内容と合っているものを，次の**ア～ク**の中から**二つ**選びなさい。

ア Emily wanted to know the meaning of a symbol shown in an origami book.

イ Symbols used in music are also used in origami instruction books.

ウ Takeshi learned from the newspaper that an origami exhibition was going to start next month.

エ *Washi* was too soft for origami, so new types of paper began to be produced all over Japan.

オ Paper cranes were first created around 1800.

カ Mr. Ito showed works created by origami artists before he explained the history of paper.

キ Mr. Ito showed a picture of a brain to explain how origami is related to people's health.

ク The man who created the foldable kayak was inspired by origami works he saw in an exhibition.

〔問７〕 次の英文は，Emily が母親に送ったカードの内容である。（ **a** ）～（ **d** ）に入る適切な**英語１語**を答えなさい。なお，**同じ記号の空所には同じ単語**が入る。

Dear Mom,

Happy birthday! I am sending you a small birthday present. It's an origami flower. Have you heard of origami? It's the Japanese art of (**a**) paper. You can make various things just by (**a**) a piece of paper. I think it's amazing. I know you love flowers, so I made one for you. It wasn't easy for me to make it by myself, but (**b**) to Mari and Takeshi's help, I was able to make it. I hope you like it!

Today, I went to see an origami exhibition with Mari and Takeshi. I learned that origami has a good effect on our health. It (**c**) our brain active and, as a result, helps us stay in good health. I want you to be healthy, so I will teach you how to make origami flowers when I return to the UK.

How is Dad? I hope he is well. Please (**d**) him that I am doing well in Japan.

Love,
Emily

3 次の文章を読んで，あとの各問に答えなさい。
（＊印の付いている単語・語句には，本文のあとに〔**注**〕がある。）

Humans have long wondered, “How did the *Universe begin?” or “Are there any other planets with signs of life?” We have developed a lot of *telescopes and researchers have used them to try to explain these great mysteries.

Trying to solve these mysteries are some of the goals of *the James Webb Space Telescope. It was sent into space in 2021 and started to work the next year. It is the largest and most powerful space telescope ever built. Scientists believe [(1)-a] look at stars billions of *light-years away. A light-year is the *distance that light travels in one year. When we look at stars, for example, 100 light-years away in space, we are actually looking at the stars as they were 100 years ago. Scientists say that the Universe is about 13,800,000,000 years old, and the James Webb Space Telescope may be able to show us some of the first stars in the Universe.

Why is the James Webb Space Telescope able to take pictures of stars so far away? Let’s look at some facts about this telescope.

As you can imagine from its name, [(1)-b]. Of course, we have some excellent telescopes on the Earth, but putting telescopes into space is a good way of getting a clearer view of the planets and stars. The main reason is that some of the light from space doesn’t reach the Earth. The air on the Earth keeps it away.

Telescopes catch *signals from stars by using mirrors to collect the light from them. If the mirror is bigger, the telescope can catch more signals. [(2)]

Another important fact is that the James Webb Space Telescope takes pictures of the Universe by using special cameras. These cameras can catch *infrared radiation. Infrared radiation is a type of *electromagnetic wave and it cannot be seen by the human eye. As you can see in Picture 1, electromagnetic waves are called by different names such as *microwaves, infrared radiation, and *X-rays, according to the *length of each *wave. Light that the human eye can see is called *visible light and is also a type of electromagnetic wave. Infrared radiation cannot be seen by the human eye, but it is still used in our daily lives. For example, you may use a *remote control when you want to turn off the air conditioner. It sends a signal to the air conditioner by using infrared radiation.

<Picture 1>

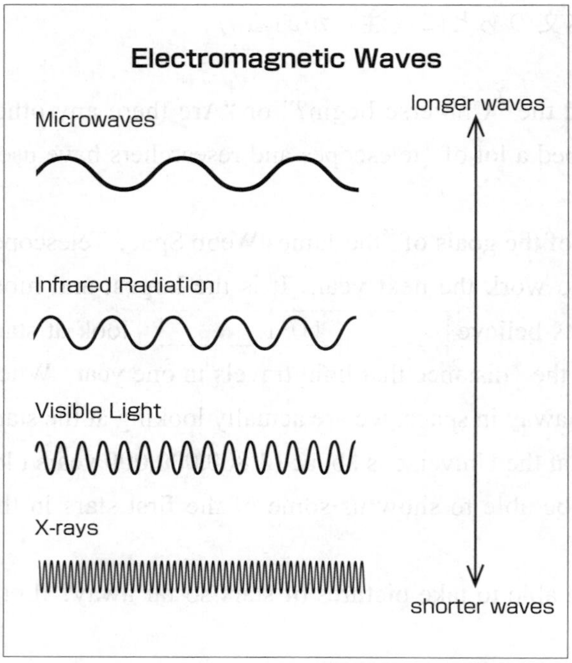

<Picture 2>

「新・天文学入門」（岩波ジュニア新書）より

So why does the James Webb Space Telescope use cameras that can catch infrared radiation? One reason is that infrared radiation can be used to see through *dust in the Universe. We cannot see things behind or inside of dust clouds in space by using visible light. On the other hand, infrared radiation can pass through them more easily. Scientists believe that stars and planets are born inside these dust clouds, so they believe that looking inside with these cameras may help them discover new things.

Another important reason is that it is necessary to use infrared radiation to be able to catch the signals from early stars because the Universe is becoming larger. Almost 100 years ago, a scientist noticed that other groups of stars were moving away from us. That wasn't all. He also discovered that the *farthest groups of stars were moving away from us faster than the ones close to us. Look at Picture 2. This shows the way this happens. When the *balloon becomes bigger, the distance between the groups of stars on the balloon becomes larger.

Light which left stars far away from us can take billions of years to reach our planet. While it is traveling, the length of the light wave increases because the Universe is becoming bigger. (3) This means that visible light waves【 ① get ② from ③ into ④ coming ⑤ waves ⑥ longer ⑦ stretched ⑧ those stars 】and become infrared radiation.

Let's see how it happens. Look at Picture 3. In the picture, a pen is used to draw a wave on a piece of *elastic. The elastic is then stretched, as you can see in Picture 4. It shows how an electromagnetic wave is stretched when the distance it travels increases. The James Webb Space Telescope is trying to take pictures of the farthest stars. They are so far away [(4)].

<Picture 3>

<Picture 4>

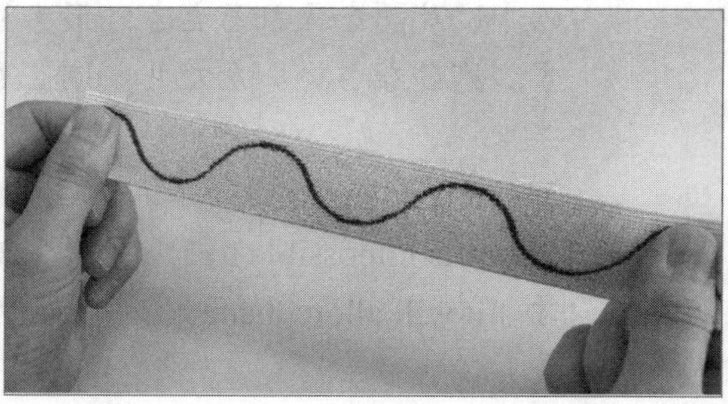

The cameras of telescopes which use infrared radiation are easily affected by *heat. The temperature is very low in space, so being in space is good for them. The James Webb Space Telescope is very far from the Earth. The distance between the Earth and the James Webb Space Telescope is longer than that of the Earth and the Moon. The Moon is about 380,000 kilometers away from the Earth. The telescope is about 1.5 million kilometers away from the Earth and stays in the *shade of the Earth when it moves around the Sun. This reduces the amount of light and heat that the telescope receives from the Sun. The telescope also has a large shade against the Sun. It is bigger than the big telescope itself, as large as a tennis court, and protects the important parts of the telescope from the Sun. The hot side of the shade facing the Sun is about 85°C but the other side is about -233°C.

Since the James Webb Space Telescope started to work, it has been surprising us with the very clear pictures (1)-c . They are clearer than those taken by telescopes before the James Webb Space Telescope. In developing this telescope, thousands of researchers and engineers from all over the world worked together. We have seen how researchers are trying to discover early stars in space, but this is just one of the goals of the James Webb Space Telescope. There are some other important ones. Research into space by using (1)-d scientists from countries which have paid money for the telescope. It is also open to any researchers in the world who want to answer questions like "How did the Universe begin?", "Where do we come from?", or "Are we alone in the Universe?".

〔注〕

Universe 宇宙	telescope 望遠鏡	
the James Webb Space Telescope ジェイムズ・ウェッブ宇宙望遠鏡		
light-year 光年	distance 距離	signal 信号
infrared radiation 赤外線	electromagnetic wave 電磁波	
microwave マイクロ波	X-ray エックス線	length 長さ
wave 波	visible 目に見える	remote control リモコン
dust ちり	farthest 最も遠い	balloon 風船
elastic ゴムひも	heat 熱	shade 陰・日よけ

〔問１〕 本文の流れに合うように，[(1)-a] ～ [(1)-d] の中に英語を入れるとき，最も適切なものを次のア～カの中からそれぞれ一つずつ選びなさい。ただし，同じものは二度使えません。

ア it is in space
イ it is not just for
ウ it is impossible to
エ it gave us a message
オ it will allow them to
カ it sends back to the Earth

〔問２〕 [(2)] の中には，次のＡ～Ｄの文が入る。本文の流れに合うように，正しく並べかえたとき，その組み合わせとして最も適切なものは，下のア～カの中ではどれか。

A The mirrors were folded and carried into space.

B Scientists want a telescope with a big mirror in space, but it's very difficult to send a giant, heavy mirror into space.

C When it arrived in space, the mirrors were carefully spread out to make a big mirror.

D So, engineers gave the James Webb Space Telescope 18 smaller mirrors that are connected to each other.

ア A→C→B→D イ A→C→D→B ウ B→D→A→C
エ B→D→C→A オ D→B→A→C カ D→B→C→A

〔問３〕 (3)This means that visible light waves 【 ① get ② from ③ into ④ coming ⑤ waves ⑥ longer ⑦ stretched ⑧ those stars 】 and become infrared radiation. とあるが，本文の流れに合うように，【 】内の単語・語句を正しく並べかえたとき，２番目と５番目と８番目にくるものの組み合わせとして最も適切なものは，次のア～カの中ではどれか。

	２番目	５番目	８番目
ア	②	③	⑥
イ	②	③	⑦
ウ	②	⑦	⑤
エ	⑦	④	⑤
オ	⑦	⑤	⑧
カ	⑦	⑧	⑤

〔問４〕 本文の流れに合うように，　(4)　に英語を入れるとき，最も適切なものは，次の中ではどれか。

ア　that infrared radiation from the stars has become weaker
イ　that the stretching of the Universe has made the visible light into infrared radiation
ウ　that it is almost impossible to change the visible light into infrared radiation
エ　that the James Webb Space Telescope can’t use infrared radiation

〔問５〕 本文の内容と合っているものを，次のア～キの中から**二つ**選びなさい。

ア　The James Webb Space Telescope will be seen from stars that were born about 13,800,000,000 years ago.
イ　Some telescopes on the Earth are excellent because they are under the air that surrounds the Earth.
ウ　Electromagnetic waves cannot be seen by the human eye.
エ　Scientists are using cameras that can catch infrared radiation to find something new inside of dust clouds in space.
オ　With the help of the James Webb Space Telescope, one scientist found that groups of stars were becoming larger.
カ　The distance between the Earth and the James Webb Space Telescope is over one million kilometers longer than the distance between the Earth and the Moon.
キ　The James Webb Space Telescope is between the shade and the Sun.

〔問６〕 次の質問に対するあなたの考えを，**40語以上50語程度の英語**で答えなさい。「.」「,」「!」「?」などは語数に含めません。これらの符号は解答用紙の下線部と下線部の間に書きなさい。

Imagine that you have a special telescope. By using this telescope, you can see anything in the Universe or any place on the Earth. What do you want to see? Why do you want to see it?

2024 年度　英語学力検査リスニングテスト台本

開始時の説明

これから，リスニングテストを行います。

問題用紙の１ページを見なさい。リスニングテストは，全て放送による指示で行います。リスニングテストの問題には，問題Ａと問題Ｂの二つがあります。問題Ａと，問題Ｂの ＜Question 1＞ では，質問に対する答えを選んで，その記号を答えなさい。問題Ｂの ＜Question 2＞ では，質問に対する答えを英語で書きなさい。

英文とそのあとに出題される質問が，それぞれ全体を通して二回ずつ読まれます。問題用紙の余白にメモをとってもかまいません。答えは全て解答用紙に書きなさい。

（２秒の間）

〔問題Ａ〕

問題Ａは，英語による対話文を聞いて，英語の質問に答えるものです。ここで話される対話文は全部で三つあり，それぞれ質問が一つずつ出題されます。質問に対する答えを選んで，その記号を答えなさい。

では，＜対話文１＞を始めます。

（３秒の間）

Tom:　Satomi, I heard you love dogs.

Satomi:　Yes, Tom. I have one dog. How about you?

Tom:　I have two dogs. They make me happy every day.

Satomi:　My dog makes me happy, too. Our friend, Rina also has dogs. I think she has three.

Tom:　Oh, really?

Satomi:　Yes. I have an idea. Let’s take a walk with our dogs this Sunday. How about at four p.m.?

Tom:　OK. Let’s ask Rina, too. I can’t wait for next Sunday.

（３秒の間）

Question： How many dogs does Tom have?

（５秒の間）

繰り返します。

（２秒の間）

（対話文１の繰り返し）

（３秒の間）

Question： How many dogs does Tom have?

(10秒の間)

＜対話文２＞を始めます。

（３秒の間）

John: Our grandfather will be here soon. How about cooking spaghetti for him, Mary?

Mary: That's a nice idea, John.

John: Good. We can use these tomatoes and onions. Do we need to buy anything?

Mary: We have a lot of vegetables. Oh, we don't have cheese.

John: OK. Let's buy some cheese at the supermarket.

Mary: Yes, let's.

John: Should we buy something to drink, too?

Mary: I bought some juice yesterday. So, we don't have to buy anything to drink.

（３秒の間）

Question： What will John and Mary buy at the supermarket?

（５秒の間）

繰り返します。

（２秒の間）

(対話文２の繰り返し)

（３秒の間）

Question： What will John and Mary buy at the supermarket?

(10秒の間)

＜対話文３＞を始めます。

（３秒の間）

Jane: Hi, Bob, what are you going to do this weekend?

Bob: Hi, Jane. I'm going to go to the stadium to watch our school's baseball game on Sunday afternoon.

Jane: Oh, really? I'm going to go to watch it with friends, too. Can we go to the stadium together?

Bob: Sure. Let's meet at Momiji Station. When should we meet?

Jane: The game will start at two p.m. Let's meet at one thirty at the station.

Bob: Well, why don't we eat lunch near the station before then?

Jane: That's good. How about at twelve?

Bob: That's too early.

Jane: OK. Let's meet at the station at one.

Bob: Yes, let's do that.

（３秒の間）

Question： When will Jane and Bob meet at Momiji Station?

（５秒の間）

繰り返します。

（２秒の間）

（対話文３の繰り返し）

（３秒の間）

Question： When will Jane and Bob meet at Momiji Station?

（10秒の間）

これで問題Ａを終わり，問題Ｂに入ります。

〔問題B〕

（3秒の間）

これから聞く英語は，ある動物園の来園者に向けた説明です。内容に注意して聞きなさい。

あとから，英語による質問が二つ出題されます。＜Question 1＞ では，質問に対する答えを選んで，その記号を答えなさい。＜Question 2＞ では，質問に対する答えを英語で書きなさい。

なお，＜Question 2＞ のあとに，15秒程度，答えを書く時間があります。

では，始めます。（2秒の間）

Good morning everyone. Welcome to Tokyo Chuo Zoo. We have special news for you. We have a new rabbit. It's two months old. It was in a different room before. But one week ago, we moved it. Now you can see it with other rabbits in "Rabbit House." You can see the rabbit from eleven a.m. Some rabbits are over one year old. They eat vegetables, but the new rabbit doesn't.

In our zoo, all the older rabbits have names. But the new one doesn't. We want you to give it a name. If you think of a good one, get some paper at the information center and write the name on it. Then put the paper into the post box there. Thank you.

（3秒の間）

＜Question 1＞ How old is the new rabbit?

（5秒の間）

＜Question 2＞ What does the zoo want people to do for the new rabbit?

（15秒の間）

繰り返します。

（2秒の間）

（問題Bの英文の繰り返し）

（3秒の間）

＜Question 1＞ How old is the new rabbit?

（5秒の間）

＜Question 2＞ What does the zoo want people to do for the new rabbit?

（15秒の間）

以上で，リスニングテストを終わります。2ページ以降の問題に答えなさい。

【数　学】 （50分）〈満点：100点〉

1 次の各問に答えよ。

〔問1〕 $\sqrt{2}(\sqrt{3}+\sqrt{18})-\dfrac{2\sqrt{3}-6}{\sqrt{2}}$ を計算せよ。

〔問2〕 2次方程式　$(2x+1)(x-3)=x(x+1)$　を解け。

〔問3〕 連立方程式 $\begin{cases} \dfrac{x+2y}{2}=\dfrac{x}{3}+4 \\ \dfrac{x-2y}{4}=x \end{cases}$ を解け。

〔問4〕 1から6までの目が出る大小1つずつのさいころを同時に投げる。

大きいさいころの出た目の数を a，小さいさいころの出た目の数を b とするとき，$10a+b$ が3の倍数であるが，4の倍数でない数となる確率を求めよ。

ただし，大小2つのさいころはともに，1から6までのどの目が出ることも同様に確からしいものとする。

〔問5〕 右の図で，△ABCは，∠BAC＝20°，∠BCA＝60°の三角形である。

解答欄に示した図をもとにして，辺AC上にあり∠ABP＝25°となる点Pを，定規とコンパスを用いて作図によって求め，点Pの位置を示す文字Pも書け。

ただし，作図に用いた線は消さないでおくこと。

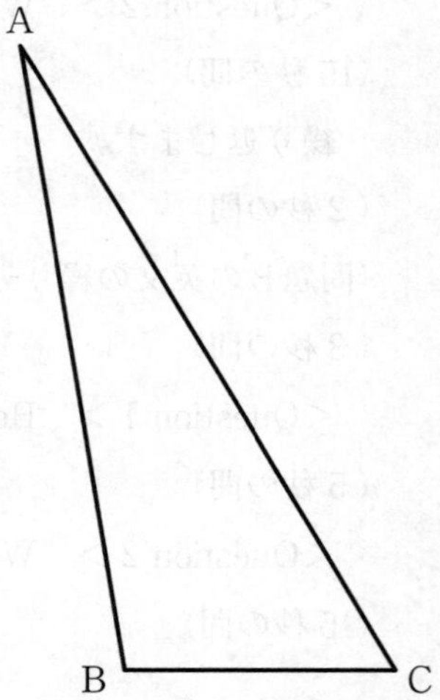

2 右の図で，点Oは原点，曲線fは関数$y = ax^2$ $(a > 0)$のグラフ，曲線gは関数$y = \dfrac{b}{x}$ $(b < 0)$ のグラフを表している。

点Aは，曲線fと曲線gとの交点で，x座標は-4である。

点Bは，曲線f上にあり，x座標は2である。

点Cは，曲線g上にあり，x座標は2である。

次の各問に答えよ。

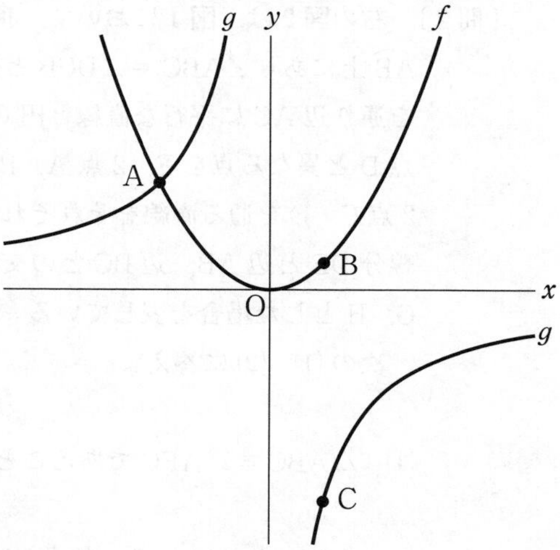

〔問1〕 点Bのy座標が$\dfrac{1}{3}$のとき，bの値を求めよ。

〔問2〕 x座標，y座標がともに負の数である点をDとし，点Aと点B，点Bと点C，点Cと点D，点Dと点Aをそれぞれ結び，四角形ABCDが平行四辺形となる場合を考える。

原点から点（1，0）までの距離，および原点から点（0，1）までの距離をそれぞれ1cmとして，次の(1)，(2)に答えよ。

(1) 四角形ABCDの面積が12 cm^{2}のとき，点Dの座標を求めよ。
ただし，答えだけでなく，答えを求める過程が分かるように，途中の式や計算なども書け。

(2) 点Oと点A，点Oと点B，点Oと点C，点Oと点Dをそれぞれ結んだ場合を考える。
$a = \dfrac{1}{4}$のとき，△OABの面積と△OCDの面積の比を最も簡単な整数の比で表せ。

3 右の**図1**で，点Oは，AB > AC，BC = 10cmである△ABCの3つの頂点を通る円の中心で，辺BC上にある。

次の各問に答えよ。

図1

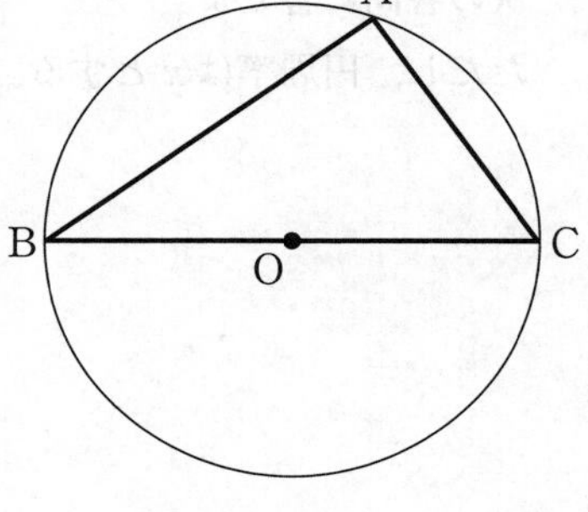

〔問1〕 AB：AC = 3：1のとき，△ABCの面積は何cm^{2}か。

〔問2〕　右の**図2**は，**図1**において，頂点Cを含まない$\overset{\frown}{\mathrm{AB}}$上にあり$\angle \mathrm{ABC} = \angle \mathrm{DCB}$となる点をD，点Dを通り辺ACに平行な直線と円Oとの交点のうち点Dと異なる点をE，2点A，Bを通る直線と2点C，Eを通る直線をそれぞれ引き，交点をF，線分DEと辺AB，辺BCとの交点をそれぞれG，Hとした場合を表している。

次の(1)，(2)に答えよ。

図2

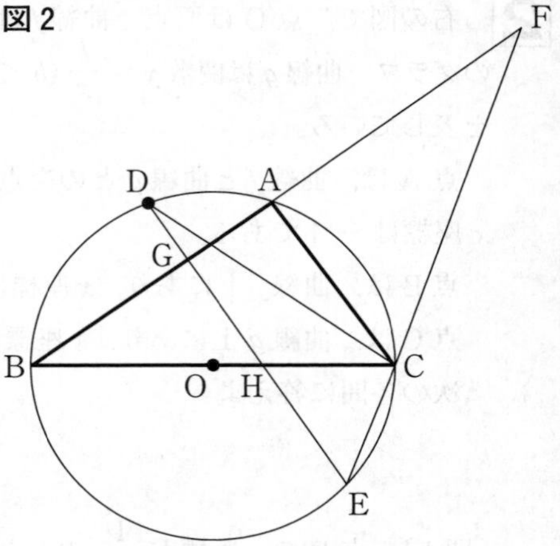

(1)　$\triangle \mathrm{ABC} \equiv \triangle \mathrm{AFC}$であることを証明せよ。

(2)　$\mathrm{AC} = 6\,\mathrm{cm}$のとき，線分BHの長さは何cmか。

4

右の**図1**に示した立体は，底面が半径6cmの円，高さが$h$cm（$h > 0$）の円柱で，底面の2つの円の中心をそれぞれP，Qとし，点Pと点Qを結んでできる線分は2つの底面に垂直である。

線分ABは円Pの直径，点Cは円Pの周上の点で，点A，点Bのいずれにも一致しない。

点Aを通り線分PQに平行な直線を引き，円Qとの交点をD，点Cを通り線分PQに平行な直線を引き，円Qとの交点をEとする。

点Pと点C，点Dと点Eをそれぞれ結ぶ。

円Pにおいて，点Bを含まない$\overset{\frown}{\mathrm{AC}}$に対する中心角を$a^\circ$（$0 < a < 180$）とする。

次の各問に答えよ。

ただし，円周率はπとする。

図1

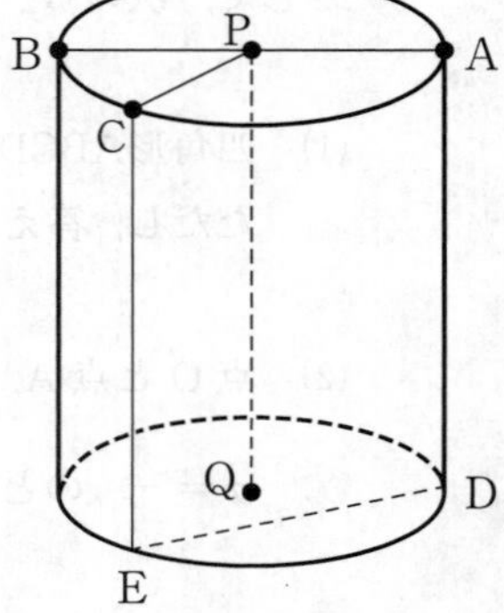

〔問1〕 右の**図2**は，**図1**において，線分 AD 上にあり $AF < DF$ となる点をFとし，点Pと点F，点Eと点Fをそれぞれ結んだ場合を表している。

$h = 15$，$a = 60$ とする。

△PAF ∽ △FDE のとき，線分 AF の長さは何 cm か。

図2

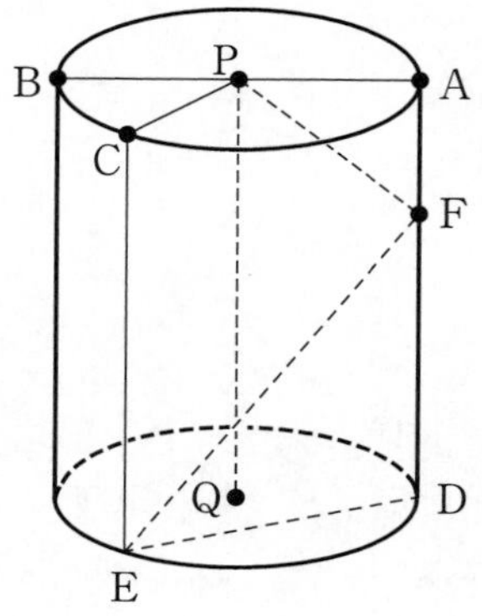

〔問2〕 右の**図3**は，**図1**において，点Bを含む $\overset{\frown}{AC}$ 上にある点をGとし，点Gと点D，点Gと点Eをそれぞれ結んだ場合を表している。

$h = 13$，$a = 120$ とする。

△GDE の面積が最も大きくなるとき，△GDE の面積は何 cm^2 か。

図3

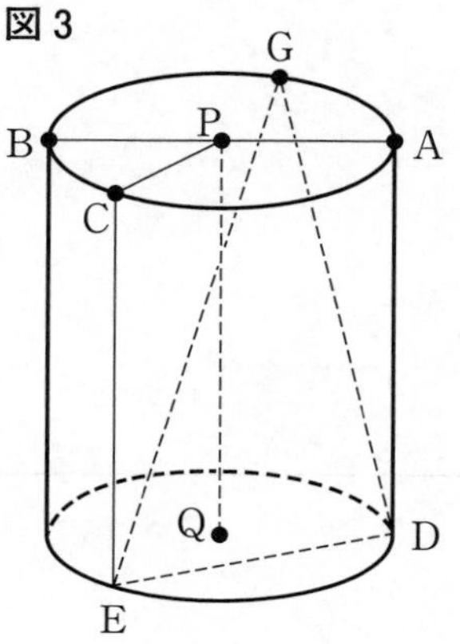

〔問3〕 右の**図4**は，**図1**において，点Bを通り線分 PQ に平行な直線を引き，円Qとの交点をHとし，円柱の側面上を，線分 BH と交わるように，点Aと点Eを線 ℓ で結んだ場合を表している。

$h = b\pi$，$a = 120$ のときの線 ℓ の最短の長さを $c\pi$ cm $(0 < b < c)$ とする。

b，c がともに自然数となるような b，c の値の組を全て求め，$(b,\ c)$ の形で表せ。

ただし，答えだけでなく，答えを求める過程が分かるように，途中の式や計算なども書け。

図4

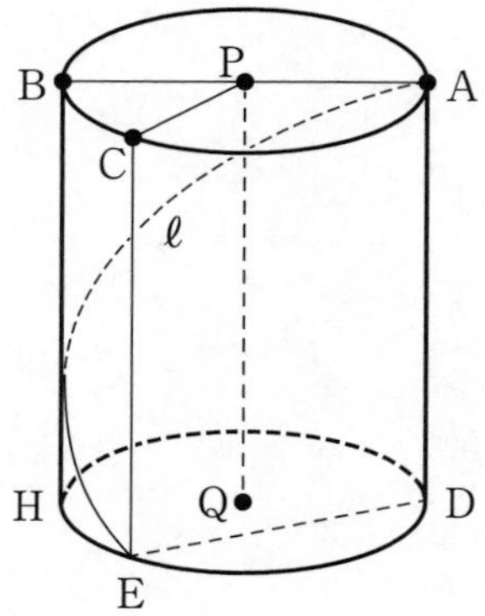

〔問4〕(4)『竹取物語』冒頭のかぐや姫の竹中誕生の部分は、いかにもおとぎ話の一コマとして古代伝承の残存と見られやすいが、不思議なことに、作品中、この冒頭場面以外に竹が再び登場することはないし、竹が物語を推進するモチーフとして機能することもない。とあるが、『竹取物語』において「竹」が果たした役割の説明として最も適切なものを、次のうちから選べ。

ア　かぐや姫という現世と隔絶した仙界の女性の存在を身近で日常的なものにしている。

イ　かぐや姫という現世と隔絶した仙界の女性の誕生の場面を鮮やかに写実的なものにしている。

ウ　かぐや姫という現世と隔絶した仙界の女性が随所で竹の力に頼る状況を現実的なものにしている。

エ　かぐや姫という現世と隔絶した仙界の女性が誕生したことを印象的なものにしている。

〔問5〕次の発言は(5)受け手側に受け入れる素地（の自覚）があって初めて、摂取・受容されるのである。について生徒たちが意見を出し合ったものである。本文の内容を正しく踏まえての発言として最も適切なものを、次のうちから選べ。

ア　日本人は、白居易の竹を題材とした詩などを読んでいたよね。それだから、他国の文化を受け入れるという力がつちかわれていて、中国文化から学んで日本文化を発展させることができたということをここでは述べているんだと思うよ。

イ　日本人は、万葉の時代から竹に満ちあふれる力を見いだしてきたんだね。それで、神仙と密接に関わる存在だという、中国における竹のイメージを受け入れることができたということをここでは述べているんだと思うよ。

ウ　日本人は、長岡京にも見られるように、昔から竹を身近なものとして生活空間の中で用いていたよね。それは、中国から来た竹のイメージを日本文化に取り入れることができたからだということをここでは述べているんだと思うよ。

エ　日本人は、平安時代、竹を題材とする和歌を作っていて、竹を文学に取り入れることができていたんだね。それゆえ、中国文学における竹の扱い方をすぐに理解することができたということをここでは述べているんだと思うよ。

西湖《さいこ》——杭州にある湖。
孤山——西湖の中にある島。
道教——中国固有の宗教。
崑崙山《こんろん》——中国の西方にあると考えられた霊山。不死の仙女西王母の住む所とされた。
ハチク・クレタケ——それぞれ竹の種類。
譚《たん》——話。物語。

〔問1〕(1)しかしまた、その一方で、〈竹取説話〉が貧弱であったように、古典文学における竹の文学的映像は意外なほど希薄である。とあるが、どのようなことか。次のうちから最も適切なものを選べ。

ア 日本人は生活に根付いたものとして竹を活用してきたにもかかわらず、平安期の和歌において「竹」は、霊性や呪性という虚構を構築するためだけのものであったということ。

イ 日本人は神聖な祭具として竹を用いていたにもかかわらず、平安期の和歌において「竹」は、人生を嘆く人間を見放す世間の象徴としてしか扱われていなかったということ。

ウ 日本人は竹の満ちあふれる力に自覚的であったにもかかわらず、平安期の和歌において「竹」は、竹自体の形質的な特性による価値しか見いだされていなかったということ。

エ 日本人は古くから竹に親しんできたにもかかわらず、平安期の和歌において「竹」は、関連の深い語の音を用いた修辞にばかり使われるだけの存在であったということ。

〔問2〕(2)これに対し、『竹取物語』の作者層に属する平安前期の漢詩人たちの作例は、中国詩文のそれを規範として模倣する。とあるが、どのようなことか。次のうちから最も適切なものを選べ。

ア 平安前期の漢詩人たちの「竹」を題材とする作品には、中国における竹に関連した小話や故事などに基づいた「竹」のイメージが取り入れられたということ。

イ 平安前期の漢詩人たちの「竹」を題材とする作品には、中国の「千古なお隣あり」という批評などに基づいた「竹」のイメージが流用されたということ。

ウ 平安前期の漢詩人たちの「竹」を題材とする作品には、「松」や「菊」より高尚だという中国の通俗的な伝承などに基づいた「竹」のイメージが援用されたということ。

エ 平安前期の漢詩人たちの「竹」を題材とする作品には、中国渡来の神仙小説類を愛読する知識人の世界観などに基づいた「竹」のイメージが写しとられたということ。

〔問3〕(3)服用 とあるがこの意味の「服」が用いられている言葉として最も適切なものを、次のうちから選べ。

ア 衣服
イ 感服
ウ 内服
エ 征服

を特別のものとする記述の多いことが注目される。

(4)『竹取物語』冒頭のかぐや姫の竹中誕生の部分は、いかにもおとぎ話の一コマとして古代伝承の残存と見られやすいが、不思議なことに、作品中、この冒頭場面以外に竹が再び登場することはないし、竹が物語を推進するモチーフとして機能することもない。しかも「竹」に関する平安文学の世界でのイメージは決して豊富なものではなく、むしろわれわれの期待を裏切るほどに希薄でさえある。このようにみると、竹中出現を主人公誕生の重要なモチーフとして採用するには、より大きな別のインパクトがあったと考えなければならない。

当時の第一級の知識人である作者の価値観からすれば、野卑で通俗的な古来の伝承をそのまま記録するはずはない（現代の民話学のように、原話を忠実に録音するように採取することに価値観を抱くことはなかった）。そこには、より積極的な新たな意味合いを見出《みいだ》してのこと、すなわち、中国渡来の神仙小説類から触発された「竹」のもつ強力な価値（イメージ）を抜きにしては考えにくいのではなかろうか。「竹」といえば仙境・仙人・*崑崙《こんろん》山等が直接イメージされるものであったから、仙女の誕生を竹の中からとするのはまことに適切な選択であった。

わが国在来の*ハチク・クレタケ等を中心に、実用性に富み、身近にありふれたものとして存在していた「竹」は、神仙小説類を耽読《たんどく》する知識人により、その日常的な風貌《ふうぼう》を一新して、神仙世界と密接に関わるイメージに転換・更新されて登場してきたというのが実情であろう。むろんそこには、漢語「竹」の訓《よみ》である、和名「タケ」の呼称の由来であった呪力・霊力を古来より保存していたことが、新来の神仙世界の「竹」のイメージを重ねやすかったこともあろう。

言い方をかえれば、古来必ずしも明示的には現れにくかった竹の霊性は、新たな神仙*譚《たん》の乗り物を得て、あらためてより強力《パワフル》な呪性を発見的に付与されたということなのであろう。文化の移入・摂取は、常に習合的なものである。(5)受け手側に受け入れる素地(の自覚)があって初めて、摂取・受容されるのである。

（渡辺秀夫「かぐや姫と浦島」による）

〔注〕大宮人《おおみやびと》――宮中に仕える人。

長岡京《ながおかきょう》――七八四年から十年間、現在の京都府に置かれた都。

マダケ――竹の種類。

歌語――和歌などを詠《よ》む時に用いられる言葉や表現。

古今集――古今和歌集。

縁語――修辞法の一つ。和歌などで、一つの言葉に意味上縁のある言葉を使って表現におもしろみをだすこと。また、その言葉。

島田忠臣《しまだのただおみ》――平安時代前期の貴族。詩人。

王子猷《おうしゆう》（徽之《きし》）――中国の文人。

続日本後紀《しょくにほんこうき》――平安時代前期の歴史書。

藤原《ふじわらの》 吉野《よしの》――平安時代前期の貴族。

竹林七賢人――三世紀ごろ中国において、世俗を離れて哲学論議を楽しんだ七人の知識人。

費長房――中国の仏教学者。

詩序――漢詩や漢詩集につける、その書に関したことを書く文章。

羅《あやぎぬ》――美しい織り物。

碧玉《へきぎょく》――宝石の一種。

白居易――中国の詩人。

壺中《こちゅう》・象外――「壺中」も「象外」も「仙境」と同じ意味の語。中国の故事による表現。

承和期――八三四年から八四八年。

杭州《こうしゅう》――中国の都市。

今さらになに生《お》ひ出《い》づらん竹の子の　憂《う》きふししげきよとはしらずや

（いまさらまたどうしてこんなに生え育っているのか。竹の子はこの世がつらい折節《こと》ばかりだと知らないのだろうか）

（『古今集』巻一八―雑下・九五七）

よにふればことの葉しげき呉竹の　憂きふしごとに鶯《うぐいす》ぞなく

（この世に生きていると、非難や中傷にさらされて辛《つら》い目に遭うことが多く、その度にいやになって泣き嘆くことばかり）

（同・九五八）

木にもあらず草にもあらぬ竹のよの　はしにわが身はなりぬべらなり

（私は世間からはものの数にも入らぬ疎外された身の上になったようだ）

（同・九五九）

これらの『古今集』雑下の巻中で連続する「竹」を題材とする三首は、いずれも人生の不如意《ふにょい》を詠むもので占められる。

(2)これに対し、『竹取物語』の作者層に属する平安前期の漢詩人たちの作例は、中国詩文のそれを規範として模倣する。この時期を代表する菅《すが》原道真《わらのみちざね》や＊島田忠臣《しまだのただおみ》の詩には多くの「竹」を題材とする作品があるが、＊王《おう》子猷《しゆう》（徽之《きし》）が竹を自宅の庭に植えて「此《こ》の君」と称して愛《め》でた小話（『世説新語』）――『＊続日本後紀《しょくにほんこうき》』には、自宅の庭に好んで植樹する＊藤原吉野《ふじわらのよしの》の趣味に関連して、かの王子猷が自邸に竹を植えて暮らしていた理由を尋ねられて「何ぞ一日も此の君無からんや（この君（竹）なしには生きられない）」と答えた故事を引用し、「千古なお隣ありと言うべし（昔も今も同好の士はいるものだ）」という批評文がみえる――や、＊竹林七賢人（隠《いん》遁《とん》）の故事、あるいは寒気きびしい冬（逆境）にも負けず青々と茂る竹の葉に「貞潔な節操」のイメージを重ねるものを基調とする。

そして、道真の「竹」詩には、竹の杖《つえ》が龍《りゅう》となった＊費長房や、竹の実を食《く》らう鳳凰《ほうおう》とともに、竹のように常に変わらぬ貞堅なこころざしが詠み込まれる（『菅家文草』巻五）。

平安中期の文人学者もまた、「修竹（長い竹）は冬にも青し」と題する＊詩序の中で、「そもそも竹というものは、＊羅《あやぎぬ》を切り揃《そろ》えたような青く美しい葉、＊碧玉《へきぎょく》にも似た幹ゆえに、かの晋《しん》の王子猷も、特に植えて《この君》と讃《たた》えたし、唐の＊白居易もことさらに愛でて《我が友》とした……竹の生い茂るこの庭はまるで仙境（「＊壺中《こちゅう》・象外」）のような楽しみに満ち、この理想郷の竹に負けない忠節な志を誓おう」という（『本朝文粋』巻一一）。

白居易の詩文集（『白氏文集』）は、＊承和期に移入されて以来、平安びとの絶大な支持のもと、作詩・作文の手本となったばかりでなく、広く彼らの気のきいた言語生活上の愛玩《あいがん》物ともなっていた。

右の詩序は、当時の王朝漢詩文のほとんどがそうであったように、白居易の数多くの「竹」を題材とする作品中の語句を利用しての作のひとつ。しかもその白居易は、「松」や「菊」よりも「竹」をこそ最も愛好するとまでいう。「西省の松を憶《おも》わず、南宮の菊をも憶わず。唯《た》だ憶うは新昌堂《しんしょうどう》の、蕭蕭《しょうしょう》たる北窓の竹のみ」（「思竹窓」『白氏文集』巻八）と。

白居易にとって、竹は特別なものであった。長慶《ちょうけい》二年（八二二）、彼が五十一歳、＊杭州《こうしゅう》の刺史《しし》（州の長官）の時、＊西湖《さいこ》の＊孤山の傍《かたわ》らに多くの竹を植えた小閣にしばしば休息したが、その折の感興を次のように表す。「夕べに竹の繁《しげ》る宿に眠れば、清虚なること仙薬を(3)服用したかのよう、一人静かなること隠居の如《ごと》く、修道せずとも悟りの境地に至るようだ」と（「宿竹閣」『白氏文集』巻二〇）。

なお、竹林は、＊道教徒のみならず仏教徒にも宗教的な霊的空間として特別視されたというから、竹・竹林は、いずれも現世を隔絶した特殊な雰囲気をもつものと知られる。わが国で「竹を詠む」詩は、九世紀後半期の＊島田忠臣、菅原道真からはじまるという。

以上みてきたように、漢文世界、とりわけて神仙世界に関わって「竹」

〔問6〕〈人間の野蛮化〉(6)の具体例として最も適切なものは、次のうちではどれか。

ア 展覧会で見た絵の解釈について弟と意見が合わなかったので、解釈の一致をはかるために激しく意見を戦わせた。

イ 部活の大会でミスをした友人が同じ失敗によってつらい思いをしないで済むように、強い口調で改善点を指摘した。

ウ 環境問題には人一倍真剣に取り組んできた自負があるため、ゴミの分別ができていない人を見ると厳しく非難せずにはいられない。

エ 周囲のみんなから真面目な人だと認識されたくて、自治会のルールを逸脱したメンバーをみんなの前で問いただした。

〔問7〕 インターネット上では自らと同じ考えを持ち、自らを安心させてくれる者をいつでも容易に見つけることができる。とあるが、このことによる弊害を述べた上で、その解決のためにどうしていくべきか、あなたの考えを**二百字以内**で書け。なお、書き出しや改行の際の空欄や、や。や「などもそれぞれ字数に数えよ。

五

次の文章を読んで、あとの各問に答えよ。（＊印の付いている言葉には、本文のあとに〔**注**〕がある。）

竹は一晩で最大一二〇センチ伸びた記録があるというように、「竹」の和語「タケ」の語源は、「高《たけ》・長《たけ》・猛《たけ》・武《たけ》」など、その成長力の著しさの神秘性に由来するとされる。細い竹を短く切り玉のように紐《ひも》に通し神事に用いられる祭具「たかたま」（『万葉集』巻三―三七九／巻九―一七九〇）や、枕詞《まくらことば》「さす竹の」がタケの旺盛な生育力から、皇子・大宮人《おおみやびと》＊などの長寿・繁栄の祝意を表す（同巻二―一六七／巻六―九五五）のは、こうした竹の呪性・霊性を示す一例であろう。

「竹」の万葉仮名表記を「多気乃波也之爾（竹の林に）」（同巻五―八二四）のように「多気」とするのは中国文化になじんだ知識人の漢字の遊びでもあるが、満ちあふれる「気（天地宇宙の根源をなすパワー）」を竹の特性とみたからでもあろうか。

竹を用いた豊富な民具や、長岡京《ながおかきょう》＊の排水施設にも使用されたマダケ＊の筒管など、古来、人々の日常の生活空間は、身近な竹細工にあふれていたことがわかる。

しかしまた、その一方で、〈竹取説話〉(1)が貧弱であったように、古典文学における竹の文学的映像は意外なほど希薄である。中国文学の中で「竹」は重視されるものの一つなのに対し、やまとことばのエッセンスを育んできた歌語＊（うたことば）としての竹の形象、和歌的イメージは、むしろ貧弱でさえある。

平安朝の和歌が竹を題材とする場合《ばあい》、「なよ竹の夜長きうへに初霜の」（『古今集』＊巻一八―雑下・九九三）、「呉竹《くれたけ》の世世にも絶えず」（同巻一九―雑体・一〇〇二）のように「よ（節と節の間の円筒状の部分）」を「夜・世」、あるいは、以下のように「節《ふし》」を「時節・伏《ふ》し」の縁語＊・掛詞《かけことば》とする音通上の利用が大半をなす。『竹取物語』と同時代の『古今集』をのぞいてみよう。

〔問3〕(3)同時にこうした事態は、様々な経験を通して形成されてくる人間の自己のあり方にも大きな影響を及ぼすことになる。とあるが、「人間の自己のあり方」がどうなっていくということか。次のうちから最も適切なものを選べ。

ア　他者への働きかけなくして、自分一人で容易に自己の独創性を発信するようになっていくということ。

イ　他者との協力を通してしか、共同体構築のために不可欠な自己愛を認知できなくなっていくということ。

ウ　他者とは異なっており、特別な存在として認識されるべき自己が確立し得なくなっていくということ。

エ　他者へ愛を表明することで、自己の特異性を獲得することに恥じらいを感じるようになっていくということ。

〔問4〕(4)しかし現代の人間が他者を愛することをできなくなっているのであれば、そうした急激な距離の縮減はかえって人間の心のうちに煩わしさと憎しみを生むものになってしまう。とはどういうことか。次のうちから最も適切なものを選べ。

ア　他者への配慮を欠いたまま多くの他者と関わりをもつことは、自己のアイデンティティを確立するための暴力性発揮の可能性を高めるものになってしまうということ。

イ　自己の尊厳ばかりを保持したまま他者との友愛の関係を結ぶことは、他者との身体的な接触の機会が減少する状況において困難を極めるものになってしまうということ。

ウ　他者への理解が不充分な状態のまま寄り添うべき他者の数が増加することは、共同体の構築が不可能であるというむなしさを感じさせるものになってしまうということ。

エ　自己のアイデンティティを確立できないまま思いやりをもたずに多くの他者と対話を行うことは、自己の存在証明の機会を一層奪うものになってしまうということ。

〔問5〕(5)それゆえ、インターネットの開発者たちはマクルーハンの警告にもかかわらず「グローバル・ヴィレッジ」をユートピア的に理解していた。とあるが、「インターネットの開発者たち」は「グローバル・ヴィレッジ」をどのように理解していたということか。次のうちから最も適切なものを選べ。

ア　あらゆる考え方や価値観の相違がなくなることによって、個人間の対話が促進されるようになるため、世界中の人類が一定の価値を共有することができる。

イ　平等に同じ内容の情報を享受できるようになり、あらゆる人々が相互に関係を結ぶようになることで、人類が世界規模で同じ価値観をもつことができる。

ウ　空間的に近接している他者との関係に煩うことなく、趣向を共有する者同士が関係を深められるようになることで、世界規模で多様な価値観を保障することができる。

エ　大量の情報処理が技術的に可能となることによって、物質的制約から解放されるようになるため、世界中のあらゆる個人が仮想空間に自分の居場所を求めることができる。

中での対話を通して一定の価値を共有してきた。そこでは、あらかじめ考えの異なった者同士でも近い距離にいるのであれば、共存していくために考えをすり合わせ、共有可能な価値を生み出していかなければならなかったはずである。もちろん歴史的には、それが対等な対話に基づかなかった例も無数にあったことだろう。一部の人々の考え方が支配的となって他の人々の考え方を抑圧したこともあっただろうし、一部の人々が共同体から排除されたこともあっただろう。それでも共同体が構築され存続しえたところでは、そこで共有されうる何らかの価値を見出《みいだ》そうと努めなければならなかったはずである。そうした時代には、人々の空間的な近さは彼らの共存と価値共有への要求につながっていた。

それに対して、現在の人間はメディアの劇的な転換によって、前触れもなく唐突に情報の大波に飲み込まれてしまっている。人間は膨大な情報の渦の中で、それまでのように空間的に近くにいる人々との間で苦労して共同体を構築していこうとは思わなくなる。インターネット上では自らと同じ考えを持ち、自らを安心させてくれる者をいつでも容易に見つけることができる。その中では同時に、自らと異なる考えの持ち主を強く拒絶することも容易になる。そうした者との対話に努めなくとも、価値を共有できる仲間は十分にいるのだから。

(濱良祐「曲がり角の向こう」による)

〔注〕スティグレール――フランスの哲学者(一九五二年―二〇二〇年)。
マクルーハン――カナダの批評家(一九一一年―一九八〇年)。
グローバル・ヴィレッジ――電子的なメディアによって、世界規模での交流を行うことができるようになることを「世界村」として比喩的に表現したもの。

〔問1〕(1)数あるコンテンツは次第に画一化されていっており とあるが、「数あるコンテンツ」が「次第に画一化されて」しまうのはなぜか。**八十字以上百字以内**で説明せよ。

〔問2〕(2)それゆえ人々は、本来ならばインターネット世界にはそれ以前の世界よりもはるかに多くの選択肢があるにもかかわらず、画一化あるいは類型化されたコンテンツを自ら選択するようになるのである。とはどういうことか。次のうちから最も適切なものを選べ。

ア インターネット上では、通時的に蓄積したコンテンツから自身に最適なものを探し出すのは難しく、利用者はテクノロジーの力を借り、必要なものだけにアクセスするようになっていくということ。

イ インターネット空間において、利用者は自分の趣向に合わないコンテンツを拒絶することで、大衆的評価が確立したものか、自身の経験に則したものだけを利用するようになっていくということ。

ウ テクノロジーの発展により、利用者は大衆の評価が高いものや、自身がかつて消費したものに似たコンテンツを消費するよう誘導され、限られたものだけを享受するようになっていくということ。

エ テクノロジーの発展によって、利用者は多くの他者と共時的に関わっていくことが求められ、自身のこれまでの経験だけに縛られない、大衆的なコンテンツを積極的に選ぶようになっていくということ。

インターネットの登場以前から、テレビなどの聴覚的・触覚的メディアはマーケティングの手法によって、各人の感性や欲望の特異性を減衰させ、経験を画一化させてしまった。スティグレール*は、そのことが〈特異的な存在〉あるいは「唯一の存在としての自己」への愛を失わせてしまっていると指摘している。彼の指摘に従えば、現代の新しいメディアにおける〈経験の貧困〉は、自己の喪失を生んでいる（これをスティグレールは「象徴の貧困」と呼ぶ）。さらにスティグレールは、この自己への愛は人間が他者と友愛を結び、社会を構築する上で不可欠なものであるとしている。なぜなら、特異性に基づく自己への愛は、その自己をして、自らと異なる者を外部に置き、自己と共通性を持つ者（友人）たちとともに一なる共同体を構成させるものだからである。自他が相互に結びつき、社会を構築していくためには、まずは自己への愛とそれに基づく他者（友人）への愛が必要である。しかし、〈経験の貧困〉によって自己への愛は生じなくなり、共同体における政治が根本的に不可能となってしまった。経験の画一化によって共同体を持つことのできない現在の我々は、ある種の「戦争状態」にあり、「あらゆる理由において人間であることを恥ずかしく思っている」とスティグレールは嘆いている。

　このような自己の喪失とそれに伴う友愛の不可能性という問題は、現代の主要メディアであるインターネットにおいていっそうはっきりと現れているように見える。コミュニケーションの基礎となる自己を形成し愛することができない人々は、他者を愛し他者に配慮することもできず、他者を理解しようとすることもなく、時には〈フェイクニュース〉によって他者を欺き傷つけることを厭《いと》わなくなってしまっている。

　このような他者への暴力性は、自己を喪失してしまった人間がインターネットによって、それまでよりもはるかに多くの他者と、はるかに近い距離で生きるようになったことでいっそう顕著になっている。インターネットはマクルーハン*の時代よりもいっそう容易に「グローバル・ヴィレッジ」を形成させる。確かにインターネットを通すことによって、世界中のあらゆる他者が身近に存在し、彼らと相互的な関係を結ぶことが可能になる。(4)しかし現代の人間が他者を愛することをできなくなっているのであれば、そうした急激な距離の縮減はかえって人間の心のうちに煩わしさと憎しみを生むものになってしまう。

　晩年のマクルーハンは世界の急速な「グローバル・ヴィレッジ」化の危険性を予見していた。新しいテクノロジーは我々を、今までのやり方が通用しないフロンティアに置く。彼はテレビでのインタヴューで次のように語っている。「フロンティアを生き抜くとき、あなたにアイデンティティはありません。……あなたは何者でもありません。……自分が特別な存在であると、力で証明する必要があるのです。だから暴力的になるのです」。この暴力性のゆえに人々の間にはある程度の距離が必要となってくる、とマクルーハンは警告している。

　一般に人間の間の対立は、互いが持っている情報、考え方、価値観の相違によって生じるものと考えられている。(5)それゆえ、インターネットの開発者たちはマクルーハンの警告にもかかわらず「グローバル・ヴィレッジ」をユートピア的に理解していた。インターネットによって、技術的には世界中の人間が同様の情報を受け取ることが可能となる。同じ情報に基づいて考え、物理的な距離を越えて対話することで同じ価値を共有できるようになることが期待されたのである。しかしそうしたユートピアは、少なくとも今のところは実現していない。むしろ、新しいメディアを通して〈経験の貧困〉が深刻なものとなり、人間がそれまでのように自己を確立することができなくなったことで、(6)〈人間の野蛮化〉が生じてしまったのである。

　インターネットを通して人間に与えられたのは、膨大な情報量がもたらす過負荷とグローバルな規模の接続性である。それまでの人間は限られた情報を基に考え、空間的に接近している他の人間と共同体を構築し、その

四　次の文章を読んで、あとの各問に答えよ。（＊印の付いている言葉には、本文のあとに〔注〕がある。）

ＩＣＴの発展によって、映像や音楽などのコンテンツの制作も以前に比べてはるかに容易になった。今や専用のスタジオに行くことなしに、自宅のＰＣで十分な質のものを個人で制作・編集することができる。制作のためのソフトウェアも発達しており、専門的な知識がなくとも様々なものを作ることができる。また、そうして制作されたコンテンツを個人が発信することも非常に容易になっている。個人のＰＣやスマホから動画共有サイトやＳＮＳなどを通して、動画・音楽・写真などのコンテンツを一瞬で世界中の人間がアクセス可能な状態にすることができる。かつてのように、テープやＣＤ－ＲＯＭなどを制作・販売することももはや必要ではない。

こうしたメディア環境が実現されていれば、それまでよりもはるかに多様なコンテンツが次々に発信され、技術のさらなる発展とともに芸術や文化もさぞや発展しているものと期待したいところである。しかし、現在のところインターネット世界はそれほど創造的で多様なコンテンツに溢《あふ》れ返っているわけではないように見える。それどころかむしろ、(1)数あるコンテンツは次第に画一化されていっており、それらを視聴する側の人々もそのことを望んでいるようにさえ見える。

インターネット世界におけるコンテンツが画一化されていく背景には、資本主義の原理が働いている。資本主義システムのもとでは芸術や文化などの自己表現も商品として扱われる。そこでは本当の意味での自由な制作は可能ではなく、売ることのできるもの、商品価値が高いものが優先して作られる。インターネット世界では映像や音楽などが無料で配信されることも多いが、それでも資本主義の原理から逃れられるわけではない。なぜなら、そうした配信サイトやＳＮＳには広告がつけられているからである。つまり、どれだけ多くの視聴者に広告を見せることができるか、ということがインターネット世界における主要な価値基準なのである。現在のコンテンツの制作においてこうした価値基準を無視することは難しい。より多くの視聴者やフォロワーを獲得できるもの、言い換えればできるだけ多くの人の興味を引くものが、価値の高いコンテンツと見なされる。伝統的な価値のポストモダン的な無力化は、マーケティングの手法を通して、価値の大衆化へとつながっている。またそうした中で、自らが手っ取り早く視聴者を獲得するために、すでに多くの視聴者を獲得している別のコンテンツを模倣することが有効であると一たび気づかれると、コンテンツの画一化は進行の度合いを増していく。

こうした状況がいっそう深刻なのは、インターネットのテクノロジーが画一的なコンテンツを望むように個人を導いているという点である。インターネットの利用者は基本的に検索システムで上位に挙げられるコンテンツや情報にのみアクセスする。検索の上位に挙げられてくるものは、より多くの者からのアクセスを受けたコンテンツか、その利用者が以前にアクセスしたものに似たコンテンツである。それゆえ、利用者である個人は、多くの他者と同一の経験をするか、以前の自分と同様の経験を繰り返すことになる。そこでは個人の経験は、当のコンテンツの再生回数の多さによってか、あるいはビッグ・データに基づくマーケティングシステムによってそれぞれの視聴者が該当すると判定された類型によって規定されることになる。(2)それゆえ人々は、本来ならばインターネット世界にはそれ以前の世界よりもはるかに多くの選択肢があるにもかかわらず、画一化あるいは類型化されたコンテンツを自ら選択するようになるのである。

かくして現代のインターネット世界では、テクノロジーの発展とメディアの転換によって、人間の経験はより豊かなものになるどころか、かえって画一的な貧しいものになってしまう。こうした〈経験の貧困〉が世界の至るところで生じている。(3)同時にこうした事態は、様々な経験を通して形成されてくる人間の自己のあり方にも大きな影響を及ぼすことになる。

〔問3〕 (3)余り降られると、子供等《ら》の心にも湿っぽさが沁《し》みて来る。とあるが、このときの「子供等」の様子を表したものとして最も適切なのは、次のうちではどれか。

ア　雨への興味も薄くなり、雨に打たれて頼りない様子の柿の花をしみじみと観察するようになり、自分たちの不明瞭な先行きを思って閉塞的な感情になりやすくなっている様子。

イ　雨の楽しみにも飽き始め、柿の花が散る梅雨の時期特有の重苦しい景色をぼんやりと眺めるようになり、晴れ間のない日々を恨んで悲観的な思考に陥りやすくなっている様子。

ウ　雨の刺激にもすっかり慣れ、雨に降られている柿の花の様子を落ちついて見入るようになり、自分や自分たちをとりまく自然を巡って観念的な思索に入りやすくなっている様子。

エ　雨の日の興奮も収まり、上から落ちる雨粒によって水平に広がる波紋を冷静に見るようになり、横に並ぶ弟たちの大切さを感じて感傷的な気持ちになりやすくなっている様子。

〔問4〕 (4)そこのがらんとした寂しい地面の有様《ありさま》が子供の心をつよく動かした。とあるが、このときの「子供」の気持ちを**三十五字以上四十五字以内**で説明せよ。

〔問5〕 (5)自分も一本草のように戦《おのの》きながらそれ等を聴き感じ子供は久しく立っていた。とあるが、この理由として最も適切なのは、次のうちではどれか。

ア　強い雨で流されそうになる青紫蘇の世話を懸命にしていたが、もはやなすすべもなく、自らの非力さを痛感したから。

イ　強い雨の中、必死に花壇の補修をしていたが、震える青紫蘇を見て子供の頃の雨の日を思い出してなつかしく感じたから。

ウ　強い雨の中、自分が青紫蘇の花壇を補修する一方で、家の中ではしゃぐ弟の無神経さにやり場のない怒りを覚えたから。

エ　強い雨で流されそうになる青紫蘇と違って、一人でもしっかり根を張って自立する存在であろうと、覚悟を決めたから。

〔問6〕 本文の表現について述べた説明として最も適切なのは、次のうちではどれか。

ア　「ザワザワ」や「わくわく」、「ひょろひょろ」という擬音語、擬態語を使うことで、人為とは無関係に変化する自然に楽しみや恐れを敏感に感じとる作者の幼少期が繊細に描かれている。

イ　「馬酔木」や「榧」、「木賊」など具体的な植物名を一つ一つ詳しく列挙することで、自然が身近にある環境で自然に対して豊かな感受性を育んだ作者の幼少期が鮮明に描かれている。

ウ　「電車ごっこ」のような子供じみた言葉を用いる一方で「享楽」など子供にはなじみの薄い言葉を用いることで、幼いながらも思慮深かった作者の幼少期が印象的に描かれている。

エ　「少しはこわいところもある――それを子供はよく知っている」のように「――」という記号をいたるところで使用することで、現在と過去の時間軸が巧みに混じり合う世界観が象徴的に描かれている。

て来た。傘は夙《つと》に放《ほっ》ぽり出し、土の流れを防ごうとして、一本一本根の囲《まわ》りをこの小石で取繞《とりかこ》んだ。が、瞬《またた》く間に情なしの広い空地の水は石をも越した。石ころも、根も水づかりだ。葉は益々《ますます》悲しげに震える。心配ではち切れそうになった子供は、両手で番傘の柄を握り、哀れな彼等の上にそれをさしかけた。しっきりなく傘を打って降る雨の音、自分がずぶ濡《ぬ》れになる気持《きもち》、部屋の中で小さい弟が駈《か》け廻るドタドタいうこもった音。(5)自分も一本草のように戦《おのの》きながらそれ等を聴き感じ子供は久しく立っていた。

(宮本百合子「雨と子供」による)

〔注〕亢奮《こうふん》――「興奮」に同じ。
長火鉢――長方形の箱型をした火鉢。
翼――建物《たてもの》などの左右に張り出した部分。
馬酔木《あせび》――ツツジ科の常緑の大形低木。
榧《かや》――イチイ科の常緑針葉樹。
木賊《とくさ》――トクサ科の常緑性シダ植物。
鉄砲虫――カミキリムシの幼虫。
青桐《あおぎり》――アオギリ科の落葉高木。
保修――「補修」に同じ。

〔問1〕(1)凝《じ》っと机について知らぬ振《ふり》などしていられない。とあるが、このときの「私」の様子として最も適切なのは、次のうちではどれか。

ア　子供だった頃に味わった荒天の日のおどろきとこわさを思い出そうと、じれったく思う様子。
イ　外界の風雨が強くなるにつれて大きくなってきた恐怖で、早く逃げ出したくなっている様子。
ウ　荒れ模様の空によって生じた不可解な感情を気にしまいと、平静さを保とうとしている様子。
エ　悪天候時の自然の荒々しさを一身に感じたいという気持ちがわきあがり、落ち着かない様子。

〔問2〕(2)私は段々本気になり、抱いている子に「大丈夫よ、大丈夫よ」と囁《ささや》く。とあるが、このときの「私」の様子として最も適切なのは、次のうちではどれか。

ア　雨による薄暗さやそのこわさを使って、虎に狙われながら洞にいるという状況を想像して遊んでいるうちに興に乗り、一人の母親として子を慰めるという役になりきって楽しんでいる様子。
イ　雨による薄暗さを利用して作りだした、虎に狙われているという設定においてこわがる弟を励ますうちに、自分も実際に虎に襲われている気分になってしまって弟と一緒に震えている様子。
ウ　雨の日のいつもとは違う薄暗さに対する違和感を更に強めるために屏風などを持ちだして遊んでいるうちに、本気になってしまった虎役の弟に対して、もう十分だとたしなめている様子。
エ　雨の日の薄暗さが子供心にこわいと感じながらも楽しい気持ちになり、屏風などを持ちだして虎のいる洞の近くに我々がいるという状況を設定して、弟とこわさを味わいながら遊んでいる様子。

ら、もう唸《うな》り声がする。洞のつい入口まで来た。ウオー、ウオー、美味《うま》そうな子を入口の幅が狭いため食えないのを怒って彼は盛《さかん》に唸りつつ嗅《か》ぎ廻《まわ》る。(2)私は段々本気になり、抱いている子に「大丈夫よ、大丈夫よ」と囁《ささや》く。太ったもう一人の弟は被《かぶ》った羽織《はおり》の下で四足で這《は》いながら自分が本当の虎になったような威力に快く酔う。

そんなことをして遊ぶ部屋の端が、一畳板敷《いたじき》になっていた。三尺の窓が低く明いている。壁によせて*長火鉢が置いてあるが、小さい子が三人並ぶゆとりはたっぷりある。柿の花が散る頃だ。雨は屢々《しばしば》降ったと思う。(3)余り降られると、子供等《ら》の心にも湿っぽさが沁《し》みて来る。ぼんやり格《こう》子《し》に額を押しつけて、雨水に浮く柿の花を見ている。いつまでも雨が降り、いつまでも沢山の壺《つぼ》のような柿の花が漂っているから、子供達《たち》もいつまでもそれを見ている。風がパラパラパラと雨を葉に散らす。浅い池のような水の面に一つ、二つ、あとつづけてまた柿の花がこぼれる。一つの花からスーと波紋がひろがる。こちらの花からもスーと。二つの波紋がひょっと触り合って、とけ合って、一緒に前より大きくひろがって行く。水の独楽《こま》、音のしない独楽。一心に眺め入っている子供の心はひき込まれ、波紋と一緒にぼうっとひろがる。何処《どこ》かわからないところへいい気持ちにひろがって行ってしまう。——水だって子供だって何処へひろがるのか、何のためにひろがるか知りはしない。子供はそのままいつか眠る。

窓のあるその部屋と、台所の方は——客間や玄関を引《ひっ》くるめて——別々の*翼であった。二つの翼は廊下でつながれている。間に、長方形の空地《あきち》があった。その空地は、家々が茅屋根《かややね》をいただいていた時分でなければないような種類の空地であった。三方建物の羽目でふさがれ、一方だけ、裏庭につづいている。裏庭と畑とは木戸と竹垣で仕切られている。

その時分、うちは樹木が多く、鄙《ひな》びていた。客間の庭には松や梅、美しい*馬酔木《あせび》、*榧《かや》、*木賊《とくさ》など茂って、飛石《とびいし》のところには羊歯《しだ》が生えていた。子供の遊ぶ部屋の前には大きい半分埋まった石、その石をかくすように穂を出した薄《すすき》、よく*鉄砲虫退治に泥をこねたような薬をつけられていた沢山の楓《かえで》、幾本もの椿《つばき》、また山桜、*青桐《あおぎり》が王のように聳《そび》えている。畑にだって台所の傍《かたわら》にだって木のないところなど一つもなかった。木が生えていなければ、きっと青々草が生えて地面を被《おお》うている。それだのに、たった一箇所、雑草も生えていなければ木もなくむき出しのところがあった。それは例の、三方羽目に塞がれた空地だ。(4)そこのがらんとした寂しい地面の有様《ありさま》が子供の心をつよく動かした。何故ここだけこんな何もないのだろう。——或《あ》る日、子供は畑から青紫蘇《あおじそ》の芽生えに違いないと鑑定をつけた草を十二本抜いて来た。それから、その空地のちょうど真中《まんなか》ほどの場所を選んで十二の穴を掘った。十二の穴がちゃんと同じような間を置いて、縦に三つ、横に四側《よかわ》並ぶようにと、どんなに熱心に竹の棒で泥をほじくり廻しただろう！　根が入る位の大きさに穴が出来ると、一本ずつ青紫蘇に違いない木を植え込んだ。さあ、これで花壇が出来上《あが》った。——得意なのは子供ばかりではなかった。誰からも忘れられていたような空地も、その花も咲かないひょろひょろした花壇を貰《もら》って嬉しがっているようであった。

ところが二日ばかりすると、雨の日になった。きつい雨で、見ていると大事な空地の花壇の青紫蘇がぴしぴし雨脚に打たれて撓《しな》う。そればかりか、力ある波紋を描きつつはけ道のない雨水が遂《つい》にその空地全体を池のようにしてしまった。こんもり高くして置いた青紫蘇の根元の土でさえ次第に流され、これは今にも倒れそうに傾きかけるものさえ出て来た。——

私は小さい番傘をさし、裸足《はだし》でザブザブ水を渉《わた》り花壇へ行って見た。*保修工事が焦眉《しょうび》の問題であった。私は苦心して手頃な石ころを一杯拾っ

二〇二四年度 都立戸山高等学校

【国　語】（五〇分）〈満点：一〇〇点〉

一　次の各文の――を付けた漢字の読みがなを書け。

(1)　潮が干ると暗礁が見える。

(2)　彼は崇高な精神の持ち主だ。

(3)　腰の鈍痛が治った。

(4)　大臣が更迭される。

(5)　いつでも率先垂範をこころがける。

二　次の各文の――を付けたかたかなの部分に当たる漢字を楷書で書け。

(1)　初日の出をオガむ。

(2)　工場のソウギョウ時間を短縮した。

(3)　歴史の学習のために城下町をタンボウした。

(4)　彼はカタイジなところがある。

(5)　たくさんの人から助言をもらいタキボウヨウになってしまう。

三　次の文章は、大正、昭和の作家、宮本百合子《みやもとゆりこ》が自身の幼少期を回想して書いた文章である。これを読んで、あとの各問に答えよ。（＊印の付いている言葉には、本文のあとに〔注〕がある。）

空が荒《あれ》模様になり、不機嫌な風がザワザワ葉を鳴らし出すと、私の内にある未開な原始的な何ものかが不可抗の力で呼びさまされる。(1)凝《じ》っと机について知らぬ振《ふり》などしていられない。私はきっと梢《こずえ》の見えるところまで出かけ、空を眺め、風に吹かれ、痛快なおどろきとこわさを一心に吸い込もうとする。今日も、椽側《えんがわ》の硝子《がらす》をすかし、眼《め》を細くして外界の荒れを見物しているうちに、ふと、子供の時のことを思い出した。

子供というものはいつも珍しいことが好きなものだ。晴れた日が続く、一日、目がさめて雨が降っているのを知ると、どんなにそれが珍しく、嬉《うれ》しく素敵なことか！

「ああ雨が降ってる！」

と心に叫ぶ時のわくわくする＊亢奮《こうふん》を、今も尚鮮《なおあざや》かに思い出せるが――然《しか》し、子供の時分雨が降ると何故《なぜ》あんなに家じゅう薄暗くなっただろう。部屋の中で座布団《ざぶとん》をぶつけ合って騒ぐ。或《あるい》はもう少しおとなしい子供らしく静かに電車ごっこでもする。遊びはいつもの遊びなのだが何だか部屋の隅々《すみずみ》が暗く、物の陰翳《いんえい》が深く、様子が違う。その何だか違う感じが小さい子の感情を限りなく魅する。ちょっぴりこわいようでもある。珍しいものはいつだって少しはこわいところもある――それを子供はよく知っている。その感じを更に強め享楽するために、私は机だの小屏風《こびょう》《ぶ》だのを持ち出して、薄暗い隅に一層暗い囲いを拵《こしら》えた。すっかり囲って狭い一方だけが開いている。そこが洞の出入口《でいりぐち》だ。私は一人の母で小さい息子とそこに隠れている。何から？――シッ！　そんな大きい声を出してはいけない、この山には虎がいるのだ。虎がきくではないか。ほ

2024年度／都立戸山高等学校

英語解答

1 A ＜対話文１＞ イ

＜対話文２＞ ウ

＜対話文３＞ エ

B Q１ ア

Q２ To give it a name.

2 〔問１〕 (1)-a…ウ (1)-b…ク

(1)-c…キ (1)-d…イ

〔問２〕 カ 〔問３〕 ア

〔問４〕 ウ 〔問５〕 エ

〔問６〕 ア，キ

〔問７〕 a folding b thanks

c makes d tell

3 〔問１〕 (1)-a…オ (1)-b…ア

(1)-c…カ (1)-d…イ

〔問２〕 ウ 〔問３〕 ウ

〔問４〕 イ 〔問５〕 エ，カ

〔問６〕 (例) If I had this special telescope, I would use it to learn about life in the Universe. If we discovered life on other planets, we could start speaking to them and learning about new technologies we could use to make our lives better.

(43語)

1〔放送問題〕

〔問題A〕＜対話文１＞≪全訳≫トム(T)：サトミ，君は犬が大好きなんだってね。／サトミ(S)：ええ，トム。犬を１匹飼ってるの。あなたは？／T：僕は犬を２匹飼ってるよ。その子たちのおかげで僕は毎日幸せなんだ。／S：私も，うちの犬のおかげで幸せよ。私たちの友達のリナも犬を飼ってるのよ。３匹飼ってると思う。／T：へえ，そうなの？／S：ええ。いいことを思いついたわ。今度の日曜日に一緒に犬を散歩させましょう。午後４時はどうかしら？／T：いいよ。リナにもきいてみよう。次の日曜日が待ちきれないよ。

Q：「トムは何匹の犬を飼っているか」―イ．「２匹の犬」

＜対話文２＞≪全訳≫ジョン(J)：もうすぐおじいちゃんがうちに来るね。彼のためにスパゲッティをつくるのはどうかな，メアリー？／メアリー(M)：それはいい考えね，ジョン。／J：よかった。このトマトと玉ねぎが使えるよ。何か買う必要はあるかな？／M：野菜はたくさんあるわ。あっ，チーズがないんだった。／J：わかった。スーパーでチーズを買おう。／M：ええ，そうしましょう。／J：飲み物も買った方がいいかな？／M：ジュースは昨日買ったわ。だから，飲み物は買わなくていいわよ。

Q：「ジョンとメアリーはスーパーで何を買うつもりか」―ウ．「チーズ」

＜対話文３＞≪全訳≫ジェーン(J)：こんにちは，ボブ，今週末は何をする予定？／ボブ(B)：やあ，ジェーン。僕は日曜の午後に学校の野球の試合を見に球場へ行く予定なんだ。／J：まあ，ほんとに？ 私も友達と一緒にそれを見に行くつもりなの。一緒に球場に行かない？／B：もちろんいいよ。モミジ駅で待ち合わせよう。いつ集まったらいいかな？／J：その試合は午後２時に始まるのよね。１時半に駅に集合しましょう。／B：じゃあ，その前に駅の近くでお昼ご飯を食べない？／J：いいわね。12時でどう？／B：それは早すぎるな。／J：わかったわ。１時に駅に集まりましょう。／

B：うん，そうしよう。

Q.「ジェーンとボブはいつモミジ駅で待ち合わせるか」―エ.「1時」

〔問題B〕≪全訳≫皆様，おはようございます。東京中央動物園にようこそ。皆様に特別なお知らせがございます。新しいウサギが生まれました。生後2か月になります。このウサギは，以前は別の部屋にいました。しかし1週間前，ウサギを移しました。現在，「ウサギのおうち」で，このウサギを他のウサギたちと一緒にご覧いただけます。このウサギは午前11時よりご覧になれます。1歳を過ぎたウサギもいます。このウサギたちは野菜を食べますが，新しいウサギは食べません。／当園では，年長のウサギにはみんな名前がついています。ですが，この新しいウサギには名前がありません。私たちは，皆様にこのウサギに名前をつけていただきたいと考えております。よい名前を思いつきましたら，インフォメーションセンターにて用紙を受け取り，その名前をお書きください。そして，その用紙をそこにあるポストにお入れください。ありがとうございました。

Q1：「新しいウサギは何歳か」―ア.「生後2か月」

Q2：「動物園は新しいウサギのために人々に何をしてほしいのか」―「それに名前をつけること」

2 〔長文読解総合―会話文〕

≪全訳≫❶マリは東京に住む中学生だ。エミリーはイギリス出身の高校生だ。彼女は1か月前に日本に来て，それ以来マリの家族の家に滞在している。タケシはマリの兄だ。彼は高校生だ。ある晩に，マリ，エミリー，そしてタケシがリビングルームで話をしている。❷マリ(M)：学校では全て順調，エミリー？❸エミリー(E)：(1)-aそう思うわ。授業を楽しんでいるし，クラスメイトがみんなすごく優しいのがうれしいの。❹M：それを聞いてうれしい。でも，もし助けが必要だったら，私たちはいつでも喜んで手助けするからね。❺E：ああ，ありがとう。実は，あなたたちに教えてほしいことが1つあるの。❻タケシ(T)：それは何？❼E：ちょっと待ってて。部屋からそれを取ってくる。❽エミリーが1冊の本を持って戻ってくる。❾E：私は昨日この本を買ったの。それは折り紙についての本なの。私はそれを読んで自分でいくつかつくってみようとしたんだけど，私には難しすぎて。手伝ってくれる？❿M：もちろん。私は折り紙が得意なの。⓫E：よかった！⓬T：何をつくりたいの？ 動物，鳥，花，魚，箱などたくさんの種類のものがつくれるよ。⓭E：私は花をつくってお母さんに送りたいの。⓮M：(1)-bそれはいい考えね。この花はどう？⓯E：それはかわいいわね。それに挑戦してみたいな。ところで，この線は何を意味しているの？⓰T：それは「谷折り」という意味だよ。その線に沿って紙を折ると「V」の字みたいに見えるんだよ。⓱M：そしてこの違う種類の線は「山折り」という意味なの。それは「谷折り」の反対よ。⓲T：それぞれの記号に独自の意味があるんだ。その意味を知れば，簡単に折り紙をつくれるようになるよ。⓳E：おもしろい！ 楽譜みたいね。記号の意味を知れば，自分が好きなどんな曲も演奏できる。⓴T：そうだね。㉑M：さあ，花をつくろう。㉒彼らは折り紙の花をつくり終える。㉓E：わあ，これはすごくきれい。折り紙は楽しいわね！㉔T：数日前，今月美術館で折り紙の展覧会があることを新聞で読んだんだ。今週末にそこに行こうか？㉕E：いいわね！ 今週の日曜日は空いてるわ。あなたはどう，マリ？㉖M：私も空いてるよ。㉗T：よし，じゃあそこに一緒に行こう。㉘日曜日，彼らは美術館に行く。展覧会の管理者であるイトウさんが彼らを迎えてくれる。㉙イトウさん(I)：おはようございます。展覧会へようこそ。こちらにお越しになるのは初めてですか？㉚T：はい，そうです。㉛I：もしよければ私が皆さんに展覧会をご案内しますよ。㉜E：えっ，ありがとうございます。ご親切に感謝します。33 I：どういたしまして。では，こちらへどうぞ。この部屋では折り紙の歴史について知ることができます。紙は最初どこで発明されたかご存じですか？34 M：日本ですか？35 I：いいえ。中国で発明されて日本にもたらされたといわれています。一部の研究者によると，紙は最初，日本では筆記用に使われました。彼らによると人々はそれを別の形に折ったり切ったりするようになり，婚礼の飾りつけといった他のことに使ったのだそうです。ますます多くの紙が必要になったので，紙は日本中で生産され始めました。紙，つまり和紙は薄くて丈夫なので，さまざまな折り紙作品がつくられました。こちらの本をご覧ください。36 E：それは何ですか？37 I：これは日本に現存する最も古い折り紙の教科書です。1800年頃に印刷されたものですよ。それには紙のツルのつくり方が書かれています。38 T：1800年頃だって！　ということは，紙のツルは約200年間あるということですね。39 I：(1)-c それよりも長いんです。この刀をご覧ください。刀の柄《つか》にいくつかの折り紙のツルが彫られているのがわかります。この刀は1600年頃に使われていました。つまり紙のツルは400年以上前にすでに存在していたということです。40 M：それは驚きですね。41 I：はい。紙のツルには長い歴史があるんです。次の部屋へ参りましょう。21世紀の折り紙作家によってつくられたいくつかの作品をお楽しみいただけます。42 T：僕はこの折り紙のミツバチが好きだな。本物みたいだ。43 M：私はこの折り紙の馬が好き。すごくかっこいいわ。44 I：はい。この作家はすばらしい折り紙の動物をつくります。私も彼の作品が好きなんです。45 E：この作家はアメリカ出身で，この作家はスペイン出身だわ。あっ，この作家は私の母国，イギリス出身だわ！46 I：折り紙作家は世界中にいるんです。彼らの多くは自国の折り紙団体に所属していて，そこで他の折り紙作家たちと一緒に活動しています。47 T：(3) 世界中のそんなに多くの人によって折り紙が楽しまれているとは知りませんでした。48 I：折り紙は日本でだけでなく，外国でも人気があります。では，次の部屋に参りましょう。折り紙が私たちの健康にどう関係しているかこれまで考えたことはありますか？49 M：いいえ，それらはどう関係しているんですか？50 I：多くの医師が，折り紙はその活動を通して脳が活発になるので健康によいといっています。折り紙に取り組む際，想像力を使って自分の考えに最適な紙の色を選びます。折り紙の本で指示を読んで，どう折るかを理解しなければなりません。そして指を動かして注意深く紙を折ろうと一生懸命に取り組みます。ときには，紙を折りながら他の人たちとおしゃべりすることを楽しむこともあります。これらの全てが脳を活発にしてくれるのです。こちらの図をご覧ください。それは折り紙に取り組む際に脳のどの部分が活発になるかを示しています。51 E：すごいですね！　折り紙には私たちの健康にそんなにいい効果があるんですね。52 I：折り紙は子どもにいい効果があります。大人が健康でいるのにも役立つんです。53 E：このことについて両親に教えてあげよう！54 I：次の部屋に参りましょう。こちらへどうぞ。このボートをご覧ください。この種のボートはカヤックと呼ばれています。55 M：これは折り紙のカヤックですか？56 I：いいえ，そうではありません。それは本物のカヤックです。ご希望でしたらそれに乗ることもできますよ。57 T：それで，なぜそれがこの展覧会にあるのですか？58 I：なぜならそれはある点で折り紙に関係しているからなんです。どういうふうにか想像できますか？59 T：(1)-d 全くわかりません。60 I：それを注意深く見てください。線が見えますか？　その線に沿ってそれを折ると，カヤックはどんどん小さくなっていって，最後にはスーツケースくらいに小さくなるんです。やってみましょうか？61 彼らはカヤックを折る。62 T：わあ！　小さくなりましたね。63 E：信じられない！64 I：使っていないときは家の中に置いておくことができます。また，使いたいときには簡単に川まで運ぶこともできます。このカヤックはカヤックに乗るのが大好きな男性によってつくられました。彼は新しい家に引っ越したとき，カヤックを置く十分なスペースがなかったのです。そこで彼はある折り紙作家についての記事を読んで，折りたたむことができるカヤックをつくるというアイデアを得たのです。彼は紙を使ってさまざまな模型をつくり続け，ついに目的に合った模型をつくることに成功しました。それから彼はその模型に基づいて本物のカヤックをつくり，これが彼のつくったものなんです。65T：彼は創造的な人に違いないですね。66I：確かにそうですね。ちょうどこのカヤックをつくった男性と同様に，折ったり開いたりする専門技術を自らの分野で適用しようとしている専門家もいるんです。(4)例えば，アメリカのある大学は，薬を運ぶために，折りたためて体内に送ることができる小さなロボットをつくろうとしています。もし彼らがそれをつくることができれば，体の負傷した部分をより簡単に治療することができるようになるかもしれません。折り紙は新しい科学技術にアイデアを提供しているのです。67E：わあ！　なんて興味深いの！68I：さて，これでツアーは終了となります。展覧会をお楽しみいただけたなら幸いです。69T：僕たちを案内してくださってありがとうございました。折り紙について新しいことをたくさん学びました。70彼らは美術館を去る。71M：折り紙は古くもあるし新しくもあるってことを学んだわ。それは私たちの伝統の一部だけれど，現在でもとても役に立っているのね。72T：僕は特に折りたたむことができるカヤックにわくわくしたよ。もしかしたら，僕たちもカヤックのような折りたためる他のものをつくれるかもしれないね。73E：それについて考えるのはおもしろそうね！

〔問１〕＜適文選択＞(1)-a. マリに学校は順調かと尋ねられたエミリーの返答。直後で学校での順調な様子を伝えているので，肯定的な返答をしたと推測できる。　(1)-b. 花をつくって母親に送りたいというエミリーの考えに対するマリの反応。直後でつくる花を具体的に提案していることから，エミリーの考えを支持するような言葉が入ると考えられる。　(1)-c. 直前でタケシが示した「紙のツルは約200年前からある」という解釈に対するイトウさんの返答。この後で「折り紙のツルは400年以上前からすでに存在していた」と言っている。　(1)-d. 折り紙とカヤックがどう関係しているか想像できるかと尋ねられたタケシの返答。この返答を受けたイトウさんが，正解とも不正解とも言わずに少しずつ説明を始めていることから判断できる。

〔問２〕＜適語(句)選択・語形変化＞(2)-a. ‘look＋形容詞’「～に見える」の形。　(2)-b. be successful in ～ で「～に成功して」。　(2)-c. 「(人が物事に)わくわくする〔させられる〕」は excited。exciting「(物事などが人を)わくわくさせる」との意味の違いに注意。

〔問３〕＜適文選択＞折り紙作家が世界中にいることを聞いたタケシの発言。アの origami is enjoyed by so many people around the world という部分が，直前で説明された「世界中に折り紙作家がおり，自国の他の作家たちと一緒に活動している」という内容を言い換えている。

〔問４〕＜整序結合＞前に is trying とあるので，try to ～「～しようとする」の形を考え，to create とし，create の目的語に a tiny robot を置く。残りは that を主格の関係代名詞として使えば，that can be folded and sent という，a tiny robot を先行詞とする関係代名詞節をつくることができる。　For example, one university in the US is trying to create a tiny robot that can be folded and sent into the body to carry medicine.

〔問５〕＜英文解釈＞下線部はマリが展覧会で学んだこと。第37～39段落で折り紙に長い歴史があることを学んだ一方で，第66段落では，折り紙が新しい科学技術につながるアイデアを提供していることも学んでいる。エ.「人々ははるか昔から折り紙を楽しんでおり，今日でも私たちはそれから新しいアイデアを得ている」は，これらの内容に一致する。

〔問６〕＜内容真偽＞ア.「エミリーは折り紙の本で示された記号の意味を知りたかった」…○　第15段落の内容に一致する。　イ.「音楽で用いられる記号は折り紙の教本でも用いられている」…×　第19段落参照。エミリーは折り紙の記号が楽譜のようだと言っているが，折り紙と音楽で共通の記号が用いられているわけではない。　ウ.「タケシは新聞で折り紙の展覧会が来月始まる予定であることを知った」…×　第24段落参照。展覧会は当月に開催されていた。　エ.「和紙は折り紙には柔らかすぎたので，日本中で新しい種類の紙が生産され始めた」…×　第35段落終わりから２文目参照。和紙は丈夫だった。　オ.「紙のツルは1800年頃に初めてつくられた」…×　第39段落参照。400年以上前にはつくられていた。　カ.「イトウさんは紙の歴史を説明する前に折り紙作家によってつくられた作品を見せた」…×　第35段落および第41段落参照。紙の歴史を説明した後に作品を見せた。　キ.「イトウさんは折り紙が人々の健康にどう関係しているかを説明するために脳の図を見せた」…○　第50段落の内容に一致する。　ク.「折りたたむことができるカヤックをつくった男性はある展覧会で見た折り紙の作品に触発された」…×　第64段落参照。折り紙作家についての記事から着想を得た。

〔問７〕＜内容一致＞≪全訳≫❶お母さんへ／お誕生日おめでとう！　ちょっとした誕生日プレゼントを送るね。それは折り紙の花よ。折り紙について聞いたことはある？　それは日本の紙をa折る芸術なの。紙をa折るだけでいろいろなものをつくることができるのよ。それはすごいと思うわ。お母さんは花が大好きなのを知っているから，それをつくったの。それを自分でつくるのは簡単ではなかったけど，マリとタケシが手伝ってくれたbおかげで，それをつくることができたの。気に入ってくれるといいな！❷今日，私はマリとタケシと一緒に折り紙の展覧会を見に行ったの。折り紙には健康によい効果があることを知ったよ。それは脳を活発cにしてくれて，結果として，私たちが健康でいるのに役立つの。私はお母さんに健康でいてほしいから，イギリスに戻ったら折り紙の花のつくり方を教えてあげるね。❸お父さんは元気？　元気だといいな。私が日本でうまくやっているとお父さんdに伝えてね。／愛を込めて，エミリー

＜解説＞a．折り紙は「紙を折る芸術」である。第66段落に，technique of folding and unfolding「折ったり，開いたりする技術」とある。　b．thanks to ～ で「～のおかげで」。第９段落でエミリーは，マリとタケシに助けを願い出ている。　c．第50段落参照。‘make＋目的語＋形容詞’「～を(…の状態)にする」　d．‘tell＋人＋(that＋)主語＋動詞…’「〈人〉に～であると伝える」の形。

3〔長文読解総合―説明文〕

≪全訳≫❶人類は長く「宇宙はどのようにして始まったのか」あるいは「他に生命の兆候のある惑星はあるのか」と疑問を抱いてきた。私たちは多くの望遠鏡を開発し，研究者らはそれらを使ってこれらの大いなる謎を説明しようとしてきた。❷これらの謎を解くことが，ジェイムズ・ウェッブ宇宙望遠鏡の目標の一部である。それは2021年に宇宙に送られ，翌年に活動を開始した。それはこれまでにつくられた最大かつ最強の宇宙望遠鏡である。科学者たちは，(1)-aそれにより何十億光年も離れた星を見るこ

とが可能になると考えている。1光年は光が1年に進む距離である。宇宙の，例えば，100光年離れた星を見るとき，実際には100年前のものを見ているのである。科学者によると，宇宙には約138億年の歴史があり，ジェイムズ・ウェッブ宇宙望遠鏡は宇宙における最初の星のいくつかを私たちに見せてくれるかもしれないのだ。❸なぜジェイムズ・ウェッブ宇宙望遠鏡はそんなに遠く離れた星の写真を撮れるのだろうか。この望遠鏡に関するいくつかの事実を見てみよう。❹その名前から想像できるように，(1)-bそれは宇宙にある。もちろん，地上にもいくつかの優れた望遠鏡があるが，望遠鏡を宇宙に設置するのは惑星や星をより鮮明に見るよい方法なのである。主な理由は，宇宙からの光には地球に到達しないものもあるからだ。地球の大気がそれを遠ざけているのだ。❺望遠鏡は星からの光を集めるために鏡を使うことで星からの信号を受信している。その鏡がより大きければ，望遠鏡はより多くの信号を受信できる。／→B．科学者たちは宇宙に大きな鏡を備えた望遠鏡を求めているが，巨大で重い鏡を宇宙に送るのはとても難しい。／→D．そこで，技術者たちはジェイムズ・ウェッブ宇宙望遠鏡に，互いに接し合う18個のより小さな鏡をつけた。／→A．その鏡は折りたたまれて宇宙へと運ばれた。／→C．望遠鏡が宇宙に到着すると，それらの鏡は慎重に広げられて1つの大きな鏡となった。❻また別の重要な事実は，ジェイムズ・ウェッブ宇宙望遠鏡が特別なカメラを使って宇宙の写真を撮影しているということだ。これらのカメラは赤外線を受信できる。赤外線は電磁波の一種で，人間の目では見ることができない。図1でわかるように，電磁波は，波の長さに応じて，マイクロ波，赤外線，エックス線といった異なる名称で呼ばれている。人間に見える光は可視光と呼ばれ，これも電磁波の一種である。赤外線は人間の目では見えないが，それでもそれは私たちの日常生活で用いられている。例えば，エアコンの電源を切りたいとき，リモコンを使うかもしれない。それは赤外線を利用してエアコンに信号を送っているのである。❼では，なぜジェイムズ・ウェッブ宇宙望遠鏡は赤外線を受信できるカメラを用いているのだろうか。1つの理由は，赤外線は宇宙のちりを透かして見るのに使えるということだ。私たちは可視光を使っては宇宙のちり雲の裏側や中にあるものを見ることはできない。一方，赤外線はその中をより容易に通過できる。科学者たちは星や惑星はこれらのちり雲の中で生まれると考えているので，これらのカメラで内部を見ることは，彼らが新しいことを発見するのに役立つだろうと考えている。❽またもう1つの重要な理由は，宇宙はより大きくなっているので，初期の星からの信号を受信できるようにするためには赤外線を利用する必要があることだ。100年近く前，ある科学者が他の星群が私たちから離れていっていることに気づいた。それは全てではなかった。彼はまた，私たちに近い星群よりもより遠い星群の方がより速く私たちから離れていっていることを発見したのだ。図2を見てほしい。これはそれが起こる様子を示している。風船がより大きくなれば，風船に描かれた星群間の距離もより大きくなる。❾私たちから遠く離れた星から放たれた光は，私たちの惑星に着くのに何十億年もかかることもある。それが移動している間に，宇宙がより大きくなっているため，光の波の長さが拡大する。(3)これは，それらの星からくる可視光の波がより長い波へと引き伸ばされて赤外線になるということだ。❿それがどのようにして起こるかを見てみよう。図3を見てほしい。その図では，ゴムひもにペンを使って波が描かれている。それから，図4でわかるように，そのゴムが引き伸ばされている。これは移動する距離が拡大したときに，電磁波が引き伸ばされる様子を示している。ジェイムズ・ウェッブ宇宙望遠鏡は最も遠方にある星の写真を撮ろうとしている。それらはとても離れているので，(4)宇宙の拡大がその可視光を赤外線にしているのだ。⓫赤外線を利用する望遠鏡のカメラは熱の影響を受けやすい。宇宙では気温がとても低いので，宇宙にあることはそれらにとって好ましい。ジェイムズ・ウェッブ宇宙望遠鏡は地球からとても遠くにある。地球とジェイムズ・ウェッブ宇宙望遠鏡の間の距離は，地球と月の間の距離よりも長い。月は地球から約38万キロメートル離れている。その望遠鏡は地球から約150万キロメートル離れており，地球が太陽の周りを回るとき地球の影にとどまっている。これが望遠鏡が太陽から受ける光と熱の量を軽減している。その望遠鏡は太陽に対する大きな日よけも備えている。それはテニスコートほどの広さで，大きな望遠鏡そのものよりも大きく，望遠鏡の重要な部分を太陽から守っている。太陽に面した日よけの熱い方の面は約85℃であるが，反対側の面は約－233℃である。**12**ジェイムズ・ウェッブ宇宙望遠鏡は活動し始めて以来，(1)-c地球に送り返すとても鮮明な写真で私たちを驚かせ続けている。それらはジェイムズ・ウェッブ宇宙望遠鏡以前の望遠鏡で撮影されたものよりも鮮明である。この望遠鏡を開発するのに，世界中の何千人もの研究者と技術者が協力した。私たちは研究者たちが宇宙の初期の星を発見しようとしている方法を見てきたが，これはジェイムズ・ウェッブ宇宙望遠鏡の目標の１つにすぎない。他にもいくつか重要な目標がある。(1)-dそれを用いた宇宙探査は望遠鏡の費用を負担した国々の科学者たちのためだけのものではない。それは「宇宙はどのようにして始まったのか」,「私たちはどこからきたのか」,「宇宙には私たち以外にはいないのか」といった疑問に答えたいと思っている世界のいかなる研究者にも開かれているのだ。

〔問１〕＜適文・適語句選択＞(1)－a．ジェイムズ・ウェッブ宇宙望遠鏡について説明している部分。オの it が the James Webb Space Telescope，them が scientists を指すと考えられる。‘allow＋目的語＋to ～’「…が～することを許す〔可能にする〕」　(1)－b．直前に「その名前から想像できるように」とあることから，the James Webb Space Telescope という名前に関連する内容が入るとわかる。　(1)－c．カの「それ(ジェイムズ・ウェッブ宇宙望遠鏡)が地球に送り返す」は直前の the very clear pictures を説明する関係代名詞節となる(目的格の関係代名詞は省略されている)。　(1)－d．直後の文にある also に着目。空所を含む文と合わせて「～だけでなく，また…」という文脈になっていることを読み取る。

〔問２〕＜文整序＞宇宙望遠鏡に装備した鏡について説明した部分。前文で大きな鏡の利点が述べられているので，この後に「科学者たちが大きな鏡を望んでいる」という内容のＢを置く。この後には So「だから」で始まり，Ｂの後半で述べた問題点の解決策を示した内容となるＤを続ける。残りは，鏡がどう宇宙に運ばれたかを述べたＡ，宇宙に到着してからの内容となるＣの順に続ける。

〔問３〕＜整序結合＞This means ～「これは～を意味する」という文なので，下線部は This が指す「宇宙がより大きくなっているため，光の波の長さが拡大する」を言い換えた内容になる。光は遠く離れた星から出るものなので，まず coming from those stars とまとめて，visible light waves coming from those stars「それらの星からくる可視光の波」という that節内の主語のまとまりをつくる。これに対する動詞部分は，文末に and become ～ とあるので，become と並列になる形を考える。前後の内容から「可視光の波は引き伸ばされてより長い波となり，そして赤外線になる」という意味になると推測できるので，get stretched into longer waves とまとめる。get stretched は‘get＋形容詞’「～(の状態)になる」の形。また，ここでの into は「～に(なる)」という‘変化’を表す。　This means that visible light waves coming from those stars get stretched into longer waves and become infrared radiation.

〔問4〕＜適文選択＞空所を含む文は‘so ～ that …’「とても～なので…」の構文。空所はそのthat節であり，撮影しようとする星がとても遠くにあることによる影響を表す。前の第9段落からこの段落にかけて，宇宙の拡大に伴う星群間距離の拡大により，波が長くなった可視光が赤外線になる事象が論じられている。

〔問5〕＜内容真偽＞ア．「ジェイムズ・ウェッブ宇宙望遠鏡は約138億年前に生まれた星から見えるであろう」…×　第2段落最終文参照。この望遠鏡でそれらの星が見えるかもしれない。　イ．「地上の望遠鏡のいくつかは地球を覆う大気の下にあるために優れている」…×　第4段落参照。地球の大気が宇宙からの光を妨げている。　ウ．「電磁波は人間の目で見ることはできない」…×　第6段落第5文参照。人間の目で見ることができる可視光も電磁波である。　エ．「科学者らは宇宙のちり雲の内部に何か新しいものを見つけるために赤外線を受信できるカメラを用いている」…○　第7段落の内容に一致する。　オ．「ジェイムズ・ウェッブ宇宙望遠鏡の助けを借りて，ある科学者が星群が拡大してきていることを発見した」…×　第8段落第2～4文参照。ある科学者の発見は100年近く前のことで，ジェイムズ・ウェッブ宇宙望遠鏡の活動開始よりはるか前。また，その内容は星群の拡大ではなく，他の星群が私たちから離れていっていること。　カ．「地球とジェイムズ・ウェッブ宇宙望遠鏡の間の距離は，地球と月の間の距離より100万キロメートル以上長い」…○　第11段落第4～6文の内容に一致する。　キ．「ジェイムズ・ウェッブ宇宙望遠鏡は日よけと太陽の間にある」…×　第11段落終わりから3文目参照。太陽光に対する日よけがあるのだから，望遠鏡はそれらの間にはない。

〔問6〕＜テーマ作文＞(質問訳)「あなたは特別な望遠鏡を持っているとします。この望遠鏡を使うことで，宇宙のどんなものも，あるいは地球上のどんな場所でも見ることができます。何を見たいですか。なぜそれを見たいのですか」　まず見たいものや場所を明確に述べ，それを見たいと思う理由やそれを見るとできるようになることなどを続けるとよい。実際には実現する可能性の低い想像上の内容になるので，仮定法を使って表す必要がある。　(解答例訳)「もし私がこの特別な望遠鏡を持っていれば，宇宙での生命について知るためにそれを使うだろう。他の惑星に生命を発見したら，彼らに話しかけて，私たちの生活をよりよくするために利用できる新しい科学技術について学び始められるだろう」

数学解答

1〔問1〕 $6+3\sqrt{2}$

〔問2〕 $x=3\pm2\sqrt{3}$

〔問3〕 $x=-3$, $y=\dfrac{9}{2}$

〔問4〕 $\dfrac{1}{4}$

〔問5〕 右図

(例)

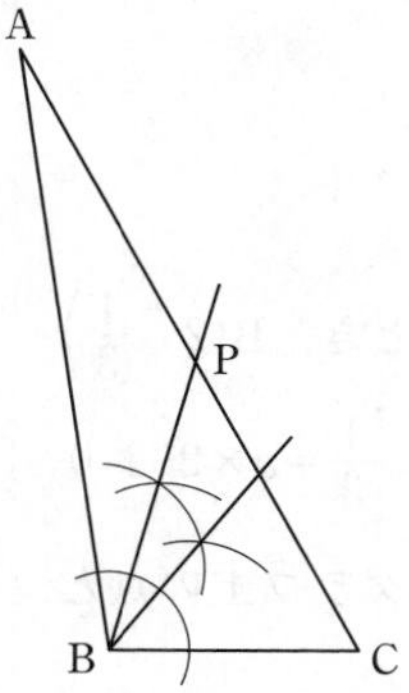

2〔問1〕 $-\dfrac{16}{3}$

〔問2〕 (1) $\left(-4,\ -\dfrac{10}{9}\right)$

(2) 2：7

3〔問1〕 15cm²

〔問2〕

(1) (例)△ABCと△AFCにおいて，辺ACは共通……① 辺BCは円Oの直径であるから，∠CAB＝90° よって，∠CAB＝∠CAF＝90°……② 頂点Bと点Dを結ぶ。仮定より，∠ABC＝∠DCB $\overset{\frown}{AD}$に対する円周角より，∠ABD＝∠ACD よって，∠ABC＋∠ABD＝∠DCB＋∠ACD すなわち，∠DBC＝∠ACB……③ 平行線の同位角は等しいから，AC∥DEより，∠ACF＝∠DEC $\overset{\frown}{CD}$に対する円周角より，∠DEC＝∠DBC よって，∠ACF＝∠DBC……④ ③，④より，∠ACB＝∠ACF……⑤ ①，②，⑤より，1組の辺とその両端の角がそれぞれ等しいから，△ABC≡△AFC

(2) $\dfrac{36}{5}$cm

4〔問1〕 3cm 〔問2〕 $15\sqrt{30}$cm²

〔問3〕 $(b,\ c)=(15,\ 17),\ (6,\ 10)$

1〔独立小問集合題〕

〔問1〕＜数の計算＞与式$=\sqrt{6}+\sqrt{2\times18}-\dfrac{(2\sqrt{3}-6)\times\sqrt{2}}{\sqrt{2}\times\sqrt{2}}=\sqrt{6}+\sqrt{6^2}-\dfrac{2\sqrt{6}-6\sqrt{2}}{2}=\sqrt{6}+6-(\sqrt{6}-3\sqrt{2})=\sqrt{6}+6-\sqrt{6}+3\sqrt{2}=6+3\sqrt{2}$

〔問2〕＜二次方程式＞$2x^2-6x+x-3=x^2+x$，$x^2-6x-3=0$となるから，二次方程式の解の公式より，$x=\dfrac{-(-6)\pm\sqrt{(-6)^2-4\times1\times(-3)}}{2\times1}=\dfrac{6\pm\sqrt{48}}{2}=\dfrac{6\pm4\sqrt{3}}{2}=3\pm2\sqrt{3}$となる。

〔問3〕＜連立方程式＞$\dfrac{x+2y}{2}=\dfrac{x}{3}+4$……①，$\dfrac{x-2y}{4}=x$……②とする。①×6より，$3(x+2y)=2x+24$，$3x+6y=2x+24$，$x+6y=24$……①′ ②×4より，$x-2y=4x$，$-3x-2y=0$……②′ ①′＋②′×3より，$x+(-9x)=24+0$，$-8x=24$ $\therefore x=-3$ これを①′に代入して，$-3+6y=24$，$6y=27$ $\therefore y=\dfrac{9}{2}$

〔問4〕＜確率―さいころ＞大小1つずつのさいころを同時に投げるとき，目の出方は全部で6×6＝36(通り)あるから，a，bの組も36通りある。$10a+b$は，十の位の数がa，一の位の数がbの2けたの整数を表すので，これが3の倍数となるのは，12，15，21，24，33，36，42，45，51，54，63，66である。よって，3の倍数であるが4の倍数でない数となる場合は，15，21，33，42，45，51，54，63，66の9通りあるから，求める確率は$\dfrac{9}{36}=\dfrac{1}{4}$である。

〔問５〕＜平面図形─作図＞右図の△ABCで，$\angle ABC=180°-\angle BAC-\angle BCA=180°-20°-60°=100°$ だから，∠ABCの二等分線と辺ACとの交点をDとすると，$\angle ABD=\frac{1}{2}\angle ABC=\frac{1}{2}\times100°=50°$ となる。$25°=\frac{1}{2}\times50°$ より，$\angle ABP=\frac{1}{2}\angle ABD$ だから，∠ABDの二等分線と辺ACとの交点がPとなる。解答参照。

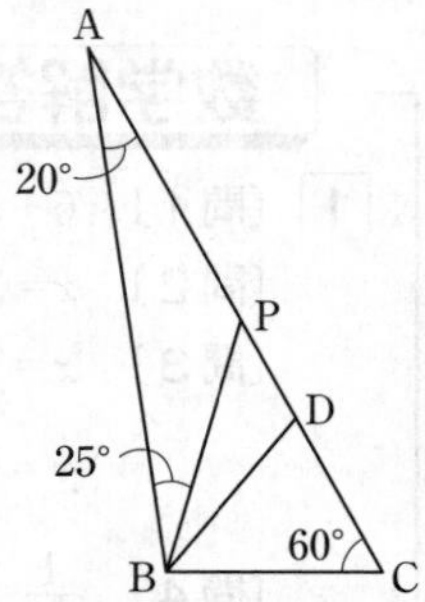

２ 〔関数─関数 $y=ax^2$ と反比例のグラフ〕

≪基本方針の決定≫〔問１〕　点Aの座標を求める。

〔問１〕＜比例定数＞右図１で，点Bの y 座標が $\frac{1}{3}$ のとき，$B\left(2,\ \frac{1}{3}\right)$ である。点Bは関数 $y=ax^2$ のグラフ上にあるから，$\frac{1}{3}=a\times2^2$ より，$a=\frac{1}{12}$ となる。これより，点Aは関数 $y=\frac{1}{12}x^2$ のグラフ上の点となる。x 座標は -4 だから，$y=\frac{1}{12}\times(-4)^2=\frac{4}{3}$ より，$A\left(-4,\ \frac{4}{3}\right)$ である。関数 $y=\frac{b}{x}$ のグラフは点Aを通るから，$\frac{4}{3}=\frac{b}{-4}$ が成り立ち，$b=-\frac{16}{3}$ である。

図１

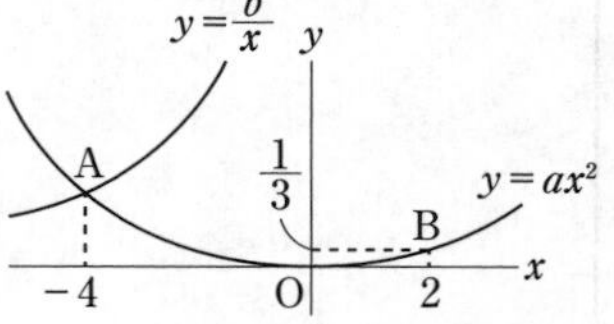

〔問２〕＜座標，面積比＞⑴右図２で，２点B，Cの x 座標がともに２より，BCは y 軸に平行である。よって，▱ABCDの底辺をBCと見ると，高さは，２点B，Aの x 座標より，$2-(-4)=6$ となる。▱ABCD＝12のとき，$BC\times6=12$ が成り立ち，$BC=2$ となる。２点B，Cは，それぞれ関数 $y=ax^2$，$y=\frac{b}{x}$ のグラフ上にあるので，$y=a\times2^2=4a$，$y=\frac{b}{2}$ より，$B(2,\ 4a)$，$C\left(2,\ \frac{b}{2}\right)$ となり，$BC=4a-\frac{b}{2}$ と表せる。したがって，$4a-\frac{b}{2}=2$……①が成り立つ。次に，点Aは関数 $y=ax^2$ のグラフ上にあり，関数 $y=\frac{b}{x}$ のグラフ上にもあるので，y 座標は $y=a\times(-4)^2=16a$，$y=\frac{b}{-4}=-\frac{b}{4}$ となり，$16a=-\frac{b}{4}$ が成り立つ。これより，$b=-64a$……②だから，②を①に代入すると，$4a-\frac{-64a}{2}=2$，$36a=2$，$a=\frac{1}{18}$ となる。$16a=16\times\frac{1}{18}=\frac{8}{9}$ より，$A\left(-4,\ \frac{8}{9}\right)$ であり，AD＝BC＝２だから，点Dの y 座標は $\frac{8}{9}-2=-\frac{10}{9}$ となり，$D\left(-4,\ -\frac{10}{9}\right)$ である。

図２

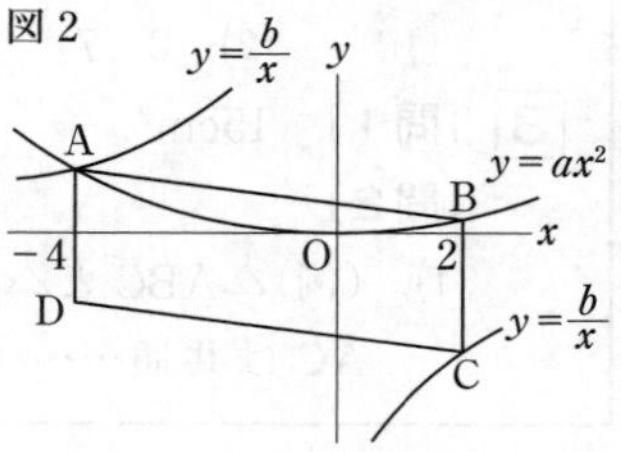

⑵　右図３で，$a=\frac{1}{4}$ のとき，２点A，Bは関数 $y=\frac{1}{4}x^2$ のグラフ上にあるから，$y=\frac{1}{4}\times(-4)^2=4$，$y=\frac{1}{4}\times2^2=1$ より，$A(-4,\ 4)$，$B(2,\ 1)$ である。また，点Aは関数 $y=\frac{b}{x}$ のグラフ上にあるから，$4=\frac{b}{-4}$ より，$b=-16$ となり，点Cは関数 $y=-\frac{16}{x}$ のグラフ上の点となる。$y=-\frac{16}{2}=-8$ となるので，$C(2,\ -8)$ である。AB，CDと y 軸の交点をそれぞれE，Fとすると，△OAB＝△OAE＋△OBE，△OCD＝△OCF＋△ODFとなる。２点A，Bの座標より，

図３

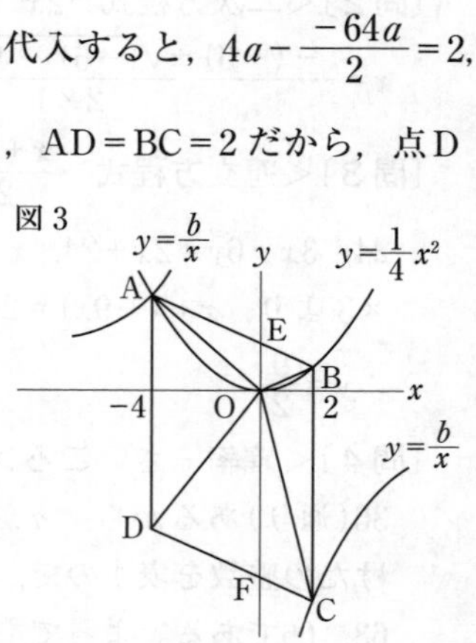

直線ABの傾きは$\frac{1-4}{2-(-4)}=-\frac{1}{2}$だから，その式は$y=-\frac{1}{2}x+c$とおけ，点Bを通ることより，$1=-\frac{1}{2}\times2+c$，$c=2$となる。切片が2だから，E(0，2)であり，OE＝2である。OEを底辺と見ると，2点A，Bのx座標より，△OAEの高さは4，△OBEの高さは2となるから，△OAB＝$\frac{1}{2}\times2\times4+\frac{1}{2}\times2\times2=6$となる。次に，AB∥DCだから，直線CDの傾きも$-\frac{1}{2}$である。直線CDの式を$y=-\frac{1}{2}x+d$とおくと，点Cを通ることより，$-8=-\frac{1}{2}\times2+d$，$d=-7$となる。切片が$-7$だから，F(0，$-7$)であり，OF＝7である。OFを底辺と見ると，2点C，Dのx座標より，△OCFの高さは2，△ODFの高さは4となるから，△OCD＝$\frac{1}{2}\times7\times2+\frac{1}{2}\times7\times4=21$となる。以上より，△OAB：△OCD＝6：21＝2：7である。

3〔平面図形─三角形と円〕

≪基本方針の決定≫〔問2〕(2)　DB＝DHとなることに気づきたい。

図1

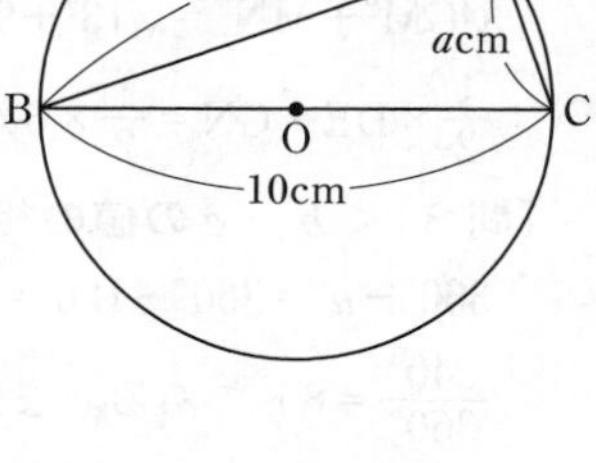

〔問1〕＜面積＞右図1で，辺BCは円Oの直径だから，∠BAC＝90°であり，△ABC＝$\frac{1}{2}$×AB×ACである。AB：AC＝3：1のとき，AB＝3a(cm)，AC＝a(cm)とおける。△ABCで三平方の定理より，$AB^2+AC^2=BC^2$だから，$(3a)^2+a^2=10^2$が成り立つ。これより，$10a^2=100$，$a^2=10$，$a=\pm\sqrt{10}$となり，$a>0$だから，$a=\sqrt{10}$となる。よって，AB＝$3a=3\sqrt{10}$，AC＝$a=\sqrt{10}$だから，△ABC＝$\frac{1}{2}\times3\sqrt{10}\times\sqrt{10}=15$(cm²)である。

図2

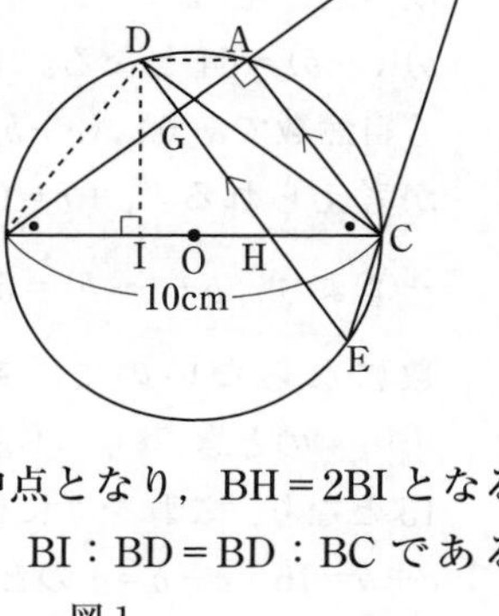

〔問2〕＜証明，長さ＞(1)右図2の△ABCと△AFCで，辺ACは共通であり，∠CAB＝∠CAF＝90°だから，∠ACB＝∠ACFであることが示せれば，△ABC≡△AFCとなる。解答参照。　(2)　図2で，線分BCが円Oの直径より，∠BAC＝∠CDB＝90°であり，BC＝CB，∠ABC＝∠DCBだから，△ABC≡△DCBである。これより，DB＝AC＝6となる。また，$\overset{\frown}{DB}$に対する円周角より，∠DAB＝∠DCBだから，∠DAB＝∠ABCとなり，DA∥BCである。AC∥DEなので，四角形ADHCは平行四辺形であり，DH＝AC＝6となる。よって，△DBHはDB＝DH＝6の二等辺三角形だから，点DからBHに垂線DIを引くと，点Iは線分BHの中点となり，BH＝2BIとなる。∠DIB＝∠CDB＝90°，∠DBI＝∠CBDより，△IDB∽△DCBだから，BI：BD＝BD：BCである。したがって，BI：6＝6：10が成り立ち，BI×10＝6×6，BI＝$\frac{18}{5}$となるので，BH＝$2\times\frac{18}{5}=\frac{36}{5}$(cm)となる。

4〔空間図形─円柱〕

図1

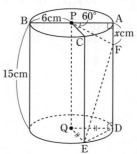

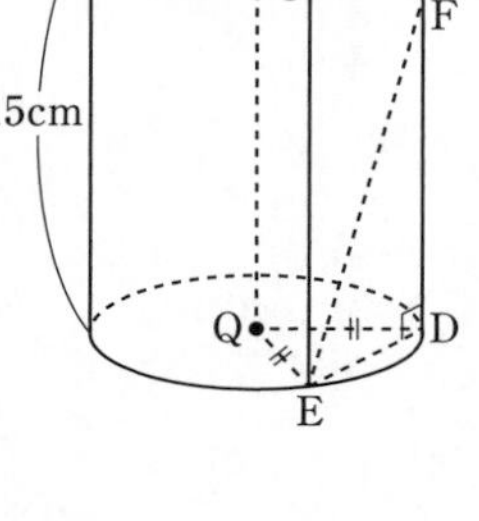

〔問1〕＜長さ＞右図1で，△PAF∽△FDEより，AF：DE＝PA：FDである。AF＝x(cm)とおくと，AD＝h＝15より，FD＝AD－AF＝$15-x$となる。また，PA＝QD＝6である。QD＝QE，∠DQE＝∠APC＝a°＝60°より，△QDEは正三角形だから，DE＝QD＝6となる。よって，x：

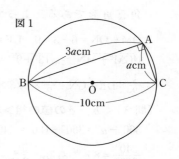

$6=6:(15-x)$が成り立つ。これを解くと，$x\times(15-x)=6\times6$ より，$15x-x^2=36$，$x^2-15x+36=0$，$(x-3)(x-12)=0$　$\therefore x=3,\ 12$　AF＜DF より，$x<\frac{15}{2}$ だから，$x=3$ となり，AF＝3(cm)である。

〔**問２**〕＜**面積**＞右図２で，△GDE の面積が最大になるのは，辺 DE を底辺と見たときの高さが最大になるときである。点Gを通り線分 PQ に平行な直線と円Qとの交点をMとし，点Gから辺 DE に垂線 GN を引き，２点M，Nを結ぶ。このとき，MN⊥DE となる。△GMN は∠GMN＝90° の直角三角形であり，$GM=h=13$ だから，辺 MN の長さが最大のとき辺 GN の長さは最大になる。辺 MN の長さが最大になるのは辺 MN が点Qを通るときである。△QDE は QD＝QE＝6，∠DQE＝∠APC＝$a°=120°$ の二等辺三角形だから，QN⊥DE より，$\angle DQN=\angle EQN=\frac{1}{2}\angle DQE=\frac{1}{2}\times120°=60°$ となり，△QDN は３辺の比が $1:2:\sqrt{3}$ の直角三角形である。よって，$QN=\frac{1}{2}QD=\frac{1}{2}\times6=3$，$DN=\sqrt{3}QN=\sqrt{3}\times3=3\sqrt{3}$ となり，$MN=QM+QN=6+3=9$，$DE=2DN=2\times3\sqrt{3}=6\sqrt{3}$ となる。△GMN で三平方の定理より，$GN=\sqrt{GM^2+MN^2}=\sqrt{13^2+9^2}=\sqrt{250}=5\sqrt{10}$ だから，△GDE の面積が最も大きくなるとき，$\triangle GDE=\frac{1}{2}\times DE\times GN=\frac{1}{2}\times6\sqrt{3}\times5\sqrt{10}=15\sqrt{30}$ (cm²)である。

図２

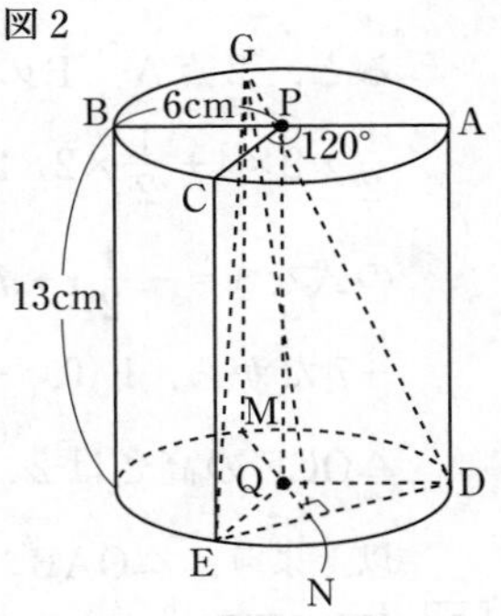

〔**問３**〕＜***b*，*c* の値の組**＞右図３で，点Bを含む $\overset{\frown}{AC}$ に対する中心角は $360°-a°=360°-120°=240°$ だから，点Bを含む $\overset{\frown}{AC}$ の長さは $2\pi\times6\times\frac{240°}{360°}=8\pi$ である。また，円柱の側面を右下図４のように展開すると，線 l の長さが最短になるとき，線 l は線分 AE で表される。このとき，△ADE で三平方の定理 $AD^2+DE^2=AE^2$ より，$(b\pi)^2+(8\pi)^2=(c\pi)^2$ が成り立つ。よって，$b^2\pi^2+64\pi^2=c^2\pi^2$，$b^2+64=c^2$，$c^2-b^2=64$，$(c+b)(c-b)=64$ となる。b，c が自然数で，$0<b<c$ だから，$c+b$，$c-b$ も自然数であり，$(c+b,\ c-b)=(64,\ 1)$，$(32,\ 2)$，$(16,\ 4)$ が考えられる。$c+b=64$……①，$c-b=1$……②のとき，①－②より，$b-(-b)=64-1$，$2b=63$，$b=\frac{63}{2}$ となり，自然数にならないので，適さない。$c+b=32$……③，$c-b=2$……④のとき，③－④より，$b-(-b)=32-2$，$2b=30$，$b=15$ となり，これを③に代入して，$c+15=32$，$c=17$ となる。b，c はともに自然数だから，適する。$c+b=16$，$c-b=4$ のときも同様にして，$b=6$，$c=10$ となり，適する。以上より，求める自然数 b，c の組は，$(b,\ c)=(15,\ 17)$，$(6,\ 10)$ である。

図３

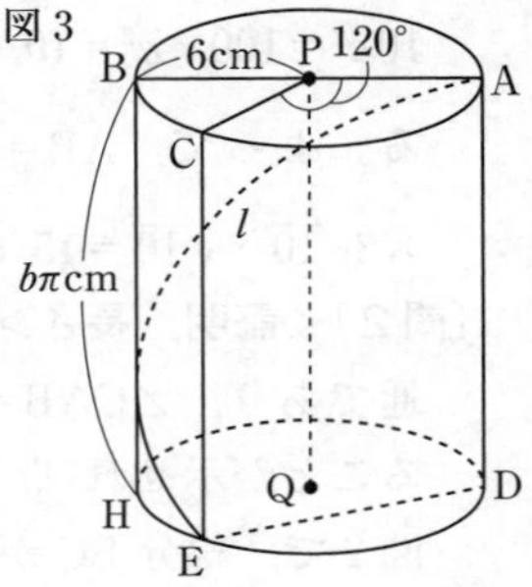

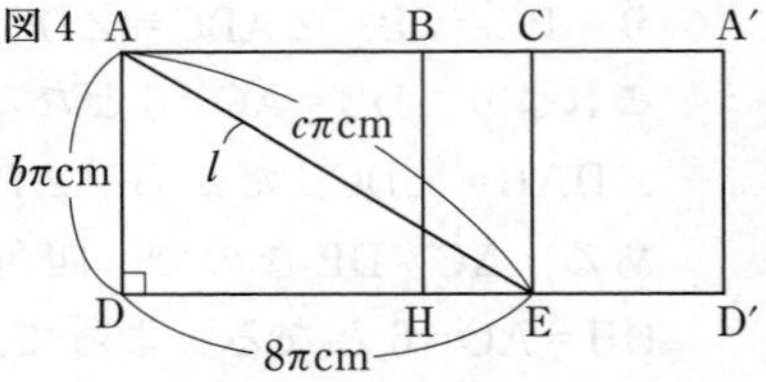

国語解答

一 (1) ひ　(2) すうこう
(3) どんつう　(4) こうてつ
(5) そっせんすいはん

二 (1) 拝　(2) 操業　(3) 探訪
(4) 片意地　(5) 多岐亡羊

三 〔問1〕 エ　〔問2〕 ア
〔問3〕 ウ
〔問4〕 何の植物もなかった空間を疑問に思って，その空間に自分で手を加えてみたいという気持ち。(42字)
〔問5〕 ア　〔問6〕 イ

四 〔問1〕 資本主義原理のもと，インターネット世界で価値が高いとされる大衆の興味を引くコンテンツをつくるために，すでに多くの視聴者を獲得しているコンテンツを模倣したものが安易に量産されてしまうから。(93字)
〔問2〕 ウ　〔問3〕 ウ
〔問4〕 ア　〔問5〕 イ
〔問6〕 エ
〔問7〕 (例)インターネット上で，自分と合う考えばかりにふれ，異なる考えを排除することで，自分の考えに固執するようになると，現実世界でも異なる他者の考えを受け入れられず，他者と関係を築くことが難しくなってしまう。／こうした事態を解決するためには，インターネット以外のメディアからも積極的に情報を集めて自分の考えを見直す機会を持つとともに，他者のさまざまな考えを尊重しながら対話をする姿勢を持つことが必要である。(199字)

五 〔問1〕 エ　〔問2〕 ア
〔問3〕 ウ　〔問4〕 エ
〔問5〕 イ

一 〔漢字〕

(1)音読みは「干潮」などの「カン」。　(2)「崇高」は，気高く尊いさま。　(3)「鈍痛」は，激しくはないが重苦しい痛みのこと。　(4)「更迭」は，ある地位についている人を辞めさせること。　(5)「率先垂範」は，人の先に立って模範を示すこと。

二 〔漢字〕

(1)音読みは「拝見」などの「ハイ」。　(2)「操業」は，機械などを動かして仕事をすること。　(3)「探訪」は，社会の実情や物事の真相を調べる目的で，そこに実際に行ってみること。　(4)「片意地」は，他者の意見にはかまわず，自分の考えを押し通すこと。　(5)「多岐亡羊」は，学問の道があまりに多く分かれているために，簡単に真理を得られないことから転じて，道がたくさんあって，どれを選んだらよいか思案にあまること。

三 〔随筆の読解—自伝的分野—回想〕出典：宮本百合子『雨と子供』。

〔問1〕＜文章内容＞空が荒れ，風が強く吹き始めると，「私の内にある未開な原始的な何ものか」が呼び覚まされ，「私」は，「痛快なおどろきとこわさ」を味わいたい気持ちがわき上がってくる。

〔問2〕＜文章内容＞雨が降ると家中が暗くなり，その暗さに，子どもの「私」は，怖いけれども魅力を感じていた。そして，「私」は，自分は「一人の母」で息子とともに洞に隠れていて虎に狙われているという状況を設定し，「大丈夫よ，大丈夫よ」と子どもにささやく母親になりきっていた。

〔問３〕**＜文章内容＞**雨が降り続くと，その状況に慣れてしまい，子どもたちは，「雨水に浮く柿の花」をずっと見るようになる。そして，柿の花が水に落ち，波紋が広がるという状況を見て，波紋が「何処へひろがるのか，何のためにひろがるか」などと，子ども心に考えを深めていく。

〔問４〕**＜心情＞**子どもの「私」は，木も草も何もない空き地に目を引かれ，どうして「ここだけこんな何もないのだろう」と思った。何となく寂しく，その空き地に何かを植えたいと思い，「私」は，自分が青じそだと思う草をそこに植えて花壇のようなものをつくろうとした。

〔問５〕**＜心情＞**雨が激しく降り，自分が植えた青じそも，流されそうになった。小石を置いても青じそを守ることができず，ずぶ濡れで傘をさしかけるしかなくて，「私」は，自分には何もできそうもないと感じて長らく立っていた。

〔問６〕**＜表現＞**「ザワザワ」や「ひょろひょろ」は，自然の様子をわかりやすく表し，「わくわく」は，「私」の興奮する気持ちを表しているが，「人為とは無関係に変化する自然」に対する「恐れ」を表してはいない(ア…×)。具体的な植物の名前が挙げられることで，「私」が自然を身近に感じ，空き地が「花壇を貰って嬉しがっているよう」などといった「豊かな感受性」も養われたことがうかがわれる(イ…○)。「享楽」という言葉は，自分の子どもの頃を思い返して使われており「幼いながらも思慮深かった」ことを示しているのではない(ウ…×)。「台所の方は――客間や玄関を引くるめて」など，「――」の後に補足したいことが述べられている(エ…×)。

四〔**論説文の読解―社会学的分野―現代社会**〕出典：濱良祐「現代メディア論」(庭田茂吉・倉本香・和田渡編『曲がり角の向こう』所収)。

≪本文の概要≫メディア環境が充実すれば，それまでより多様なコンテンツが次々に発信されて，技術のさらなる発展とともに，芸術や文化も発展すると思われる。しかし現在，インターネット世界には，それほど創造的で多様なコンテンツがあるわけではない。数あるコンテンツは，しだいに画一化され，視聴者も，それを望んでいるようにさえ見える。資本主義システムのもとでは，芸術や文化も商品であり，本当の意味での自由な制作はできず，売れるものが商品価値の高いものとなる。そして，伝統的な価値の無力化は価値の大衆化へつながる。深刻なのは，インターネットのテクノロジーが，画一的なコンテンツを望むように個人を導いていることである。こうして，現代のインターネット世界では，テクノロジーの発展とメディアの転換によって，人間の経験は，画一的な貧しいものになっていく。自己は，さまざまな経験を通して形成されるが，経験が画一化されれば，唯一の存在としての自己を喪失する。自分を愛せなければ，他者との結びつきも弱まり，友愛がなければ，社会を構築できなくなる。同じ価値を共有できると期待されたインターネットの世界では，経験が貧困になり，自己を確立することが難しく，人間が野蛮化した。インターネットは，人間に，処理できないほどの情報量をもたらし，現実に近くにいる人々と価値を共有し共存をするという要求を失わせた。

〔問１〕**＜文章内容＞**インターネット世界で「コンテンツが画一化されていく背景には，資本主義の原理が働いて」いる。資本主義の原理のもとでは，本当の意味での自由な制作によるものよりも，「商品価値が高いもの」が優先して制作される。より多くの視聴者の興味を引くものがよいとされ，そのためには「すでに多くの視聴者を獲得している別のコンテンツを模倣することが有効」であり，似たようなものが制作されることで，コンテンツの画一化が進むことになる。

〔問２〕**＜文章内容＞**インターネットの利用者は，「基本的に検索システムで上位に挙げられるコンテンツや情報にのみアクセス」する。検索の上位は，より多くの利用者がアクセスしたコンテンツか，以前に自分がアクセスしたものに似たコンテンツによって占められる。インターネットのテクノロジーが，画一的なコンテンツに接続するように「個人を導いている」のである。

〔問３〕＜**文章内容**＞現代のインターネット世界では，人間の経験は「画一的な貧しいもの」になっている。スティグレールは，経験の画一化が，自分は他者とは違うという「唯一の存在としての自己」への愛を喪失させていると指摘しており，経験の貧しさが「自己の喪失を生んでいる」のである。

〔問４〕＜**文章内容**＞インターネット世界で経験が画一化し，自己への愛を喪失すると，他者への愛も喪失してしまい，社会を構築することも難しくなる。自己を形成し愛することができない人は，他者への配慮ができないので，「他者を欺き傷つけることを厭わなく」なり，対立する他者に対しては自分を主張するために「暴力的になる」のである。

〔問５〕＜**文章内容**＞インターネットの発達によって，世界中の人々が同じ情報を受け取ることができるようになれば，「同じ情報に基づいて考え，物理的な距離を越えて対話する」ことができ，「同じ価値を共有」できるようになると，インターネットの開発者たちは考えたのである。

〔問６〕＜**文章内容**＞「経験の貧困」によって，「自己を確立すること」ができなくなると，人は，マクルーハンの指摘のように，生き抜くために自己を「力で証明」しようとし，「自分が特別な存在である」ことを他者に認めさせようとして「暴力的に」なるのである。

〔問７〕＜**作文**＞インターネット上で自分の考えと同じ意見を持つ人とばかりつながると，インターネット上以外でも，自分とは異なる考えを持つ人の存在を「拒絶」しがちになる。その解決のためにはどうすればよいかを考える。自分ならどういうことに気をつけるか，どういう行動を取るかと具体的に考えてみる。誤字に気をつけて，字数を守って書くこと。

五〔**説明文の読解―芸術・文学・言語学的分野―文学**〕出典：渡辺秀夫『かぐや姫と浦島　物語文学の誕生と神仙ワールド』。

〔問１〕＜**文章内容**＞古来，日本人の日常の生活空間には身近な竹細工があふれ，竹はなじみのあるものであった。しかし，平安朝の和歌では，「竹」は「縁語・掛詞」など「音通上の利用が大半」であり，竹のイメージをよみ込んだものは非常に少ない。

〔問２〕＜**文章内容**＞平安前期の漢詩人たちは，中国の王子猷の小話や竹林七賢人の故事や，竹の葉の「寒気きびしい冬(逆境)にも負けず青々と茂る」イメージを取り入れて，作品をつくっていた。

〔問３〕＜**漢字**＞「服用」と「内服」の「服」は，飲む，という意味。「衣服」の「服」は，着るもののこと。「感服」と「征服」は，従う，つき従わせておく，という意味。

〔問４〕＜**文章内容**＞中国では，「竹」は「現世を隔絶した特殊な雰囲気をもつもの」としてとらえられ，「神仙世界」に関わるものとされていた。『竹取物語』の作者は，当時の第一級の知識人であり，中国の「神仙小説類から触発された『竹』のもつ強力な価値(イメージ)」をもとに，「仙女の誕生を竹の中から」としたと考えられる。

〔問５〕＜**文章内容**＞日本人は，『万葉集』の時代から，成長力の著しい竹に「神秘性」を感じていた。日本には，そういう「素地」があったので，中国の「神仙小説類」などに表される「神仙世界の『竹』のイメージ」を，すんなりと受け入れ，『竹取物語』などに取り込むことができた。

Memo

●2024年度

東京都立高等学校

共　通　問　題

【社会・理科】

2024年度 東京都立高等学校（共通問題）

【社　会】（50分）〈満点：100点〉

1　次の各問に答えよ。

〔問１〕　次の地形図は，2017年の「国土地理院発行２万５千分の１地形図（取手《とりで》）」の一部を拡大して作成した地形図上に●で示した**A**点から，**B**～**E**点の順に，**F**点まで移動した経路を太線（━━━）で示したものである。次のページの**ア**～**エ**の写真と文は，地形図上の**B**～**E**点の**い**

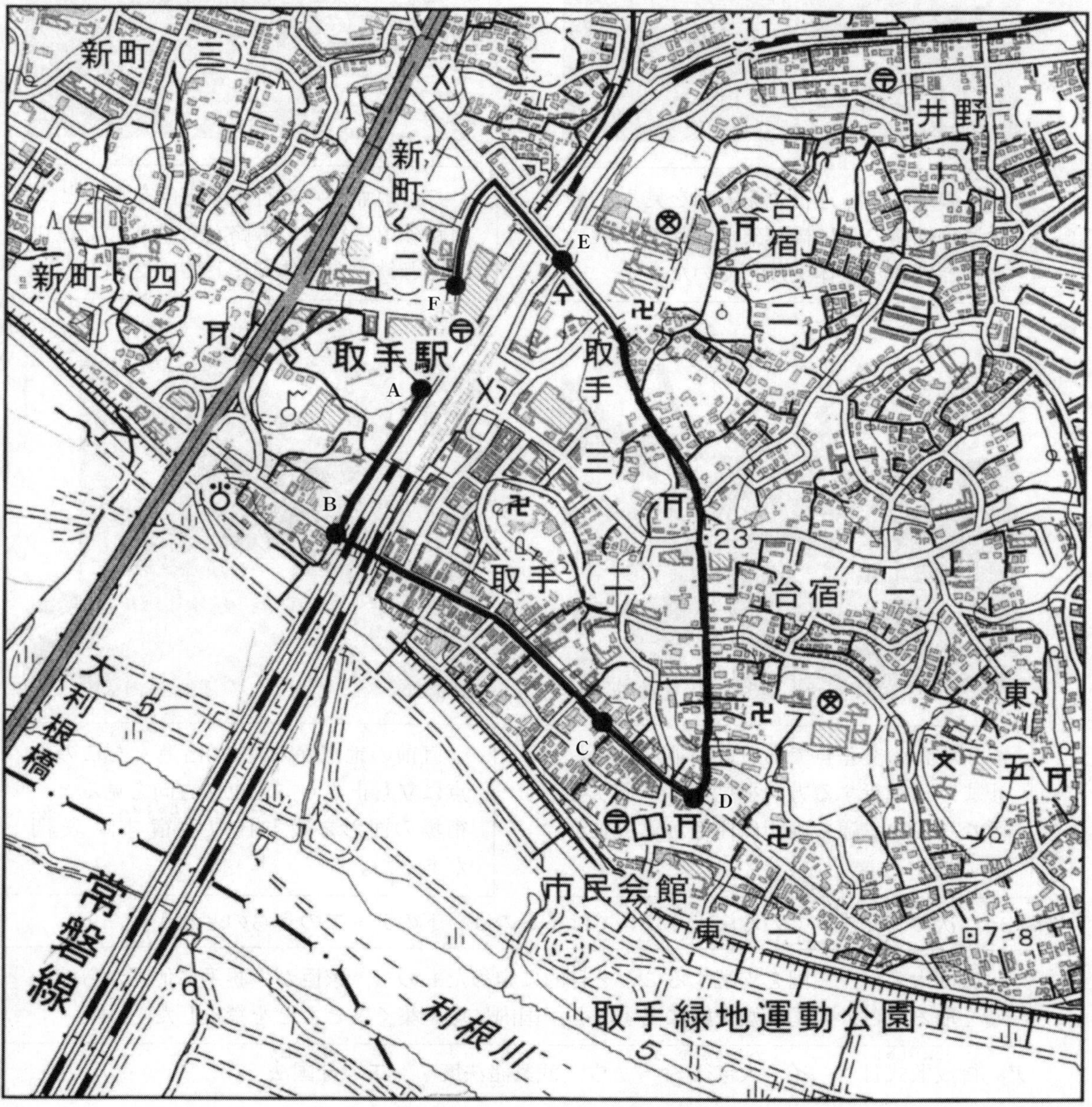

ずれかの地点の様子を示したものである。地形図上の**B**～**E**点のそれぞれに当てはまるのは，次の**ア**～**エ**のうちではどれか。

ア

この地点から進行する方向を見ると，鉄道の線路の上に橋が架けられており，道路と鉄道が立体交差していた。

イ

この地点から進行する方向を見ると，道路の上に鉄道の線路が敷《ふ》設《せつ》されており，道路と鉄道が立体交差していた。

ウ

丁字形《ていじけい》の交差点であるこの地点に立ち止まり，進行する方向を見ると，登り坂となっている道の両側に住宅が建ち並んでいた。

エ

直前の地点から約470m進んだこの地点に立ち止まり，北東の方向を見ると，宿場の面影を残す旧《きゅう》取手《とりで》宿《しゅく》本陣《ほんじん》表門《おもてもん》があった。

〔問２〕　次の文で述べている決まりに当てはまるのは，下の**ア**～**エ**のうちのどれか。

戦国大名が，領国を支配することを目的に定めたもので，家臣が，勝手に他国から嫁や婿を取ることや他国へ娘を嫁に出すこと，国内に城を築くことなどを禁止した。

ア　御成敗式目《ごせいばいしきもく》　　**イ**　大宝律令《たいほうりつりょう》　　**ウ**　武家諸法度《ぶけしょはっと》　　**エ**　分国法《ぶんこくほう》

〔問3〕 次の文章で述べているものに当てはまるのは，下の**ア**～**エ**のうちのどれか。

> 衆議院の解散による衆議院議員の総選挙後に召集され，召集とともに内閣が総辞職するため，両議院において内閣総理大臣の指名が行われる。会期は，その都度，国会が決定し，2回まで延長することができる。

ア 常会　**イ** 臨時会　**ウ** 特別会　**エ** 参議院の緊急集会

2 次の略地図を見て，あとの各問に答えよ。

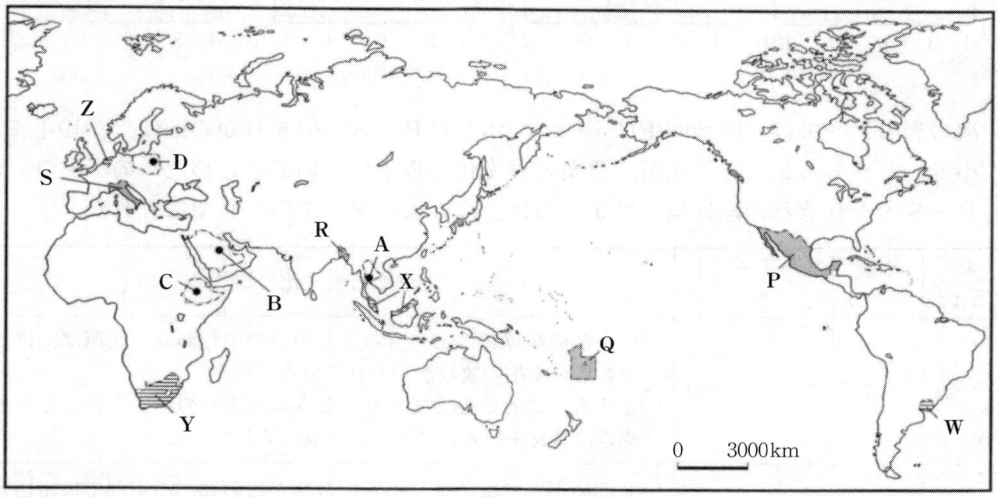

〔問1〕 略地図中の**A**～**D**は，それぞれの国の首都の位置を示したものである。次のⅠの文章は，略地図中の**A**～**D**の**いずれか**の首都を含む国の自然環境と農業についてまとめたものである。Ⅱの**ア**～**エ**のグラフは，略地図中の**A**～**D**の**いずれか**の首都の，年平均気温と年降水量及び各月の平均気温と降水量を示したものである。Ⅰの文章で述べている国の首都に当てはまるのは，略地図中の**A**～**D**のうちのどれか，また，その首都のグラフに当てはまるのは，Ⅱの**ア**～**エ**のうちのどれか。

Ⅰ

> 首都は標高約2350mに位置し，各月の平均気温の変化は年間を通して小さい。コーヒー豆の原産地とされており，2019年におけるコーヒー豆の生産量は世界第5位であり，輸出額に占める割合が高く，主要な収入源となっている。

Ⅱ

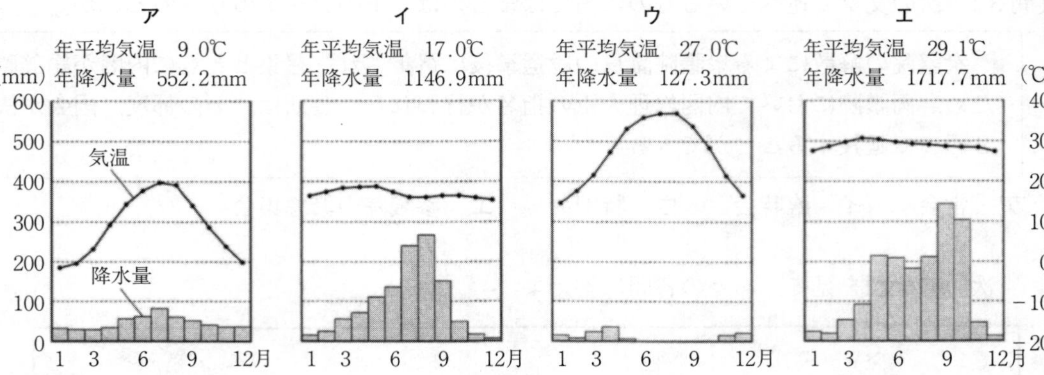

(「理科年表」令和５年より作成)

〔問２〕　次の表の**ア**〜**エ**は，略地図中に　　で示した**P**〜**S**の**いずれか**の国の，2019年における米，小麦，とうもろこしの生産量，農業と食文化の様子についてまとめたものである。略地図中の**P**〜**S**のそれぞれの国に当てはまるのは，次の表の**ア**〜**エ**のうちではどれか。

	米(万ｔ)	小麦(万ｔ)	とうもろこし(万ｔ)	農業と食文化の様子
ア	25	324	2723	○中央部の高原ではとうもろこしの栽培が行われ，北西部ではかんがい農業や牛の放牧が行われている。 ○とうもろこしが主食であり，とうもろこしの粉から作った生地を焼き，具材を挟んだ料理などが食べられている。
イ	149	674	628	○北部の平野では冬季に小麦の栽培が行われ，沿岸部では柑橘《かんきつ》類やオリーブなどの栽培が行われている。 ○小麦が主食であり，小麦粉から作った麺に様々なソースをあわせた料理などが食べられている。
ウ	0.6	―	0.1	○畑ではタロいもなどの栽培が行われ，海岸沿いの平野ではさとうきびなどの栽培が行われている。 ○タロいもが主食であり，バナナの葉に様々な食材と共にタロいもを包んで蒸した料理などが食べられている。
エ	5459	102	357	○河川が形成した低地では雨季の降水などを利用した稲作が行われ，北東部では茶の栽培が行われている。 ○米が主食であり，鶏やヤギの肉と共に牛乳から採れる油を使って米を炊き込んだ料理などが食べられている。

(注)　―は，生産量が不明であることを示す。

(「データブック オブ・ザ・ワールド」2022年版などより作成)

〔問３〕　次のⅠとⅡの表の**ア**〜**エ**は，略地図中に　　で示した**W**〜**Z**の**いずれか**の国に当てはまる。Ⅰの表は，2001年と2019年における日本の輸入額，農産物の日本の主な輸入品目と輸入額を示したものである。Ⅱの表は，2001年と2019年における輸出額，輸出額が多い上位３位までの貿易相手国を示したものである。Ⅲの文章は，略地図中の**W**〜**Z**の**いずれか**の国について述べたものである。Ⅲの文章で述べている国に当てはまるのは，略地図中の**W**〜**Z**のうちのどれか，また，ⅠとⅡの表の**ア**〜**エ**のうちのどれか。

Ⅰ

		日本の輸入額（百万円）	農産物の日本の主な輸入品目と輸入額（百万円）					
ア	2001年	226492	植物性原材料	18245	ココア	4019	野菜	3722
	2019年	343195	豚肉	17734	チーズ等	12517	植物性原材料	6841
イ	2001年	5538	羊毛	210	米	192	チーズ等	31
	2019年	3017	牛肉	1365	羊毛	400	果実	39
ウ	2001年	338374	とうもろこし	12069	果実	9960	砂糖	5680
	2019年	559098	果実	7904	植物性原材料	2205	野菜	2118
エ	2001年	1561324	パーム油	14952	植物性原材料	2110	天然ゴム	2055
	2019年	1926305	パーム油	36040	植物性原材料	15534	ココア	15390

（財務省「貿易統計」より作成）

Ⅱ

		輸出額（百万ドル）	輸出額が多い上位３位までの貿易相手国		
			１位	２位	３位
ア	2001年	169480	ドイツ	イギリス	ベルギー
	2019年	576785	ドイツ	ベルギー	フランス
イ	2001年	2058	ブラジル	アルゼンチン	アメリカ合衆国
	2019年	7680	中華人民共和国	ブラジル	アメリカ合衆国
ウ	2001年	27928	アメリカ合衆国	イギリス	ドイツ
	2019年	89396	中華人民共和国	ドイツ	アメリカ合衆国
エ	2001年	88005	アメリカ合衆国	シンガポール	日本
	2019年	240212	中華人民共和国	シンガポール	アメリカ合衆国

（国際連合「貿易統計年鑑」2020などより作成）

Ⅲ

この国では農業の機械化が進んでおり，沿岸部の砂丘では花や野菜が栽培され，ポルダーと呼ばれる干拓地では酪農が行われている。

2001年と比べて2019年では，日本の輸入額は２倍に届いてはいないが増加し，輸出額は３倍以上となっている。2019年の輸出額は日本に次ぎ世界第５位となっており，輸出額が多い上位３位までの貿易相手国は全て同じ地域の政治・経済統合体の加盟国となっている。

3 次の略地図を見て，あとの各問に答えよ。

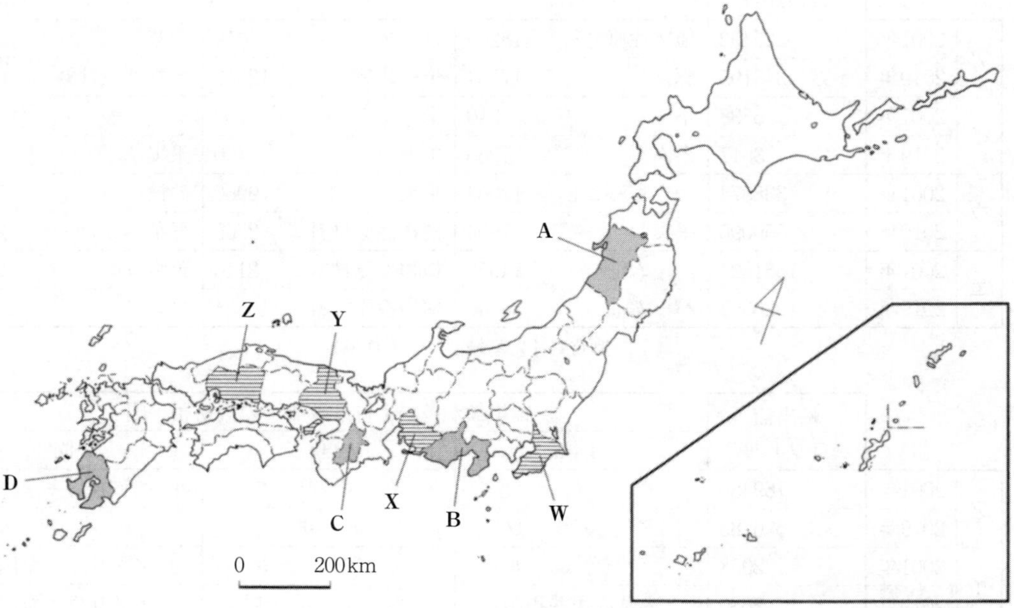

〔問１〕 次の表の**ア**～**エ**の文章は，略地図中に ▒▒ で示した，**A**～**D**の**いずれか**の県の，自然環境と第一次産業の様子についてまとめたものである。**A**～**D**のそれぞれの県に当てはまるのは，次の表の**ア**～**エ**のうちではどれか。

	自然環境と第一次産業の様子
ア	○南東側の県境付近に位置する山を水源とする河川は，上流部では渓谷を蛇行しながら北西方向に流れた後，流路を大きく変えて西流し，隣接する県を貫流して海に注いでいる。 ○南東部は，季節風の影響などにより国内有数の多雨地域であり，木材の生育に適していることから，古くから林業が営まれ，高品質な杉などが生産されていることが知られている。
イ	○北側の3000m級の山々が連なる山脈は，南北方向に走っており，東部の半島は，複数の火山が見られる山がちな地域であり，入り組んだ海岸線が見られる。 ○中西部にある台地は，明治時代以降に開拓され，日当たりと水はけがよいことから，国内有数の茶の生産量を誇っており，ブランド茶が生産されていることが知られている。
ウ	○南側の県境付近に位置する山を水源とする河川は，上流部や中流部では，南北方向に連なる山脈と山地の間に位置する盆地を貫流し，下流部では平野を形成して海に注いでいる。 ○南東部にある盆地は，夏に吹く北東の冷涼な風による冷害の影響を受けにくい地形の特徴などがあることから，稲作に適しており，銘柄米が生産されていることが知られている。
エ	○二つの半島に挟まれた湾の中に位置する島や北東側の県境に位置する火山などは，現在でも活動中であり，複数の離島があり，海岸線の距離は約2600kmとなっている。 ○水を通しやすい火山灰などが積もってできた台地が広範囲に分布していることから，牧畜が盛んであり，肉牛などの飼育頭数は国内有数であることが知られている。

〔問２〕　次のⅠの表の**ア～エ**は，略地図中に ▤ で示した**W～Z**の**いずれか**の県の，2020年における人口，県庁所在地の人口，他の都道府県への従業・通学者数，製造品出荷額等，製造品出荷額等に占める上位３位の品目と製造品出荷額等に占める割合を示したものである。次のⅡの文章は，Ⅰの表の**ア～エ**の**いずれか**の県の工業や人口の様子について述べたものである。Ⅱの文章で述べている県に当てはまるのは，Ⅰの**ア～エ**のうちのどれか，また，略地図中の**W～Z**のうちのどれか。

Ⅰ

	人口（万人）	県庁所在地の人口（万人）	他の都道府県への従業・通学者数（人）	製造品出荷額等（億円）	製造品出荷額等に占める上位３位の品目と製造品出荷額等に占める割合（%）
ア	628	97	797943	119770	石油・石炭製品（23.1），化学（17.2），食料品（13.3）
イ	280	120	26013	89103	輸送用機械（32.8），鉄鋼（11.2），生産用機械（9.7）
ウ	547	153	348388	153303	化学（13.6），鉄鋼（11.0），食料品（10.8）
エ	754	233	88668	441162	輸送用機械（53.0），電気機械（7.7），鉄鋼（4.9）

（2021年経済センサスなどより作成）

Ⅱ

○湾に面した沿岸部は，1950年代から埋め立て地などに，製油所，製鉄所や火力発電所などが建設されており，国内最大規模の石油コンビナートを有する工業地域となっている。

○中央部及び北西部に人口が集中しており，2020年における人口に占める他の都道府県への従業・通学者数の割合は，１割以上となっている。

〔問３〕　次の資料は，2019年に富山市が発表した「富山市都市マスタープラン」に示された，富山市が目指すコンパクトなまちづくりの基本的な考え方の一部をまとめたものである。資料から読み取れる，将来の富山市における日常生活に必要な機能の利用について，現状と比較し，自宅からの移動方法に着目して，簡単に述べよ。

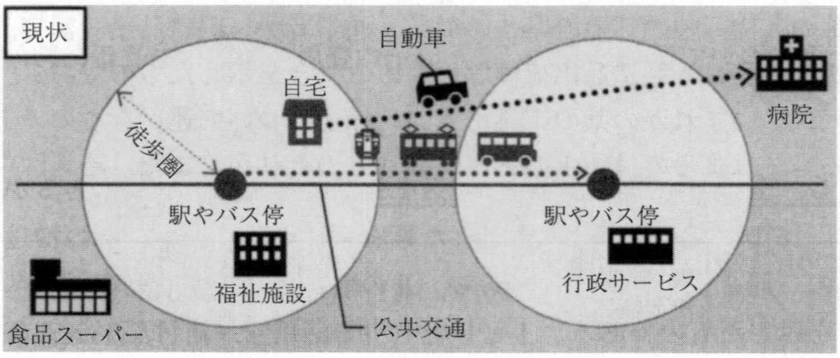

・公共交通のサービス水準が不十分で利用しにくい。
・駅やバス停を中心とした徒歩圏に日常生活に必要な機能がそろっていない。
・自動車を利用しないと生活しづらい。

こう変えたい

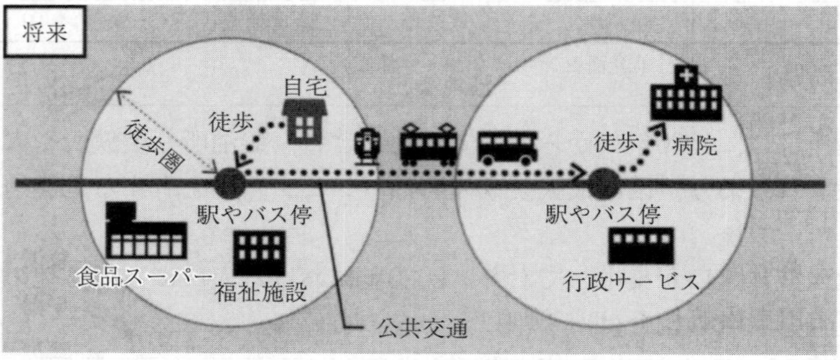

・公共交通のサービス水準が向上して利用しやすい。
・駅やバス停を中心とした徒歩圏に日常生活に必要な機能がそろっている。

（注）
・日常生活に必要な機能とは，行政サービス，福祉施設，病院，食品スーパーである。
・公共交通のサービス水準とは，鉄道・路面電車・バスの運行頻度などである。

（「富山市都市マスタープラン」より作成）

4　次の文章を読み，あとの各問に答えよ。

海上交通は，一度に大量の人や物を輸送することができることから，社会の発展のために重要な役割を果たしてきた。

古代から，各時代の権力者は，(1)周辺の国々へ使節を派遣し，政治制度や文化を取り入れたり，貿易により利益を得たりすることなどを通して，権力の基盤を固めてきた。時代が進むと，商人により，貨幣や多様な物資がもたらされ，堺《さかい》や博多《はかた》などの港が繁栄した。

江戸時代に入り，幕府は海外との貿易を制限するとともに，(2)国内の海上交通を整備し，全国的な規模で物資の輸送を行うようになった。開国後は，(3)諸外国との関わりの中で，産業が発展し，港湾の開発が進められた。

第二次世界大戦後，政府は，経済の復興を掲げ，海上交通の再建を目的に，造船業を支援した。(4)現在でも，外国との貿易の大部分は海上交通が担《にな》い，私たちの生活や産業の発展を支えている。

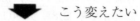

〔問１〕 (1)周辺の国々へ使節を派遣し，政治制度や文化を取り入れたり，貿易により利益を得たりすることなどを通して，権力の基盤を固めてきた。とあるが，次のア～エは，飛鳥《あすか》時代から室町時代にかけて，権力者による海外との交流の様子などについて述べたものである。時期の古いものから順に記号を並べよ。

ア 混乱した政治を立て直すことを目的に，都を京都に移し，学問僧として唐《とう》へ派遣された最《さい》澄《ちょう》が帰国後に開いた密教を許可した。

イ 将軍を補佐する第五代執権《しっけん》として，有力な御家人を退けるとともに，国家が栄えることを願い，宋《そう》より来日した禅僧の蘭渓道隆《らんけいどうりゅう》を開山と定め，建長寺《けんちょうじ》を建立《こんりゅう》した。

ウ 明《みん》へ使者を派遣し，明の皇帝から「日本国王」に任命され，勘合《かんごう》を用いて朝貢《ちょうこう》の形式で行う貿易を開始した。

エ 隋《ずい》に派遣され，政治制度などについて学んだ留学生を国博士《くにはかせ》に登用し，大化の改新における政治制度の改革に取り組ませた。

〔問２〕 (2)国内の海上交通を整備し，全国的な規模で物資の輸送を行うようになった。とあるが，次のⅠの文章は，河村瑞賢《かわむらずいけん》が，1670年代に幕府に命じられた幕府の領地からの年貢《ねんぐ》米の輸送について，幕府に提案した内容の一部をまとめたものである。Ⅱの略地図は，Ⅰの文章で述べられている寄港地などの所在地を示したものである。ⅠとⅡの資料を活用し，河村瑞賢が幕府に提案した，幕府の領地からの年貢米の輸送について，輸送経路，寄港地の役割に着目して，簡単に述べよ。

Ⅰ

○陸奥《むつ》国信夫《しのぶ》郡(現在の福島県)などの幕府の領地の年貢米を積んだ船は，荒浜《あらはま》を出航したあと，平潟《ひらかた》，那珂湊《なかみなと》，銚子《ちょうし》，小湊《こみなと》を寄港地とし，江戸に向かう。

○出羽《でわ》国(現在の山形県)の幕府の領地の年貢米を積んだ船は，酒《さか》田《た》を出航したあと，小木《おぎ》，福浦《ふくら》，柴山《しばやま》，温泉津《ゆのつ》，下関《しものせき》，大阪，大島《おおしま》，方座《ほうざ》，安乗《あのり》，下田《しもだ》を寄港地とし，江戸に向かう。

○寄港地には役人を置き，船の発着の日時や積荷の点検などを行う。

Ⅱ

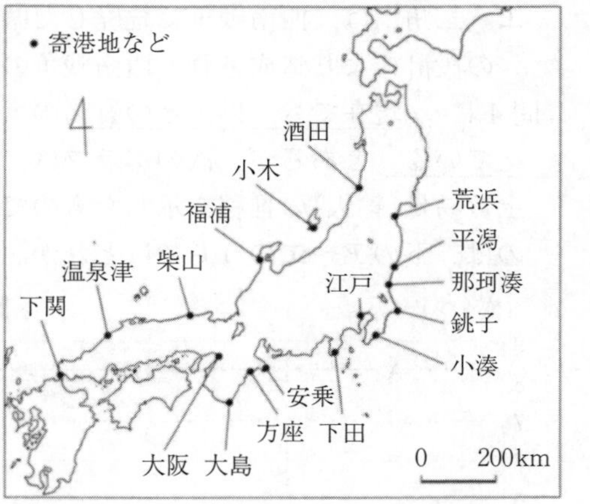

〔問3〕 (3)諸外国との関わりの中で，産業が発展し，港湾の開発が進められた。とあるが，右の略年表は，江戸時代から昭和時代にかけての，外交に関する主な出来事についてまとめたものである。略年表中の**A**～**D**のそれぞれの時期に当てはまるのは，次の**ア**～**エ**のうちではどれか。

西暦	外交に関する主な出来事	
1842	●幕府が天保《てんぽう》の薪水給与令を出し，異国船打ち払い令を緩和した。	
		A
1871	●政府が不平等条約改正の交渉などのために，岩倉使節団を欧米に派遣した。	
		B
1889	●大日本帝国憲法が制定され，近代的な政治制度が整えられた。	
		C
1911	●日米新通商航海条約の調印により，関税自主権の回復に成功した。	
		D
1928	●15か国が参加し，パリ不戦条約が調印された。	

ア　四日市《よっかいち》港は，日英通商航海条約の調印により，治外法権が撤廃され，関税率の一部引き上げが可能になる中で，外国との貿易港として開港場に指定された。

イ　東京港は，関東大震災の復旧工事の一環として，関東大震災の２年後に日《ひ》の出《で》ふ頭が完成したことにより，大型船の接岸が可能となった。

ウ　函館《はこだて》港は，アメリカ合衆国との間に締結した和親条約により，捕鯨船への薪《まき》と水，食糧を補給する港として開港された。

エ　三角《みすみ》港は，西南戦争で荒廃した県内の産業を発展させることを目的に，オランダ人技術者の設計により造成され，西南戦争の10年後に開港された。

〔問4〕 (4)現在でも，外国との貿易の大部分は海上交通が担《にな》い，私たちの生活や産業の発展を支えている。とあるが，次のグラフは，1950年から2000年までの，日本の海上貿易量（輸出）と海上貿易量（輸入）の推移を示したものである。グラフ中の**A**～**D**のそれぞれの時期に当てはまるのは，下の**ア**～**エ**のうちではどれか。

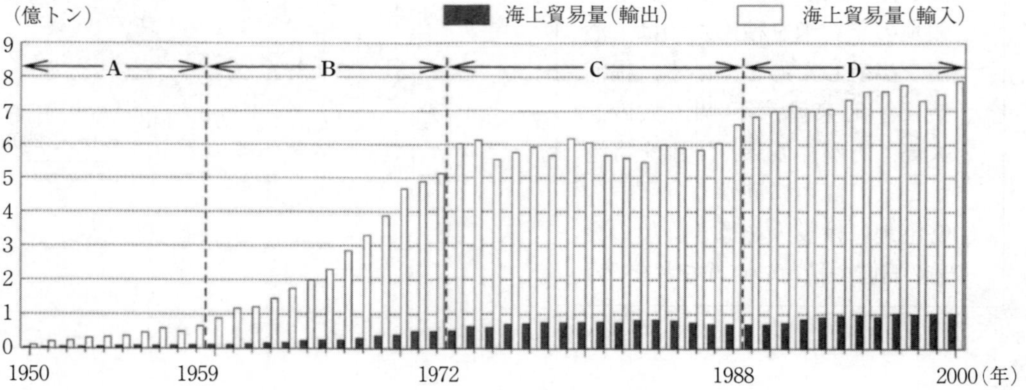

（日本長期統計総覧などより作成）

ア　サンフランシスコ平和条約（講和条約）を結び，国際社会に復帰する中で，海上貿易量は輸出・輸入ともに増加し，特に石油及び鉄鋼原料の需要の増加に伴い，海上貿易量（輸入）の増加が見られた。

イ　エネルギーの供給量において石油が石炭を上回り，海上輸送においてタンカーの大型化が進展する中で，日本初のコンテナ船が就航した他，この時期の最初の年と比較して最後の年では，海上貿易量(輸出)は約４倍に，海上貿易量(輸入)は約６倍に増加した。

ウ　冷たい戦争(冷戦)が終結するとともに，アジアにおいて経済発展を背景にした巨大な海運市場が形成される中で，海上貿易量は輸出・輸入ともに増加傾向にあったが，国内景気の後退や海外生産の増加を要因として，一時的に海上貿易量は輸出・輸入ともに減少が見られた。

エ　この時期の前半は二度にわたる石油価格の急激な上昇が，後半はアメリカ合衆国などとの貿易摩擦の問題がそれぞれ見られる中で，前半は海上貿易量(輸出)が増加し，後半は急速な円高により海上貿易量(輸入)は減少から増加傾向に転じた。

5　次の文章を読み，あとの各問に答えよ。

私たちは，家族，学校など様々な集団を形成しながら生活している。(1)一人一人が集団の中で個人として尊重されることが重要であり，日本国憲法においては，基本的人権が保障されている。

集団の中では，考え方の違いなどにより対立が生じた場合，多様な価値観をもつ人々が互いに受け入れられるよう，合意に至る努力をしている。例えば，国権の最高機関である(2)国会では，国の予算の使途や財源について合意を図るため，予算案が審議され，議決されている。

国際社会においても，(3)世界の国々が共存していくために条約を結ぶなど，合意に基づく国際協調を推進することが大切である。

今後も，よりよい社会の実現のために，(4)私たち一人一人が社会の課題に対して自らの考えをもち，他の人たちと協議するなど，社会に参画し，積極的に合意形成に努めることが求められている。

〔問１〕　(1)一人一人が集団の中で個人として尊重されることが重要であり，日本国憲法においては，基本的人権が保障されている。とあるが，基本的人権のうち，平等権を保障する日本国憲法の条文は，次の**ア**～**エ**のうちではどれか。

ア　すべて国民は，健康で文化的な最低限度の生活を営む権利を有する。

イ　すべて国民は，法の下に平等であつて，人種，信条，性別，社会的身分又は門地により，政治的，経済的又は社会的関係において，差別されない。

ウ　何人も，自己に不利益な供述を強要されない。

エ　何人も，裁判所において裁判を受ける権利を奪はれない。

〔問２〕　(2)国会では，国の予算の使途や財源について合意を図るため，予算案が審議され，議決されている。とあるが，次のⅠのグラフは，1989年度と2021年度における我が国の一般会計歳入額及び歳入項目別の割合を示したものである。Ⅰのグラフ中の**A**～**D**は，法人税，公債金，所得税，消費税の**いずれか**に当てはまる。Ⅱの文章は，Ⅰのグラフ中の**A**～**D**の**いずれか**について述べたものである。Ⅱの文章で述べている歳入項目に当てはまるのは，Ⅰの**A**～**D**のうちのどれか，また，その歳入項目について述べているのは，下の**ア**～**エ**のうちではどれか。

Ⅰ

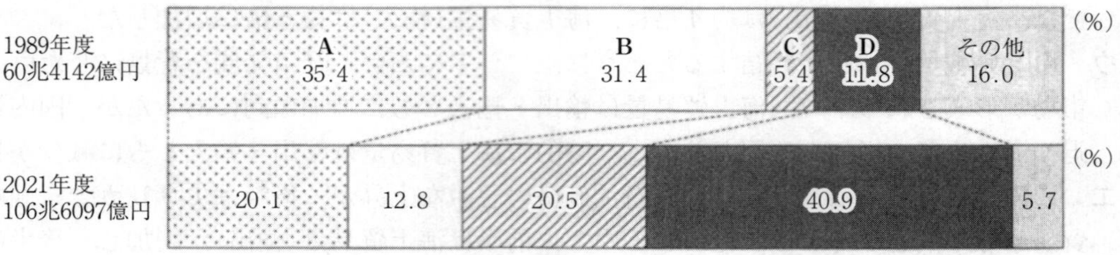

(財務省の資料より作成)

Ⅱ

> 間接税の一つであり，1989年に国民福祉の充実などに必要な歳入構造の安定化を図るために導入され，その後，段階的に税率が引き上げられた。2021年度の歳入額は20兆円を超え，1989年度に比べて6倍以上となっている。

ア　歳入の不足分を賄うため，借金により調達される収入で，元本の返済や利子の支払いなどにより負担が将来の世代に先送りされる。

イ　給料や商売の利益などに対して課され，主に勤労世代が負担し，税収が景気や人口構成の変化に左右されやすく，負担額は負担者の収入に応じて変化する。

ウ　商品の販売やサービスの提供に対して課され，勤労世代など特定の世代に負担が集中せず，税収が景気や人口構成の変化に左右されにくい。

エ　法人の企業活動により得られる所得に対して課され，税率は他の税とのバランスを図りながら，財政事情や経済情勢等を反映して決定される。

〔問３〕　(3)世界の国々が共存していくために条約を結ぶなど，合意に基づく国際協調を推進することが大切である。とあるが，次のⅠの文章は，ある国際的な合意について述べたものである。Ⅱの略年表は，1948年から2019年までの，国際社会における合意に関する主な出来事についてまとめたものである。Ⅰの国際的な合意が結ばれた時期に当てはまるのは，Ⅱの略年表中の**ア**～**エ**のうちではどれか。

Ⅰ

> 地球上の「誰一人取り残さない」ことをスローガンに掲げ，「質の高い教育をみんなに」などの17のゴールと169のターゲットで構成されている。持続可能でよりよい世界を目指し全ての国が取り組むべき国際目標として，国際連合において加盟国の全会一致で採択された。

Ⅱ

西暦	国際社会における合意に関する主な出来事	
1948	●世界人権宣言が採択された。	
		ア
1976	●国際連合において，児童権利宣言の20周年を記念して，1979年を国際児童年とすることが採択された。	
		イ
1990	●「気候変動に関する政府間パネル」により第一次評価報告書が発表された。	
		ウ
2001	●「極度の貧困と飢餓の撲滅」などを掲げたミレニアム開発目標が設定された。	
		エ
2019	●国際連合において，科学者グループによって起草された「持続可能な開発に関するグローバル・レポート2019」が発行された。	

〔問4〕 (4)私たち一人一人が社会の課題に対して自らの考えをもち，他の人たちと協議するなど，社会に参画し，積極的に合意形成に努めることが求められている。とあるが，次のⅠの文章は，2009年に法務省の法制審議会において取りまとめられた「民法の成年年齢の引下げについての最終報告書」の一部を分かりやすく書き改めたものである。Ⅱの表は，2014年から2018年までに改正された18歳，19歳に関する法律の成立年と主な改正点を示したものである。ⅠとⅡの資料を活用し，Ⅱの表で示された一連の法改正における，国の若年者に対する期待について，主な改正点に着目して，簡単に述べよ。

Ⅰ

○民法の成年年齢を20歳から18歳に引き下げることは，18歳，19歳の者を大人として扱い，社会への参加時期を早めることを意味する。
○18歳以上の者を，大人として処遇することは，若年者が将来の国づくりの中心であるという国としての強い決意を示すことにつながる。

Ⅱ

	成立年	主な改正点
憲法改正国民投票法の一部を改正する法律	2014	投票権年齢を満18歳以上とする。
公職選挙法等の一部を改正する法律	2015	選挙権年齢を満18歳以上とする。
民法の一部を改正する法律	2018	一人で有効な契約をすることができ，父母の親権に服さず自分の住む場所や，進学や就職などの進路について，自分の意思で決めることができるようになる成年年齢を満18歳以上とする。

6 次の文章を読み，あとの各問に答えよ。

国際社会では，人，物，お金や情報が，国境を越えて地球規模で移動するグローバル化が進んでいる。例えば，科学や文化などの面では，(1)これまでも多くの日本人が，研究などを目的に海外に移動し，滞在した国や地域，日本の発展に貢献してきた。また，経済の面では，(2)多くの企業が，世界規模で事業を展開するようになり，一企業の活動が世界的に影響を与えるようになってきた。

地球規模の課題は一層複雑になっており，課題解決のためには，(3)国際連合などにおける国際協調の推進が一層求められている。

〔問1〕 (1)これまでも多くの日本人が，研究などを目的に海外に移動し，滞在した国や地域，日本の発展に貢献してきた。とあるが，下の表の**ア**～**エ**は，略地図中に ▒ で示した**A**～**D**の**いずれか**の国に滞在した日本人の活動などについて述べたものである。略地図中の**A**～**D**のそれぞれの国に当てはまるのは，下の表の**ア**～**エ**のうちではどれか。

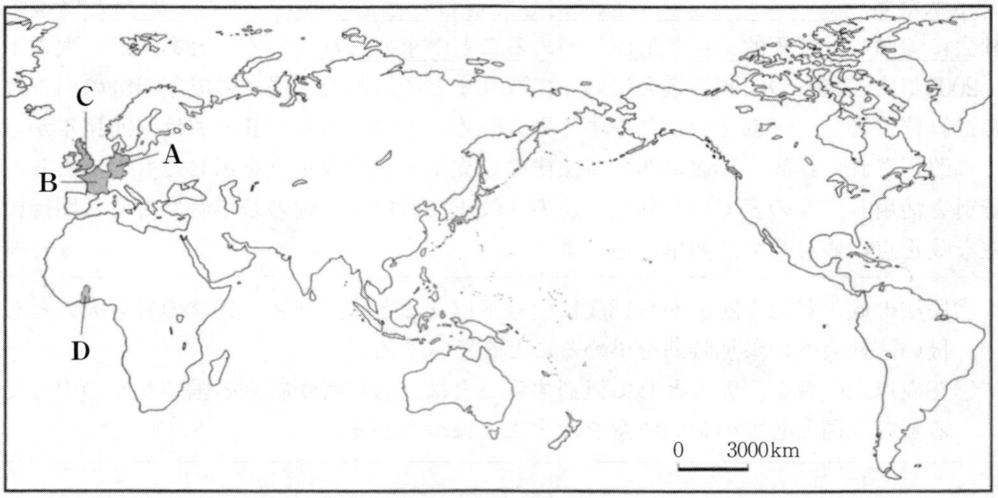

	日本人の活動など
ア	1789年に市民革命が起こったこの国に，1884年から1893年まで留学した黒田清輝《くろだせいき》は，途中から留学目的を洋画研究に変更し，ルーブル美術館で模写をするなどして，絵画の技法を学んだ。帰国後は，展覧会に作品を発表するとともに，後進の育成にも貢献した。
イ	1871年に統一されたこの国に，1884年から1888年まで留学した森鷗外《もりおうがい》は，コレラ菌などを発見したことで知られるコッホ博士などから細菌学を学んだ。帰国後は，この国を舞台とした小説を執筆するなど，文学者としても活躍した。
ウ	1902年に日本と同盟を結んだこの国に，1900年から1903年まで留学した夏目漱石《なつめそうせき》は，シェイクスピアの作品を観劇したり，研究者から英文学の個人指導を受けたりした。帰国後は，作家として多くの作品を発表し，文学者として活躍した。
エ	ギニア湾岸にあるこの国に，1927年から1928年まで滞在した野口英世《のぐちひでよ》は，この国を含めて熱帯地方などに広まっていた黄熱病《おうねつびょう》の原因を調査し，予防法や治療法の研究を行った。功績を記念し，1979年にこの国に野口記念医学研究所が設立された。

〔問２〕 (2)多くの企業が，世界規模で事業を展開するようになり，一企業の活動が世界的に影響を与えるようになってきた。とあるが，次のⅠの略年表は，1976年から2016年までの，国際会議に関する主な出来事についてまとめたものである。Ⅱの文は，Ⅰの略年表中の**ア**～**エ**の**いずれか**の国際会議について述べたものである。Ⅱの文で述べている国際会議に当てはまるのは，Ⅰの略年表中の**ア**～**エ**のうちのどれか。

Ⅰ

西暦	国際会議に関する主な出来事
1976	●東南アジア諸国連合(ASEAN《アセアン》)首脳会議がインドネシアで開催された。…………………………ア
1993	●アジア太平洋経済協力(APEC《エイペック》)首脳会議がアメリカ合衆国で開催された。……………………イ
1996	●世界貿易機関(WTO)閣僚会議がシンガポールで開催された。
2008	●金融・世界経済に関する首脳会合(G20サミット)がアメリカ合衆国で開催された。…………ウ
2016	●主要国首脳会議(G7サミット)が日本で開催された。……………………………………………………エ

Ⅱ

アメリカ合衆国に本社がある証券会社の経営破綻などを契機に発生した世界金融危機(世界同時不況，世界同時金融危機)と呼ばれる状況に対処するために，初めて参加国の首脳が集まる会議として開催された。

〔問3〕 (3)国際連合などにおける国際協調の推進が一層求められている。とあるが，次のⅠのグラフ中の**ア**～**エ**は，1945年から2020年までのアジア州，アフリカ州，ヨーロッパ州，南北アメリカ州の**いずれか**の州の国際連合加盟国数の推移を示したものである。Ⅱの文章は，Ⅰのグラフ中の**ア**～**エ**の**いずれか**の州について述べたものである。Ⅱの文章で述べている州に当てはまるのは，Ⅰの**ア**～**エ**のうちのどれか。

Ⅰ

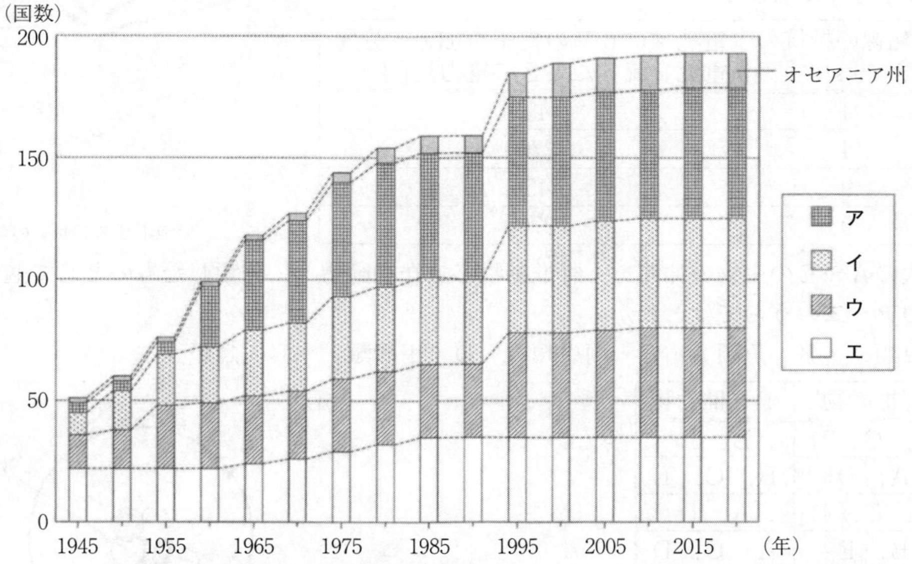

(国際連合広報センターのホームページより作成)

Ⅱ

○国際連合が設立された1945年において，一部の国を除き他国の植民地とされており，民族の分布を考慮しない直線的な境界線が引かれていた。
○国際連合総会で「植民地と人民に独立を付与する宣言」が採択された1960年に，多くの国が独立し，2020年では，50か国を超える国が国際連合に加盟している。

【理　科】（50分）〈満点：100点〉

1　次の各問に答えよ。

〔問１〕　水素と酸素が結び付いて水ができるときの化学変化を表したモデルとして適切なのは，下の**ア**～**エ**のうちではどれか。

　ただし，矢印の左側は化学変化前の水素と酸素のモデルを表し，矢印の右側は化学変化後の水のモデルをそれぞれ表すものとする。また，●は水素原子１個を，○は酸素原子１個を表すものとする。

ア　●●　＋　○　→　●○●
イ　●　●　＋　○　→　●○●
ウ　●　●　●　●　＋　○○　→　●○●　●○●
エ　●●　●●　＋　○○　→　●○●　●○●

〔問２〕　図１のように，発泡ポリスチレンのコップの中の水に電熱線を入れた。電熱線に６Ｖの電圧を加えたところ，1.5Aの電流が流れた。このときの電熱線の抵抗の大きさと，電熱線に６Ｖの電圧を加え５分間電流を流したときの電力量とを組み合わせたものとして適切なのは，次の表の**ア**～**エ**のうちではどれか。

図１

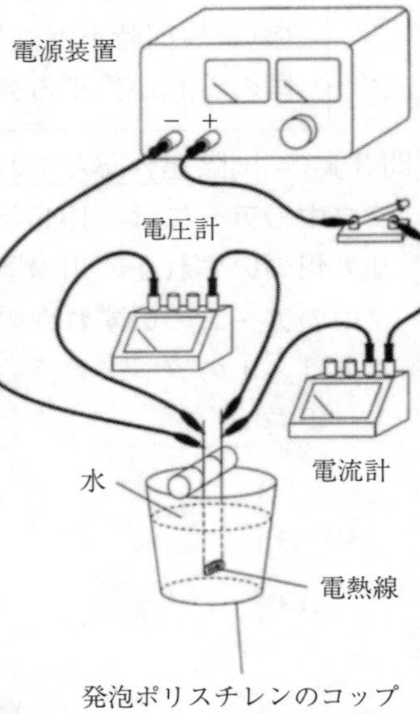

	電熱線の抵抗の大きさ〔Ω〕	電熱線に６Ｖの電圧を加え５分間電流を流したときの電力量〔Ｊ〕
ア	4	450
イ	4	2700
ウ	9	450
エ	9	2700

〔問３〕　次のＡ～Ｅの生物の仲間を，脊椎《せきつい》動物と無脊椎動物とに分類したものとして適切なのは，下の表の**ア**～**エ**のうちではどれか。

Ａ　昆虫類　　Ｂ　魚類　　Ｃ　両生類　　Ｄ　甲殻類　　Ｅ　鳥類

	脊椎動物	無脊椎動物
ア	Ａ，Ｃ，Ｄ	Ｂ，Ｅ
イ	Ａ，Ｄ	Ｂ，Ｃ，Ｅ
ウ	Ｂ，Ｃ，Ｅ	Ａ，Ｄ
エ	Ｂ，Ｅ	Ａ，Ｃ，Ｄ

図２

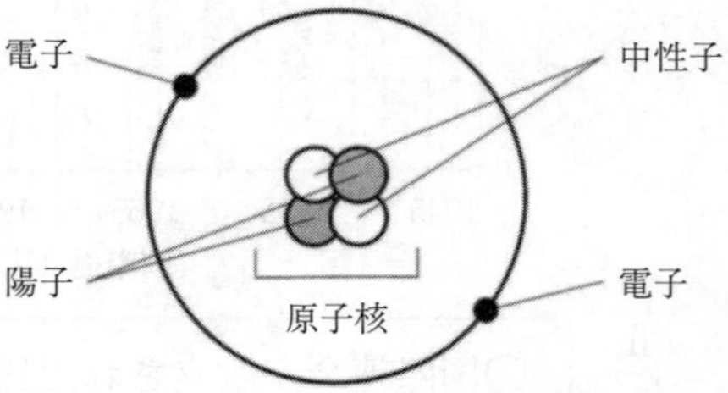

〔問４〕　図２は，ヘリウム原子の構造を模式的に表したものである。原子核の性質と電子の性質について述べたものとして適切なのは，次の**ア**～**エ**のうちではどれか。

ア　原子核は，プラスの電気をもち，電子は，マイナスの電気をもつ。
イ　原子核は，マイナスの電気をもち，電子は，プラスの電気をもつ。
ウ　原子核と電子は，共にプラスの電気をもつ。
エ　原子核と電子は，共にマイナスの電気をもつ。

〔問5〕　表1は，ある日の午前9時の東京の気象観測の結果を記録したものである。また，表2は，風力と風速の関係を示した表の一部である。表1と表2から，表1の気象観測の結果を天気，風向，風力の記号で表したものとして適切なのは，下の**ア**～**エ**のうちではどれか。

表1

天気	風向	風速〔m/s〕
くもり	北東	3.0

表2

風力	風速〔m/s〕
0	0.3未満
1	0.3以上1.6未満
2	1.6以上3.4未満
3	3.4以上5.5未満
4	5.5以上8.0未満

ア
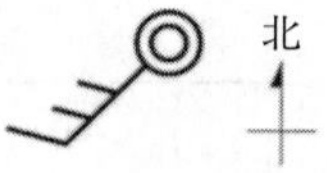

イ
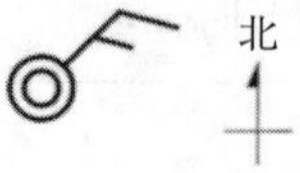

ウ

エ
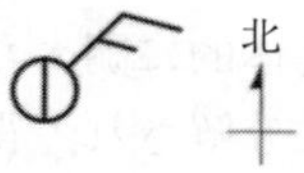

〔問6〕　ヒトのヘモグロビンの性質の説明として適切なのは，次のうちではどれか。

ア　ヒトのヘモグロビンは，血液中の白血球に含まれ，酸素の少ないところでは酸素と結び付き，酸素の多いところでは酸素をはなす性質がある。

イ　ヒトのヘモグロビンは，血液中の白血球に含まれ，酸素の多いところでは酸素と結び付き，酸素の少ないところでは酸素をはなす性質がある。

ウ　ヒトのヘモグロビンは，血液中の赤血球に含まれ，酸素の少ないところでは酸素と結び付き，酸素の多いところでは酸素をはなす性質がある。

エ　ヒトのヘモグロビンは，血液中の赤血球に含まれ，酸素の多いところでは酸素と結び付き，酸素の少ないところでは酸素をはなす性質がある。

2　生徒が，岩石に興味をもち，調べたことについて科学的に探究しようと考え，自由研究に取り組んだ。生徒が書いたレポートの一部を読み，次の各問に答えよ。

＜レポート1＞　身近な岩石に含まれる化石について

河原を歩いているときに様々な色や形の岩石があることに気付き，河原の岩石を観察したところ，貝の化石を見付けた。

身近な化石について興味をもち，調べたところ，建物に使われている石材に化石が含まれるものもあることを知った。そこで，化石が含まれているいくつかの石材を調べ，表1のようにまとめた。

表1

石材	含まれる化石
建物Aの壁に使われている石材a	フズリナ
建物Bの壁に使われている石材b	アンモナイト
建物Bの床に使われている石材c	サンゴ

〔問1〕　**＜レポート1＞**から，化石について述べた次の文章の ① と ② にそれぞれ当てはまるものを組み合わせたものとして適切なのは，下の表の**ア**～**エ**のうちではどれか。

表1において，石材aに含まれるフズリナの化石と石材bに含まれるアンモナイトの化石のうち，地質年代の古いものは ① である。また，石材cに含まれるサンゴの化石のように，その化石を含む地層が堆積した当時の環境を示す化石を ② という。

	①	②
ア	石材ａに含まれるフズリナの化石	示相化石
イ	石材ａに含まれるフズリナの化石	示準化石
ウ	石材ｂに含まれるアンモナイトの化石	示相化石
エ	石材ｂに含まれるアンモナイトの化石	示準化石

＜レポート２＞　金属を取り出せる岩石について

山を歩いているときに見付けた緑色の岩石について調べたところ，クジャク石というもので，この石から銅を得られることを知った。不純物を含まないクジャク石から銅を得る方法に興味をもち，具体的に調べたところ，クジャク石を加熱すると，酸化銅と二酸化炭素と水に分解され，得られた酸化銅に炭素の粉をよく混ぜ，加熱すると銅が得られることが分かった。

クジャク石に含まれる銅の割合を，実験と資料により確認することにした。

図１

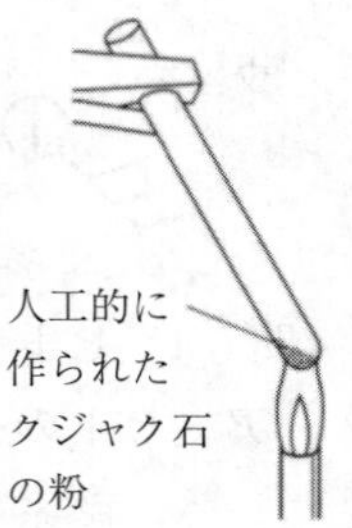

まず，不純物を含まない人工的に作られたクジャク石の粉0.20ｇを理科室で図１のように加熱し，完全に反応させ，0.13ｇの黒色の固体を得た。次に，銅の質量とその銅を加熱して得られる酸化銅の質量の関係を調べ，表２のような資料にまとめた。

表２

銅の質量〔ｇ〕	0.08	0.12	0.16	0.20	0.24	0.28
加熱して得られる酸化銅の質量〔ｇ〕	0.10	0.15	0.20	0.25	0.30	0.35

〔問２〕　**＜レポート２＞**から，人工的に作られたクジャク石の粉0.20ｇに含まれる銅の割合として適切なのは，次のうちではどれか。

ア　20％　　**イ**　52％　　**ウ**　65％　　**エ**　80％

＜レポート３＞　石英について

山を歩いているときに見付けた無色透明な部分を含む岩石について調べたところ，無色透明な部分が石英であり，ガラスの原料として広く使われていることを知った。

ガラスを通る光の性質に興味をもち，調べるために，空気中で図２のように方眼紙の上に置いた直方体のガラスに光源装置から光を当てる実験を行った。光は，物質の境界面Ｑ及び境界面Ｒで折れ曲がり，方眼紙に引いた直線Ｌを通り過ぎた。光の道筋と直線Ｌとの交点を点Ｐとした。なお，図２は真上から見た図であり，光源装置から出ている矢印(━━▶━━)は光の道筋と進む向きを示したものである。

図２

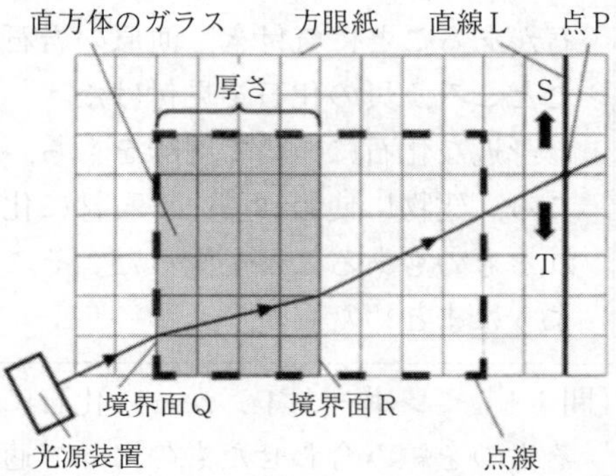

〔問３〕　**＜レポート３＞**から，図２の境界面Ｑと境界面Ｒのうち光源装置から出た光が通過するとき入射角より屈折角が大きくなる境界面と，厚さを２倍にした直方体のガラスに入れ替えて

同じ実験をしたときの直線L上の点Pの位置の変化について述べたものとを組み合わせたものとして適切なのは，下の表の**ア**～**エ**のうちではどれか。

ただし，入れ替えた直方体のガラスは，＜**レポート3**＞の直方体のガラスの厚さのみを変え，点線（ ▬ ▬ ）の枠に合わせて設置するものとする。

	光源装置から出た光が通過するとき入射角より屈折角が大きくなる境界面	厚さを2倍にした直方体のガラスに入れ替えて同じ実験をしたときの直線L上の点Pの位置の変化について述べたもの
ア	境界面Q	点Pの位置は，Sの方向にずれる。
イ	境界面R	点Pの位置は，Sの方向にずれる。
ウ	境界面Q	点Pの位置は，Tの方向にずれる。
エ	境界面R	点Pの位置は，Tの方向にずれる。

＜**レポート4**＞　**生物由来の岩石について**

河原を歩いているときに見付けた岩石について調べたところ，その岩石は，海中の生物の死がいなどが堆積してできたチャートであることを知った。海中の生物について興味をもち，調べたところ，海中の生態系を構成する生物どうしは，食べたり食べられたりする関係でつながっていることが分かった。また，ある生態系を構成する生物どうしの数量的な関係は，図3のように，ピラミッドのような形で表すことができ，食べられる側の生物の数のほうが，食べる側の生物の数よりも多くなることも分かった。

図3

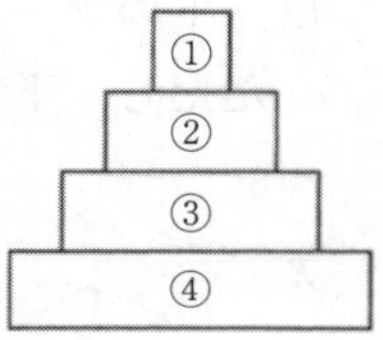

〔問4〕　生物どうしの数量的な関係を図3のように表すことができるモデル化した生態系Vについて，＜**資料**＞のことが分かっているとき，＜**レポート4**＞と＜**資料**＞から，生態系Vにおいて，図3の③に当てはまるものとして適切なのは，下の**ア**～**エ**のうちではどれか。

ただし，生態系Vにおいて，図3の①，②，③，④には，生物w，生物x，生物y，生物zのいずれかが，それぞれ別々に当てはまるものとする。

＜**資料**＞

生態系Vには，生物w，生物x，生物y，生物zがいる。生態系Vにおいて，生物wは生物xを食べ，生物xは生物yを食べ，生物yは生物zを食べる。

ア　生物w　　**イ**　生物x　　**ウ**　生物y　　**エ**　生物z

3　太陽と地球の動きに関する観察について，次の各問に答えよ。

東京のX地点(北緯35.6°)で，ある年の6月のある日に＜**観察1**＞を行ったところ，＜**結果1**＞のようになった。

図1

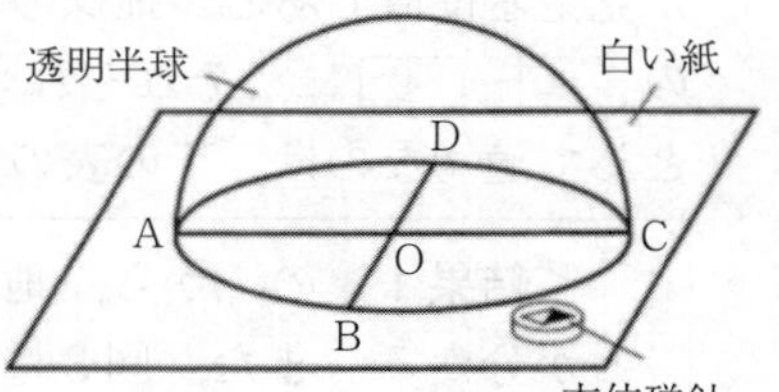

＜**観察1**＞

(1)　図1のように，白い紙に，透明半球の縁と同じ大きさの円と，円の中心Oで垂直に交わる線分ACと線分BDをかいた。かいた円に合わせて透明半球をセロハンテープで白い紙に固定した。

(2)　N極が黒く塗られた方位磁針を用いて点Cが北の方角に一致するよう線分ACを南北方向

に合わせ，透明半球を日当たりのよい水平な場所に固定した。

(3)　８時から16時までの間，２時間ごとに，油性ペンの先の影が円の中心Ｏと一致する透明半球上の位置に●印と観察した時刻を記録した。

(4)　(3)で記録した●印を滑らかな線で結び，その線を透明半球の縁まで延ばして，東側で交わる点をＥ，西側で交わる点をＦとした。

(5)　(3)で２時間ごとに記録した透明半球上の●印の間隔をそれぞれ測定した。

＜**結果１**＞

(1)　＜**観察１**＞の(3)と(4)の透明半球上の記録は図２のようになった。

(2)　＜**観察１**＞の(5)では，２時間ごとに記録した透明半球上の●印の間隔はどれも5.2cm であった。

図２

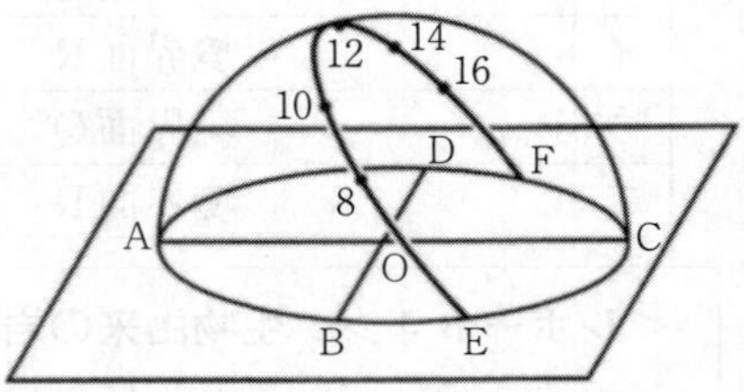

〔問１〕　＜**結果１**＞の(1)から，＜**観察１**＞の観測日の南中高度をＲとしたとき，Ｒを示した模式図として適切なのは，下の**ア**～**エ**のうちではどれか。

ただし，下の**ア**～**エ**の図中の点Ｐは太陽が南中した時の透明半球上の太陽の位置を示している。

ア

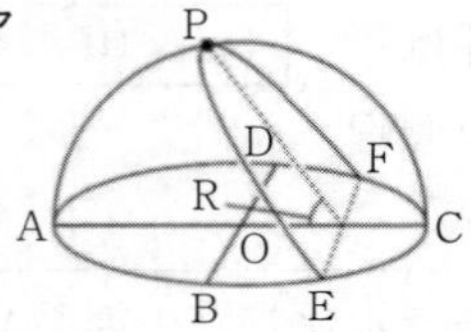

イ

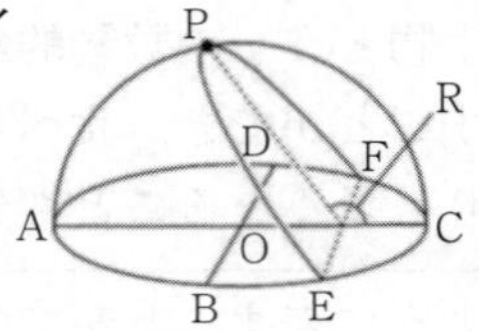

ウ

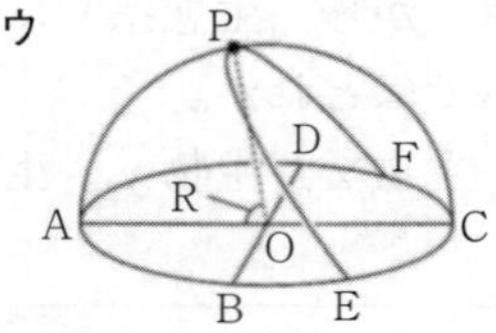

エ

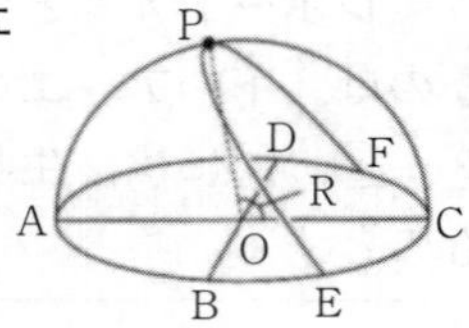

〔問２〕　＜**結果１**＞の(2)から，地球上での太陽の見かけ上の動く速さについてどのようなことが分かるか。「２時間ごとに記録した透明半球上の●印のそれぞれの間隔は，」に続く形で，理由も含めて簡単に書け。

〔問３〕　図３は，北極点の真上から見た地球を模式的に表したものである。点Ｊ，点Ｋ，点Ｌ，点Ｍは，それぞれ東京のＸ地点（北緯35.6°）の６時間ごとの位置を示しており，点Ｊは南中した太陽が見える位置である。地球の自転の向きについて述べた次の文章の ① ～ ④ に，それぞれ当てはまるものを組み合わせたものとして適切なのは，下の表の**ア**～**エ**のうちではどれか。

図３

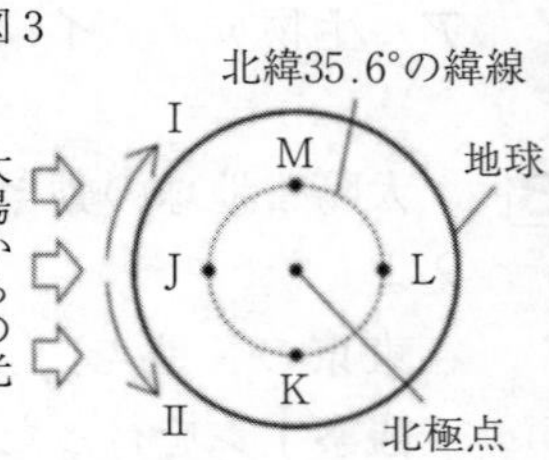

＜**結果１**＞の(1)から，地球上では太陽は見かけ上， ① に移動して見えることが分かる。また，図３において，東の空に太陽が見えるのは点 ② の位置であり，西の空に太陽が見えるのは点 ③ の位置である。そのため地球は， ④ の方向に自転していると考えられる。

	①	②	③	④
ア	西の空から東の空	K	M	Ⅰ
イ	東の空から西の空	K	M	Ⅱ
ウ	西の空から東の空	M	K	Ⅰ
エ	東の空から西の空	M	K	Ⅱ

次に，東京のX地点(北緯35.6°)で，＜**観察1**＞を行った日と同じ年の9月のある日に＜**観察2**＞を行ったところ，＜**結果2**＞のようになった。

＜**観察2**＞

(1)　＜**観察1**＞の(3)と(4)の結果を記録した図2のセロハンテープで白い紙に固定した透明半球を準備した。

(2)　N極が黒く塗られた方位磁針を用いて点Cが北の方角に一致するよう線分ACを南北方向に合わせ，透明半球を日当たりのよい水平な場所に固定した。

(3)　8時から16時までの間，2時間ごとに，油性ペンの先の影が円の中心Oと一致する透明半球上の位置に▲印と観察した時刻を記録した。

(4)　(3)で記録した▲印を滑らかな線で結び，その線を透明半球の縁まで延ばした。

(5)　＜**観察1**＞と＜**観察2**＞で透明半球上にかいた曲線の長さをそれぞれ測定した。

＜**結果2**＞

(1)　＜**観察2**＞の(3)と(4)の透明半球上の記録は図4のようになった。

(2)　＜**観察2**＞の(5)では，＜**観察1**＞の(4)でかいた曲線の長さは約37.7cmで，＜**観察2**＞の(4)でかいた曲線の長さは約33.8cmであった。

図4

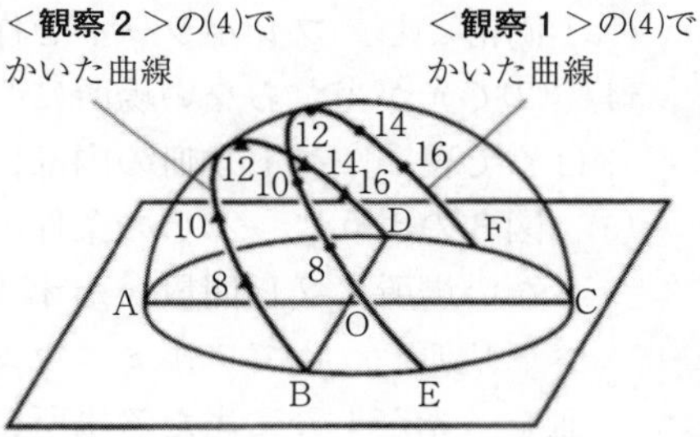

〔問4〕　図5は，＜**観察1**＞を行った日の地球を模式的に表したものである。図5のX地点は＜**観察1**＞を行った地点を示し，図5のY地点は北半球にあり，X地点より高緯度の地点を示している。＜**結果2**＞から分かることを次の①，②から一つ，図5のX地点とY地点における夜の長さを比較したとき夜の長さが長い地点を下の③，④から一つ，それぞれ選び，組み合わせたものとして適切なのは，下の**ア**〜**エ**のうちではどれか。

図5

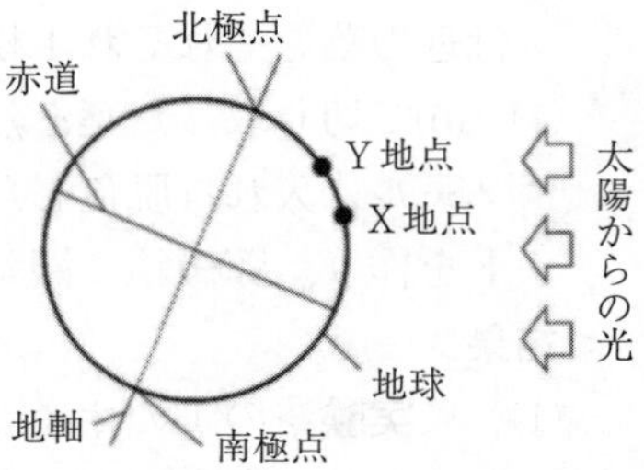

①　日の入りの位置は，＜**観察1**＞を行った日の方が＜**観察2**＞を行った日よりも北寄りで，昼の長さは＜**観察1**＞を行った日の方が＜**観察2**＞を行った日よりも長い。

②　日の入りの位置は，＜**観察1**＞を行った日の方が＜**観察2**＞を行った日よりも南寄りで，昼の長さは＜**観察2**＞を行った日の方が＜**観察1**＞を行った日よりも長い。

③　X地点

④　Y地点

ア　①，③　**イ**　①，④　**ウ**　②，③　**エ**　②，④

4　植物の働きに関する実験について，次の各問に答えよ。
＜**実験**＞を行ったところ，＜**結果**＞のようになった。

＜**実験**＞

(1)　図1のように，2枚のペトリ皿に，同じ量の水と，同じ長さに切ったオオカナダモA，オオカナダモBを用意した。
　オオカナダモA，オオカナダモBの先端付近の葉をそれぞれ1枚切り取り，プレパラートを作り，顕微鏡で観察し，細胞内の様子を記録した。

図1

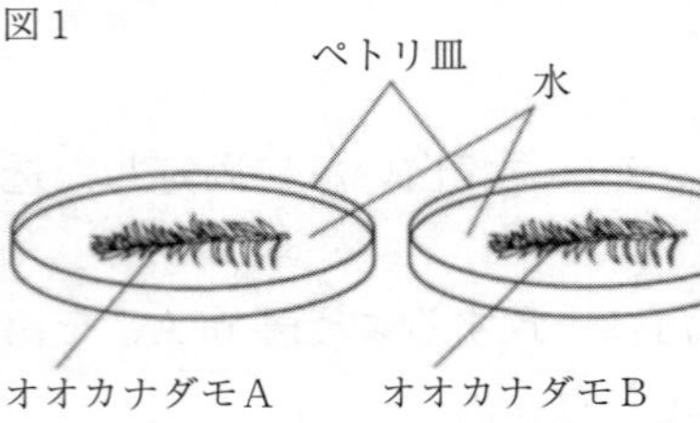

図2

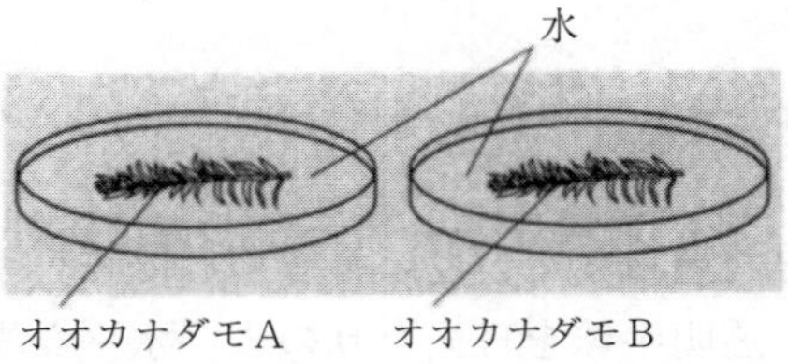

(2)　図2のように，オオカナダモA，オオカナダモBを，20℃の条件の下で，光が当たらない場所に2日間置いた。

(3)　2日後，オオカナダモA，オオカナダモBの先端付近の葉をそれぞれ1枚切り取り，熱湯に浸した後，温めたエタノールに入れ，脱色した。脱色した葉を水で洗った後，ヨウ素液を1滴落とし，プレパラートを作り，顕微鏡で観察し，細胞内の様子を記録した。

(4)　(2)で光が当たらない場所に2日間置いたオオカナダモBの入ったペトリ皿をアルミニウムはくで覆い，ペトリ皿の内部に光が入らないようにした。

(5)　図3のように，20℃の条件の下で，(2)で光が当たらない場所に2日間置いたオオカナダモAが入ったペトリ皿と，(4)でアルミニウムはくで覆ったペトリ皿を，光が十分に当たる場所に3日間置いた。

図3

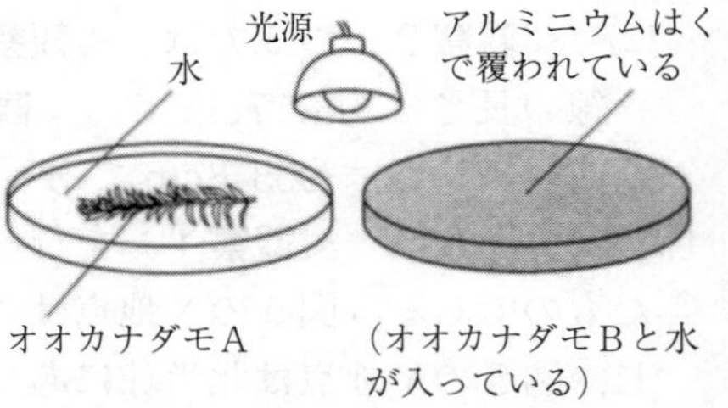

(6)　3日後，オオカナダモAとオオカナダモBの先端付近の葉をそれぞれ1枚切り取った。

(7)　(6)で切り取った葉を熱湯に浸した後，温めたエタノールに入れ，脱色した。脱色した葉を水で洗った後，ヨウ素液を1滴落とし，プレパラートを作り，顕微鏡で観察し，細胞内の様子を記録した。

＜**結果**＞

(1)　＜**実験**＞の(1)のオオカナダモAとオオカナダモBの先端付近の葉の細胞内には，緑色の粒がそれぞれ多数観察された。

(2)　＜**実験**＞の(3)のオオカナダモの先端付近の葉の細胞内の様子の記録は，表1のようになった。

表1

オオカナダモAの先端付近の葉の細胞内の様子	オオカナダモBの先端付近の葉の細胞内の様子
＜**実験**＞の(1)で観察された緑色の粒と同じ形の粒は，透明であった。	＜**実験**＞の(1)で観察された緑色の粒と同じ形の粒は，透明であった。

(3)　＜**実験**＞の(7)のオオカナダモの先端付近の葉の細胞内の様子の記録は，表2のようになった。

表2

オオカナダモAの先端付近の葉の細胞内の様子	オオカナダモBの先端付近の葉の細胞内の様子
＜**実験**＞の(1)で観察された緑色の粒と同じ形の粒は，青紫色に染色されていた。	＜**実験**＞の(1)で観察された緑色の粒と同じ形の粒は，透明であった。

〔問1〕　＜**実験**＞の(1)でプレパラートを作り，顕微鏡で観察をする準備を行う際に，プレパラートと対物レンズを，最初に，できるだけ近づけるときの手順について述べたものと，対物レンズが20倍で接眼レンズが10倍である顕微鏡の倍率とを組み合わせたものとして適切なのは，次の表の**ア**～**エ**のうちではどれか。

	顕微鏡で観察をする準備を行う際に，プレパラートと対物レンズを，最初に，できるだけ近づけるときの手順	対物レンズが20倍で接眼レンズが10倍である顕微鏡の倍率
ア	接眼レンズをのぞきながら，調節ねじを回してプレパラートと対物レンズをできるだけ近づける。	200倍
イ	顕微鏡を横から見ながら，調節ねじを回してプレパラートと対物レンズをできるだけ近づける。	200倍
ウ	接眼レンズをのぞきながら，調節ねじを回してプレパラートと対物レンズをできるだけ近づける。	30倍
エ	顕微鏡を横から見ながら，調節ねじを回してプレパラートと対物レンズをできるだけ近づける。	30倍

〔問2〕　＜**実験**＞の(6)で葉を切り取ろうとした際に，オオカナダモAに気泡が付着していることに気付いた。このことに興味をもち，植物の働きによる気体の出入りについて調べ，＜**資料**＞にまとめた。

＜**資料**＞

【光が十分に当たるとき】と【光が当たらないとき】の植物の光合成や呼吸による，酸素と二酸化炭素の出入りは，図4の模式図のように表すことができる。図4から，植物の［⑤］による［③］の吸収と［④］の放出は，【光が［①］とき】には見られるが，【光が［②］とき】には見られない。

図4

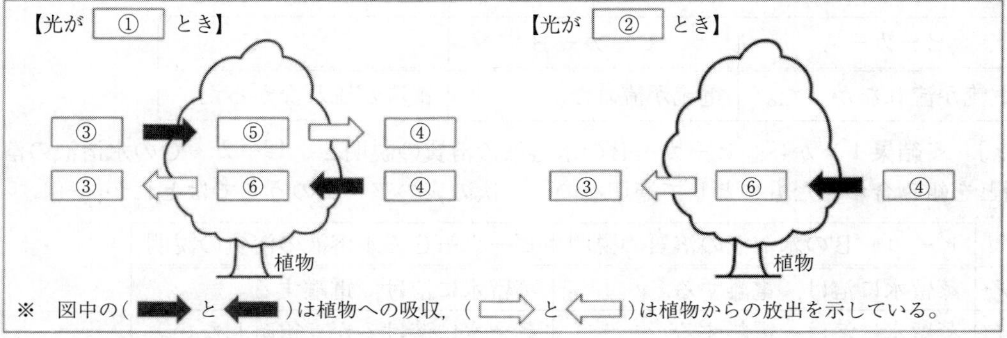

※　図中の（➡と⬅）は植物への吸収，（⇨と⇦）は植物からの放出を示している。

<**資料**>の ① ～ ⑥ にそれぞれ当てはまるものを組み合わせたものとして適切なのは，次の表の**ア**～**エ**のうちではどれか。

	①	②	③	④	⑤	⑥
ア	十分に当たる	当たらない	二酸化炭素	酸素	光合成	呼吸
イ	十分に当たる	当たらない	酸素	二酸化炭素	呼吸	光合成
ウ	当たらない	十分に当たる	二酸化炭素	酸素	光合成	呼吸
エ	当たらない	十分に当たる	酸素	二酸化炭素	呼吸	光合成

〔問３〕　<**結果**>の(1)～(3)から分かることとして適切なのは，次のうちではどれか。

ア　光が十分に当たる場所では，オオカナダモの葉の核でデンプンが作られることが分かる。

イ　光が十分に当たる場所では，オオカナダモの葉の核でアミノ酸が作られることが分かる。

ウ　光が十分に当たる場所では，オオカナダモの葉の葉緑体でデンプンが作られることが分かる。

エ　光が十分に当たる場所では，オオカナダモの葉の葉緑体でアミノ酸が作られることが分かる。

５　水溶液に関する実験について，次の各問に答えよ。

<**実験１**>を行ったところ，<**結果１**>のようになった。

<**実験１**>

(1)　ビーカーＡ，ビーカーＢ，ビーカーＣにそれぞれ蒸留水（精製水）を入れた。

(2)　ビーカーＢに塩化ナトリウムを加えて溶かし，５％の塩化ナトリウム水溶液を作成した。ビーカーＣに砂糖を加えて溶かし，５％の砂糖水を作成した。

(3)　図１のように実験装置を組み，ビーカーＡの蒸留水，ビーカーＢの水溶液，ビーカーＣの水溶液に，それぞれ約３Ｖの電圧を加え，電流が流れるか調べた。

図１

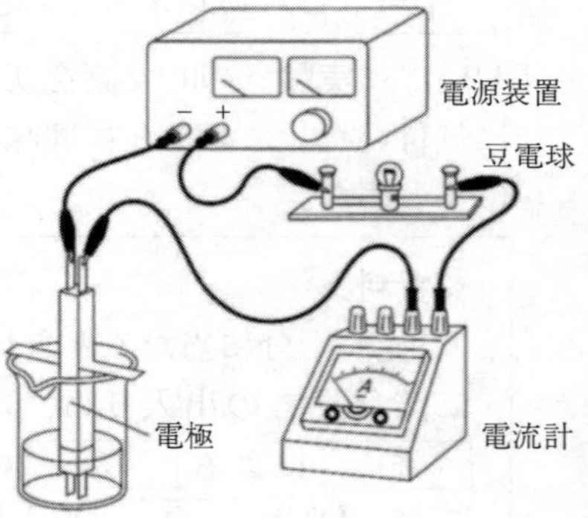

<**結果１**>

ビーカーＡ	ビーカーＢ	ビーカーＣ
電流が流れなかった。	電流が流れた。	電流が流れなかった。

〔問１〕　<**結果１**>から，ビーカーＢの水溶液の溶質の説明と，ビーカーＣの水溶液の溶質の説明とを組み合わせたものとして適切なのは，次の表の**ア**～**エ**のうちではどれか。

	ビーカーＢの水溶液の溶質の説明	ビーカーＣの水溶液の溶質の説明
ア	蒸留水に溶け，電離する。	蒸留水に溶け，電離する。
イ	蒸留水に溶け，電離する。	蒸留水に溶けるが，電離しない。
ウ	蒸留水に溶けるが，電離しない。	蒸留水に溶け，電離する。
エ	蒸留水に溶けるが，電離しない。	蒸留水に溶けるが，電離しない。

次に，<**実験２**>を行ったところ，<**結果２**>のようになった。

＜**実験２**＞

(1)　試験管Ａ，試験管Ｂに，室温と同じ27℃の蒸留水（精製水）をそれぞれ５ g（５ cm^3）入れた。次に，試験管Ａに硝酸カリウム，試験管Ｂに塩化ナトリウムをそれぞれ３ g加え，試験管をよくふり混ぜた。試験管Ａ，試験管Ｂの中の様子をそれぞれ観察した。

(2)　図２のように，試験管Ａ，試験管Ｂの中の様子をそれぞれ観察しながら，ときどき試験管を取り出し，ふり混ぜて，温度計が27℃から60℃を示すまで水溶液をゆっくり温めた。

図２

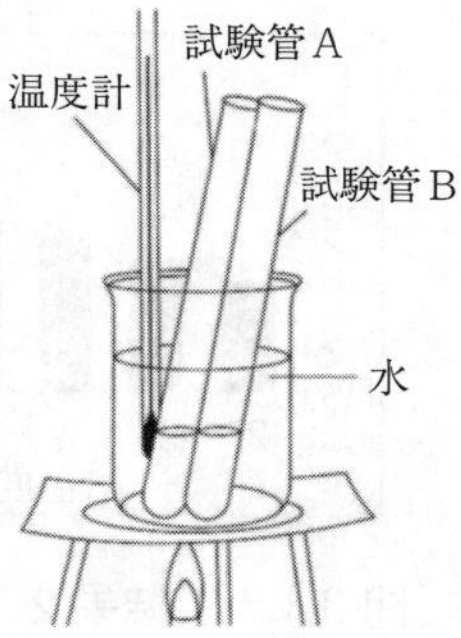

(3)　加熱を止め，試験管Ａ，試験管Ｂの中の様子をそれぞれ観察しながら，温度計が27℃を示すまで水溶液をゆっくり冷やした。

(4)　試験管Ａ，試験管Ｂの中の様子をそれぞれ観察しながら，さらに温度計が20℃を示すまで水溶液をゆっくり冷やした。

(5)　(4)の試験管Ｂの水溶液を１滴とり，スライドガラスの上で蒸発させた。

＜**結果２**＞

(1)　＜**実験２**＞の(1)から＜**実験２**＞の(4)までの結果は以下の表のようになった。

	試験管Ａの中の様子	試験管Ｂの中の様子
＜**実験２**＞の(1)	溶け残った。	溶け残った。
＜**実験２**＞の(2)	温度計が約38℃を示したときに全て溶けた。	＜**実験２**＞の(1)の試験管Ｂの中の様子に比べ変化がなかった。
＜**実験２**＞の(3)	温度計が約38℃を示したときに結晶が現れ始めた。	＜**実験２**＞の(2)の試験管Ｂの中の様子に比べ変化がなかった。
＜**実験２**＞の(4)	結晶の量は，＜**実験２**＞の(3)の結果に比べ増加した。	＜**実験２**＞の(3)の試験管Ｂの中の様子に比べ変化がなかった。

(2)　＜**実験２**＞の(5)では，スライドガラスの上に白い固体が現れた。

さらに，硝酸カリウム，塩化ナトリウムの水に対する溶解度を図書館で調べ，＜**資料**＞を得た。

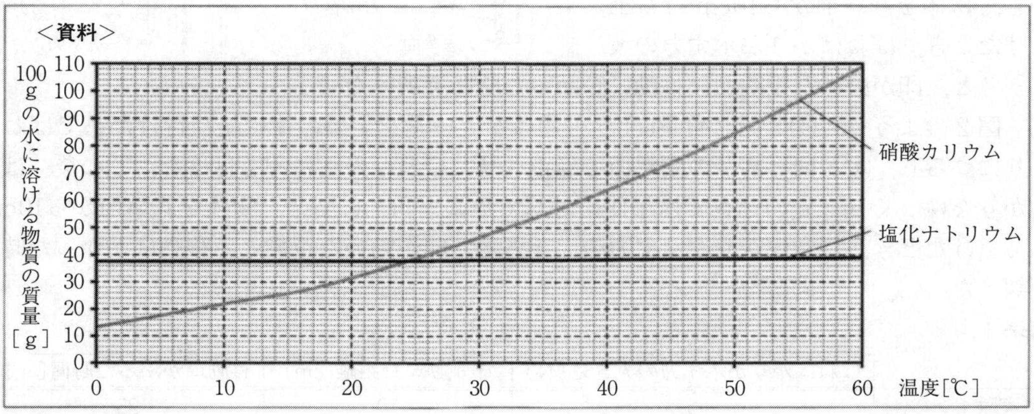

〔問２〕　＜**結果２**＞の(1)と＜**資料**＞から，温度計が60℃を示すまで温めたときの試験管Ａの水溶液の温度と試験管Ａの水溶液の質量パーセント濃度の変化との関係を模式的に示した図として適切なのは，次のうちではどれか。

ア

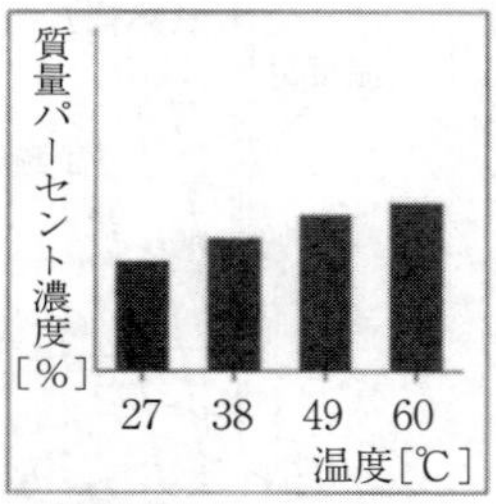

イ

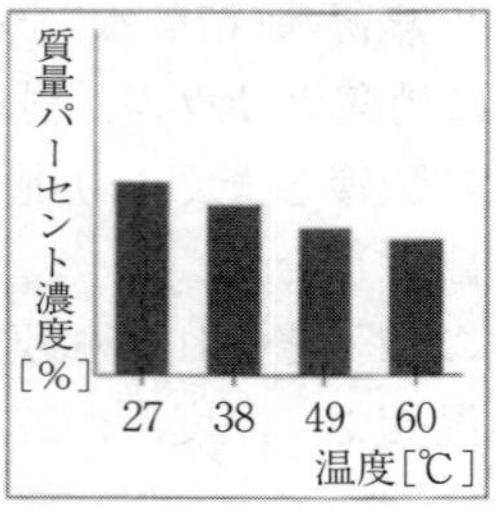

ウ

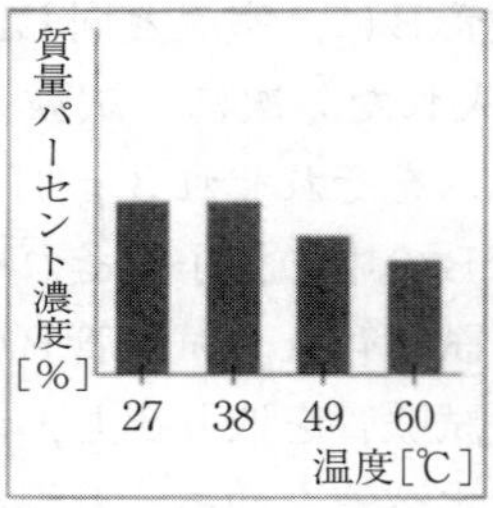

エ

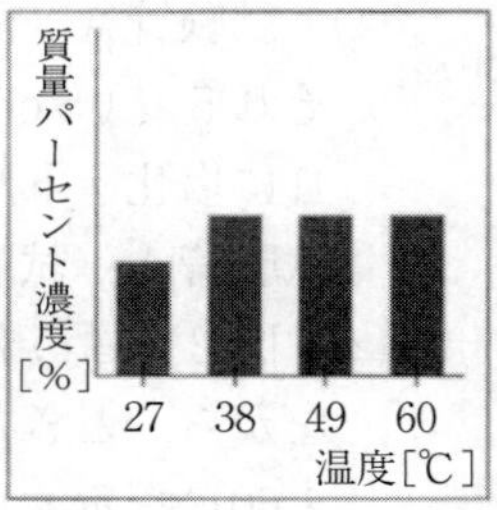

〔問3〕 **<結果2>**の(1)から，試験管Bの中の様子に変化がなかった理由を，温度の変化と溶解度の変化の関係に着目して，「**<資料>**から，」に続く形で，簡単に書け。

〔問4〕 **<結果2>**の(2)から，水溶液の溶媒を蒸発させると溶質が得られることが分かった。試験管Bの水溶液の温度が20℃のときと同じ濃度の塩化ナトリウム水溶液が0.35ｇあった場合，**<資料>**を用いて考えると，溶質を全て固体として取り出すために蒸発させる溶媒の質量として適切なのは，次のうちではどれか。

ア 約0.13ｇ　**イ** 約0.21ｇ　**ウ** 約0.25ｇ　**エ** 約0.35ｇ

6 力学的エネルギーに関する実験について，次の各問に答えよ。
ただし，質量100ｇの物体に働く重力の大きさを１Ｎとする。
<実験１>を行ったところ，**<結果１>**のようになった。

<実験１>

(1) 図１のように，力学台車と滑車を合わせた質量600ｇの物体を糸でばねばかりにつるし，基準面で静止させ，ばねばかりに印を付けた。その後，ばねばかりをゆっくり一定の速さで水平面に対して垂直上向きに引き，物体を基準面から10cm 持ち上げたとき，ばねばかりが示す力の大きさと，印が動いた距離と，移動にかかった時間を調べた。

図１

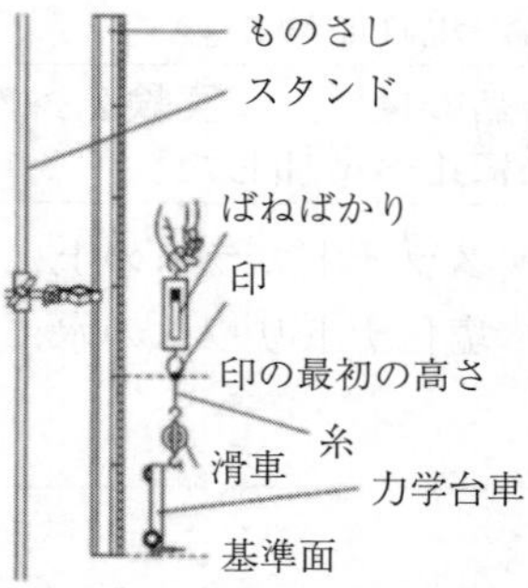

図２

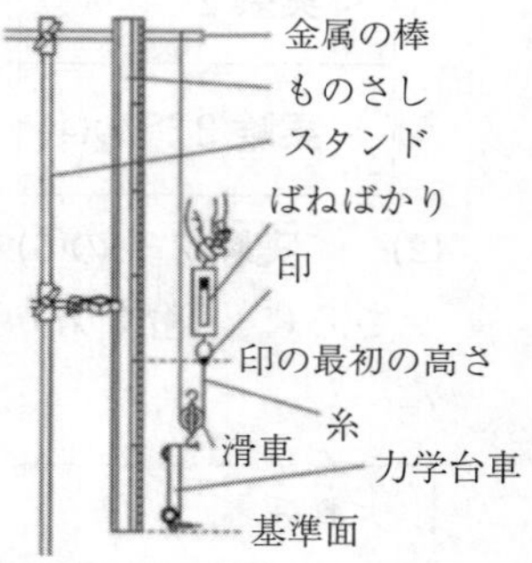

(2) 図２のように，(1)と同じ質量600ｇの物体を，一端を金属の棒に結び付けた糸でばねばかりにつるし，(1)と同じ高さの基準面で静止させ，ばねばかりに印を付けた。その後，ばねばかりをゆっくり一定の速さで水平面に対して垂直上向きに引き，物体を基準面から10cm 持ち上げたとき，ばねばかりが示す力の大きさと，印が動いた距離と，移動にかかった時間を調べた。

<結果１>

	ばねばかりが示す力の大きさ〔N〕	印が動いた距離〔cm〕	移動にかかった時間〔s〕
<実験１>の(1)	6	10	25
<実験１>の(2)	3	20	45

〔問1〕 **<結果１>**から，**<実験１>**の(1)で物体を基準面から10cm 持ち上げたときに「ばねばかりが糸を引く力」がした仕事の大きさと，**<実験１>**の(2)で「ばねばかりが糸を引く力」を

作用としたときの反作用とを組み合わせたものとして適切なのは，次の表の**ア**～**エ**のうちではどれか。

	「ばねばかりが糸を引く力」がした仕事の大きさ〔J〕	<**実験１**>の(2)で「ばねばかりが糸を引く力」を作用としたときの反作用
ア	0.6	力学台車と滑車を合わせた質量600gの物体に働く重力
イ	6	力学台車と滑車を合わせた質量600gの物体に働く重力
ウ	0.6	糸がばねばかりを引く力
エ	6	糸がばねばかりを引く力

次に，<**実験２**>を行ったところ，<**結果２**>のようになった。

<**実験２**>

(1)　図３のように，斜面の傾きを10°にし，記録テープを手で支え，力学台車の先端を点Aの位置にくるように静止させた。

図３

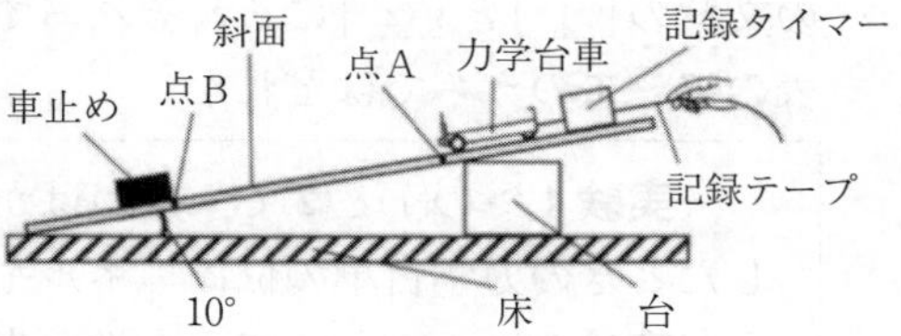

(2)　記録テープから静かに手をはなし，力学台車が動き始めてから，点Bの位置にある車止めに当たる直前までの運動を，１秒間に一定間隔で50回打点する記録タイマーで記録テープに記録した。

(3)　(2)で得た記録テープの，重なっている打点を用いずに，はっきり区別できる最初の打点を基準点とし，基準点から５打点間隔ごとに長さを測った。

(4)　(1)と同じ場所で，同じ実験器具を使い，斜面の傾きを20°に変えて同じ実験を行った。

<**結果２**>

図４　斜面の傾きが10°のときの記録テープ

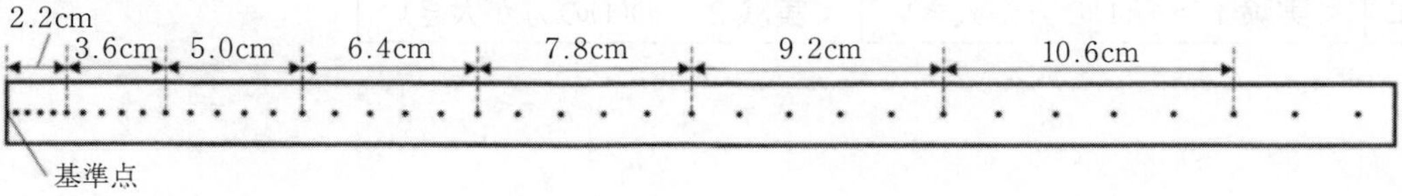

図５　斜面の傾きが20°のときの記録テープ

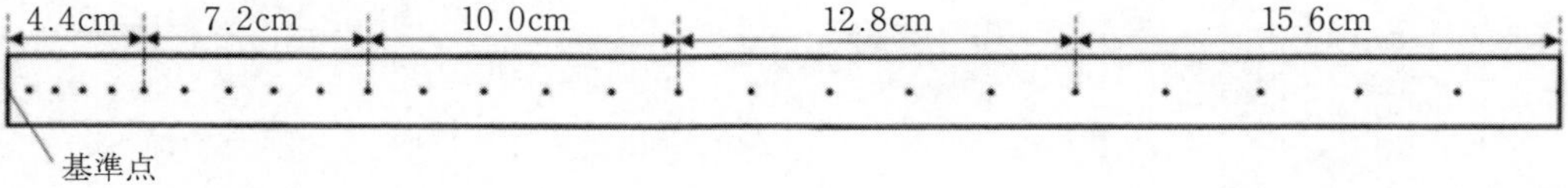

〔問２〕　<**結果２**>から，力学台車の平均の速さについて述べた次の文章の ① と ② にそれぞれ当てはまるものとして適切なのは，下の**ア**～**エ**のうちではどれか。

> <**実験２**>の(2)で，斜面の傾きが10°のときの記録テープの基準点が打点されてから0.4秒経過するまでの力学台車の平均の速さをCとすると，Cは ① である。また，<**実験２**>の(4)で，斜面の傾きが20°のときの記録テープの基準点が打点されてから0.4秒経過するまでの力学台車の平均の速さをDとしたとき，CとDの比を最も簡単な整数の比で表すとC：D＝ ② となる。

① ア 16cm/s　イ 32cm/s　ウ 43cm/s　エ 64cm/s

② ア 1：1　イ 1：2　ウ 2：1　エ 14：15

〔問３〕 ＜**結果２**＞から，＜**実験２**＞で斜面の傾きを10°から20°にしたとき，点Aから点Bの直前まで斜面を下る力学台車に働く重力の大きさと，力学台車に働く重力を斜面に平行な(沿った)方向と斜面に垂直な方向の二つの力に分解したときの斜面に平行な方向に分解した力の大きさとを述べたものとして適切なのは，次のうちではどれか。

ア 力学台車に働く重力の大きさは変わらず，斜面に平行な分力は大きくなる。

イ 力学台車に働く重力の大きさは大きくなり，斜面に平行な分力も大きくなる。

ウ 力学台車に働く重力の大きさは大きくなるが，斜面に平行な分力は変わらない。

エ 力学台車に働く重力の大きさは変わらず，斜面に平行な分力も変わらない。

〔問４〕 ＜**実験１**＞の位置エネルギーと＜**実験２**＞の運動エネルギーの大きさについて述べた次の文章の ① と ② にそれぞれ当てはまるものを組み合わせたものとして適切なのは，下の表の**ア**～**エ**のうちではどれか。

＜**実験１**＞の(1)と(2)で，ばねばかりをゆっくり一定の速さで引きはじめてから25秒経過したときの力学台車の位置エネルギーの大きさを比較すると ① 。

＜**実験２**＞の(2)と(4)で，力学台車が点Aから点Bの位置にある車止めに当たる直前まで下ったとき，力学台車のもつ運動エネルギーの大きさを比較すると ② 。

	①	②
ア	＜**実験１**＞の(1)と(2)で等しい	＜**実験２**＞の(2)と(4)で等しい
イ	＜**実験１**＞の(1)と(2)で等しい	＜**実験２**＞の(4)の方が大きい
ウ	＜**実験１**＞の(1)の方が大きい	＜**実験２**＞の(2)と(4)で等しい
エ	＜**実験１**＞の(1)の方が大きい	＜**実験２**＞の(4)の方が大きい

社会解答

1 〔問1〕 B…イ　C…エ　D…ウ
E…ア
〔問2〕 エ　〔問3〕 ウ

2 〔問1〕 略地図中のA～D…C
Ⅱのア～エ…イ
〔問2〕 P…ア　Q…ウ　R…エ
S…イ
〔問3〕 略地図中のW～Z…Z
ⅠとⅡのア～エ…ア

3 〔問1〕 A…ウ　B…イ　C…ア
D…エ
〔問2〕 Ⅰのア～エ…ア
略地図中のW～Z…W
〔問3〕 (例)自動車を利用しなくても，公共交通を利用することで，日常生活に必要な機能が利用できる。

4 〔問1〕 エ→ア→イ→ウ
〔問2〕 (例)太平洋のみを通る経路と，日本海と太平洋を通る経路で，寄港地では積荷の点検などを行い，江戸に輸送すること。
〔問3〕 A…ウ　B…エ　C…ア
D…イ
〔問4〕 A…ア　B…イ　C…エ
D…ウ

5 〔問1〕 イ
〔問2〕 ⅠのA～D…C　ア～エ…ウ
〔問3〕 エ
〔問4〕 (例)投票権年齢，選挙権年齢，成年年齢を満18歳以上とし，社会への参加時期を早め，若年者が将来の国づくりの中心として積極的な役割を果たすこと。

6 〔問1〕 A…イ　B…ア　C…ウ
D…エ
〔問2〕 ウ　〔問3〕 ア

1 〔三分野総合―小問集合問題〕

〔問1〕＜地形図と写真の読み取り＞地形図上のB～E点のうち，B点とE点は進行方向の前方で鉄道の線路と交差していることから，アとイのいずれかが当てはまる。このうち，E点の前方には橋・高架を表す(＝)が見られ，道路が線路の上を通っていることがわかる。したがって，E点がア，B点がイとなる。次にD点は，北西から南東にかけて延びる道路と，D点から北へ向かって延びる道路が交わる丁字形の交差点に位置することから，ウが当てはまる。最後にC点は，地形図の右下のスケールバー(距離を表す目盛り)をもとにすると，直前の地点であるB点からの距離が500mよりもやや短い距離であることから，エが当てはまる。

〔問2〕＜分国法＞分国法は，戦国大名が家臣や民衆を統制し，領国を支配するために定めた独自の法である。分国法の規定には，勝手な婚姻や城の建築を禁止するもの，争いの当事者の双方を罰する「けんか両成敗」を定めたものなどが見られる(エ…○)。なお，御成敗式目〔貞永式目〕は1232年に鎌倉幕府の第3代執権である北条泰時が定めた法(ア…×)，大宝律令は701年に唐の律令にならってつくられた法(イ…×)，武家諸法度は江戸幕府が大名を統制するために定めた法である(ウ…×)。

〔問3〕＜特別会＞特別会〔特別国会〕は，衆議院解散後の総選挙の日から30日以内に召集される国会である。特別会が召集されると，それまでの内閣は総辞職し，新しい内閣総理大臣の指名が行われる(ウ…○)。なお，常会〔通常国会〕は，毎年1回1月中に召集され，予算の審議を主に行う国会である(ア…×)。臨時会〔臨時国会〕は，内閣が必要と認めたとき，またはいずれかの議院の総議員の4分の1以上の要求があった場合に召集される国会である(イ…×)。参議院の緊急集会は，衆議院の解散中に緊急の必要がある場合に，内閣の求めによって開かれる集会である。

2 〔世界地理―世界の諸地域〕

〔問1〕＜世界の国と気候＞略地図中のA～D．略地図中のAはタイの首都バンコク，Bはサウジアラビアの首都リヤド，Cはエチオピアの首都アディスアベバ，Dはポーランドの首都ワルシャワである。Ⅰの文章は，首都が標高約2350mの高地にあること，コーヒー豆の生産量が多く輸出額に占める割合が高いことなどから，国土にエチオピア高原が広がり，輸出額に占めるコーヒー豆の割合が高いモノカルチャー経済の国であるエチオピアについて述べたものである。**Ⅱのア～エ．**エチオピアの首都アディスアベバは高山気候に属していることから，一年を通して冷涼で，年間の気温差が小さいイが当てはまる。なお，アは冬の寒さが厳しい亜寒帯〔冷帯〕気候でＤのワルシャワ，ウは一年を通して降水量が非常に少ない乾燥帯の砂漠気候でＢのリヤド，エは一年中高温で雨季と乾季がある熱帯のサバナ気候でＡのバンコクのグラフである。

〔問２〕＜世界の国々の特徴＞略地図中のＰはメキシコ，Ｑはフィジー，Ｒはバングラデシュ，Ｓはイタリアである。アは，とうもろこしが主食であることなどからメキシコであり，「中央部の高原」とはメキシコ高原である。イは，柑橘《かんきつ》類やオリーブの栽培が盛んであることや，小麦が主食であることなどから，地中海沿岸に位置するイタリアである。ウは，タロいもが主食で，さとうきびやバナナなどの熱帯の植物が見られることから，南太平洋に位置するフィジーである。エは，稲作や茶の栽培が盛んで，米が主食であることなどからバングラデシュである。

〔問３〕＜オランダの特徴と資料の読み取り＞略地図中のＷ～Ｚ．略地図中のＷはウルグアイ，Ｘはマレーシア，Ｙは南アフリカ共和国，Ｚはオランダである。Ⅲの文章は，ポルダーと呼ばれる干拓地があること，花や野菜の栽培や酪農が盛んであることなどから，オランダについて述べたものである。　**ⅠとⅡのア～エ．**Ⅲの文章の２段落目の記述内容と，Ⅰ，Ⅱの表を照らし合わせて考える。まず，Ⅲの文中の「2001年と比べて2019年では，日本の輸入額は２倍に届いてはいないが増加し」という記述から，Ⅰの表中ではア，ウ，エが該当し，「輸出額は３倍以上となっている」という記述から，Ⅱの表中ではア，イ，ウが該当する。したがって，ア，ウのいずれかがオランダとなる。次に，（2019年の）「輸出額が多い上位３位までの貿易相手国は全て同じ地域の政治・経済統合体の加盟国」という記述から，この政治・経済統合体はオランダが加盟しているEU〔ヨーロッパ連合〕と判断でき，Ⅱの表中で2019年における輸出額が多い上位３位までの貿易相手国が全てEU加盟国となっているアがオランダとなる。なお，イは，表Ⅰで日本の輸入額が４か国中で最も少ないこと，表Ⅱで主な輸出相手国に南アメリカ州の国が多いことからウルグアイである。ウは，表Ⅰで2001年の日本の主な輸入品目にとうもろこしが含まれていること，表Ⅱで2001年の主な輸出相手国にイギリスが含まれることから，かつてイギリスの植民地であった南アフリカ共和国である。エは，表Ⅰで日本の輸入額が４か国中で最も多く，日本の最大の輸入品がパーム油であること，表Ⅱで主な輸出相手国にシンガポールが見られることからマレーシアである。

３ 〔日本地理―日本の諸地域〕

〔問１〕＜都道府県の自然と第一次産業＞略地図中のＡは秋田県，Ｂは静岡県，Ｃは奈良県，Ｄは鹿児島県である。　ア．Ｃの奈良県に当てはまる。１段落目の「河川」は紀の川（奈良県では吉野川）であり，県の南東部にある大台ヶ原付近を水源とする。大台ヶ原付近は国内有数の多雨地域で，林業が盛んで，吉野杉と呼ばれる国産材の産地として知られる。　イ．Ｂの静岡県に当てはまる。北部には3000m級の赤石山脈が南北に走り，東部には山がちな伊豆半島が位置する。中西部にある牧ノ原などの台地では茶の栽培が盛んで，静岡県の茶の生産量は全国第１位（2021年）である。

ウ．Ａの秋田県に当てはまる。１段落目の「河川」は，秋田平野から日本海に注ぐ雄物川である。南東部の横手盆地は，奥羽山脈の西側に位置し，夏に北東から吹く冷涼なやませによる冷害の影響を受けにくく，稲作が盛んである。　エ．Ｄの鹿児島県に当てはまる。薩摩半島と大隅半島に囲まれた鹿児島湾には桜島，北東側の宮崎県との県境には霧島山があり，いずれも活動が活発な火山である。火山灰などが積もってできたシラス台地では，肉牛や豚などを飼育する牧畜が盛んである。

〔問２〕＜千葉県の特徴と資料の読み取り＞略地図中のＷ～Ｚ．略地図中のＷは千葉県，Ｘは愛知県，Ｙは兵庫県，Ｚは広島県である。Ⅱの文章は，沿岸部に製鉄や石油化学などの重化学工業を中心とする工業地域があること，中央部から北西部に人口が集中していることなどから，千葉県について述べたものである。千葉県の東京湾岸には京葉工業地域が広がり，東京都に近い中央部から北西部の地域には，千葉市や船橋市などの大都市が集まっている。　**Ⅰのア～エ．**Ⅱの文章中に「2020

年における人口に占める他の都道府県への従業・通学者数の割合は，１割以上」とあることから，Ⅰの表中のア～エについて，他の都道府県への従業・通学者数を，人口の１割(人口÷10)と比較したとき，１割を超えるのはアのみであるので，アが千葉県とわかる。また，製造品出荷額等に占める上位３位の品目に石油・石炭製品などの重化学工業製品が多いことから，アが千葉県と判断することもできる。なお，県庁所在地の人口と製造品出荷額等が最も大きく，製造品出荷額等に占める輸送用機械の割合が特に大きいエは，県庁所在地が名古屋市であり，自動車工業が盛んな中京工業地帯に属する愛知県である。残るイとウのうち，他の都道府県への従業・通学者数が多いウは大阪府に隣接する兵庫県であり，人口が最も少ないイは広島県である。

〔問３〕＜コンパクトなまちづくり＞現状の図より，日常生活に必要な４つの機能のうち，福祉施設や行政サービスは駅やバス停を中心とした徒歩圏にあり，自宅から徒歩と公共交通のみで利用することができるが，病院と食品スーパーを利用するには，自動車を利用しなければならないことがわかる。一方，将来の図より，病院と食品スーパーが駅やバス停を中心とした徒歩圏に変わり，駅やバス停から徒歩で利用できるようになっている。つまり，公共交通へのアクセスがよい場所に日常生活に必要な機能を集め，自動車を利用しなくても生活できるまちづくりが目指されていることがわかる。

4 〔歴史―古代～現代の日本と世界〕

〔問１〕＜年代整序＞年代の古い順に，エ(大化の改新―飛鳥時代)，ア(平安京と最澄―平安時代)，イ(執権政治と禅宗の保護―鎌倉時代)，ウ(勘合貿易―室町時代)となる。なお，アは桓武天皇，イは北条時頼，ウは足利義満，エは中大兄皇子(後の天智天皇)について述べている。

〔問２〕＜江戸時代の海上輸送＞まず，ⅠとⅡの資料をもとに輸送経路について確認すると，東北地方の荒浜から太平洋を南下して江戸に至る経路と，東北地方の酒田を出航し，日本海沿岸から下関を回って瀬戸内海を通り，大阪を経由して太平洋から江戸に至る航路があり，どちらの経路でも江戸までの輸送を行う。次に，Ⅰの資料をもとに寄港地の役割について確認すると，役人が船の発着の日時や積荷の点検などを行っていることがわかる。河村瑞賢が整備したこれらの航路は，それぞれ東廻り航路，西廻り航路と呼ばれる。

〔問３〕＜近代の出来事とその時期＞アの治外法権〔領事裁判権〕の撤廃などを定めた日英通商航海条約が調印されたのは1894年(Ｃ)，イの関東大震災が起こったのは1923年(Ｄ)，ウの日米和親条約が締結されたのは1854年(Ａ)，エの西南戦争が起こったのは1877年(Ｂ)のことである。

〔問４〕＜現代の出来事とその時期＞ア．サンフランシスコ平和条約が締結されたのは1951年である。Ａの時期には，特に海上貿易量(輸入)の増加が見られる。　イ．エネルギーの供給量において石油が石炭を上回るエネルギー革命が起こったのは1960年代である。Ｂの時期の最初の年である1960年と最後の年である1972年のグラフを見比べると，「海上貿易量(輸出)は約４倍に，海上貿易量(輸入)は約６倍に増加」という記述に合致する。　ウ．冷たい戦争〔冷戦〕の終結が宣言されたのは1989年である。Ｄの時期の海上貿易量は輸出・輸入ともに増加傾向にはあるが，1990年代初めのバブル経済崩壊などいくつかの要因から，一時的に輸出や輸入が減少している時期が見られる。

エ．石油価格の急激な上昇をもたらした石油危機が起こったのは，1973年(第１次石油危機)と1979年(第２次石油危機)である。Ｃの時期の前半には海上貿易量(輸出)が増加しており，後半には海上貿易量(輸入)が減少から増加傾向に転じている。

5 〔公民―総合〕

〔問１〕＜平等権＞平等権は，平等な扱いを受ける権利である。日本国憲法第14条では，人種，信条(信仰や思想など)，性別，社会的身分，門地(生まれや家柄)により，政治的，経済的，社会的に差別されないことを定め，「法の下の平等」を保障している。「法の下の平等」は，第13条に定められた「個人の尊重」とともに，人権保障の根幹となる考え方である(イ…○)。なお，アは社会権のうちの生存権(第25条)，ウは自由権のうちの身体の自由(第38条)，エは請求権のうちの裁判を受ける権利(第32条)について定めた条文である。

〔問２〕＜消費税＞ⅠのＡ～Ｄ．Ⅱの文章は，間接税のうち，1989年に導入されたという記述などから，消費税について述べたものである。まず，Ⅰのグラフ中の2021年度の歳入額に占める割合が40％を超えているDは，公債金に当てはまる。次に，残るA～Cについて，Ⅱの文章中に「2021年度の歳入額は20兆円を超え，1989年度に比べて６倍以上」とあることから，Ⅰのグラフ中の2021年度と1989年度におけるA～Cの歳入額を，(一般会計歳入額)×(歳入項目別の割合)÷100でそれぞれ計算すると，2021年度に20兆円を超えているのはA，Cであり，2021年度の歳入額が1989年度の歳入額の６倍以上となっているのはCのみである。したがって，Cが消費税に当てはまる。なお，Aは所得税，Bは法人税である。　　ア～エ．消費税は，ものやサービスを購入したときに課される間接税である。そのため，所得税のように勤労世代に負担が集中したり人口構成の変化の影響を受けたりすることが少なく，所得税や法人税のように景気変動の影響を大きく受けることもない。また，全ての国民に所得〔収入〕に関係なく課税されるため，所得の低い人ほど所得に占める税金の割合が高くなる逆進性を持つ(ウ…○)。なお，アは公債金，イは所得税，エは法人税についての説明である。

〔問３〕＜SDGsが採択された時期＞Ⅰの文章は，SDGs〔持続可能な開発目標〕について述べたものである。SDGsは，国際社会が2030年までに達成することを目指した目標で，17のゴールと169のターゲットから構成されており，2015年の国連サミットにおいて加盟国の全会一致で採択された。したがって，Ⅱの年表中のエの時期に当てはまる。

〔問４〕＜成年年齢引き下げなどに関する資料の読み取り＞まず，Ⅱの表で，法律の「主な改正点」について確認すると，憲法改正に関する国民投票権を持つ年齢，選挙権を持つ年齢，成年となる年齢が，いずれも満20歳から満18歳へと引き下げられている。次に，Ⅰの文章で，成年年齢を引き下げることによる「国の若年者に対する期待」について確認すると，18歳，19歳の者を大人として扱うことにより，若年者の社会への参加時期を早め，若年者が将来の国づくりの中心となることを期待していることが読み取れる。Ⅰの文章は成年年齢の引き下げに関する文書であるが，国民投票権年齢と選挙権年齢についても，同様の期待のもとに引き下げが行われたと推測できる。

６〔三分野総合―国際社会とグローバル化をテーマとする問題〕

〔問１〕＜世界の国々と歴史＞ア．Bのフランスに当てはまる。1789年に起こった市民革命とは，フランス革命である。明治時代には黒田清輝がフランスに留学し，印象派の画風を日本に紹介した。また，ルーブル美術館は，首都パリにある美術館である。　　イ．Aのドイツに当てはまる。1871年には，ビスマルクの指導のもとでドイツが統一され，ドイツ帝国が誕生した。明治時代には森鷗外が留学し，帰国後にはドイツを舞台とする小説『舞姫』などを執筆した。　ウ．Cのイギリスに当てはまる。1902年に結ばれた同盟とは，日英同盟である。明治時代には英語教師であった夏目漱石がイギリスに留学した。また，シェイクスピアは16世紀～17世紀初めに多くの戯曲や詩を残した作家である。　　エ．Dのガーナに当てはまる。アフリカのギニア湾に面している。昭和時代初期には野口英世がガーナに滞在し，黄熱病の研究を行った。

〔問２〕＜G20サミット＞Ⅱの文章中にある世界金融危機は，2008年にアメリカ合衆国の大手証券会社が経営破綻したことなどをきっかけに，さまざまな国で株価の急落や為替相場の混乱などが連鎖的に起こり，世界的に急速な不景気となった出来事である。これに対処するため，Ⅰの年表中のウの金融・世界経済に関する首脳会合〔G20サミット〕がアメリカ合衆国で開催された。G20とは主要20か国・地域のことで，G７と呼ばれる主要７か国(日本，アメリカ合衆国，イギリス，フランス，ドイツ，イタリア，カナダ)に新興国などを加えたグループである。

〔問３〕＜国際連合の加盟国数の推移＞Ⅱの文章は，1945年時点で一部の国を除き他国の植民地であったこと，1960年に多くの国が独立したことなどから，アフリカ州について述べたものである。1960年は，アフリカ州の17か国が独立を果たしたことから「アフリカの年」と呼ばれた。したがって，Ⅰのグラフ中では，1955年までは加盟国数が少なく，1960年に加盟国数が大幅に増えているアがアフリカ州となる。なお，1990年から1995年にかけて加盟国が大きく増えているウは，1991年のソ連解体に伴って独立国が増えたヨーロッパ州である。残るイとエのうち，1945年から2020年までの間に加盟国数が大きく増えているイがアジア州，変動が少ないエが南北アメリカ州である。

理科解答

1 〔問1〕 エ　〔問2〕 イ
〔問3〕 ウ　〔問4〕 ア
〔問5〕 イ　〔問6〕 エ

2 〔問1〕 ア　〔問2〕 イ
〔問3〕 エ　〔問4〕 ウ

3 〔問1〕 ウ
〔問2〕 (例)どれも等しいため，地球上での太陽の見かけ上の動く速さは一定であることがわかる。
〔問3〕 エ　〔問4〕 ア

4 〔問1〕 イ　〔問2〕 ア
〔問3〕 ウ

5 〔問1〕 イ　〔問2〕 エ
〔問3〕 (例)塩化ナトリウムの溶解度は，温度によってほとんど変化しないため。
〔問4〕 ウ

6 〔問1〕 ウ　〔問2〕 ①…ウ　②…イ
〔問3〕 ア　〔問4〕 エ

1 〔小問集合〕

〔問1〕＜化学変化のモデル＞水素は水素原子(H)が2個結びついた水素分子(H_2)の形で存在し，酸素も酸素原子(O)が2個結びついた酸素分子(O_2)の形で存在する。また，水素原子2個と酸素原子1個が結びついて水分子(H_2O)をつくっている。化学変化の前後では，原子の種類と数は変わらないから，求めるモデルはエのようになる。

〔問2〕＜抵抗，電力量＞電熱線に6Vの電圧を加えたところ，1.5Aの電流が流れたことから，オームの法則〔抵抗〕=〔電圧〕÷〔電流〕より，電熱線の抵抗の大きさは，6÷1.5=4(Ω)である。また，電力量は，〔電力量(J)〕=〔電力(W)〕×〔時間(s)〕で求められ，電力は，〔電力(W)〕=〔電圧(V)〕×〔電流(A)〕で求められる。よって，このとき，電熱線が消費した電力が，6×1.5=9.0(W)で，5分は，5×60=300(s)なので，求める電力量は，9.0×300=2700(J)となる。

〔問3〕＜動物の分類＞A～Eの生物のうち，背骨を持つ脊椎動物は魚類と両生類，鳥類で，背骨を持たない無脊椎動物は昆虫類と甲殻類である。なお，昆虫類や甲殻類は節足動物のなかまであり，無脊椎動物には軟体動物も含まれる。

〔問4〕＜原子の構造＞原子核は＋(プラス)の電気を持ち，電子は－(マイナス)の電気を持つ。なお，原子核は陽子と中性子からなり，陽子は＋の電気を持ち，中性子は電気を持っていない。陽子1個と電子1個が持つ電気の量は同じで，原子に含まれる陽子の数と電子の数は等しいので，原子全体としては電気を帯びていない。

〔問5〕＜天気図記号＞くもりの天気記号は◎であり，風向は風が吹いてくる方向で，矢の向きで表すから，天気記号から北東の向きに矢をつける。また，表2より風速3.0m/sは風力2で，風力は矢羽根の数で表すので2本つける。なお，⦶は晴れを表す天気記号である。

〔問6〕＜ヘモグロビン＞ヘモグロビンは赤血球に含まれる赤色の物質である。また，ヘモグロビンには，酸素の多い所では酸素と結びつき，酸素の少ない所では酸素をはなすという性質があるため，赤血球は肺で酸素を取り込み，全身に酸素を運ぶことができる。

2 〔小問集合〕

〔問1〕＜化石＞フズリナの化石は古生代の示準化石で，アンモナイトの化石は中生代の示準化石である。地質年代は古い方から順に，古生代，中生代，新生代だから，石材aに含まれるフズリナの化石の方が古い。また，サンゴの化石のように，その化石を含む地層が堆積した当時の環境を示す化石を示相化石という。サンゴはあたたかくて浅い海に生息するので，サンゴの化石を含む地層は，あたたかくて浅い海で堆積したと考えられる。

〔問２〕＜**反応する物質の質量**＞クジャク石を加熱すると酸化銅と二酸化炭素と水に分解されることから，人工的につくられたクジャク石の粉0.20gを加熱して得られた0.13gの黒色の固体は酸化銅である。表２より，銅の質量と加熱して得られる酸化銅の質量は比例していて，その比は，銅：酸化銅＝0.08：0.10＝４：５となる。これより，0.13gの酸化銅から得られる銅の質量をxgとすると，x：0.13＝４：５が成り立つ。これを解くと，$x\times5=0.13\times4$より，$x=0.104$(g)となる。よって，人工的につくられたクジャク石の粉0.20gに含まれる銅の質量は0.104gなので，その割合は，0.104÷0.20×100＝52(％)である。

〔問３〕＜**光の屈折**＞入射角や屈折角は，境界面に垂直な線と入射光や屈折光がつくる角度である。右図で，境界面Qでは，入射角＞屈折角であり，境界面Rでは，入射角＜屈折角であることがわかる。また，直方体のガラスを厚さを２倍にした直方体のガラスに入れ替えると，光がガラス中を通って空気中へ出る位置が，右図のようにTの方向にずれるので，点Pの位置もTの方向にずれる。

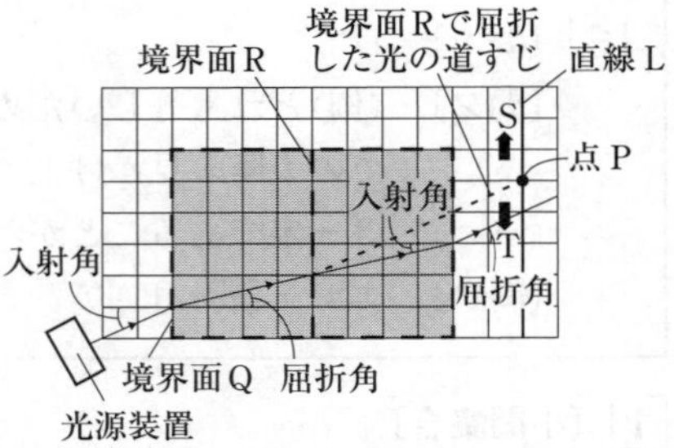

〔問４〕＜**生物どうしの数量的な関係**＞一般に，食べられる側の生物の数は，食べる側の生物の数よりも多くなる。資料より，生物ｗ～ｚの数量の関係を，不等号を用いて表すと，ｗ＜ｘ，ｘ＜ｙ，ｙ＜ｚとなるから，ｗ＜ｘ＜ｙ＜ｚである。よって，図３の①は生物ｗ，②は生物ｘ，③は生物ｙ，④は生物ｚである。

3 〔**地球と宇宙**〕

〔問１〕＜**南中高度**＞南中高度は，太陽が南中したときの高度である。また，図２で，点Oは観測者の位置を示し，点Aは南の方位，点Pは南中した太陽の位置を示す。よって，南中高度Rは，南を向いた観測者から見た太陽の高さだから，∠POAで表される。

〔問２〕＜**太陽の動き**＞結果１の⑵より，２時間ごとの・印の間隔がどれも5.2cmで等しいので，地球上での太陽の見かけ上の動く速さは一定であることがわかる。なお，太陽の動きは地球の自転による見かけの動きであり，太陽の動く速さが一定であることから，地球の自転の速さが一定であることがわかる。

〔問３〕＜**太陽の動き**＞問題の図２で，点Cが北より，点Bは東，点Dは西になり，地球上では太陽は見かけ上，東から西に移動して見えることがわかる。また，北極点の方向が北だから，X地点の６時間ごとの位置での方位は右図１のようになる。よって，東の空に太陽が見えるのは点Mの位置，西の空に太陽が見えるのは点Kの位置で，太陽は東の空から南の空を通り西の空へと移動するから，地球の自転の方向は問題の図３のⅡの方向である。

図１

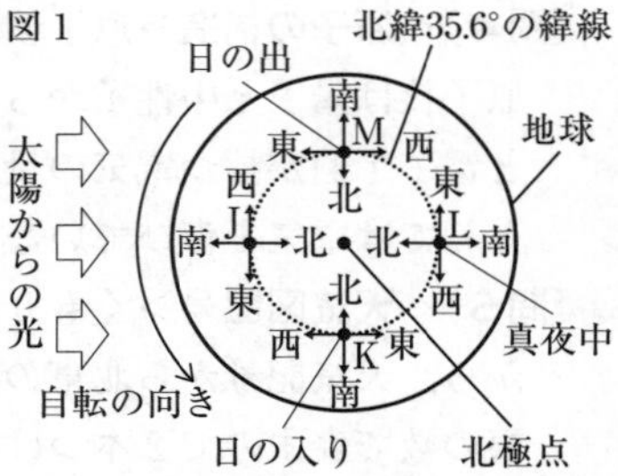

〔問４〕＜**太陽の動き**＞太陽は西の空に沈むので，問題の図４で，日の入りの位置は，観察１を行った日が点F，観察２を行った日が点Dである。よって，観察１を行った日の日の入りの位置は，観察２を行った日の日の入りよりも北寄りである。そして，透明半球上にかいた曲線は観察１を行った日の方が観察２を行った日より長いので，観察１を行った日の方が昼の長さは長くなる。また，観察１を行った日の地球を表した右図２では，太陽からの光が当たっている部分が昼，当たっていない影をつけた部分が夜になる。図２のように，X地点とY地点での１日の夜の長さの割合を比較すると，夜の長さの割合は，明らかにX地点の方がY地点より大きい。したが

図２

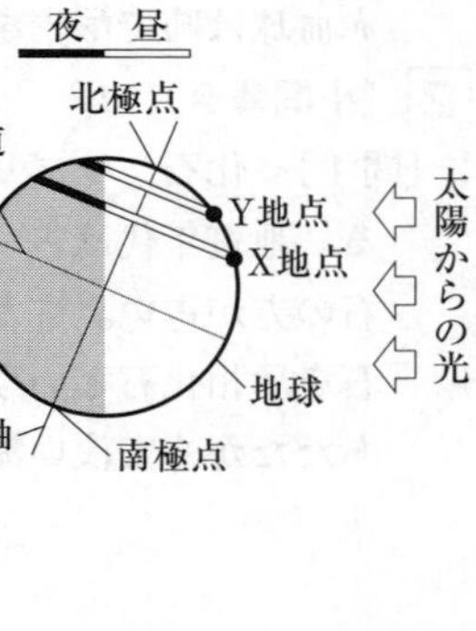

って，観察１を行った日の夜の長さは，Ｘ地点の方が長い。

4〔生物のからだのつくりとはたらき〕

〔問１〕＜顕微鏡＞顕微鏡でプレパラートと対物レンズをできるだけ近づけるときは，プレパラートと対物レンズがぶつからないように，横から見ながら調節ねじを回す。また，〔顕微鏡の倍率〕=〔対物レンズの倍率〕×〔接眼レンズの倍率〕より，対物レンズが20倍で接眼レンズが10倍である顕微鏡の倍率は，20×10＝200(倍)である。

〔問２〕＜植物のはたらき＞植物は常に呼吸を行うが，光合成は光が当たるときだけ行われる。よって，図４で，呼吸と光合成を行っている①が「十分に当たる」，呼吸しか行っていない②が「当たらない」である。光が十分に当たるときにだけ見られる⑤が「光合成」だから，吸収する③は「二酸化炭素」，放出する④は「酸素」である。また，光が十分に当たるときも当たらないときも行われる⑥は「呼吸」で，吸収する④は「酸素」，放出する③は「二酸化炭素」である。

〔問３〕＜光合成＞細胞内に観察された緑色の粒は葉緑体である。光が十分に当たると，葉緑体で光合成によってデンプンがつくられる。そして，葉緑体にデンプンがあるとヨウ素液によって青紫色に染色される。結果の(3)より，光が当たらないオオカナダモＢの葉緑体にデンプンはできていないが，光を当てたオオカナダモＡの葉緑体にデンプンができていたことから，光が十分に当たる場所では，葉緑体でデンプンがつくられることがわかる。なお，核は，普通細胞内に１つ存在する。

5〔物質のすがた，化学変化とイオン〕

〔問１〕＜電解質と非電解質＞水(蒸留水)に溶かしたときに，水溶液に電流が流れる物質を電解質，流れない物質を非電解質という。電解質の水溶液に電流が流れるのは，電解質が水溶液中で，陽イオンと陰イオンに電離するためであり，非電解質の水溶液に電流が流れないのは，非電解質は電離しないためである。塩化ナトリウムは電解質で，水溶液中で電離するため，塩化ナトリウム水溶液には電流が流れるが，砂糖は非電解質で電離しないため，砂糖水には電流が流れない。

〔問２〕＜溶解度と質量パーセント濃度＞結果２の(1)より，実験２の(2)では，試験管Ａに加えた硝酸カリウム３gは温度計が約38℃を示したとき，つまり，水溶液の温度が約38℃になったときに全て溶けている。資料より，硝酸カリウムの溶解度は温度が高くなるほど大きくなるので，約38℃以上では硝酸カリウム３gは全て溶けていることがわかる。よって，溶けた硝酸カリウムの質量は，水溶液の温度が27℃のときは溶け残りがあったことから３g未満で，38℃以上では３gで一定である。したがって，$〔\text{質量パーセント濃度}(\%)〕=\frac{〔\text{溶質の質量}(g)〕}{〔\text{溶媒の質量}(g)〕+〔\text{溶質の質量}(g)〕}\times 100$ より，硝酸カリウム水溶液の質量パーセント濃度は，溶質の質量が多いほど大きくなるから，38℃のときは，27℃のときよりも大きく，38℃以上では一定になる。以上より，適切なのはエである。

〔問３〕＜溶解度＞資料より，塩化ナトリウムの溶解度は，温度が変化してもほとんど変化しないことがわかる。これより，溶け残った塩化ナトリウムの質量はほとんど変化しないと考えられる。そのため，結果２の(1)のように，実験２の(1)～(4)では，試験管Ｂの中の様子に変化がなかったのである。

〔問４〕＜再結晶＞水溶液中から溶質を全て固体として取り出すためには，溶媒である水を全て蒸発させればいいので，塩化ナトリウム水溶液0.35g中の水の質量を求める。結果２の(1)より，27℃の蒸留水５gに塩化ナトリウム３gを加えると溶け残りがあり，20℃でも様子に変化がない，つまり，溶け残りがあるので，20℃での試験管Ｂの塩化ナトリウム水溶液は塩化ナトリウムが溶解度まで溶けた飽和水溶液である。資料より，20℃での塩化ナトリウムの溶解度は38gだから，水の質量が100gのときの飽和水溶液の質量は100＋38＝138(g)となる。よって，この飽和水溶液と同じ濃度である塩化ナトリウム水溶液0.35g中の水の質量をxgとすると，0.35：x＝138：100が成り立つ。これを解くと，x×138＝0.35×100より，x＝0.253…となるから，求める溶媒の質量は約0.25gである。

6〔運動とエネルギー〕

〔問１〕＜仕事，作用と反作用＞仕事は，〔仕事(J)〕＝〔力の大きさ(N)〕×〔力の向きに動いた距離(m)〕で求められる。実験１の(1)で，ばねばかりが糸を引く力の大きさは，結果１のばねばかりが示す力の大きさより６Nであり，物体は10cm，つまり，$10\div100=0.1$(m)持ち上げられたから，仕事の大きさは，$6\times0.1=0.6$(J)となる。また，作用・反作用は，２つの物体の間で対になってはたらくので，「ばねばかりが糸を引く力」を作用としたときの反作用は「糸がばねばかりを引く力」である。

〔問２〕＜速さ＞１秒間に50回打点する記録タイマーを使っているので，５打点にかかる時間は，$\frac{1}{50}\times5=\frac{1}{10}=0.1$(秒)である。結果２の図４より，斜面の傾きが10°のとき，力学台車が0.4秒間で進んだ距離は，$2.2+3.6+5.0+6.4=17.2$(cm)なので，平均の速さＣは，$C=17.2\div0.4=43$(cm/s)となる。また，結果２の図５より，斜面の傾きが20°のとき，力学台車が0.4秒間で進んだ距離は，$4.4+7.2+10.0+12.8=34.4$(cm)なので，平均の速さＤは，$D=34.4\div0.4=86$(cm/s)となる。よって，$C:D=43:86=1:2$である。

〔問３〕＜分力＞重力は，地球が地球の中心に向かって物体を引く力だから，斜面の傾きが変わっても重力の大きさは変わらない。また，斜面の傾きが大きくなると，斜面に平行な分力は大きくなり，斜面に垂直な分力は小さくなる。なお，斜面に平行な分力が大きくなると，力学台車の速さの変化の割合が大きくなる。

〔問４〕＜エネルギー＞同じ物体では，物体が持つ位置エネルギーの大きさは，高さが高いほど大きくなる。結果１より，物体を基準面から10cm持ち上げるのに，実験１の(1)では25秒かかり，実験１の(2)では45秒かかる。これより，実験１の(2)で，25秒かけて力学台車を持ち上げた距離は10cmより小さい。つまり，25秒経過したときの力学台車の高さは，実験１の(2)より，実験１の(1)の方が高いので，(1)の方が位置エネルギーは大きい。また，実験２では，点Ａで力学台車が持つ位置エネルギーが，点Ｂでは全て運動エネルギーに移り変わる。斜面の傾きを10°から20°にすると，点Ａの高さが高くなるため，力学台車がはじめに持つ位置エネルギーの大きさは，実験２の(2)より，実験２の(4)の方が大きい。よって，車止めに当たる直前の運動エネルギーの大きさは，実験２の(4)の方が大きい。

●2023年度

都立戸山高等学校

独自問題

【英語・数学・国語】

2023年度 都立戸山高等学校

【英　語】（50分）〈満点：100点〉

1 リスニングテスト（**放送**による**指示**に従って答えなさい。）

〔**問題A**〕 次のア～エの中から適するものをそれぞれ一つずつ選びなさい。

＜対話文1＞

ア　To have a birthday party.

イ　To write a birthday card for her.

ウ　To make some tea.

エ　To bring a cake.

＜対話文2＞

ア　He was giving water to flowers.

イ　He was doing his homework.

ウ　He was eating lunch.

エ　He was reading some history books.

＜対話文3＞

ア　He got there by train.

イ　He took a bus to get there.

ウ　He got there by bike.

エ　He walked there.

〔**問題B**〕 ＜Question 1＞では，下のア～エの中から適するものを一つ選びなさい。
＜Question 2＞では，質問に対する答えを英語で書きなさい。

＜Question 1＞

ア　Studying English.

イ　Students' smiles.

ウ　Sports festivals.

エ　Students' songs.

＜Question 2＞

（15秒程度，答えを書く時間があります。）

※（編集部注）＜**英語学力検査リスニングテスト台本**＞を英語の問題の終わりに掲載しています。

2 次の対話の文章を読んで，あとの各問に答えなさい。
（＊印の付いている単語・語句には，本文のあとに〔注〕がある。）

Aya and Ken go to the same high school in Tokyo. Mr. Brown is their English teacher. He is from Australia. They are talking in their classroom after school. They are sitting by the window.

Aya: Look! An airplane is flying over there. I get excited when I see airplanes in the sky.

Ken: I love airplanes, too. I want to be a pilot in the future.

Mr. Brown: I understand how you feel. Airplanes are amazing. When I flew from Australia to Japan, I wondered how such a big thing could fly in the sky.

Aya takes a book out of her bag.

Aya: I am reading this book. It's a book about things that people invented.

Mr. Brown: I've read that book, too. The first part is about airplanes.

Ken: Oh, really? What does it say?

Aya: It says that people have had a dream of flying in the sky for a long time. They worked hard to *realize their dream by studying how birds fly.

Mr. Brown: I was especially interested in the scientist who tried to invent airplanes in the 15th century.

Aya: That scientist first tried to make wings for humans to fly like birds. He studied the shape of birds' wings. He also watched how birds move them when they fly. He worked very hard, but could not invent wings for humans.

Ken: Oh, I feel sorry for him. [(1)-a] I heard that the first airplane flight was realized at the beginning of the 20th century.

Aya: Exactly. To realize their dream, people worked on it for hundreds of years. During that time, they did a lot of research and experiments. They got many new ideas from birds. Birds were their teachers.

Ken: We have to thank birds when we use airplanes.

Mr. Brown: (2)I agree. In fact, your story reminds me of an architect who got ideas from *termite *mounds.

Ken: Termite mounds? I've never seen one.

Mr. Brown: In some places in Africa, termites build big mounds out of *mud. Some of them are five or six meters high! To build them, they spend many years. In those areas in Africa, the temperature goes up to about 50°C during the day, and goes down to about 0°C at night. Even in such an environment, the temperature in the termite mounds stays at around 30°C without using electricity.

Aya: Wow! They are eco-friendly! How can it be possible?

Mr. Brown: We don't exactly know how, but we know that there are many *tunnels running in and under the mounds. They run in different directions. Some of them go up through the mounds like *chimneys. Some scientists say that the tunnels help the air in the mounds stay cool.

Ken: Mr. Brown, you said that an architect got ideas from termite mounds. I want to know more about that.

Mr. Brown: The architect was asked to build a shopping center in Africa that does not use air conditioners to control the temperature inside. [(1)-b] Then he thought of termite mounds. He designed his new building by getting hints from them. The building has eight floors. There is an *opening in the middle of the building that works like a chimney. At night, air near the ground gets cool, and the air is sent to each floor by big *fans. During the day, the cool air sent at night keeps each room cool. When the air gets warm, it goes up and out of the building through the opening. In this way, the building is kept cool without using much electricity.

Aya: That's amazing! Termites taught him how to build a building that can save electricity.

Ken: So not only birds but also *insects can be our teachers.

Mr. Brown: [(3)] Insects, birds, animals, fish and plants have survived in *harmony with the environment for a long time. I won't be surprised if we can get more new ideas from them.

Ms. Kawada, their science teacher, comes into the classroom.

Ms. Kawada: Hi! What are you doing here?

Ken: Hello, Ms. Kawada. We are talking about learning from nature.

Ms. Kawada: Learning from nature?

Aya: Yes. If we want to make our lives better, it may be helpful to find hints in nature.

Ms. Kawada: That's wonderful. Oh, I have one story that may be interesting to you.

Ken: What is it about? I want to hear it.

Ms. Kawada: First, I want to ask you a question. [(4)]

Mr. Brown: Why do you ask such a strange question, Ms. Kawada?

Aya: That sounds impossible!

Ms. Kawada: Well, of course nobody can do such a thing. But there are insects that can do it.

Ken: What insects? Do they live in Japan?

Ms. Kawada: No, they are *beetles that live in a *desert in Africa. They have small *bumps on their backs. These bumps can collect water from the air to make a *drop of water. When it gets bigger, it flows down the spaces between the bumps. Those spaces are *water resistant, so the water easily flows down like drops of water on an umbrella. Then on *foggy days, they stand on their heads and wait for water to *flow into their mouths.

Mr. Brown: That's exciting!

Ms. Kawada: Some scientists and *experts are very interested in how the beetles collect water. They are trying to make tools that can collect water from the air in the same way. If these tools become common, people living in hot dry areas may be able to get water more easily. It may be possible to solve the problem of water *shortage.

Aya: [(1)-c]

Ken: By learning from nature, I'm sure we can solve many other problems that we have.

Ms. Kawada: I agree, but it is not that easy, Ken. To solve one problem, many experts have to work together. (5)<u>It【 ① different ② difficult ③ experts ④ fields ⑤ for ⑥ from ⑦ is ⑧ share ⑨ to 】 information and help each other.</u> We need a good *organization to connect these experts. So I hope you, young people, will develop one in the future.

Aya: I hope we can, Ms. Kawada. But first of all, we must study hard and keep watching what is happening around us.

Mr. Brown: Exactly. Something in nature may be a big hint for making our lives better.

Ms. Kawada: We should not forget that nature does not come to us and tell us what we should do. [(1)-d]

Ken: I see. In the future, I want to be a scientist and invent something by learning from nature.

Aya: Really? I thought your dream was to be a pilot!

〔注〕

realize　実現する	termite　シロアリ	mound　アリ塚
mud　泥	tunnel　トンネル	chimney　煙突
opening　開口部	fan　扇風機	insect　昆虫
harmony　調和	beetle　甲虫	desert　砂漠
bump　こぶ	drop　しずく	water resistant　耐水性の

foggy　霧の立ちこめた　flow　流れる　expert　専門家
shortage　不足　organization　組織

〔問1〕 本文の流れに合うように，［(1)-a］～［(1)-d］の中に英語を入れるとき，最も適切なものを次の**ア**～**カ**の中からそれぞれ一つずつ選びなさい。ただし，同じものは二度使えません。

ア We've learned a lot from scientists, so we don't have to learn any more from nature.
イ He wondered how he could do it.
ウ I think we can help a lot of people if we can solve it.
エ We believe that some experts come to us to help us by giving hints.
オ I believe it was very difficult.
カ We have to discover hints by ourselves.

〔問2〕 (2)I agree. とあるが，この内容を最もよく表しているものは，次の中ではどれか。

ア We were able to realize our dream thanks to an architect.
イ Humans needed centuries to realize their dream of flying like birds.
ウ We can travel to different places thanks to airplanes.
エ We should not forget birds gave us hints to realize our dream.

〔問3〕 本文の流れに合うように，［(3)］に英語を入れるとき，最も適切なものは，次の中ではどれか。

ア We can learn from many things that live in nature.
イ Living things should not depend on each other.
ウ Many things in nature tell us that we can live without them.
エ There are many teachers who study about insects in Africa.

〔問4〕 本文の流れに合うように，［(4)］に英語を入れるとき，最も適切なものは，次の中ではどれか。

ア Can you guess what I am going to say about nature?
イ Can you guess what kind of insect I have at home?
ウ Can you collect water in the air and drink it?
エ Can you collect water in the way the termites do?

〔問５〕 (5)It【① different ② difficult ③ experts ④ fields ⑤ for ⑥ from ⑦ is ⑧ share ⑨ to】information and help each other. とあるが，本文の流れに合うように，【　　　】内の単語を正しく並べかえたとき，【　　　】内で**２番目**と**５番目**と**８番目**にくるものの組み合わせとして最も適切なものは，次の**ア～カ**の中ではどれか。

	２番目	５番目	８番目
ア	①	②	③
イ	①	③	④
ウ	①	④	⑧
エ	②	①	⑨
オ	②	④	⑧
カ	②	⑥	⑨

〔問６〕 本文の内容と合っているものを，次の**ア～キ**の中から**二つ**選びなさい。

ア A long time ago, people were afraid of flying in the sky because it was dangerous.
イ When we want to make our lives better, getting hints from nature may help us.
ウ Many scientists did a lot of experiments for architects to make mounds.
エ To survive on the Earth, insects have learned from humans.
オ Some termites live in areas that are very cold at night and very hot during the day.
カ The beetles that live in a desert in Africa get water by using the bumps on their head.
キ Learning from nature is the only way we can survive.

〔問７〕 次の文章はAyaが書いた日記の一部である。（ a ）～（ d ）の中に英語を入れるとき，最も適切なものを下の**ア～ク**の中からそれぞれ一つずつ選びなさい。ただし，同じものは二度使えません。

> Today I enjoyed talking with Ken, Mr. Brown and Ms. Kawada after school. I learned that people have got a lot of useful information from nature to make our (a) better, though we may not think about it so often. Thanks to some insects in Africa, we were able to build an (b) building. There are other insects that give us hints which may help us (c) the water shortage problem. I am excited because I may be able to (d) more hints in nature! I hope I can make people happier with the help of nature.

ア eco-friendly　**イ** solve　**ウ** tell　**エ** find
オ impossible　**カ** insects　**キ** lives　**ク** make

3 次の文章を読んで，あとの各問に答えなさい。
（＊印の付いている単語・語句には，本文のあとに〔注〕がある。）

When you come to a river and you want to cross it, what will you do? Of course, you will look for a bridge. If you can find one, it will be easy to reach the other side. But if you cannot, you will be in trouble. A bridge is very important when you want to go across a river.

Where can you find bridges in your daily life? Are they all for crossing a river? When you are walking and come to a busy street with a lot of cars, you can sometimes go over a bridge. It is for crossing the road. At a big station, you may walk over a bridge to get to a train. It is for crossing railroads. Bridges are not only for people to walk over. For example, trains and cars can also use bridges. There are some bridges that even carry water to the other side.

By the way, what is a bridge? One professor says, "A bridge connects two points that are *apart from each other to create a new way." When a bridge is built, two places are joined. Then, people and other things can go over the bridge. [(1)-a] Also, it will be possible to move more things. In this way, the bridge may become the center of traffic and this can affect how towns and cities are made. If the bridge is also beautiful or big, it will attract a lot of people.

<Picture 1>

著作権上の都合により非公開

The professor says, "I think the first bridge was a tree bridge. When people wanted to go over a river, they only had to cut down a tree and put it across the river. It was easy." It is believed that putting a tree or a board across the river was the beginning of the *beam bridge. However, when people wanted a bridge longer than any tree they could find, it was difficult to make a beam bridge. People thought about building a bridge by connecting stones. This idea became the *arch bridge. In Europe, you can still see some old arch bridges. Look at Picture 1. This arch bridge in Italy is more than 2,000 years old. People also used *vines to make a bridge. Vines were easily found in the forest or mountains. [(1)-b] People think that this was the beginning of the *suspension bridge. There are many types of bridges now, but you can say that these three have been the *basic types of the bridge since a long time ago.

Let's see how these three types of bridges are supported.

Take three small blocks and a plastic ruler. As you can see in Picture 2, put the ruler on two of the blocks, one at each end. This is a *model of the beam bridge. The ruler is the beam and the two blocks are the *supports of this bridge model. The *distance between two supports of the bridge is called a *span. Now, push down in the middle of the ruler with a finger. It will *bend quite easily. Put the other block under the center of the ruler. You will now have a bridge with two spans and three supports. Try to push down with one finger in the middle of each span. The ruler bends less than before. [(2)]

How is the arch bridge supported? Look at Picture 3. Part A is supported by Part Bs on both sides by pushing them and being pushed by them. Part Bs are also supported by Part A and Part Cs. The whole arch bridge is supported like this. If both ends of the bridge shown as Part Ds are not *fixed, the bridge may fall down. However, if they are fixed like in Picture 4, the arch can be kept in good shape and can support *weight on the bridge.

Now look at Picture 5. This is a model of the suspension bridge. The suspension bridge is held by main *cables, and they are supported by heavy *anchorages at both ends and two tall towers. (3)【 ① to ② are ③ the beam ④ hung from ⑤ a lot of ropes ⑥ the main cables ⑦ and fixed to 】 support it. In this model, the two tall towers work as supports of the bridge.

New *materials and modern technologies have made bridges stronger and changed people's lives greatly. In the old days, most bridges were made of natural materials like wood, stone or vine. However, during the time of the *Industrial Revolution, *iron bridges appeared. These new bridges meant that people could build railroads across Europe and then were able to travel and carry a lot of things a long way more easily. Iron was developed into *steel and now we are able to make stronger and longer bridges. *Concrete has also greatly helped us build such bridges. Today, steel and concrete are usually used together. [(1)-c] Also, computer technology has helped us understand how to make them safer.

When you build a bridge, you must look at the ground carefully to decide where you will build one that can hold the weight of the bridge itself, people, cars, trains and other things that go over it. [(4)]

Look at some big bridges between islands in the sea. Most of them are suspension bridges.

Did you know that the suspension bridge with the longest span in Japan was the longest in the world until recently? The bridge is almost 4,000 meters long and its towers are about 300 meters high. The two towers are almost 2,000 meters apart. Not only these tall towers but also very strong main cables made of steel support this suspension bridge. [(1)-d]

Bridges today may look very different from the ones in the old days. We usually don't use stone but steel to make arch bridges, and their shapes have changed a lot. Huge suspension bridges are now supported by strong steel cables instead of vines. However, the basic ideas of the three main types of the bridge haven't changed very much since then.

When you next see a bridge, try to find out the type of the bridge. It will be interesting to think about how it is built and how it supports the weight on it.

〔注〕 apart　離れて
vine　（植物の）つる
model　モデル
span　橋の支えと支えの間またはその距離
fix　しっかり固定する
anchorage　つり橋の固定基礎
Industrial Revolution　産業革命
steel　鋼
beam　（橋の）けた
suspension bridge　つり橋
support　支え
weight　重さ
concrete　コンクリート
arch　アーチ
basic　基本の
distance　距離
bend　曲がる
cable　ケーブル
material　原材料
iron　鉄

<Picture 2>

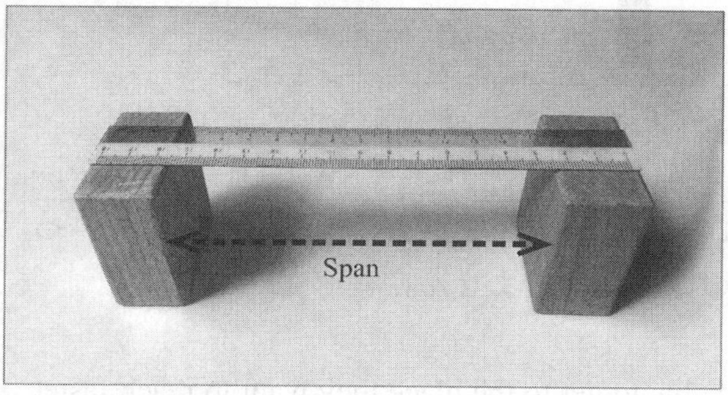

<Picture 3>

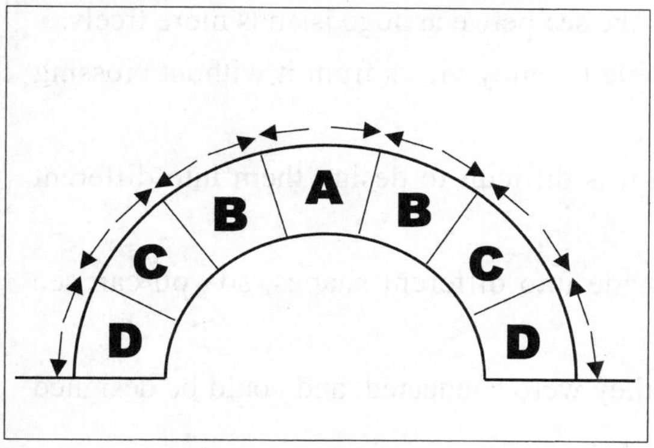

<Picture 4>

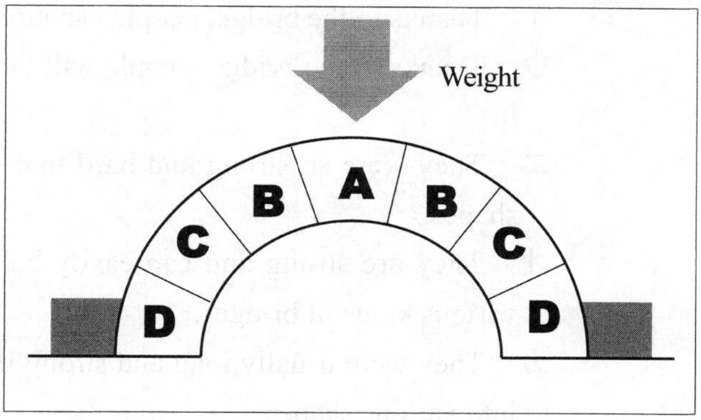

<Picture 5>

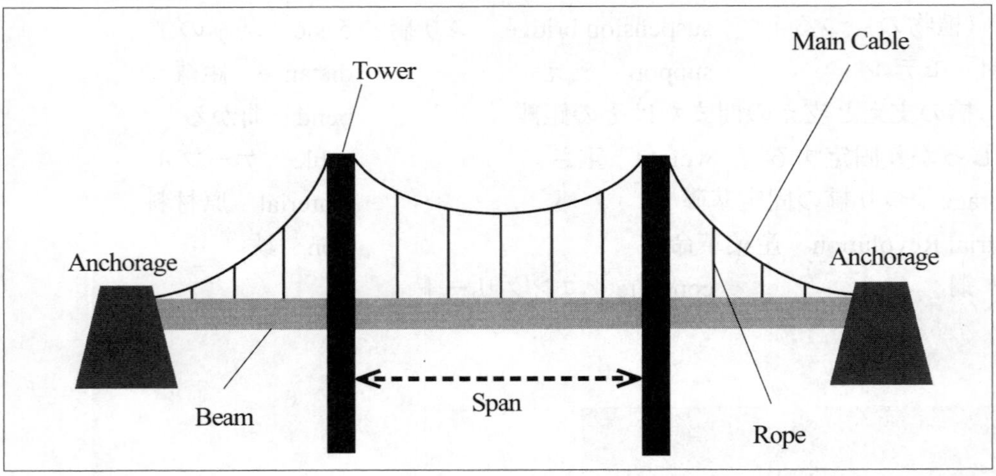

〔問１〕 本文の流れに合うように，［(1)-a］ ～ ［(1)-d］ の中に英語を入れるとき，最も適切なものを次の**ア**～**カ**の中からそれぞれ一つずつ選びなさい。ただし，同じものは二度使えません。

ア Thanks to bridges, people will be able to get to the place they want to reach faster and more easily.

イ Thanks to the bridge, people can cross the sea between huge islands more freely.

ウ Thanks to the bridge, people will be able to enjoy views from it without crossing it.

エ They were so strong and hard that it was difficult to design them into different shapes.

オ They are strong and can easily be made into different shapes, so you can see various kinds of bridges.

カ They were usually long and strong if they were connected, and could be designed into various shapes.

〔問2〕 本文の流れに合うように， [(2)] に英語を入れるとき，最も適切なものは，次のア～エの中ではどれか。

ア　So, if you can make spans longer, you will be able to make a longer beam bridge.
イ　However, you need to put more supports to make it safe.
ウ　So, if you can build more supports, you will be able to make a stronger beam bridge.
エ　However, you need to remove one of the supports if you want to make the bridge longer.

〔問3〕 (3)【 ① to ② are ③ the beam ④ hung from ⑤ a lot of ropes ⑥ the main cables ⑦ and fixed to 】support it.とあるが，本文の流れに合うように，【　　　】内の単語・語句を正しく並べかえたとき，**2番目**と**4番目**と**6番目**にくるものの組み合わせとして最も適切なものは，次の**ア～カ**の中ではどれか。なお，文頭にくる語も小文字になっています。

	2番目	4番目	6番目
ア	①	②	③
イ	①	②	⑤
ウ	②	③	⑤
エ	②	⑤	③
オ	②	⑥	③
カ	④	⑥	⑤

〔問4〕 [(4)] の中には，次の**A～D**の文が入る。本文の流れに合うように，正しく並べかえたとき，その組み合わせとして最も適切なものは，下の**ア～カ**の中ではどれか。

A　The suspension bridge can cover a long distance with only two supports.
B　You must look for the right places to build it because the condition of the ground is sometimes bad.
C　In many cases, the type of the bridge is decided by its longest span.
D　When you have found some good places, you can start to think about the type of the bridge you will build.

ア　B→D→A→C　　イ　B→D→C→A　　ウ　C→A→B→D
エ　C→A→D→B　　オ　D→B→A→C　　カ　D→B→C→A

〔問５〕 本文の内容と合っているものを，次のア～キの中から二つ選びなさい。

ア Bridges also create ways to carry water.

イ Making a beam bridge is more difficult than making a bridge by connecting stones.

ウ It is not very important to fix both ends of the arch bridge when you want to make it safer.

エ Stone and wood have helped people develop new materials for building bridges.

オ Though modern technologies have been developed, the bridges haven't become stronger.

カ The suspension bridge with the longest span in Japan is also the longest in the world.

キ We still use the basic ideas of some types of the bridge that are similar to the ones in the old days.

〔問６〕 次の質問に対するあなたの考えを，**40語以上50語程度の英語**で答えなさい。「.」「,」「!」「?」などは語数に含めません。これらの符号は，解答用紙の下線部と下線部の間に書きなさい。

Imagine you are going to build a bridge. Where do you want to build it? What change will there be after building it?

2023 年度　英語学力検査リスニングテスト台本

開始時の説明

これから，リスニングテストを行います。

問題用紙の１ページを見なさい。リスニングテストは，全て放送による指示で行います。リスニングテストの問題には，問題Aと問題Bの二つがあります。問題Aと，問題Bの ＜Question 1＞ では，質問に対する答えを選んで，その記号を答えなさい。問題Bの ＜Question 2＞ では，質問に対する答えを英語で書きなさい。

英文とそのあとに出題される質問が，それぞれ全体を通して二回ずつ読まれます。問題用紙の余白にメモをとってもかまいません。答えは全て解答用紙に書きなさい。

（２秒の間）

〔問題A〕

問題Aは，英語による対話文を聞いて，英語の質問に答えるものです。ここで話される対話文は全部で三つあり，それぞれ質問が一つずつ出題されます。質問に対する答えを選んで，その記号を答えなさい。

では，＜対話文１＞を始めます。

（３秒の間）

Meg: Hi, Taro. What did you do last Sunday?

Taro: Hi, Meg. I went to my grandmother's house to have a birthday party.

Meg: That's nice.

Taro: In the morning, I wrote a birthday card for her at home. Then I visited her and gave her the card. She looked happy. After that, she made some tea for me.

Meg: That sounds good.

Taro: In the evening, my sisters, mother, and father brought a cake for her.

Meg: Did you enjoy the party?

Taro: Yes, very much.

（３秒の間）

Question： Why did Taro go to his grandmother's house?

（５秒の間）

繰り返します。

（２秒の間）

（対話文１の繰り返し）

（３秒の間）

Question： Why did Taro go to his grandmother's house?

（10秒の間）

＜対話文２＞を始めます。

（３秒の間）

Satomi: Hi, John. I've been looking for you. Where were you?

John: I'm sorry, Satomi. I was very busy.

Satomi: I went to your classroom in the morning and during lunch time. What were you doing then?

John: Early in the morning, I gave water to flowers in the school garden. After that, I did my homework in my classroom.

Satomi: Oh, you did. How about during lunch time? I went to your room at one o'clock.

John: After I ate lunch, I went to the library. That was at about twelve fifty. I read some history books there for twenty minutes and came back to my room at one fifteen.

（３秒の間）

Question： What was John doing at one o'clock?

（５秒の間）

繰り返します。

（２秒の間）

（対話文２の繰り返し）

（３秒の間）

Question： What was John doing at one o'clock?

（10秒の間）

＜対話文３＞を始めます。

（３秒の間）

Jane: Hi, Bob. I'm happy that I can come to the concert today.

Bob: Hi, Jane. Yes. Me, too.

Jane: How did you get here today?

Bob: Why? I came by bike from home.

Jane: This morning, I watched the weather news. I think it'll be rainy this afternoon.

Bob: Oh, really? I'll have to go home by train and bus. What should I do with my bike?

Jane: After the concert, I will keep it at my house. We can walk to my house.

Bob: Thank you.

Jane: You're welcome. And you can use my umbrella when you go back home from my house.

（３秒の間）

Question： How did Bob get to the concert from home today?

（５秒の間）

繰り返します。

（２秒の間）

（対話文３の繰り返し）

（３秒の間）

Question： How did Bob get to the concert from home today?

（10秒の間）

これで問題Ａを終わり，問題Ｂに入ります。

〔問題Ｂ〕

（３秒の間）

これから聞く英語は，外国人の Emily 先生が，離任式で中学生に向けて行ったスピーチです。内容に注意して聞きなさい。

あとから，英語による質問が二つ出題されます。＜Question 1＞ では，質問に対する答えを選んで，その記号を答えなさい。＜Question 2＞ では，質問に対する答えを英語で書きなさい。

なお，＜Question 2＞ のあとに，15秒程度，答えを書く時間があります。

では，始めます。（２秒の間）

Hello, everyone. This will be my last day of work at this school. First, I want to say thank you very much for studying English with me. You often came to me and taught me Japanese just after I came here. Your smiles always made me happy. I hope you keep smiling when you study English.

I had many good experiences here. I ran with you in sports festivals, and I sang songs with your teachers in school festivals. I was especially moved when I listened to your songs.

After I go back to my country, I'll keep studying Japanese hard. I want you to visit other countries in the future. I think English will help you have good experiences there. Goodbye, everyone.

（３秒の間）

＜Question 1＞ What made Emily happy?

（５秒の間）

＜Question 2＞ What does Emily want the students to do in the future?

（15秒の間）

繰り返します。

（２秒の間）

（問題Ｂの英文の繰り返し）

（３秒の間）

＜Question 1＞ What made Emily happy?

（５秒の間）

＜Question 2＞ What does Emily want the students to do in the future?

（15秒の間）

以上で，リスニングテストを終わります。２ページ以降の問題に答えなさい。

【数　学】 (50分) 〈満点：100点〉

1 次の各問に答えよ。

〔問１〕 $\dfrac{\sqrt{18}-\sqrt{3}}{\sqrt{2}}-(\sqrt{18}-\sqrt{3})^2\times\dfrac{1}{7}$ を計算せよ。

〔問２〕 ２次方程式 $(x+1)^2+3(x+1)-4=0$ を解け。

〔問３〕 連立方程式 $\begin{cases}\dfrac{x}{3}+\dfrac{y}{2}=\dfrac{1}{6}\\[2mm]\dfrac{x}{5}+\dfrac{y}{3}=\dfrac{1}{5}\end{cases}$ を解け。

〔問４〕 １から６までの目が出る大小１つずつのさいころを同時に投げる。

大きいさいころの出た目の数を a，小さいさいころの出た目の数を b とするとき，

$1<\dfrac{b}{a}<\dfrac{7}{3}$ となる確率を求めよ。

ただし，大小２つのさいころはともに，１から６までのどの目が出ることも同様に確からしいものとする。

〔問５〕 右の図のように，点Ｏを中心とする円があり，円周上に点Ｐがある。

解答欄に示した図をもとにして，点Ｐを中心とし，面積が円Ｏの面積の３倍であるような円Ｐを，定規とコンパスを用いて作図せよ。

ただし，作図に用いた線は消さないでおくこと。

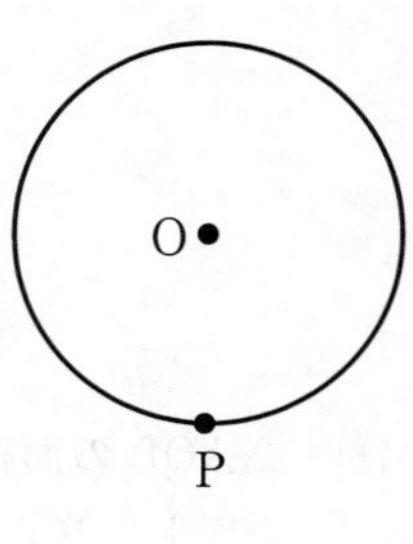

2 右の**図1**で，点Oは原点，点Aの座標は（2, 0），点Bの座標は（0, 2）であり，直線ℓは2点A，Bを通る直線，曲線mは関数$y=ax^2(a>0)$のグラフを表している。

線分ABと曲線mとの交点をP，曲線m上にあり，x座標が2である点をQとする。

次の各問に答えよ。

図1

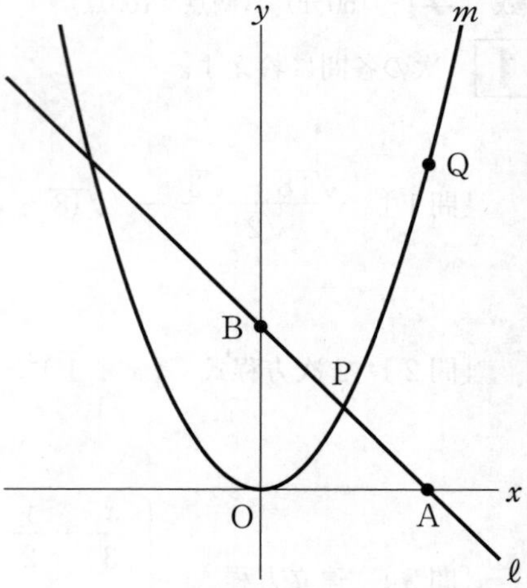

〔問1〕 点Pのx座標が$\frac{2}{3}$のとき，aの値を求めよ。

〔問2〕 右の**図2**は，**図1**において，点Aと点Q，点Pと点Qをそれぞれ結んだ場合を表している。

原点から点（1, 0）までの距離，および原点から点（0, 1）までの距離をそれぞれ1 cmとして，次の(1)，(2)に答えよ。

図2

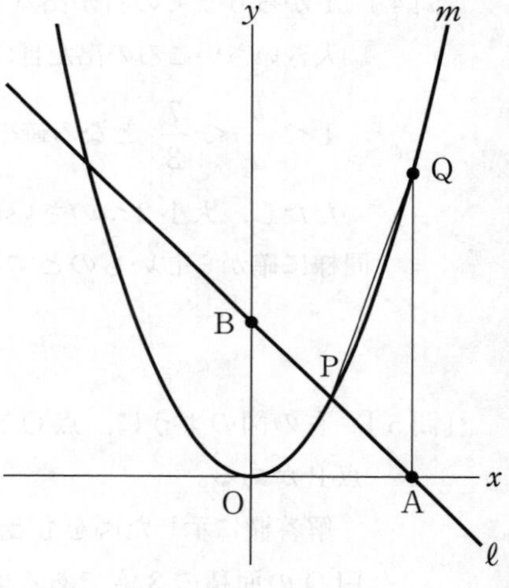

(1) △AQPの面積が18 cm^2のとき，aの値を求めよ。
ただし，答えだけでなく，答えを求める過程が分かるように，途中の式や計算なども書け。

(2) 右の**図3**は，**図2**において，$a=1$ のとき，直線 $y=bx\ (0<b<1)$ を引いた場合を表している。

直線 $y=bx$ と線分 AP との交点を R，直線 $y=bx$ と線分 AQ との交点を S とした場合を考える。

△ASR の面積が△AQP の面積の $\frac{1}{4}$ 倍になるとき，b の値を求めよ。

図3

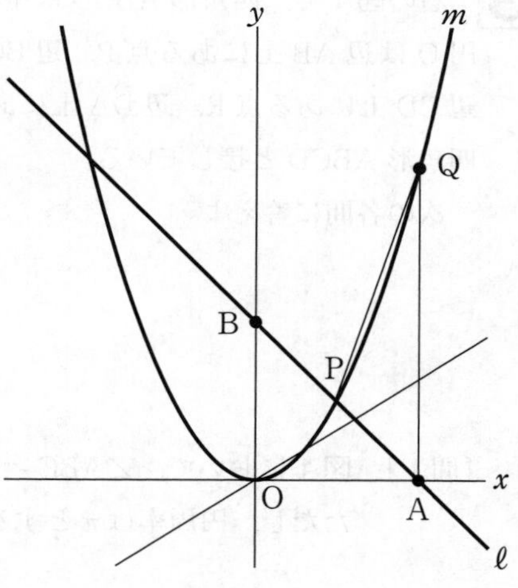

3 右の**図1**で，四角形ABCDは平行四辺形であり，円Oは辺AB上にある点P，辺BC上にある点Q，辺CD上にある点R，辺DA上にある点Sで四角形ABCDと接している。

次の各問に答えよ。

図1

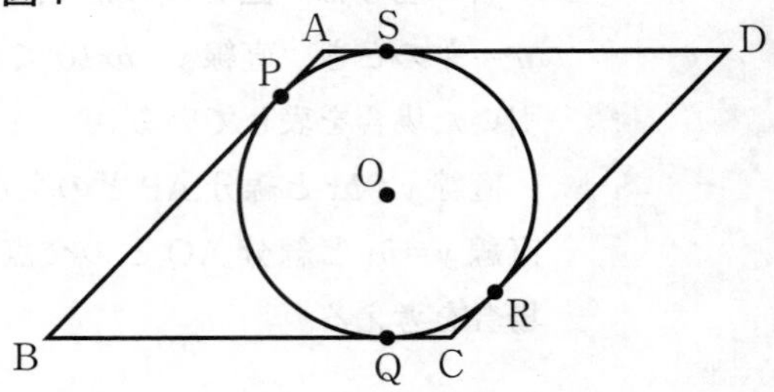

〔問1〕 **図1**において，∠ABC = 60°，AB = 4 cmのとき，点Pを含まない$\overset{\frown}{\mathrm{QR}}$の長さは何cmか。
ただし，円周率はπとする。

〔問2〕 右の**図2**は，**図1**において，頂点Bと頂点D，頂点Cと点P，点Oと点Pをそれぞれ結び，線分CPと対角線BDとの交点をTとし，∠ABC = 60°の場合を表している。

円Oの半径が2 cmのとき，△OPTの面積は何cm^2か。

図2

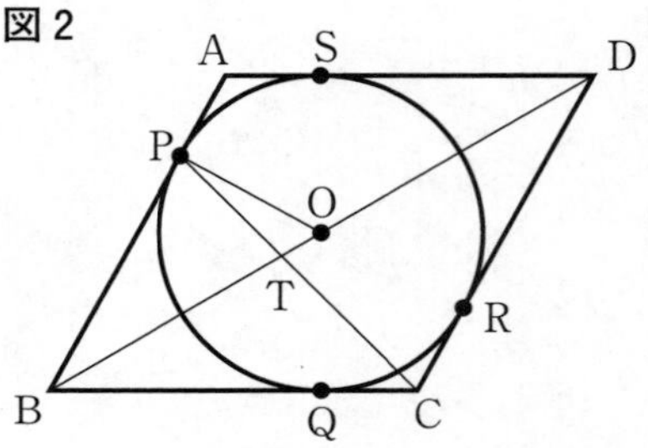

〔問3〕 右の**図3**は，**図1**において，頂点Bと頂点Dを結び，対角線BDと円Oとの交点のうち，頂点Dに近い点をUとし，点Qと点U，点Sと点Uをそれぞれ結んだ場合を表している。

△UDS ∽ △QBUであることを証明せよ。

図3

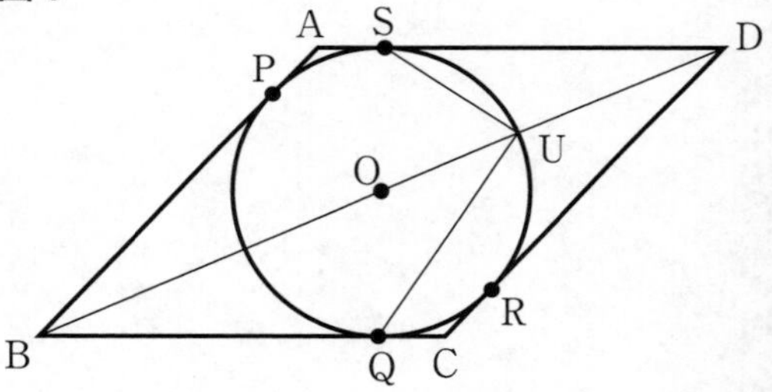

4　右の図に示した立体 ABCD − EFGH は，AB = 2 cm，BC = 4 cm，AE = 8 cm の直方体である。

点 P は，頂点 A を出発し，毎秒 1 cm の速さで長方形 ABCD の辺上を，

A → B → C → D → A → B → C → D → …

の順に移動し続ける。

点 Q は，点 P が頂点 A を出発するのと同時に頂点 E を出発し，毎秒 2 cm の速さで長方形 EFGH の辺上を，

E → F → G → H → E → F → G → H → …

の順に移動し続ける。

点 P が頂点 A を出発してからの時間を t 秒とするとき，次の各問に答えよ。

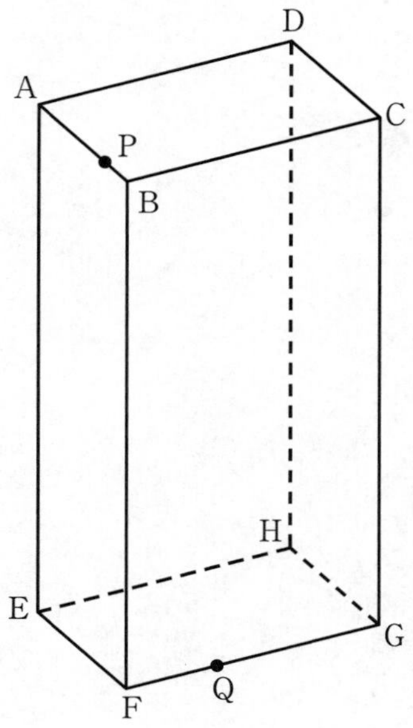

〔問 1〕　$t = 4$ のとき，点 P と点 Q を結んでできる線分 PQ の長さは何 cm か。

〔問 2〕　$t = 8$ のとき，3 点 P，Q，E を通る平面が，辺 CG と交わる点を R とした場合を考える。
四角形 PEQR の面積は何 cm^2 か。
ただし，答えだけでなく，答えを求める過程が分かるように，途中の式や計算なども書け。

〔問 3〕　$t = 10$ のとき，立体 ABCD − EFGH を 3 点 P，Q，F を通る平面で 2 つの立体に分けた場合を考える。
頂点 C を含む立体の体積は何 cm^3 か。

〔問4〕 (4)一語のもつ、そのような効果のあり方、それが、一句において反省されているのである。とあるが、どのようなことか。次のうちから最も適切なものを選べ。

ア 「潮の花」という語のもつ花のイメージを喚起する力が、砕ける波を花と捉えさせることで華やかな新春の雰囲気を漂わせるように機能しているということ。

イ 「潮の花」という語のもつ海のイメージを喚起する力が、潮の波頭の砕ける様子を花だと信じていたい気持ちを妨げるように機能しているということ。

ウ 「花」という語のもつ春のイメージを喚起する力が、海水の飛沫に過ぎない「潮の花」をまさに春の花であると感じさせるように機能しているということ。

エ 「花」という語のもつ波のイメージを喚起する力が、古来波を花と見立ててめでてきた日本人の感性を再確認させるように機能しているということ。

〔問5〕 次の発言は (5)あなたふと浦の潮も花の春 について生徒たちが意見を出し合ったものである。「あなたふと浦の潮も花の春」の句についての説明として最も適切なものを、次のうちから選べ。

ア 「うたがふな」の句では、〈潮の花〉が〈花〉であることは疑う余地のないこととして表現されているよね。「うたがふな」という言葉が、読者の読みを限定しているんだ。芭蕉の表現内容さえも変えてしまう神仏に対する畏れを表すために、筆者は「あなたふと」の句で表現しているんだと思うよ。

イ 「うたがふな」の句では、倒置によって「うたがふな」という命令が一層強調されているよね。「われならぬもの」に命令されて〈潮の花〉が〈花〉であることを疑いようもない境地にあるんだ。その筆者の感じる「神仏の威徳」の存在をわかりやすく示すために、「あなたふと」の句で表現しているんだと思うよ。

ウ 「うたがふな」の句では、比喩をリアルなものとして理解するという神仏のみが成し得ることが起きているよね。人を超えた力が「うたがふな」の句には働いているんだ。筆者はこの句に作用している神仏の力をわかりやすく伝えるために、「あなたふと」の句を作って紹介しているんだと思うよ。

エ 「うたがふな」の句では、「神仏の威徳」の存在は表現されていないよね。それが微妙・絶妙なところではあるものの、現代の私たちにはわかりにくいんだ。だから、私たちに神仏への畏敬の念を理解させるために、筆者は「あなたふと」という句を作って紹介しているんだと思うよ。

〔問1〕(1)西行とのゆかりも見逃すことができない とあるが、「西行とのゆかり」とはどのようなことか。次のうちから最も適切なものを選べ。

ア 西行が二見が浦で扇を文台にしたことから芭蕉が文台に扇と二見が浦の図を描いた点と、西行の「過る春」の歌を意識して芭蕉が「うたがふな」の句を作ったと考えられる点で、西行と関係があるということ。

イ 西行が扇を文台にしたことから芭蕉が文台に「うたがふな」の句を書き付けたと考えられる点と、西行の「過る春」の歌に触発されて芭蕉が三津から旅に出たいと考えた点で、西行と関係があるということ。

ウ 西行が「過る春」の歌を詠んだことから芭蕉が文台に扇の形を描いたと考えられる点と、西行の「過る春」の歌を手本にして芭蕉が「うたがふな」の句を作ったとされる点で、西行と関係があるということ。

エ 西行が伊勢で「過る春」の歌を詠んだことから芭蕉が伊勢を旅した際に「うたがふな」の句を思いついたと考えられる点と、西行の歌と芭蕉の句に其角が関連を見いだした点で、西行と関係があるということ。

〔問2〕(2)五七五各句の頭韻を「ウ」で揃《そろ》えるために「ウシオノハナ」といいなされたのであろう、というのである とあるが、「五七五各句の頭韻を『ウ』で揃える」と同じ技法が使われているものはどれか。次のうちから最も適切なものを選べ。

ア 秋風の吹上《ふきあげ》に立てる白菊は花かあらぬか浪の寄するか

イ 君や来し我や行きけむおもほえず夢か現《うつつ》かねてかさめてか

ウ ほのぼのと春こそ空に来にけらし天《あま》の香具山《かぐやま》霞《かすみ》たなびく

エ よき人のよしとよく見てよしと言ひし吉野よく見よよき人よく見つ

〔問3〕(3)「潮の花」を「波の花」と解して済ませる説が多い とあるが、このことについて筆者はどのように考えているか。次のうちから最も適切なものを選べ。

ア 「波の花」は「潮の花」とほぼ同じ状況を表しており、海辺に満ちて来る潮の波頭が白く散る様子を花に見たてることで、「うたがふな」の句が描く海の様子をよく表現している。

イ 「潮の花」は満潮の際の波が砕け散る様子を表しており、「波の花」と解釈したのでは、「うたがふな」の句に満潮の海を見いだすことができず、句の迫力を表現しきることができない。

ウ 「潮の花」は満潮の波の様子を花に見立てて表しており、「波の花」と解釈したのでは、「うたがふな」の句でうたわれる新春のめでたさを描きだすことができない。

エ 「波の花」は『古今集』以来の歌語で波頭一般を表しており、一方で「潮の花」は国語辞書に登載されていない語であるので、「うたがふな」の句の解釈として「波の花」とする方が一般的である。

ていない。いうところをわかりやすくするために、一句を他の形に直すならば、

(5)あなたふと浦の潮も花の春

と、いうことにでもなるだろう。しかし、そういえばほとんど姿をあらわしかける「神仏の威徳」は、もとの句形では、決してあらわれない。そこが「うたがふな」の措辞*の、あやうくも微妙・絶妙のところであろう。

〈花〉は文芸の精髄であり、文芸そのことを象徴する記号でもあるが、一句においては、あくまでもその〈花〉は、ひたひたと満ちてくる〈潮〉に即して具体的に咲くのであり、満ちてくる潮の底に力動する海の力、造*化の絶大な力が、〈花〉を支える。

（上野洋三「芭蕉の表現」による）

〔注〕

其角《きかく》――江戸時代の俳人。芭蕉の門人で、俳諧撰集《せんしゅう》『いつを昔』を編んだ。

二見《ふたみ》の図を拝み侍《はべ》りて――二見が浦の絵図を拝みまして。

二見が浦（二見の浦）は三重県にある名勝。夫婦岩で有名。

詞書《ことばがき》――和歌を作った日時・場所、成立事情などを述べる前書き。

文台――連歌や俳諧の会の時に、作句を書きとめる台。

歌枕――古来、和歌によく詠まれた景勝地のこと。その名称から連想されるイメージもよみこまれる。

垢離場《こりば》――神仏への祈願や祭りなどの際、冷水を浴びて身を清める場所。

三津――二見が浦の付近の地名。

『山家集』――平安末期の僧、西行の歌集。

潮先《しおさき》――満ちてくる潮の波頭。

『日葡《にっぽ》辞書』――イエズス会宣教師たちによる、日本語―ポルトガル語辞典。

草も木も色変《かは》れどもわたつ海《み》の波の花にぞ秋なかりける

――草にせよ木にせよ、真夏の緑から今ではすっかり色が変わってしまった。しかし、海岸に立って眺めると、波の花ともいうべき波は相変わらず白い飛沫を上げているから、波の花には秋が訪れないのだなあ。

常套《じょうとう》語――ある場合にいつもきまって使う言葉。

うたがひは人間にあり。天にいつはりなきものを

――疑うということは人間にだけあること、天にはそもそも偽りということがないのに。

措辞――言葉の使い方や辞句の配置の仕方。

造化――人為を超えたもの。

るように、「潮の花」を「波の花」と解した場合に、そこでは、満潮の意義が捨てられてしまう。「潮の花」が、「シオバナ」からいいなされたものか、「波の花」の単なるいい換えかは、にわかに決め難《がた》いかに見えるが、ここは、やはり、満ちて来る潮の花であろうと思う。それは、西行歌にいうように、「潮のみつ」るときにこそ、「なみの花」は最も、はなばなしいからであり、また、これを単に「砕け散る浪《なみ》の花」と解するよりも、ひたひたと満ちて来る海を句の底に見る方がはるかに一句の迫力を増すからである。そして、その迫力は、確実に一句の意味にかかわるからである。

「うたがふな潮の花も」は、倒置として、本来「潮の花もうたがふな」の意味であろうと思われる。「うたがふな」が「神仏の威徳を説く時の*常《じょう》套《とう》語」（『芭蕉句集』）であることは、事実であり、念のために例を挙げれば、

ゲニモ此《こ》ノ事、目ノ前ノ証拠ナリ。不《ず》レ可《べカラ》レ疑《うたがフ》。（『捨子問答』）

本当にこの事は、目の前の証拠である。疑ってはいけない。

のように説教・説話集の中に用いられる語であることも事実であるが、しかしながら、それはただちに、「この神境の尊さを、ゆめゆめ疑うまいぞ」（『芭蕉句集』）には、つながらない。そこにいたるには、多少のまわり道が必要である。これを一度本来の文型に戻して、「も」と命令形との連係として見るときに、一つの微妙な意味が見えてくるであろう。「潮の花」を「うたがふ」というようなことが、われとわが心の中に、ほんの少しもきざしてほしくないものだ、という意味が。

〈潮の花〉は、もちろん、いわば見立ての比喩的表現である。潮の波頭が、白く砕け散る様を、花ノヨウダ、と言表したものであるが、実体は、いうまでもなく、海水の飛沫《しぶき》にすぎない。〈花〉とは似ても似つかぬものである。絵に描いた花、紙で作った花、ほどの相似性もないものだ。まして、春の季語であるなどということも、もとより内実のないことである。だが、〈花〉は、和歌連歌以来、ことさらに重要に扱われてきて、ほとんど自動的に春季の意を含蓄する。そういう力を持っている。(4)一語のもつ、そのような効果のあり方、それが、一句において反省されているのである。

〈潮の花〉が〈花〉であるということを、「うたがふ」というようなことが、われとわが心の中に、ほんの少しもきざしてほしくないものだ。〈潮の花〉は、ほんとうに字義どおりに〈花〉なのだと、信じていたい。〈潮が花をなして押し寄せる〉どころか、〈花が潮というかりの形をとって現前しているのだ〉と、信じて、その心持《こころもち》の中に、漂っていたいものだ。そんな気になる。所も二見が浦の、すがすがしい春の時節。まさに「花の（すばらしい）春」である。「潮の花もうたがふな□浦の春」の形で一句を解すれば、およそ、以上のようになるであろう。

一句は、さらに倒置された。「うたがふな」が一句の頭に出た。そのとき、右の解にいう信じていたい気持《きもち》は、一層強調されるであろう。右の句形では、われとわが心を説得し、われとわが心に命令を与えるのであるが、倒置の結果、命令は一層強調され、われながら、われならぬものの命令を受けている気持になる、ということになると思われる。〈潮の花〉が〈花〉であることを、わたくしは、ほとんど、もう信じている。疑ってはならない、という命令は、われならぬところから来るように思われる、というのである。まことに、「*うたがひは人間にあり。天にいつはりなきものを」（謡曲「羽衣」）である。

ここでは、比喩が、その表現・言表を経過して、ついには、逆に、その表現・言表を出発として、リアルな意味を獲得するにいたる、そのような過程が考えられている。言語が、比喩自体をのりこえて真実として眼前に浮かびあがる、その過程が反省されている。つまりは、言語のもつ象徴機能というものを、その所以《ゆえん》を、明確に意識しているのである。そして、象徴機能の生成される所以が、何やら人為を越えたところにあるらしいということを、鋭く感じあてている。それが「神仏の威徳」だ、とは決していっ

五

次の文章を読んで、あとの各問に答えよ。なお、本文中に引用されている原文の後の［　　］内は、現代語訳である。（＊印の付いている言葉には、本文のあとに〔注〕がある。）

うたがふな潮《うしほ》の花《はな》も浦の春

*其角《きかく》編『いつを昔』には、「*二見《ふたみ》の図を拝み侍《はべ》りて」と*詞書《ことばがき》があり、また世に芭蕉の「二見文台*」として伝来するものに、鏡板《かがみいた》に扇面と二見が浦の図を描き、裏面に右の句を書き付けたものがある。二見が浦は、*歌枕であり、「伊勢《いせ》神宮の*垢離場《こりば》、参宮者が潮に浴し、また新春の初日の出を拝む」（『芭蕉句集』）所であるが、(1)西行とのゆかりも見逃すことができない。それは、

伊勢の二見の浦にて、西行上人《しやうにん》扇を開きて仮《か》りに文台となしたる風流より、芭蕉思ひよりて、文台の面に、扇の形書きて、岩二つ注連《しめ》結びたる体を書けり。

（『芭蕉句選年考』）

［伊勢の二見の浦で、西行上人《しょうにん》が扇を開いて仮の文台とした風流から、芭蕉が思いついて、文台の表の面に、扇の形を書いて、岩を二つ注連縄で結んだ形を書いた。］

とする伝承があるからであり、また、

伊勢にまかりたりけるに、*三津と申す所にて、海辺の春の暮《くれ》と云《い》ふ事を、神主どもよみけるに、

過《すぐ》る春潮《しほ》のみつより船出してなみの花をやさきにたつらむ

（『*山家集』）

［伊勢に参上したところ、三津という所で、海辺の春の暮れということを、神主たちが詠《よ》んだので、

過ぎていく春は、潮の満ちる三津の浜から、波の花ともいうべき白波を舳先《へさき》に立てて、船出して行くことであろう。］

の一首が、いま芭蕉の一句の「潮の花」にかかわるからでもある。

しかし「潮の花」は、めずらしい言葉である。ふつうには、「潮の花とは、海辺に*潮先《しおさ》の白く散るのを花と見立てて言った語」（内藤鳴雪《めいせつ》『芭蕉俳句評釈』）と解されるが、国語辞書の類には、この語を登載するものがない。かわりに「シオバナ（塩花・潮花）」があり、『*日葡《にっぽ》辞書』の例などによって、「白波。満潮の時など、潮の飛び散る様子が花のようであるところからいう」と説明される。この「シオバナ」が、いまこの句において、(2)五七五各句の頭韻を「ウ」で揃《そろ》えるために「ウシオノハナ」といいなされたのであろう、というのである。ただし、一方ではまた、一句を、

この二見が浦では、夫婦《めおと》岩に砕け散る波の花までも、めでたい新春を寿《ことほ》いでいるのだ。この神境の尊さを、ゆめゆめ疑うまいぞ。

（『芭蕉句集』）

と口語訳する説があるように(3)「潮の花」を「波の花」と解して済ませる説が多い。しかし、「波の花」ならば、『古今集』以来の歌語である（「*草も木も色変《かは》れどもわたつ海《み》の波の花にぞ秋なかりける」）が、これは、満潮・干潮にかかわりなく、

波の白きを花に見なしたり

（『まさな草』）

［波の白い様子を花に見なしている。］

というように、波頭一般をいうのである。そして右の口語訳が、そうであ

〔問4〕 (4)しかし自分の見るところでは、科学上の骨董趣味はそれほど軽視すべきものではない。とあるが、なぜ「科学上の骨董趣味」は軽視されてしまうのか。次のうちから最も適切なものを選べ。

ア　先人の研究や科学発展の歴史に対する過度な関心は、個人的な満足感を満たそうとしているだけに見え、現代の科学の発展に直結しないように思えるから。

イ　先人の研究や科学発展の歴史に対する過剰な関心は、生活の向上という研究の目的を見失うことになり、現代の科学の発展を阻害するように思えるから。

ウ　先人の研究や科学発展の歴史に対する極度の心酔は、激しい時代の変化から目を背けようとしていると言え、現代の科学の発展に逆行するように思えるから。

エ　先人の研究や科学発展の歴史に対する極端な心酔は、先行研究の価値を証明することを目的としており、現代の科学の発展とは無関係のように思えるから。

〔問5〕 (5)このような類例を探せばまだいくらでもあるだろう。とあるが、「このような類例」とはどのようなことか。次のうちから最も適切なものを選べ。

ア　先人の意外な思いつきが後世の研究の方向性を規定し、理論の成立や発明品の誕生につながったということ。

イ　先人の果敢な挑戦が後世の研究者の精神的支柱となり、理論の成立や発明品の誕生をもたらしたということ。

ウ　先人の途方もない夢が後世の研究者に現実を見つめさせ、理論の成立や発明品の誕生を推し進めたということ。

エ　先人の飽くなき探究が後世の研究者に何らかの啓示を与え、理論の成立や発明品の誕生に貢献したということ。

〔問6〕 (6)しかしその半面の随伴現象としていわゆる骨董趣味を邪道視し極端に排斥《はいせき》し、ついには巧利を度外視した純知識欲に基づく科学的研究を軽んずるような事があってはならぬと思う。とあるが、筆者がそのように考えるのはなぜか。次のうちから最も適切なものを選べ。

ア　現実的な効用や利益を顧みることなく、真理の発見を求めて古い研究を重視する科学的研究こそが、他者の様々な意見を受容する態度を生み、科学の進歩を促進することになるから。

イ　新しい技術の追究から距離を置き、平和の実現を求めて古い研究に学ぼうとする科学的研究こそが、人類の幸福という意識を持続させ、次の科学的理論を産み出すことに寄与するから。

ウ　現実的な効用や利益を求めず、本質の解明を求めて過去の研究にまで目を向ける科学的研究こそが、思いがけない発想をもたらし、新たな科学の進歩につながる可能性を持つから。

エ　新しい技術への応用という視点を捨て、本来の研究のあり方を求めて先人たちの態度にならう科学的研究こそが、現実の問題を解決する唯一の手段となり、新技術の開発を可能とするから。

〔問7〕 温故知新という事は科学上にも意義ある言葉である。とあるが、世界の未来に向けて「温故知新」が役に立つことはどのようなことがあるか。具体例をあげて、あなたの考えを**二百字以内**で書け。なお、書き出しや改行の際の空欄や、や。や「 などもそれぞれ字数に数えよ。

〔注〕翫賞《がんしょう》――鑑賞すること。
聯想《れんそう》――「連想」に同じ。「聯」は「連」の旧字体。
蒐集《しゅうしゅう》――「収集」に同じ。
方則――「法則」に同じ。
慾望《よくぼう》――「欲望」に同じ。「慾」は「欲」の旧字体。
通有――同類のものに共通する性質。
径路――「経路」に同じ。
詮議――評議して物事を明らかにすること。
形而上《けいじじょう》学――世界の根本的な成り立ちや物や人間存在の理由など、感覚を超越したものについて考えること。
彷徨《ほうこう》――さまようこと。
胚子《はいし》――多細胞生物の個体発生初期のもの。ここでは、比喩的に、これから育っていく、もとになるもの。
ルクレチウス――紀元前の西洋の哲学者。
輻射《ふくしゃ》――反射。
エピナス、ケルビン、タムソン――近代の西洋の科学者。
デカルト――近代の西洋の哲学者。
ブラウン、ガリレー、シーメンス、カレンダー、グリフィス――近代の西洋の科学者。
余燼《よじん》――古人の残した事跡のおもかげ。
刺戟《しげき》――「刺激」に同じ。
閑人――世俗を離れた風流人。

〔問1〕(1)一種の不純な趣味 とあるが、「骨董趣味」における「不純な趣味」の具体例として適切なものは、次のうちではどれか。

ア　世界各地で手に入れた化石のコレクションをとうとうと自慢する。
イ　所蔵する重要文化財を博物館で期限付きで多くの人に公開する。
ウ　十七世紀のあらゆる陶磁器を大金を払ってでも即座に手に入れる。
エ　最近入手した平安時代の能筆家の書を仲間にひけらかす。

〔問2〕(2)科学上の真理は常に新鮮なるべきもので骨董趣味とは没交渉であるべきように見える。 とあるが、「科学上の真理は常に新鮮なるべきもので骨董趣味とは没交渉であるべき」だと考えるときの科学に対する態度とはどのようなものか。**三十五字以上五十字以内**で説明せよ。

〔問3〕(3)そう考えれば科学者の欲求は芸術家の創作的慾望と軌を一にするわけである。 とあるが、ここでの「科学者の欲求」とはどのようなものか。次のうちから最も適切なものを選べ。

ア　観察や実験によって得られるデータを使って、原初から存在する科学的事実や法則を発見して世間に発表したいというもの。
イ　観察や実験によって得られるデータを踏まえて、自然界の事実や法則に対する独自の理論を考案して形にしたいというもの。
ウ　観察や実験によって得られるデータをもとにして、定説を念入りに検証して科学的な知識をひたすら修得したいというもの。
エ　観察や実験によって得られるデータを用いて、奇想天外な着想で一つの理論にまとめあげて世の中を驚かせたいというもの。

的傾向を帯びる事がある。すなわち当面の問題に多少の関係さえあればこれがいかに目下の研究に縁が遠くまたいかに古くまた無価値ないしは全然間違ったものでも無差別無批評に列挙するというふうの傾向を生じる事もある。この傾向は例えばドイツの物理学者などの中にしばしば見受けるところである。別に咎《とが》むべき事でもないと思うがとにかく骨董趣味に類した一種の「趣味」と見ても差支《さしつかえ》はなかろう。

これと正反対の極端にある科学者もある。その種類の人には歴史という事は全く無意味である。古い研究などはどうでもよい。最新の知識すなわち真である。これに達した*径路は問うところではないのである。実際科学上の知識を絶対的または究極的なものと信じる立場から見ればこれも当然な事であろう。また応用という点から考えてもそれで十分らしく思われるのである。しかしこの傾向が極端になると、古いものは何物でも無価値と考え、新しきものは無差別に尊重するような傾向を生じやすいのである。

これほど極端でないまでも実際科学者としては日進月歩の新知識を修得するだけでもかなりに忙しいので歴史的の詮索《せんさく》までに手の届かぬものは普通の事である。

(4)しかし自分の見るところでは、科学上の骨董趣味はそれほど軽視すべきものではない。この世に全く新しき何物も存在せぬという古人の言葉は科学に対しても必しも無意義ではない。科学上の新知識、新事実、新学説といえども突然天外から落下するようなものではない。よくよく*詮議すればどこかにそのよって来るべき因縁《いんねん》系統がある。例えば現代の分子説や開《かい》闢説《びゃくせつ》でも古い*形而上《けいじじょう》学者の頭の中に*彷徨《ほうこう》していた幻像に脈絡を通じている。ガス分子論の*胚子《はいし》は*ルクレチウスの夢みたところである。ニュートンの微粒子説は倒れたがこれに代《かわ》るべき微粒子*輻射《ふくしゃ》は近代に生《うま》れ出た。破天《はてん》荒《こう》と考えられる素量説のごときも二十世紀の特産物ではないようである。*エピナスの古い考は*ケルビン、*タムソンの原子説を産んだ。*デカルトの荒《こう》唐《とう》な仮説は渦動《かどう》分子説の因をなしているとも見られる。植物学者*ブラウンの物数奇《ものずき》な研究はいったん世に忘れられたが、近年に到《いた》って分子説の有力な証拠として再び花が咲いたのである。実用方面でも幾多の類例がある。*ガリレーの空気寒暖計は発明後間もなく棄《す》てられたが、今日の標準はまた昔のガス寒暖計に逆戻りした。*シーメンスが提出した白金抵抗寒暖計はいったん放棄されて、二十年後に*カレンダー、*グリフィスの手によって復活した。(5)このような類例を探せばまだいくらでもあるだろう。新しい芸術的革命運動の影にはかえって古い芸術の復活が随伴するように、新しい科学が昔の研究に暗示を得る場合ははなはだ多いようである。これに反して新しい方面のみの追究はかえって陳腐を意味するようなパラドックスもないではない。かくのごとくにして科学の進歩は往々にして遅滞する、そしてこれに新しき衝動を与えるものは往々にして古き考の*余燼《よじん》から産《うま》れ出るのである。

現今大戦の影響であらゆる科学は応用の方面に徴発されている。応用方面の*刺戟《しげき》で科学の進歩する事は日常の事であるからこのために科学が各方面に進歩する事は疑《うたがい》を容《い》れない。これは誠に喜ぶべき事である。(6)しかしその半面の随伴現象としていわゆる骨董趣味を邪道視し極端に排斥《はいせき》し、ついには巧利を度外視した純知識慾に基づく科学的研究を軽んずるような事があってはならぬと思う。直接の応用は眼前の知識の範囲を出《い》づる事はできない。したがってこれには一定の限界がある。予想外の応用が意外な*閑人的学究の骨董的探求から産出する事は珍しくない。自分は繰返《くりかえ》して云いたい。新しい事はやがて古い事である。古い事はやがて新しい事である。温故知新という事は科学上にも意義ある言葉である。また現代世界の科学界に対する一服の緩和剤としてこれを薦《すす》めるのもあながち無用の業ではないのである。

（寺田寅彦「万華鏡」による）

四 次の文章は大正時代に書かれたものである。次の文章を読んで、あとの各問に答えよ。（＊印の付いている言葉には、本文のあとに〔注〕がある。）

骨董《こっとう》趣味とは主として古美術品の*翫賞《がんしょう》に関して現《あら》われる(1)一種の不純な趣味であって、純粋な芸術的の趣味とは自《おのずか》ら区別さるべきものである。あるいは古画や器物などに「時」の手が加わって一種の「味」が生じる。あるいは時代の匂というようなものが生じる。またその品物の製作者やその時代に関する歴史的*聯想《れんそう》も加わる。あるいは昔の所蔵者が有名な人であった場合にはその人に関する聯想が骨董的の価値を高める事もある。あるいはまた単にその物が古いために現今稀有《けう》である、類品が少《すくな》いという考《かんがえ》に伴う愛着の念が主要な点になる事もある。この趣味に附帯して生ずる不純な趣味としては、かような珍品をどこからか掘出《ほりだ》してきて人に誇るという傾向も見受けられる。この点において骨董趣味はまたいわゆる*蒐集《しゅうしゅう》趣味と共有な点がある。マッチの貼紙《はりがみ》や切手を集めあるいはボタンを集め、達磨《だるま》を集め、はなはだしきは蜜柑《みかん》の皮を蒐集するがごとき、これらは必《かならず》しも時代の新旧とは関係はないが珍しいものを集めて自ら楽しみ人に誇るという点はやはり骨董趣味と共通である。

科学者の修得し研究する知識はその本質上別にそれが新しく発見されたか旧《ふる》くから知られているかによって価値を定むべきものではない。(2)科学上の真理は常に新鮮なるべきもので骨董趣味とは没交渉であるべきように見える。しかし実際は科学上にも一種の骨董趣味は常に存在し常に流行しているのである。

もし科学上の事実や*方則は人間未生以前から存していて、ただ科学者のこれを発見し掘出すのを待っているにすぎぬと考える者の立場から見れば、このくらい古い物はない道理である。こういう意味からすれば科学者の探求的*慾望《よくぼう》は骨董狂《こっとうぐるい》の掘出し慾と類する点があると云《い》われ得る。しかしまた他の半面の考え方によれば科学者の知識は「物自身」の知識ではなくて科学者の頭脳から編み上げた製作物とも云われる。(3)そう考えれば科学者の欲求は芸術家の創作的慾望と軌を一にするわけである。しかしこういう根本問題は別としてもまだ種々な科学的骨董趣味が存在するのである。

一口に科学者とはいうものの、科学者の中には種々の階級がある。科学の区別は別問題として、その人々の科学というものに対する見解やまたこれを修得する目的においても十人十色と云ってよいくらいに多種多様である。実際そのためにおのおの自己の立場から見た科学以外に科学はないと考えるために種々の誤解が生じる場合もある。これらの種類を列挙するのは本文の範囲以外になるから、これは他日に譲るとして、ここにはもっぱら骨董趣味という点から見て二つの極端に位する二種の科学者を対照して見ようと思う。

科学者の中にはその専修学科の発達の歴史に特別の興味をもっている人が多数にある。これが一歩進むとその歴史に関したあらゆる記録、古文書、古器物に対してちょうど骨董家がもつような愛好の念をもってこれを蒐集する人もある。これはまず純粋な骨董趣味と名《なづ》け得られるものであろう。また少し種類が違っているが、品物を集めるのではなくて古い書物や論文を愛読してその中からその価値のいかんによらず人のあまり知らぬ研究や事実を掘出して自ら楽しみまた人に示すを喜ぶ趣味もある。これは多くの読書家に*通有な事であるが、これも一種の骨董趣味と名け得られない事はない。科学の方面で云えば例えばある方則または事実の発見前幾年に誰《だ》れがすでにこれに類似の事を述べているといったような事を探索して楽しむのである。

次にもう少し類を異にした骨董趣味がある。一体科学者が自己の研究を発表するに当《あた》ってその当面の問題に聯関した先人の研究を引用し批評するのは当然の務《つとめ》である事は申すまでもない。しかしこれが往々《おうおう》にして骨董

〔問3〕(3)えー、と困ったような返事をした とあるが、このときの「おじちゃん」の様子として最も適切なのは、次のうちではどれか。

ア 「妻」の質問を優先させねばならなくなり、話し続けている「おばちゃん」に後ろめたさを感じている様子。

イ 「妻」の工夫した話し方で問いが明確に聞こえ、「妻」と話さざるをえなくなった状況を嫌がっている様子。

ウ 「妻」の問いへの答えが「仕事」以外には思いつかずに、これまでの自分の人生を味気なく思っている様子。

エ 「妻」の質問にしっかりと対応しようとしながらも、とっさには適当な答えが思いつかず戸惑っている様子。

〔問4〕(4)そんなことないでしょう、と妻は言った。とあるが、「妻」はどのような気持ちで言ったのか。**五十字以上六十字以内**で説明せよ。

〔問5〕(5)おばちゃんがほとんどしゃべっているが、そこにあるのは、おじちゃんとおばちゃんふたりの声のようにも夫婦には思えた。とあるが、この理由として最も適切なのは、次のうちではどれか。

ア おばちゃんしかほぼ話していないが、時折おばちゃんがおじちゃんの顔を見る様子や、おじちゃんが相づちを打つ様子に夫婦として長年連れ添ってきた両者の信頼関係を感じとることができたから。

イ おじちゃんとおばちゃんが互いを信頼して仕事と家事を分担してきたように、話をするのはおばちゃんだけの特権だが、その言葉にはおじちゃんの意思も含まれていると感じとることができたから。

ウ おじちゃんがおばちゃんの表情が変わる度に同調して表情を変え続けていく様子を見ると、発言は少ししかないものの、おじちゃんのおばちゃんへの肯定と信頼を強く感じとることができたから。

エ おばちゃんが話している間に食事をしたり、話も相づちのみで取り合おうとしなかったりするおじちゃんの態度によって、かえって簡単には揺るがない両者の信頼関係を感じとることができたから。

〔問6〕本文の表現について述べた説明として最も適切なのは、次のうちではどれか。

ア (A)私のいちばん好きな時間はですね、と妻はおじちゃんに話しかけた。のようにかぎかっこを一切用いずに、地の文にそのまま登場人物の会話を入れ込む手法によって、登場人物同士の心情的な隔たりが印象づけられている。

イ (B)いつの季節もその時間が好きだけれど、なかでもちょうどいまぐらいの、春先。のように妻の会話や妻の心の中を描く部分では、名詞で文を終える表現が用いられることで、煮え切らない妻の態度が描き出されている。

ウ (C)私の布団の温度を温めていた のような登場人物の視点に立った描写と、(D)夫は驚いたが のような第三者の視点での描写が混在しており、視点の移動が柔軟に行われることで、作品世界が広がりのあるものとなっている。

エ (E)おじちゃんが鉄火巻きに箸を伸ばして口に入れた。(F)夫はまだイカを噛《か》んでいた。のように話題とは無関係な描写を適宜挟むことで、話題の転換点が自然なものとなるとともに、会話が臨場感をもつものとなっている。

ストップ、と目配せを返した。

　若い頃から仕事だけで、遊びは全然しなかったんです。旅行もね、連れてってもらったのは年とってからですよ、とおばちゃんは妻と夫に顔を振り分けながら言った。まじめだけでつまんないひとなんですよ、とおばちゃんは笑い、おじちゃんに、ね、と顔を向けた。

　うん、とおじちゃんは短く応えると、表情が少し変わった。照れているようにもよろこんでいるようにも見えたけれど、照れだとしても嬉《うれ》しいのだとしても、その感情の細かいところはよくわからない。Eおじちゃんが鉄火巻きに箸を伸ばして口に入れた。

　仕事は本当に一生懸命にやりました、とおばちゃんは言った。おばちゃんの相好も一言ごとに微妙に変わった。いまは少々険しい、真剣な表情になっていて、Fその顔を向けられた夫婦はおばちゃんの誇りのようなものを感じとった。　夫はまだイカを噛《か》んでいた。昔は余裕もなかったですから、いまもないですけどね、でももっともっと大変でしたから、休みもせず働きましたよ。子ども育てながら、大変でしたけど、がんばりました。ね、お父さん、とおばちゃんはまたおじちゃんに顔を向ける。おじちゃんは、うん、とまた応えた。

　私はね、仕事はできませんから、家のことしか、とおばちゃんはまた少し柔らかな表情になる。だから、感謝してるんです、ほんとうに。まあそうやってどうにかこうにかふたりでこの年までこうしていられるんですから、よかったのかもしれませんね。(5)おばちゃんがほとんどしゃべっているが、そこにあるのは、おじちゃんとおばちゃんふたりの声のようにも夫婦には思えた。

（滝口悠生「長い一日」による）

〔注〕仕事――おじちゃんは自宅の庭で鉄鋼を解体する仕事をしていた。

あまり聞こえず――おじちゃんは近年、周囲の会話が聞き取りづらくなっている。

〔問1〕(1)妻はまだ知らぬそのときのことを考えた。とあるが、ここでの「妻」の心情の説明として最も適切なのは、次のうちではどれか。

ア　新しい家の暮らしでは、今の家とは違うどんなあたたかさを体感できるのだろうと新生活に胸の高鳴りを感じる気持ち。

イ　新しい家の暗い寝室では、今の家の明るさがもたらすあたたかさは得られないだろうと今の家に未練を感じる気持ち。

ウ　新しい生活を始めたら、今の家での生活の断片をなつかしく思い出すのだろうとこれまでの日々にいとおしさを感じる気持ち。

エ　新しい生活に慣れたら、今の家の過ごしやすさを自然と自覚できるようになるだろうとこれからの暮らしに楽しみを感じる気持ち。

〔問2〕(2)おばちゃんの話は続いていたが、それはやっぱり窓越しに聞くようで上手に聞き取れず、妻は明るい窓の外で暖気になって二階へのぼり、寝室のなかの布団を温めにいく。とあるが、このときの「妻」の様子として最も適切なのは、次のうちではどれか。

ア　老夫婦とうまく会話がかみ合わず、嫌気がさして気分転換にお気に入りの寝室に行きたくなっている様子。

イ　食事会の席にもかかわらず、周囲の人々の存在に対する意識が薄れて自らの空想の世界に没入している様子。

ウ　好きな時間について話すうちに、布団のぬくもりが気になりだして早く席を外したい衝動にかられている様子。

エ　おばちゃんの話を聞き流すことで、おじちゃんとの会話を弾ませるための話題探しに集中している様子。

おじちゃんの返事は、うん、とか、ありがとうね、とか短いことが多かったけれど、ときどき、二階は寒くないでしょ、と言ってくることがあった。

寒くないことはないし、妻は寒さが苦手なのでつい、寒いですよう、と応えることもあった。しかし、ここの家は二階はあったかいんだよ、とおじちゃんに言われて、そうだった、と思い出す。私たちの家はあったかい。一階の熱が上に上がるから、ともう何度も聞いたその理由をおじちゃんから聞かされて、そうです、あったかいです、と応える。ほかとくらべてどうかわからないけど、あったかいんだと思います、と思う。いつもあったかいから、ほかの家とくらべられない。いつもよく日が入るから、くらべられない。

物件を見にいったときに、いまの家より暗く感じることはあっても、あたたかさは暮らしてみないとわからない。きっと、暮らしはじめてこの家があたたかかったことに気がつく。思い出す。

(1)妻はまだ知らぬそのときのことを考えた。前の家のあたたかさを思い出すときのことを、想像してみる。きっと思い出すのは布団のなかにいる、妻のいちばん好きな時間ではないか。春先に、この家の寝室の、布団のなかにいるときのこと。敷布《しきぬの》も毛布も掛布《かけぬの》も全部自分と同じ温度になったみたいなあの場所のこと。ああ、あの温《ぬく》みには、あの家のあたたかさも混ざっていたんだ。一階のおじちゃんとおばちゃんの部屋の、暖房とか、おじちゃんおばちゃんの体温とかそういう全部が混ざって、天井から、私たちの部屋の床へと伝わって、私たちの部屋の温度を温め、C私の布団の温度を温めていた。

(2)おばちゃんの話は続いていたが、それはやっぱり窓越しに聞くようで上手に聞き取れず、妻は明るい窓の外で暖気になって二階へのぼり、寝室のなかの布団を温めにいく。自分を布団のなかに送り届けたような気持ちになって、いまいる部屋で少し我に返った妻は、正面にいるおじちゃんに、おじちゃんがいちばん好きな時間はなにしてるときですか、と訊《たず》ねた。

向かい合わせに座っていたおばちゃんと夫の話が続くなか、突然妻がおじちゃんに投げかけたその言葉で、なにかその場にふたつの対話が十字に生じるかたちになってD夫は驚いたが、話を向けられたおじちゃんはそれまで続いていたおばちゃんの話は*あまり聞こえずとも妻のその問いかけはしっかり聞こえたようで、(3)えー、と困ったような返事をした。妻の言い方は、ちゃんと聞こえるような話しかけ方になっていたのだ。

いちばん好きな時間は特にないよ、とおじちゃんは応えた。

お酒飲むとかご飯食べるとかもですか？

うん。

あ、旅行は？

旅行は好きだね。でももうなかなか行けないしね。

(4)そんなことないでしょう、と妻は言った。去年もおじちゃんたちは北海道に旅行に行ったし、その前年には娘さんと一緒に韓国にも行っていた。夫婦は、そのお土産をもらい、旅行の土産話を聞いた。そして驚き感心した。おじちゃんは九十歳を超えているし、おばちゃんも足がよくない。それでも旅行に行こうと決めて行くのだから気が若い、だからいっそう元気でいられるのだろうと言い合った。

このひとはね、とおばちゃんが自分の話を止めて、横にいる妻の方を向いて言った。仕事がいちばん好きだったんですよ。

夫は、おばちゃんの話が切れたので、寿司《すし》に箸を伸ばした。イカの握りを選んで頬張った。妻はお寿司でいちばん好きなのは玉子で、玉子があれば最初に玉子を食べる。四人前の桶《おけ》のなかに玉子の握りは四貫あったが、今日もそのうち二貫を食べていた。二貫目を口に入れたときにはっとして夫に目配せをしたら、夫は自分は玉子は食べないから構わないけれどもあとの二貫はおじちゃんとおばちゃんが食べるかもしれないから

二〇二三年度　都立戸山高等学校

【国　語】（五〇分）〈満点：一〇〇点〉

一　次の各文の――を付けた漢字の読みがなを書け。

(1) 潮流逆巻く激動の時代をたくましく生きる。

(2) 恩師の一言は私の心の琴線に触れた。

(3) 養蜂場の経営を始める。

(4) 消費量に合わせて生産量を逓減する。

(5) 夏炉冬扇とならないように注意する。

二　次の各文の――を付けたかたかなの部分に当たる漢字を楷書で書け。

(1) 班長として班をタバねる。

(2) 江戸時代からレンメンと受け継がれている技術。

(3) サンセキした仕事を一つずつ処理する。

(4) この企画の成功は今後を占うシキンセキだ。

(5) 自然に囲まれてコウウンリュウスイの生活を送る。

三　次の文章を読んで、あとの各問に答えよ。（＊印の付いている言葉には、本文のあとに〔注〕がある。）

「夫」と「妻」は、大家である老夫婦（「おじちゃん」と「おばちゃん」）の家の二階部分を借りて住んでいる。八年間住んだその家からの引っ越しの日が近付き、夫婦と老夫婦の四人は、老夫婦の家で食事会を行っている。

A私のいちばん好きな時間はですね、と妻はおじちゃんに話しかけた。朝、布団《ふとん》のなかで目を覚まして、布団から出ずにぬくぬくしている時間です。

Bいつの季節もその時間が好きだけれど、なかでもちょうどいまぐらいの、春先。冬の寒さがやわらいで、朝でも室内の気温はそこまで寒くなくて、けれども冬の厚い布団をかぶって、寝ているあいだに温まった布団のなか、自分の体のまわりは自分の肌の一部みたいになじんでいる、その状態に身を置いて、目覚めと眠りの狭間《はざま》にいるとき。

二階の私たちが住んだ部屋は、冬でも結構あたたかかった。妻がはじめてここを訪れた日に見た日当たりのよさのおかげもあるだろうけど、もうひとつは一階のおじちゃんとおばちゃんの部屋の熱が天井から二階へと伝わるから。それは、ここに住んでいるあいだ何度もおじちゃんから聞いた。たとえば冬の朝、あのいちばん好きな布団のなかの時間からようやっと抜け出して、仕事に行こうと表に出たところで、まだ庭で＊仕事をしていた頃のおじちゃんと会う。おじちゃんは仕事中は長袖のワイシャツを着て、つばの大きなハットを被《かぶ》っていた。作業用の帽子にしては造作がドレッシーで、たぶん本来は帽子屋さんで売っているようなフェルトハットだと思うのだが、長年使われてすっかり汚れてくたびれていた。

寒いですね、と妻は声をかける。風邪ひかないようにしてくださいね。

2023年度／都立戸山高等学校

英語解答

1 A ＜対話文１＞ ア
＜対話文２＞ エ
＜対話文３＞ ウ
B Q１ イ
Q２ To visit other countries.

2 〔問１〕 (1)-a…オ (1)-b…イ
(1)-c…ウ (1)-d…カ
〔問２〕 エ 〔問３〕 ア
〔問４〕 ウ 〔問５〕 カ
〔問６〕 イ，オ
〔問７〕 a…キ b…ア c…イ
d…エ

3 〔問１〕 (1)-a…ア (1)-b…カ
(1)-c…オ (1)-d…イ
〔問２〕 ウ 〔問３〕 オ
〔問４〕 イ 〔問５〕 ア，キ
〔問６〕 (例) I would like to build a bridge over a busy road near my house. I need to cross the road every day to get to school, but often I have to wait there a long time. If a bridge is built there, I will not be late for school again. (50語)

1〔放送問題〕

〔問題Ａ〕＜対話文１＞≪全訳≫メグ(Ｍ)：こんにちは，タロウ。先週の日曜日は何をしてたの？／タロウ(Ｔ)：やあ，メグ。祖母の家に行って，誕生日パーティーをしたんだ。／Ｍ：それはいいわね。／Ｔ：朝，自宅で祖母のために誕生日カードを書いたんだ。それから祖母を訪問して，そのカードを渡したよ。うれしそうだったな。その後，祖母が僕のためにお茶をいれてくれたんだ。／Ｍ：よかったじゃない。／Ｔ：夕方，僕の姉〔妹〕と，母と，父が，祖母のためにケーキを買ってきたんだよ。／Ｍ：パーティーは楽しかった？／Ｔ：うん，とても。

Ｑ：「タロウはなぜ祖母の家に行ったのか」―ア．「誕生日パーティーをするため」

＜対話文２＞≪全訳≫サトミ(Ｓ)：こんにちは，ジョン。あなたを捜してたのよ。どこにいたの？／ジョン(Ｊ)：ごめんよ，サトミ。すごく忙しかったんだ。／Ｓ：朝と昼休みにあなたの教室へ行ったの。そのときは何をしてたの？／Ｊ：早朝は，学校の庭で花に水やりをしてたんだ。その後は教室で宿題をしたよ。／Ｓ：まあ，そうだったの。昼休みは？ １時にあなたの教室に行ったのよ。／Ｊ：お昼を食べた後，図書館へ行ったよ。それが12時50分頃だったな。そこで20分間，歴史の本を何冊か読んで，１時15分に自分の教室に戻ってきたんだ。

Ｑ：「ジョンは１時に何をしていたか」―エ．「歴史の本を何冊か読んでいた」

＜対話文３＞≪全訳≫ジェーン(Ｊ)：こんにちは，ボブ。今日のコンサートに来られてうれしいわ。／ボブ(Ｂ)：やあ，ジェーン。そうだね。僕もだよ。／Ｊ：今日はここまでどうやって来たの？／Ｂ：どうして？ 家から自転車で来たよ。／Ｊ：今朝，天気予報を見たの。今日の午後は雨になるみたいよ。／Ｂ：ええ，本当？ 電車とバスで家に帰らないといけないね。自転車はどうしたらいいんだろう？／Ｊ：コンサートの後，私の家に置いておいてあげる。私の家までは歩いていけるわ。／Ｂ：ありがとう。／Ｊ：どういたしまして。あと，私の家から帰るときは，私の傘を使っていいからね。

Q：「今日ボブはどうやって家からコンサートに行ったか」―ウ．「彼は自転車でそこに行った」

〔問題B〕≪全訳≫こんにちは，皆さん。私がこの学校で仕事をするのは，今日が最後になります。まず，私と一緒に英語を学んでくれたことに対して，皆さんに心から感謝したいと思います。私がここに来たばかりのとき，皆さんはよく私のところに来て日本語を教えてくれましたね。皆さんの笑顔はいつも私を幸せにしてくれました。皆さんが笑顔を絶やさずに英語を勉強してくれることを願っています。／私はこちらでたくさんのいい経験をさせてもらいました。体育祭では皆さんと一緒に走り，文化祭では先生方と一緒に歌を歌いました。皆さんの歌を聴いたときには，特に感動しました。／帰国後は，がんばって日本語の勉強を続けようと思います。皆さんには将来，外国を訪れてほしいです。皆さんがそこでいい経験をするのに英語が役立つと思います。／皆さん，さようなら。

Q1：「エミリーを喜ばせたことは何か」―イ．「生徒たちの笑顔」

Q2：「エミリーは生徒たちに将来何をしてほしいと思っているか」―「他の国を訪れること」

2 〔長文読解総合―会話文〕

≪全訳≫❶アヤとケンは東京の同じ高校に通っている。ブラウン先生は彼らの英語の先生である。彼はオーストラリア出身だ。彼らは放課後に教室で話をしている。彼らは窓際に座っている。❷アヤ（A）：見て！　あそこに飛行機が飛んでいる。空を飛んでいる飛行機を見ると，わくわくするの。❸ケン（K）：僕も飛行機が好きだよ。将来はパイロットになりたいんだ。❹ブラウン先生（Mr）：君たちの気持ちはよくわかるよ。飛行機はすごいよね。私もオーストラリアから日本に飛行機で来たとき，あんなに大きな物体がどうやって空を飛ぶんだろうと不思議に思ったよ。❺アヤがバッグから本を取り出す。❻A：私はこの本を読んでいるんです。人が発明したものについての本なんです。❼Mr：私もその本を読んだことあるよ。最初のパートは飛行機についてだよね。❽K：えっ，そうなんですか？　どんなことが書いてあるんですか？❾A：長い間，人間は空を飛ぶ夢を抱いてきたって書いてあるの。その夢を実現するために，人は鳥の飛び方を一生懸命研究してきたのよ。❿Mr：私は15世紀に飛行機を発明しようとした科学者に特に興味を持ったよ。⓫A：その科学者は最初，人間が鳥のように飛ぶための翼をつくろうとしたんですよね。彼は鳥の翼の形を研究したの。鳥が飛ぶときにどのように翼を動かすかも観察した。彼は一生懸命努力したけど，人間の翼を発明することはできなかったの。⓬K：へえ，かわいそうに。(1)-aそれはとても難しかったんだと思う。飛行機が初めて飛んだのは，20世紀の初頭らしいからね。⓭A：そのとおり。夢を実現するために人々は何百年も取り組んだの。その間，彼らは多くの研究や実験を行ったのよ。鳥からたくさん新しいアイデアを得たの。鳥は彼らの先生だったのよ。⓮K：飛行機を使うときは，鳥に感謝しないといけないね。⓯Mr：私もそう思うよ。実は君の話を聞いて，シロアリのアリ塚からアイデアを得た建築家のことを思い出したんだ。⓰K：シロアリのアリ塚？見たことないです。⓱Mr：アフリカのある場所ではシロアリが泥で大きなアリ塚をつくるんだ。高さが5，6メートルのものもあるんだよ！　それをつくるのにシロアリは何年も費やす。アフリカのそうした地域では，昼間は気温が約50℃まで上がり，夜は約0℃まで下がる。そんな環境でさえ，シロアリのアリ塚の中は電気を使わなくても30℃前後に保たれているんだ。⓲A：すごい！　アリ塚は環境に優しいんですね！　どうしてそんなことが可能なんですか？⓳Mr：どうしてか正確にはわからないんだけど，アリ塚の中や下には多くのトンネルが通っていることはわかっている。それらのトンネルはさまざまな方向に走っているんだ。煙突のようにアリ塚を突き抜けているものもある。このトンネルのおかげでアリ塚の空気が涼しく保たれると言う科学者もいるんだ。20 K：ブラウン先生，先生は建築家がシロアリのアリ塚からアイデアを得たとおっしゃいましたよね。それについてもっと知りたいです。21 Mr：その建築家は，室内の温度を調節するエアコンを使わないショッピングセンターをアフリカに建設してほしいと頼まれたんだ。(1)-b 彼はどうやったらそれができるのだろうかと考えた。そこで彼はシロアリのアリ塚を思いついたんだ。彼はシロアリのアリ塚からヒントを得て新しいビルを設計した。そのビルは８階建てで，建物の真ん中に煙突のような役目をする開口部があるんだ。夜，地面近くの空気が冷やされて，その空気が大きな扇風機で各階に送られる。昼間は夜に送られた冷たい空気が各部屋を涼しく保ってくれる。空気が暖かくなったら，その空気が上昇し，開口部を通って建物の外へ出る。このようにして，その建物は電気をそれほど使わずに涼しさを保っているんだ。22 A：それはすごい！　シロアリが彼に節電できる建物のつくり方を教えてくれたんですね。23 K：鳥だけでなく，昆虫も僕たちの先生になれるよ。24 Mr：(3) 私たちは自然界に暮らす多くのものから学ぶことができる。昆虫や鳥，動物や魚や植物は長い間，環境と調和して生き延びてきたんだ。それらから新しいアイデアをもっともらったとしても私は驚かないよ。25 理科のカワダ先生が教室に入ってくる。26 カワダ先生（Ms）：こんにちは！　ここで何をしてるの？ 27 K：こんにちは，カワダ先生。私たちは自然から学ぶことについて話しているんです。28 Ms：自然から学ぶ？ 29 A：はい。私たちの生活をより良くしたいなら，自然の中にヒントを見つけるのが役立つのかもしれないと。30 Ms：それはすばらしいわね。あっ，おもしろい話が１つあるわよ。31 K：何の話ですか？　聞きたいです。32 Ms：まず，１つ質問したいことがあるの。(4) 空気中の水を集めて飲むことはできる？ 33 Mr：カワダ先生，なぜそんな不思議な質問をするんですか？ 34 A：それはできなさそうです！ 35 Ms：もちろん，誰もそんなことはできないわ。でもそれができる昆虫がいるの。36 K：どんな昆虫ですか？　日本にいるんですか？ 37 Ms：いいえ，それはアフリカの砂漠に生息している甲虫よ。その甲虫には背中に小さなこぶがあるの。そのこぶは空気中の水を集めて水滴をつくることができる。水滴が大きくなると，こぶの間を流れていく。その隙間は耐水性があるから，水が傘の上の水滴のように簡単に流れる。そして甲虫は霧の立ちこめた日に逆立ちをして，水が口に流れてくるのを待つのよ。38 Mr：それはおもしろいですね！ 39 Ms：その甲虫がどうやって水を集めるのかに非常に関心を持っている科学者や専門家もいるんです。彼らは同じ方法で空気中の水を集める道具をつくろうとしています。この道具が普及すれば，暑い乾燥地帯に住む人々がもっと簡単に水を手に入れることができるかもしれない。水不足の問題を解決できるかもしれませんね。40 A：(1)-c それを解決できれば，多くの人を助けることができると思います。41 K：自然から学ぶことで，きっと他にも私たちが抱えているいろいろな問題を解決できると思います。42 Ms：私もそう思うけど，そう簡単ではないの，ケン。１つの問題を解決するには，多くの専門家が協力しなければならないのよ。(5) 異なる分野の専門家が情報を共有し，互いに助け合うのは難しいことなの。このような専門家をつなぐ適切な組織が必要なのよ。だから私はあなたたちのような若い人たちに，将来そういう組織をつくってほしいの。43 A：カワダ先生，私もできるといいなと思います。でもまずは一生懸命勉強して，私たちの周りで何が起きているかを観察し続けなければいけませんね。44 Mr：そのとおりだね。自然の中にあるものが私たちの生活をより良くする大きなヒントになるかもしれないね。45 Ms：忘れちゃいけないのは，自然が私たちのところにやってきて，私たちに何をすべきかを教えてくれるわけではないということよ。(1)-d私たちは自分たちでヒントを見つけなければならないの。46 K：わかりました。将来，僕は科学者になって，自然から学ぶことで何かを発明したいと思います。47 A：本当？　あなたの夢はパイロットになることだと思ってたわ！

〔問１〕＜適文選択＞(1)-a. 直前でケンは人間の翼を発明することができなかった科学者に対して同情している。発明できなかったのは難しかったからだと彼は考えたのである。　(1)-b. 空所前後を含む，エアコンを使わない建物をつくってほしいという依頼を受ける→その実現方法を考える→アリ塚のアイデアを思いつく，という流れを読み取る。　(1)-c. 前段落でカワダ先生が甲虫と同じ方法で水を集める道具が実現すれば，水不足の問題を解決できるかもしれないと述べている。ウの it が「甲虫と同じ方法で水を集める道具の開発」という前の内容を受けており，その解決が多くの人を助けるという内容になって自然な流れになる。　(1)-d.「自然が勝手に教えてくれるわけではない」という前文に対し，「自分たちで自然の中に教えを見つけなくてはならない」という流れである。　by ～self「独力で，～だけで」

〔問２〕＜英文解釈＞下線部の I agree. は，直前でケンが言った We have to thank birds when we use airplanes. に対する言葉である。ケンがこう言ったのは，空を飛ぶ夢を実現するために人は鳥からさまざまなアイデアを得たからである。エ.「鳥が私たちの夢を実現するためにヒントをくれたことを忘れてはならない」は，この内容に一致する。

〔問３〕＜適文選択＞直後の Insects, birds, animals, fish and plants が，アにある many things that live in nature の具体例になっている。

〔問４〕＜適文選択＞この後の第37段落で，カワダ先生は These bumps can collect water from the air … と言っており，これは空所の質問の内容を受けている。

〔問５〕＜整序結合＞'It is ～ for ― to … '「―が…することは～だ」の形式主語構文をつくればよい。It is difficult の後は，前の２文の内容から，「専門家が情報を共有して協力し合うのは難しい」といった意味になると推測できるので，まず for experts to share とする。残りは from different fields「異なる分野出身の」とまとめ，experts を修飾する語句としてその直後に置く。　It is difficult for experts from different fields to share information and help each other.

〔問６〕＜内容真偽＞ア.「空を飛ぶことは危険なので，昔の人は恐れていた」…×　そのような記述はない。　イ.「私たちの生活をより良くしたいとき，自然からヒントを得ることは助けになるかもしれない」…○　第29段落の内容に一致する。　ウ.「建築家がアリ塚をつくれるように多くの科学者がたくさんの実験をした」…×　そのような記述はない。　エ.「地球で生き残るために，昆虫は人間から学んできた」…×　そのような記述はない。　オ.「夜は非常に寒く昼は非常に暑い地域に生息するシロアリもいる」…○　第17段落の内容に一致する。　カ.「アフリカの砂漠に生息する甲虫は頭のこぶを使って水を得る」…×　第37段落第１，２文参照。こぶがあるのは頭ではなく背中である。　キ.「自然から学ぶことは私たちが生き残るための唯一の方法だ」…×　唯一の方法だとは述べられていない。

〔問７〕＜内容一致＞≪全訳≫今日は放課後にケンとブラウン先生，カワダ先生と話をして楽しかった。私たちはあまり意識していないかもしれないが，人々はa生活をより良くするために自然から多くの有益な情報を得ていることを知った。アフリカの昆虫のおかげで，b環境に優しい建物を建てることができた。水不足問題cを解決するのに役立つ可能性があるヒントを与えてくれる昆虫もいる。自然の中にもっとヒントdを見つけることができるかもしれないと思うとわくわくする！　自然の助けによって人々をもっと幸せにできたらいいなと思う。

＜解説＞ａ．第29段落参照。‘make＋目的語＋形容詞’で「～を(…の状態)にする」という意味を表す。　ｂ．第17～21段落参照。アリ塚からヒントを得て，アフリカに環境に優しいエアコンなしのショッピングセンターが建てられた。　ｃ．第39段落参照。‘help＋人＋動詞の原形’で「〈人〉が～するのを助ける」という意味を表す。　ｄ．第45段落参照。 discover「～を発見する」≒find

3〔長文読解総合─説明文〕

≪全訳≫❶川にさしかかって，その川を渡りたいとき，あなたはどうするだろうか。当然，橋を探すだろう。橋が見つかれば，向こう岸にたどり着くことは簡単だ。しかし橋が見つからなかったら，困ってしまうだろう。川を渡りたいときに橋はとても重要なのだ。❷日常生活の中で橋はどこに見つかるだろうか。どの橋も川を渡るためのものだろうか。歩いていて車の多い道にさしかかったとき，橋を渡れることがある。その橋は道路を横断するためのものだ。大きな駅では電車に乗るために，橋を歩いて渡ることがあるかもしれない。その橋は線路を横断するためのものだ。橋は人が歩いて渡るためだけのものではない。例えば電車や車も橋を使うことができる。水を向こう側まで運ぶ橋さえある。❸ところで，橋とは何だろうか。ある教授によれば，「橋は新しい道をつくるために，離れている２つの地点をつなぐ」ものだ。橋が架かると２つの場所が結ばれる。そして人や物がその橋を渡ることができる。(1)-a橋のおかげで人々は行きたい場所により速く，より簡単にたどり着くことができる。また，より多くの物を移動させることができる。このようにして橋は交通の中心になり，このことが街や都市の形成に影響を与えることがある。また，橋が美しかったり大きかったりすると，それは多くの人をひきつけるだろう。❹前述の教授はこう話す。「最初の橋は木の橋であったと私は考えています。人々が川を渡りたいときは木を切って川に架けるだけでよかったのです。それはたやすいことでした」　木や板を川に架けたのが，けた橋の始まりと考えられている。しかし，手に入るどの木よりも長い橋が欲しい場合，けた橋をつくるのは困難だった。人々は石をつないで橋をつくることを考えた。このアイデアがアーチ橋となった。ヨーロッパでは今でも古いアーチ橋を見ることができる。図１を見てほしい。イタリアにあるこのアーチ橋は築2000年を超えている。また，人々は橋をつくるのにつるも使った。つるは森や山で簡単に見つかった。(1)-bつるはたいてい長く，つないでも丈夫なので，さまざまな形にデザインすることができた。これがつり橋の始まりだと考えられている。現在はいろいろな種類の橋があるが，ずっと昔からこの３つが橋の基本形であるといえる。❺この３種類の橋がどのように支えられているかを見てみよう。❻小さなブロック３つとプラスチックの定規を用意してほしい。図２のように，定規を２つのブロックの両端にのせる。これがけた橋のモデルだ。定規がけたで，２つのブロックはこの橋のモデルの支えである。橋の２つの支えの間の距離をスパンと呼ぶ。では，定規の真ん中を指で押してみよう。かなり簡単に曲がってしまうだろう。別のブロックを定規の中央の下に置いてみる。すると２つのスパンと３つの支えを持つ橋となる。それぞれのスパンの真ん中を１本の指で押してみる。定規の曲がり具合は先ほどよりも小さい。(2)このように支えを増やせば，より丈夫なけた橋をつくることができるのだ。❼アーチ橋はどのように支えられているのだろうか。図３を見てほしい。Ａの部分は両側のＢの部分を押したり押されたりすることで支えられている。Bの部分もまた，Aの部分とCの部分に支えられている。アーチ橋全体がこのように支えられているのだ。もしDの部分で示した橋の両端がしっかり固定されていなければ，橋は落ちてしまうかもしれない。しかし図4のように両端がしっかり固定されていれば，アーチは良好な状態で保たれ，橋にかかる重さを支えることができるのだ。❽次に図5を見てほしい。これはつり橋のモデルである。つり橋はメインケーブルで保持されていて，メインケーブルは両端の重い固定基礎と2本の高い塔で支えられている。(3)メインケーブルからたくさんのロープがつるされ，けたを支えるためにそれらのロープがけたにしっかりと固定されている。このモデルでは，2本の高い塔が橋の支えとしてはたらいている。❾新しい原材料や最新技術によって橋はより強固になり，人々の暮らしを大きく変えた。昔はほとんどの橋は木や石，つるなどの自然素材でできていた。しかし産業革命の期間中に鉄の橋が登場した。この新しい橋のおかげでヨーロッパ中に鉄道が敷かれ，人々は旅をしたり，多くの物をより簡単に長距離輸送できたりするようになった。鉄から鋼が開発され，今や私たちはより頑丈で，より長い橋をつくることができる。また，コンクリートもそのような橋の建設に大いに役立っている。今日，鋼とコンクリートはたいてい一緒に使用される。(1)-cそれらは強度があり，容易にいろいろな形にできるので，さまざまな種類の橋を目にすることができる。また，コンピューターの技術も橋をより安全にする方法の理解に役立っている。❿橋を建設するときは，橋そのものや橋の上を通る人，車，電車などの重さを支えられる橋をどこに架けるかを決めるために，地面を慎重に検討しなければならない。／→**B**．地盤の状態が悪い場合もあるので，橋を架けるのに適した場所を探す必要がある。／→**D**．適した場所がいくつか見つかったら，つくる橋の種類を検討し始めることができる。／→**C**．多くの場合，橋の種類は最も長いスパンで決まる。／→**A**．つり橋は2本の支えだけで長い距離をカバーすることができる。／海に浮かぶ島々の間に架かる大きな橋をいくつか見てほしい。そのほとんどがつり橋である。⓫つい最近まで，日本で最も長いスパンのつり橋は，スパンの長さが世界一であったことをご存じだったろうか。その橋の長さは約4000メートルで，塔の高さは約300メートルだ。2つの塔はおよそ2000メートル離れている。この2本の高い塔だけでなく，鋼製のとても頑丈なメインケーブルもこのつり橋を支えている。(1)-dこの橋のおかげで，人々は巨大な島の間の海をより自由に渡ることができるのだ。⓬今の橋は昔の橋とずいぶん違って見えるかもしれない。一般的にアーチ橋をつくるには石ではなく鋼を用いるし，橋の形もずいぶん変わった。現在，巨大なつり橋はつるの代わりに強力なスチールケーブルによって支えられている。しかし橋の主な3種類の基本的な考え方は当時からあまり変わっていない。⓭今度，橋を見かけたら，その橋の種類を見つけてみてほしい。その橋がどのように架けられ，橋の上の重さをどう支えているかを考えてみるのはおもしろいだろう。

〔問1〕＜適文選択＞(1)-a. 直後に‘追加’を表すAlso「また」があり，それに続けて橋のおかげでできることが述べられているので，同様に橋によってできることについて述べている内容が入る。橋全般が話題なので，the bridge と特定の橋に関する記述になっているイとウは不可。　**(1)-b.** 橋の素材として使われたつるが話題となっている場面。つるの特徴を最も的確に述べているものを選ぶ。つるの利点は長くて丈夫なことである。　**(1)-c.** 橋の原材料となる鋼とコンクリートについて述べた場面。その特徴を最も的確に述べているものを選ぶ。鋼やコンクリートは頑丈なだけでなく，形を変えられることに利点がある。　**(1)-d.** 日本最大のつり橋について述べている箇所である。直前の段落の最終文に海上の島々を結ぶ大きな橋はほとんどがつり橋だとある。ウは

without crossing it が不適切。

〔問２〕＜適文選択＞この第６段落では，けた橋の仕組みをブロックと定規を使って説明している。支えのブロックを２つから３つにした方が定規の曲がり具合が小さいということは，支えを増やせばより丈夫なけた橋ができるということである。

〔問３〕＜整序結合＞図５で示されているつり橋の構造を説明している部分である。図を見て the beam，ropes，the main cables の関係を確認すると，ロープがメインケーブルからつるされ，けたにくっついていることがわかるので，主語を A lot of ropes とする。語群にある hung は「～をつるす」の意味の動詞 hang の過去分詞なので(hang－hung－hung)，動詞を are hung と受け身で表し，from the main cables と続ける。残りは and fixed to the beam とまとめると，けたに固定されている様子を示すことになり，最後に to を置いて文末の support it につなげる(to不定詞の副詞的用法)。　A lot of ropes are hung from the main cables and fixed to the beam to support it.

〔問４〕＜文整序＞橋を建設する際の手順について述べている部分。前文でまず地面を調べるとあるので，この後には地盤の良い場所を探すという内容のＢが続く。次に When you have found some good places「良い場所が見つかったら」とあるＤを置き，Ｄの後半で述べている橋の type「種類」について，その決定の仕方を述べているＣを続ける。Ｃで示された決定基準となる its longest span「最も長いスパン」に関して，つり橋という具体的な橋の種類を挙げているＡが最後にくる。

〔問５〕＜内容真偽＞ア．「橋は水を運ぶ道もつくる」…○　第２段落最終文の内容に一致する。　イ．「石をつないで橋をつくるより，けた橋をつくる方が難しい」…×　第４段落参照。けた橋は川に木や板を架けるだけでできるので石をつなぐ橋よりも簡単である。　ウ．「アーチ橋をより安全にしたい場合，橋の両端を固定することはあまり重要ではない」…×　第７段落後半参照。橋の両端をしっかり固定しないと橋が落ちてしまう危険性がある。　エ．「石や木は橋をつくる新しい原材料の開発に役立ってきた」…×　第９段落参照。鉄や鋼，コンクリートが新しい原材料となった。　オ．「最新の技術が発達しているが，橋の強度は上がっていない」…×　第９段落第１文参照。　カ．「日本一スパンの長いつり橋はスパンの長さが世界一でもある」…×　第11段落第１文参照。until recently「つい最近まで」とあるので，現在は世界一ではない。　キ．「昔の橋の基本的な考えと同じようなものを今でも数種類の橋の基本的な考えとして利用している」…○　第12段落最終文の内容に一致する。

〔問６〕＜テーマ作文＞(質問訳)「あなたが橋を建てるとします。どこに橋を架けたいですか。橋を架けた後，どんな変化がありますか」　まず橋を架けたい場所について明確に述べ，そこに架けたい理由などを続けるとよい。　(解答例訳)「私の家の近くにある交通量の多い道路に橋をかけたい。私は通学のため毎日その道路を渡る必要があるが，長い間待たなければならないことが多い。もしそこに橋ができれば，もう学校に遅刻することはないだろう」

数学解答

1 〔問１〕 $\frac{5\sqrt{6}}{14}$　〔問２〕 $x=0,\ -5$

〔問３〕 $x=-4,\ y=3$　〔問４〕 $\frac{1}{4}$

〔問５〕 (例)

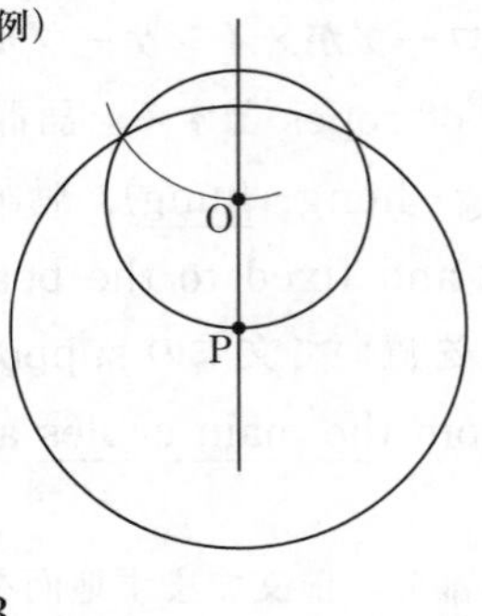

2 〔問１〕 3

〔問２〕 (1) 6　(2) $\frac{1+\sqrt{17}}{8}$

3 〔問１〕 $\frac{\sqrt{3}}{3}\pi$ cm　〔問２〕 $\frac{2\sqrt{3}}{7}$ cm^2

〔問３〕 (例)△UDS と△QBU において，AD∥BC より，平行線の錯角が等しいから，∠SDU＝∠UBQ……① 点Oと点Q，点Oと点Sをそれぞれ結ぶ。AD∥BC，OQ⊥BC，OS⊥AD より，３点Q，O，Sは一直線上にある。△USQ において，線分 QS は円Oの直径だから，∠SUQ＝90°　よって，∠OUQ＋∠OUS＝90°……② 点Sは接点だから，∠OSD＝90°　よって，∠OSU＋∠DSU＝90°……③ OU＝OS より，∠OSU＝∠OUS……④　よって，②，③，④より，∠DSU＝∠OUQ　すなわち，∠DSU＝∠BUQ……⑤　したがって，①，⑤より，２組の角がそれぞれ等しいから，△UDS∽△QBU

4 〔問１〕 $6\sqrt{2}$ cm　〔問２〕 18cm^2

〔問３〕 $\frac{136}{3}$ cm^3

1 〔独立小問集合題〕

〔問１〕＜数の計算＞与式$=\frac{3\sqrt{2}-\sqrt{3}}{\sqrt{2}}-(3\sqrt{2}-\sqrt{3})^2\times\frac{1}{7}=\frac{(3\sqrt{2}-\sqrt{3})\times\sqrt{2}}{\sqrt{2}\times\sqrt{2}}-(18-6\sqrt{6}+3)\times\frac{1}{7}=\frac{6-\sqrt{6}}{2}-(21-6\sqrt{6})\times\frac{1}{7}=3-\frac{\sqrt{6}}{2}-3+\frac{6\sqrt{6}}{7}=-\frac{7\sqrt{6}}{14}+\frac{12\sqrt{6}}{14}=\frac{5\sqrt{6}}{14}$

〔問２〕＜二次方程式＞$x^2+2x+1+3x+3-4=0$，$x^2+5x=0$，$x(x+5)=0$　$\therefore x=0,\ -5$

≪別解≫$x+1=A$ とおくと，$A^2+3A-4=0$，$(A-1)(A+4)=0$ となるから，A をもとに戻して，$(x+1-1)(x+1+4)=0$，$x(x+5)=0$　$\therefore x=0,\ -5$

〔問３〕＜連立方程式＞$\frac{x}{3}+\frac{y}{2}=\frac{1}{6}$……①，$\frac{x}{5}+\frac{y}{3}=\frac{1}{5}$……②とする。①×6 より，$2x+3y=1$……①′　②×15 より，$3x+5y=3$……②′　①′×3－②′×2 より，$9y-10y=3-6$，$-y=-3$　$\therefore y=3$　これを①′に代入して，$2x+9=1$，$2x=-8$　$\therefore x=-4$

〔問４〕＜確率―さいころ＞大小１つずつのさいころを同時に投げるとき，それぞれ６通りの目の出方があるから，目の出方は全部で $6\times6=36$(通り)あり，a，b の組も36通りある。このうち，$1<\frac{b}{a}<\frac{7}{3}$ となるのは，$a=1$ のとき，$1<\frac{b}{1}<\frac{7}{3}$ より，$1<b<\frac{7}{3}$ だから，$b=2$ の１通りある。$a=2$ のとき，$1<\frac{b}{2}<\frac{7}{3}$ だから，$b=3,\ 4$ の２通りある。$a=3$ のとき，$1<\frac{b}{3}<\frac{7}{3}$ だから，$b=4,\ 5,\ 6$ の３通りある。以下同様にして，$a=4$ のとき $b=5,\ 6$ の２通り，$a=5$ のとき $b=6$ の１通りあり，$a=6$ のときはない。よって，$1<\frac{b}{a}<\frac{7}{3}$ となる a，b の組は $1+2+3+2+1=9$(通り)あるから，

求める確率は $\frac{9}{36}=\frac{1}{4}$ である。

〔問５〕＜平面図形―作図＞右図のように，円Oと円Pの交点をAとする。円Pの面積が円Oの面積の３倍より，円Oと円Pの面積比は $1:3$ だから，半径の比は $\mathrm{OP}:\mathrm{PA}=\sqrt{1}:\sqrt{3}=1:\sqrt{3}$ である。これより，$\mathrm{PA}=\sqrt{3}\mathrm{OP}$ である。POの延長と円Oとの交点をBとすると，$\mathrm{PB}=2\mathrm{OP}$ だから，$\mathrm{PB}:\mathrm{PA}=2\mathrm{OP}:\sqrt{3}\mathrm{OP}=2:\sqrt{3}$ となる。また，線分PBは円Oの直径だから，$\angle\mathrm{PAB}=90^\circ$ である。よって，△PABは３辺の比が $1:2:\sqrt{3}$ の直角三角形だから，$\mathrm{AB}:\mathrm{PB}=1:2$ であり，$\mathrm{AB}=\frac{1}{2}\mathrm{PB}$ となる。$\mathrm{OB}=\frac{1}{2}\mathrm{PB}$ だから，$\mathrm{AB}=\mathrm{OB}$ である。したがって，点Aは，$\mathrm{AB}=\mathrm{OB}$ となる円Oの周上の点である。解答参照。

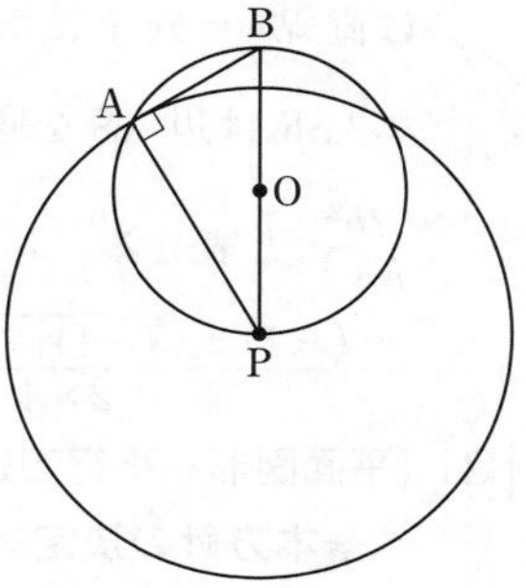

2 〔関数―関数 $y=ax^2$ と一次関数のグラフ〕

≪基本方針の決定≫〔問３〕 △ASRの面積を b を用いて表す。

〔問１〕＜比例定数＞右図１で，A(2, 0)，B(0, 2)より，直線ABの傾きは $\frac{0-2}{2-0}=-1$，切片は２だから，直線ABの式は $y=-x+2$ である。点Pは直線 $y=-x+2$ 上にあるので，x 座標が $\frac{2}{3}$ のとき，$y=-\frac{2}{3}+2=\frac{4}{3}$ となり，$\mathrm{P}\left(\frac{2}{3},\ \frac{4}{3}\right)$ である。関数 $y=ax^2$ のグラフは点Pを通るので，$\frac{4}{3}=a\times\left(\frac{2}{3}\right)^2$ が成り立ち，$a=3$ となる。

図１

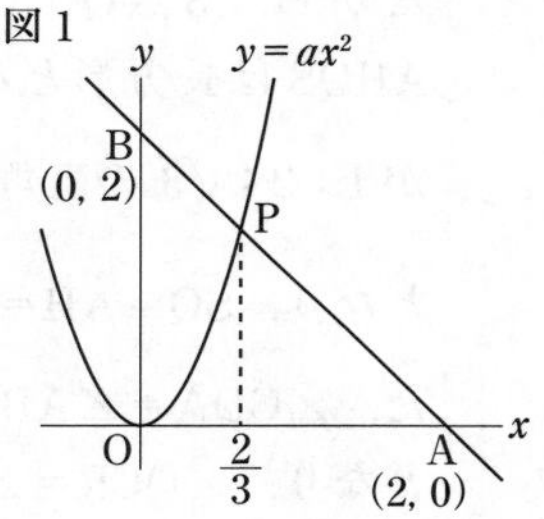

〔問２〕＜比例定数＞(1)右図２で，点Pの x 座標を t とする。点Qは関数 $y=ax^2$ のグラフ上にあり x 座標が２だから，$y=a\times2^2=4a$ より，Q(2, 4a)となる。よって，$\mathrm{AQ}=4a$ である。△AQPの底辺を辺AQと見ると，２点P，Qの x 座標より，高さは $2-t$ と表せる。よって，△AQPの面積が18cm²より，$\frac{1}{2}\times4a\times(2-t)=18$ が成り立ち，$2a(2-t)=18$……①となる。また，点Pは関数 $y=ax^2$ のグラフ上にあるから，P(t, at^2)と表せる。〔問１〕より，点Pは直線 $y=-x+2$ 上の点でもあるから，$at^2=-t+2$ が成り立ち，$2-t=at^2$……②である。②を①に代入すると，$2a\times at^2=18$，$a^2t^2=9$，$(at)^2=9$ となり，$at=\pm3$ である。$a>0$，$0<t<2$ より，$at>0$ だから，$at=3$ である。①より，$4a-2at=18$ となり，これに $at=3$ を代入して，$4a-2\times3=18$，$4a=24$，$a=6$ となる。 (2)右図３で，$a=1$ より，点Pは関数 $y=x^2$ のグラフと直線 $y=-x+2$ の交点なので，２式から y を消去して，$x^2=-x+2$，$x^2+x-2=0$，$(x-1)(x+2)=0$ より，$x=1$，-2 となる。$0<x<2$ だから，$x=1$ であり，点Pの x 座標は１である。点Qは関数 $y=x^2$ のグラフ上にあり x 座標が２だから，$y=2^2=4$ より，Q(2, 4)である。$\mathrm{AQ}=4$ であり，辺AQを底辺と見ると，△AQPの高さは $2-1=1$ だから，$\triangle\mathrm{AQP}=\frac{1}{2}\times4\times1=2$ となる。よって，$\triangle\mathrm{ASR}=\frac{1}{4}\triangle\mathrm{AQP}=\frac{1}{4}\times2=\frac{1}{2}$ である。次に，点Rは直線 $y=bx$ と直線 $y=-x+2$ の交点だ

図２

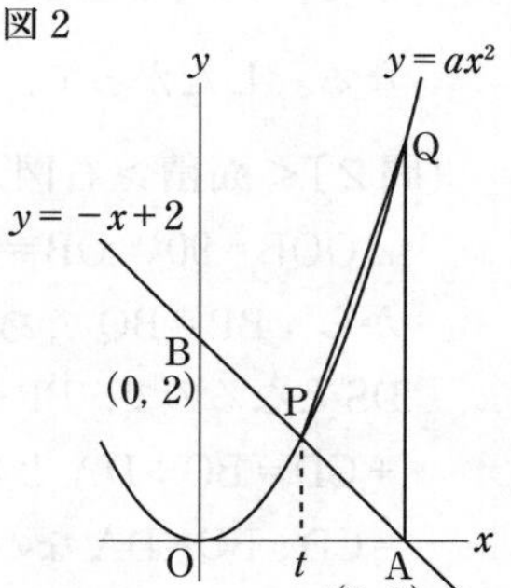

図３

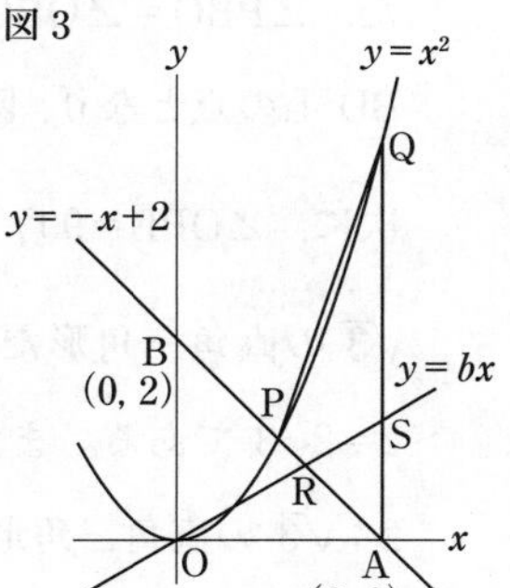

から，$bx=-x+2$，$bx+x=2$，$x(b+1)=2$，$x=\dfrac{2}{b+1}$ となり，点Rの x 座標は $\dfrac{2}{b+1}$ である。点Sは直線 $y=bx$ 上にあり x 座標が2なので，$y=b\times2=2b$ より，S(2，2b)であり，AS＝2b である。△ASRは辺ASを底辺と見ると，高さは $2-\dfrac{2}{b+1}=\dfrac{2b}{b+1}$ となるので，$\triangle ASR=\dfrac{1}{2}\times2b\times\dfrac{2b}{b+1}=\dfrac{2b^2}{b+1}$ と表せる。したがって，$\dfrac{2b^2}{b+1}=\dfrac{1}{2}$ が成り立ち，$4b^2=b+1$，$4b^2-b-1=0$ となるので，$b=\dfrac{-(-1)\pm\sqrt{(-1)^2-4\times4\times(-1)}}{2\times4}=\dfrac{1\pm\sqrt{17}}{8}$ である。$0<b<1$ だから，$b=\dfrac{1+\sqrt{17}}{8}$ である。

3〔平面図形―平行四辺形と円〕

≪基本方針の決定≫〔問1〕 3点Q，O，Sは一直線上にある。 〔問2〕 四角形ABCDはひし形である。三角形の相似を利用して，TB：TDを求める。

〔問1〕＜長さ＞右図1で，点Oと3点Q，R，Sを結び，点Aから辺BCに垂線AHを引く。四角形ABCDが平行四辺形より，AD∥BCであり，2点Q，Sが接点より，OQ⊥BC，OS⊥ADだから，3点Q，O，Sは一直線上にある。よって，四角形AHQSは長方形となる。∠ABC＝60°より，△ABHは3辺の比が $1:2:\sqrt{3}$ の直角三角形だから，$AH=\dfrac{\sqrt{3}}{2}AB=\dfrac{\sqrt{3}}{2}\times4=2\sqrt{3}$ となり，$SQ=AH=2\sqrt{3}$ である。これより，円Oの半径は $OQ=\dfrac{1}{2}SQ=\dfrac{1}{2}\times2\sqrt{3}=\sqrt{3}$ となる。また，∠CDA＝∠ABC＝60°より，∠QCR＋∠DAB＝360°－∠ABC－∠CDA＝360°－60°－60°＝240°となり，∠QCR＝∠DAB＝240°÷2＝120°である。∠OQC＝90°であり，同様に，∠ORC＝90°だから，四角形OQCRで，∠QOR＝360°－∠OQC－∠QCR－∠ORC＝360°－90°－120°－90°＝60°となる。したがって，$\overset{\frown}{QR}=2\pi\times\sqrt{3}\times\dfrac{60°}{360°}=\dfrac{\sqrt{3}}{3}\pi$(cm)である。

図1

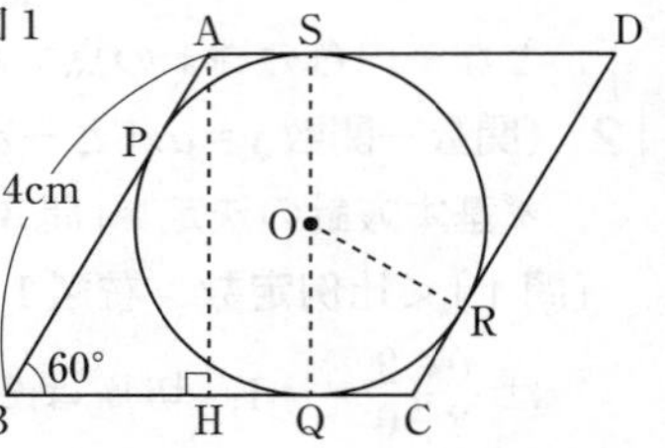

〔問2〕＜面積＞右図2で，点Oと2点B，Qを結ぶと，∠OPB＝∠OQB＝90°，OB＝OB，OP＝OQより，△OPB≡△OQBとなるから，BP＝BQである。同様にして，AP＝AS，CR＝CQ，DR＝DSとなるので，BP＋AP＋CR＋DR＝BQ＋AS＋CQ＋DSより，AB＋CD＝BC＋DAとなる。四角形ABCDが平行四辺形より，AB＝CD，BC＝DAなので，AB＝BC＝CD＝DAとなり，四角形ABCDはひし形である。よって，∠ABD＝∠CBDとなるから，線分BDは∠ABCの二等分線である。また，∠PBO＝∠QBOとなるから，線分BOも∠ABCの二等分線である。したがって，点Oは線分BD上の点となり，図形の対称性から，点Oは線分BDの中点となる。これより，$OB=\dfrac{1}{2}BD$ である。次に，∠OPB＝90°，$\angle OBP=\angle OBQ=\dfrac{1}{2}\angle ABC=\dfrac{1}{2}\times60°=30°$ より，△OPBは3辺の比が $1:2:\sqrt{3}$ の直角三角形だから，$PB=\sqrt{3}OP=\sqrt{3}\times2=2\sqrt{3}$ となり，$\triangle OPB=\dfrac{1}{2}\times PB\times OP=\dfrac{1}{2}\times2\sqrt{3}\times2=2\sqrt{3}$ である。また，点Oと点Aを結ぶと，∠AOB＝90°となるから，△AOBも3辺の比が $1:2:\sqrt{3}$ の直角三角形となる。OB＝2OP＝2×2＝4だから，$AB=\dfrac{2}{\sqrt{3}}OB=\dfrac{2}{\sqrt{3}}\times4=\dfrac{8\sqrt{3}}{3}$ となり，$CD=AB=\dfrac{8\sqrt{3}}{3}$ である。PB∥DCより，△PBT∽△CDTとなるので，$TB:TD=PB:CD=2\sqrt{3}:$

図2

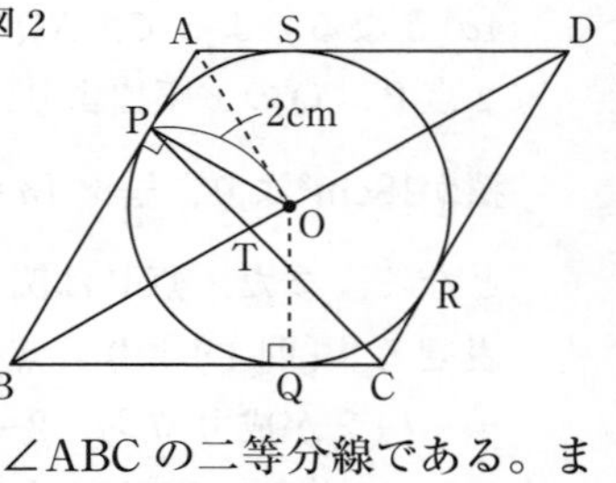

$\frac{8\sqrt{3}}{3}=3:4$ であり，$\mathrm{TB}=\frac{3}{3+4}\mathrm{BD}=\frac{3}{7}\mathrm{BD}$ となる。以上より，$\mathrm{OT}=\mathrm{OB}-\mathrm{TB}=\frac{1}{2}\mathrm{BD}-\frac{3}{7}\mathrm{BD}=\frac{1}{14}\mathrm{BD}$ となるから，$\mathrm{OT}:\mathrm{OB}=\frac{1}{14}\mathrm{BD}:\frac{1}{2}\mathrm{BD}=1:7$ となり，$\triangle\mathrm{OPT}:\triangle\mathrm{OPB}=1:7$ だから，$\triangle\mathrm{OPT}=\frac{1}{7}\triangle\mathrm{OPB}=\frac{1}{7}\times2\sqrt{3}=\frac{2\sqrt{3}}{7}(\mathrm{cm}^2)$ である。

図３

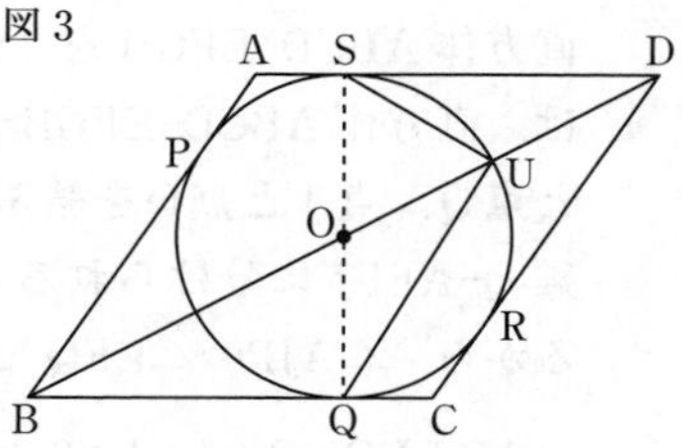

〔問３〕＜証明＞右図３の△UDSと△QBUで，AD∥BCだから，∠SDU＝∠UBQである。また，線分QSは円Oの直径だから，∠SUQ＝90°であり，点Sは辺ADと円Oの接点だから，∠OSD＝90°である。さらに，△OUSはOU＝OSの二等辺三角形だから，∠OSU＝∠OUSである。解答参照。

４ 〔空間図形—直方体〕

≪基本方針の決定≫〔問２〕　線分EQ，線分PRを延長すると，二等辺三角形ができることに気づきたい。　〔問３〕　３点P，Q，Fを通る平面と，直方体ABCD-EFGHの辺との交点を考える。

図１

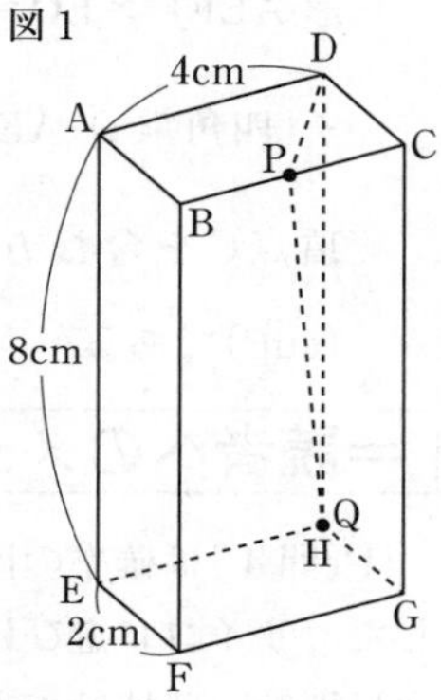

〔問１〕＜長さ—三平方の定理＞点Pの速さは毎秒１cm，点Qの速さは毎秒２cmだから，$t=4$ のとき，点Pは $1\times4=4(\mathrm{cm})$，点Qは $2\times4=8(\mathrm{cm})$ 移動する。右図１で，$4=2+2$ より，点Pは辺BC上にあり，BP＝２である。また，$8=2+4+2$ より，点Qは頂点Hにある。２点D，Pを結ぶと，DQ⊥〔面ABCD〕より，∠PDQ＝90°だから，△DPQで三平方の定理より，$\mathrm{PQ}=\sqrt{\mathrm{PD}^2+\mathrm{DQ}^2}$ となる。$\mathrm{PC}=\mathrm{BC}-\mathrm{BP}=4-2=2$ より，PC＝CD＝２となり，△PCDは直角二等辺三角形となるから，$\mathrm{PD}=\sqrt{2}\mathrm{PC}=\sqrt{2}\times2=2\sqrt{2}$ である。よって，$\mathrm{PQ}=\sqrt{(2\sqrt{2})^2+8^2}=\sqrt{72}=6\sqrt{2}(\mathrm{cm})$ である。

図２

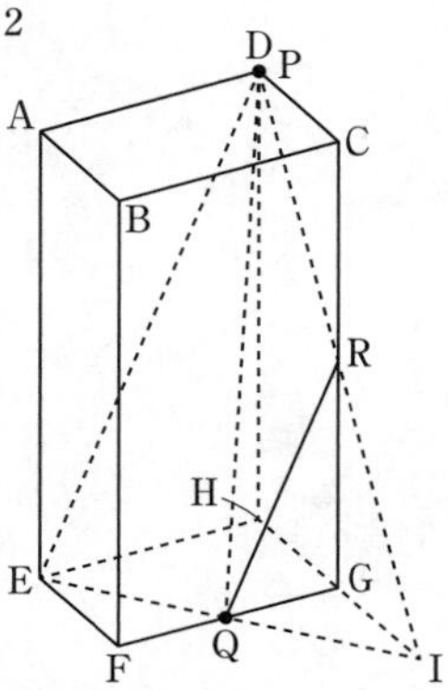

〔問２〕＜面積＞$t=8$ のとき，点Pは $1\times8=8(\mathrm{cm})$，点Qは $2\times8=16(\mathrm{cm})$ 移動する。右下図２で，$8=2+4+2$ より，点Pは頂点Dにある。また，$16=2+4+2+4+2+2$ より，点Qは辺FG上にあり，FQ＝２である。線分EQ，線分PR，辺HGの延長の交点をIとする。$\mathrm{GQ}=\mathrm{FG}-\mathrm{FQ}=4-2=2$ より，FQ＝GQであり，∠EFQ＝∠IGQ＝90°，∠EQF＝∠IQGだから，△EFQ≡△IGQとなる。よって，IG＝EF＝２となるから，$\mathrm{IH}=\mathrm{IG}+\mathrm{GH}=2+2=4$ となり，EH＝IH＝４である。さらに，PH＝PH，∠PHE＝∠PHI＝90°だから，△PEH≡△PIHとなる。これより，PE＝PIとなるので，△PEIは二等辺三角形である。△EFQ≡△IGQより，EQ＝IQなので，２点P，Qを結ぶと，PQ⊥EIとなる。△IHEは直角二等辺三角形だから，$\mathrm{EI}=\sqrt{2}\mathrm{IH}=\sqrt{2}\times4=4\sqrt{2}$ となり，$\mathrm{EQ}=\frac{1}{2}\mathrm{EI}=\frac{1}{2}\times4\sqrt{2}=2\sqrt{2}$ となる。さらに，△PEHで三平方の定理より，$\mathrm{PE}^2=\mathrm{EH}^2+\mathrm{PH}^2=4^2+8^2=80$ である。したがって，△PEQで三平方の定理より，$\mathrm{PQ}=\sqrt{\mathrm{PE}^2-\mathrm{EQ}^2}=\sqrt{80-(2\sqrt{2})^2}=\sqrt{72}=6\sqrt{2}$ となるから，$\triangle\mathrm{PEI}=\frac{1}{2}\times\mathrm{EI}\times\mathrm{PQ}=\frac{1}{2}\times4\sqrt{2}\times6\sqrt{2}=24$ である。次に，〔面AEHD〕∥〔面BFGC〕より，PE∥RQだから，△PEI∽△RQIとなる。相似比はIE：IQ＝２：１だから，$\triangle\mathrm{PEI}:\triangle\mathrm{RQI}=2^2:1^2=4:1$ である。$\triangle\mathrm{RQI}=\frac{1}{4}\triangle\mathrm{PEI}=\frac{1}{4}\times24=6$ となるから，四角形PEQRの面積は，$\triangle\mathrm{PEI}-\triangle\mathrm{RQI}=24-6=18(\mathrm{cm}^2)$ である。

〔問３〕＜体積＞$t=10$ のとき，点Ｐは $1\times10=10$(cm)，点Ｑは $2\times10=20$ (cm)移動する。右図３で，$10=2+4+2+2$ より，点Ｐは辺 DA 上にあり，$\mathrm{DP}=2$ である。また，$20=2+4+2+4+2+4+2$ より，点Ｑは頂点Ｈにある。３点Ｐ，Ｑ，Ｆを通る平面と辺 AB の交点をＪとすると，この平面で直方体 ABCD-EFGH を２つの立体に分けたときの頂点Ｃを含む方の立体は，直方体 ABCD-EFGH から立体 AJP-EFQ を除いた立体となる。点Ａと点Ｑ，点Ｊと点Ｑを結ぶと，立体 AJP-EFQ は，三角錐 Q-AJP と四角錐 Q-AEFJ に分けられる。〔面 ABCD〕∥〔面 EFGH〕より，JP∥FQ となるから，△AJP∽△EFQ である。$\mathrm{AP}=\mathrm{AD}-\mathrm{DP}=4-2=2$ より，$\mathrm{AJ}:\mathrm{EF}=\mathrm{AP}:\mathrm{EQ}=2:4=1:2$ となるから，$\mathrm{AJ}=\frac{1}{2}\mathrm{EF}=\frac{1}{2}\times2=1$ である。よって，〔三角錐 Q-AJP〕$=\frac{1}{3}\times$△AJP$\times\mathrm{DQ}=\frac{1}{3}\times\left(\frac{1}{2}\times1\times2\right)\times8=\frac{8}{3}$，〔四角錐 Q-AEFJ〕$=\frac{1}{3}\times$〔台形 AEFJ〕$\times\mathrm{EQ}=\frac{1}{3}\times\left\{\frac{1}{2}\times(1+2)\times8\right\}\times4=16$ より，立体 AJP-EFQ の体積は，〔三角錐 Q-AJP〕＋〔四角錐 Q-AEFJ〕$=\frac{8}{3}+16=\frac{56}{3}$ となる。直方体 ABCD-EFGH の体積は $2\times4\times8=64$ なので，頂点Ｃを含む方の立体の体積は，〔直方体 ABCD-EFGH〕－〔立体 AJP-EFQ〕$=64-\frac{56}{3}=\frac{136}{3}$ (cm^3)である。

図３

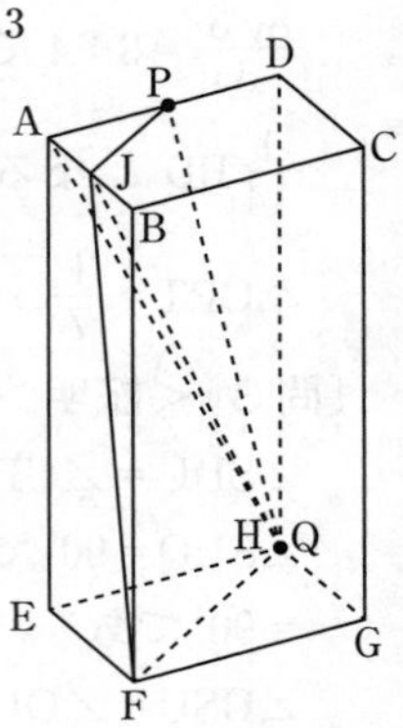

＝読者へのメッセージ＝

1〔問４〕は確率の問題でした。確率は，16世紀中頃，イタリアの数学者ジェロラモ・カルダーノが著した『サイコロ遊びについて』で初めて系統的に論じられたといわれています。カルダーノは，医者，占星術師，賭博師でもありました。

国語解答

一 ⑴ さかま　⑵ きんせん
⑶ ようほう　⑷ ていげん
⑸ かろとうせん

二 ⑴ 束　⑵ 連綿　⑶ 山積
⑷ 試金石　⑸ 行雲流水

三 〔問１〕 ウ　〔問２〕 イ
〔問３〕 エ
〔問４〕 高齢をものともせず近年も旅行しているおじちゃんの言葉をそのまま受け取れず，打ち消すとともに敬意を表したいという気持ち。(59字)
〔問５〕 ア　〔問６〕 ウ

四 〔問１〕 エ
〔問２〕 科学とは，最新の知識をこそ正しいものと見なすべきであり，古い見解には価値がないとする態度。(45字)
〔問３〕 イ　〔問４〕 ア
〔問５〕 エ　〔問６〕 ウ
〔問７〕 (例)人間は，科学を利用して自己の利益を追求した結果，自然を破壊して多くの生物を生息場所から追いやり，その命を奪ってきた。／「和をもって貴しと為す」という古い言葉は調和の大切さを語っている。この言葉に反省し，全ての生物は同じ地球に住む仲間だという意識のもと，他の生物を尊重し，思いやれば環境に配慮した行動ができる。さらに，世界中の生物にとって幸せな環境の実現のために科学を活用する道もひらけるだろう。(199字)

五 〔問１〕 ア　〔問２〕 エ
〔問３〕 イ　〔問４〕 ウ
〔問５〕 イ

一 〔漢字〕

⑴「逆巻く」は，流れに逆らって波が荒れて巻き上がる，という意味。　⑵「琴線」は，心の奥の感じやすい心情のこと。　⑶「養蜂」は，蜜を採集するために蜂を飼育すること。　⑷「逓減」は，しだいに減らしていくこと。　⑸「夏炉冬扇」は，夏のいろりと冬の扇ということから，時節に合わない無用のもののこと。

二 〔漢字〕

⑴音読みは「束縛」などの「ソク」。　⑵「連綿」は，長く続いて切れないこと。　⑶「山積」は，山のように積もることから，片づけるべき仕事がたまることを表す。　⑷「試金石」は，物事の価値や力量を判定するためのもののこと。　⑸「行雲流水」は，空を行く雲と流れる水のように，何物にも執着せずに自然のままに生きること。

三 〔小説の読解〕出典；滝口悠生『長い一日』。

〔問１〕＜心情＞妻は，きっと新しい家で「暮らしはじめてこの家があたたかかったことに気づく」のだろうと思い，今の家のあたたかさをかけがえのないものだと感じていた。

〔問２〕＜文章内容＞今は，おじちゃんやおばちゃんと食事会をしているのに，「妻は明るい窓の外で暖気になって二階へ」上るかのように，意識がこの場から離れて自分たちの寝室の布団の中に入っていくように感じていた。

〔問３〕＜文章内容＞おじちゃんは，妻に「おじちゃんがいちばん好きな時間はなにしてるときですか」と尋ねられたが，どう答えたらよいかわからずに「えー，と困ったような返事をした」後，「いちばん好きな時間は特にないよ」と答えた。

〔問４〕＜心情＞おじちゃんとおばちゃんは，去年もその前の年も旅行に出かけている。高齢でも旅行に行こうというのだから気持ちが若く，だからこそ元気でいられるのだろうと，妻は「驚き感心」していた。

〔問５〕＜文章内容＞おばちゃんだけが話をしていても，おばちゃんは話しながらおじちゃんに「ね」と顔を向けるし，おじちゃんは「うん」と短く答える。おじちゃんとおばちゃんの様子に，長い間二人でがんばって生きてきたお互いを思いやる気持ちが表れていると，夫婦は感じ取ったのである。

〔問６〕＜表現＞「私」とは妻のことで，妻の視点から描かれているが，「妻は声をかける」「夫は驚いた」など第三者から見た表現もあり，作品世界に，視点の移動による広がりが生まれている。

四〔論説文の読解―自然科学的分野―科学〕出典；寺田寅彦『万華鏡』。

≪本文の概要≫骨董趣味は，主として古美術品の鑑賞に関して現れる一種の不純な趣味である。科学上の真理は常に新しいものにあるとする科学の立場をとれば，科学に骨董趣味はないと思われるが，実際には科学上にも，一種の骨董趣味は存在する。科学上の事実が人間誕生以前から存在していると考えれば，科学上の真理自体が古いものである。また，科学者には，科学の発達した歴史に関心を持つ人や，自分の研究に関わる古い研究を無差別に列挙していく人がいて，そういう人たちは，骨董趣味があるといえるだろう。一方，科学は日進月歩であり，新しい知識を習得すればよく，古いものには何の価値もなく，新しい学説だけを尊重するという立場をとる科学者もいる。しかし，科学においても骨董趣味が軽んじられてよいわけではない。科学上の新知識，新事実，新学説は突然現れるものではなく，それまでの哲学者や科学者の考えを学ぶことによって，新しい発見が見出される可能性がある。現在は，科学は応用の分野で使われているし，世の中の発展に貢献することは間違いない。しかし，応用だけなら，今の知識の範囲を出ることはない。温故知新という言葉のとおり，科学の骨董趣味が新しい可能性を生むことを忘れてはいけない。

〔問１〕＜文章内容＞骨董趣味は，「純粋な芸術的の趣味」とは異なり，「古画や器物などに『時』の手が加わって」いることや，「品物の製作者やその時代」，「昔の所蔵者」などに価値を見出すものであり，骨董趣味の人は，見つけた品物を「人に誇る」傾向がある。

〔問２〕＜文章内容＞科学者の中には，骨董趣味のように歴史に価値を見出すのではなく，科学上の知識は常に新しいものであるべきだと考え，「古い研究などはどうでもよい」し，「最新の知識すなわち真である」という態度をとる人もいる。

〔問３〕＜文章内容＞「科学者の知識は『物自身』の知識ではなくて科学者の頭脳から編み上げた製作物」であると考えれば，科学的なデータを自分の頭で分析し，自分の科学的な理論を構築していくことは，「芸術家の創作的慾望」と同じである。

〔問４〕＜文章内容＞科学の発達の歴史に興味を持って古い研究を集めたり，知られていない古い研究を発掘したりする「科学的骨董趣味」は，新しい知識こそが科学にとっての真理であると考える科学者からすると，何の価値も見出せず，科学の発展に何の効果もないものである。

〔問５〕＜文章内容＞「科学上の新知識，新事実，新学説」は，いきなり出現するものではなく，「いったん世に忘れられた」研究から，新しい科学が「暗示を得る場合ははなはだ」多いのである。

〔問６〕＜文章内容＞科学の「直接の応用は眼前の知識の範囲」から出ることはできないし，一定の限界もある。一方，科学の発展の歴史を学び，古い研究を知ることは，すぐに応用には結びつかないが，新しい思いつきや可能性が「閑人的学究の骨董的探求から」出てくることもある。

〔問７〕＜作文＞「温故知新」は，古い知識や昔の出来事を調べて，新しい知識を見出すこと。「温故知新」を感じさせる，世の中の出来事や家庭内のこと，学校内でのことなどを思い浮かべてみる。誤字に気をつけて，字数を守って書いていくこと。

五〔説明文の読解—芸術・文学・言語学的分野—文学〕出典；上野洋三『芭蕉の表現』。

〔問１〕＜文章内容＞西行と芭蕉の間には，「伊勢の二見の浦で，西行上人が扇を開いて仮の文台とした」ことから，「芭蕉が思いついて，文台の表の面に，扇の形を書いて」二見の浦の夫婦岩の絵を描いたという伝承がある。また，西行のよんだ和歌「過る春」が，芭蕉の句「うたがふな」の表現に影響を与えたと感じられる。

〔問２〕＜和歌の技法＞「よき人の／よしとよく見て／よしと言ひし／吉野(よしの)よく見よ／よき人よく見つ」は，五七五七七の頭にそれぞれ「よ」の音がある。

〔問３〕＜文章内容＞「潮の花」は，「満ちて来る潮の花」であり，満潮のときに「潮の飛び散る様子」を花にたとえた表現であるのに対し，「波の花」は，単に「波の白い様子」を花にたとえた表現である。「潮の花」を「波の花」と考えるなら，「満潮の意義が捨てられて」しまい，句の迫力もなくなってしまうのである。

〔問４〕＜文章内容＞「〈花〉は，和歌連歌以来，ことさらに重要に扱われて」きて，春の意味を含むものである。「潮の花」の実体は，「海水の飛沫」にすぎないが，「花」という言葉の力で春を感じさせるので，「潮の花」は，春の季語になっているのである。

〔問５〕＜文章内容＞「うたがふな」の句は，「潮の花」が「花」であることを疑ってはいけないと自分の心を説得し命令した表現であるが，倒置表現によって，命令しているのは自分ではなく，自分を越えた「われならぬもの」であり「何やら人為を越えた」ものとなっている。「あなたふと」と表現すれば「神仏の威徳」をわかりやすく感じさせる句になるが，「うたがふな」の句はそのような表現をとることなく感じさせるところが，「微妙・絶妙」なのである。

Memo

●2023年度

東京都立高等学校

共　通　問　題

【社会・理科】

2023年度 東京都立高等学校(共通問題)

【社　会】 (50分) 〈満点：100点〉

1 　次の各問に答えよ。

〔問1〕 次の発表用資料は，地域調査を行った神奈川県鎌倉《かまくら》市の亀《かめ》ヶ《が》谷坂《やつざか》切通《きりどおし》周辺の様子をまとめたものである。発表用資料中の＜地形図を基に作成した**A**点→**B**点→**C**点の順に進んだ道の傾斜を模式的に示した図＞に当てはまるのは，次のページの**ア**～**エ**のうちではどれか。

発表用資料

鎌倉の切通《きりどおし》を調査する(亀ヶ谷坂切通班)

○調査日　令和4年9月3日(土)　天候　晴れ

○集合場所・時間　北鎌倉《きたかまくら》駅・午前9時

○調査ルート　＜亀ヶ谷坂切通周辺の地形図＞に示したA点→B点→C点の順に進んだ。

＜亀ヶ谷坂切通の位置＞

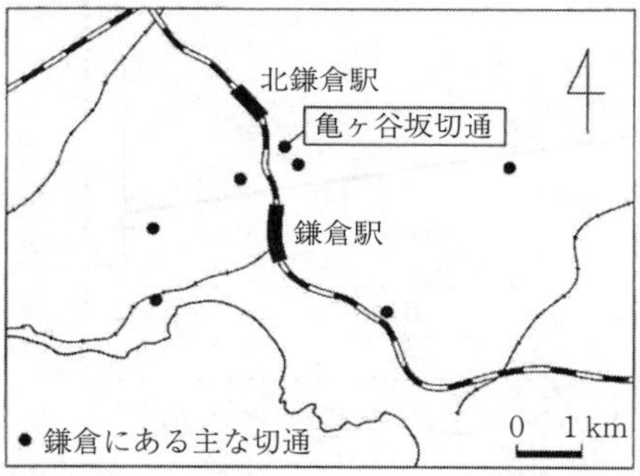

＜亀ヶ谷坂切通周辺の地形図＞

↖ 北鎌倉駅

0　500m

(2016年の「国土地理院発行2万5千分の1地形図(鎌倉)」の一部を拡大して作成)

＜A点，B点，C点　それぞれの付近の様子＞

A点　亀ヶ谷坂切通の方向を示した案内板が設置されていた。

B点　切通と呼ばれる山を削って作られた道なので，地層を見ることができた。

C点　道の両側に住居が建ち並んでいた。

＜B点付近で撮影した写真＞

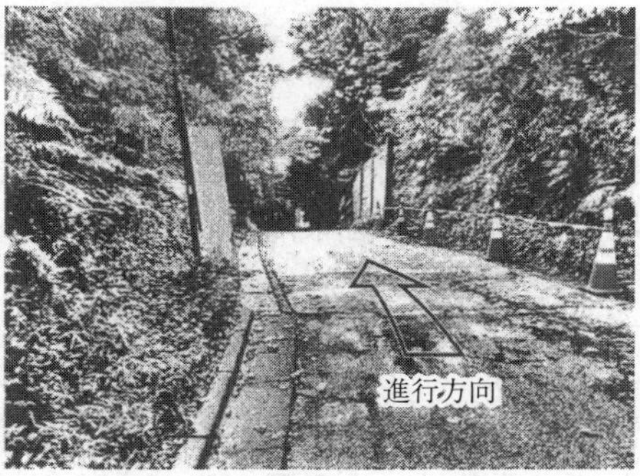

＜地形図を基に作成したA点→B点→C点の順に進んだ道の傾斜を模式的に示した図＞

＜調査を終えて＞
○切通は，谷を利用して作られた道で，削る部分を少なくする工夫をしていると感じた。
○道幅が狭かったり，坂道が急であったりしていて，守りが堅い鎌倉を実感することができた。
○徒歩や自転車で通る人が多く，現在でも生活道路として利用されていることが分かった。

ア

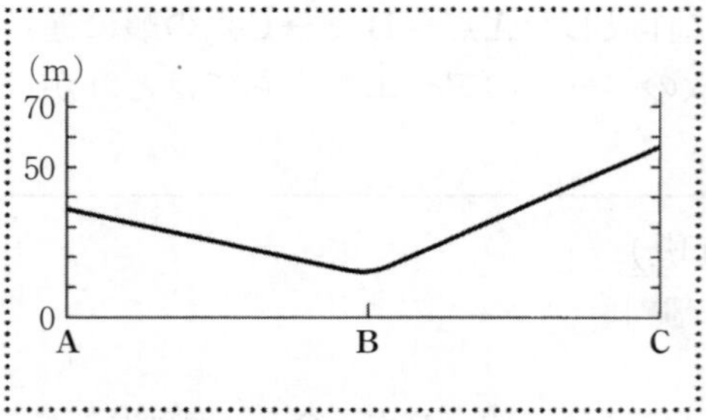

イ

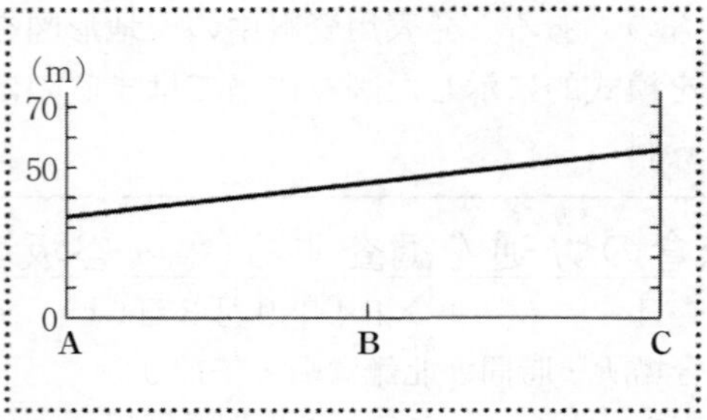

ウ

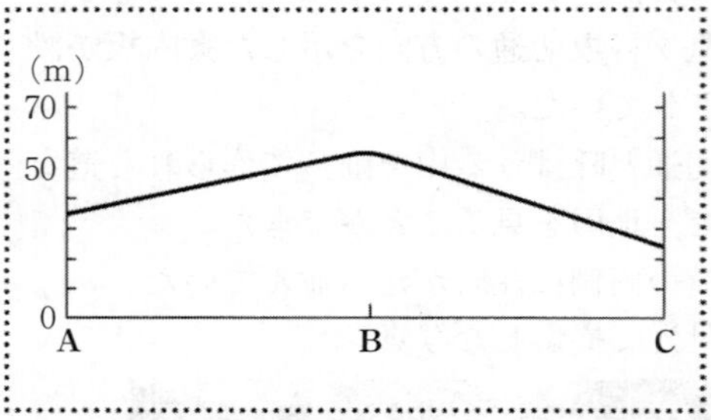

エ

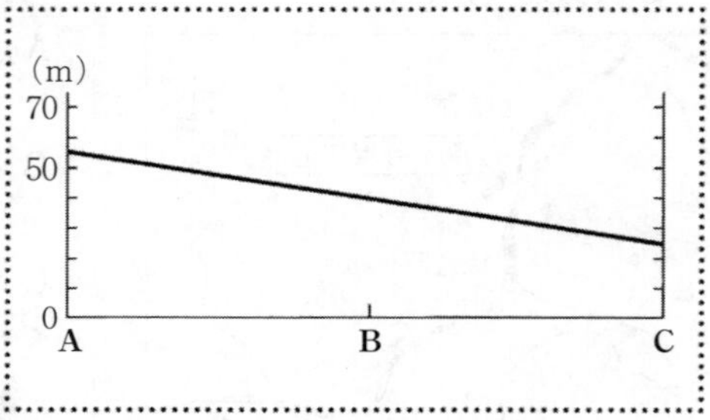

〔問２〕　次の文で述べている人物に当てはまるのは，下の**ア**～**エ**のうちのどれか。

大名や都市の豪商の気風を反映した壮大で豪華な文化が生み出される中で，堺《さかい》出身のこの人物は，全国統一を果たした武将に茶の湯の作法を指導するとともに，禅の影響を受けたわび茶を完成させた。

ア　喜多川歌麿《きたがわうたまろ》　　**イ**　栄西《えいさい》《ようさい》　　**ウ**　尾形光琳《おがたこうりん》　　**エ**　千利休《せんのりきゅう》

〔問３〕　2022年における国際連合の安全保障理事会を構成する国のうち，５か国の常任理事国を全て示しているのは，次の**ア**～**エ**のうちのどれか。

ア　中華人民共和国，フランス，ロシア連邦(ロシア)，イギリス，アメリカ合衆国
イ　インド，フランス，ケニア，イギリス，アメリカ合衆国
ウ　中華人民共和国，ケニア，ノルウェー，ロシア連邦(ロシア)，アメリカ合衆国
エ　ブラジル，インド，フランス，ノルウェー，ロシア連邦(ロシア)

2　次の略地図を見て，あとの各問に答えよ。

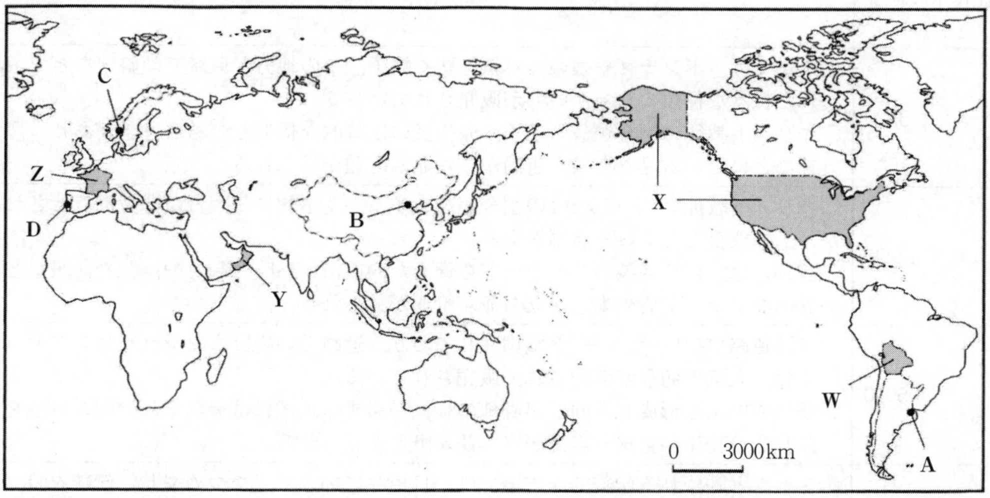

〔問１〕　次のⅠの文章は，略地図中に**Ａ～Ｄ**で示した**いずれか**の都市の商業などの様子についてまとめたものである。Ⅱの**ア～エ**のグラフは，略地図中の**Ａ～Ｄ**の**いずれか**の都市の，年平均気温と年降水量及び各月の平均気温と降水量を示したものである。Ⅰの文章で述べている都市に当てはまるのは，略地図中の**Ａ～Ｄ**のうちのどれか，また，その都市のグラフに当てはまるのは，Ⅱの**ア～エ**のうちのどれか。

Ⅰ

> 夏季は高温で乾燥し，冬季は温暖で湿潤となる気候を生かして，ぶどうやオリーブが栽培されている。国産のぶどうやオリーブは加工品として販売され，飲食店では塩漬けにされたタラをオリーブ油で調理した料理などが提供されている。

Ⅱ

ア	**イ**	**ウ**	**エ**
年平均気温　13.3℃	年平均気温　17.2℃	年平均気温　18.1℃	年平均気温　5.3℃
年降水量　530.8mm	年降水量　762.6mm	年降水量　1256.1mm	年降水量　864.3mm

(mm)　(℃)

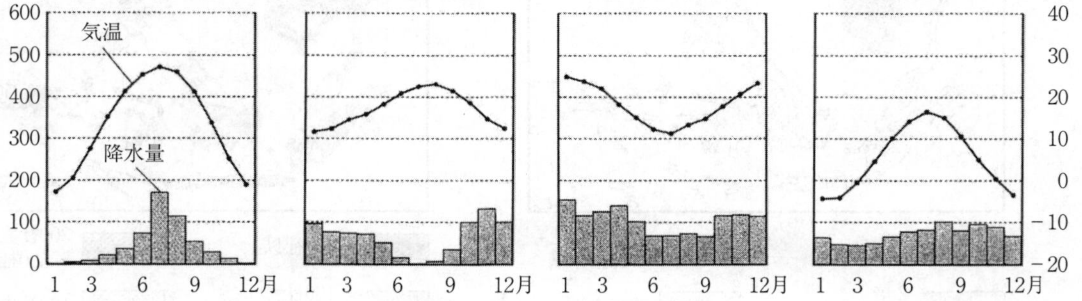

（「理科年表」令和４年より作成）

〔問２〕　次のページの表の**ア～エ**は，略地図中に ▒ で示した**Ｗ～Ｚ**の**いずれか**の国の，2019年における一人当たりの国民総所得，小売業などの様子についてまとめたものである。略地図中の**Ｗ～Ｚ**のそれぞれの国に当てはまるのは，次のページの表の**ア～エ**のうちではどれか。

	一人当たりの国民総所得（ドル）	小売業などの様子
ア	3520	○市場では，ポンチョや強い紫外線を防ぐ帽子，この地方が原産で傾斜地などで栽培された様々な種類のじゃがいもが販売されている。 ○キリスト教徒の割合が最も多く，先住民の伝統的な信仰との結び付きがあり，農耕儀礼などに用いる品々を扱う店舗が立ち並ぶ町並が見られる。
イ	42290	○キリスト教徒（カトリック）の割合が最も多く，基本的に日曜日は非労働日とされており，休業日としている店舗がある。 ○首都には，ガラス製のアーケードを備えた商店街（パサージュ）や，鞄《かばん》や洋服などの世界的なブランド店の本店が立ち並ぶ町並が見られる。
ウ	65910	○高速道路（フリーウエー）が整備されており，道路沿いの巨大なショッピングセンターでは，大量の商品が陳列され，販売されている。 ○多民族国家を形成し，同じ出身地の移民が集まる地域にはそれぞれの国の料理を扱う飲食店や物産品を扱う店舗が立ち並ぶ町並が見られる。
エ	14150	○スークと呼ばれる伝統的な市場では，日用品に加えて，なつめやし，伝統衣装，香料などが販売されている。 ○イスラム教徒の割合が最も多く，断食《だんじき》が行われる期間は，日没後に営業を始める飲食店が立ち並ぶ町並が見られる。

（注） 一人当たりの国民総所得とは，一つの国において新たに生み出された価値の総額を人口で割った数値のこと。

（「データブック オブ・ザ・ワールド」2022年版より作成）

〔問３〕 次のⅠの略地図は，2021年における東南アジア諸国連合（ASEAN《アセアン》）加盟国の2001年と比較した日本からの輸出額の増加の様子を数値で示したものである。Ⅱの略地図は，2021年における東南アジア諸国連合（ASEAN）加盟国の2001年と比較した進出日本企業の増加数を示したものである。Ⅲの文章で述べている国に当てはまるのは，下の**ア**～**エ**のうちのどれか。

Ⅰ

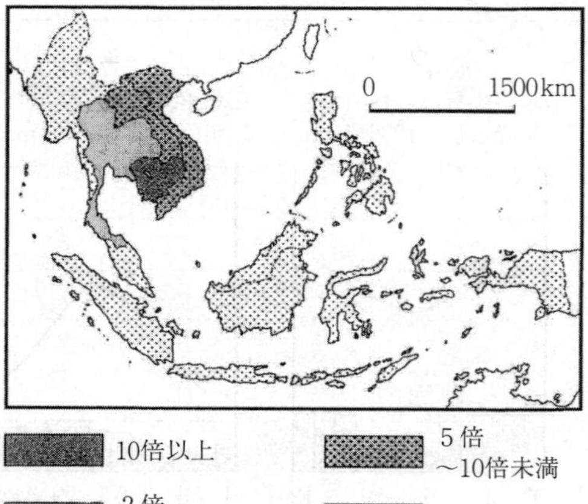

（財務省「貿易統計」より作成）

Ⅱ

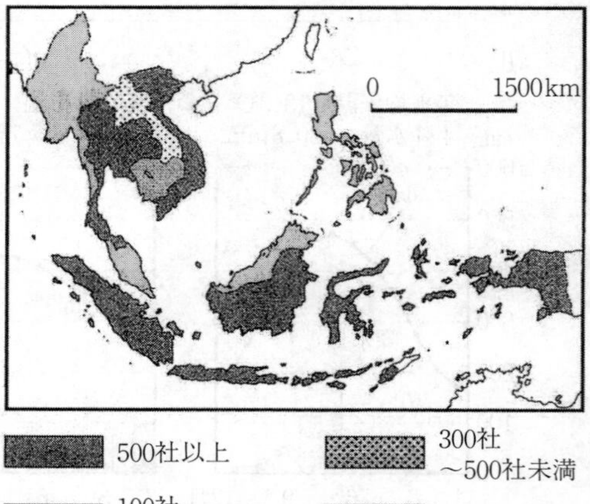

（「海外進出企業総覧2022（国別編）」などより作成）

Ⅲ

1945年の独立宣言後，国が南北に分離した時代を経て，1976年に統一された。国営企業中心の経済からの転換が図られ，現在では外国企業の進出や民間企業の設立が進んでいる。

2001年に約2164億円であった日本からの輸出額は，2021年には約２兆968億円となり，2001年に179社であった進出日本企業数は，2021年には1143社へと増加しており，日本との結び付きを強めている。首都の近郊には日系の自動車工場が見られ，最大の人口を有する南部の都市には，日系のコンビニエンスストアの出店が増加している。

ア インドネシア　**イ** ベトナム　**ウ** ラオス　**エ** タイ

3 次の略地図を見て，あとの各問に答えよ。

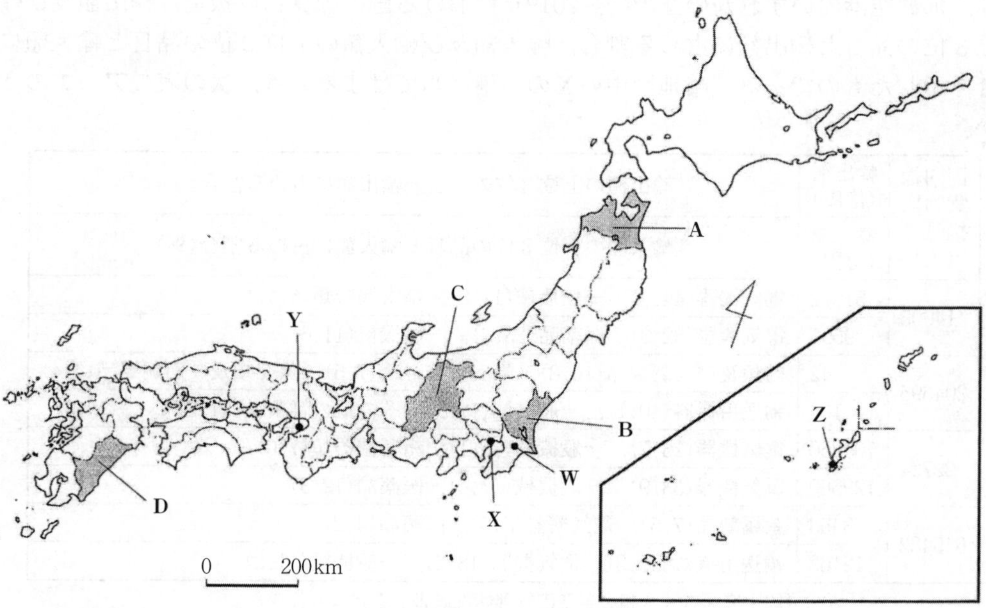

〔問１〕 次の表の**ア**～**エ**の文章は，略地図中に ▒ で示した，**A**～**D**の**いずれか**の県の，自然環境と農産物の東京への出荷の様子についてまとめたものである。**A**～**D**のそれぞれの県に当てはまるのは，次の表の**ア**～**エ**のうちではどれか。

	自然環境と農産物の東京への出荷の様子
ア	○平均標高は1132mで，山脈が南北方向に連なり，フォッサマグナなどの影響によって形成された盆地が複数見られる。 ○東部の高原で他県と比べ時期を遅らせて栽培されるレタスは，明け方に収穫後，その日の正午頃に出荷され，東京まで約５時間かけて主に保冷トラックで輸送されている。
イ	○平均標高は100mで，北西部には山地が位置し，中央部から南西部にかけては河川により形成された平野が見られ，砂丘が広がる南東部には，水はけのよい土壌が分布している。 ○南東部で施設栽培により年間を通して栽培されるピーマンは，明け方に収穫後，その日の午後に出荷され，東京まで約３時間かけてトラックで輸送されている。
ウ	○平均標高は402mで，北西部に山地が位置し，中央部から南部にかけて海岸線に沿って平野が広がっている。 ○平野で施設栽培により年間を通して栽培されるきゅうりは，明け方に収穫後，翌日に出荷され，東京まで１日以上かけてフェリーなどで輸送されている。

エ	○平均標高は226mで，西部には平野が広がり，中央部に位置する火山の南側には水深が深い湖が見られ，東部の平坦な地域は夏季に吹く北東の風の影響で冷涼となることがある。 ○病害虫の影響が少ない東部で栽培されるごぼうは，収穫され冷蔵庫で保管後，発送日の午前中に出荷され，東京まで約10時間かけてトラックで輸送されている。

（国土地理院の資料より作成）

〔問２〕 次の表の**ア**～**エ**は，略地図中に**W**～**Z**で示した成田国際空港，東京国際空港，関西国際空港，那覇空港の**いずれか**の空港の，2019年における国内線貨物取扱量，輸出額及び輸出額の上位３位の品目と輸出額に占める割合，輸入額及び輸入額の上位３位の品目と輸入額に占める割合を示したものである。略地図中の**X**の空港に当てはまるのは，次の表の**ア**～**エ**のうちのどれか。

	国内線貨物取扱量（t）	輸出額（億円）／輸入額（億円）	輸出額の上位３位の品目と輸出額に占める割合（%）／輸入額の上位３位の品目と輸入額に占める割合（%）
ア	14905	51872	電気機器(44.4)，一般機械(17.8)，精密機器類(6.4)
		39695	電気機器(32.3)，医薬品(23.2)，一般機械(11.6)
イ	204695	42	肉類及び同調製品(16.8)，果実及び野菜(7.5)，魚介類及び同調製品(4.4)
		104	輸送用機器(40.1)，一般機械(15.9)，その他の雑製品(11.3)
ウ	22724	105256	電気機器(23.7)，一般機械(15.1)，精密機器類(7.0)
		129560	電気機器(33.9)，一般機械(17.4)，医薬品(12.3)
エ	645432	3453	金属製品(7.5)，電気機器(5.0)，医薬品(4.2)
		12163	輸送用機器(32.3)，電気機器(18.2)，一般機械(11.8)

（国土交通省「令和２年空港管理状況調書」などより作成）

〔問３〕 次のⅠの資料は，国土交通省が推進しているモーダルシフトについて分かりやすくまとめたものである。Ⅱのグラフは，2020年度における，重量１tの貨物を１km輸送する際に，営業用貨物自動車及び鉄道から排出される二酸化炭素の排出量を示したものである。Ⅲの略地図は，2020年における貨物鉄道の路線，主な貨物ターミナル駅，七地方区分の境界を示したものである。Ⅰ～Ⅲの資料から読み取れる，(1)「国がモーダルシフトを推進する目的」と(2)「国がモーダルシフトを推進する上で前提となる，七地方区分に着目した貨物鉄道の路線の敷設《ふせつ》状況及び貨物ターミナル駅の設置状況」の二点について，それぞれ簡単に述べよ。

Ⅰ

○モーダルシフトとは，トラックなどの営業用貨物自動車で行われている貨物輸送を，貨物鉄道などの利用へと転換することをいう。転換拠点は，貨物ターミナル駅などである。

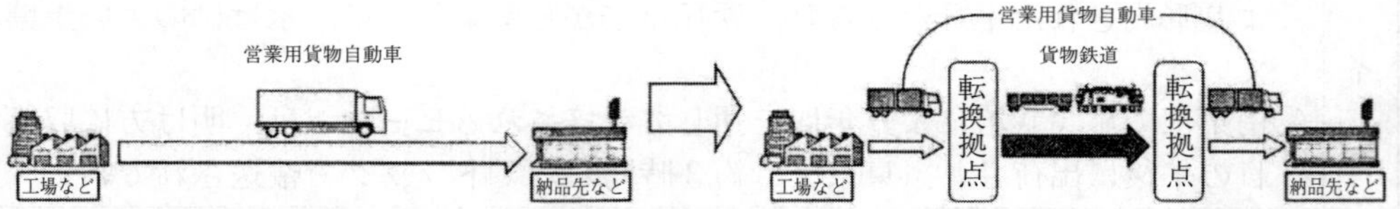

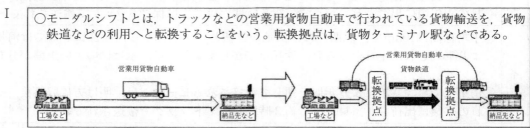

（国土交通省の資料より作成）

Ⅱ

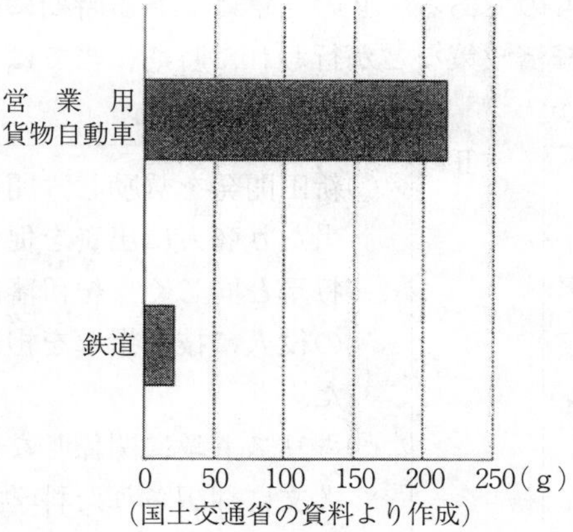

（国土交通省の資料より作成）

Ⅲ

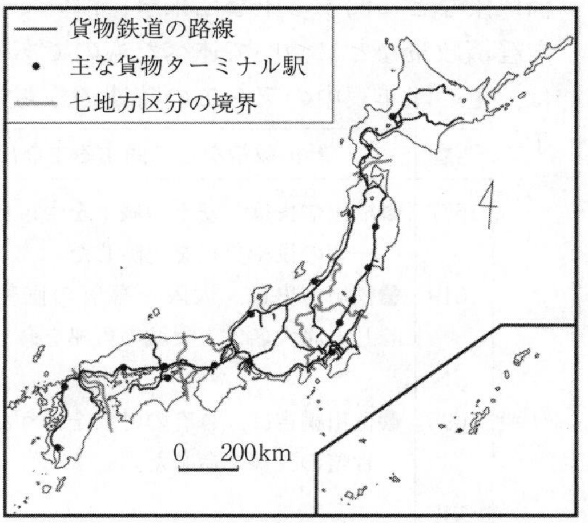

（国土交通省の資料などより作成）

4 次の文章を読み，あとの各問に答えよ。

私たちは，いつの時代も最新の知識に基づいて生産技術を向上させ，新たな技術を生み出すことで，社会を発展させてきた。

古代から，各時代の権力者は，(1)統治を継続することなどを目的に，高度な技術を有する人材に組織の中で役割を与え，寺院などを築いてきた。

中世から近世にかけて，農業においても新しい技術が導入されることで生産力が向上し，各地で特産物が生産されるようになった。また，(2)財政再建を行う目的で，これまで培《つちか》ってきた技術を生かし，新田開発などの経済政策を実施してきた。

近代以降は，政府により，(3)欧米諸国に対抗するため，外国から技術を学んで工業化が進められた。昭和時代以降は，(4)飛躍的に進歩した技術を活用し，社会の変化に対応した新たな製品を作り出す企業が現れ，私たちの生活をより豊かにしてきた。

〔問１〕 (1)統治を継続することなどを目的に，高度な技術を有する人材に組織の中で役割を与え，寺院などを築いてきた。とあるが，次の**ア**～**エ**は，飛鳥《あすか》時代から室町時代にかけて，各時代の権力者が築いた寺院などについて述べたものである。時期の古いものから順に記号を並べよ。

ア 公家《くげ》の山荘を譲り受け，寝殿造《しんでんづくり》や禅宗様《ぜんしゅうよう》の様式を用いた三層からなる金閣《きんかく》を京都の北山《きたやま》に築いた。

イ 仏教の力により，社会の不安を取り除き，国家の安泰を目指して，３か年８回にわたる鋳造の末，銅製の大仏を奈良の東大寺《とうだいじ》に造立《ぞうりゅう》した。

ウ 仏教や儒教の考え方を取り入れ，役人の心構えを示すとともに，金堂《こんどう》などからなる法隆寺《ほうりゅうじ》を斑鳩《いかるが》に建立《こんりゅう》した。

エ 産出された金や交易によって得た財を利用し，金ぱく，象牙や宝石で装飾し，極楽浄土を表現した中尊寺《ちゅうそんじ》金色堂《こんじきどう》を平泉《ひらいずみ》に建立した。

〔問２〕 (2)財政再建を行う目的で，これまで培《つちか》ってきた技術を生かし，新田開発などの経済政策を実施してきた。とあるが，次のⅠの略年表は，安土《あづち》・桃山《ももやま》時代から江戸時代にかけての，経済政策などに関する主な出来事についてまとめたものである。Ⅱの文章は，ある時期に行われた経済政策などについて述べたものである。Ⅱの経済政策などが行われた時期に当てはまるのは，Ⅰの略年表中の**ア**～**エ**の時期のうちではどれか。

Ⅰ

西暦	経済政策などに関する主な出来事	
1577	●織田《おだ》信長《のぶなが》は，安土の城下を楽市とし，一切の役や負担を免除した。	
		ア
1619	●徳川秀忠《とくがわひでただ》は，大阪を幕府の直轄地とし，諸大名に大阪城の再建を命じた。	
		イ
1695	●徳川綱吉《とくがわつなよし》は，幕府の財政を補うため，貨幣の改鋳を命じた。	
		ウ
1778	●田沼意次《たぬまおきつぐ》は，長崎貿易の輸出品である俵物《たわらもの》の生産を奨励した。	
		エ
1841	●水野忠邦《みずのただくに》は，物価の上昇を抑えるため，株仲間《かぶなかま》の解散を命じた。	

Ⅱ

○新田開発を奨励し，開発に当たり商人に出資を促し，将軍と同じく，紀伊《きい》藩出身の役人に技術指導を担《にな》わせた。
○キリスト教に関係しない，漢文に翻訳された科学技術に関係する洋書の輸入制限を緩和した。

〔問３〕 (3)欧米諸国に対抗するため，外国から技術を学んで工業化が進められた。とあるが，次の**ア**～**ウ**は，明治時代に操業を開始した工場について述べたものである。略地図中の**A**～**C**は，**ア**～**ウ**の**いずれか**の工場の所在地を示したものである。**ア**～**ウ**について，操業を開始した時期の古いものから順に記号を並べよ。また，略地図中の**B**に当てはまるのは，次の**ア**～**ウ**のうちではどれか。

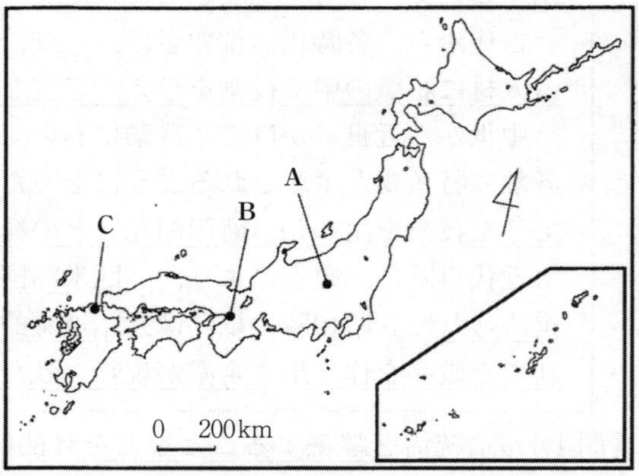

ア　実業家が発起人となり，イギリスの技術を導入し設立され，我が国における産業革命の契機となった民間の紡績会社で，綿糸の生産が開始された。

イ　国産生糸の増産や品質の向上を図ることを目的に設立された官営模範製糸場で，フランスの技術を導入し生糸の生産が開始された。

ウ　鉄鋼の増産を図ることを目的に設立された官営の製鉄所で，国内産の石炭と輸入された鉄鉱石を原材料に，外国人技術者の援助を受けて鉄鋼の生産が開始された。

〔問４〕 (4)飛躍的に進歩した技術を活用し，社会の変化に対応した新たな製品を作り出す企業が現れ，私たちの生活をより豊かにしてきた。とあるが，次の略年表は，昭和時代から平成時代にかけて，東京に本社を置く企業の技術開発に関する主な出来事についてまとめたものである。略年表中の**A**～**D**のそれぞれの時期に当てはまるのは，下の**ア**～**エ**のうちではどれか。

西暦	東京に本社を置く企業の技術開発に関する主な出来事	
1945	●造船会社により製造されたジェットエンジンを搭載した飛行機が，初飛行に成功した。	
1952	●顕微鏡・カメラ製造会社が，医師からの依頼を受け，日本初の胃カメラの実用化に成功した。	A
1955	●通信機器会社が，小型軽量で持ち運び可能なトランジスタラジオを販売した。	
		B
1972	●計算機会社が，大規模集積回路を利用した電子式卓上計算機を開発した。	
		C
1989	●フィルム製造会社が，家電製造会社と共同開発したデジタルカメラを世界で初めて販売した。	
		D
2003	●建築会社が，独立行政法人と共同して，不整地歩行などを実現するロボットを開発した。	

ア　地価や株価が上がり続けるバブル経済が終わり，構造改革を迫られ，インターネットの普及が急速に進み，撮影した写真を送信できるカメラ付き携帯電話が初めて販売された。

イ　連合国軍最高司令官総司令部(GHQ)の指令に基づき日本政府による民主化政策が実施され，素材，機器，測定器に至る全てを国産化した移動無線機が初めて製作された。

ウ　石油危機により，省エネルギー化が進められ，運動用品等に利用されていた我が国の炭素素材が，航空機の部材として初めて使用された。

エ　政府により国民所得倍増計画が掲げられ，社会資本の拡充の一環として，速度を自動的に調整するシステムを導入した東海道新幹線が開業した。

5　次の文章を読み，あとの各問に答えよ。

　企業は，私たちが消費している財(もの)やサービスを提供している。企業には，国や地方公共団体が経営する公企業と民間が経営する私企業がある。(1)私企業は，株式の発行や銀行からの融資などにより調達した資金で，生産に必要な土地，設備，労働力などを用意し，利潤を得ることを目的に生産活動を行っている。こうして得た財やサービスの価格は，需要量と供給量との関係で変動するものや，(2)政府や地方公共団体により料金の決定や改定が行われるものなどがある。

　私企業は，自社の利潤を追求するだけでなく，(3)国や地方公共団体に税を納めることで，社会を支えている。また，社会貢献活動を行い，社会的責任を果たすことが求められている。

　(4)日本経済が発展するためには，私企業の経済活動は欠かすことができず，今後，国内外からの信頼を一層高めていく必要がある。

〔問1〕　(1)私企業は，株式の発行や銀行からの融資などにより調達した資金で，生産に必要な土地，設備，労働力などを用意し，利潤を得ることを目的に生産活動を行っている。とあるが，経済活動の自由を保障する日本国憲法の条文は，次の**ア**～**エ**のうちではどれか。

ア　すべて国民は，法の下に平等であつて，人種，信条，性別，社会的身分又は門地により，政治的，経済的又は社会的関係において，差別されない。

イ　何人も，法律の定める手続によらなければ，その生命若《も》しくは自由を奪はれ，又はその他の刑罰を科せられない。

ウ　すべて国民は，法律の定めるところにより，その能力に応じて，ひとしく教育を受ける権利を有する。

エ　何人も，公共の福祉に反しない限り，居住，移転及び職業選択の自由を有する。

〔問２〕　(2)政府や地方公共団体により料金の決定や改定が行われるものなどがある。とあるが，次の文章は，令和２年から令和３年にかけて，ある公共料金が改定されるまでの経過について示したものである。この文章で示している公共料金に当てはまるのは，下の**ア**～**エ**のうちではどれか。

○所管省庁の審議会分科会が公共料金の改定に関する審議を開始した。（令和２年３月16日）
○所管省庁の審議会分科会が審議会に公共料金の改定に関する審議の報告を行った。（令和２年12月23日）
○所管省庁の大臣が審議会に公共料金の改定に関する諮問を行った。（令和３年１月18日）
○所管省庁の審議会が公共料金の改定に関する答申を公表した。（令和３年１月18日）
○所管省庁の大臣が公共料金の改定に関する基準を告示した。（令和３年３月15日）

ア　鉄道運賃　　**イ**　介護報酬　　**ウ**　公営水道料金　　**エ**　郵便料金(手紙・はがきなど)

〔問３〕　(3)国や地方公共団体に税を納めることで，社会を支えている。とあるが，次の表は，企業の経済活動において，課税する主体が，国であるか，地方公共団体であるかを，国である場合は「国」，地方公共団体である場合は「地」で示そうとしたものである。表の**A**と**B**に入る記号を正しく組み合わせているのは，次の**ア**～**エ**のうちのどれか。

	課税する主体
企業が提供した財やサービスの売上金から経費を引いた利潤にかかる法人税	**A**
土地や建物にかかる固定資産税	**B**

	ア	**イ**	**ウ**	**エ**
A	地	地	国	国
B	国	地	地	国

〔問４〕　(4)日本経済が発展するためには，私企業の経済活動は欠かすことができず，今後，国内外からの信頼を一層高めていく必要がある。とあるが，次のⅠの文章は，2010年に開催された法制審議会会社法制部会第１回会議における資料の一部を分かりやすく書き改めたものである。Ⅱの文は，2014年に改正された会社法の一部を分かりやすく書き改めたものである。Ⅲのグラフは，2010年から2020年までの東京証券取引所に上場する会社における，具体的な経営方針等を決定する取締役会《とりしまりやくかい》に占める，会社と利害関係を有しない独立性を備えた社外取締役の人数別の会社数の割合を示したものである。Ⅰ～Ⅲの資料を活用し，2014年に改正された会社法によりもたらされた取締役会の変化について，社外取締役の役割及び取締役会における社外取締役の人数に着目して，簡単に述べよ。

Ⅰ

○現行の会社法では，外部の意見を取り入れる仕組を備える適正な企業統治を実現するシステムが担保されていない。
○我が国の上場会社等の企業統治については，内外の投資者等から強い懸念《けねん》が示されている。

Ⅱ

これまでの会社法では，社外取締役の要件は，自社又は子会社の出身者等でないことであったが，親会社の全ての取締役等，兄弟会社の業務執行取締役等，自社の取締役等及びその配偶者の近親者等でないことを追加する。

Ⅲ

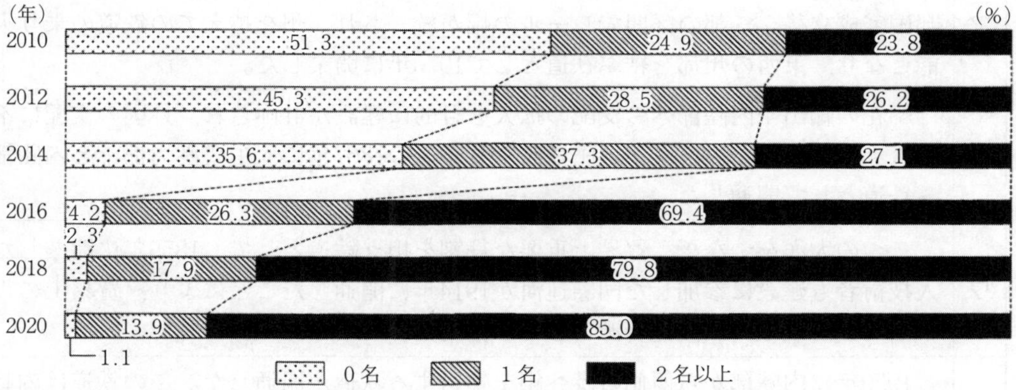

（注）　四捨五入をしているため，社外取締役の人数別の会社数の割合を合計したものは，100%にならない場合がある。

（東京証券取引所の資料より作成）

6　次の文章を読み，下の略地図を見て，あとの各問に答えよ。

(1)1851年に開催された世界初の万国博覧会は，蒸気機関車などの最新技術が展示され，鉄道の発展のきっかけとなった。1928年には，国際博覧会条約が35か国により締結され，(2)テーマを明確にした国際博覧会が開催されるようになった。

2025年に大阪において「いのち輝く未来社会のデザイン」をテーマとした万国博覧会の開催が予定されており，(3)我が国で最初の万国博覧会が大阪で開催された時代と比べ，社会の様子も大きく変化してきた。

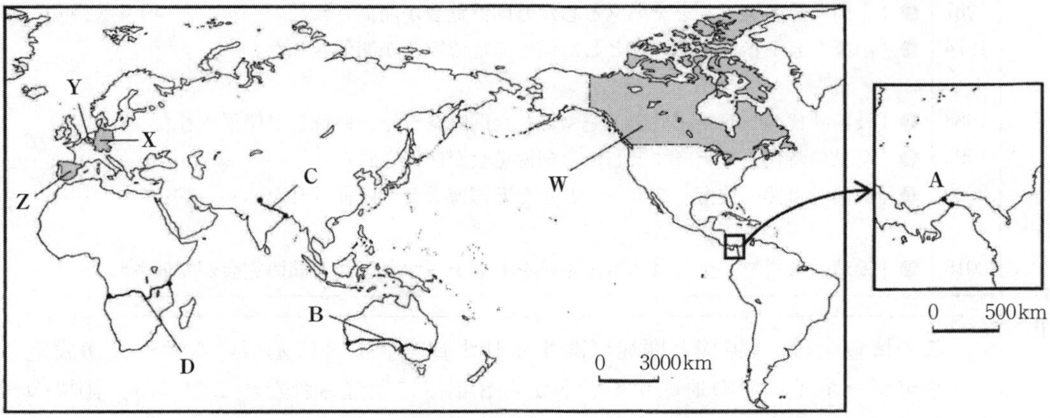

〔問１〕　(1)1851年に開催された世界初の万国博覧会は，蒸気機関車などの最新技術が展示され，鉄道の発展のきっかけとなった。とあるが，略地図中に •―• で示した**A**～**D**は，世界各地の主な鉄道の路線を示したものである。次の表の**ア**～**エ**は，略地図中に**A**～**D**で示した**いずれか**

の鉄道の路線の様子についてまとめたものである。略地図中の**A**～**D**のそれぞれの鉄道の路線に当てはまるのは，次の表の**ア**～**エ**のうちではどれか。

	鉄道の路線の様子
ア	植民地時代に建設された鉄道は，地域ごとにレールの幅が異なっていた。1901年の連邦国家成立後，一部の区間でレールの幅が統一され，州を越えての鉄道の乗り入れが可能となり，東西の州都を結ぶ鉄道として1970年に開業した。
イ	綿花の輸出や内陸部への支配の拡大を目的に建設が計画され，外国の支配に不満をもつ人々が起こした大反乱が鎮圧された９年後の1867年に，主要港湾都市と内陸都市を結ぶ鉄道として開通した。
ウ	二つの大洋をつなぎ，貿易上重要な役割を担《にな》う鉄道として，1855年に開業した。日本人技術者も建設に参加した国際運河が1914年に開通したことにより，貿易上の役割は低下したが，現在では観光資源としても活用されている。
エ	1929年に内陸部から西側の港へ銅を輸送する鉄道が開通した。この鉄道は内戦により使用できなくなり，1976年からは内陸部と東側の港とを結ぶ新たに作られた鉄道がこの地域の主要な銅の輸送路となった。2019年にこの二本の鉄道が結ばれ，大陸横断鉄道となった。

〔問２〕 (2)<u>テーマを明確にした国際博覧会が開催されるようになった。</u>とあるが，次のⅠの略年表は，1958年から2015年までの，国際博覧会に関する主な出来事についてまとめたものである。Ⅱの文章は，Ⅰの略年表中の**A**～**D**の**いずれか**の国際博覧会とその開催国の環境問題について述べたものである。Ⅱの文章で述べている国際博覧会に当てはまるのは，Ⅰの略年表中の**A**～**D**のうちのどれか，また，その開催国に当てはまるのは，略地図中に ▒ で示した**W**～**Z**のうちのどれか。

Ⅰ

西暦	国際博覧会に関する主な出来事
1958	●「科学文明とヒューマニズム」をテーマとした万国博覧会が開催された。……………**A**
1967	●「人間とその世界」をテーマとした万国博覧会が開催された。……………**B**
1974	●「汚染なき進歩」をテーマとした国際環境博覧会が開催された。
1988	●「技術時代のレジャー」をテーマとした国際レジャー博覧会が開催された。
1992	●「発見の時代」をテーマとした万国博覧会が開催された。……………**C**
2000	●「人間・自然・技術」をテーマとした万国博覧会が開催された。……………**D**
2015	●「地球に食料を，生命にエネルギーを」をテーマとした万国博覧会が開催された。

Ⅱ

この博覧会は，「環境と開発に関するリオ宣言」などに基づいたテーマが設定され，リオデジャネイロでの地球サミットから８年後に開催された。この当時，国境の一部となっている北流する国際河川の東側に位置する森林（シュヴァルツヴァルト）で生じた木々の立ち枯れは，偏西風などにより運ばれた有害物質による酸性雨が原因であると考えられていた。

〔問３〕 (3)我が国で最初の万国博覧会が大阪で開催された時代と比べ，社会の様子も大きく変化してきた。とあるが，次のⅠの**ア**～**エ**のグラフは，1950年，1970年，2000年，2020年の**いずれか**の我が国における人口ピラミッドを示したものである。Ⅱの文章で述べている年の人口ピラミッドに当てはまるのは，Ⅰの**ア**～**エ**のうちのどれか。

Ⅰ

ア

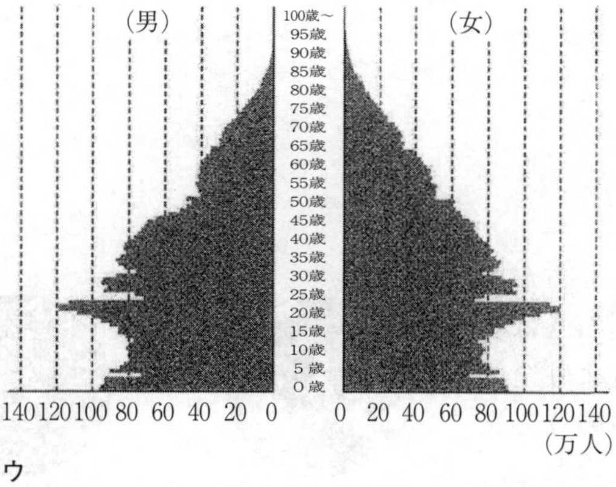

イ

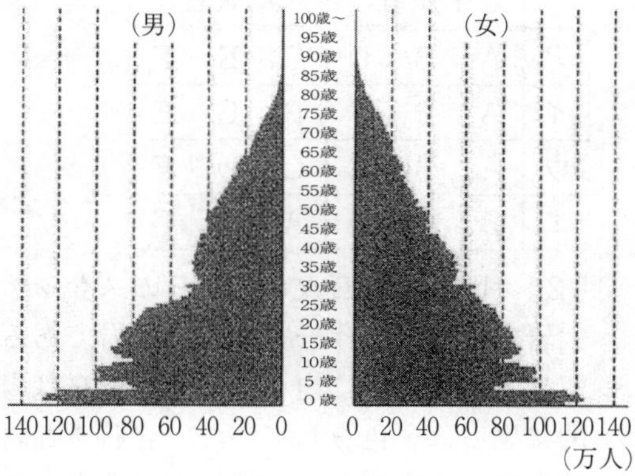

ウ

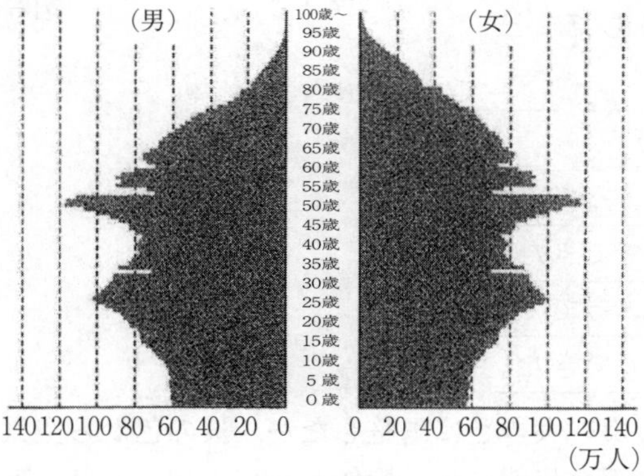

エ

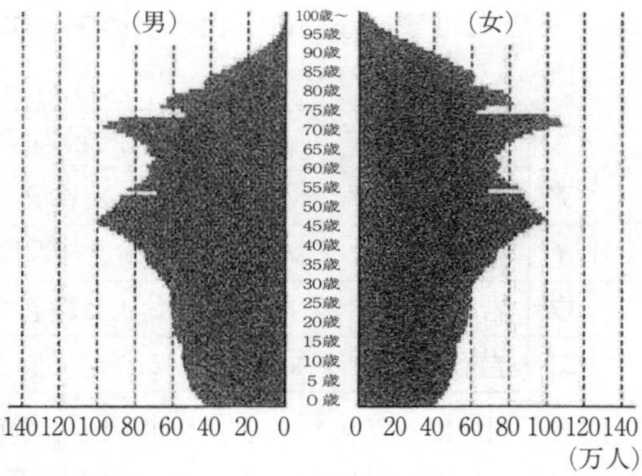

（2020年国勢調査などより作成）

Ⅱ

○我が国の人口が１億人を突破して３年後のこの年は，65歳以上の割合は７％を超え，高齢化社会の段階に入っている。

○地方から都市への人口移動が見られ，郊外にニュータウンが建設され，大阪では「人類の進歩と調和」をテーマに万国博覧会が開催された。

【理　科】（50分）〈満点：100点〉

1　次の各問に答えよ。

〔問1〕　次のA～Fの生物を生産者と消費者とに分類したものとして適切なのは，下の表の**ア**～**エ**のうちではどれか。

A　エンドウ　　B　サツマイモ　　C　タカ　　D　ツツジ　　E　バッタ　　F　ミミズ

	生産者	消費者
ア	A，B，D	C，E，F
イ	A，D，F	B，C，E
ウ	A，B，E	C，D，F
エ	B，C，D	A，E，F

〔問2〕　図1の岩石Aと岩石Bのスケッチは，一方が玄武岩であり，もう一方が花こう岩である。岩石Aは岩石Bより全体的に白っぽく，岩石Bは岩石Aより全体的に黒っぽい色をしていた。岩石Aと岩石Bのうち玄武岩であるものと，玄武岩のでき方とを組み合わせたものとして適切なのは，次の表の**ア**～**エ**のうちではどれか。

図1

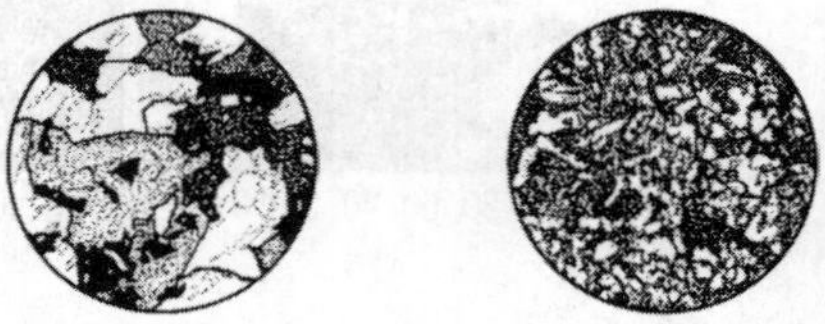

岩石A　　岩石B

	玄武岩	玄武岩のでき方
ア	岩石A	マグマがゆっくりと冷えて固まってできた。
イ	岩石A	マグマが急激に冷えて固まってできた。
ウ	岩石B	マグマがゆっくりと冷えて固まってできた。
エ	岩石B	マグマが急激に冷えて固まってできた。

〔問3〕　図2のガスバーナーに点火し，適正な炎の大きさに調整したが，炎の色から空気が不足していることが分かった。炎の色を青色の適正な状態にする操作として適切なのは，下の**ア**～**エ**のうちではどれか。

図2

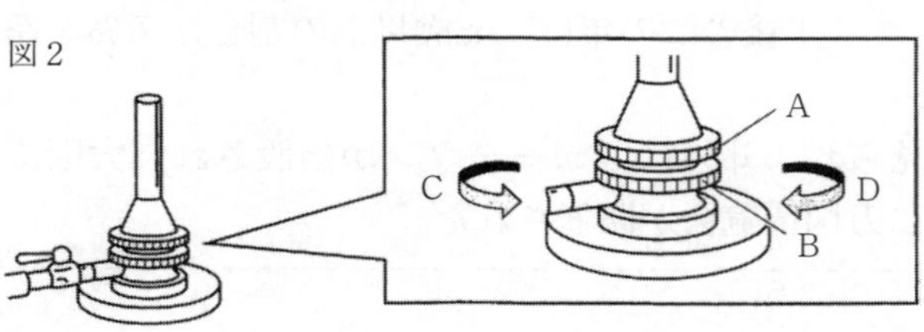

ア　Aのねじを押さえながら，BのねじをCの向きに回す。
イ　Aのねじを押さえながら，BのねじをDの向きに回す。
ウ　Bのねじを押さえながら，AのねじをCの向きに回す。
エ　Bのねじを押さえながら，AのねじをDの向きに回す。

〔問4〕　図3のように，凸レンズの二つの焦点を通る一直線上に，物体(光源付き)，凸レンズ，スクリーンを置いた。

凸レンズの二つの焦点を通る一直線上で，スクリーンを矢印の向きに動かし，凸レンズに達する前にはっきりと像が映る位置に調整した。図3のA点，B点のうちはっきりと像が映るときのスクリーンの位置と，このときスクリーンに映った像の大きさについて述べたものとを組み合わせたものとして適切なのは，下の表の**ア**～**エ**のうちではどれか。

図3

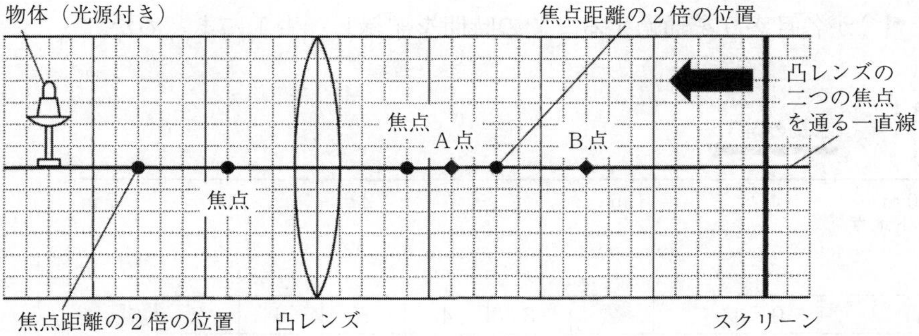

	スクリーンの位置	スクリーンに映った像の大きさについて述べたもの
ア	A点	物体の大きさと比べて，スクリーンに映った像の方が大きい。
イ	A点	物体の大きさと比べて，スクリーンに映った像の方が小さい。
ウ	B点	物体の大きさと比べて，スクリーンに映った像の方が大きい。
エ	B点	物体の大きさと比べて，スクリーンに映った像の方が小さい。

〔問5〕　次のA～Dの物質を化合物と単体とに分類したものとして適切なのは，下の表の**ア**～**エ**のうちではどれか。

A　二酸化炭素　　B　水　　C　アンモニア　　D　酸素

	化合物	単体
ア	A，B，C	D
イ	A，B	C，D
ウ	C，D	A，B
エ	D	A，B，C

〔問6〕　図4はアブラナの花の各部分を外側にあるものからピンセットではがし，スケッチしたものである。図4のA～Dの名称を組み合わせたものとして適切なのは，次の表の**ア**～**エ**のうちではどれか。

図4

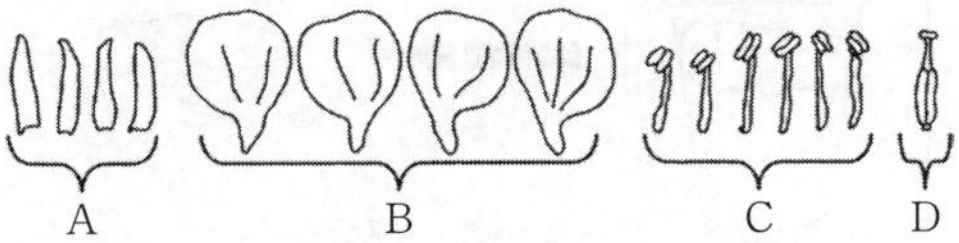

	A	B	C	D
ア	がく	花弁	めしべ	おしべ
イ	がく	花弁	おしべ	めしべ
ウ	花弁	がく	おしべ	めしべ
エ	花弁	がく	めしべ	おしべ

2　生徒が，南極や北極に関して科学的に探究しようと考え，自由研究に取り組んだ。生徒が書いたレポートの一部を読み，次の各問に答えよ。

＜レポート１＞　雪上車について

雪上での移動手段について調べたところ，南極用に設計され，－60℃でも使用できる雪上車があることが分かった。その雪上車に興味をもち，大きさが約40分の１の模型を作った。

図１のように，速さを調べるために模型に旗（◀）を付け，１ｍごとに目盛りを付けた７ｍの直線コースを走らせた。旗（◀）をスタート地点に合わせ，模型がスタート地点を出発してから旗（◀）が各目盛りを通過するまでの時間を記録し，表１にまとめた。

図１

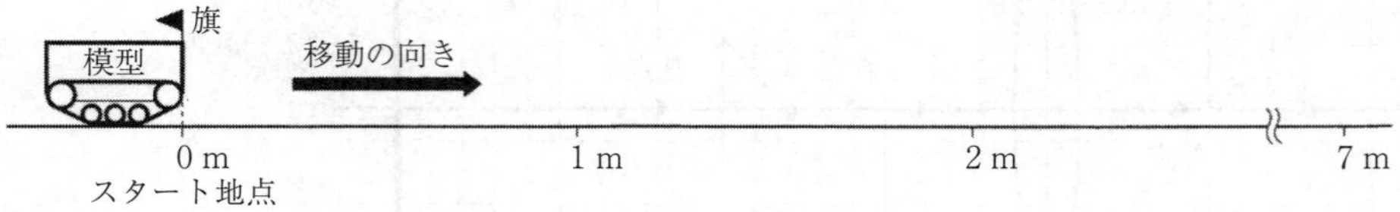

表１

移動した距離〔m〕	0	1	2	3	4	5	6	7
通過するまでの時間〔秒〕	0	19.8	40.4	61.0	81.6	101.7	122.2	143.0

〔問１〕　**＜レポート１＞**から，模型の旗（◀）が２ｍ地点を通過してから６ｍ地点を通過するまでの平均の速さを計算し，小数第三位を四捨五入したものとして適切なのは，次のうちではどれか。

ア　0.02m/s　　**イ**　0.05m/s　　**ウ**　0.17m/s　　**エ**　0.29m/s

＜レポート２＞　海氷について

北極圏の海氷について調べたところ，海水が凍ることで生じる海氷は，海面に浮いた状態で存在していることや，海水よりも塩分の濃度が低いことが分かった。海氷ができる過程に興味をもち，食塩水を用いて次のようなモデル実験を行った。

図２のように，３％の食塩水をコップに入れ，液面上部から冷却し凍らせた。凍った部分を取り出し，その表面を取り除き残った部分を二つに分けた。その一つを溶かし食塩の濃度を測定したところ，0.84％であった。また，もう一つを３％の食塩水に入れたところ浮いた。

図２

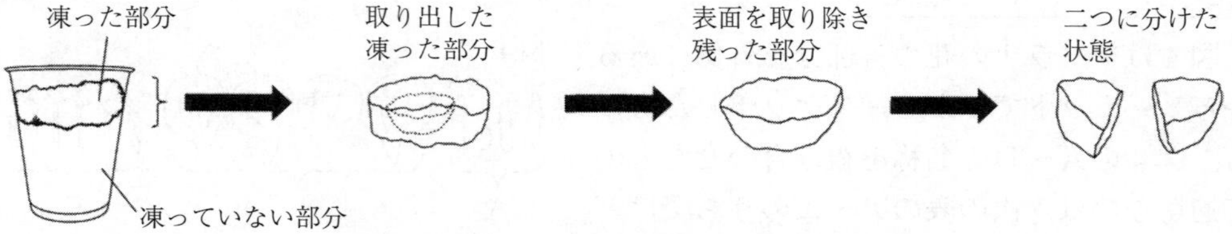

〔問２〕　**＜レポート２＞**から，「３％の食塩水100ｇに含まれる食塩の量」に対する「凍った部分の表面を取り除き残った部分100ｇに含まれる食塩の量」の割合として適切なのは，下の［①］の**ア**と**イ**のうちではどれか。また，「３％の食塩水の密度」と「凍った部分の表面を取り除き残った部分の密度」を比べたときに，密度が大きいものとして適切なのは，下の［②］の**ア**と**イ**のうちではどれか。ただし，凍った部分の表面を取り除き残った部分の食塩の濃度は均一で

あるものとする。

① **ア** 約13%　　**イ** 約28%

② **ア** 3%の食塩水　　**イ** 凍った部分の表面を取り除き残った部分

<レポート3>　生物の発生について

水族館で，南極海に生息している図3のようなナンキョクオキアミの発生に関する展示を見て，生物の発生に興味をもった。発生の観察に適した生物を探していると，近所の池で図4の模式図のようなカエル(ニホンアマガエル)の受精卵を見付けたので持ち帰り，発生の様子をルーペで継続して観察したところ，図5や図6の模式図のように，細胞分裂により細胞数が増えていく様子を観察することができた。なお，図5は細胞数が2個になった直後の胚《はい》を示しており，図6は細胞数が4個になった直後の胚を示している。

図3

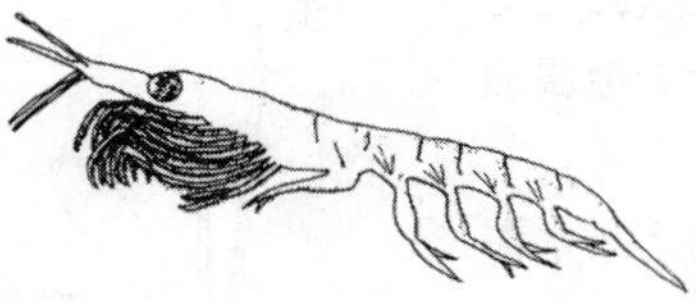

図4

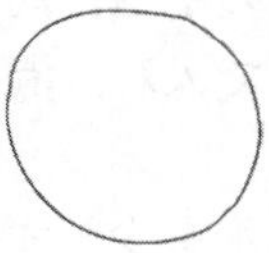

図5

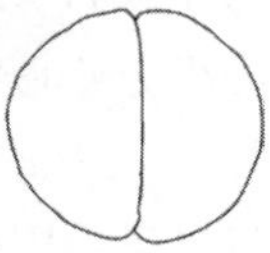

図6

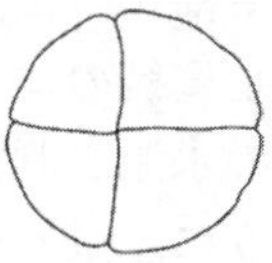

〔問3〕 **<レポート3>**の図4の受精卵の染色体の数を24本とした場合，図5及び図6の胚に含まれる合計の染色体の数として適切なのは，次の表の**ア**～**エ**のうちではどれか。

	図5の胚に含まれる合計の染色体の数	図6の胚に含まれる合計の染色体の数
ア	12本	6本
イ	12本	12本
ウ	48本	48本
エ	48本	96本

<レポート4>　北極付近での太陽の動きについて

北極付近での天体に関する現象について調べたところ，1日中太陽が沈まない現象が起きることが分かった。1日中太陽が沈まない日に北の空を撮影した連続写真には，図7のような様子が記録されていた。

地球の公転軌道を図8のように模式的に表した場合，図7のように記録された連続写真は，図8のAの位置に地球があるときに撮影されたことが分かった。

図7

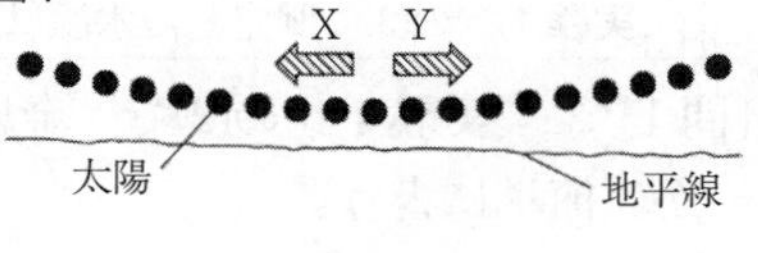

図8

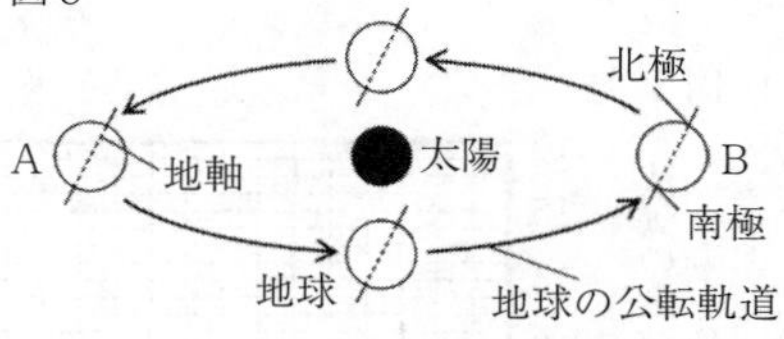

〔問4〕 **<レポート4>**から，図7のXとYのうち太陽が見かけ上動いた向きと，図8のAとBのうち日本で夏至となる地球の位置とを組み合わせたものとして適切なのは，次の表の**ア**～**エ**のうちではどれか。

	図７のＸとＹのうち太陽が見かけ上動いた向き	図８のＡとＢのうち日本で夏至となる地球の位置
ア	Ｘ	Ａ
イ	Ｘ	Ｂ
ウ	Ｙ	Ａ
エ	Ｙ	Ｂ

３　露点及び雲の発生に関する実験について，次の各問に答えよ。
＜**実験１**＞を行ったところ，＜**結果１**＞のようになった。

＜**実験１**＞

(1)　ある日の午前10時に，あらかじめ実験室の室温と同じ水温にしておいた水を金属製のコップの半分くらいまで入れ，温度計で金属製のコップ内の水温を測定した。

(2)　図１のように，金属製のコップの中に氷水を少しずつ加え，水温が一様になるようにガラス棒でかき混ぜながら，金属製のコップの表面の温度が少しずつ下がるようにした。

(3)　金属製のコップの表面に水滴が付き始めたときの金属製のコップ内の水温を測定した。

(4)　＜**実験１**＞の(1)～(3)の操作を同じ日の午後６時にも行った。

図１

なお，この実験において，金属製のコップ内の水温とコップの表面付近の空気の温度は等しいものとし，同じ時刻における実験室内の湿度は均一であるものとする。

＜**結果１**＞

	午前10時	午後６時
＜**実験１**＞の(1)で測定した水温〔℃〕	17.0	17.0
＜**実験１**＞の(3)で測定した水温〔℃〕	16.2	12.8

〔問１〕　＜**実験１**＞の(2)で，金属製のコップの表面の温度が少しずつ下がるようにしたのはなぜか。簡単に書け。

〔問２〕　図２は，気温と飽和水蒸気量の関係をグラフに表したものである。

図２

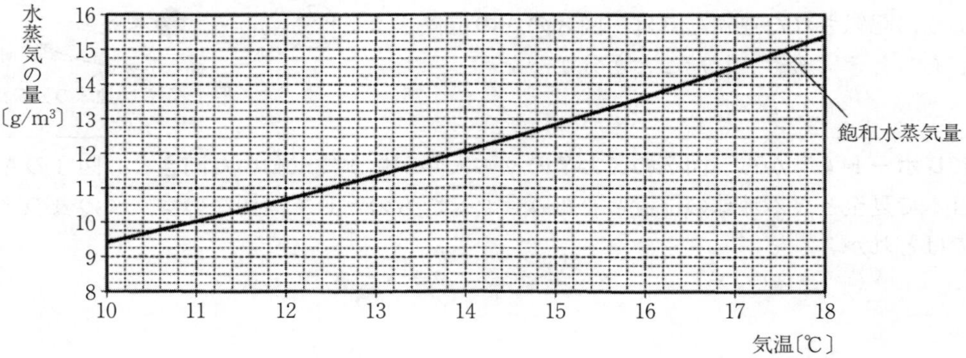

＜**結果１**＞から，午前10時の湿度として適切なのは，下の ① の**ア**と**イ**のうちではどれか。また，午前10時と午後６時の実験室内の空気のうち，１m^3に含まれる水蒸気の量が多い空気として適切なのは，下の ② の**ア**と**イ**のうちではどれか。

① **ア** 約76％ **イ** 約95％

② **ア** 午前10時の実験室内の空気 **イ** 午後６時の実験室内の空気

次に＜**実験２**＞を行ったところ，＜**結果２**＞のようになった。

＜**実験２**＞

(1) 丸底フラスコの内部をぬるま湯でぬらし，線香のけむりを少量入れた。

(2) 図３のように，ピストンを押し込んだ状態の大型注射器とデジタル温度計を丸底フラスコに空気がもれないようにつなぎ，装置を組み立てた。

(3) 大型注射器のピストンをすばやく引き，すぐに丸底フラスコ内の様子と丸底フラスコ内の温度の変化を調べた。

(4) ＜**実験２**＞の(3)の直後，大型注射器のピストンを元の位置まですばやく押し込み，すぐに丸底フラスコ内の様子と丸底フラスコ内の温度の変化を調べた。

図３

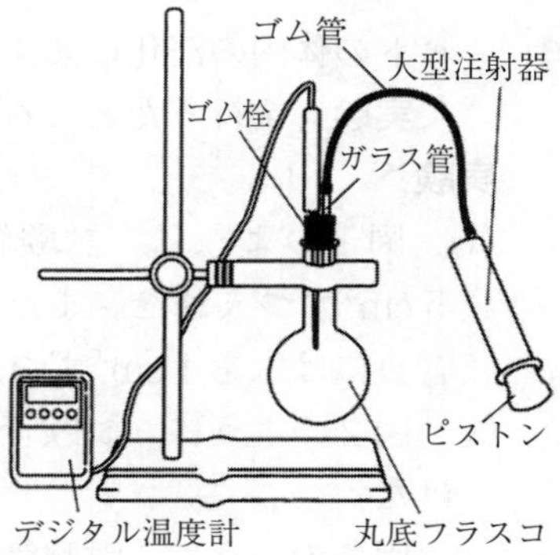

＜**結果２**＞

	＜**実験２**＞の(3)の結果	＜**実験２**＞の(4)の結果
丸底フラスコ内の様子	くもった。	くもりは消えた。
丸底フラスコ内の温度	26.9℃から26.7℃に変化した。	26.7℃から26.9℃に変化した。

〔問３〕 ＜**結果２**＞から分かることをまとめた次の文章の ① ～ ④ にそれぞれ当てはまるものとして適切なのは，下の**ア**と**イ**のうちではどれか。

> ピストンをすばやく引くと，丸底フラスコ内の空気は ① し丸底フラスコ内の気圧は ② 。その結果，丸底フラスコ内の空気の温度が ③ ，丸底フラスコ内の ④ に変化した。

① **ア** 膨張 **イ** 収縮

② **ア** 上がる **イ** 下がる

③ **ア** 上がり **イ** 下がり

④ **ア** 水蒸気が水滴 **イ** 水滴が水蒸気

さらに，自然界で雲が生じる要因の一つである前線について調べ，＜**資料**＞を得た。

＜**資料**＞

次の文章は，日本のある場所で寒冷前線が通過したときの気象観測の記録について述べたものである。

> 午前６時から午前９時までの間に，雨が降り始めるとともに気温が急激に下がった。この間，風向は南寄りから北寄りに変わった。

〔問４〕 ＜**資料**＞から，通過した前線の説明と，前線付近で発達した雲の説明とを組み合わせたものとして適切なのは，次の表の**ア**～**エ**のうちではどれか。

	通過した前線の説明	前線付近で発達した雲の説明
ア	暖気が寒気の上をはい上がる。	広い範囲に長く雨を降らせる雲
イ	暖気が寒気の上をはい上がる。	短時間に強い雨を降らせる雲
ウ	寒気が暖気を押し上げる。	広い範囲に長く雨を降らせる雲
エ	寒気が暖気を押し上げる。	短時間に強い雨を降らせる雲

4　ヒトの体内の消化に関する実験について，次の各問に答えよ。

＜**実験**＞を行ったところ，＜**結果**＞のようになった。

＜**実験**＞

(1)　図１のように，試験管Ａ，試験管Ｂ，試験管Ｃ，試験管Ｄに0.5％のデンプン溶液を５ cm^3 ずつ入れた。また，試験管Ａ，試験管Ｃには唾液を１ cm^3 ずつ入れ，試験管Ｂ，試験管Ｄには水を１ cm^3 ずつ入れた。

(2)　図２のように，試験管Ａ，試験管Ｂ，試験管Ｃ，試験管Ｄを約40℃に保った水に10分間つけた。

(3)　図３のように，試験管Ａ，試験管Ｂにヨウ素液を入れ，10分後，溶液の色の変化を観察した。

(4)　図４のように，試験管Ｃ，試験管Ｄにベネジクト液と沸騰石を入れ，その後，加熱し，１分後，溶液の色の変化を観察した。

図１

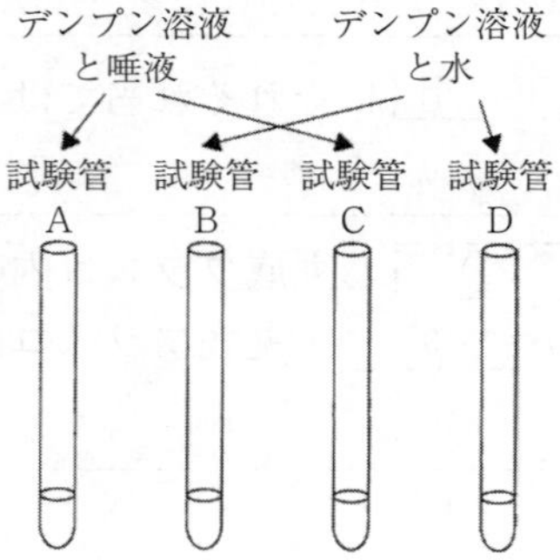

図２

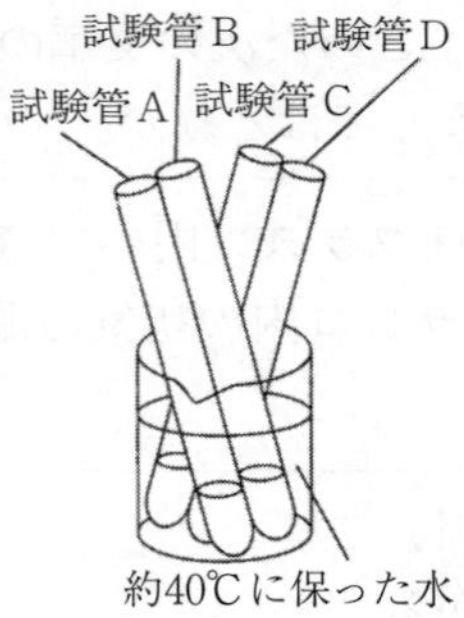

図３

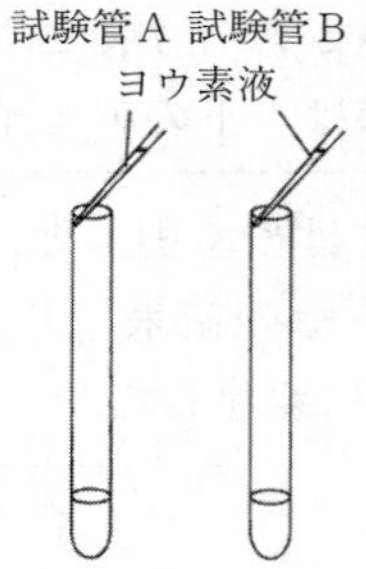

図４

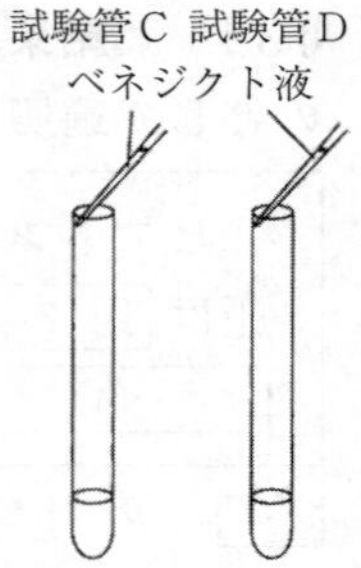

＜**結果**＞

	試験管Ａ	試験管Ｂ	試験管Ｃ	試験管Ｄ
色の変化	変化しなかった。	青紫色になった。	赤褐色になった。	変化しなかった。

〔問１〕　＜**結果**＞から分かる唾液のはたらきについて述べたものとして適切なのは，次のうちではどれか。

ア　試験管Ａと試験管Ｂの比較から，唾液にはデンプンをデンプンではないものにするはたらきがあることが分かり，試験管Ｃと試験管Ｄの比較から，唾液にはデンプンをアミノ酸にするはたらきがあることが分かる。

イ　試験管Ａと試験管Ｄの比較から，唾液にはデンプンをデンプンではないものにするはたらきがあることが分かり，試験管Bと試験管Cの比較から，唾液にはデンプンをアミノ酸にするはたらきがあることが分かる。

ウ　試験管Aと試験管Bの比較から，唾液にはデンプンをデンプンではないものにするはたらきがあることが分かり，試験管Cと試験管Dの比較から，唾液にはデンプンをブドウ糖がいくつか結合した糖にするはたらきがあることが分かる。

エ　試験管Aと試験管Dの比較から，唾液にはデンプンをデンプンではないものにするはたらきがあることが分かり，試験管Bと試験管Cの比較から，唾液にはデンプンをブドウ糖がいくつか結合した糖にするはたらきがあることが分かる。

〔問2〕　消化酵素により分解されることで作られた，ブドウ糖，アミノ酸，脂肪酸，モノグリセリドが，ヒトの小腸の柔毛で吸収される様子について述べたものとして適切なのは，次のうちではどれか。

ア　アミノ酸とモノグリセリドはヒトの小腸の柔毛で吸収されて毛細血管に入り，ブドウ糖と脂肪酸はヒトの小腸の柔毛で吸収された後に結合してリンパ管に入る。

イ　ブドウ糖と脂肪酸はヒトの小腸の柔毛で吸収されて毛細血管に入り，アミノ酸とモノグリセリドはヒトの小腸の柔毛で吸収された後に結合してリンパ管に入る。

ウ　脂肪酸とモノグリセリドはヒトの小腸の柔毛で吸収されて毛細血管に入り，ブドウ糖とアミノ酸はヒトの小腸の柔毛で吸収された後に結合してリンパ管に入る。

エ　ブドウ糖とアミノ酸はヒトの小腸の柔毛で吸収されて毛細血管に入り，脂肪酸とモノグリセリドはヒトの小腸の柔毛で吸収された後に結合してリンパ管に入る。

図5

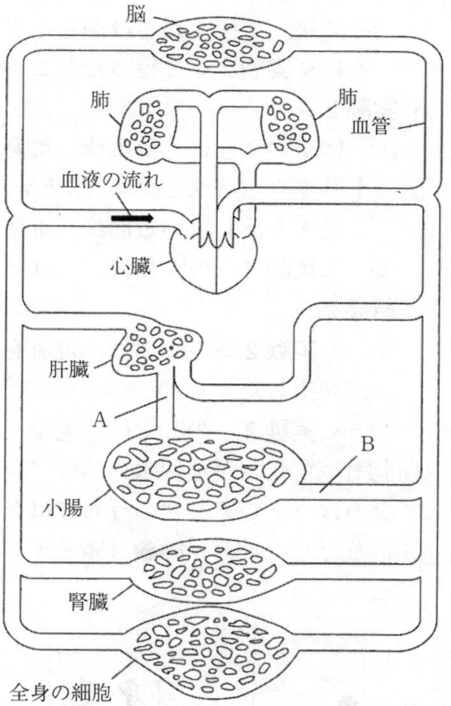

〔問3〕　図5は，ヒトの体内における血液の循環の経路を模式的に表したものである。図5のAとBの場所のうち，ヒトの小腸の毛細血管から吸収された栄養分の濃度が高い場所と，細胞に取り込まれた栄養分からエネルギーを取り出す際に使う物質とを組み合わせたものとして適切なのは，次の表の**ア**～**エ**のうちではどれか。

	栄養分の濃度が高い場所	栄養分からエネルギーを取り出す際に使う物質
ア	A	酸素
イ	A	二酸化炭素
ウ	B	酸素
エ	B	二酸化炭素

5 水溶液の実験について，次の各問に答えよ。

＜**実験1**＞を行ったところ，＜**結果1**＞のようになった。

＜**実験1**＞

(1) 図1のように，炭素棒，電源装置をつないで装置を作り，ビーカーの中に5％の塩化銅水溶液を入れ，3.5Vの電圧を加えて，3分間電流を流した。

電流を流している間に，電極A，電極B付近の様子などを観察した。

(2) ＜**実験1**＞の(1)の後に，それぞれの電極を蒸留水(精製水)で洗い，電極の様子を観察した。

電極Aに付着した物質をはがし，その物質を薬さじでこすった。

図1

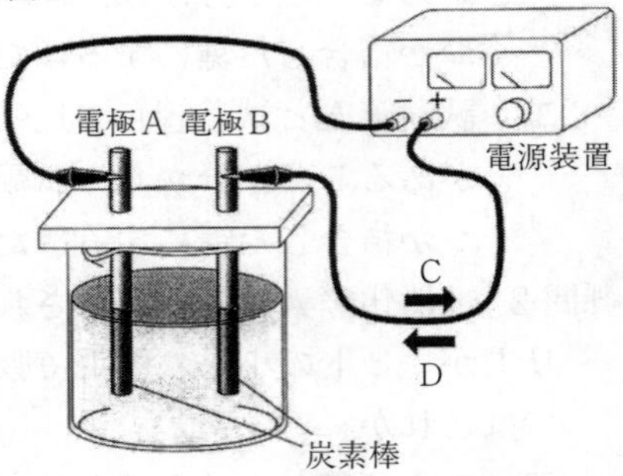

＜**結果1**＞

(1) ＜**実験1**＞の(1)では，電極Aに物質が付着し，電極B付近から気体が発生し，刺激臭がした。

(2) ＜**実験1**＞の(2)では，電極Aに赤い物質の付着が見られ，電極Bに変化は見られなかった。その後，電極Aからはがした赤い物質を薬さじでこすると，金属光沢が見られた。

次に＜**実験2**＞を行ったところ，＜**結果2**＞のようになった。

＜**実験2**＞

(1) 図1のように，炭素棒，電源装置をつないで装置を作り，ビーカーの中に5％の水酸化ナトリウム水溶液を入れ，3.5Vの電圧を加えて，3分間電流を流した。

電流を流している間に，電極Aとその付近，電極Bとその付近の様子を観察した。

(2) ＜**実験2**＞の(1)の後，それぞれの電極を蒸留水で洗い，電極の様子を観察した。

＜**結果2**＞

(1) ＜**実験2**＞の(1)では，電流を流している間に，電極A付近，電極B付近からそれぞれ気体が発生した。

(2) ＜**実験2**＞の(2)では，電極A，電極B共に変化は見られなかった。

〔問1〕 塩化銅が蒸留水に溶けて陽イオンと陰イオンに分かれた様子を表したモデルとして適切なのは，下の**ア**～**オ**のうちではどれか。

ただし，モデルの●は陽イオン1個，○は陰イオン1個とする。

ア　**イ**　**ウ**　**エ**　**オ**

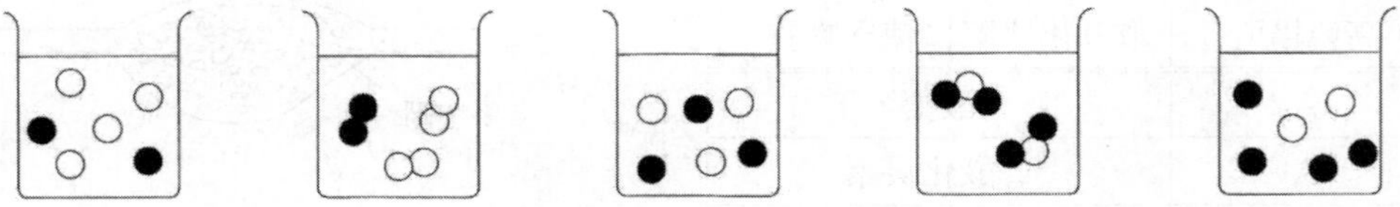

〔問2〕 ＜**結果1**＞から，電極Aは陽極と陰極のどちらか，また，回路に流れる電流の向きはCとDのどちらかを組み合わせたものとして適切なのは，次の表の**ア**～**エ**のうちではどれか。

	電極A	回路に流れる電流の向き
ア	陽極	C
イ	陽極	D
ウ	陰極	C
エ	陰極	D

〔問3〕 <**結果1**>の(1)から，電極B付近で生成された物質が発生する仕組みを述べた次の文の ① と ② にそれぞれ当てはまるものを組み合わせたものとして適切なのは，下の表の**ア**～**エ**のうちではどれか。

> 塩化物イオンが電子を ① ，塩素原子になり，塩素原子が ② ，気体として発生した。

	①	②
ア	放出し(失い)	原子1個で
イ	放出し(失い)	2個結び付き，分子になり
ウ	受け取り	原子1個で
エ	受け取り	2個結び付き，分子になり

〔問4〕 <**結果1**>から，電流を流した時間と水溶液中の銅イオンの数の変化の関係を模式的に示した図として適切なのは，下の ① の**ア**～**ウ**のうちではどれか。また，<**結果2**>から，電流を流した時間と水溶液中のナトリウムイオンの数の変化の関係を模式的に示した図として適切なのは，下の ② の**ア**～**ウ**のうちではどれか。

①

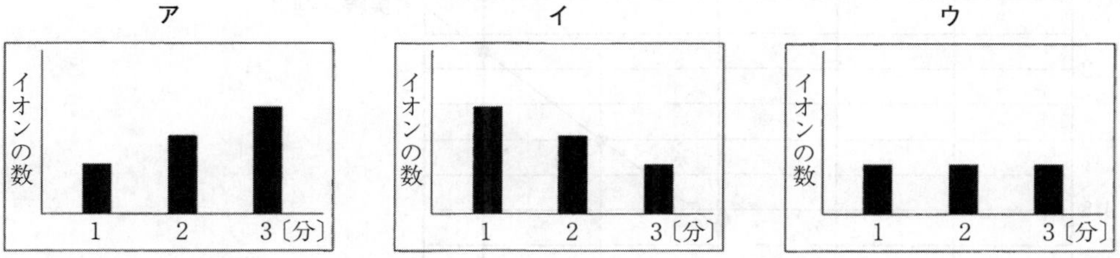

②

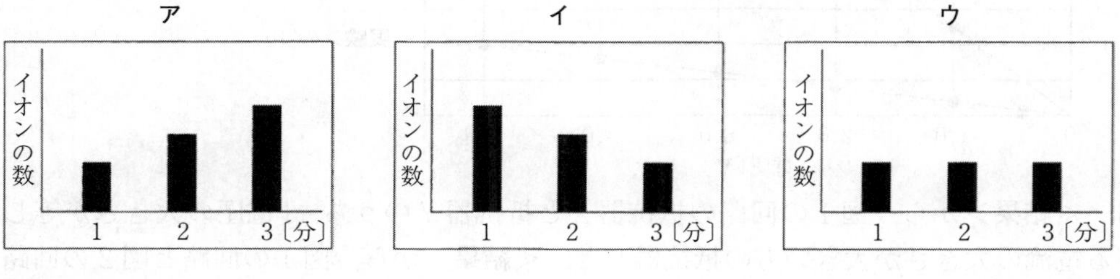

6　電流の実験について，次の各問に答えよ。

＜**実験**＞を行ったところ，＜**結果**＞のようになった。

＜**実験**＞

(1)　電気抵抗の大きさが5Ωの抵抗器Xと20Ωの抵抗器Y，電源装置，導線，スイッチ，端子，電流計，電圧計を用意した。

(2)　図1のように回路を作った。電圧計で測った電圧の大きさが1.0V，2.0V，3.0V，4.0V，5.0Vになるように電源装置の電圧を変え，回路を流れる電流の大きさを電流計で測定した。

(3)　図2のように回路を作った。電圧計で測った電圧の大きさが1.0V，2.0V，3.0V，4.0V，5.0Vになるように電源装置の電圧を変え，回路を流れる電流の大きさを電流計で測定した。

図1

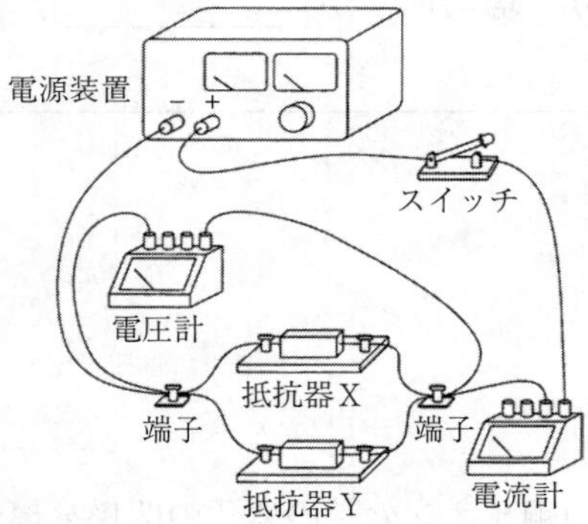

図2

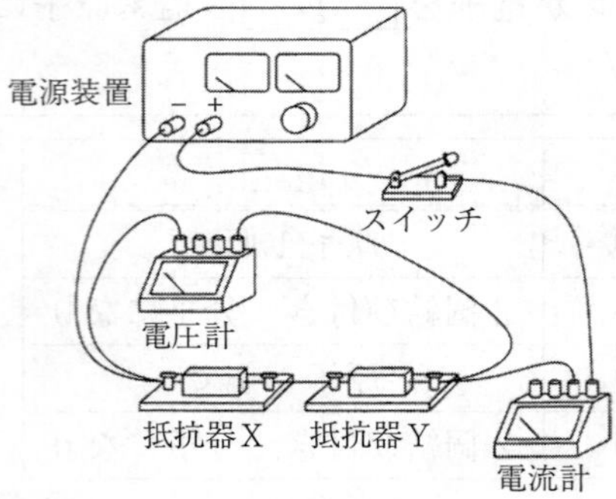

＜**結果**＞

＜**実験**＞の(2)と＜**実験**＞の(3)で測定した電圧と電流の関係をグラフに表したところ，図3のようになった。

図3

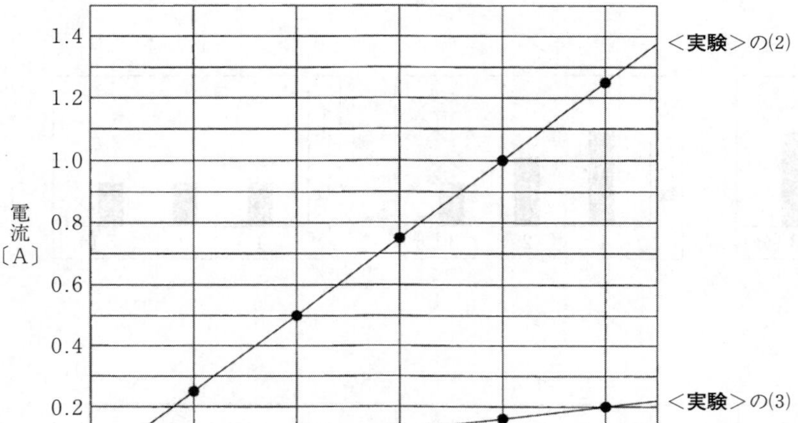

〔問1〕　＜**結果**＞から，図1の回路の抵抗器Xと抵抗器Yのうち，「電圧の大きさが等しいとき，流れる電流の大きさが大きい方の抵抗器」と，＜**結果**＞から，図1の回路と図2の回路のうち，「電圧の大きさが等しいとき，流れる電流の大きさが大きい方の回路」とを組み合わせたものとして適切なのは，次の表の**ア**～**エ**のうちではどれか。

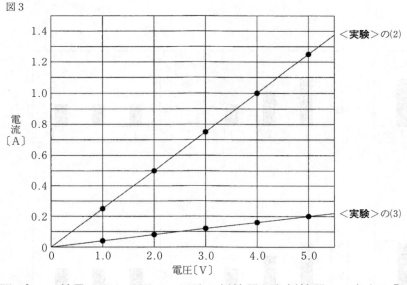

	電圧の大きさが等しいとき，流れる電流の大きさが大きい方の抵抗器	電圧の大きさが等しいとき，流れる電流の大きさが大きい方の回路
ア	抵抗器X	図１の回路
イ	抵抗器X	図２の回路
ウ	抵抗器Y	図１の回路
エ	抵抗器Y	図２の回路

〔問２〕 ＜**結果**＞から，次のA，B，Cの抵抗の値の関係を表したものとして適切なのは，下の**ア**～**カ**のうちではどれか。

A　抵抗器Xの抵抗の値

B　抵抗器Xと抵抗器Yを並列につないだ回路全体の抵抗の値

C　抵抗器Xと抵抗器Yを直列につないだ回路全体の抵抗の値

ア　A＜B＜C　　**イ**　A＜C＜B　　**ウ**　B＜A＜C

エ　B＜C＜A　　**オ**　C＜A＜B　　**カ**　C＜B＜A

〔問３〕 ＜**結果**＞から，＜**実験**＞の(2)において抵抗器Xと抵抗器Yで消費される電力と，＜**実験**＞の(3)において抵抗器Xと抵抗器Yで消費される電力が等しいときの，図１の回路の抵抗器Xに加わる電圧の大きさをS，図２の回路の抵抗器Xに加わる電圧の大きさをTとしたときに，最も簡単な整数の比で$S:T$を表したものとして適切なのは，次の**ア**～**オ**のうちではどれか。

ア　1:1　　**イ**　1:2　　**ウ**　2:1　　**エ**　2:5　　**オ**　4:1

〔問４〕 図２の回路の電力と電力量の関係について述べた次の文の□に当てはまるものとして適切なのは，下の**ア**～**エ**のうちではどれか。

> 回路全体の電力を９Wとし，電圧を加え電流を２分間流したときの電力量と，回路全体の電力を４Wとし，電圧を加え電流を□間流したときの電力量は等しい。

ア　２分　　**イ**　４分30秒　　**ウ**　４分50秒　　**エ**　７分

社会解答

1 〔問１〕 ウ　〔問２〕 エ
〔問３〕 ア

2 〔問１〕 略地図中のＡ～Ｄ…Ｄ
Ⅱのア～エ…イ
〔問２〕 Ｗ…ア　Ｘ…ウ　Ｙ…エ
Ｚ…イ
〔問３〕 イ

3 〔問１〕 Ａ…エ　Ｂ…イ　Ｃ…ア
Ｄ…ウ
〔問２〕 エ
〔問３〕 (1)　(例)貨物輸送で生じる二酸化炭素の排出量を減少させるため。
(2)　(例)全ての地方に貨物鉄道の路線と貨物ターミナル駅がある。

4 〔問１〕 ウ→イ→エ→ア　〔問２〕 ウ
〔問３〕 時期…イ→ア→ウ　略地図…ア
〔問４〕 Ａ…イ　Ｂ…エ　Ｃ…ウ
Ｄ…ア

5 〔問１〕 エ　〔問２〕 イ
〔問３〕 ウ
〔問４〕 (例)適正な企業統治を実現する役割をになう社外取締役の要件が追加され，取締役会に外部の意見がより反映されるよう，社外取締役を２名以上置く会社数の割合が増加した。

6 〔問１〕 Ａ…ウ　Ｂ…ア　Ｃ…イ
Ｄ…エ
〔問２〕 Ⅰの略年表中のＡ～Ｄ…Ｄ
略地図中のＷ～Ｚ…Ｘ
〔問３〕 ア

1 〔三分野総合―小問集合問題〕

〔問１〕＜地形図の読み取り＞付近の様子についての文からはＢ点付近が山になっていることが，写真からはＢ点付近の道の両側が道よりも標高が高くなっていることがそれぞれわかる。これをふまえて地形図を見ると，この地形図の縮尺は２万５千分の１であり，等高線(主曲線)が10mごとに引かれていることから，Ｂ点の標高は50mと60mの間であると読み取れる。また，Ａ点の標高は40mよりもやや低く，Ｃ点の標高は20mと30mの間となる。

〔問２〕＜千利休＞「大名や都市の豪商の気風を反映した壮大で豪華な文化」とは，安土桃山時代に栄えた桃山文化である。堺の商人であった千利休は，この時代に全国統一を果たした豊臣秀吉に茶の湯の作法を指導するなど重く用いられ，禅の影響を受けた質素なわび茶の作法を完成させた。なお，喜多川歌麿は江戸時代の化政文化が栄えた頃に美人画などを描いた浮世絵画家，栄西は鎌倉時代に宋(中国)で学び日本に臨済宗を伝えた僧，尾形光琳は江戸時代の元禄文化が栄えた頃に華やかな装飾画を完成させた画家である。

〔問３〕＜安全保障理事会の常任理事国＞国際連合の主要機関の１つである安全保障理事会は，国際社会の平和と安全を維持する役割を持ち，常任理事国５か国と，任期が２年の非常任理事国10か国で構成されている。2022年現在の常任理事国は，アメリカ合衆国〔アメリカ〕，ロシア連邦〔ロシア〕，イギリス，フランス，中華人民共和国〔中国〕の５か国である。常任理事国は拒否権を持ち，重要な問題については常任理事国のうち１か国でも反対すると決議できない。

2 〔世界地理―世界の諸地域〕

〔問１〕＜世界の気候と暮らし＞略地図中のＡ～Ｄ．Ⅰの文章中の「夏季は高温で乾燥し，冬季は温暖で湿潤となる気候」「ぶどうやオリーブが栽培されている」などの記述から，これは温帯の地中海性気候に属する地域について述べたものであり，当てはまる都市はＤであるとわかる。　Ⅱのア～エ．Ｄの都市の気候を示したグラフは，夏の降水量が少なく，冬は降水量が多く比較的温暖なイとなる。なお，Ａは温帯の温暖湿潤気候に属する都市でウのグラフ(南半球に位置するため，北半球とは季節が逆になっている)，Ｂは乾燥帯のステップ気候に属する都市でアのグラフ，Ｃは冷帯〔亜寒帯〕気候に属する都市でエのグラフとなる。

〔問２〕＜世界の国々の特徴＞略地図中のＷはボリビア，Ｘはアメリカ，Ｙはオマーン，Ｚはフランスである。アは，「ポンチョや強い紫外線を防ぐ帽子」が見られることや，じゃがいもの栽培が盛んであることなどから，国土の西部にアンデス山脈が分布しているボリビアである。イは，一人当たりの国民総所得がウに次いで大きいこと，キリスト教のカトリックを信仰する人が多いこと，「鞄《かばん》や洋服などの世界的なブランド店の本店が立ち並ぶ」ことなどから，ヨーロッパに位置しファッション関連産業が盛んなフランスである。ウは，一人当たりの国民総所得が最も大きいこと，高速道路(フリーウエー)や巨大なショッピングセンターが発達していること，多民族国家であることなどから，アメリカである。エは，乾燥地域で生産されるなつめやしが見られること，イスラム教徒の割合が最も多いことなどから，西アジアに位置するオマーンである。

〔問３〕＜ベトナムの特徴と資料の読み取り＞Ⅲの文章中の「2001年に約2164億円であった日本からの輸出額は，2021年には約２兆968億円となり」という記述から，2021年の日本からの輸出額は2001年の約9.7倍であることがわかる。これは，Ⅰの略地図中では「５倍～10倍未満」に該当し，ベトナムとラオスが当てはまる。また，Ⅲの文章中の「2001年に179社であった進出日本企業数は，2021年には1143社へと増加」という記述から，2021年の進出日本企業数は2001年よりも964社増加していることがわかる。これは，Ⅱの略地図中では「500社以上」に該当し，ベトナム，タイ，インドネシアが当てはまる。以上から，Ⅲの文章で述べている国はベトナムとなる。これらのほか，Ⅲの文章の１段落目にある「国が南北に分離した時代を経て，1976年に統一された」こと，「国営企業中心の経済」であったことなどの記述からベトナムと判断することもできる。ベトナムは，冷戦下で北ベトナムと南ベトナムに分断され，ベトナム戦争を経て1976年に社会主義国として統一された。

3 〔日本地理―日本の諸地域〕

〔問１〕＜都道府県の自然と農産物の東京への出荷＞ア．Ｃの長野県である。日本アルプスなどの険しい山脈・山地が多く分布するため平均標高が高く，また，日本列島を東西に分ける溝状の地形であるフォッサマグナなどの影響によって形成された松本盆地や諏訪盆地などの盆地が見られる。東部の八ケ岳や浅間山のふもとの高原では，夏でも冷涼な気候を生かしてレタスなどを栽培し，高原野菜として出荷している。　イ．Ｂの茨城県である。利根川などの河川によって形成された平野が広がり，平均標高は４県中で最も低い。大消費地である東京までトラックで約３時間と近いことから，都市向けに野菜などを出荷する近郊農業が盛んである。　ウ．Ｄの宮崎県である。北西部には九州山地が分布し，中央部から南部にかけての海岸沿いには宮崎平野が広がる。宮崎平野では，温暖な気候を生かし，ビニールハウスなどの施設を利用して野菜の促成栽培を行っている。東京までは長距離となるため，フェリーなどを利用して農産物を輸送している。　エ．Ａの青森県である。西部には津軽平野が広がり，中央部に位置する八甲田山の南側には，カルデラ湖で水深が深い十和田湖がある。東部の太平洋側は，北東から吹くやませの影響を受けて夏季に冷涼となることがある。東京へ出荷する農産物は，トラックによる長距離輸送を行っている。

〔問２〕＜空港の特徴＞略地図中のＷは成田国際空港，Ｘは東京国際空港〔羽田空港〕，Ｙは関西国際空港，Ｚは那覇空港である。４つの空港のうち，成田国際空港と関西国際空港は，外国との間を結ぶ航空機が主に発着する国際空港であることから，他の２つの空港に比べて輸出額・輸入額が大きいと考えられる。したがって，輸出額・輸入額が最も大きいウがＷの成田国際空港，２番目に大きいアがＹの関西国際空港と判断できる。成田国際空港は，日本の貿易港(港や空港)の中で貿易額が最大となっている(2020年)。次に，イとエを比べると，エの方が国内線貨物取扱量や輸出額・輸入額が大きく，またイの主な輸出品が農畜産物や水産物であるのに対し，エの主な輸出品は工業製品であることから，エがＸの東京国際空港，イがＺの那覇空港と判断できる。

〔問３〕＜モーダルシフト＞⑴Ⅰに示されているように，モーダルシフトとは，貨物輸送の手段を営業用貨物自動車(トラックなど)から貨物鉄道などへ転換することである。Ⅱを見ると，貨物を輸送する際に排出される二酸化炭素の排出量は，鉄道に比べて営業用貨物自動車が非常に多いことがわかる。したがって，国がモーダルシフトを推進する目的は，貨物輸送で生じる二酸化炭素の排出量を減少させるためであると考えられる。　　(2)モーダルシフトを推進するためには，貨物鉄道の路線が敷設されていることと，営業用貨物自動車から貨物鉄道に積みかえる転換拠点となる貨物ターミナル駅が整備されていることが必要となる。Ⅲを見ると，七地方区分(北海道，東北，関東，中部，近畿，中国・四国，九州)の全てに貨物鉄道の路線と貨物ターミナル駅があり，全国的にモーダルシフトを推進するための前提条件が整っていることがわかる。

4〔歴史―古代～現代の日本と世界〕

〔問１〕＜年代整序＞年代の古い順に，ウ(十七条の憲法の制定，法隆寺の建立―飛鳥時代)，イ(東大寺の大仏の造立―奈良時代)，エ(中尊寺金色堂の建立―平安時代)，ア(金閣の建立―室町時代)となる。

〔問２〕＜享保の改革＞Ⅱは，江戸幕府の第８代将軍徳川吉宗が行った享保の改革について述べたものである。吉宗が政治を行ったのは，Ⅰの年表中のウの時期にあたる18世紀前半である。

〔問３〕＜年代整序，明治時代の工業＞年代の古い順に，イ(富岡製糸場―1872年)，ア(大阪紡績会社―1883年)，ウ(八幡製鉄所―1901年)となる。富岡製糸場は群馬県のＡ，大阪紡績会社は大阪府のＢ，八幡製鉄所は福岡県のＣに位置する。

〔問４〕＜昭和～平成時代の出来事＞アのバブル経済が終わったのは1990年代初め(Ｄ)，イの連合国軍最高司令官総司令部〔GHQ〕の指令に基づく民主化政策が行われたのは太平洋戦争が終結した1945年以降(Ａ)，ウの石油危機が起こったのは1973年(Ｃ)，エの東海道新幹線が開業したのは1964年(Ｂ)のことである。

5〔公民―総合〕

〔問１〕＜経済活動の自由＞日本国憲法は，自由権として精神の自由，身体の自由，経済活動の自由を保障している。このうち経済活動の自由には，エの居住・移転・職業選択の自由(第22条)と財産権の保障(第29条)が含まれる。なお，アは平等権，イは身体の自由，ウは社会権に含まれる。

〔問２〕＜公共料金＞公共料金には，国が決定するもの(介護報酬，社会保険診療報酬など)，国が認可や上限認可するもの(電気料金，都市ガス料金，鉄道運賃など)，国に届け出るもの(手紙・はがきなどの郵便料金，固定電話の通話料金など)，地方公共団体が決定するもの(公営水道料金，公立学校授業料など)がある。問題中の文章を見ると，所管省庁の審議分科会・審議会・大臣の間で料金の改定に関する審議から決定までが行われており，国が決定する公共料金であると考えられる。ア～エの中でこれに該当するのは，イの介護報酬である。文章中の「所管省庁」とは厚生労働省である。

〔問３〕＜国税と地方税＞課税する主体が国である税(国に納める税)を国税，課税する主体が地方公共団体である税(地方公共団体に納める税)を地方税という。国税には，法人税のほか，所得税や相続税，消費税や酒税などがある。地方税には，固定資産税のほか，事業税や住民税(道府県民税や市町村民税)，自動車税や地方消費税などがある。

〔問４〕＜資料の読み取り＞「2014年に改正された会社法によりもたらされた取締役会の変化」について，①「社外取締役の役割」と②「取締役会における社外取締役の人数」に着目して述べる問題である。まず，2010年に出されたⅠでは，当時の会社法には「外部の意見を取り入れる仕組を備える適正な企業統治を実現するシステム」が欠けていることの問題点が指摘されている。その後2014年に改正された会社法の内容であるⅡでは，社外取締役の要件が追加され，会社と利害関係がない独立性の高い人物を社外取締役とすることが定められている。これらから，①「社外取締役の役割」について，社外取締役の役割は，会社に外部の意見を反映させ，適正な企業統治を実現することである。次に，②「取締役会における社外取締役の人数」について，Ⅲを見ると，会社法が改正された2014年以降，社外取締役を２名以上置く会社数の割合が大きく増加していることがわかる。

6〔三分野総合―万国博覧会を題材とする問題〕

〔問１〕＜世界の諸地域と歴史＞ア．「1901年の連邦国家成立」「東西の州都を結ぶ鉄道」などの記述から，路線全体が１つの国に位置していると考えられ，Ｂの路線が当てはまる。　イ．「外国の支配に不満をもつ人々が起こした大反乱」とは，インド大反乱(1857～58年)と考えられる。また，「綿花」の産地に近い地域であることや，「港湾都市と内陸都市を結ぶ鉄道」という記述から，Ｃの路線が当てはまる。インドでは，内陸部のデカン高原などで綿花の生産が盛んである。　ウ．「二つの大洋をつなぎ」という記述にはＡとＤのどちらも当てはまるが，「国際運河が1914年に開通した」とあることから，パナマ運河に近い場所にあるＡの路線となる。　エ．「銅」の産地に近い地域であることや，内陸部と西側，東側それぞれの港を結ぶ「大陸横断鉄道となった」という記述から，Ｄの路線が当てはまる。アフリカ大陸の中南部のコンゴ民主共和国やザンビアでは，銅の産出が盛んである。

〔問２〕＜地球サミットとドイツの環境問題＞Ｉの略年表中のＡ～Ｄ．Ⅱの文章で述べている国際博覧会は，1992年のリオデジャネイロでの地球サミット〔国連環境開発会議〕から８年後に開催されたとあることから，略年表中のＤが当てはまる。　**略地図中のＷ～Ｚ．**Ⅱの文中のシュヴァルツヴァルトはドイツ(Ｘ)に位置する森林山地であり，「国境の一部となっている北流する国際河川」とはライン川を指す。ドイツでは，偏西風などによって運ばれた有害物質による酸性雨により，森林の立ち枯れなどの被害が早くから発生しており，環境問題への取り組みが盛んとなっている。なお，Ｗはカナダで1967年(Ｂ)に，Ｙはベルギーで1958年(Ａ)に，Ｚはスペインで1992年(Ｃ)にそれぞれ万国博覧会が開催された。

〔問３〕＜人口ピラミッドと1970年の日本＞人口ピラミッドには，年齢が低いほど割合が高い「富士山型」，子どもと高齢者の割合の差が富士山型よりも小さい「つりがね型」，高齢者の割合が高く子どもの割合が低い「つぼ型」などがある。一般に国の人口ピラミッドは，経済が発展するにつれて「富士山型」から「つりがね型」へと推移し，さらに少子高齢化が進むと「つぼ型」へと推移する。日本の人口ピラミッドもこのような推移をたどってきている。したがって，Ｉのア～エの人口ピラミッドは，イ(1950年)→ア(1970年)→ウ(2000年)→エ(2020年)の順に推移している。次にⅡを見ると，大阪で万国博覧会が開催されたとあることから，これは1970年について述べた文章であることがわかる。高度経済成長期であったこの頃には，日本の人口が１億人を突破し，地方からの人口移動によって過密となった都市の周辺ではニュータウンの建設が進められた。

理科解答

1 〔問１〕 ア　〔問２〕 エ
〔問３〕 ウ　〔問４〕 イ
〔問５〕 ア　〔問６〕 イ

2 〔問１〕 イ　〔問２〕 ①…イ　②…ア
〔問３〕 エ　〔問４〕 ウ

3 〔問１〕 (例)水滴がつき始める瞬間の温度を正確に読み取るため。
〔問２〕 ①…イ　②…ア
〔問３〕 ①…ア　②…イ　③…イ　④…ア
〔問４〕 エ

4 〔問１〕 ウ　〔問２〕 エ
〔問３〕 ア

5 〔問１〕 ア　〔問２〕 エ
〔問３〕 イ　〔問４〕 ①…イ　②…ウ

6 〔問１〕 ア　〔問２〕 ウ
〔問３〕 ウ　〔問４〕 イ

1 〔小問集合〕

〔問１〕＜生産者と消費者＞Ａ～Ｆのうち，生産者は光合成を行う生物だから，エンドウ，サツマイモ，ツツジの植物が生産者である。また，消費者は他の生物から有機物を得る生物だから，タカ，バッタ，ミミズの動物が消費者である。

〔問２〕＜火山岩＞図１で，玄武岩は黒っぽい色をしていて，花こう岩は白っぽい色をしているので，玄武岩は岩石Ｂ，花こう岩は岩石Ａである。また，玄武岩は火山岩で，マグマが地表や地表近くで急激に冷えて固まってできるため，そのつくりは斑状組織であり，花こう岩は深成岩で，マグマが地下深くでゆっくりと冷えて固まってできるため，そのつくりは等粒状組織である。

〔問３〕＜ガスバーナー＞空気の量が不足している炎のときは，図２のＢのガス調節ねじを押さえながら，Ａの空気調節ねじをＣの向きに回して開き，空気の量を増やして青色の適正な炎にする。

〔問４〕＜凸レンズの像＞右図のように，物体の先端から出る光のうち，凸レンズの２つの焦点を通る一直線(光軸)に平行な光は凸レンズで反対側の焦点を通るように屈折し，凸レンズの中心を通る光は直進する。この２つの光が集まる位置に実像はできる。よって，上図より，スクリーンにはっきりした像が映るのは，２つの光が１点で集まるように，スクリーンをＡ点に動かしたときで，このときスクリーンに映った像(実像)の大きさは，物体の大きさよりも小さい。

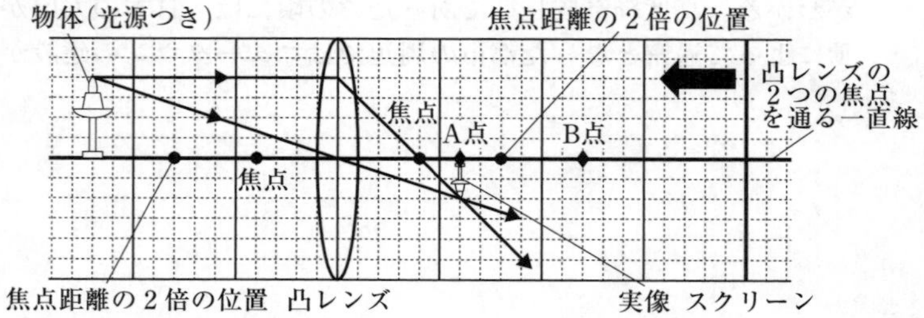

〔問５〕＜化合物と単体＞Ａ～Ｄのうち，化合物は２種類以上の元素からできている物質だから，二酸化炭素(CO_2)，水(H_2O)，アンモニア(NH_3)であり，単体は１種類の元素でできている物質だから，酸素(O_2)である。

〔問６〕＜花のつくり＞アブラナの花のつくりは外側から，がく(Ａ)，花弁(Ｂ)，おしべ(Ｃ)，めしべ(Ｄ)の順である。

2 〔小問集合〕

〔問１〕＜速さ＞模型の旗が２ｍ地点を通過してから６ｍ地点を通過するまでに，移動した距離は，６－２＝４(ｍ)，移動にかかった時間は，表１より，122.2－40.4＝81.8(秒)である。よって，平均の速さは，４÷81.8＝0.048…より，約0.05m/sとなる。

〔問２〕＜濃度，密度＞①〔質量パーセント濃度(％)〕＝$\frac{\text{〔溶質の質量(g)〕}}{\text{〔水溶液の質量(g)〕}}\times100$より，〔溶質の質量(g)〕＝〔水溶液の質量(g)〕×$\frac{\text{〔質量パーセント濃度(％)〕}}{100}$となる。これより，３％の食塩水100gに含まれる食塩の量は，$100\times\frac{3}{100}=3$(g)である。また，凍った部分の表面を取り除き残った部分を溶かして得た食塩水の食塩の濃度を測定すると0.84％だったから，その食塩水100gに含まれる食塩の量は，100×(0.84÷100)＝0.84(g)である。よって，求める食塩３gに対する食塩0.84gの割合は，0.84÷3×100＝28(％)となる。　②固体が液体に浮くのは，固体の密度より液体の密度の方が大きい場合である。凍った部分の表面を取り除き残った部分を３％の食塩水に入れると浮いたことから，密度が大きいのは３％の食塩水である。

〔問３〕＜細胞分裂＞受精卵は体細胞分裂により細胞数を増やし，体細胞分裂では細胞の染色体の数は変わらない。そのため，受精卵の染色体の数が24本の場合，分裂後の胚の細胞の染色体の数は全て24本である。よって，図５の細胞数が２個の胚に含まれる合計の染色体の数は，24×2＝48(本)で，図６の細胞数が４個の胚に含まれる合計の染色体の数は，24×4＝96(本)である。

〔問４〕＜太陽の動き＞図７は北の空を撮影しているので，正面が北で，右側が東，左側が西，後側が南になる。北極付近(北半球)では，太陽は東の空から南の空に向かって高くなるように動くから，太陽が動いた向きはＹである。また，図８で，日本で夏至となるのは，地軸の北極側が太陽の方に傾いているときだから，地球の位置はＡである。

3 〔気象と天気の変化〕

〔問１〕＜実験操作＞コップの表面の温度が少しずつ下がるようにしたのは，水滴がつき始める瞬間の温度(露点)を正確に読み取るためである。急激に温度を下げると，水滴がつき始める瞬間の温度の読み取りが露点以下になるおそれがある。

〔問２〕＜湿度＞①(1)で測定した水温が実験室の室温で，(3)で測定した水温が実験室内の空気の露点である。結果１より，午前10時の気温は17.0℃，露点は16.2℃で，露点における飽和水蒸気量はその空気が含む水蒸気の量に等しい。よって，図２より，気温17.0℃での飽和水蒸気量は14.5g/m^{3}であり，このときの空気が含む水蒸気の量は，気温16.2℃での飽和水蒸気量で13.8g/m^{3}である。したがって，〔湿度(％)〕＝$\frac{\text{〔空気1 m}^3\text{中に含まれる水蒸気の量(g/m}^3\text{)〕}}{\text{〔その気温での飽和水蒸気量(g/m}^3\text{)〕}}\times100$より，13.8÷14.5×100＝95.1…となるから，約95％である。　②午後６時の露点は，結果１より，12.8℃である。露点における飽和水蒸気量がその空気が含む水蒸気の量に等しく，図２より，飽和水蒸気量は気温が高いほど大きいから，１m^{3}に含まれる水蒸気の量が多いのは，露点が高い午前10時の実験室内の空気である。

〔問３〕＜雲のでき方＞結果２で，ピストンを引くとフラスコ内がくもって温度が下がっている。これは，ピストンをすばやく引くと，丸底フラスコ内の空気が膨張して気圧が下がり，その結果，温度が下がって露点以下になり，空気中に含みきれなくなった水蒸気の一部が水滴に変化するためである。なお，ピストンを押すと，丸底フラスコ内の空気が圧縮されて気圧が上がり，温度が上がるので，水滴が再び水蒸気になってくもりは消える。

〔問４〕＜寒冷前線＞寒冷前線は寒気が暖気の下にもぐり込み，暖気を押し上げながら進む前線である。寒冷前線付近では暖気が急激に押し上げられるので積乱雲などのように垂直方向に発達した雲ができ，狭い範囲に強い雨が短時間降る。なお，温暖前線では，暖気が寒気の上をはい上がり，前線付近では乱層雲や高層雲などの層状の雲ができて広い範囲に弱い雨が長時間降る。

4 〔生物の体のつくりとはたらき〕

〔問１〕＜唾液のはたらき＞結果からわかる唾液のはたらきについての考察なので，唾液のあるものとないもので，それ以外の条件が同じ試験管の結果を比較する(対照実験)。まず，ヨウ素液を入れた試験管Aと試験管Bの結果を比較する。ヨウ素液をデンプンのある溶液に入れると青紫色になるので，唾液を入れた試験管Aの溶液にはデンプンがないが，水を入れた試験管Bの溶液にはデンプンがある。これより，唾液にはデンプンをデンプンでないものにするはたらきがあることがわかる。次に，ベネジクト液を入れた試験管Cと試験管Dの結果を比較する。ベネジクト液をブドウ糖がいくつか結合した糖を含む溶液に入れて加熱すると赤褐色になる。よって，ブドウ糖がいくつか結合した糖は，唾液を入れた試験管Cの溶液にはあるが，水を入れた試験管Dの溶液にはないので，唾液にはデンプンをブドウ糖がいくつか結合した糖にするはたらきがあることがわかる。なお，アミノ酸の存在については，この実験からはわからない。

〔問２〕＜**吸収**＞ブドウ糖はデンプンが分解されたもの，アミノ酸はタンパク質が分解されたもの，脂肪酸とモノグリセリドは脂肪が分解されたものである。このうち，ブドウ糖とアミノ酸は柔毛で吸収されて毛細血管に入り，脂肪酸とモノグリセリドは柔毛で吸収された後に再び脂肪になってリンパ管に入る。

〔問３〕＜**血液循環**＞栄養分は小腸で吸収され，血液によって肝臓に運ばれるから，図５で，小腸の毛細血管から吸収された栄養分の濃度が高い場所は，小腸から肝臓に向かう血液が流れるAである。また，細胞では，栄養分と酸素を反応させることで，活動するためのエネルギーを取り出している(細胞の呼吸)。なお，このとき二酸化炭素ができる。

5 〔**化学変化とイオン**〕

〔問１〕＜**塩化銅の電離**＞塩化銅($CuCl_2$)が電離すると，陽イオンである銅イオン(Cu^{2+})と陰イオンである塩化物イオン(Cl^-)が１：２の個数の比で生じる。よって，塩化銅水溶液中に存在する陽イオンと陰イオンの数の比は，１：２となる。

〔問２〕＜**電気分解**＞陽極には陰イオンが引きつけられ，陰極には陽イオンが引きつけられる。よって，結果１より，電極Aに付着した赤い物質は銅で，陽イオン(Cu^{2+})が引きつけられたので，電極Aは陰極であり，電極B付近から発生した刺激臭がある気体は塩素で，陰イオン(Cl^-)が引きつけられたので，電極Bは陽極である。また，電流は＋極から－極に向かって流れるから，図１で，回路に流れる電流の向きはDである。なお，電源装置の＋極につながった電極が陽極，－極につながった電極が陰極である。

〔問３〕＜**塩化銅の電気分解**＞塩化銅を電気分解したときに，陽極付近で生成された刺激臭のある気体は塩素である。塩化物イオン(Cl^-)は１価の陰イオンなので，電子を１個放出し(失い)，塩素原子(Cl)になる。塩素原子は２個結びついて塩素分子(Cl_2)となり，気体として発生する。

〔問４〕＜**電気分解**＞①塩化銅水溶液を電気分解したときに，陰極に付着した赤い物質は銅である。これは，塩化銅水溶液中の銅イオン(Cu^{2+})が，陰極から電子を受け取って銅原子(Cu)になって陰極に付着したものである。つまり，水溶液中の銅イオンの数は，時間とともに減少していく。　②水酸化ナトリウム水溶液を電気分解すると，陽極から酸素，陰極から水素が発生する。このとき，ナトリウムイオン(Na^+)はイオンのまま水溶液中に存在するので，数は変化しない。

6 〔**電流とその利用**〕

〔問１〕＜**回路**＞図１のように，抵抗器Xと抵抗器Yを並列につないだ回路では，それぞれの抵抗器には電源と等しい大きさの電圧が加わる。電気抵抗が大きいほど，電流は流れにくいから，電気抵抗の大きさが５Ωの抵抗器Xと20Ωの抵抗器Yでは，加えた電圧の大きさが等しいとき，流れる電流の大きさが大きいのは，電気抵抗の小さい抵抗器Xの方である。また，図３より，加えた電圧の大きさが等しいとき，流れる電流の大きさが大きいのは，実験の⑵の図１の回路である。

〔問２〕＜**抵抗**＞Aの抵抗器Xの抵抗の値は５Ωである。Bは図１の回路全体の抵抗の値，Cは図２の回路全体の抵抗の値だから，図３より，Bは2.0÷0.5＝4(Ω)，Cは5.0÷0.2＝25(Ω)となる。よって，B＜A＜Cである。

≪別解≫並列回路では回路全体の電気抵抗の大きさは，各抵抗の電気抵抗より小さくなり，直列回路では回路全体の電気抵抗の大きさは各抵抗の和になる。そのため，図１の並列回路全体の抵抗の値は，抵抗器Xの抵抗の値より小さく，図２の直列回路全体の抵抗の値は，抵抗器Xの抵抗の値より大きい。よって，B＜A＜Cとなる。

〔問３〕＜**電力**＞電力は，〔電力(W)〕＝〔電圧(V)〕×〔電流(A)〕で求められるから，図３より，実験の⑵と⑶で，電力が等しくなるときを求める。実験の⑵では電圧が2.0V，電流が0.5Aのときの電力が，2.0×0.5＝1.0(W)であり，実験の⑶では電圧が5.0V，電流が0.2Aのときの電力が，5.0×0.2＝1.0(W)となり等しくなる。実験の⑵は図１の並列回路だから，抵抗器Xに加わる電圧の大きさSは電源の電圧2.0Vである。一方，実験の⑶は図２の直列回路で，抵抗器Xに流れる電流は0.2Aだから，５Ωの抵抗器Xに加わる電圧の大きさTは，5×0.2＝1.0(V)である。よって，S：T＝２：１となる。

〔問４〕＜**電力量**＞電力量は，〔電力量(J)〕＝〔電力(W)〕×〔時間(s)〕で求められる。回路全体の電力が９Wで，電流を２分間流したときの電力量は，9×(60×2)＝1080(J)である。一方，回路全体の電力が４Wで，電流をx秒間流したときの電力量は，$4\times x=4x$(J)と表せる。よって，これらの電力量が等しいとき，$4x=1080$が成り立ち，これを解くと，$x=270$(s)となる。したがって，270÷60＝4.5より，求める時間は４分30秒である。

Memo

●2022年度

都立戸山高等学校

独自問題

【英語・数学・国語】

2022年度 都立戸山高等学校

【英　語】（50分）〈満点：100点〉

1 リスニングテスト（放送による指示に従って答えなさい。）

〔問題A〕　次のア～エの中から適するものをそれぞれ一つずつ選びなさい。

＜対話文1＞

ア　This afternoon.　　イ　This morning.

ウ　Tomorrow morning.　　エ　This evening.

＜対話文2＞

ア　To the teacher's room.　　イ　To the music room.

ウ　To the library.　　エ　To the art room.

＜対話文3＞

ア　One hundred years old.　　イ　Ninety-nine years old.

ウ　Seventy-two years old.　　エ　Sixty years old.

〔問題B〕　＜Question 1＞ では，下のア～エの中から適するものを一つ選びなさい。

＜Question 2＞ では，質問に対する答えを英語で書きなさい。

＜Question 1＞

ア　Walking.　　イ　Swimming.

ウ　Basketball.　　エ　Skiing.

＜Question 2＞

（15 秒程度，答えを書く時間があります。）

※（編集部注）＜英語学力検査リスニングテスト台本＞を英語の問題の終わりに掲載しています。

2 次の対話の文章を読んで，あとの各問に答えなさい。
（*印の付いている単語・語句には，本文のあとに〔注〕がある。）

Sakura and Haruto are members of the science club at a junior high school. Meg is a student who came from the United States. They are talking about the science contest in the science room.

Sakura: We are going to join a science contest. I'm thinking about a presentation topic for the contest. Do you have any ideas, Haruto?

Haruto: I'm thinking of topics about the environment, such as energy resources. *Environmental problems are important topics around the world, such as pollution and global warming.

Sakura: What about water?

Meg: That's one idea. I think the best topic is nature on our earth, because we all live on our earth.

Sakura: We should ask a teacher about our topic.

A teacher comes into the science room.

Teacher: Can I help you with something?

Haruto: We are talking about our presentation for the science contest. We have many ideas.

Meg: We can't decide the best topic for us. Could you give us any advice?

Teacher: I see. Why don't you choose a topic you like?

Meg: I'm interested in Japan's nature. I want to know about its *characteristics.

Teacher: The characteristics of Japan's nature? Do you know any, Sakura and Haruto?

Haruto: There are many mountains and rivers in Japan.

Teacher: Yes, that's true. There are also *volcanoes in and around Japan. We have a lot of hot springs, *onsen*, in many areas in Japan. I think hot springs are gifts from the earth, because we can feel good with the power of nature. What are other characteristics of Japan's nature?

Sakura: [(1)-a]

Teacher: This means Japan's nature is always changing.

Meg: I think it is very beautiful.

Teacher: Japan has developed unique natural environments thanks to its various kinds of climates and *geography.

Meg: Those are interesting characteristics of Japan's nature.

Teacher: Now, there is a *model in the corner of this room. Please look at it.

Sakura: It looks like a *geological model of a place in Japan.

Teacher: Good. This is a geological model of a national park in Japan. How do you feel when you look at the model?

Sakura: I guess that the nature seen in the model shows a part of Japan's nature.

Teacher: You are right. It is very important to find the *connection between a national park and Japan's nature.

Haruto: So, why do we have national parks?

Teacher: [(1)-b] I hear their various *ecosystems are protected in the national parks.

Haruto: I see. Where is the national park of the model?

Teacher: It is in Tohoku, in the northern part of Japan. In the park, there are volcanoes, lakes, and rivers. We can see various *landscapes and hot springs in volcanoes through all four seasons. The northern part of Japan has a lot of rain and snow, and there are lakes and rivers which took a long time to make.

Haruto: It's wonderful. I want to know more about national parks in Japan.

Teacher: I have one idea. A friend of mine is a *ranger of a national park. Will you have an online meeting with him? If that's OK, I'll prepare it.

Haruto: That's a good plan!

Sakura: I want to have an online meeting with the ranger.

Meg: That's a good idea. Could you prepare the online meeting?

Teacher: Sure.

They are having an online meeting.

Teacher: Hello, can you hear me?

Ranger: Yes, I see three students and you are online. What do you want to talk about?

Teacher: [(1)-c]

Sakura: We want to learn more about national parks. Could you help us?

Ranger: Of course.

Sakura: What can we learn from national parks in Japan?

Ranger: Through Japanese national parks you can *get in touch with beautiful nature such as mountains, seas and many living things. Because Japan is a long island country, it has different natural environments, climates, and styles of living in each area. National parks are protecting a wide variety of wildlife, too. Around 80 years ago, national parks were designed through the National Park *Act in places around the country to protect Japan's important areas and to *promote the health and education of Japanese people.

Haruto: National parks have many points we should know.

Ranger: National parks really show Japan's nature. What helps to create the rich landscapes in Japan?

Haruto: I'm not sure.

Ranger: Thanks to Japan's various kinds of climates and geography, it has developed unique natural environments. You can learn many things about those natural environments when you look at their landscapes and varieties of wildlife. The rich landscapes are *based on the geography.

Sakura: (2)

Meg: Well, there are many national parks in my country, the United States. Are they similar to national parks in Japan?

Ranger: National parks in Japan learned a lot from your country. The idea of national parks started in the United States in 1872. National parks in the United States are all based on public land. On the other hand, Japan's national parks are based on public land and *private land. There are towns and hot spring hotels. This also means national parks protect the local community and culture.

Meg: Oh, I understand now that there are some differences between national parks in Japan and national parks in the United States.

Sakura: To learn about national parks is exciting.

Teacher: Now, the *effects of issues on the environment such as global warming, ocean plastic pollution, and changing ecosystems, are beginning to appear even in Japan's national parks.

Haruto: I'm surprised to hear that. Is it true?

Ranger: (3) I feel sorry because I have to say yes.

Sakura: These environmental problems are dangerous for national parks. We have to think about the problems.

Meg: So, what should we do to protect national parks?

Ranger: (4) For example, you should not throw away garbage. You should take it home to keep national parks clean.

Haruto: Human garbage damages the environment in national parks.

Ranger: You should also walk on the *footpaths. That will help plants and animals survive in the natural environment.

Meg: When we visit a national park, we have to be careful of these rules.

Ranger: Many workers and volunteers work to protect national parks. They also give visitors some useful information at a visitor center to tell visitors about the history and natural environments of national parks. With the help of those people, visitors can learn about national parks and enjoy them.

Sakura: I see. [(1)-d] This is very important.

Ranger: A lot of national parks in Japan are in the areas which help to make its landscapes unique in the world. The people who live there pass down the *wisdom of their *ancestors. They have a strong connection to nature in their area, and have developed a unique culture.

Meg: How have national parks changed? Could you tell me about it?

Ranger: Over the years, many people began to live in cities. (5)<u>Many【① cities ② have lost ③ in ④ live ⑤ nature ⑥ people ⑦ touch ⑧ who ⑨ with】</u>. In such an age, more people will enjoy national parks not only as *tourist areas, but also as a place with wonderful natural environments and ecosystems. National parks are the best way for people to experience nature. These ecosystems help human life and ideas for how to live with nature are based on the ecosystems. At the same time, we realize we are a member of our earth, a living earth. How wonderful!

Teacher: We enjoyed talking with you, but we have to finish the online meeting. Thank you for your time.

They stop the online meeting and are talking again.

Sakura: I have an idea for our presentation in the contest. How about national parks in Japan?

Haruto: That's a good idea. I'm interested in protecting both Japan's nature and national parks.

Sakura: Japan's nature and national parks have some connections. As junior high school students, what can we do to protect them?

Meg: Let's talk about it!

Teacher: To protect them is important and we should promote better styles of living for protecting them.

Meg: We have to study and think about it.

Haruto: Let's go to the library, find the home page of national parks and study our topic more all together.

〔注〕

environmental 環境の	characteristic 特徴	volcano 火山
geography 地形	model 模型	geological 地質学の
connection つながり	ecosystem 生態系	landscape 景観

ranger　国立公園監視員	get in touch with ～　～にふれる	
act　法	promote　促進する	base　基礎をおく
private　私有の	effect　影響	footpath　歩道
wisdom　知恵	ancestor　祖先	tourist area　観光地

〔問１〕　本文の流れに合うように，［　(1)-a　］～［　(1)-d　］の中に英語を入れるとき，最も適切なものを次のア～オの中からそれぞれ一つずつ選びなさい。ただし，同じものは二度使えません。

ア　Because the areas in national parks have especially wonderful landscapes.
イ　Many people support national parks.
ウ　We have four seasons: spring, summer, fall, and winter.
エ　These students and I are discussing national parks.
オ　It is a famous national park in the northern part of Japan.

〔問２〕　本文の流れに合うように，［　(2)　］に英語を入れるとき，最も適切なものは，次の中ではどれか。

ア　I learned that Japan's national parks have unique landscapes created by the geography of each area.
イ　I learned that Japan's national parks welcome a lot of visitors to develop the parks like cities.
ウ　I didn't know that national parks in Japan are protected by the local community and culture.
エ　I didn't know that national parks in the United States are protected by the government.

〔問３〕　(3)I feel sorry because I have to say yes. とあるが，この内容を最もよく表しているものは，次の中ではどれか。

ア　Workers at national parks feel sad that visitors to national parks throw away garbage.
イ　National parks in the United States are now damaged by some environmental problems.
ウ　People around the world feel sad that the earth is damaged by the environmental pollution.
エ　Some environmental issues are causing serious damage in national parks of Japan.

〔問4〕 本文の流れに合うように，［　　(4)　　］に英語を入れるとき，最も適切なものは，次の中ではどれか。

ア To protect the environment in national parks, visitors can take wild flowers home and grow them.

イ For people to experience nature in these areas, some national parks introduce rules to visitors.

ウ In some areas, you should change to public buses from your own cars.

エ You should pay money to protect national parks when you enter these areas.

〔問5〕 (5)Many【① cities ② have lost ③ in ④ live ⑤ nature ⑥ people ⑦ touch ⑧ who ⑨ with】. とあるが，本文の流れに合うように，【　　　　　】内の単語・語句を正しく並べかえたとき，【　　　　　】内で**2番目**と**6番目**と**8番目**にくるものの組み合わせとして最も適切なものは，次のア～カの中ではどれか。

	2番目	6番目	8番目
ア	②	⑧	⑤
イ	②	⑨	⑧
ウ	④	②	③
エ	④	⑥	②
オ	⑧	②	⑨
カ	⑧	⑨	③

〔問6〕 本文の内容と合っているものを，次のア～キの中から二つ選びなさい。

ア At first the students could not think of any ideas for the presentation.

イ In the science room, the students found a geological model of a national park in the United States.

ウ According to the ranger, one of the facts that make Japan's natural environments rich is that it is a long island country.

エ National parks in Japan have protected different kinds of living things since 1872.

オ All of the land of national parks in Japan is public land.

カ National parks help us remember that we are a part of life on the earth.

キ The topic of the presentation for the contest will be about the connection between Japan's national parks and the United States.

〔問７〕 次の文章と資料は，Megが作ったプレゼンテーションの説明文とスライドの一部である。（ a ）～（ d ）の中に英語を入れるとき，最も適切なものを下のア～クの中からそれぞれ一つずつ選びなさい。ただし，同じものは二度使えません。

National parks across Japan are（ a ）to the country and are the home to various kinds of plants and animals. Many people visit the parks to experience nature, and not only rangers but also the local volunteers tell important（ b ）to them to promote the right use of national parks. National parks are a home for wildlife. As we do in our own communities, we should（ c ）rules in the parks to protect living things and keep the beautiful nature of Japan. National parks give us a（ d ）, or a connection, between humans and nature. As a junior high school student, I will respect and enjoy nature in these areas.

ア difference　　イ messages　　ウ break　　エ strange
オ bridge　　カ letters　　キ unique　　ク follow

Nature and National Parks in Japan

- Characteristics of Japan's Nature
- Characteristics of Japan's National Parks

What are the rangers doing?

You can see some signs when you walk on the footpath.

What can you get at a visitor center?

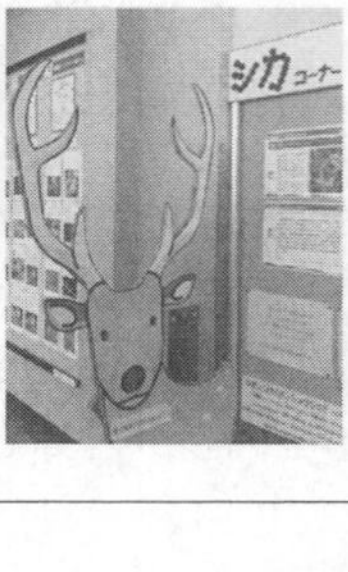

3 次の文章を読んで，あとの各問に答えなさい。
（＊印の付いている単語・語句には，本文のあとに〔注〕がある。）

What will you get when you *put together the pieces in Picture 1? Can you imagine? Some of you may be surprised to learn that you can make the beautiful *object in Picture 2. It may be more surprising to learn that the shape of each plate *originated from math.

Students learn a lot in math classes at school. Maybe you have seen some graphs in your textbooks. But what will happen if we try to show graphs as objects? A *craftsperson and people working with him were moved by the beauty of math and tried hard to express it as an art work.

The craftsperson was once working with a professor at a university. One day, he found unique paper objects on the professor's desk and asked him how he made them. The professor said that he made them by putting many small pieces of paper together. He also said that those small pieces of paper all originated from math. At first, the objects looked easy to make, but actually, they were not. The craftsperson thought they were [(1)-a] and soon decided to make the wonderful objects with his group by using *metal plates. The craftspeople had serious difficulties, but each time they worked together to solve the difficulties. They were finally successful in making a *mathematical object made of metal.

In Picture 3, you can see one of the objects that the group made. What does it look like? Some of you may say that it looks like an *ice-cream cone or a *traffic cone. Others will say that it looks like an end of a corn. You may say that it reminds you of a *cone in your math textbook. In fact, (2)【 ① different ② from ③ have seen ④ is ⑤ it ⑥ that ⑦ the cone ⑧ you 】 in math class because eighteen plates fit with each other and create a beautiful image of a cone. *Curves on the plates come from a mathematical idea. The object shows the beautiful work of craftspeople and the beauty of math at the same time. So, they called these objects "math art."

People often say that there is [(1)-b] right answer in art because they can enjoy art in various ways. In other words, what art means or what kind of art is attractive is different among people. So, you can't give a single answer when you talk about art. The craftspeople created other beautiful math objects, and each one showed its own beauty. You may be surprised to see that mathematical ideas can change into beautiful works of art. When people see the objects, they will think of them as beautiful works of art. However, the beauty of the objects comes from unique mathematical answers. You may think that craftspeople are fantastic because they were able to create works of art with answers.

Now you know that it is often quite difficult to show math as a real thing. Some mathematical ideas, however, help you see things that you cannot in the real world. Here is another interesting story.

What will you see when you touch the face of the water in a pond in a gentle way? You will see a small round shape of water, and the shape will get bigger and bigger. Many will appear *one after another, and the round shapes look like *tree rings. People often call those shapes *ripples and you can see them in Picture 4. The ripples will then spread across the face of the water.

(3)

He tried to do so by making a discovery in math. With the help of the discovery, people would be able to understand what an object looks like or where it stands *even if they can't actually see it. The scientist worked for a long time, and one day, (4)<u>he did it.</u> But his *achievement didn't end there.

The scientist's discovery has also helped to create some machines that are used to make modern life safer and more comfortable. Such machines have been improving people's lives. One example is a machine for checking the inside of *lithium-ion batteries. Those batteries are often used in products such as smartphones or *electric cars. Another machine is used for checking the inside of *tunnels. They are now planning to create medical machines and machines for *security checks at airports. In *automated driving, his discovery will be helpful for safer driving, even in the rain. In science, researchers can study further what is deep in the ground, and this will let people have a better understanding of the earth's environment and help us use natural resources in more effective ways. These all may bring a major change in the way of viewing the world. So, (5)

The craftspeople who created objects wanted people to live a wonderful life by using their skills. The scientist who made a mathematical discovery hoped that his idea would help to invent a modern and new technology that would be helpful in the real world. As a result, now people can enjoy the beauty of math, and also respect the special ability of craftspeople. They can also live a happy life thanks to the scientist's discovery. People sometimes think that math is only a subject that we study at school, but it has in fact a strong power to move people and serve them in their daily lives.

〔注〕 put together 組み立てる　object 置物・物体
originate from ～ ～に由来する　craftsperson 職人
metal 金属・金属の　mathematical 数学的な
ice-cream cone アイスクリームのコーン

traffic cone　トラフィックコーン（道路工事現場などに置く円すい形の標識）

cone　円すい　　curve　曲線　　one after another　つぎつぎに

tree ring　年輪　　ripple　波紋

even if ～　たとえ ～ だとしても　　achievement　業績

lithium-ion battery　リチウムイオン電池　　electric car　電気自動車

tunnel　トンネル　　security check　セキュリティーチェック

automated driving　自動運転

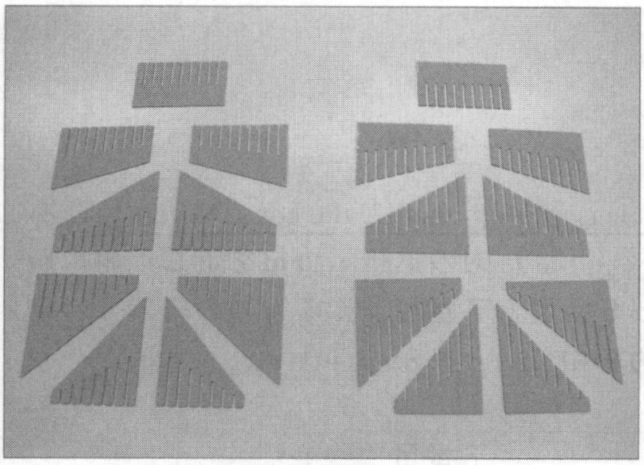

Picture 1

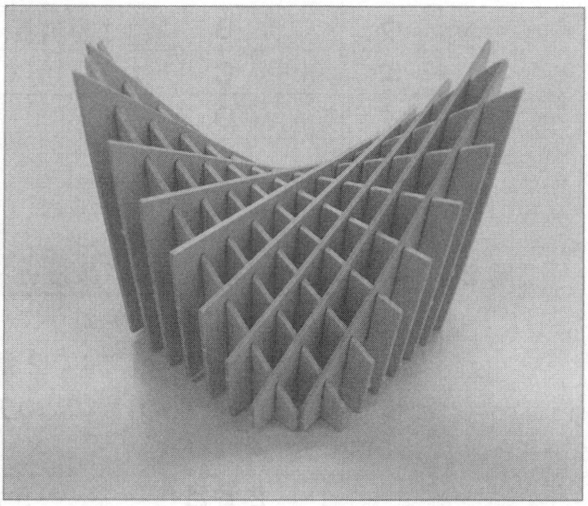

Picture 2

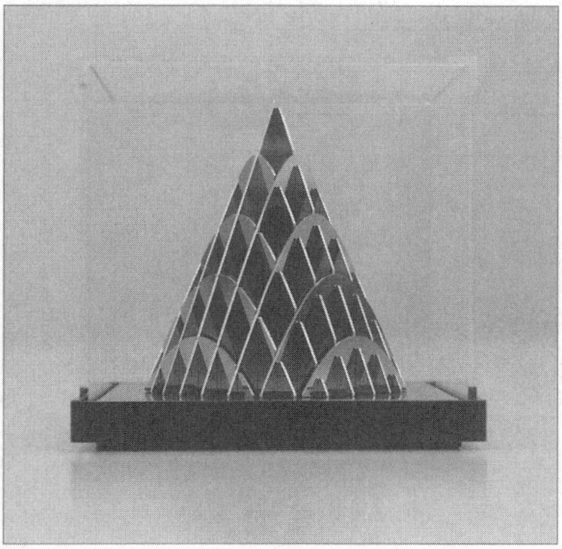

Picture 3

Picture 4

〔問１〕 (1)-a と (1)-b の中に，それぞれ次の**A**～**D**のどれを入れるのがよいか。その組み合わせとして最も適切なものは，下の**ア**～**カ**の中ではどれか。

A amazing　　**B** excited　　**C** no　　**D** simple

	(1)-a	(1)-b
ア	A	C
イ	A	D
ウ	B	C
エ	C	A
オ	D	B
カ	D	C

〔問２〕 (2)【① different ② from ③ have seen ④ is ⑤ it ⑥ that ⑦ the cone ⑧ you】とあるが，本文の流れに合うように，【　　　】内の単語・語句を正しく並べかえたとき，【　　　】内で**２番目**と**５番目**と**７番目**にくるものの組み合わせとして最も適切なものは，次の**ア**～**カ**の中ではどれか。

	２番目	５番目	７番目
ア	③	①	⑦
イ	③	④	①
ウ	④	⑦	③
エ	④	⑦	⑧
オ	⑥	②	③
カ	⑥	⑤	①

〔問3〕 (3) の中には，次のA～Dの文が入る。本文の流れに合うように，正しく並べかえたとき，その組み合わせとして最も適切なものは，下のア～カの中ではどれか。

A　Different shapes of wood will make different shapes of ripples.

B　He wanted to know how to read them and imagine the shape of the original object.

C　If the ripples reach a piece of wood in the pond, the wood piece will make other ripples.

D　A scientist once had a question when he saw ripples spreading on a pond.

ア　A→C→D→B　　イ　A→D→C→B　　ウ　C→A→D→B
エ　C→B→D→A　　オ　D→A→B→C　　カ　D→C→B→A

〔問4〕 (4)he did it. とあるが，この内容を最もよく表しているものは，次の中ではどれか。

ア　The scientist did well by his discovery to make batteries for smartphones and electric cars.

イ　The scientist made metal objects that originated from math and showed them to people.

ウ　The scientist often thought that it was difficult to show people mathematical ideas as real things.

エ　The scientist discovered a mathematical rule to find an object, even when he couldn’t see it.

〔問5〕 本文の流れに合うように， (5) に英語を入れるとき，次のA～Fの組み合わせとして最も適切なものは，下のア～クの中ではどれか。

A	the scientist’s achievement is
B	the achievement of craftspeople is

→

C	not only a discovery of math,
D	not only a variety of objects,

↙

E	but also a discovery of math art.
F	but also a variety of modern technology.

ア　A→C→E　　イ　A→C→F　　ウ　A→D→E　　エ　A→D→F
オ　B→C→E　　カ　B→C→F　　キ　B→D→E　　ク　B→D→F

〔問6〕 本文の内容と合っているものを，次のア～キの中から**二つ**選びなさい。

ア　Students can easily create a graph object that originated from mathematical ideas because they learn how to make one at school.

イ　There were no problems among the craftspeople while they were making objects from metal.

ウ　The craftspeople were successful in making objects that originated from math and each of them looked beautiful.

エ　People are surprised to learn that they can create attractive ideas out of the objects that originated from math.

オ　Some machines in the modern world help people live without danger or worries.

カ　The craftspeople made the objects because people wanted to see their wonderful skills.

キ　People wish math would give them a strong power to help them in their everyday lives.

〔問7〕 次の質問に対するあなたの考えを，**本文の内容をふまえ，40語以上50語程度の英語**で答えなさい。「.」「,」「!」「?」などは語数に含めません。これらの符号は，解答用紙の下線部と下線部の間に書きなさい。

When you put the pieces in Picture 1 together, you will make the object in Picture 2. What does the object look like?　How is it interesting to you?

2022 年度　英語学力検査リスニングテスト台本

開始時の説明

これから，リスニングテストを行います。

問題用紙の１ページを見なさい。リスニングテストは，全て放送による指示で行います。リスニングテストの問題には，問題Ａと問題Ｂの二つがあります。問題Ａと，問題Ｂの ＜Question 1＞ では，質問に対する答えを選んで，その記号を答えなさい。問題Ｂの ＜Question 2＞ では，質問に対する答えを英語で書きなさい。

英文とそのあとに出題される質問が，それぞれ全体を通して二回ずつ読まれます。問題用紙の余白にメモをとってもかまいません。答えは全て解答用紙に書きなさい。

（２秒の間）

〔問題Ａ〕

問題Ａは，英語による対話文を聞いて，英語の質問に答えるものです。ここで話される対話文は全部で三つあり，それぞれ質問が一つずつ出題されます。質問に対する答えを選んで，その記号を答えなさい。

では，＜対話文１＞を始めます。

（３秒の間）

Sakura: Hi, Tom, do you think it's going to rain this afternoon?

Tom: Hi, Sakura. I don't think so.

Sakura: Really? It was sunny this morning, but it's cloudy now. If it rains, we will have to change our plan to practice tennis this afternoon.

Tom: Don't worry. We won't have to do that. The weather news says it will rain tomorrow morning, but not today.

Sakura: I'm glad to hear that.

Tom: Let's talk about today's practice on the phone this evening.

Sakura: Sure.

（３秒の間）

Question： When will Sakura and Tom practice tennis?

（５秒の間）

繰り返します。

（２秒の間）

（対話文１の繰り返し）

（３秒の間）

Question： When will Sakura and Tom practice tennis?

（10 秒の間）

＜対話文２＞を始めます。

（３秒の間）

Jane: Excuse me. I'm Jane. I'm a new student. Can you help me?

Bob: Hi, Jane. I'm Bob. What's the problem?

Jane: I want to see Ms. Brown. Can you tell me the way to the teacher's room?

Bob: Well, she is usually in the music room.

Jane: I see. So, where is the music room?

Bob: Can you see the library? Turn right at the library and you'll see the music room next to the art room. Also, she sometimes reads some books in the library.

Jane: Thanks. I will go to the library first.

Bob: I hope you find her.

（３秒の間）

Question : Where will Jane go first?

（５秒の間）

繰り返します。

（２秒の間）

（対話文２の繰り返し）

（３秒の間）

Question : Where will Jane go first?

（10秒の間）

＜対話文３＞を始めます。

（３秒の間）

Girl: My school looks new, but it has a long history.

Boy: What do you mean?

Girl: The building is new, but my school will be one hundred years old next year.

Boy: Really?

Girl: Yes. My grandfather was a student of the same school sixty years ago.

Boy: Oh, how old is your grandfather?

Girl: He will be seventy-two years old this year.

Boy: Oh, is that right?

Girl: Yes. We sometimes sing our school song together.

Boy: Sounds nice!

（３秒の間）

Question : How old is the school now?

（5秒の間）

繰り返します。

（2秒の間）

（対話文3の繰り返し）

（3秒の間）

Question ： How old is the school now?

（10秒の間）

これで問題Aを終わり，問題Bに入ります。

〔問題B〕

（3秒の間）

これから聞く英語は，カナダの中学生の Cathy が，日本の中学生とのオンライン交流で行ったスピーチです。内容に注意して聞きなさい。

あとから，英語による質問が二つ出題されます。＜Question 1＞ では，質問に対する答えを選んで，その記号を答えなさい。＜Question 2＞ では，質問に対する答えを英語で書きなさい。

なお，＜Question 2＞ のあとに，15秒程度，答えを書く時間があります。

では，始めます。（2秒の間）

Hello, everyone! My name is Cathy. I'm fifteen years old. I'm happy to meet you on the Internet today.

First, I will talk about my country. In summer, many people enjoy walking and bird watching in the mountains. I often go to a swimming pool during summer vacation. In winter, many people enjoy watching basketball games. They are very exciting, and I like to watch them, too. Also, people enjoy skiing. The mountains are beautiful with snow. I go skiing with my family every year. I like skiing the best of all sports. I have learned that there are a lot of places for skiing in Japan. Do you like winter sports?

Next, I will tell you about things I want to know about Japan. I'm very interested in Japanese movies. I think the stories are interesting. I want you to tell me about some popular Japanese movies. I'm looking for a new one to enjoy watching. Let's have fun on the Internet today.

（3秒の間）

＜Question 1＞ What sport does Cathy like the best?

（5秒の間）

＜Question 2＞ What does Cathy think about the stories in Japanese movies?

（15秒の間）

繰り返します。

（2秒の間）

（問題Ｂの英文の繰り返し）

（３秒の間）

＜Question 1＞　What sport does Cathy like the best?

（５秒の間）

＜Question 2＞　What does Cathy think about the stories in Japanese movies?

（15 秒の間）

以上で，リスニングテストを終わります。２ページ以降の問題に答えなさい。

【数　学】 (50分) 〈満点：100点〉

1　次の各問に答えよ。

〔問1〕　$\sqrt{6}\left(\sqrt{18}+\dfrac{6}{\sqrt{3}}\right)-\sqrt{72}$　を計算せよ。

〔問2〕　2次方程式　$2x^2-(x+3)^2=7$　を解け。

〔問3〕　連立方程式　$\begin{cases} 4x+3y=33 \\ \dfrac{1}{2}x-\dfrac{2}{3}y=1 \end{cases}$　を解け。

〔問4〕　2, 3, 5, 6, 7, 8の数字が1つずつ書かれた6枚のカード [2], [3], [5], [6], [7], [8] がある。

この6枚のカードの中から同時に2枚のカードを取り出すとき，取り出したカードに書かれた数字の積が，20以上になる確率を求めよ。

ただし，どのカードが取り出されることも同様に確からしいものとする。

〔問5〕　右の図で，点Oは線分ABを直径とする半円の中心である。

解答欄に示した図をもとにして，$\overset{\frown}{AB}$ 上に ∠AOC = 75° となる点Cを，定規とコンパスを用いて作図によって求め，点Cの位置を示す文字Cも書け。

ただし，作図に用いる線は決められた解答欄にかき，消さないでおくこと。

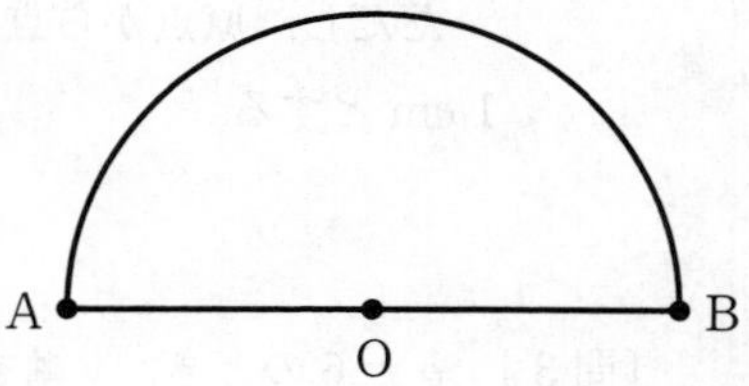

2 右の図で，点Oは原点，曲線fは関数$y=x^2$のグラフ，曲線gは関数$y=\dfrac{b}{x}$（$1<b<8$）のグラフの$x>0$の部分を表している。

点A，点Bはともに曲線f上にあり，点Aのx座標はa，点Bのx座標は$a+1$である。

ただし，$a>0$とする。

点C，点Dはともに曲線g上にあり，点Cのx座標は1，点Dのx座標はbである。

次の各問に答えよ。

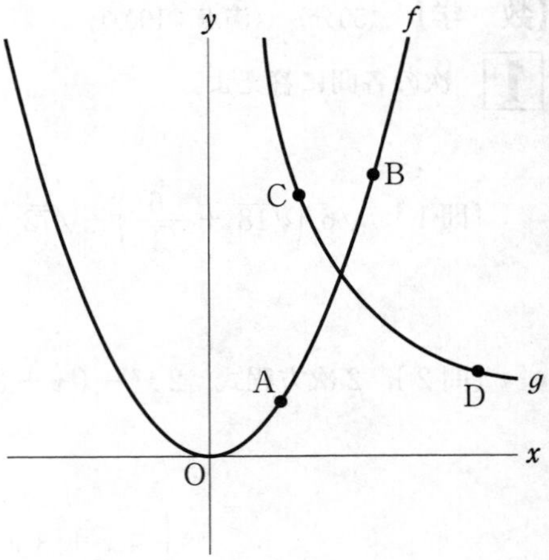

〔問1〕 関数$y=\dfrac{b}{x}$において，xの値が2から5まで変化するときの変化の割合が$-\dfrac{1}{3}$であるとき，bの値を求めよ。

〔問2〕 2点A，Dを通る直線を引き，直線ADがx軸と平行になるとき，点Aと点C，点Cと点B，点Bと点Dをそれぞれ結んだ場合を考える。

四角形ADBCの面積が7 cm^{2}のとき，aとbの値を求めよ。

ただし，原点から点（1，0）までの距離，および原点から点（0，1）までの距離をそれぞれ1 cmとする。

〔問3〕 $b=6$のとき，y軸を対称の軸として点Aと線対称な点をEとし，2点B，Eを通る直線が点Cを通る場合を考える。

aの値を求めよ。

ただし，答えだけでなく，答えを求める過程が分かるように，途中の式や計算なども書け。

3　右の**図1**で，点Oは，線分ABを直径とする半円の中心である。
点Cは $\overset{\frown}{AB}$ 上の点で，点A，点Bのいずれにも一致しない。
点Dは $\overset{\frown}{BC}$ 上の点で，点B，点Cのいずれにも一致しない。
点Aと点Cを結んだ線分ACをCの方向に延ばした直線と，点Bと点Dを結んだ線分BDをDの方向に延ばした直線との交点をEとする。
点Cと点Dを結ぶ。
次の各問に答えよ。

図1

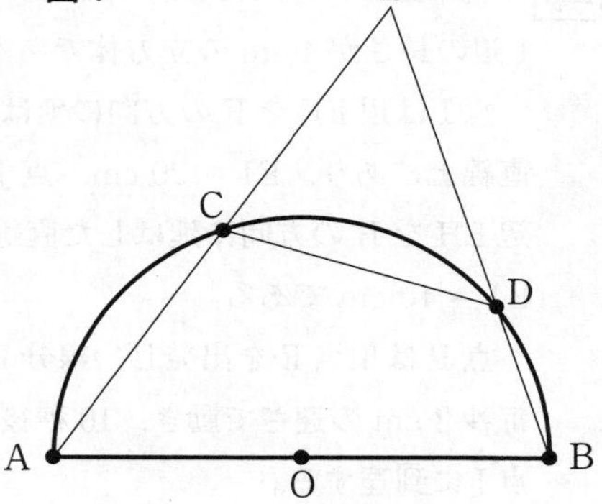

〔問1〕　**図1**において，点Oと点Cを結んだ場合を考える。
OC // BD，$\overset{\frown}{CD}$: $\overset{\frown}{DB}$ = 2 : 1であるとき，
∠CDEの大きさは何度か。

〔問2〕　右の**図2**は**図1**において，$\overset{\frown}{CD}$ = $\overset{\frown}{DB}$ の場合を表している。
次の (1)，(2) に答えよ。

(1)　DB = DEであることを証明せよ。

図2

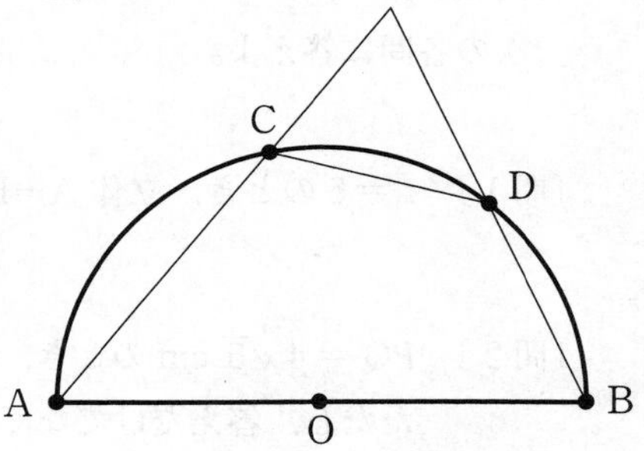

(2)　右の**図3**は，**図2**において，点Oと点Eを結び，線分CDと線分EOとの交点をFとした場合を表している。
AB = 12 cm，BE = 10 cmのとき，
線分CFの長さは何cmか。

図3

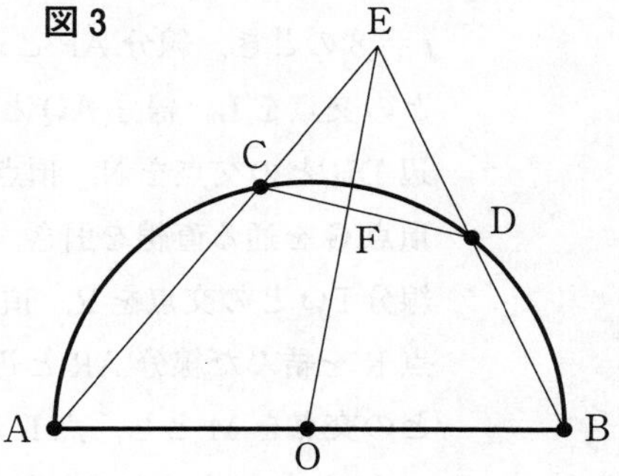

4 右の**図1**に示した立体 ABCD－EFGH は，1辺の長さが 4 cm の立方体である。

点 I は辺 EF を F の方向に延ばした直線上にあり，EI ＝ 20 cm，点 J は辺 EH を H の方向に延ばした直線上にあり，EJ ＝ 10 cm である。

点 P は頂点 E を出発し，線分 EI 上を毎秒 2 cm の速さで動き，10 秒後に点 I に到達する。

点 Q は点 P が頂点 E を出発するのと同時に，頂点 E を出発し，線分 EJ 上を毎秒 1 cm の速さで動き，10 秒後に点 J に到達する。

頂点 A と点 P，頂点 A と点 Q，点 P と点 Q をそれぞれ結ぶ。

点 P と点 Q が頂点 E を出発してからの時間を t 秒とする。

次の各問に答えよ。

図1

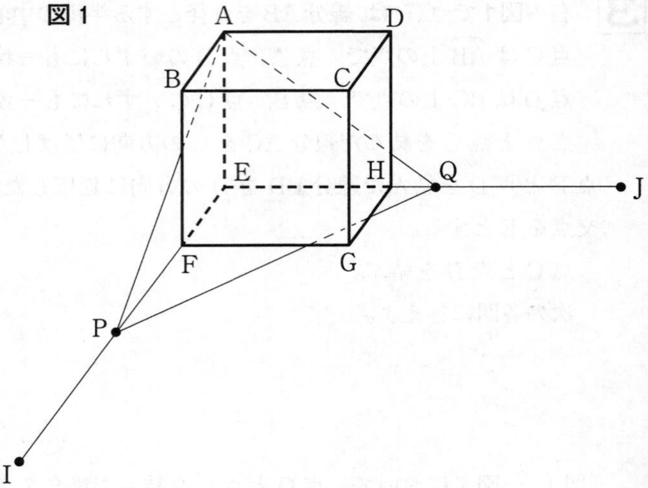

〔問1〕 $t = 5$ のとき，立体 A－EPQ の体積は何 cm^3 か。

〔問2〕 PQ ＝ $4\sqrt{5}$ cm のとき，△APQ の面積は何 cm^2 か。
ただし，答えだけでなく，答えを求める過程が分かるように，途中の式や計算なども書け。

〔問3〕 右の**図2**は，**図1**において，$t = 8$ のとき，線分 AP と辺 BF との交点を L，線分 AQ と辺 DH との交点を N，頂点 E と頂点 G を通る直線を引き，線分 PQ との交点を R，頂点 A と点 R を結んだ線分 AR と辺 CG との交点を M とし，点 L と点 M，点 M と点 N をそれぞれ結んだ場合を表している。

立体 ABCD－LMN の体積は何 cm^3 か。

図2

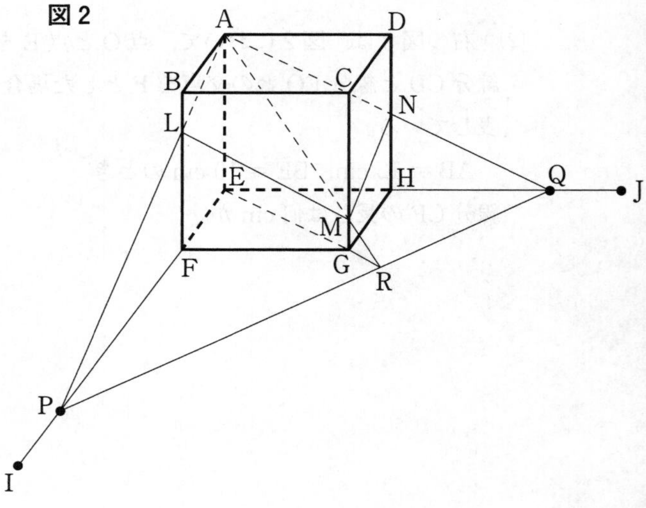

〔問4〕 (3)歌枕がかくも大切にされてきた理由 とあるが、その説明として最も適切なものを、次のうちから選べ。

ア 歌枕の伝承は、旅において訪れた場所を歌に詠み、土地の神に旅程の無事を祈願したことにはじまるから。

イ 歌枕の伝承は、信仰に関わる地名をうたうことにより、聖地巡礼の旅と同じ御利益《ごりやく》を期待したものだから。

ウ 歌枕の伝承は、先人が訪れた旅先への憧れから、自分も訪問できるようにと神に祈ることに由来するから。

エ 歌枕の伝承は、地名に込めた信仰心を主題とした本歌を、大切に歌い継いできたことにならっているから。

〔問5〕 (4)彼の貴人の運命の代行者としての旅 とあるが、どのようなことか。次のうちから最も適切なものを選べ。

ア 高貴な家柄に生まれて宮廷制度に縛りつけられていた人々に命じられ、諸国で見聞したことを都に戻って報告して、貴人を楽しませるための旅のこと。

イ これまでの歴史の中で、速須佐之男命や倭建命といった古代から繰り返されてきた流謫をなぞり、配流された人々の心情を思いながら行う旅のこと。

ウ 戦乱の中で地方へ流され、都に戻ることが許されなかった貴人たちの依頼により、配流の地と都との連絡を密に取るために往復した旅のこと。

エ 立場上、自由に都を離れることができなかった貴人たちの思いと支えを受けて、責任を負いつつも楽しみながら行われた諸国への旅のこと。

〔注〕題詠――あらかじめ決められた題によって、詩歌を作ること。

歌合《うたあわせ》――平安時代以降に流行した文学的遊戯。左右二組に分かれた歌人が同じ題で詠んだ和歌を一首ずつ出し合い、優劣を比較して勝負を判定した。

北面の武士――上皇の御所の北面にいて警護にあたった武士。

なかんずく――とりわけ。特に。

詞書《ことばがき》――和歌を作った日時・場所、成立事情などを述べる前書き。

本歌――先人の歌を踏まえて和歌等を作った場合の、もととなった歌のこと。

わたの原八十島《やそしま》かけて漕《こ》ぎ出でぬと人にはつげよ海人《あま》の釣舟《つりぶね》

――大海を多くの島々めざして漕ぎ出てしまったと、都の人々には告げてくれ、漁師の釣舟よ。(『新日本古典文学大系』による)

流謫《るたく》――罪によって遠方に流されること。

高天原《たかまのはら》――日本神話における、神々が住む天上界のこと。

地下《じげ》――官職などの公的な地位を持たない人。庶民。

余燼《よじん》――燃え残っている火のこと。出来事のあとに残った影響をたとえたもの。

人麻呂《ひとまろ》――柿本人麻呂《かきのもとのひとまろ》。『万葉集』を代表する飛鳥《あすか》時代の歌人。歌をもって宮廷に仕えていたと考えられている。

〔問1〕(1)じっさいに歌枕の地に赴くことはほとんどなかった。とあるが、これと同じ意味を表した箇所を、本文中から**十二字**でそのまま抜き出せ。

〔問2〕(2)訳知り顔とあるが、どのような意味か。次のうちから最も適切なものを選べ。

ア　事情をよく知っている、というような態度や顔つき。

イ　上手に言い訳している、というような態度や顔つき。

ウ　世の中に精通している、というような態度や顔つき。

エ　もっともな理由がある、というような態度や顔つき。

〔問3〕次の発言は、西行の歌「白川《しらかは》の関屋を月の洩《も》る影は人の心を留《と》むる成《なり》けり」について生徒たちが意見を出し合ったものである。歌の解釈として最も適切なものを、次のうちから選べ。

ア　秋風が吹くころに白川に着いたという能因のことを思い出し、自分が今見ている月と同じ秋の名月を、能因も同じ場所で同じ日に眺めていたのだと、時間を越えて心を通わせているようだね。

イ　月の光は、いつ見ても不思議と人の心を引きつける。「人」とは「白川の関屋」に住む関守のことで、見慣れているはずの白川の月なのに「心を留むる」と詠み、常に変わらぬ月の魅力を強調しているね。

ウ　「洩る」は、月の光が「洩る」と白川の関を「守《も》る」とを掛けているね。洩れ入る月の光が旅人の心をとらえて引きとめる様子を、まるで人をとめて関所を守っているようだと歌っているね。

エ　修行のための旅なのだから、つらく厳しいものだったのだろう。能因も訪れた白川で目にした期待通りの月の美しさは、西行の心を「留むる」とともに、「富むる」すなわち豊かにしてくれたはずだ。

五 次の文章を読んで、あとの各問に答えよ。なお、本文中に引用されている原文の後の［　］内は、現代語訳である。（＊印の付いている言葉には、本文のあとに〔注〕がある。）

〔編集部注…課題文は著作権上の問題により掲載しておりません。作品の該当箇所につきましては次の書籍を参考にしてください〕

・高橋睦郎著『読みなおし日本文学史』〈岩波新書　一九九八年三月二〇日第一刷発行〉一九〇頁六行目〜一九四頁一二行目

※和歌の後に、それぞれ次の和訳が付け加えられている

都をば霞《かすみ》と共に立ちしかど　秋風ぞ吹く白河《しらかは》の関

都を、春霞が立つのとともに出発したが、いつのまにか秋風が吹く季節になってしまったことだ。この白河の関では。

（「新日本古典文学大系」による）

白川の関屋を月の洩《も》る影は人の心を留《と》むる成《なり》けり

東北地方へ修行の旅をして行った時に、白川《しらかわ》の関にとどまったのであるが、場所柄によるのであろうか月はいつもよりも趣深く心にしみて、能因が「秋風ぞ吹く」と詠《よ》んだ折はいつごろであったのだろうかと自然と思い出されて、名残多く思われたので、関屋の柱に書き付けた歌

白川の関所を守る関守《せきもり》の住む家に洩れ入る月の光は、能因の昔を思い出させ、人の心を引きとめて立ち去り難《がた》くさせることだよ。

（「日本古典集成」などにより作成）

われこそは新島《にひしま》もりよ隠岐の海の荒き浪《なみ》かぜ心して吹け

私こそはこの隠岐の島の新任の島守《しまもり》なのだ。荒々しく吹く海の風よ、この私をいたわって心して吹いてくれ。

（「鑑賞日本古典文学」による）

〔問4〕(4)すなわちグローバルな基準を定めることは普遍的な原理を見出《みいだ》すことではない。とあるが、ここでの「グローバルな基準」とはどのようなものか。その内容を説明した次の文の空欄に当てはまる言葉を**四十五字以上六十字以内**で説明せよ。

グローバルな基準とは、【　　　　】

〔問5〕(5)環境問題にかかわる人間の基本的な条件に対し、わたしは「身体の配置」という概念を適用したい。とあるが、筆者がそのように考えるのはなぜか。次のうちから最も適切なものを選べ。

ア「身体の配置」とは、人間が世界という空間の広がりの中で生きているととらえることであり、生命と健康の問題としての環境問題と不可分の関係にあるから。

イ「身体の配置」とは、地球規模の広がりの中で人間がどのように劣悪な環境に置かれているかを知るためのものであり、地球環境問題を考え直す上で有効な手段となるから。

ウ「身体の配置」とは、有害物質の拡散と人間の身体的条件との関係を知る指標であり、地球規模の環境と個別の人間の環境とを同時に改善するための必須条件であるから。

エ「身体の配置」とは、世界的な人間関係の広がりを空間的に把握することであり、環境中の人間の身体が今後どのように変化していくかを予測する材料であるから。

〔問6〕(6)どんな人間もそのローカルであることにおいて、他の人間と異なる固有の履歴をもつ。とあるが、どのようなことか。次のうちから最も適切なものを選べ。

ア　身体の配置を個別にもっている人間は、それぞれが存在する歴史的空間の違いによって、地球環境問題に対して個性的な行動を工夫できる存在であるということ。

イ　ひとりひとりの人間は、身体的存在として周囲の環境と結んだ全体的な関係のもとに行動し、それぞれの過去を積み上げた唯一無二の個性的存在であるということ。

ウ　人間は誰しも、ある特定の歴史的空間の中で行動している存在として理解され、身体の配置を移動させることで他者との差異を明確化していく存在であるということ。

エ　空間性と時間性を基本的な条件にもつ人間は、地球規模のグローバルな存在であると同時に、自身が行動する場としてのローカルな空間を保有している存在であるということ。

〔問7〕空間の豊かさとあるが、あなたはどのように「空間の豊かさ」に貢献することができると考えるか。あなた自身の「身体の配置」に言及しつつ、「空間の豊かさ」について具体的な例をあげて、あなたの考えを**二百字以内**で書け。なお、書き出しや改行の際の空欄や、や。や「などもそれぞれ字数に数えよ。

れぞれの生命と健康を持続しているかということがまずなによりも重要である。

身体の配置とは、ひとりひとりの人間がこの地球上のある地点に空間的広がりをもって配置されているということである。その配置を決定しているのは、身体がこの空間で他の人間や事物、空、大気、水、大地とどのような全体的な関係にあるかということ、また地球上のさまざまな事物とどのような関係のもとにあるかということである。

身体の配置はたんに環境と人間を理解するためだけの概念ではない。身体の配置がひとりひとりの人間の個性の源泉である。この配置を他者がとって代わることはできない。わたしたちはこの配置のもとで、世界を知覚し、記憶し、行動の基礎とする。ローカルに行動するということ、足下から行動するということは、この配置を心得たうえで行動するということである。また、人間は、「ローカルであること」によって、ある特定の歴史的空間に存在し、また、行為するものとして理解される。この意味で、(6)どんな人間もそのローカルであることにおいて、他の人間と異なる固有の履歴をもつ。

（桑子敏雄「環境の哲学」による）

〔問1〕(1)人間が自然に対してとってきた態度を考察することは、「環境倫理の再検討」ということができる。とあるが、筆者が考える「環境倫理」とはどのようなものか。次のうちから最も適切なものを選べ。

ア　人間の自然環境に対するかかわり方について、各国の基準を取り入れて総合的に定めた原理・原則。

イ　人間の自然環境に対するかかわり方について、各自が身近なところから行動するための原理・原則。

ウ　人間の自然環境に対するかかわり方について、先進諸国の実践をもとに国連が策定する原理・原則。

エ　人間の自然環境に対するかかわり方について、地球全体規模で共有されるべき基本的な原理・原則。

〔問2〕(2)ただ、問題なのは、ローカルということが、グローバルな理念の実行の場として理解されていることである。とあるが、「ローカルということが、グローバルな理念の実行の場として理解されていること」が「問題」と筆者が述べるのはなぜか。次のうちから最も適切なものを選べ。

ア　先進諸国の採用するグローバルな原理は、多様な地域の独自性をもつローカルな開発途上国の経済発展には直結しないから。

イ　先進諸国の採用する原理を普遍的なものと考えて、ローカルのもつ多様な地域の独自性を考慮せずにあてはめようとするから。

ウ　欧米において考案された原理をグローバルなものと考えて、ローカルなものを特殊ととらえて地球環境問題と切り離そうとするから。

エ　欧米において考案された原理を普遍的なものと考える行動原理は、特定地域のもつローカルな文化を滅ぼす方向に常にはたらくから。

〔問3〕(3)「think globally」と「think locally」の対立の問題とあるが、その具体例として**適切でないもの**は、次のうちではどれか。

ア　世界遺産に登録された街が観光地化することにより、高層ビルの建設や工場の誘致が困難になってしまうことがある。

イ　海洋資源の保護のために各国に定められる漁獲高制限により、漁業従事者の収入が減ってしまうことがある。

ウ　通信技術が高度に発達して情報網が世界中に広がることにより、地域ごとの時差に対する配慮が欠如してしまうことがある。

エ　農産物の関税引き下げで市場が世界規模になることにより、競争に負けた国内の第一次産業が衰退してしまうことがある。

のが、一種のグローバリズム、あるいはむしろユニバーサリズム（普遍主義）に由来する発想であって、ローカルなものをその一部ないし特殊な場合ととらえる立場に立っている。先進諸国の採用する原理をひとつのグローバルな原理、さらに普遍的な原理として採用し、それを全地球規模で実施しようという政策そのものが、多様な地域の独自性を一種の普遍性のもとに包摂しようという意図にもとづくものとも考えられる。そこで、第一に、このような普遍的な原理の意義が問われなければならない。また、第二に、欧米において考案された原理をグローバルな原理、さらには普遍的な原理とすることができるかという重要な問題がある。

もっと具体的な場面では、現在、「持続可能な発展」という理念が一九七二年のストックホルム国連人間環境会議で提案され、一九九二年のリオ・デ・ジャネイロ・サミットで確認されて、地球環境問題に対するひとつのグローバルな理念となっている。こうした理念のもとで展開される国際的な政策が、ある特定地域の固有の問題と衝突する場合がある。たとえば、熱帯雨林の保護が当該地域住民の生活の持続と衝突する場合などである。このとき「ローカル」は「グローバル」の一部ではなく、むしろ両者は対立の可能性をもってくる。

ただ、ここで重要なのは、「グローバルであること」は「普遍的であること」を意味しないということである。グローバルであるということは、現在地球上でもっとも広範に受容されている理念ということであり、永遠に受容されつづけるということを含んではいない。なぜなら、地球環境の悪化によってもはや「発展」が望みえないような状況も将来考えられるからであり、また持続可能性すら望みえないような事態もありえないことではないからである。そのような状況下では、もはやこの理念は妥当性を失うであろう。

したがって、「グローバルであること」を「ユニバーサルであること、普遍的であること」から区別しなければならない。普遍的であることは、時、所にかかわりなく妥当するということであり、グローバルということは、ある時点で地球全体にわたって妥当するということである。(4)すなわちグローバルな基準を定めることは普遍的な原理を見出《みいだ》すことではない。この意味で、「持続可能な発展」というのは、せいぜいグローバルな基準としての理念ということになる。

環境倫理には、人間の空間的、時間的条件が含まれなければならない。したがって、倫理が人間の行為にかかわる価値の問題であるとすれば、環境にかかわる価値の構造を、人間の基本的な条件としての空間性と時間性から論じる必要がある。では、空間性と時間性を視野に入れるときに、「グローバル」と「ローカル」の関係はどのようなものとして理解されるのだろうか。そしてまた、環境に関する行動理念の構築はどうあるべきなのだろうか。

環境問題は、直接的に人間にかかわるものとしては、生命と健康の問題としてとらえることができる。一九六〇年代の高度経済成長期には、環境問題は公害という重大な社会問題となったが、そこでは人間の生命と健康が中心的な関心事であった。

命と健康が問題となるのは、環境中の物質が生命と健康を損なうからである。この意味で、環境の空間性と物質の移動および人間の身体的条件の関係が重要である。つまり環境の問題は、人間がなによりも身体的な存在であること、有害物質が環境中を移動すること、そして、身体がどのような配置をもつかということと切り離すことができない。この事情は地球規模になっても同じである。有害物質の全地球的な拡散や温暖化、オゾンホールの問題、あるいは最近の環境ホルモンなど、どれも環境中の物質の状態と身体の空間的な条件が基礎にある。

そこで、(5)環境問題にかかわる人間の基本的な条件に対し、わたしは「身体の配置」という概念を適用したい。地球環境問題をその基礎から考えるばあい、ひとりひとりの人間がどのような身体的配置をもち、そ

〔問5〕 (5)皆が笑った。私も一緒に。とあるが、「皆」の笑いと「私」の笑いには違いがある。それを説明した次の文章の空欄に当てはまる言葉を**二十五字以上三十五字以内**で書け。

「銀の匙」を先生が評価してくれた時、「よければまだ先があります。」と私が答え、それを聞いて先生は「なかなか面の皮が厚いな。」と茶化して言った。そのことに対して「皆」は笑ったが、「私」はそれに加えて、【　　　　】から笑った。

〔問6〕 本文の内容や表現について述べた説明として最も適切なのは、次のうちではどれか。

ア 「私」と先生との軽快な会話から、お互いを思いやる心情を読み取ることができるように描かれている。

イ 「前掛」をしているという先生の外見の描写によって、病気療養の事実と「私」の驚きが表されている。

ウ 大病後の先生の様子を「私」や友人たちの視点から多面的に描き、先生の優しさが巧みに表現されている。

エ 「私」は病後の先生に自分から進んで見舞いを出したり訪問したりして、先生への思慕を募らせている。

四

次の文章を読んで、あとの各問に答えよ。

空間の豊かさを問うことのなかに、地球環境全体の問題が含まれることはいうまでもない。地球環境の危機が空間の豊かさを損なう最大の要因であることを思うとき、「空間」と「環境」の問題がわたしたちの中心的な課題としてクローズアップされてくる。人間が自然環境に対してとってきた態度を再検討するという課題である。

(1)人間が自然に対してとってきた態度を考察することは、「環境倫理の再検討」ということができる。ふつう「環境倫理」ということばは、わたしたちが自然環境に対してもっている姿勢、態度、心構え、信条、あるいはこうした心的傾向にもとづく行為などを指す。しかし、新しい環境倫理の必要性が主張されるとき、この「環境倫理」ということばは、人々が一致して行動できるような原理・原則を意味するであろう。現在国連を中心に進められている総合的な理念の策定は、このような意味で、行動の原理・原則を国際的な規模で、つまりグローバルな規模で定めようというものである。

「グローバル」は「ローカル」に対して、「地球規模で考え、足下から行動せよ think globally, act locally」という標語にもあるように、対照的な意味で用いられる。地球環境問題は、地球規模の問題であることから、グローバルな思考を求められるのは当然のことであろう。(2)ただ、問題なのは、ローカルということが、グローバルな理念の実行の場として理解されていることである。このことは、全地球規模の行動原理がどこでも同じように実行されるべきだということを暗に意味するであろう。ところが、現在問題になっているのは、グローバルな思考にもとづく政策が地球上どこでも一律に適用されることから発生する問題、すなわち、(3)「think globally」と「think locally」の対立の問題である。

広くいえば、地球規模の行動原理の策定とその応用という発想そのも

エ　原稿を見て欲しいと依頼しながら連絡もせず、みっともない格好で突然訪問したので叱られるのではないか、と気が引けていたから。

〔問2〕(2)……この日私はあらたまった時にする私の癖で、首を少し左へかしげるようにして左の目で余計見るような姿勢をとりながらじっと先生の目を見つめて話したりきいたりした。とあるが、この時の「私」の心情の説明として最も適切なのは、次のうちではどれか。

ア　すっかり変わってしまった先生の容貌を注意深く観察しながら、早く回復して学生時代の頃のように元気になってほしい、と願っている気持ち。

イ　生死をさまようような大病は、人の容貌や振る舞いをもすっかり変えてしまうのだ、と感慨にふけりながら学生時代を遠くに感じている気持ち。

ウ　大変重い病気の後に白髪になり、学生時代とすっかり変わってしまった先生の容貌を見て、老《ふ》けてしまったことを気の毒に思っている気持ち。

エ　大病をしてすっかり容貌が変わってしまったが、学生時代と変わらぬ先生のしぐさを目にして、安堵《あんど》するとともに懐《なつ》かしさを覚えている気持ち。

〔問3〕(3)私は心のうちで恐縮した。とあるが、その理由として最も適切なのは、次のうちではどれか。

ア　先客の原稿を読んでいると思っていたが、実は客人への応対を後回しにして「私」の原稿を読んで評価してくれたことに、申し訳なさと感謝を覚えたから。

イ　野上と一緒に先生のもとを不意に訪ねたので、先客を待たせて自分の作品を読ませることになってしまい、客人と先生に申し訳なさを感じたから。

ウ　「私」の原稿を自分では稚拙な文章だと思っていたが、子供の頃のことを正直に書いていてよい、と先生から予想外の評価を受けたことに感謝したから。

エ　療養中の身であるにも関わらず、先客の原稿と「私」の原稿とを丹念に読んでくれた先生の優しさに対して、感謝するとともに申し訳なさを感じたから。

〔問4〕(4)先生はこうした私をよく知らないための勘違いからその後も話の間にそんなつまらないことについて時どき親切な遠慮をしてくれたように思う。とあるが、「親切な遠慮」の説明として最も適切なのは、次のうちではどれか。

ア　「私」が恥ずかしいと思っていることだけは、控えてできるだけ言わないでおこうと思って言葉を言いさし、体面を傷つけないように配慮して激励する先生の心遣い。

イ　「私」の主義や好悪のようなものまで尊重し、原稿の読みにくさや誤字の多さを非難することなく、控えめに注意して細かなところまで気を配ってくれる先生の心遣い。

ウ　「私」を取りまく環境についてはよく知らないけれども、子供の頃はみな意気地がないのだから小さなことに悩む必要はない、と「私」を大切に扱って話す先生の心遣い。

エ　「私」が気にしていないことについても気持ちを傷つけないように注意を払い、自分の考えを押しつけることなく「私」の考えを尊重し、必要以上に気を配る先生の心遣い。

いこと、仮名を「めちゃめちゃ」に沢山使うことを非難した。それは事実だった。仮名を多く使うことについては一つは私の或《ある》主義から、一つは漢字に好悪《こうお》があるので嫌な漢字を出来るだけ使わないためにそうするのだったが、私はそのとき格別そんな弁明はしなかった。しかしいつか友人からでもその理由をきいたのか、その後「銀の匙」の後篇に私は全く遠慮なしに仮名を用いたけれど先生はなんともいわなかった。私はそれをそんなにたいした訳《わけ》もない単なる他人の好悪のようなものをさえ出来るだけ尊重するという先生の寛容、親切からと解している。先生はまた「銀の匙」を平面的だといって、*廻《まわ》り燈籠《どうろう》みたいにいろんな事件人物が出てくる間に自然に主人公の性格がわかるようになってるんだね

というようなことをいった。先生が

「ありゃいいよ。」

をもう一遍くり返したとき私はすかさず

「よければまだ先があります。」

といった。先生はちょっとたじたじとした様子で

「もう沢山だ。」

といったがすぐにもり返し反対に攻勢をとって

「なかなか面《つら》の皮が厚いな。」

といった。(5)皆が笑った、私も一緒に。先生は「銀の匙」の中に出てくる小学校の先生が主人公に向っていった言葉を覚えていて*さそくのきてんに用いたのだ。こんな言葉戦いの駈引《かけひき》は手に入ったものだった。

（中勘助「夏目先生と私」による）

〔注〕先生の最初の胃潰瘍《いかいよう》が起《おこ》った
——明治四三年、漱石は伊豆の修善寺の旅館で大吐血をして、危篤状態に陥った。
ちりちり——大麦を煎《い》って焦がし、臼でひいて粉にしたもの。
小宮《こみや》——小宮豊隆《こみやとよたか》。学生時代の同期で漱石の弟子。
ふくら雀《すずめ》——肥えふくれた雀の子。
安倍《あべ》——安倍能成《あべよしげ》。学生時代の同期で漱石の弟子。
着流し——男性のくだけた和服姿。
午睡——昼寝。
無性《ぶしょう》——面倒くさがること。
野上《のがみ》——野上豊一郎《とよいちろう》。学生時代の同期で漱石の弟子。
袷《あわせ》——裏地をつけた和服。
口吻《こうふん》——話しぶり。
源氏物語《げんじものがたり》——平安時代に紫式部《むらさきしきぶ》が書いた長編物語。
廻《まわ》り燈籠《どうろう》——ろうそくの火をともすと、いろいろな形を切り抜いた内側の円筒が回転し、外側に張った紙や布にその影絵が映るようにした灯籠《とうろう》。
さそく——早速。

〔問1〕(1)暫《しばら》く茶の間の方で待ったのち安倍の後から　先生はどんなになったかしらと思いながら怖ごわはいっていったらはじめての者には珍奇な感じを与えるあの和洋折衷のがらんとした座敷《ざしき》に寝起きの頗《すこぶ》る無愛想な顔をしてちょこんと坐《すわ》っていた。とあるが、「私」が「怖ごわはいっていった」理由として最も適切なのは、次のうちではどれか。

ア　安倍から様子は聞いていたが、はじめての訪問ということもあり、先生の暮らし向きが気になっていたから。

イ　随分と遅れて郵送した原稿の評価が気になっており、先生から厳しい指摘を受けるのではないだろうか、と恐れていたから。

ウ　先生には長い間会っておらず、修善寺での大病の後に容体が落ち着いたと聞いたものの、先生の体が心配でならなかったから。

たら　原稿はまだ見てないが遊びにならくるがいい　というようなことだった。私がはじめて行った時のつれはたしか*安倍《あべ》だったかと思う。私はその日先生のところへ行くつもりもなくぶらりと安倍のところへいったら　これから一緒に行こう　ということになってかなりみっともない*着流しのまま出かけた。先生は多分*午睡中だった。(1)暫《しばら》く茶の間の方で待ったのち安倍の後から　先生はどんなになったかしら　と思いながら怖ごわはいっていったらはじめての者には珍奇な感じを与えるあの和洋折衷のがらんとした座敷《ざしき》に寝起きの頗《すこぶ》る無愛想な顔をしてちょこんと坐《すわ》っていた。私はちらりとひと目見て先生が大変な白髪になったこと、顔がなんだかひどくいかつくとんがった感じを与えるようになったことに気がついた。先生は号令をかけるような具合に指で指図《さしず》をして並べて敷いてある座蒲団《ざぶとん》のうえに二人を坐らせた。そして私をぐるりとひとわたり見まわし、私の汚いみなりに注意するようだったがしずかに

「中君はちっともかわらないね。」

といった、れいの口をあんまり動かさない*無性《ぶしょう》らしいいい方で。私は畏《かしこま》りつつもやっぱり先生をぐるりと一つ見まわした。そして顔のいかつくなったのは髭《ひげ》を刈込《かりこ》んだせいだと思った。先生は前掛《まえかけ》をしめていた。これは予想しなかったことだった。私がそばにある薬瓶に目をつけてなにかいった時先生はちょっと瓶の頭をもって

「なにこりゃ始終なんだよ。」

といった。その時にさっきの寐起《ねお》きのむつかしい顔が大分和《やわら》いでいた。私が先生の白髪になったことをいったら先生はそれが病気の後からだといった。そして

「いつか君がくれた蝶蝶の箱がまだとってあるよ。」

といいながらふりかえってそのとってあるところを見るような風をした。(2)……この日私はあらたまった時にする私の癖で、首を少し左へかしげるようにして左の目で余計見るような姿勢をとりながらじっと先生の目を見つめて話したりきいたりした。私は大学以来そのままのいろいろな癖を見出《みいだ》して久しぶりだという感じがした。

その次の時のつれは*野上《のがみ》だった。私がいたずらな心から——先生がこの前目をつけたので——わざとこの前の時と同じ見《み》すぼらしい*袷《あわせ》に袷羽織《はおり》を着ていったことから考えるとそれは最初の時からあまり日数のたたないうちのことだったにちがいない。私たちよりも先に一人お客さんがあって書斎のほうに坐っていた。先生は机に向《む》ってなにか原稿らしいものを読んでいた。私はその人が原稿をもってきて見てもらってるのだと思った。私たちは隣の客間の方へ通されて待っていた。暫くして先生はそれを読み終《おわ》ってお客さんと一緒に客間の方へ来た。挨拶《あいさつ》がすんですぐだったか、二言三言いった後だったか、先生はやや唐突《とうとつ》に

「ありゃいいよ。」

と例の口を動かさないいい方でいった。私が今日来ることを予報しておいたのでまだ読みきってなかった原稿をお客様を待たせてちょうど今読み終ったのだった。(3)私は心のうちで恐縮した。先生は予想外に「銀の匙」をほめた。落ちついた書き方だといった。大変口調がいいといった。私は　文章が時に稚気を帯びてやしまいかと思う　といったらむしろその反対を考えてるらしい*口吻《こうふん》をもらした。先生はまた正直に書いてあるといってそのあとで

「ああいう意気地《いくじ》のないことを……。」

といいかけたが遠慮するような風にちょっと言葉をきった、なにか意気地のないということが非常な悪いことででもあるかのように、そして私がそんな子供であったことを赤面でもするかのように。(4)先生はこうした私をよく知らないための勘違いからその後も話の間にそんなつまらないことについて時どき親切な遠慮をしてくれたように思う。先生は私の文章に*源氏物語《げんじものがたり》のようなところがあるといったのには少し非難の意味があったかと思う。それから原稿が汚くて読みにくいこと、誤字の多

二〇二二年度　都立戸山高等学校

【国　語】（五〇分）〈満点：一〇〇点〉

一　次の各文の――を付けた漢字の読みがなを書け。

(1)　クラスの皆にほめられて面映ゆい。

(2)　リーダーとして辣腕ぶりを発揮する。

(3)　春先に雪渓を渡る。

(4)　穏当な案を提出する。

(5)　万古不易の平和を希求する。

二　次の各文の――を付けたかたかなの部分に当たる漢字を楷書で書け。

(1)　荒天の中、船長が針路についてサイダンを下した。

(2)　長い間のわだかまりがヒョウカイする。

(3)　若い世代に未来をユダねる。

(4)　ダイダンエンを迎える。

(5)　イッシドウジンの気持ちで人に接する。

三　次の文章は、学生時代に夏目漱石《なつめそうせき》の講義を受けていた中勘助《なかかんすけ》が、ありし日の先生のことを回想して書いたものである。これを読んで、あとの各問に答えよ。なお、作者の表記の特徴として一マス空いているところがある。（*印の付いている言葉には、本文のあとに〔注〕がある。）

私は大学を卒業した年の秋から翌年の春へかけて半年ほどのあいだ病床にいたあげく夏になって病後の保養のために小田原《おだわら》にある親戚の別荘へ幾月か厄介になっていた。そのあいだに*先生の最初の胃潰瘍《いかいよう》が起《おこ》った。私は電報で修善寺《しゅぜんじ》へ御見舞《おみまい》を出した。幾日かののち私は先生がよほどいということを知ってやぼではあるが美しく彩色した蝶形《ちょうがた》の麦藁《むぎわら》細工の籠《かご》にいろんな色紙や千代紙でこしらえた折物*ちりちりなどを入れて送った。*小宮《こみや》の代筆かなにかで手紙がきた。鷺《さぎ》、*ふくら雀《すずめ》　などと目録を読みながら枕もとへ列《なら》べるところかなにか書いてあった。先生はそれを見て

「このうちに中《なか》のこしらえたのは一つ二つしかないんだろう。」

といったという。まったく私の造ったのは蓮花《れんげ》と鶴だけだったかもしれない、今でもそれっきりしか折り方をしらないから。その翌翌年の夏私は信州の湖畔へ行って「銀の匙《さじ》」の前篇《ぜんぺん》を書きあげた。私がその湖畔から出した絵葉書《えはがき》に対する返事に

「どうしてそんな寒い処《ところ》へ行きましたか。早くお帰りなさい。」

というようなことが書いてあった。それからその時かまた別の時か、私が　見て下さい　と願っておきながら原稿を送ることのあまり延引するのを申訳《もうしわけ》したのに対して　いつまでと約束した訳ではないからそんなに義理がたくして無理をしないように　という返事がきた。私はそこで「銀の匙」を書きあげて一里あまりはなれた隣村の郵便局から先生のところへ送った。私は十月の半頃《なかば》帰京した。そして先生の都合をきい

英語解答

1 A ＜対話文１＞ ア
＜対話文２＞ ウ
＜対話文３＞ イ
B Q１ エ
Q２ They are interesting.

2 〔問１〕 (1)－a…ウ (1)－b…ア
(1)－c…エ (1)－d…イ
〔問２〕 ア 〔問３〕 エ
〔問４〕 イ 〔問５〕 オ
〔問６〕 ウ，カ
〔問７〕 a…キ b…イ c…ク
d…オ

3 〔問１〕 ア 〔問２〕 エ
〔問３〕 ウ 〔問４〕 エ
〔問５〕 イ 〔問６〕 ウ，オ
〔問７〕 (例) The object looks like mountains. When you see sets of plates from different sides, you will find different curves. It is interesting because the plates are just a set of lines, but the different curves made by the plates are based on mathematical ideas. (44語)

1〔放送問題〕

〔問題A〕＜対話文１＞≪全訳≫サクラ(S)：こんにちは，トム，今日の午後は雨が降ると思う？／トム(T)：やあ，サクラ。降らないと思うよ。／S：ほんと？　今朝は晴れてたのに，今は曇ってるでしょ。もし雨なら，今日の午後にテニスを練習する予定を変更しないといけないわ。／T：心配しないで。その必要はないさ。天気予報では，明日の朝は雨が降るけど，今日は降らないって。／S：それならよかった。／T：今日の練習について，今夜電話で話そうよ。／S：ええ。

Q：「サクラとトムはいつテニスの練習をするか」―ア．「今日の午後」

＜対話文２＞≪全訳≫ジェーン(J)：すみません。私はジェーンといいます。新入生です。手伝っていただけますか？／ボブ(B)：こんにちは，ジェーン。僕はボブです。何に困ってるんですか？／J：ブラウン先生にお会いしたいんです。職員室への行き方を教えてもらえますか？／B：ええっと，彼女はたいてい音楽室にいますよ。／J：そうなんですか。じゃあ，音楽室はどこですか？／B：図書室が見えますか？　図書室を右に曲がると，美術室の隣に音楽室があります。あと，先生はときどき図書室で本を読んでることもありますよ。／J：ありがとうございます。まずは図書室に行ってみます。／B：先生が見つかるといいですね。

Q：「ジェーンは最初にどこへ行くだろうか」―ウ．「図書室」

＜対話文３＞≪全訳≫女子(G)：うちの学校は新しく見えるけど，長い歴史があるのよ。／男子(B)：どういうこと？／G：建物は新しいけど，うちの学校は来年で創立100周年になるの。／B：ほんとに？／G：ええ。私のおじいちゃんは60年前にこの同じ学校の生徒だったのよ。／B：へえ，君のおじいちゃんは何歳なの？／G：今年で72歳になるわ。／B：へえ，そうなの？／G：ええ。私たちはときどき一緒に校歌を歌うの。／B：それはいいね！

Q：「この学校は現在，創立何年目か」―イ．「99年」

〔問題Ｂ〕≪全訳≫こんにちは，皆さん！　私はキャシーです。15歳です。今日はインターネット上で皆さんとお会いできてうれしいです。／まず，私の国についてお話しします。夏には，たくさんの人が山でウォーキングや野鳥観察を楽しみます。私はよく，夏休み中にプールに行きます。冬には，多くの人がバスケットボールの試合を見て楽しみます。バスケットボールの試合はとても盛り上がるので，私もそれを観戦するのが好きです。また，人々はスキーも楽しみます。雪の積もった山々は美しいです。私は毎年，家族と一緒にスキーに行きます。私は全てのスポーツの中でスキーが一番好きです。日本にはスキーができる場所がたくさんあるということを知りました。皆さんはウインタースポーツが好きですか？／次に，私が日本について知りたいと思っていることについてお話しします。私は日本の映画にとても興味があります。ストーリーがおもしろいと思います。皆さんに，人気のある日本の映画について教えてほしいです。楽しんで見られるような新しい映画を探しています。今日はインターネット上で楽しく過ごしましょう。

Ｑ１：「キャシーが一番好きなスポーツは何か」―エ．「スキー」

Ｑ２：「キャシーは日本の映画のストーリーについてどう考えているか」―「それらはおもしろい」

2 〔長文読解総合―会話文〕

≪全訳≫❶サクラとハルトは中学校の科学部に入っている。メグはアメリカ出身の生徒である。３人は科学室で科学コンテストについて話している。❷サクラ(Ｓ)：私たちは今度科学コンテストに参加する。私はコンテストのプレゼンテーションのテーマを考えているところなの。ハルト，何か考えはある？❸ハルト(Ｈ)：僕はエネルギー資源など，環境についてのテーマを考えている。環境問題は世界中で重要なテーマだ，汚染とか地球温暖化とか。❹Ｓ：水はどう？❺メグ(Ｍ)：それも１つのアイデアね。私は一番いいテーマは地球の自然だと思う，私たちはみんな地球で暮らしているわけだから。❻Ｓ：先生にテーマについてきいた方がよさそうね。❼先生が科学室に入ってくる。❽先生(Ｔ)：何か手伝えることはあるかい？❾Ｈ：僕たちは科学コンテストのプレゼンテーションについて話しているところです。アイデアがたくさんあります。❿Ｍ：一番いいテーマを決められないんです。何かアドバイスをいただけますか？⓫Ｔ：なるほど。自分たちが好きなテーマを選んだらどうだい？⓬Ｍ：私は日本の自然に興味があります。私はその特徴について知りたいです。⓭Ｔ：日本の自然の特徴？　サクラとハルトは何か知ってるかい？⓮Ｈ：日本には山や川がたくさんあります。⓯Ｔ：そうだね。国内や周囲に火山もたくさんある。日本の多くの地域にたくさんの温泉がある。温泉は地球からの贈り物だと思うよ，自然の力で気持ちよくなれるんだからね。他に日本の自然の特徴は？⓰Ｓ：(1)-a春夏秋冬という四季があります。⓱Ｔ：つまり，日本の自然は常に変化しているということだね。⓲Ｍ：それはとても美しいことだと思います。⓳Ｔ：日本はさまざまな気候や地形によって，独自の自然環境を形成してきたんだ。⓴Ｍ：それらは日本の自然の興味深い特徴ですね。㉑Ｔ：ところで，この部屋の隅に模型があるよね。それを見てみよう。㉒Ｓ：これは日本のある場所の地質模型のようですね。㉓Ｔ：正解。これは日本のある国立公園の地質模型だよ。この模型を見てどう思う？㉔Ｓ：この模型に見られる自然は日本の自然の一部を表していると思います。㉕Ｔ：そのとおり。国立公園と日本の自然のつながりを知ることは非常に重要なんだ。㉖Ｈ：では，どうして国立公園があるのですか？㉗Ｔ：(1)-b国立公園の地域には特にすばらしい景観があるからだよ。その中では，さまざまな生態系が守られているそうだよ。㉘Ｈ：わかりました。この模型の国立公園はどこにありますか？㉙Ｔ：日本の北部，東北にあるんだ。この公園には火山や湖，川がある。四季の全てを通じてさまざまな景観や火山地帯の温泉を見ることができるんだ。日本の北部は雨や雪が多く，長い時間がかかってできた湖や川があるんだよ。30 H：すごいですね。日本の国立公園についてもっと知りたいです。31 T：１つ考えがある。私の友人の１人が国立公園の監視員なんだ。彼とオンラインミーティングをしてみないかい？　もしよければ，段取りをつけるよ。32 H：いい計画ですね！33 S：その監視員さんとオンラインミーティングがしたいです。34 M：それはいい考えですね。オンラインミーティングの段取りをつけていただけますか？35 T：もちろん。36 彼らはオンラインミーティングをしている。37 T：こんにちは。聞こえるかい？38 **国立公園監視員（R）**：はい，生徒３人とあなたが見えるよ。何について話したいですか？39 T：(1)-c この生徒たちと私は国立公園について話し合っているところなんだ。40 S：私たちは国立公園についてもっと知りたいんです。手伝っていただけますか？41 R：もちろん。42 S：日本の国立公園から，私たちは何を学べますか？43 R：日本の国立公園を通じて，山や海や多くの生き物といった美しい自然にふれることができます。日本は長い島国なので，いろいろな自然環境や気候や，それぞれの地域での生活様式があります。国立公園は多様な野生生物の保護もしています。およそ80年前，日本の重要な地域を保護し，日本人の健康と教育を促進するために，国立公園法によって日本各地に国立公園はつくられたんです。44 H：国立公園には僕たちが知るべき多くの点があります。45 R：国立公園は本当に日本の自然を見せてくれます。日本の豊かな景観をつくるのに何が役立っているでしょうか？46 H：わかりません。47 R：日本のさまざまな気候や地形のおかげで，独自の自然環境が形成されたのです。これらの自然環境について，その景観や多様な野生動物を見ると多くのことを学ぶことができます。豊かな景観は地形に基礎を置いています。48 S：(2) 日本の国立公園には，それぞれの地域の地形によってつくられた独自の景観があることがわかりました。49 M：あの，私の国アメリカにも多くの国立公園があります。それらは日本の国立公園に似ているのでしょうか？50 R：日本の国立公園はあなたの国から多くを学びました。国立公園という考えは1872年にアメリカで生まれたんです。アメリカの国立公園は，全て公有地にあります。一方，日本の国立公園は公有地と私有地にあります。町や温泉旅館があります。これはつまり，国立公園が地域のコミュニティや文化を保護しているということでもあります。51 M：へえ，日本の国立公園とアメリカの国立公園の間にはいくらか違いがあることがわかりました。52 S：国立公園について学ぶのはおもしろいです。53 T：現在，地球温暖化，海洋プラスチック，生態系の変化といった環境問題の影響は日本の国立公園でも現れ始めています。54 H：それは驚きです。本当ですか？55 R：残念ながら，はいと言わざるをえません。56 S：これらの環境問題は国立公園にとって危険です。私たちはそういう問題について考えなくてはなりません。57 M：では，国立公園を守るために私たちは何をしたらいいのでしょうか？58 R：(4) 人々にその一帯の自然を体験してもらうために，一部の国立公園は訪問者への規則を導入しています。例えば，ごみを捨ててはいけません。国立公園を清潔に保つために，ごみは持ち帰るべきです。59 H：人が出すごみは国立公園の環境を傷つけますね。60 R：また，遊歩道を歩いてください。そうすることによって，植物や動物が自然環境の中で生き延びるのを助けます。61 M：国立公園に行くときは，これらの規則に注意しなくてはならないのですね。62 R：国立公園を保護するために多くのスタッフやボランティアが働いています。彼らはまた，ビジターセンターで訪問者に国立公園の歴史や自然環境について役立つ話をしてくれます。これらの人々がいるので，訪問者は国立公園について学び，それを楽しむことができるのです。63 S：なるほど。(1)-d 大勢の人が国立公園を支えているのですね。これはとても大切なことです。64R：日本の多くの国立公園は，日本の景観を世界でも独特のものにするのに役立つ地域にあります。そこに住む人々は祖先の知恵を代々伝えていきます。彼らは地域の自然と強いつながりを持ち，独自の文化を築いてきたのです。65M：国立公園はどのように変化してきたのでしょうか？　それについて話していただけますか？66R：長年にわたって，人々は都市部に住むようになりました。(5)都市に住む人々の多くは自然とのふれ合いを失ってしまいました。このような時代に，観光地としてだけではなく，すばらしい自然環境と生態系のある場所として国立公園を楽しむ人が増えるでしょう。国立公園というものは人々が自然を体験するのに最適な方法です。これらの生態系は人類の生命を助け，自然とどのように共生していくかのアイデアのもとになります。同時に，私たちは，地球の，生きている地球の一員であることを実感します。なんとすばらしいことでしょうか！67T：話をできて楽しかったよ，でもオンラインミーティングを終わらないといけない。時間をとってくれて，ありがとう。68彼らはオンラインミーティングを終え，また話し始める。69S：コンテストのプレゼンテーションのテーマにアイデアができたわ。日本の国立公園ってどう？70H：それはいいね。僕は，日本の自然と国立公園の両方を保護することに興味があるよ。71S：日本の自然と国立公園にはつながりがあるわ。中学生として，それらを保護するために私たちは何ができるかしら？72M：それについて話し合おうよ！73T：それらを守ることは大事で，それらを守るために私たちはより良い生活スタイルを推進するべきだね。74M：私たちはそれについて勉強し，考えなくてはなりませんね。75H：図書館に行って，国立公園のホームページを見つけ，僕たちのテーマについてみんな一緒にもっと勉強しようよ。

〔問１〕＜適文選択＞(1)-a.　日本の自然の特徴を尋ねられての返答である。直後で先生が This means Japan's nature is always changing. と言っていることからも判断できる。　(1)-b.　直前のハルトの why …? の問いに Because … で答える。　(1)-c.　オンラインミーティングで何について話そうかという問いに対する答えが空所の後のサクラの発言で，エの内容はそこへのつなぎとなる。　(1)-d.　国立公園で働くスタッフの仕事について聞いた後の発言である。

〔問２〕＜適文選択＞この前で監視員は，日本の豊かな景観がその地形によるものだと説明している。その説明を聞いたサクラの発言である。

〔問３〕＜文脈把握＞下線部(3)は，この前のハルトの問い I'm surprised to hear that. Is it true?「それは驚きです。本当ですか？」への返答で，この that と it「それ」は，その前で述べられている，地球温暖化などの環境問題の影響が日本の国立公園でも現れ始めているという内容を受けている。これを肯定している下線部(3)の内容を表しているのは，エ.「いくつかの環境問題は日本の国立公園に深刻な悪影響をもたらしている」。

〔問４〕＜適文選択＞空所直後の For example に着目。次の２文の内容が，イにある rules「規則」の具体例になっている。

〔問５〕＜整序結合＞前後の文脈より，都会の人々は自然とふれ合う機会が少ない，という文意になると推測できる。述語動詞が have lost「失ってしまった」，その目的語が touch with nature「自然との接触」，主語は many people で，who live in cities「都市に住む」が people を修飾する形にする。　lose touch with ～「～との接触を失う」　Many people who live in cities have lost touch with nature.

〔問６〕＜内容真偽＞ア.「最初，生徒たちはプレゼンテーションのアイデアを何も思いつかなかった」

…×　第３～５段落参照。それぞれテーマのアイデアを出している。　イ．「科学室で，生徒たちはアメリカの国立公園の地質模型を見つけた」…×　第23段落参照。日本の国立公園の地質模型である。　ウ．「国立公園監視員によると，日本の自然環境を豊かにしている事実の１つは長い島国であるということだ」…○　第43段落第２文に一致する。　エ．「日本の国立公園は1872年からさまざまな種類の生き物を保護してきた」…×　第43段落最終文および第50段落第２文参照。日本に国立公園がつくられたのはおよそ80年前で，1872年はアメリカで国立公園という考えが生まれた年。　オ．「日本の国立公園の土地は全て公有地である」…×　第50段落第４文参照。公有地と私有地がある。　カ．「国立公園は，私たちが地球上の生命の一部であるということを思い出させてくれる」…○　第66段落後半参照。終わりから２文目の our earth と a living earth は‘同格’である。　キ．「コンテストのプレゼンテーションのテーマは，日本の国立公園とアメリカのつながりについてになるだろう」…×　第69～最終段落参照。

〔問７〕＜内容一致＞≪全訳≫日本各地の国立公園は日本特有で，多様な植物や動物がそこに生息しています。多くの人々が自然を体験しに国立公園を訪れ，監視員だけでなく地元のボランティアが，国立公園を正しく利用するよう促すために，彼らへの重要なメッセージを伝えます。国立公園は野生動物のすみかです。私たちは自分のコミュニティでするのと同じように，生き物を保護して日本の美しい自然を保つために国立公園での規則を守らなくてはなりません。国立公園は私たちに，人間と自然をつなぐ橋，すなわちつながりを与えてくれます。１人の中学生として，私はこれらの地域の自然を尊重し楽しむつもりです。

＜解説＞a．第43～51段落参照。be unique to ～「～に特有の」という意味。　**b．**第62段落参照。‘tell＋物事＋to＋人’「〈人〉に〈物事〉を話す」の形。　**c．**rules を目的語とする動詞が入る。follow rules で「規則に従う」(⇔break rules「規則を破る」)。　**d．**直後の or a connection で言い換えられている。ここで or は「すなわち」の意味。

３〔長文読解総合―説明文〕

≪全訳≫❶写真１のピースを組み合わせると，何ができるだろう。あなたは想像できるだろうか。写真２のような美しいオブジェができることを知って，驚く人もいるかもしれない。それぞれのプレートの形が数学に由来すると知ったら，もっと驚くかもしれない。❷学校の数学の授業で，生徒は多くのことを学ぶ。おそらくあなたは，教科書でグラフを見たことがあるだろう。しかし，グラフをオブジェとして見せようとしたらどうなるだろうか。ある職人と，彼と一緒に働く人たちが，数学がつくり出す美しさに感動し，それを芸術作品として表現しようと取り組んだ。❸その職人は，かつてある大学の教授と一緒に仕事をしていた。ある日，彼は教授の机の上にユニークな紙のオブジェがあるのを見つけ，教授がどうやってそれをつくったのか尋ねた。すると教授は，小さな紙片をたくさん組み合わせてつくったと言った。また，その紙片は全てもともと数学から生まれたと言った。最初，そのオブジェは簡単につくれそうに見えたが，実際はそうではなかった。その職人はそれらが見事だと思い，すぐに，金属のプレートを使って自分のグループでそのすばらしいオブジェをつくることにした。職人たちは大変苦労したが，そのたびに協力して難問を解決した。ついに，彼らは金属でできた数学的オブジェをつくることに成功した。❹写真３で，このグループがつくったオブジェの１つが見られる。何に見えるだろうか。アイスクリームのコーンやトラフィックコーンのようだと言う人もいるかもしれない。トウモロコシの端のようだと言う人もいるだろう。数学の教科書に載っている円すいを思い出すと言う人もいるかもしれない。実際は，(2)数学の授業で見た円すいとは違い，18枚のプレートが互いに合わさって美しい円すいの像をつくり出しているのだ。プレートの曲線は，数学的な発想から生まれた。このオブジェは，職人の作品の美しさと数学がつくり出す美しさを同時に見せてくれる。そこで，彼らはこのオブジェを「マス・アート〔数学アート〕」と呼んだ。❺芸術には正解がないとよく言われるが，それは芸術の楽しみ方はいろいろだからだ。言い換えれば，芸術の意味は何か，どんな芸術が魅力的かということは，人によって違う。だから，芸術を語るときに1つの答えを出すことはできない。職人たちは他にも美しい数学のオブジェをつくり，そのそれぞれに独自の美しさがあった。数学的発想が美しい芸術作品に変貌することに驚くかもしれない。人々がそのオブジェを見れば，美しい芸術作品だと思うだろう。しかし，その美しさは1つに決まる数学の解から生まれるのだ。解から芸術作品をつくることができたのだから，職人たちはすばらしいとあなたは思うかもしれない。❻数学を実物として見せるのは，多くの場合，困難であることはわかったと思う。しかし，数学的な発想の中には，現実世界では見えないものを見せてくれるものがある。次は，別のおもしろい話である。❼池の水の表面にそっと触れると，何が見えるだろうか。小さな丸い水の形が見え，その形がだんだん大きくなっていくだろう。次々にたくさんの形が現れ，その丸い形はまるで木の年輪のように見える。このような形はしばしば波紋と呼ばれ，写真4で見ることができる。それから，その波紋は水面に広がっていくだろう。／→C．もし，その波紋が池の中の木片に到達すれば，その木片はまた別の波紋をつくる。／→A．木の形が違えば，波紋の形も違ってくる。／→D．かつてある科学者が，波紋が池に広がっていくのを見て疑問を持った。／→B．波紋を読んでもとの物体の形を想像する方法を知りたかったのだ。／彼は，数学で発見をすることでそれを実現しようとした。その発見があれば，たとえ実際に見えなくても，物体がどのような形か，それがどこにあるのかがわかるようになるだろう。その科学者は長い間努力し，ある日，それを成し遂げた。しかし，彼の功績はここで終わらなかった。❽この科学者の発見は，現代の生活をより安全で快適にするための装置をつくり出すのにも役立った。そうした装置が人々の生活を向上させてきた。1つの例に，リチウムイオン電池の内部を検査する装置がある。この電池はスマートフォンや電気自動車などによく使われる。また，トンネルの内側を調べる機械もある。現在，医療用機械や空港のセキュリティチェック用の機械をつくることも計画されている。自動運転では，雨の日でもより安全に運転できるようにするために，彼の発見が役立つだろう。科学では，研究者たちは地中深くにあるものをさらに研究することができ，それが人々の地球環境に対する理解を深め，天然資源のより有効な利用に役立つだろう。これらは全て，世界の見方に大きな変化をもたらすかもしれない。つまり，(5)この科学者の功績は，数学の発見だけでなく，さまざまな現代技術にも及んでいるのだ。❾オブジェをつくった職人たちは，自分たちの技術を使って人々にすばらしい人生を送ってもらいたいと思った。数学的な発見をした科学者は，自分のアイデアが実世界で役に立つ近代的で新しい技術の発明に役立つことを望んだ。その結果，現在，人々は数学がつくり出す美しさを楽しむと同時に，職人たちの特別な能力を尊敬している。また，科学者の発見のおかげで，幸せな生活を送ることができる。数学は学校で習うだけの科目だと思われることもあるが，実は，人々を感動させ，日々の暮らしに役立つ強い力を持っているのだ。

〔問1〕＜適語選択＞(1)-a．空所の前にある they は，教授の机にあったオブジェを指す。空所のすぐ後にある the wonderful objects はこの they と同じものを指していることを読み取る。

wonderful≒amazing「すばらしい」　(1)-b. 芸術の楽しみ方はいろいろなのだから，芸術には正解が「ない」と考えられる。

〔問２〕＜整序結合＞語群から is different from というまとまりができる。また，it は，この前の４文に含まれる it と同じく，写真３のオブジェを指すと考えられる。この後の because 以下の内容もふまえれば，「それは数学の授業で見た円すいとは違う」といった文意になると推測できる。
… it is different from the cone that you have seen in math class because …

〔問３〕＜文整序＞Ｃは，空所前の the ripples について述べた内容の続きと考えられるので，これを最初に置く。この後には，Ｃの the wood piece に関連して別の形の wood について述べるＡが続く。この後は，Ｂの主語 he がＤの a scientist を受けると考えられるので，Ｄ→Ｂの順に置く。

〔問４〕＜英文解釈＞下線部(4)の did it「そうした」は，この前で述べられた内容を受けており，その内容を表しているのは，エ.「その科学者は，たとえ物体が見えないときでもそれを発見するための数学的規則を発見した」である。水面の波紋が物体に当たって別の形になるのを見て，その波紋の変化の規則がわかれば見えない物体の形や場所を知ることができると考え，それを実現した。

〔問５〕＜適文選択＞第７，８段落は，科学者の業績を紹介しているので，最初はＡの the scientist's achievement is を選ぶ。この後は 'not only ～ but also …'「～だけでなく…も」の形になり，第７段落では彼が数学的発見をしたこと，第８段落ではその発見が現代のさまざまな技術に役立っていることがそれぞれ述べられているので，その内容を表す文にする。

〔問６〕＜内容真偽＞ア.「生徒たちは数学的発想から簡単にグラフのオブジェをつくることができるが，それはそのつくり方を学校で習うからである」…×　このような記述はない。　イ.「職人たちが金属からオブジェを制作している間，問題は何もなかった」…×　第３段落終わりから３，２文目参照。　ウ.「職人たちは数学から生まれたオブジェをつくることに成功し，そのそれぞれが美しかった」…○　第３段落最終文および第４段落終わりから２文目に一致する。　エ.「数学から生まれたオブジェから魅力的なアイデアを生み出すことができると知って，人々は驚く」…×　このような記述はない。　オ.「現代世界の機械〔装置〕の中には，人々が危険や心配がなく暮らすのに役立つものがある」…○　第８段落第１，２文に一致する。　カ.「人々が職人たちのすばらしい技術を見たがったので，彼らはそのオブジェをつくった」…×　このような記述はない。　キ.「人々は，数学が毎日の生活に役立つ強い力を与えてくれればいいと願っている」…×　第９段落最終文参照。人々が願っているとは述べられていない。

〔問７〕＜テーマ作文―写真を見て答える問題＞(質問訳)「写真１のピースを組み立てると写真２のオブジェになります。このオブジェは何に見えますか？　それはあなたにとってどのように興味深いですか？」　(解答例訳)「このオブジェは山のように見える。プレートの組み合わせを別の側から見ると，いろいろな曲線が見えるだろう。それは興味深い，なぜならプレートは単に直線の組み合わせだが，プレートによってつくられるさまざまな曲線は数学的発想に基づいているからだ」

数学解答

1 〔問１〕 $6\sqrt{3}$ 〔問２〕 $x=-2,\ 8$

〔問３〕 $x=6,\ y=3$ 〔問４〕 $\frac{8}{15}$

〔問５〕 (例)

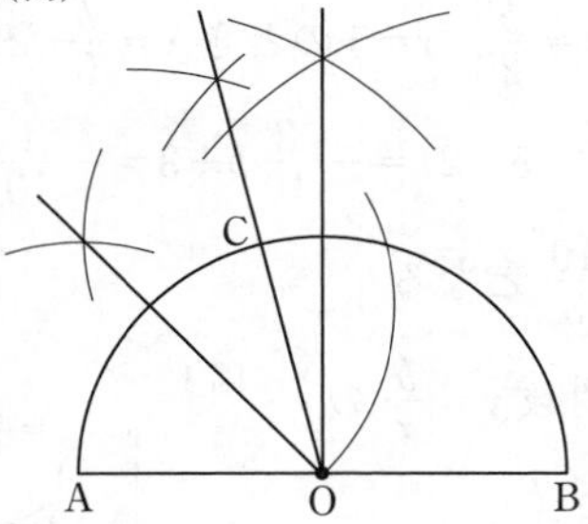

2 〔問１〕 $\frac{10}{3}$ 〔問２〕 $a=1,\ b=\frac{9}{2}$

〔問３〕 $\frac{-1+\sqrt{21}}{2}$

3 〔問１〕 54°

〔問２〕

(1) (例)△BAD と△EAD において，線分 AB が半円の直径であるから，∠BDA＝90° よって，∠BDA＝∠EDA＝90°……① $\overset{\frown}{\mathrm{CD}}=\overset{\frown}{\mathrm{DB}}$ より，円周角の定理から，∠BAD＝∠EAD……② 共通であるから，AD＝AD……③ ①，②，③より，１組の辺とその両端の角がそれぞれ等しいので，△BAD≡△EAD よって，DB＝DE

(2) $\frac{125}{61}$cm

4 〔問１〕 $\frac{100}{3}\mathrm{cm}^3$ 〔問２〕 $24\mathrm{cm}^2$

〔問３〕 $24\mathrm{cm}^3$

1〔独立小問集合題〕

〔問１〕＜数の計算＞与式$=\sqrt{6\times18}+\frac{\sqrt{6}\times6}{\sqrt{3}}-\sqrt{6^2\times2}=\sqrt{6^2\times3}+6\sqrt{2}-6\sqrt{2}=6\sqrt{3}$

〔問２〕＜二次方程式＞$2x^2-(x^2+6x+9)=7$，$2x^2-x^2-6x-9=7$，$x^2-6x-16=0$，$(x+2)(x-8)=0$ $\therefore x=-2,\ 8$

〔問３〕＜連立方程式＞$4x+3y=33$……①，$\frac{1}{2}x-\frac{2}{3}y=1$……②とする。②×6 より，$3x-4y=6$……②′ ①×4＋②′×3 より，$16x+9x=132+18$，$25x=150$ $\therefore x=6$ これを①に代入して，$4\times6+3y=33$，$3y=9$ $\therefore y=3$

〔問４〕＜確率―数字のカード＞６枚のカードの中から同時に２枚のカードを取り出すとき，取り出し方は，２と３，２と５，２と６，２と７，２と８，３と５，３と６，３と７，３と８，５と６，５と７，５と８，６と７，６と８，７と８の15通りある。このうち，取り出したカードの数字の積が20以上になるのは，下線をつけた８通りだから，求める確率は$\frac{8}{15}$である。

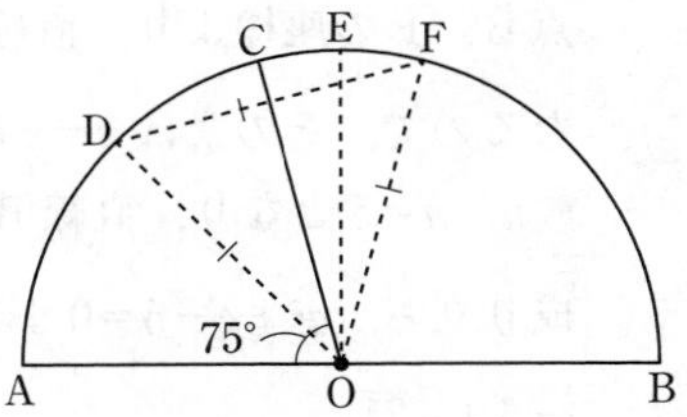

〔問５〕＜平面図形―作図＞右図で，∠AOC＝75°＝45°＋30° だから，∠AOD＝45° となる点Dを $\overset{\frown}{\mathrm{AB}}$ 上にとると，∠DOC＝30° となる。45°$=\frac{1}{2}\times$90° だから，∠AOE＝90° となる点Eを $\overset{\frown}{\mathrm{AB}}$ 上にとると，∠AOD$=\frac{1}{2}$∠AOE より，線分 OD は∠AOE の二等分線となる。点Oは線分 AB の中点なので，点Eは線分 AB の垂直二等分線を引いて求められる。また，30°$=\frac{1}{2}\times$60° だから，∠DOF＝60° となる点Fを $\overset{\frown}{\mathrm{AB}}$ 上にとると，∠DOC$=\frac{1}{2}$∠DOF より，線分 OC は∠DOF の二等分線となる。∠DOF＝60°，DO＝FO より，△ODF は

正三角形だから，DF＝DO である。よって，点Fは，点Dを中心として半径DOの円の弧をかいて求められる。解答参照。

2〔**関数―関数 $y=ax^2$ と一次関数，反比例のグラフ**〕

≪基本方針の決定≫〔問２〕 点Aと点Dの y 座標は等しい。 〔問３〕 ２点B，Eの座標を a を使って表し，直線BEの傾きを求める。

〔**問１**〕**＜比例定数＞**関数 $y=\frac{b}{x}$ において，$x=2$ のとき $y=\frac{b}{2}$，$x=5$ のとき $y=\frac{b}{5}$ だから，x の値が２から５まで変化するときの変化の割合は $\left(\frac{b}{5}-\frac{b}{2}\right)\div(5-2)=-\frac{3}{10}b\div3=-\frac{1}{10}b$ と表せる。これが $-\frac{1}{3}$ であるから，$-\frac{1}{10}b=-\frac{1}{3}$ が成り立ち，$b=\frac{10}{3}$ となる。

〔**問２**〕**＜x 座標，比例定数＞**右図１で，２点C，Dは関数 $y=\frac{b}{x}$ のグラフ上にあり，x 座標がそれぞれ１，b だから，$y=\frac{b}{1}=b$，$y=\frac{b}{b}=1$ より，C$(1,\ b)$，D$(b,\ 1)$ である。直線ADは x 軸に平行だから，点Aの y 座標は１であり，A$(a,\ 1)$ となる。点Aは関数 $y=x^2$ のグラフ上にあるから，$1=a^2$ より，$a=\pm1$ となり，$a>0$ だから，$a=1$ である。よって，A$(1,\ 1)$ であり，２点A，Cの x 座標が等しいので，直線ACは y 軸に平行となる。これより，AC＝$b-1$，AD＝$b-1$ となる。また，点Bの x 座標は $a+1=1+1=2$ となる。点Bは関数 $y=x^2$ のグラフ上にあるから，$y=2^2=4$ より，B$(2,\ 4)$ である。２点A，Bを結ぶと，△ABCは辺ACを底辺と見たときの高さが $2-1=1$，△ABDは辺ADを底辺と見たときの高さが $4-1=3$ だから，〔四角形ADBC〕＝△ABC＋△ABD＝$\frac{1}{2}\times(b-1)\times1+\frac{1}{2}\times(b-1)\times3=2b-2$ と表せる。四角形ADBCの面積が $7\,\mathrm{cm}^2$ なので，$2b-2=7$ が成り立ち，$2b=9$ より，$b=\frac{9}{2}$ となる。

図１

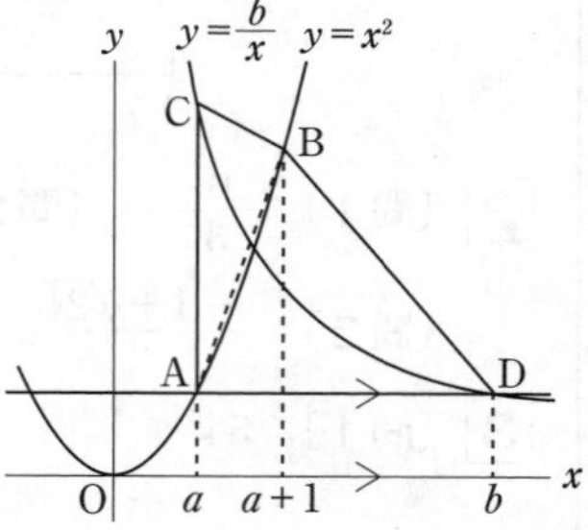

〔**問３**〕**＜x 座標＞**右図２で，２点A，Bは関数 $y=x^2$ のグラフ上にあり，x 座標がそれぞれ a，$a+1$ だから，$y=a^2$，$y=(a+1)^2=a^2+2a+1$ となり，A$(a,\ a^2)$，B$(a+1,\ a^2+2a+1)$ となる。点Eは，y 軸を対称の軸として点Aと線対称な点だから，E$(-a,\ a^2)$ である。また，点Cは関数 $y=\frac{6}{x}$ のグラフ上にあり，x 座標が１だから，$y=\frac{6}{1}=6$ より，C$(1,\ 6)$ である。２点B，Eの座標より，直線BEの傾きは $\frac{(a^2+2a+1)-a^2}{(a+1)-(-a)}=\frac{2a+1}{2a+1}=1$ となるので，その式は $y=x+n$ と表せる。直線BEは点Cを通るので，$6=1+n$，$n=5$ となり，直線BEの式は $y=x+5$ である。この直線上に点Eがあるので，$a^2=-a+5$ が成り立ち，$a^2+a-5=0$ より，$a=\frac{-1\pm\sqrt{1^2-4\times1\times(-5)}}{2\times1}=\frac{-1\pm\sqrt{21}}{2}$ となる。$a>0$ だから，$a=\frac{-1+\sqrt{21}}{2}$ である。

図２

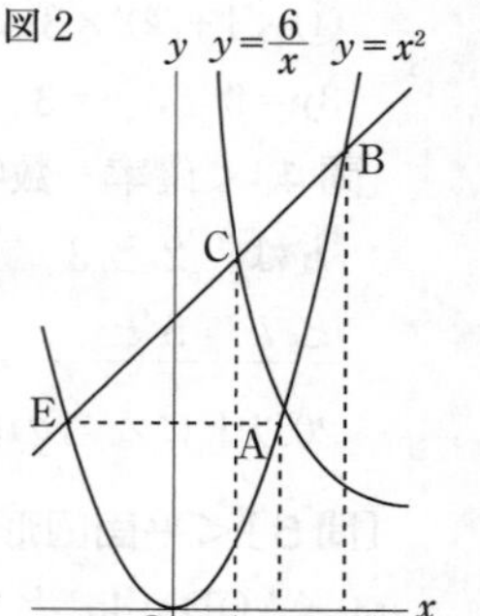

3〔**平面図形―半円**〕

≪基本方針の決定≫〔問１〕 $\overset{\frown}{CD}$，$\overset{\frown}{DB}$ に対する円周角の比は２：１である。 〔問２〕(2) △ECF

と△ODF に着目する。

〔問1〕＜角度＞右図1で，点Oと点D，点Bと点Cを結ぶ。$\overset{\frown}{\mathrm{CD}}:\overset{\frown}{\mathrm{DB}}=2:1$ より，$\angle\mathrm{CBD}:\angle\mathrm{DCB}=2:1$ だから，$\angle\mathrm{CBD}=2x$，$\angle\mathrm{DCB}=x$ とおけ，△BCD で内角と外角の関係より，$\angle\mathrm{CDE}=\angle\mathrm{CBD}+\angle\mathrm{DCB}=2x+x=3x$ と表せる。また，OC∥BE より，$\angle\mathrm{OCD}=\angle\mathrm{CDE}=3x$ となり，△OCD は OC＝OD の二等辺三角形だから，$\angle\mathrm{ODC}=\angle\mathrm{OCD}=3x$ となる。さらに，$\overset{\frown}{\mathrm{CD}}$ に対する円周角と中心角の関係より，$\angle\mathrm{COD}=2\angle\mathrm{CBD}=2\times2x=4x$ だから，OC∥BE より，$\angle\mathrm{ODB}=\angle\mathrm{COD}=4x$ となる。よって，$\angle\mathrm{CDE}+\angle\mathrm{ODC}+\angle\mathrm{ODB}=180^\circ$ より，$3x+3x+4x=180^\circ$ となるから，$10x=180^\circ$，$x=18^\circ$ となり，$\angle\mathrm{CDE}=3x=3\times18^\circ=54^\circ$ である。

図1

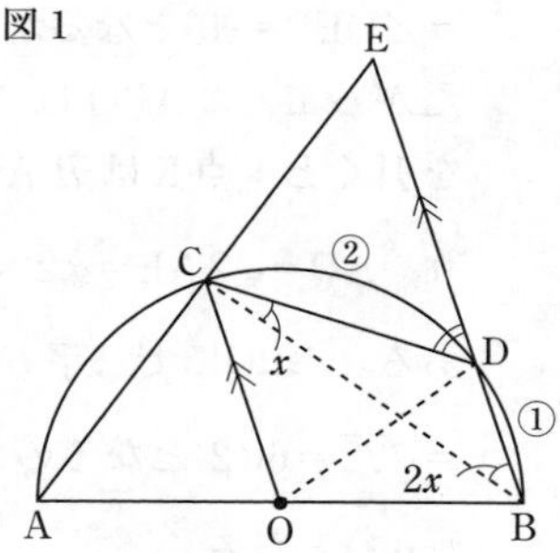

〔問2〕＜証明，長さ＞(1)右図2で，点Aと点Dを結ぶ。DB＝DE を導くには，△BAD≡△EAD であることを示せばよい。線分 AB が半円の直径より，$\angle\mathrm{BDA}=90^\circ$ だから，$\angle\mathrm{BDA}=\angle\mathrm{EDA}=90^\circ$ である。また，$\overset{\frown}{\mathrm{CD}}=\overset{\frown}{\mathrm{DB}}$ より，$\angle\mathrm{BAD}=\angle\mathrm{EAD}$ であり，共通な辺より，AD＝AD である。解答参照。　(2)図2で，点Oと点Dを結ぶ。OB＝OA であり，(1)より，DB＝DE だから，△ABE で中点連結定理より，AE∥OD となる。よって，錯角より，$\angle\mathrm{ECF}=\angle\mathrm{ODF}$ であり，$\angle\mathrm{CFE}=\angle\mathrm{DFO}$ だから，△ECF∽△ODF となる。これより，CF：DF＝CE：DO である。また，(1)より，△BAD≡△EAD だから，AE＝AB＝12 となり，△ABE は二等辺三角形である。$\mathrm{DB}=\mathrm{DE}=\dfrac{1}{2}\mathrm{BE}=\dfrac{1}{2}\times10=5$ であり，$\overset{\frown}{\mathrm{CD}}=\overset{\frown}{\mathrm{DB}}$ より，DC＝DB＝5 となるから，△DCE も DC＝DE の二等辺三角形である。△ABE と△DCE はともに二等辺三角形で，∠AEB＝∠DEC より底角を共有しているから，△ABE∽△DCE となる。相似比は AE：DE＝12：5 だから，BE：CE＝12：5 であり，$\mathrm{CE}=\dfrac{5}{12}\mathrm{BE}=\dfrac{5}{12}\times10=\dfrac{25}{6}$ となる。$\mathrm{DO}=\mathrm{OB}=\dfrac{1}{2}\mathrm{AB}=\dfrac{1}{2}\times12=6$ だから，$\mathrm{CE}:\mathrm{DO}=\dfrac{25}{6}:6=25:36$ となり，CF：DF＝25：36 である。したがって，$\mathrm{CF}=\dfrac{25}{25+36}\mathrm{DC}=\dfrac{25}{61}\times5=\dfrac{125}{61}$(cm)となる。

図2

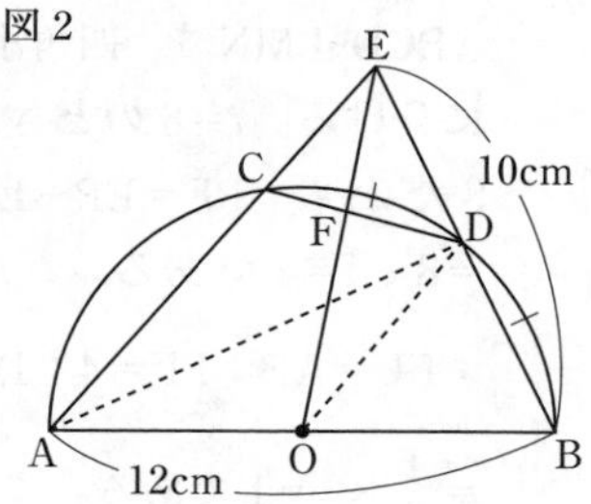

4 〔空間図形―立方体〕

≪基本方針の決定≫〔問2〕　△APQ が二等辺三角形であることに気づきたい。　〔問3〕　立体 ABCD-LMN は，四角錐 A-BLMC と四角錐 A-DNMC に分けられる。

〔問1〕＜体積＞右図1で，点P，点Qはそれぞれ毎秒2cm，毎秒1cmの速さで動くので，$t=5$ のとき，$\mathrm{EP}=2\times5=10$，$\mathrm{EQ}=1\times5=5$ である。立体 A-EPQ は三角錐であり，AE⊥〔面 EPQ〕だから，求める立体の体積は，$\dfrac{1}{3}\times\triangle\mathrm{EPQ}\times\mathrm{AE}=\dfrac{1}{3}\times\left(\dfrac{1}{2}\times10\times5\right)\times4=\dfrac{100}{3}(\mathrm{cm}^3)$ となる。

図1

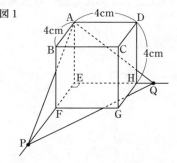

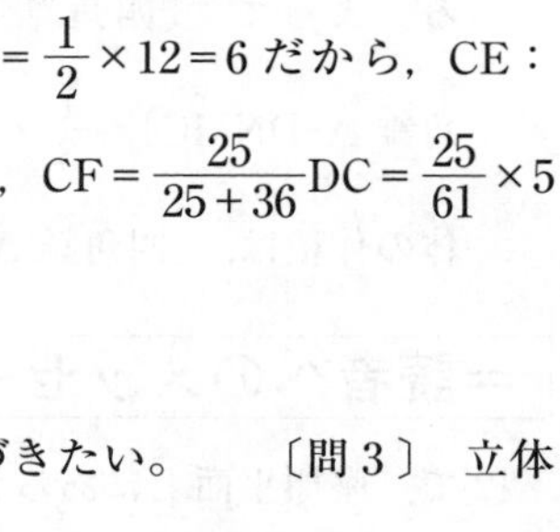

〔問2〕＜面積＞右図1で，$\mathrm{EP}=2\times t=2t$，$\mathrm{EQ}=1\times t=t$ と表せる。△EPQ は $\angle\mathrm{PEQ}=90^\circ$ の直角三角形だから，三平方の定理より，$\mathrm{EP}^2+\mathrm{EQ}^2=\mathrm{PQ}^2$ が成り立つ。よって，$\mathrm{PQ}=4\sqrt{5}$ のとき，$(2t)^2+t^2=(4\sqrt{5})^2$ となり，$5t^2=80$，$t^2=16$，$t=\pm4$ となる。$0\leqq t\leqq10$ だから，$t=4$ である。このとき，$\mathrm{EQ}=t=4$ であり，EH＝4 だから，

右図2のように，点Qは頂点Hと重なる。$EA=EQ$，$EP=EP$，$\angle AEP=\angle QEP=90^\circ$となるから，$\triangle EPA\equiv\triangle EPQ$であり，$PA=PQ$である。したがって，$\triangle APQ$は二等辺三角形だから，点Pから辺AQに垂線PKを引くと，点Kは辺AQの中点となる。$\triangle AEQ$が直角二等辺三角形より，$AQ=\sqrt{2}AE=\sqrt{2}\times4=4\sqrt{2}$だから，$QK=\frac{1}{2}AQ=\frac{1}{2}\times4\sqrt{2}=2\sqrt{2}$である。$\triangle PQK$で三平方の定理より，$PK=\sqrt{PQ^2-QK^2}=\sqrt{(4\sqrt{5})^2-(2\sqrt{2})^2}=\sqrt{72}=6\sqrt{2}$となるので，$\triangle APQ=\frac{1}{2}\times AQ\times PK=\frac{1}{2}\times4\sqrt{2}\times6\sqrt{2}=24$(cm²)となる。

図2

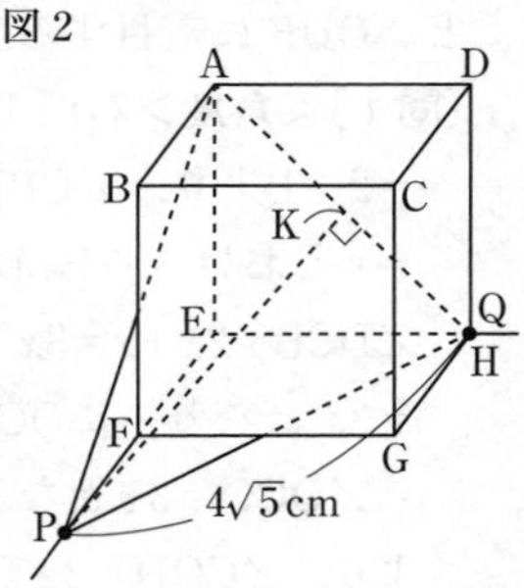

〔問3〕＜体積＞右図3で，点Aと点Cを結び，立体ABCD-LMNを，四角錐A-BLMCと四角錐A-DNMCに分ける。$t=8$のとき，$EP=2\times8=16$，$EQ=1\times8=8$だから，$PF=EP-EF=16-4=12$，$QH=EQ-EH=8-4=4$である。$\triangle ABL\backsim\triangle PFL$となるから，$BL:FL=AB:PF=4:12=1:3$となり，$BL=\frac{1}{1+3}BF=\frac{1}{4}\times4=1$である。また，$AD=QH$より，$\triangle ADN\equiv\triangle QHN$となるから，$DN=HN=\frac{1}{2}DH=\frac{1}{2}\times4=2$である。次に，3点L，M，Nは，3点A，P，Qを通る平面上にあるので，AL∥NM，AN∥LMとなり，四角形ALMNは平行四辺形である。これより，点Lから辺CGに垂線LSを引くと，$\triangle LSM\equiv\triangle ADN$となり，$SM=DN=2$である。$CS=BL=1$なので，$CM=CS+SM=1+2=3$である。よって，〔四角錐A-BLMC〕$=\frac{1}{3}\times$〔台形BLMC〕$\times AB=\frac{1}{3}\times\left\{\frac{1}{2}\times(1+3)\times4\right\}\times4=\frac{32}{3}$，〔四角錐A-DNMC〕$=\frac{1}{3}\times$〔台形DNMC〕$\times AD=\frac{1}{3}\times\left\{\frac{1}{2}\times(2+3)\times4\right\}\times4=\frac{40}{3}$となるので，求める立体の体積は，〔四角錐A-BLMC〕＋〔四角錐A-DNMC〕$=\frac{32}{3}+\frac{40}{3}=24$(cm³)である。

図3

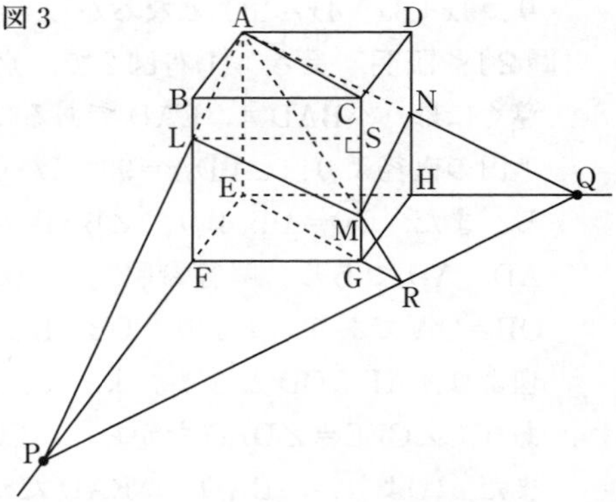

＝読者へのメッセージ＝

②で，座標平面上にある２つのグラフは放物線と双曲線です。放物線，双曲線は円錐を平面で切断することによっても現れる曲線です。高校で学習します。

2022年度／都立戸山高等学校

国語解答

一 (1) おもは　(2) らつわん
(3) せっけい　(4) おんとう
(5) ばんこふえき

二 (1) 裁断　(2) 氷解　(3) 委
(4) 大団円　(5) 一視同仁

三 〔問1〕 ウ　〔問2〕 エ
〔問3〕 ア　〔問4〕 エ
〔問5〕 先生が私の作品の言葉を引用して当意即妙に答えてくれたことがうれしかった(35字)［から笑った。］
〔問6〕 イ

四 〔問1〕 エ　〔問2〕 イ
〔問3〕 ウ
〔問4〕 時間や場所にかかわりなく妥当する普遍的なものではなく，ある時点で地球全体にわたって最も広範に受容されているもの。(56字)
〔問5〕 ア　〔問6〕 イ
〔問7〕 (例)家の近所の海岸には涼や開放感を求めて多くの人が訪れる。豊かな空間とは，人々が心身を癒やしに自然と集まる場所のことだ。／近年，ゴミの問題や海洋汚染によって，人間は世界中で空間の豊かさを失いつつある。海の近くに住み，美しい海を知る私が，ゴミ拾い等の環境保護活動への参加や海洋生物の現状等の啓発活動を世界に向けて発信することで，豊かな空間としての海の回復に少しでも貢献できると考える。(191字)

五 〔問1〕 想像上の歌枕に遊んでいた
〔問2〕 ア　〔問3〕 ウ
〔問4〕 ア　〔問5〕 エ

一〔漢字〕

(1)「面映ゆい」は，恥ずかしい，照れくさい，という意味。　(2)「辣腕」は，物事を処理する能力が高いこと。　(3)「雪渓」は，一年中雪のある谷間のこと。　(4)「穏当」は，おだやかで無理のないこと。　(5)「万古不易」は，永遠に変わらないこと。

二〔漢字〕

(1)「裁断」は，善悪・適否を判断して断定すること。　(2)「氷解」は，氷が解けるように，不明な部分があとかたもなくなること。　(3)音読みは「委員」などの「イ」。　(4)「大団円」は，劇や小説，事件などで全て解決した最後の場面のこと。　(5)「一視同仁」は，全ての人を分け隔てなく平等に扱うこと。

三〔随筆の読解―自伝的分野―回想〕出典；中勘助『夏目先生と私』。

〔問1〕＜文章内容＞「私」は，信州から東京に帰った後，初めて先生のもとを訪れるので，大病をした先生の体調はどうなのか，先生が病後「どんなになったかしら」と心配していたのである。

〔問2〕＜心情＞「私」は，先生が「大変な白髪」になっていて，顔も「なんだかひどくいかつく」なったことに注目していたが，先生の話し方や「大学以来そのままのいろいろな癖」を見出して，うれしく懐かしく思っている。

〔問３〕＜文章内容＞「私」は，先生が先客の原稿を読んでいるのだと思っていたが，実は先客を待たせて「私」の原稿を最後まで読んでくれていたことを知った。そして先生が「ありゃいいよ」と「私」の原稿をほめてくれたので，「私」は，先生に時間を取らせて申し訳ないと思いつつも，評価されてうれしかったのである。

〔問４〕＜文章内容＞先生は「私」の原稿を読んで，「ああいう意気地のないことを……」と言いかけて言葉を継がなかった。先生は，「私」の気持ちが傷つくのではないかと気をまわして，言葉にも気を遣ってくれていたのである。

〔問５〕＜文章内容＞先生が，会話の中で機転を利かせて，「私」の書いた『銀の匙』の中で小学校の先生が主人公に向かって言った「なかなか面の皮が厚いな」という言葉を使ってくれたので，「私」は，うれしくて笑ったのである。

〔問６〕＜表現＞「私」と先生との会話はあるが，「軽快な」といえるものではない(ア…×)。「私」が久しぶりに先生のもとを訪れたとき，先生が薬を飲むために前掛けをしているという「予想しなかった」姿に，「私」が驚きとともに先生は病気療養中だということを改めて感じたことが，表されている(イ…○)。「私」の視点から，大病後の先生の様子が描かれている(ウ…×)。「私」は，友人の安倍に誘われて大病後の先生のもとを訪れた(エ…×)。

四 **〔論説文の読解―哲学的分野―哲学〕**出典；桑子敏雄『環境の哲学　日本の思想を現代に活かす』。

≪本文の概要≫空間の豊かさを問うことの中に，地球環境全体の問題が含まれる。人間が自然環境に対して取ってきた態度を考えること，つまり「環境倫理の再検討」とは，人間の行動の原理をグローバルな規模で定めようとするものである。しかし，全地球規模の行動原理がどこでも同じように実行されることを求めるなら，ローカルなものとの対立が生まれる。多様な地域の独自性を一種の普遍性のもとに包摂しようとするのは難しい。グローバルであることは，普遍的であることとは違うのである。環境倫理に関しては，人間の基本的な条件としての空間性と時間性から論じる必要がある。環境問題は，直接的に人間に関わるものとしては，生命と健康の問題としてとらえることができる。環境の問題は，人間が身体的な存在であること，有害物質が環境中を移動すること，身体がどのような配置を持つかということと切り離せない。この「身体の配置」は，個性の源泉であり，人間は，ある特定の歴史的空間に存在し行動するものとして理解されるので，他の人間と異なる固有の履歴を持つ。

〔問１〕＜文章内容＞環境倫理とは，従来「わたしたちが自然環境に対してもっている姿勢，態度，心構え，信条，あるいはこうした心的傾向にもとづく行為など」をいうが，現在は，グローバルな規模で定めようとする「人々が一致して行動できるような原理・原則」を指しているのである。

〔問２〕＜文章内容＞グローバルな理念の実行を求めるなら「どこでも同じように実行されるべきだ」ということになるが，そうなると，「ローカル」なもの，つまり「多様な地域の独自性」が，「普遍性のもとに包摂」されてしまうのである。

〔問３〕＜文章内容＞「think globally」つまり，広く地球規模で環境を考えて行動するとなると，「think locally」つまり，あるローカルな地域の個別の事情を考慮しないことにつながってしまうこともある(イ・エ…○)。世界遺産に登録されると遺産の保護が求められるが，その結果，その地域の街づくりが制限されることにもなる(ア…○)。

〔問４〕＜文章内容＞グローバルであるということは「現在地球上でもっとも広範に受容されている理

念」ということではあるが，「永遠に受容されつづける」ことではない。グローバルということは，普遍的に「時，所にかかわりなく妥当する」ものではないのである。

〔問５〕＜文章内容＞「身体の配置」とは，「ひとりひとりの人間がこの地球上のある地点に空間的広がりをもって配置されているということ」である。環境問題を「生命と健康の問題」とすれば，人間が身体的であること，有害物質が環境中を移動すること，身体がどのような配置を持つかということと切り離せないのであり，一人ひとりの人間が，自分の生きている空間で，どのように「生命と健康を持続しているか」ということが重要なのである。

〔問６〕＜文章内容＞「身体の配置」は，地球上の事物とどのような全体的な関係にあるかということによるものであり，「ひとりひとりの人間の個性の源泉」である。人間は，「ローカルであること」によって，ある特定の歴史的空間に存在し，行動するものだからである。他の人とは違い，その人それぞれが固有の存在だといえるのである。

〔問７〕＜作文＞「空間の豊かさ」とはどのようなものか，自分の周りの環境について考えてみる。学校や地域で，自分がどのような役割を果たしているか，自分がどのようなことをすれば，周りの環境がよくなると思えるか，具体的な場所や事柄を通して考えてみる。誤字に気をつけて，字数を守って書いていくこと。

五〔説明文の読解―芸術・文学・言語学的分野―文学〕出典；高橋睦郎『読みなおし日本文学史―歌の漂白―』。

〔問１〕＜文章内容＞歌枕の原点は，「旅先で土地の名を賞めることで土地の神神の加護を願う」ことであったので，歌枕自体が一種の信仰の対象になる。そして，先人の歌った歌枕を，自分の歌によみ込むことで，その土地に行ったことと等しくなるので，歌人は，歌枕で「想像上の旅」，すなわち「想像上の歌枕に」遊んで，実際の歌枕の地にはほとんど行かなかった。

〔問２〕＜語句＞「訳知り」は，物事の事情によく通じていることを表す。

〔問３〕＜和歌の内容理解＞「関所を守る」と「洩れ入る」の「守る」と「洩る」が，掛詞になっている。月の光は，能因の歌を思い出させるとともに，「人の心を引きとめて立ち去り難く」させ，まるで月の光が関所を守っているようだというのである。

〔問４〕＜文章内容＞歌枕が大切にされたのは，歌枕となりえた地名は「信仰に関わる」所であり，「旅先で土地の名を賞めることで土地の神神の加護を願う」というように，歌枕の原点が「神の聖地」だったからである。

〔問５〕＜文章内容＞例えば，連歌の大成者である宗祇は，庶民であったが，貴人の命を受けて旅をしていた。連歌師たちは，都から離れられない貴人と違い，「都を起点に諸地方を往き来した」のであり，彼らは貴人の代行者としての旅を楽しみ，貴人は「代行してくれる彼らの旅を応援」したのである。

Memo

●2022年度

東京都立高等学校

共通問題

【社会・理科】

2022年度 東京都立高等学校（共通問題）

【社　会】（50分）〈満点：100点〉

1　次の各問に答えよ。

〔問１〕　次の資料は，ある地域の様子を地域調査の発表用としてまとめたものの一部である。下の**ア**～**エ**の地形図は，「国土地理院発行２万５千分の１地形図」の一部を拡大して作成した地形図上に●で示した**A**点から，**B**点を経て，**C**点まで移動した経路を太線（━━）で示したものである。資料で示された地域に当てはまるのは，下の**ア**～**エ**のうちではどれか。

漁師町の痕跡を巡る　　調査日　令和３年10月２日（土）　天候　晴れ

複数の文献等に共通した地域の特徴

○**A**点付近の様子
ベカ舟がつながれていた川，漁業を営む家，町役場

○**B**点付近の様子
にぎやかな商店街，細い路地

〔ベカ舟〕

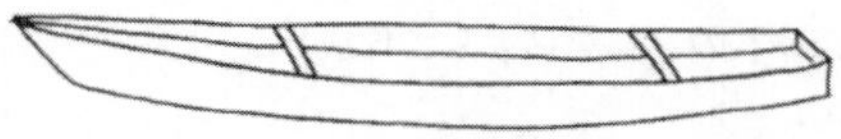

長さ約4.8m，幅約1.0m，高さ約0.6m

漁師町の痕跡を巡った様子

A点で川に架かる橋から東を見ると，漁業に使うベカ舟がつながれていた川が曲がっている様子が見えた。その橋を渡ると，水準点がある場所に旧町役場の跡の碑があった。南へ約50m歩いて南東に曲がった道路の**B**点では，明治時代初期の商家の建物や細い路地がいくつか見られた。川に並行した道路を約450m歩き，北東に曲がって川に架かる橋を渡り，少し歩いて北西に曲がって川に並行した道路を約250m直進し，曲がりくねった道を進み，東へ曲がると，学校の前の**C**点に着いた。

A点（漁業に使うベカ舟がつながれていた川）

B点（明治時代初期の商家の建物が見られる道路）

ア

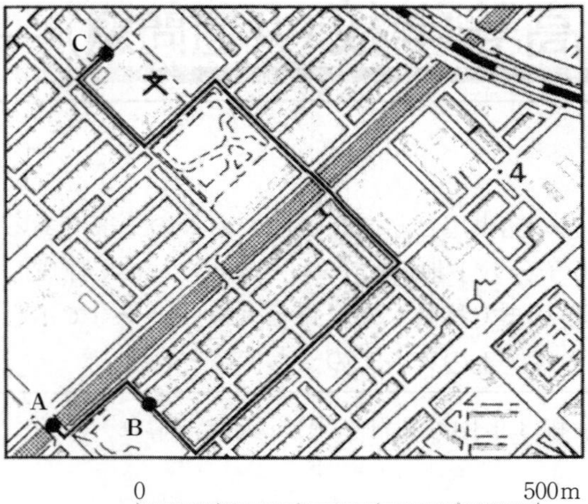

(2019年の「国土地理院発行２万５千分の１地形図(千葉西部)」の一部を拡大して作成)

イ

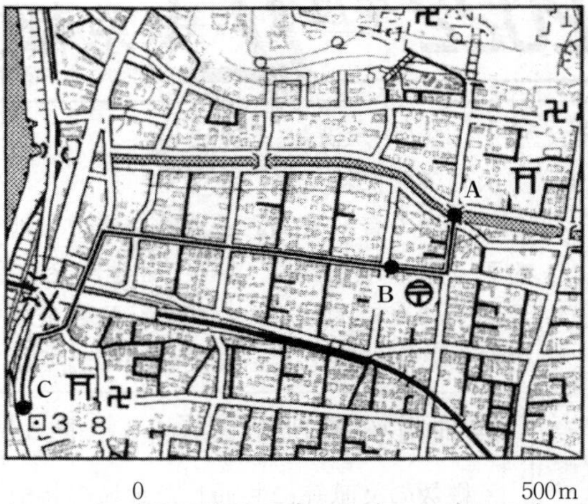

(2019年の「国土地理院発行２万５千分の１地形図(船橋《ふなばし》)」の一部を拡大して作成)

ウ

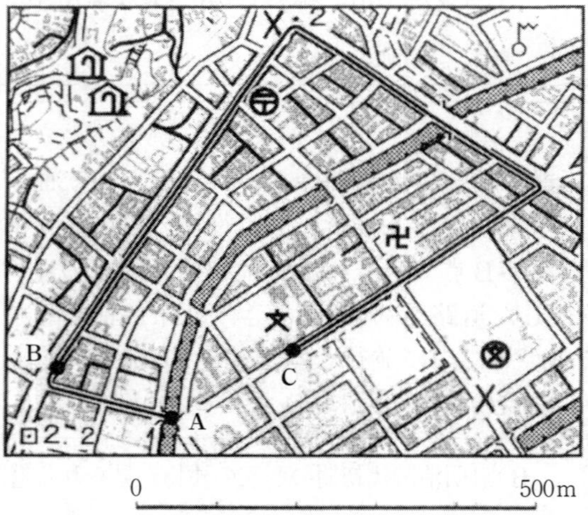

(2020年の「国土地理院発行２万５千分の１地形図(横浜西部)」の一部を拡大して作成)

エ

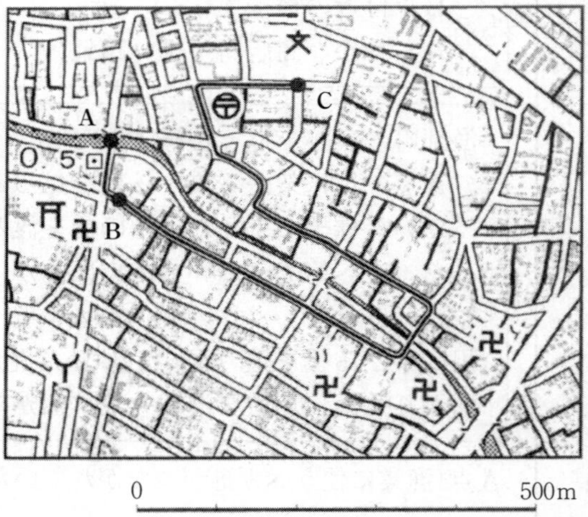

(2015年の「国土地理院発行２万５千分の１地形図(浦安《うらやす》)」の一部を拡大して作成)

〔問２〕　次のⅠの略地図中の**ア**～**エ**は，世界遺産に登録されている我が国の主な歴史的文化財の所在地を示したものである。Ⅱの文章で述べている歴史的文化財の所在地に当てはまるのは，略地図中の**ア**～**エ**のうちのどれか。

Ⅰ

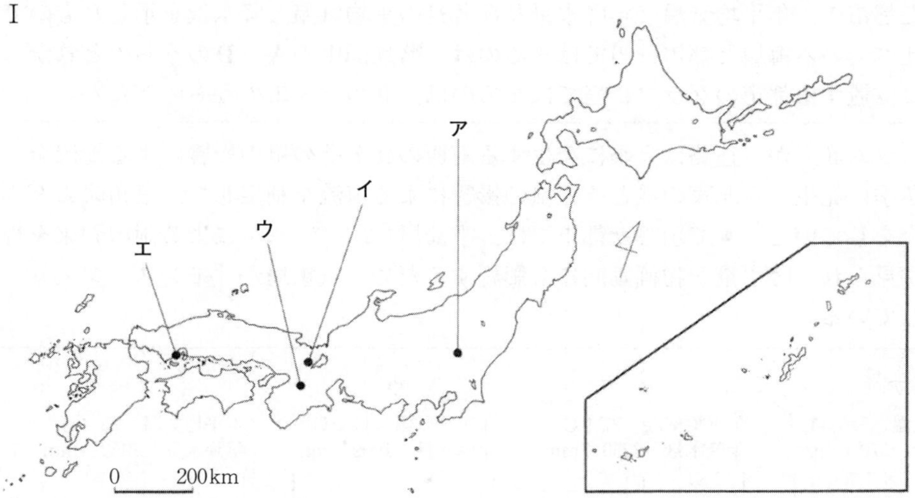

Ⅱ

鑑真《がんじん》によって伝えられた戒律を重んじる律宗《りっしゅう》の中心となる寺院は，中央に朱雀大《すざくおお》路《じ》が通り，碁盤《ごばん》の目状に整備された都に建立《こんりゅう》された。金堂《こんどう》や講堂などが立ち並び，鑑真《がんじん》和上《わじょう》坐像《ざぞう》が御影堂《みえいどう》に納められており，1998年に世界遺産に登録された。

〔問３〕　次の文章で述べている司法機関に当てはまるのは，下の**ア**～**エ**のうちのどれか。

都府県に各１か所，北海道に４か所の合計50か所に設置され，開かれる裁判は，原則，第一審となり，民事裁判，行政裁判，刑事裁判を扱う。重大な犯罪に関わる刑事事件の第一審では，国民から選ばれた裁判員による裁判が行われる。

ア　地方裁判所　　**イ**　家庭裁判所　　**ウ**　高等裁判所　　**エ**　簡易裁判所

2　次の略地図を見て，あとの各問に答えよ。

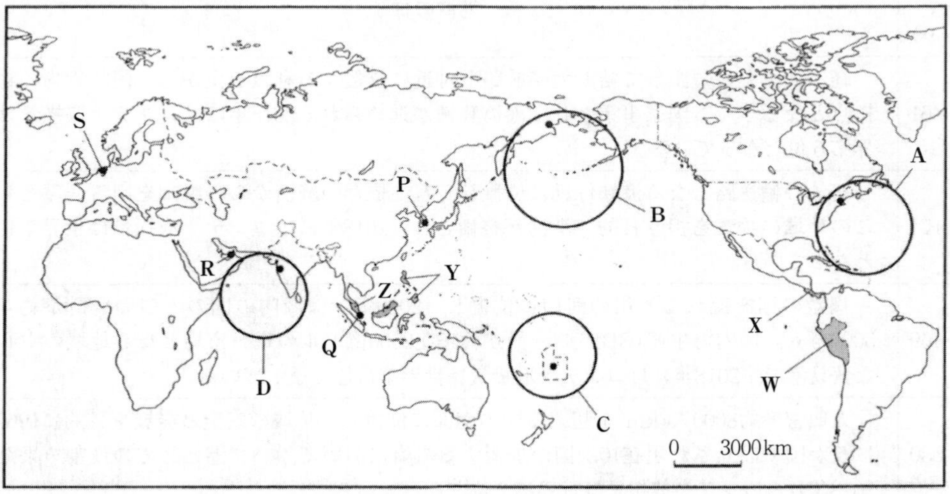

〔問１〕　次のⅠの文章は，略地図中に ◯ で示した**A**～**D**の**いずれか**の範囲の海域と都市の様子についてまとめたものである。Ⅱの**ア**～**エ**のグラフは，略地図中の**A**～**D**の**いずれか**の範囲内

に●で示した都市の，年平均気温と年降水量及び各月の平均気温と降水量を示したものである。Ⅰの文章で述べている海域と都市に当てはまるのは，略地図中の**A**～**D**のうちのどれか，また，その範囲内に位置する都市のグラフに当てはまるのは，Ⅱの**ア**～**エ**のうちのどれか。

Ⅰ

> イスラム商人が，往路は夏季に発生する南西の風とその風の影響による海流を，復路は冬季に発生する北東の風とその風の影響による海流を利用して，三角帆のダウ船で航海をしていた。●で示した都市では，季節風(モンスーン)による雨の到来を祝う文化が見られ，降水量が物価動向にも影響するため，気象局が「モンスーン入り」を発表している。

Ⅱ

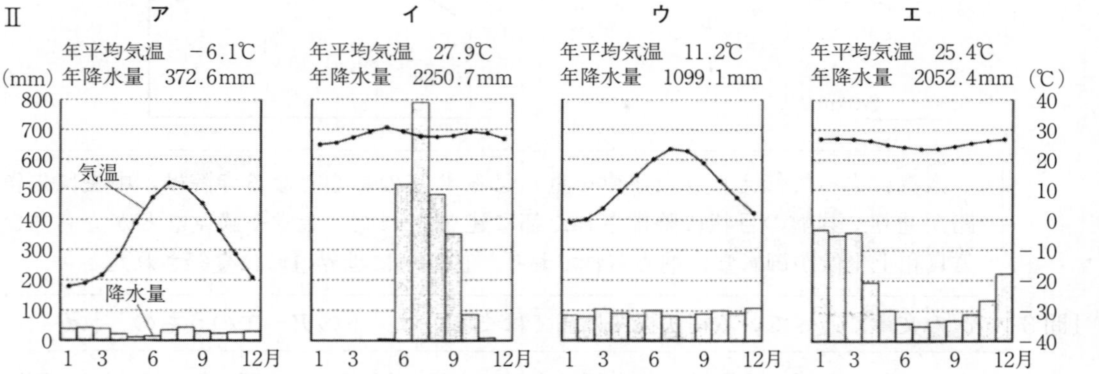

(気象庁のホームページより作成)

〔問2〕　次の表の**ア**～**エ**は，コンテナ埠頭《ふとう》が整備された港湾が位置する都市のうち，略地図中に**P**～**S**で示した，釜山《プサン》，シンガポール，ドバイ，ロッテルダムの**いずれか**の都市に位置する港湾の，2018年における総取扱貨物量と様子についてまとめたものである。略地図中の**P**～**S**のそれぞれの都市に位置する港湾に当てはまるのは，次の表の**ア**～**エ**のうちではどれか。

	総取扱貨物量(百万t)	港湾の様子
ア	461	経済大国を最短距離で結ぶ大圏航路上付近に位置する利点を生かし，国際貨物の物流拠点となるべく，国家事業として港湾整備が進められ，2018年にはコンテナ取扱量は世界第6位となっている。
イ	174	石油の輸送路となる海峡付近に位置し，石油依存の経済からの脱却を図る一環として，この地域の物流を担《にな》う目的で港湾が整備され，2018年にはコンテナ取扱量は世界第10位となっている。
ウ	469	複数の国を流れる河川の河口に位置し，2020年では域内の国の人口の合計が約4億5000万人，国内総生産(GDP)の合計が約15兆2000億ドルの単一市場となる地域の中心的な貿易港で，2018年にはコンテナ取扱量は世界第11位となっている。
エ	630	人口密度約8000人/km^2を超える国の南部に位置し，地域の安定と発展を目的に1967年に5か国で設立され現在10か国が加盟する組織において，ハブ港としての役割を果たし，2018年にはコンテナ取扱量は世界第2位となっている。

(注)　国内総生産とは，一つの国において新たに生み出された価値の総額を示した数値のことである。

(「データブック　オブ・ザ・ワールド」2021年版などより作成)

〔問３〕　次のⅠとⅡの表の**ア**～**エ**は，略地図中に　　　で示した**W**～**Z**の**いずれか**の国に当てはまる。Ⅰの表は，1999年と2019年における日本の輸入総額，日本の主な輸入品目と輸入額を示したものである。Ⅱの表は，1999年と2019年における輸出総額，輸出額が多い上位３位までの貿易相手国を示したものである。Ⅲの文章は，略地図中の**W**～**Z**の**いずれか**の国について述べたものである。Ⅲの文章で述べている国に当てはまるのは，略地図中の**W**～**Z**のうちのどれか，また，ⅠとⅡの表の**ア**～**エ**のうちのどれか。

Ⅰ

		日本の輸入総額（億円）	日本の主な輸入品目と輸入額（億円）		
ア	1999年	12414	電気機器　3708	一般機械　2242	液化天然ガス　1749
	2019年	19263	電気機器　5537	液化天然ガス　4920	一般機械　755
イ	1999年	331	金属鉱及びくず　112	非鉄金属　88	飼料　54
	2019年	2683	金属鉱及びくず　1590	液化天然ガス　365	揮発油　205
ウ	1999年	93	一般機械　51	コーヒー　14	植物性原材料　6
	2019年	459	精密機器類　300	電気機器　109	果実　15
エ	1999年	6034	一般機械　1837	電気機器　1779	果実　533
	2019年	11561	電気機器　4228	金属鉱及びくず　1217	一般機械　1105

（「データブック オブ・ザ・ワールド」2021年版などより作成」）

Ⅱ

		輸出総額（億ドル）	輸出額が多い上位３位までの貿易相手国		
			１位	２位	３位
ア	1999年	845	アメリカ合衆国	シンガポール	日本
	2019年	2381	中華人民共和国	シンガポール	アメリカ合衆国
イ	1999年	59	アメリカ合衆国	スイス	イギリス
	2019年	461	中華人民共和国	アメリカ合衆国	カナダ
ウ	1999年	63	アメリカ合衆国	オランダ	イギリス
	2019年	115	アメリカ合衆国	オランダ	ベルギー
エ	1999年	350	アメリカ合衆国	日本	オランダ
	2019年	709	アメリカ合衆国	日本	中華人民共和国

（国際連合貿易統計データベースより作成）

Ⅲ

1946年に独立したこの国では，軽工業に加え電気機器関連の工業に力を注ぎ，外国企業によるバナナ栽培などの一次産品中心の経済から脱却を図ってきた。1989年にはアジア太平洋経済協力会議（APEC《エイペック》）に参加し，1999年と比較して2019年では，日本の輸入総額は２倍に届かないものの増加し，貿易相手国としての中華人民共和国の重要性が増している。1960年代から日本企業の進出が見られ，近年では，人口が１億人を超え，英語を公用語としていることからコールセンターなどのサービス産業も発展している。

3 次の略地図を見て，あとの各問に答えよ。

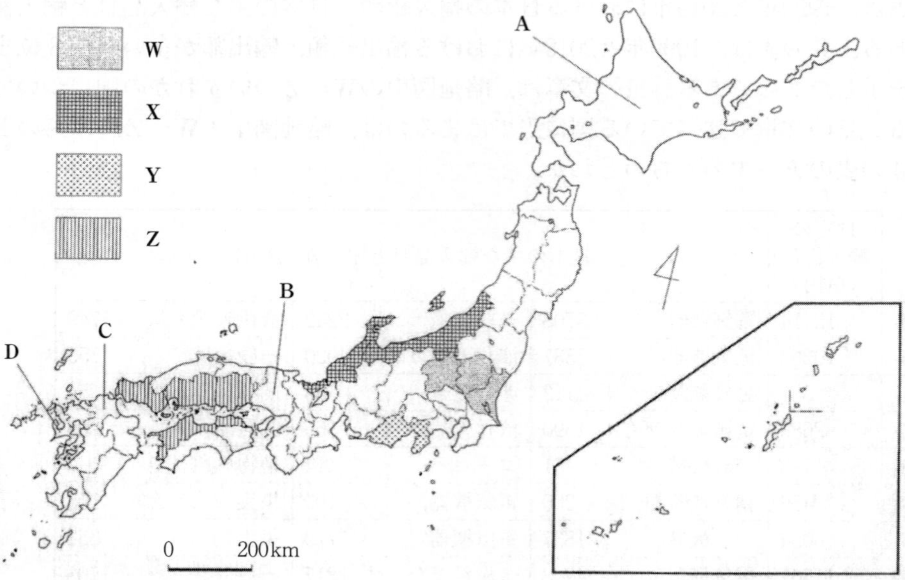

〔問１〕 次の表の**ア**～**エ**は，略地図中に**A**～**D**で示した**いずれか**の道県の，2019年における鉄鋼業と造船業の製造品出荷額等，海岸線と臨海部の工業の様子についてまとめたものである。**A**～**D**のそれぞれの道県に当てはまるのは，次の表の**ア**～**エ**のうちではどれか。

	製造品出荷額等（億円）		海岸線と臨海部の工業の様子
	鉄鋼	造船	
ア	9769	193	○678kmの海岸線には，干潟や陸と島をつなぐ砂州が見られ，北東部にある東西20km，南北２kmの湾に，工業用地として埋め立て地が造成された。 ○国内炭と中国産の鉄鉱石を原料に鉄鋼を生産していた製鉄所では，現在は輸入原料を使用し，自動車用の鋼板を生産している。
イ	19603	2503	○855kmの海岸線には，北部に国立公園に指定されたリアス海岸が見られ，南部に工業用地や商業用地として埋め立て地が造成された。 ○南部の海岸には，高度経済成長期に輸入原料を使用する製鉄所が立地し，国際貿易港に隣接する岬には，造船所が立地している。
ウ	3954	310	○4445kmの海岸線には，砂嘴《さし》や砂州，陸繋島《りくけいとう》，プレート運動の力が複雑に加わり形成された半島などが見られる。 ○国内炭と周辺で産出される砂鉄を原料に鉄鋼を生産していた製鉄所では，現在は輸入原料を使用し，自動車の部品に使われる特殊鋼を生産している。
エ	336	2323	○4170kmの海岸線には，多くの島や半島，岬によって複雑に入り組んだリアス海岸が見られる。 ○人口が集中している都市の臨海部に，カーフェリーなどを建造する造船所が立地し，周辺にはボイラーの製造などの関連産業が集積している。

（「日本国勢図会」2020/21年版などより作成）

〔問２〕　次のⅠの**ア**～**エ**のグラフは，略地図中に**W**～**Z**で示した**いずれか**の地域の1971年と2019年における製造品出荷額等と産業別の製造品出荷額等の割合を示したものである。Ⅱの文章は，Ⅰの**ア**～**エ**の**いずれか**の地域について述べたものである。Ⅱの文章で述べている地域に当てはまるのは，Ⅰの**ア**～**エ**のうちのどれか，また，略地図中の**W**～**Z**のうちのどれか。

Ⅰ

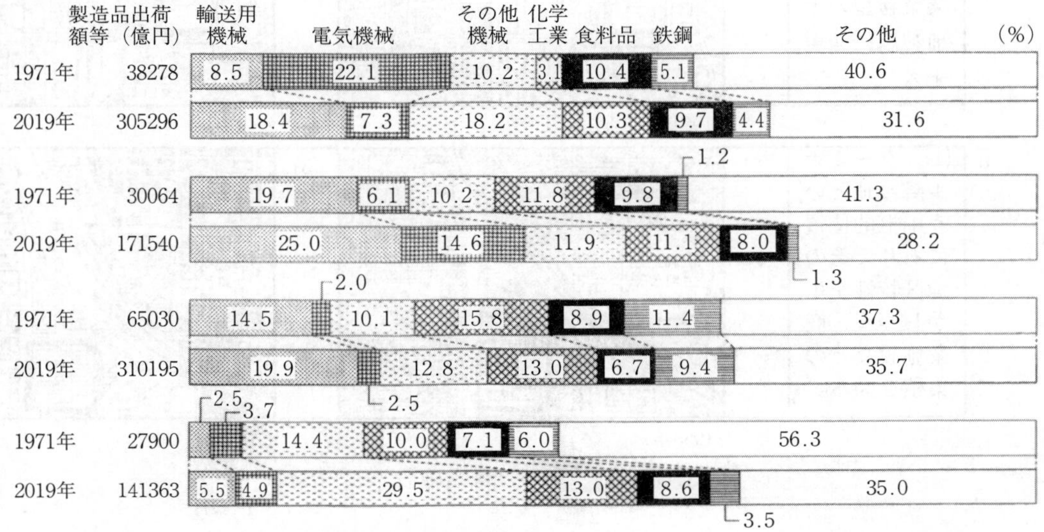

（注）　四捨五入をしているため，産業別の製造品出荷額等の割合を合計したものは，100％にならない場合がある。
（2019年工業統計表などより作成）

Ⅱ

絹織物や航空機産業を基礎として，電気機械等の製造業が発展した。高速道路網の整備に伴い，1980年に西部が，1987年に中部が東京とつながり，2011年には1998年開港の港湾と結ばれた。西部の高速道路沿いには，未来技術遺産に登録された製品を生み出す高度な技術をもつ企業の工場が立地している。2019年には電気機械の出荷額等は約２兆円となる一方で，自動車関連の輸送用機械の出荷額等が増加し，５兆円を超えるようになった。

〔問３〕　次のⅠ(1)とⅡ(1)の文は，1984年に示された福島市と1997年に示された岡山市の太線（━━）で囲まれた範囲を含む地域に関する地区計画の一部を分かりやすく書き改めたものである。Ⅰ(2)は1984年・1985年の，Ⅰ(3)は2018年の「２万５千分の１地形図（福島北部・福島南部）」の一部を拡大して作成したものである。Ⅱ(2)は1988年の，Ⅱ(3)は2017年の「２万５千分の１地形図（岡山南部）」の一部を拡大して作成したものである。ⅠとⅡの資料から読み取れる，太線で囲まれた範囲に共通した土地利用の変化について，簡単に述べよ。また，ⅠとⅡの資料から読み取れる，その変化を可能にした要因について，それぞれの県内において乗降客数が多い駅の一つである福島駅と岡山駅に着目して，簡単に述べよ。

Ⅰ
(1)　市の新しい玄関として，今までの住工混在型から商業業務型の土地利用に変更する。

(2)

(1984年・1985年)

(3)
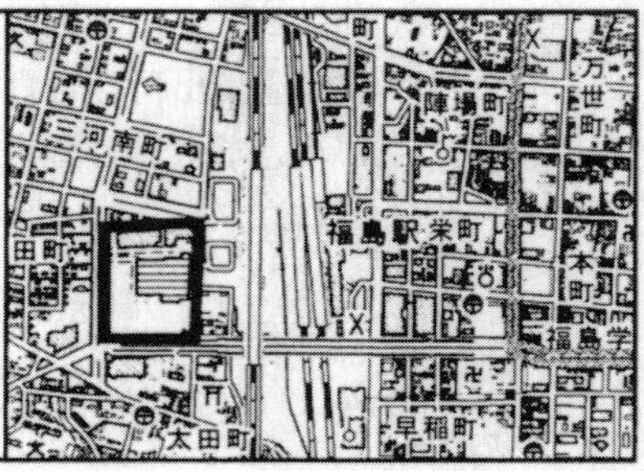

(2018年)

Ⅱ
(1)　ターミナル隣接地という中枢的位置にあり，その地区特性を生かしつつ，商業施設などの集積を図る。

(2)
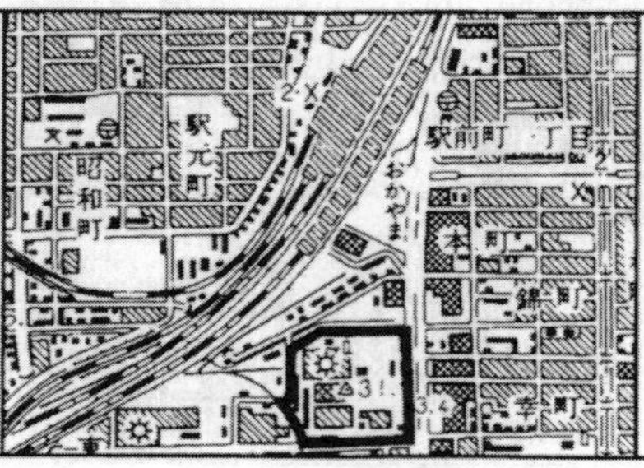

(1988年)

(3)

(2017年)

☼ 工場　　商業施設

0　200m

4

次の文章を読み，あとの各問に答えよ。

私たちは，身の回りの土地やものについて面積や重量などを道具を用いて計測し，その結果を暮らしに役立ててきた。

古代から，各時代の権力者は，(1)財政基盤を固めるため，土地の面積を基に税を徴収するなどの政策を行ってきた。時代が進み，(2)地域により異なっていた長さや面積などの基準が統一された。

(3)江戸時代に入ると，天文学や数学なども発展を遂げ，明治時代以降，我が国の科学技術の研究水準も向上し，独自の計測技術も開発されるようになった。

第二次世界大戦後になると，従来は計測することができなかった距離や大きさなどが，新たに開発された機器を通して計測することができるようになり，(4)環境問題などの解決のために生かされてきた。

〔問1〕　(1)財政基盤を固めるため，土地の面積を基に税を徴収するなどの政策を行ってきた。とあるが，次の**ア**～**エ**は，権力者が財政基盤を固めるために行った政策の様子について述べたものである。時期の古いものから順に記号を並べよ。

ア　朝廷は，人口増加に伴う土地不足に対応するため，墾田永年《こんでんえいねん》私《し》財法《ざいほう》を制定し，新しく開墾した土地であれば，永久に私有地とすることを認めた。

イ　朝廷は，財政基盤を強化するため，摂関政治を主導した有力貴族や寺社に集中していた荘園《しょうえん》を整理するとともに，大きさの異なる枡《ます》の統一を図った。

ウ　朝廷は，元号を建武《けんむ》に改め，天皇中心の政治を推進するため，全国の田畑について調査させ，年貢《ねんぐ》などの一部を徴収し貢納させた。

エ　二度にわたる元軍の襲来を退けた幕府は，租税を全国に課すため，諸国の守護に対して，

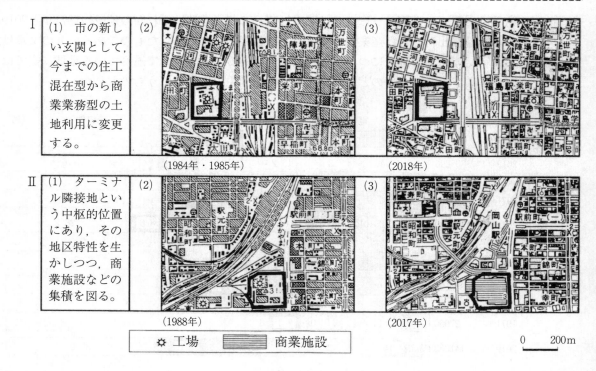

田地面積や領有関係などを記した文書の提出を命じた。

〔問２〕 (2)地域により異なっていた長さや面積などの基準が統一された。とあるが，次のⅠの略年表は，室町時代から江戸時代にかけての，政治に関する主な出来事についてまとめたものである。Ⅱの文章は，ある人物が示した検地における実施命令書の一部と計測基準の一部を分かりやすく書き改めたものである。Ⅱの文章が出された時期に当てはまるのは，Ⅰの略年表中の**ア**～**エ**の時期のうちではどれか。

Ⅰ

西暦	政治に関する主な出来事	
1560	●駿河《するが》国(静岡県)・遠江《とおとうみ》国(静岡県)などを支配していた人物が，桶狭間《おけはざま》において倒された。	
		ア
1582	●全国統一を目指していた人物が，京都の本能寺《ほんのうじ》において倒された。	
		イ
1600	●関ヶ原《せきがはら》の戦いに勝利した人物が，全国支配の実権をにぎった。	
		ウ
1615	●全国の大名が守るべき事柄をまとめた武家諸法度《ぶけしょはっと》が定められた。	
		エ
1635	●全国の大名が，国元《くにもと》と江戸とを１年交代で往復する制度が定められた。	

Ⅱ

【実施命令書の一部】

○日本全国に厳しく申し付けられている上は，おろそかに実施してはならない。

【計測基準の一部】

○田畑・屋敷地は長さ６尺《しゃく》３寸《すん》を１間《けん》とする竿《さお》を用い，５間かける60間の300歩《ぶ》を，１反《たん》として面積を調査すること。

○上田《じょうでん》の石盛《こくもり》は１石《こく》５斗《と》，中田《ちゅうでん》は１石３斗，下田《げでん》は１石１斗，下々田《げげでん》は状況で決定すること。

○升《ます》は京升《きょうます》に定める。必要な京升を準備し渡すようにすること。

〔問３〕 (3)江戸時代に入ると，天文学や数学なども発展を遂げ，明治時代以降，我が国の科学技術の研究水準も向上し，独自の計測技術も開発されるようになった。とあるが，次の**ア**～**エ**は，江戸時代から昭和時代にかけての我が国独自の計測技術について述べたものである。時期の古いものから順に記号を並べよ。

ア　後にレーダー技術に応用される超短波式アンテナが開発された頃，我が国最初の常設映画館が開館した浅草《あさくさ》と，上野《うえの》との間で地下鉄の運行が開始された。

イ　正確な暦を作るために浅草に天文台が設置された後，寛政の改革の一環として，幕府直轄の昌平坂学問所《しょうへいざかがくもんじょ》や薬の調合などを行う医官養成機関の医学館が設立された。

ウ　西洋時計と和時計の技術を生かして，時刻や曜日などを指し示す機能を有する万年自鳴《まんねんじめい》鐘《しょう》が開発された頃，黒船来航に備えて台場《だいば》に砲台を築造するため，水深の計測が実施された。

エ　中部地方で発生した地震の研究に基づいて大森《おおもり》式地震計が開発された頃，日英同盟の締結を契機に，イギリスの無線技術を基にした無線電信機が開発された。

〔問４〕 (4)環境問題などの解決のために生かされてきた。とあるが，次のⅠのグラフは，1965年から2013年までの，東京のある地点から富士山が見えた日数と，大気汚染の一因となる二酸化《にさんか》硫黄《いおう》の東京における濃度の変化を示したものである。Ⅱの文章は，Ⅰのグラフの**ア**～**エ**の**いずれか**の時期における国際情勢と，我が国や東京の環境対策などについてまとめたものである。Ⅱの文章で述べている時期に当てはまるのは，Ⅰのグラフの**ア**～**エ**の時期のうちではどれか。

Ⅰ

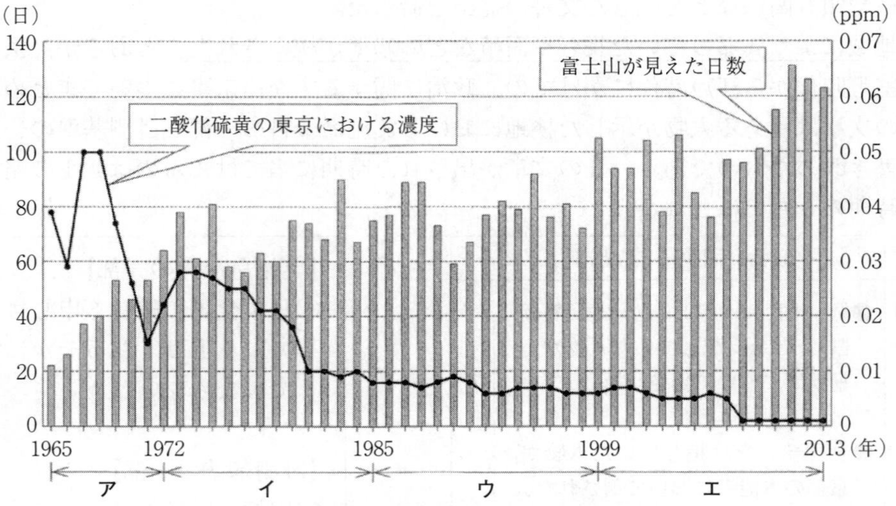

(東京都環境局資料などより作成)

Ⅱ

東ヨーロッパ諸国で民主化運動が高まり，東西ドイツが統一されるなど国際協調の動きが強まる中で，国際連合を中心に地球温暖化防止策が協議され，温室効果ガスの排出量の削減について数値目標を設定した京都議定書が採択された。長野県では，施設建設において極力既存の施設を活用し，自然環境の改変が必要な場合は大会後復元を図った，オリンピック・パラリンピック冬季競技大会が開催され，東京都においては，「地球環境保全東京アクションプラン」を策定し，大気汚染の状況は改善された。この時期には，Ⅰのグラフの観測地点から平均して週１回は富士山を見ることができた。

5 次の文章を読み，あとの各問に答えよ。

明治時代に作られた情報という言葉は，ある事柄の内容について文字などで伝達する知らせを表す意味として現在は用いられている。天気予報や経済成長率などの情報は，私たちの日々の暮らしに役立っている。

日本国憲法の中では，(1)自分の意見を形成し他者に伝える権利が，一定の決まり(ルール)の下で保障されている。

現代の社会は(2)情報が大きな役割を担《にな》うようになり，情報化社会とも呼ばれるようになった。その後，インターネットの普及は，私たちと情報との関わり方を変えることとなった。

(3)情報が新たな価値を生み出す社会では，企業の中で，情報化を推進し，課題の解決策を示したり，ソフトウェアを開発したりする，デジタル技術を活用できる人材を確保していくことの重要性が増している。また，(4)情報の活用を進め，社会の様々な課題を解決していくためには，新たな決まり(ルール)を定める必要がある。

〔問１〕 (1)自分の意見を形成し他者に伝える権利が，一定の決まり(ルール)の下で保障されている。とあるが，精神(活動)の自由のうち，個人の心の中にある，意思，感情などを外部に明らかにすることを保障する日本国憲法の条文は，次の**ア**～**エ**のうちではどれか。

ア　何人《なんぴと》も，いかなる奴隷的拘束も受けない。又，犯罪に因《よ》る処罰の場合を除いては，その意に反する苦役に服させられない。

イ　思想及び良心の自由は，これを侵してはならない。

ウ　何人も，公共の福祉に反しない限り，居住，移転及び職業選択の自由を有する。

エ　集会，結社及び言論，出版その他一切の表現の自由は，これを保障する。

〔問２〕　(2)情報が大きな役割を担《にな》うようになり，情報化社会とも呼ばれるようになった。とあるが，次のⅠの略年表は，1938年から1998年までの，我が国の情報に関する主な出来事をまとめたものである。Ⅱの文章は，Ⅰの略年表中の**ア**～**エのいずれか**の時期における社会の様子について，①は通信白書の，②は国民生活白書の一部をそれぞれ分かりやすく書き改めたものである。Ⅱの文章で述べている時期に当てはまるのは，Ⅰの略年表中の**ア**～**エ**の時期のうちではどれか。

Ⅰ

西暦	我が国の情報に関する主な出来事	
1938	●標準放送局型ラジオ受信機が発表された。	
1945	●人が意見を述べる参加型ラジオ番組の放送が開始された。	ア
1953	●白黒テレビ放送が開始された。	
1960	●カラーテレビ放送が開始された。	イ
1964	●東京オリンピック女子バレーボール決勝の平均視聴率が関東地区で66.8％を記録した。	
1972	●札幌オリンピック閉会式の平均視聴率が札幌で59.5％を記録した。	
1974	●テレビの深夜放送が一時的に休止された。	ウ
1985	●テレビで文字多重放送が開始された。	
1989	●衛星テレビ放送が開始された。	エ
1998	●ニュースなどを英語で発信するワールドテレビ放送が開始された。	

Ⅱ

①　私たちの社会は，情報に対する依存を強めており，情報の流通は食料品や工業製品などの流通，つまり物流と同等あるいはそれ以上の重要性をもつようになった。

②　社会的な出来事を同時に知ることができるようになり，テレビやラジオを通じて人々の消費生活も均質化している。また，節約の経験により，本当に必要でなければ買わないで今持っているものの使用期間を長くする傾向が，中東で起きた戦争の影響を受けた石油危機から３年後の現在も見られる。

〔問３〕　(3)情報が新たな価値を生み出す社会では，企業の中で，情報化を推進し，課題の解決策を示したり，ソフトウェアを開発したりする，デジタル技術を活用できる人材を確保していくことの重要性が増している。とあるが，次のⅠの文章は，2019年の情報通信白書の一部を分かりやすく書き改めたものである。Ⅱのグラフは，2015年の我が国とアメリカ合衆国における情報処理・通信に携わる人材の業種別割合を示したものである。Ⅱのグラフから読み取れる，Ⅰの文章が示された背景となる我が国の現状について，我が国より取り組みが進んでいるアメリカ合衆国と比較して，情報通信技術を提供する業種と利用する業種の構成比の違いに着目し，簡単に述べよ。

Ⅰ

○今後，情報通信技術により，企業は新しい製品やサービスを市場に提供することが可能となる。
○新たな製品やサービスを次々と迅速に開発・提供していくために，情報通信技術を利用する業種に十分な情報通信技術をもった人材が必要である。

Ⅱ

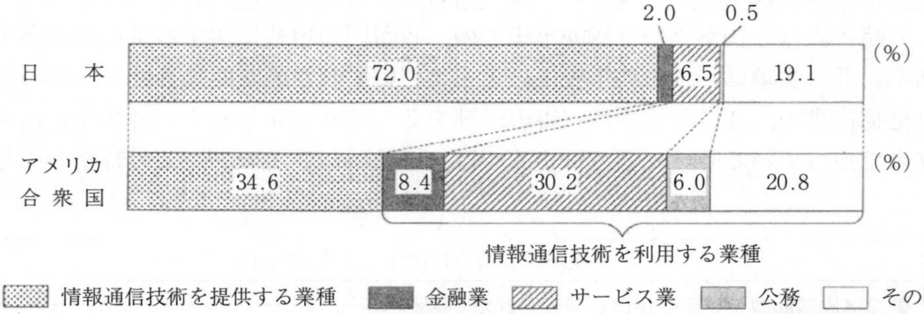

（注）　四捨五入をしているため，情報処理・通信に携わる人材の業種別割合を合計したものは，100％にならない場合がある。

（独立行政法人情報処理推進機構資料より作成）

〔問４〕　(4)情報の活用を進め，社会の様々な課題を解決していくためには，新たな決まり（ルール）を定める必要がある。とあるが，次のⅠの**A**～**E**は，令和３年の第204回通常国会で，情報通信技術を用いて多様で大量の情報を適正かつ効果的に活用することであらゆる分野における創造的かつ活力ある発展が可能となる社会の形成について定めた「デジタル社会形成基本法」が成立し，その後，公布されるまでの経過について示したものである。Ⅱの文で述べていることが行われたのは，下の**ア**～**エ**のうちではどれか。

Ⅰ

A　第204回通常国会が開会される。（１月18日）
B　法律案が内閣で閣議決定され，国会に提出される。（２月９日）
C　衆議院の本会議で法律案が可決される。（４月６日）
D　参議院の本会議で法律案が可決される。（５月12日）
E　内閣の助言と承認により，天皇が法律を公布する。（５月19日）

（衆議院，参議院のホームページより作成）

Ⅱ

衆議院の内閣委員会で法律案の説明と質疑があり，障害の有無などの心身の状態による情報の活用に関する機会の格差の是正を着実に図ることや，国や地方公共団体が公正な給付と負担の確保のための環境整備を中心とした施策を行うことを，原案に追加した修正案が可決される。

ア　**A**と**B**の間　　**イ**　**B**と**C**の間　　**ウ**　**C**と**D**の間　　**エ**　**D**と**E**の間

6 次の文章を読み，下の略地図を見て，あとの各問に答えよ。

> 都市には，小さな家屋から超高層建築まで多様な建物が見られ，(1)人々が快適な生活を送るために様々な社会資本が整備されてきた。また，(2)政治の中心としての役割を果たす首都には，新たに建設された都市や，既存の都市に政府機関を設置する例が見られる。
> 都市への人口集中は，経済を成長させ新たな文化を創造する一方で，(3)交通渋滞などの都市問題を深刻化させ，我が国は多くの国々の都市問題の解決に協力している。

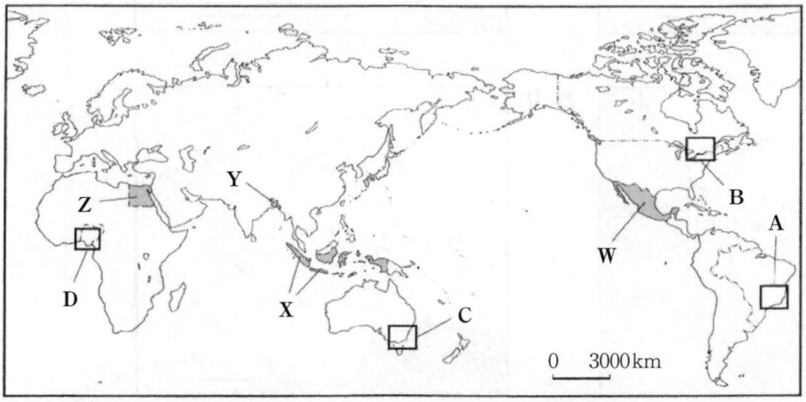

〔問1〕 (1)人々が快適な生活を送るために様々な社会資本が整備されてきた。とあるが，次の**ア**～**エ**の文は，それぞれの時代の都市の様子について述べたものである。時期の古いものから順に記号を並べよ。

ア ドイツ帝国の首都ベルリンでは，ビスマルクの宰相《さいしょう》任期中に，工業の発展により人口の流入が起き，上下水道が整備され，世界で初めて路面電車の定期運行が開始された。

イ イギリスの首都ロンドンでは，冷戦(冷たい戦争)と呼ばれる東西の対立が起き緊張が高まる中で，ジェット旅客機が就航し，翌年，空港に新滑走路が建設された。

ウ アメリカ合衆国の都市ニューヨークでは，300mを超える超高層ビルが建設され，フランクリン・ルーズベルト大統領によるニューディール政策の一環で公園建設なども行われた。

エ オーストリアの首都ウィーンでは，フランス同様に国王が強い政治権力をもつ専制政治(絶対王政)が行われ，マリア・テレジアが住んでいた郊外の宮殿の一角に動物園がつくられた。

〔問2〕 (2)政治の中心としての役割を果たす首都には，新たに建設された都市や，既存の都市に政府機関を設置する例が見られる。とあるが，次のⅠの**A**～**D**は，略地図中の**A**～**D**の□で示した部分を拡大し，主な都市の位置を**ア**～**ウ**で示したものである。下のⅡの文章は，略地図中の**A**～**D**の中に首都が位置する**いずれか**の国とその国の首都の様子について述べたものである。Ⅱの文章で述べているのは，Ⅰの**A**～**D**のうちのどれか，また，首都に当てはまるのは，選択したⅠの**A**～**D**の**ア**～**ウ**のうちのどれか。

Ⅰ

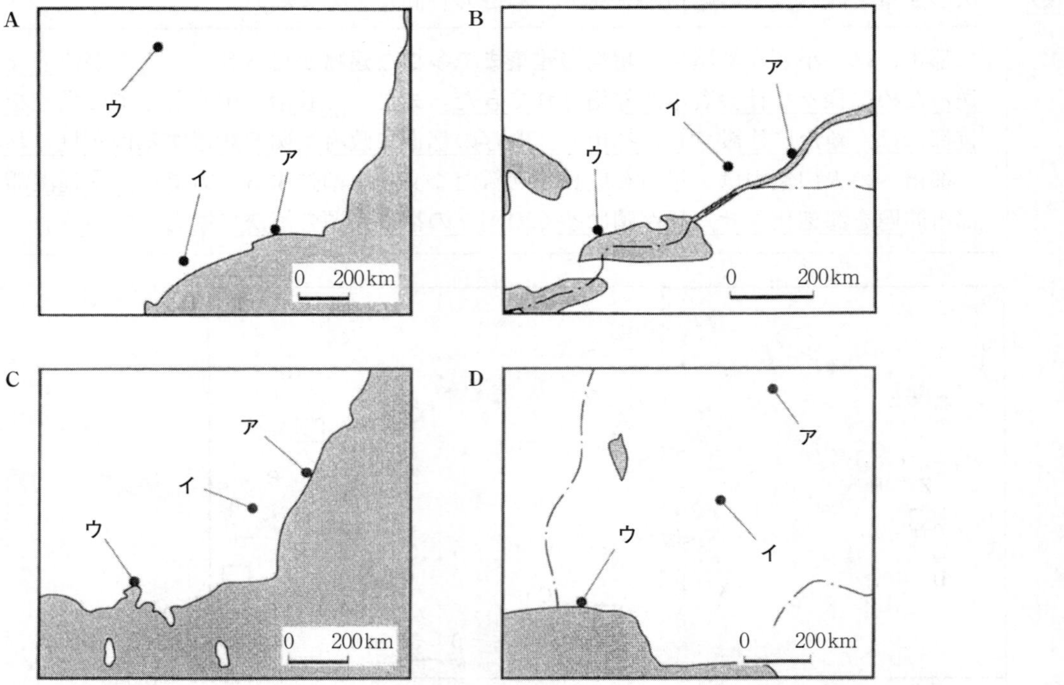

Ⅱ

16世紀にフランスがこの国の東部に進出し，隣国からイギリス人がフランス人の定住地を避けて移住したことで二つの文化圏が形成されたため，立憲君主である国王により文化圏の境界に位置する都市が首都と定められた。首都から約350km 離れイギリス系住民が多い都市は，自動車産業などで隣国との結び付きが見られ，首都から約160km 離れフランス系住民が多い都市は，フランス語のみで示されている道路標識などが見られる。

〔問３〕 (3)交通渋滞などの都市問題を深刻化させ，我が国は多くの国々の都市問題の解決に協力している。とあるが，次のⅠの**W**～**Z**のグラフは，略地図中に　　で示した**W**～**Z**のそれぞれの国の，1950年から2015年までの第１位の都市圏と第２位の都市圏の人口の推移を示したものである。Ⅱの文章で述べている国に当てはまるのは，略地図中の**W**～**Z**のうちのどれか。

Ⅰ

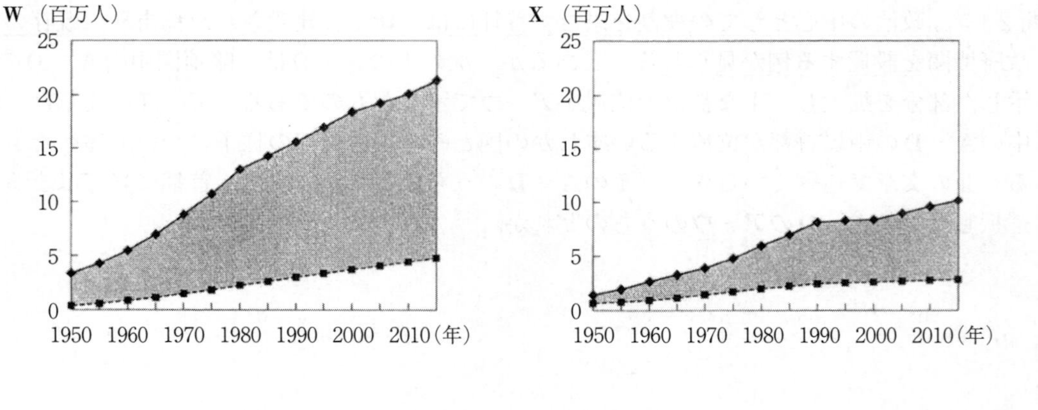

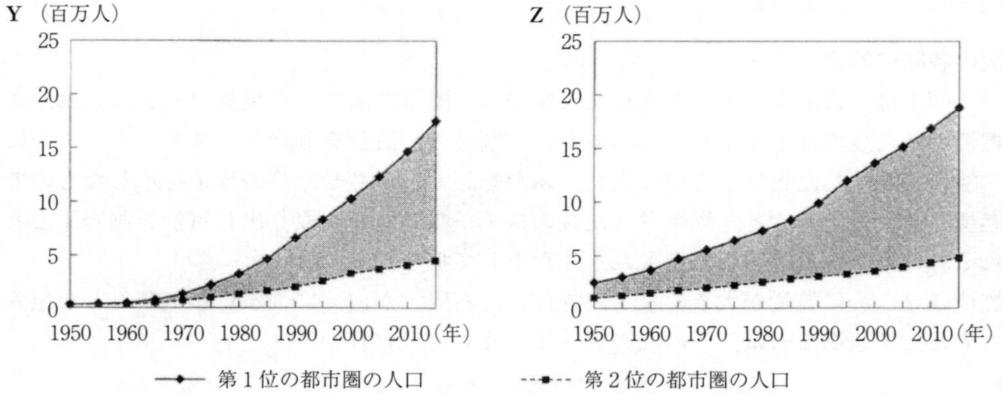

（国際連合資料より作成）

Ⅱ

○1949年にオランダから独立し，イスラム教徒が８割を超えるこの国では，第１位の都市圏と第２位の都市圏の人口差は，1950年に100万人を下回っていたが，1990年には人口差は約７倍と急激に拡大しており，その後緩やかな拡大傾向が続いた。

○深刻化した交通渋滞や大気汚染などの都市問題を解決するため，日本の技術や運営の支援を受け，都市の中心部と住宅地をつなぐ国内初の地下鉄が2019年に開通した。

【理　科】 (50分) 〈満点：100点〉

1　次の各問に答えよ。

〔問1〕　図1は，質量を測定した木片に火をつけ，酸素で満たした集気びんPに入れ，ふたをして燃焼させた後の様子を示したものである。図2は，質量を測定したスチールウールに火をつけ，酸素で満たした集気びんQに入れ，ふたをして燃焼させた後の様子を示したものである。

燃焼させた後の木片と，燃焼させた後のスチールウールを取り出し質量を測定するとともに，それぞれの集気びんに石灰水を入れ，ふたをして振った。

燃焼させた後に質量が大きくなった物体と，石灰水が白くにごった集気びんとを組み合わせたものとして適切なのは，下の表の**ア**～**エ**のうちではどれか。

図1

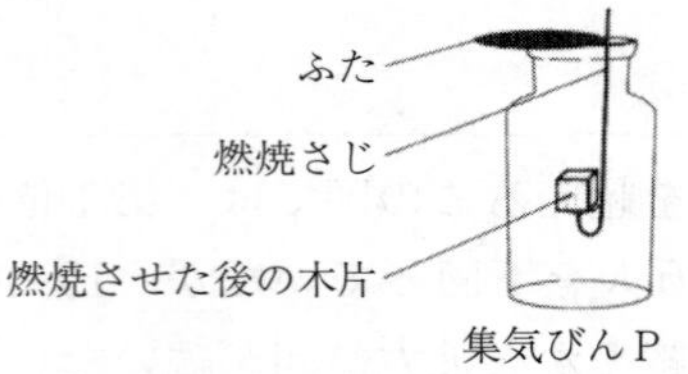

図2

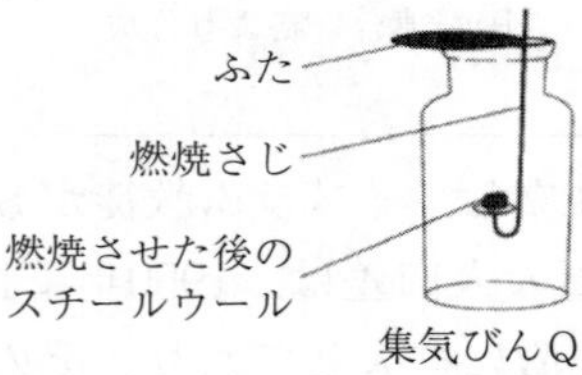

	燃焼させた後に質量が大きくなった物体	石灰水が白くにごった集気びん
ア	木片	集気びんP
イ	スチールウール	集気びんP
ウ	木片	集気びんQ
エ	スチールウール	集気びんQ

〔問2〕　図3は，ヒトの心臓を正面から見て，心臓から送り出された血液が流れる血管と心臓に戻ってくる血液が流れる血管を模式的に表したものである。また，図中の矢印(➡)は全身から右心房に戻る血液の流れを示している。

血管A～血管Dのうち，動脈と，動脈血が流れる血管とを組み合わせたものとして適切なのは，次の表の**ア**～**エ**のうちではどれか。

図3

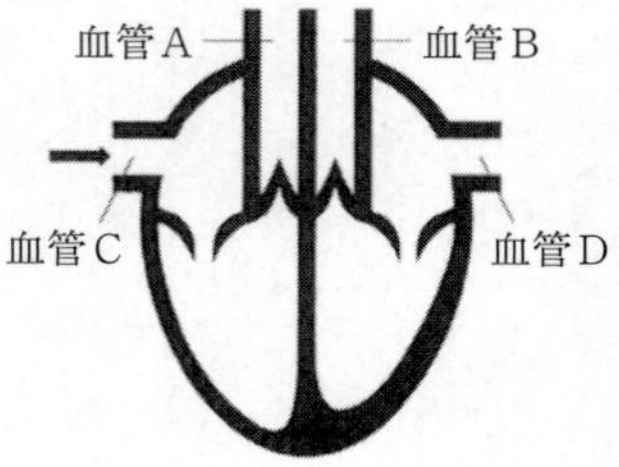

	動脈	動脈血が流れる血管
ア	血管Aと血管B	血管Bと血管D
イ	血管Aと血管B	血管Aと血管C
ウ	血管Cと血管D	血管Bと血管D
エ	血管Cと血管D	血管Aと血管C

〔問3〕　図4は，平らな底に「A」の文字が書かれた容器に水を入れた状態を模式的に表したものである。水中から空気中へ進む光の屈折に関する説明と，観察者と容器の位置を変えずに内側の「A」の文字の形が全て見えるようにするときに行う操作とを組み合わせたものとして適

切なのは，下の表の**ア**～**エ**のうちではどれか。

図4

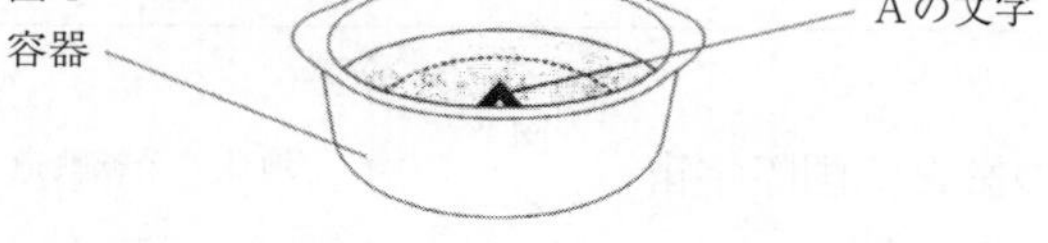

	水中から空気中へ進む光の屈折に関する説明	「A」の文字の形が全て見えるようにするときに行う操作
ア	屈折角より入射角の方が大きい。	容器の中の水の量を減らす。
イ	屈折角より入射角の方が大きい。	容器の中の水の量を増やす。
ウ	入射角より屈折角の方が大きい。	容器の中の水の量を減らす。
エ	入射角より屈折角の方が大きい。	容器の中の水の量を増やす。

〔問4〕 前線が形成されるときの暖気と寒気の動きを矢印(⇨)で模式的に表したものがA，Bである。温暖前線付近の暖気と寒気の動きを次のA，Bから一つ，できた直後の温暖前線付近の暖気と寒気を比較したときに，密度が小さいものを下のC，Dから一つ，それぞれ選び，組み合わせたものとして適切なのは，下の**ア**～**エ**のうちではどれか。

暖気と寒気の動き

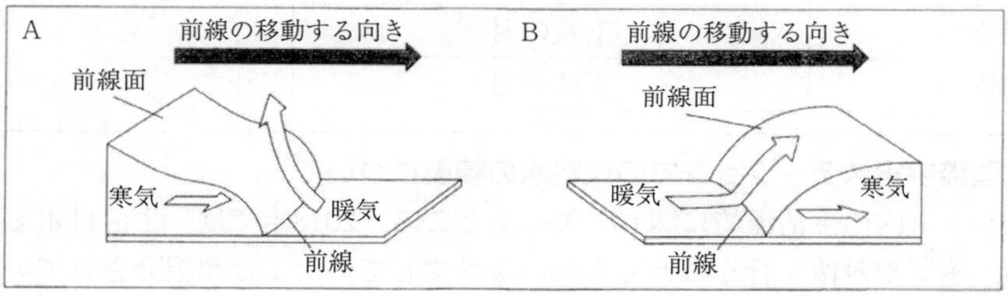

密度が小さいもの

C 暖気 D 寒気

ア A，C **イ** A，D **ウ** B，C **エ** B，D

〔問5〕 図5は，12Vの電源装置と1.2Ωの抵抗器A，2Ωの抵抗器B，3Ωの抵抗器Cをつないだ回路図である。この回路に電圧を加えたときの，回路上の点p，点q，点rを流れる電流の大きさを，それぞれP〔A〕，Q〔A〕，R〔A〕とした。このとき，P，Q，Rの関係を表したものとして適切なのは，次のうちではどれか。

図5

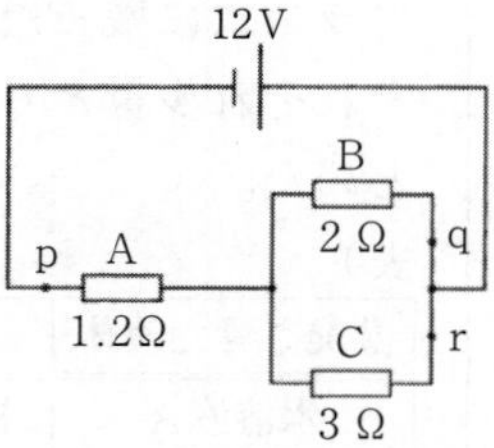

ア $P<Q<R$ **イ** $P<R<Q$

ウ $Q<R<P$ **エ** $R<Q<P$

2 生徒が，国際宇宙ステーションに興味をもち，科学的に探究しようと考え，自由研究に取り組んだ。生徒が書いたレポートの一部を読み，次の各問に答えよ。

＜レポート１＞　日食について

金環日食が観察された日の地球にできた月の影を，国際宇宙ステーションから撮影した画像が紹介されていた。

日食が生じるときの北極星側から見た太陽，月，地球の位置関係を模式的に示すと，図１のようになっていた。さらに，日本にある観測地点Ａは，地球と月と太陽を一直線に結んだ線上に位置していた。

図１

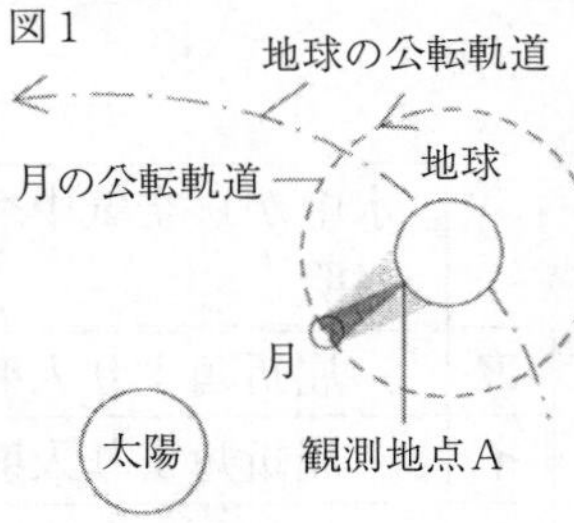

〔問１〕 **＜レポート１＞**から，図１の位置関係において，観測地点Ａで月を観測したときに月が真南の空に位置する時刻と，この日から１週間後に観察できる月の見え方に最も近いものとを組み合わせたものとして適切なのは，次の表の**ア**～**エ**のうちではどれか。

	真南の空に位置する時刻	１週間後に観察できる月の見え方
ア	12時	上弦の月
イ	18時	上弦の月
ウ	12時	下弦の月
エ	18時	下弦の月

＜レポート２＞　国際宇宙ステーションでの飲料水の精製について

国際宇宙ステーション内の生活環境に関して調べたところ，2018年では，生活排水をタンクに一時的にため，蒸留や殺菌を行うことできれいな水にしていたことが紹介されていた。

蒸留により液体をきれいな水にすることに興味をもち，液体の混合物から水を分離するモデル実験を行った。図２のように，塩化ナトリウムを精製水(蒸留水)に溶かして５％の塩化ナトリウム水溶液を作り，実験装置で蒸留した。蒸留して出てきた液体が試験管に約１cmたまったところで蒸留を止めた。枝付きフラスコに残った水溶液Ａと蒸留して出てきた液体Ｂをそれぞれ少量とり，蒸発させて観察し，結果を表１にまとめた。

図２

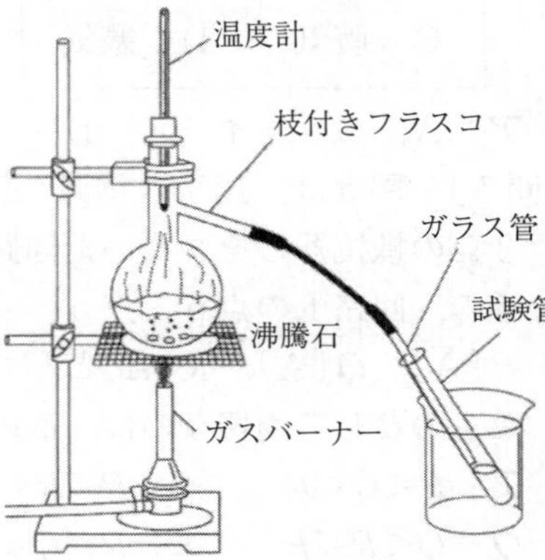

表１

蒸発させた液体	観察した結果
水溶液Ａ	結晶が見られた。
液体Ｂ	結晶が見られなかった。

〔問２〕 **＜レポート２＞**から，結晶になった物質の分類と，水溶液Ａの濃度について述べたものとを組み合わせたものとして適切なのは，次の表の**ア**～**エ**のうちではどれか。

	結晶になった物質の分類	水溶液Aの濃度
ア	混合物	5％より高い。
イ	化合物	5％より高い。
ウ	混合物	5％より低い。
エ	化合物	5％より低い。

＜レポート3＞　国際宇宙ステーションでの植物の栽培について

国際宇宙ステーションでは，宇宙でも効率よく成長する植物を探すため，図3のような装置の中で植物を発芽させ，実験を行っていることが紹介されていた。植物が光に向かって成長することから，装置の上側に光源を設置してあることが分かった。

植物の成長に興味をもち，植物を真上から観察すると，上下にある葉が互いに重ならないようにつき，成長していくことが分かった。

図3

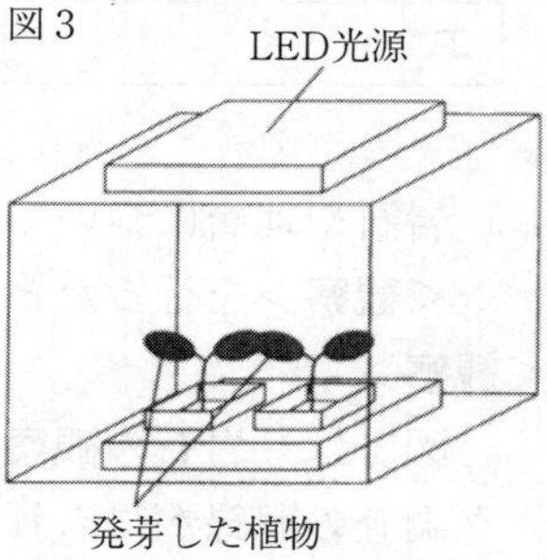

〔問3〕　**＜レポート3＞**から，上下にある葉が互いに重ならないようにつく利点と，葉で光合成でつくられた養分（栄養分）が通る管の名称とを組み合わせたものとして適切なのは，次の表の**ア**～**エ**のうちではどれか。

	上下にある葉が互いに重ならないようにつく利点	光合成でつくられた養分（栄養分）が通る管の名称
ア	光が当たる面積が小さくなる。	道管
イ	光が当たる面積が小さくなる。	師管
ウ	光が当たる面積が大きくなる。	道管
エ	光が当たる面積が大きくなる。	師管

＜レポート4＞　月面での質量と重さの関係について

国際宇宙ステーション内では，見かけ上，物体に重力が働かない状態になるため，てんびんや地球上で使っている体重計では質量を測定できない。そのため，宇宙飛行士は質量を測る際に特別な装置で行っていることが紹介されていた。

地球上でなくても質量が測定できることに興味をもち調べたところ，重力が変化しても物体そのものの量は，地球上と変わらないということが分かった。

また，重力の大きさは場所によって変わり，月面では同じ質量の物体に働く重力の大きさが地球上と比べて約6分の1であることも分かった。

図4のような測定を月面で行った場合，質量300gの物体Aを上皿てんびんに載せたときにつり合う分銅の種類と，物体Aをはかりに載せたときの目盛りの値について考えた。

図4

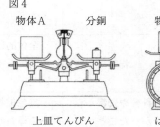

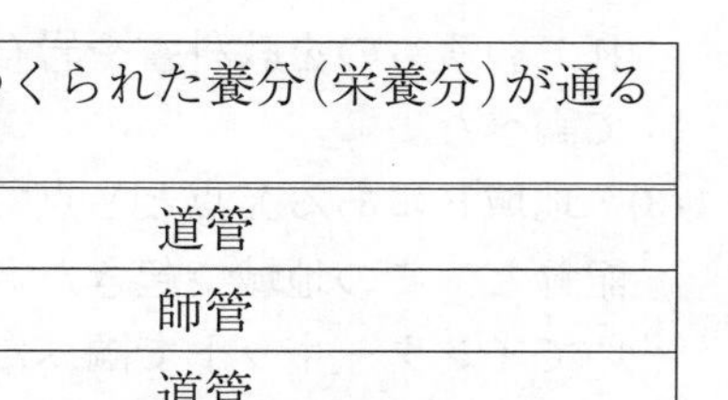

〔問4〕　**＜レポート4＞**から，図4のような測定を月面で行った場合，質量300gの物体Aを上

皿てんびんに載せたときにつり合う分銅の種類と，物体Aをはかりに載せたときの目盛りの値とを組み合わせたものとして適切なのは，次の表の**ア**～**エ**のうちではどれか。

	上皿てんびんに載せたときにつり合う分銅の種類	はかりに載せたときの目盛りの値
ア	50 g の分銅	約50 g
イ	50 g の分銅	約300 g
ウ	300 g の分銅	約50 g
エ	300 g の分銅	約300 g

3 岩石や地層について，次の各問に答えよ。

＜**観察**＞を行ったところ，＜**結果**＞のようになった。

＜**観察**＞

図1は，岩石の観察を行った地域Aと，ボーリング調査の記録が得られた地域Bとを示した地図である。

(1) 地域Aでは，特徴的な岩石Pと岩石Qを採取後，ルーペで観察し，スケッチを行い特徴を記録した。

(2) 岩石Pと岩石Qの，それぞれの岩石の中に含まれているものを教科書や岩石に関する資料を用いて調べた。

(3) 地域BにあるX点とY点でのボーリング調査の記録と，この地域で起きた過去の堆積の様子についてインターネットで調べた。

なお，X点の標高は40.3m，Y点の標高は36.8mである。

図1

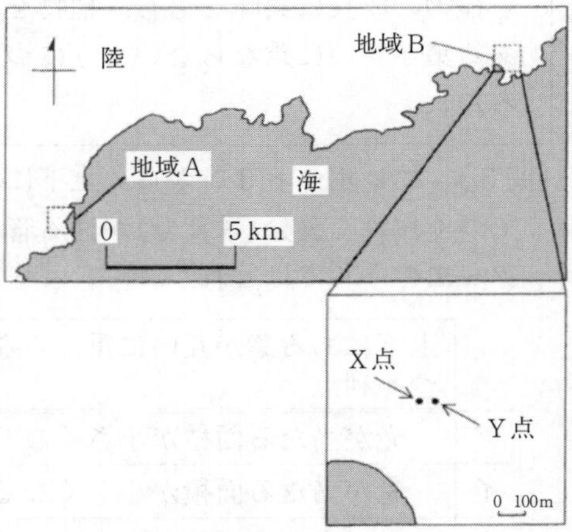

＜**結果**＞

(1) ＜**観察**＞の(1)と(2)を，表1のように，岩石Pと岩石Qについてまとめた。

表1

	岩石P	岩石Q
スケッチ	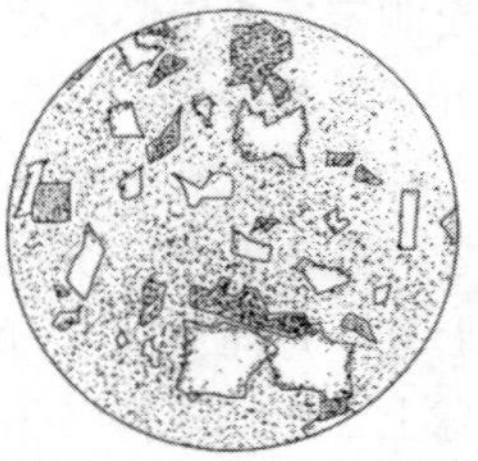	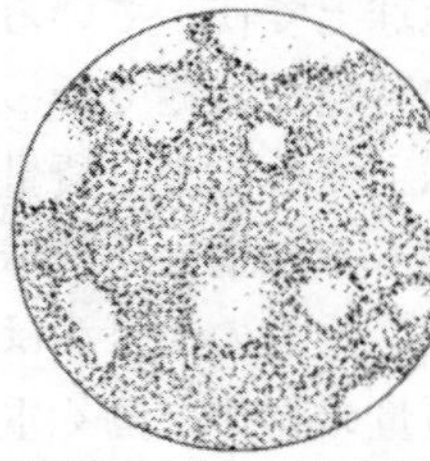
特徴	全体的に黒っぽい色で，小さな鉱物の間に，やや大きな鉱物が散らばっていた。	全体的に灰色で，白く丸いものが多数散らばっていた。
教科書や資料から分かったこと	無色鉱物である長石や，有色鉱物である輝石《きせき》が含まれていた。	丸いものはフズリナの化石であった。

(2) 図2は＜**観察**＞の(3)で調べた地域BにあるX点とY点のそれぞれのボーリング調査の記録

(柱状図)である。凝灰岩《ぎょうかいがん》の層は同じ時期に堆積している。また，地域Bの地層では上下の入れ替わりは起きていないことが分かった。

図２

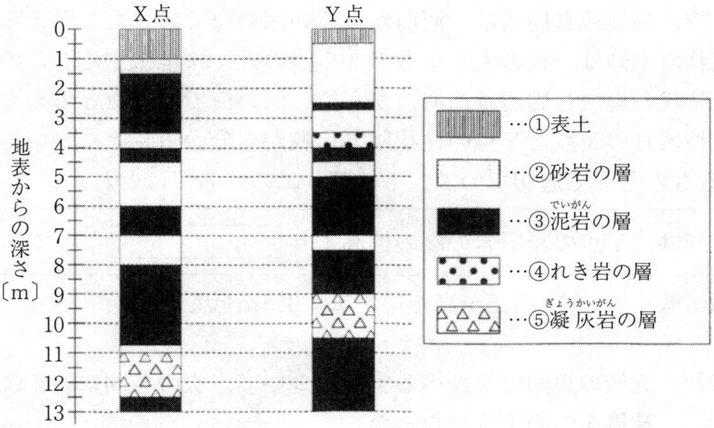

〔問１〕　＜**結果**＞の(1)の岩石Pと＜**結果**＞の(2)の④の層に含まれるれき岩の，それぞれのでき方と，れき岩を構成する粒の特徴とを組み合わせたものとして適切なのは，次の表の**ア**～**エ**のうちではどれか。

	岩石Pとれき岩のそれぞれのでき方	れき岩を構成する粒の特徴
ア	岩石Pは土砂が押し固められてできたもので，れき岩はマグマが冷えてできたものである。	角が取れて丸みを帯びた粒が多い。
イ	岩石Pは土砂が押し固められてできたもので，れき岩はマグマが冷えてできたものである。	角ばった粒が多い。
ウ	岩石Pはマグマが冷えてできたもので，れき岩は土砂が押し固められてできたものである。	角が取れて丸みを帯びた粒が多い。
エ	岩石Pはマグマが冷えてできたもので，れき岩は土砂が押し固められてできたものである。	角ばった粒が多い。

〔問２〕　＜**結果**＞の(1)で，岩石Qが堆積した地質年代に起きた出来事と，岩石Qが堆積した地質年代と同じ地質年代に生息していた生物とを組み合わせたものとして適切なのは，次の表の**ア**～**エ**のうちではどれか。

	岩石Qが堆積した地質年代に起きた出来事	同じ地質年代に生息していた生物
ア	魚類と両生類が出現した。	アンモナイト
イ	魚類と両生類が出現した。	三葉虫(サンヨウチュウ)
ウ	鳥類が出現した。	アンモナイト
エ	鳥類が出現した。	三葉虫(サンヨウチュウ)

〔問３〕　＜**結果**＞の(2)にある泥岩《でいがん》の層が堆積した時代の地域B周辺の環境について述べたものとして適切なのは，次の**ア**～**エ**のうちではどれか。

ア　流水で運搬され海に流れた土砂は，粒の小さなものから陸の近くに堆積する。このことから，泥岩の層が堆積した時代の地域B周辺は，河口から近い浅い海であったと考えられる。

イ　流水で運搬され海に流れた土砂は，粒の大きなものから陸の近くに堆積する。このことから，泥岩の層が堆積した時代の地域Ｂ周辺は，河口から近い浅い海であったと考えられる。

ウ　流水で運搬され海に流れた土砂は，粒の小さなものから陸の近くに堆積する。このことから，泥岩の層が堆積した時代の地域Ｂ周辺は，河口から遠い深い海であったと考えられる。

エ　流水で運搬され海に流れた土砂は，粒の大きなものから陸の近くに堆積する。このことから，泥岩の層が堆積した時代の地域Ｂ周辺は，河口から遠い深い海であったと考えられる。

〔問４〕　＜**結果**＞の(2)から，地域ＢのＸ点とＹ点の柱状図の比較から分かることについて述べた次の文の□に当てはまるものとして適切なのは，下の**ア**～**エ**のうちではどれか。

Ｘ点の凝灰岩の層の標高は，Ｙ点の凝灰岩の層の標高より□なっている。

ア　1.5m高く　　**イ**　1.5m低く　　**ウ**　3.5m高く　　**エ**　3.5m低く

4　植物の花のつくりの観察と，遺伝の規則性を調べる実験について，次の各問に答えよ。

＜**観察**＞を行ったところ，＜**結果１**＞のようになった。

＜**観察**＞

(1)　メンデルの実験で用いられた品種と同じエンドウを校庭で育てた。

(2)　(1)から花を１個採取後，分解しセロハンテープに並べて貼り付けた。

(3)　(1)からさらに花をもう１個採取後，花の内側にある花弁が２枚合わさるように重なっている部分（図１の点線）をカッターナイフで切り，断面を観察して，スケッチした。

図１

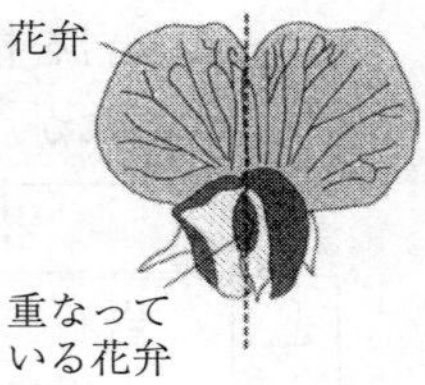

＜**結果１**＞

(1)　＜**観察**＞の(2)から，図２のようにエンドウの花弁は５枚あり，その１枚１枚が離れていた。

(2)　＜**観察**＞の(3)から，図３のように，おしべとめしべは内側の２枚の花弁で包まれていた。また，子房の中には，胚珠《はいしゅ》が見られた。

図２

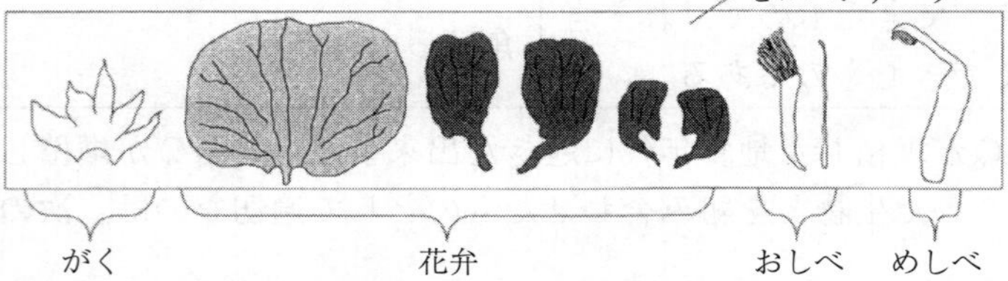

図３

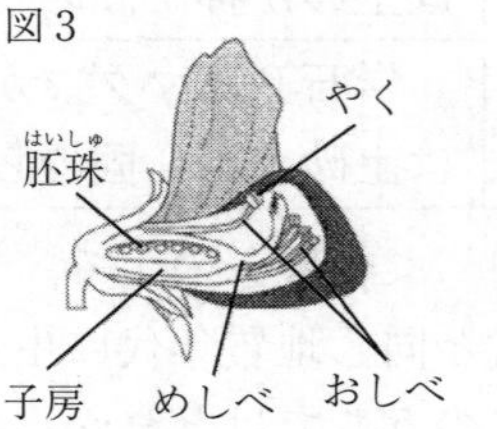

次に，＜**実験**＞を行ったところ，＜**結果２**＞のようになった。

＜**実験**＞

(1)　校庭で育てたエンドウには，草たけ（茎の長さ）の高い個体と低い個体がそれぞれあった。

(2)　草たけが高い個体を１本選び，エンドウが自家受粉し，受精後にできた種子を採取した。

(3)　草たけが低い個体を１本選び，エンドウが自家受粉し，受精後にできた種子を採取した。

(4)　(2)で採取した種子をまいて育て，成長したエンドウの草たけを調べた。

(5)　(3)で採取した種子をまいて育て，成長したエンドウの草たけを調べた。

(6)　(4)で調べたエンドウの花で，花粉がつくられる前に，やくを全て取り除いた。

(7)　(6)のエンドウの花の柱頭に，(5)で調べたエンドウの花のやくから採取した花粉を付け，受精した後にできた種子を採取した。

(8)　(7)で採取した種子をまいて育て，成長したエンドウの草たけを調べた。

＜**結果２**＞

(1)　＜**実験**＞の(4)から，全て草たけの高い個体(図４のＰ)であった。

(2)　＜**実験**＞の(5)から，全て草たけの低い個体(図４のＱ)であった。

(3)　＜**実験**＞の(8)から，全て草たけの高い個体(図４のＲ)であった。

図４　＜**実験**＞の模式図

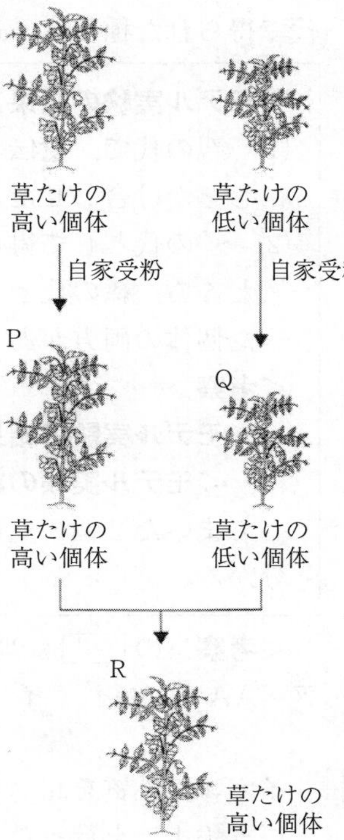

〔問１〕　＜**結果１**＞の(1)の花のつくりをもつ植物の子葉の枚数と，＜**結果１**＞の(2)のように胚珠が子房の中にある植物のなかまの名称とを組み合わせたものとして適切なのは，次の表の**ア**～**エ**のうちではどれか。

	子葉の枚数	胚珠が子房の中にある植物のなかまの名称
ア	１枚	被子植物
イ	１枚	裸子植物
ウ	２枚	被子植物
エ	２枚	裸子植物

〔問２〕　＜**実験**＞の(7)では，花粉から花粉管が伸長し，その中を移動する生殖細胞１個の染色体数は７本である。花粉管の中を移動する生殖細胞のうち１個と合体する細胞と，受精卵１個に含まれる染色体数とを組み合わせたものとして適切なのは，次の表の**ア**～**エ**のうちではどれか。

	花粉管の中を移動する生殖細胞のうち１個と合体する細胞	受精卵１個に含まれる染色体数
ア	卵	７本
イ	卵	14本
ウ	卵細胞	７本
エ	卵細胞	14本

〔問３〕　＜**結果２**＞の(3)の個体で，花粉がつくられる前にやくを全て取り除き，柱頭に＜**結果２**＞の(2)の個体のやくから採取した花粉を付け受精させ，種子を採取した。その種子をまいて育て，成長したエンドウの草たけを調べたときの結果として適切なのは，次のうちではどれか。

ア　草たけの高い個体数と草たけの低い個体数のおよその比は１：１であった。

イ　草たけの高い個体数と草たけの低い個体数のおよその比は１：３であった。

ウ　全て草たけの高い個体であった。

エ　全て草たけの低い個体であった。

〔問４〕　メンデルが行ったエンドウの種子の形の遺伝に関する実験では，顕性形質の丸形と，潜性形質のしわ形があることが分かった。遺伝子の組み合わせが分からない丸形の種子を２個まき，育てた個体どうしをかけ合わせる＜**モデル実験の結果**＞から，＜**考察**＞をまとめた。

ただし，エンドウの種子が丸形になる遺伝子をＡ，しわ形になる遺伝子をａとし，子や孫の代で得られた種子は，遺伝の規則性のとおりに現れるものとする。

＜**モデル実験の結果**＞

(1)　親の代で，遺伝子の組み合わせが分からない丸形の種子を２個まき，育てた個体どうしをかけ合わせたところ，子の代では丸形の種子だけが得られた。

(2)　子の代として得られた丸形の種子を全てまき，育てた個体をそれぞれ自家受粉させたところ，孫の代として，丸形の種子だけが得られた個体と丸形・しわ形の種子が得られた個体の両方があった。

＜**考察**＞

＜**モデル実験の結果**＞の(1)で，子の代として得られた丸形の種子の遺伝子の組み合わせは，＜**モデル実験の結果**＞の(2)から，２種類あることが分かる。このことから，親の代としてまいた２個の丸形の種子の遺伝子の組み合わせを示すと □ であることが分かる。

＜**考察**＞の □ に当てはまるものとして適切なのは，下の**ア**～**ウ**のうちではどれか。

ア　AAとAA　　**イ**　AaとAa　　**ウ**　AAとAa

5　イオンの性質を調べる実験について，次の各問に答えよ。

＜**実験１**＞を行ったところ，＜**結果１**＞のようになった。

＜**実験１**＞

(1)　図１のように，ビーカー①に硫酸亜鉛水溶液を入れ，亜鉛板Ｐを設置した。次に，ビーカー①に硫酸銅水溶液を入れたセロハンの袋を入れ，セロハンの袋の中に銅板Ｑを設置した。プロペラ付きモーターに亜鉛板Ｐと銅板Ｑを導線でつないだ後に金属板の表面の様子を観察した。

(2)　図２のように，簡易型電気分解装置に薄い水酸化ナトリウム水溶液を入れ，電極Ｒと電極Ｓを導線で電源装置につなぎ，電圧を加えて電流を流した後に電極の様子を観察した。

図１

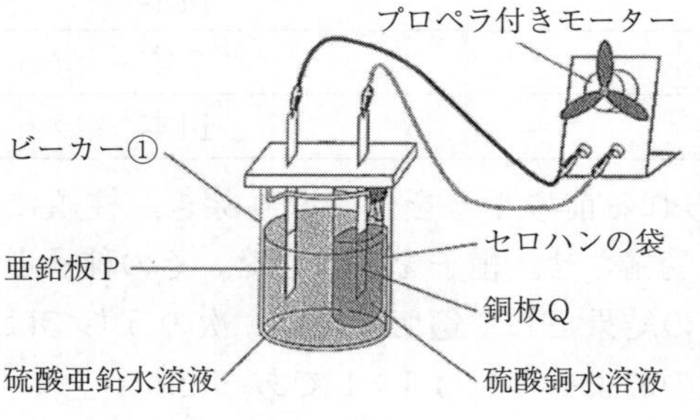

図２

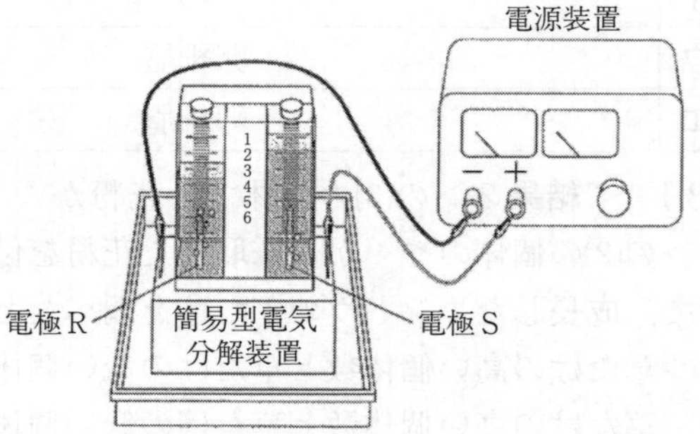

＜**結果１**＞

(1)　＜**実験１**＞の(1)でプロペラは回転した。亜鉛板Ｐは溶け，銅板Ｑには赤茶色の物質が付着した。

(2)　＜**実験１**＞の(2)で電極Ｒと電極Ｓからそれぞれ気体が発生した。

〔問１〕　＜**結果１**＞の(1)から，水溶液中の亜鉛板Ｐと銅板Ｑの表面で起こる化学変化について，亜鉛原子１個を ，亜鉛イオン１個を 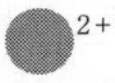，銅原子１個を ，銅イオン１個を 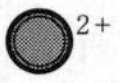，電子１個を ● というモデルで表したとき，亜鉛板Ｐの様子をＡ，Ｂから一つ，銅板Ｑの様子をＣ，Ｄから一つ，それぞれ選び，組み合わせたものとして適切なのは，下の**ア**～**エ**のうちではどれか。

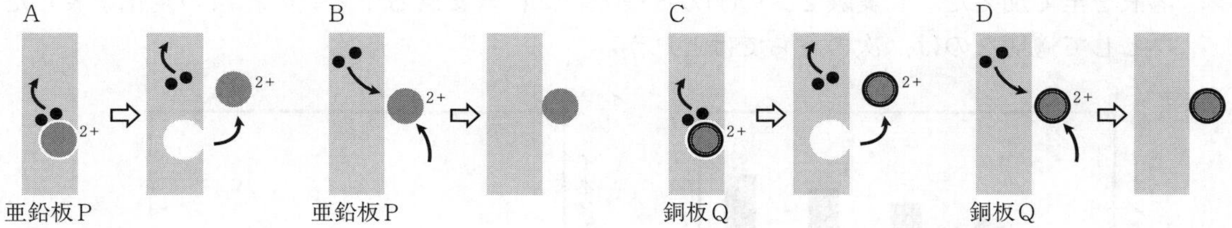

ア　Ａ，Ｃ　**イ**　Ａ，Ｄ　**ウ**　Ｂ，Ｃ　**エ**　Ｂ，Ｄ

〔問２〕　<**結果１**>の(1)と(2)から，ビーカー①内の硫酸亜鉛水溶液と硫酸銅水溶液を合わせた水溶液中に含まれるZn^{2+}の数とCu^{2+}の数のそれぞれの増減と，電極Ｒと電極Ｓでそれぞれ発生する気体の性質とを組み合わせたものとして適切なのは，次の表の**ア**～**カ**のうちではどれか。

	合わせた水溶液に含まれるZn^{2+}の数	合わせた水溶液に含まれるCu^{2+}の数	電極Ｒで発生する気体の性質	電極Ｓで発生する気体の性質
ア	増える。	減る。	空気より軽い。	水に溶けにくい。
イ	増える。	増える。	空気より軽い。	水に溶けやすい。
ウ	増える。	減る。	空気より重い。	水に溶けにくい。
エ	減る。	増える。	空気より軽い。	水に溶けやすい。
オ	減る。	減る。	空気より重い。	水に溶けやすい。
カ	減る。	増える。	空気より重い。	水に溶けにくい。

次に，<**実験２**>を行ったところ，<**結果２**>のようになった。

<**実験２**>

(1)　ビーカー②に薄い塩酸を$12cm^3$入れ，BTB溶液を５滴加えてよく混ぜた。図３は，水溶液中の陽イオンを ◯，陰イオンを ⊗ というモデルで表したものである。

図３

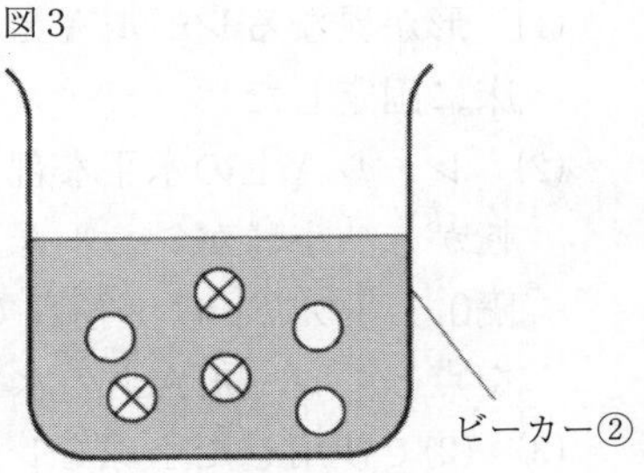

(2)　水酸化ナトリウム水溶液を$10cm^3$用意した。

(3)　(2)の水酸化ナトリウム水溶液をビーカー②に少しずつ加え，ガラス棒でかき混ぜ水溶液の様子を観察した。

(4)　(3)の操作を繰り返し，水酸化ナトリウム水溶液を合計$6\,cm^3$加えると，水溶液は緑色になった。

(5)　緑色になった水溶液をスライドガラスに１滴取り，水を蒸発させた後，観察した。

<**結果２**>

スライドガラスには，塩化ナトリウムの結晶が見られた。

〔問３〕　<**実験２**>の(4)のビーカー②の水溶液中で起きた化学変化を下の点線で囲まれた<**化学反応式**>で表すとき，下線部にそれぞれ当てはまる化学式を一つずつ書け。

ただし，<**化学反応式**>において酸の性質をもつ物質の化学式は（酸）の上の＿＿に，アルカリの性質をもつ物質の化学式は（アルカリ）の上の＿＿に，塩は（塩）の上の＿＿に書くこと。

＜**化学反応式**＞　＿＿＿＿＿ ＋ ＿＿＿＿＿ → ＿＿＿＿＿ ＋ ＿＿＿＿＿
（酸）　（アルカリ）　（塩）

〔問４〕　＜**実験２**＞の(5)の後，＜**実験２**＞の(3)の操作を繰り返し，用意した水酸化ナトリウム水溶液を全て加えた。＜**実験２**＞の(1)のビーカー②に含まれるイオンの総数の変化を表したグラフとして適切なのは，次のうちではどれか。

ア

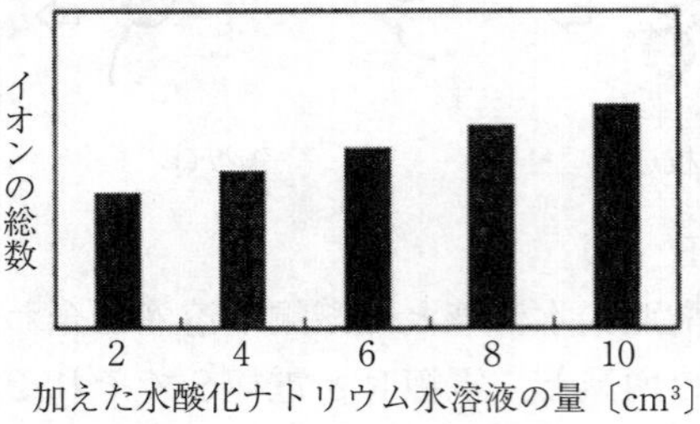

イ

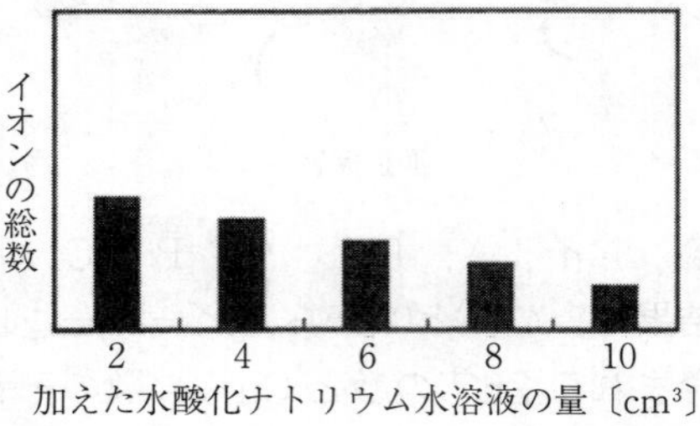

ウ

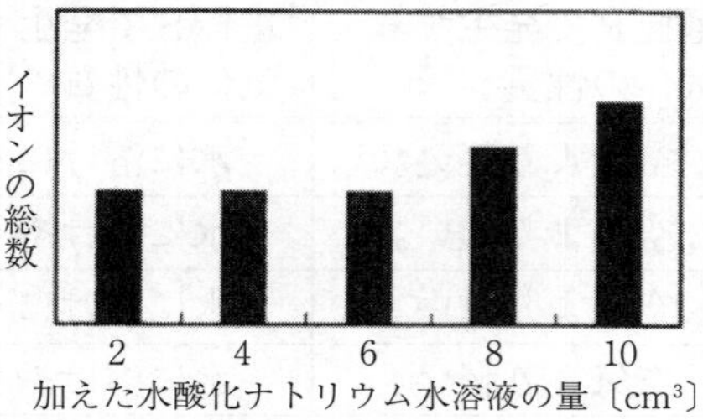

エ

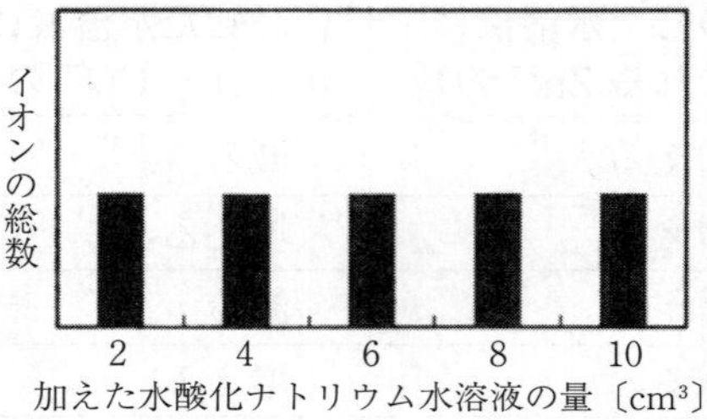

6　物体の運動に関する実験について，次の各問に答えよ。
＜**実験**＞を行ったところ，＜**結果**＞のようになった。

＜**実験**＞

(1)　形が異なるレールＡとレールＢを用意し，それぞれに目盛りを付け，図１のように水平な床に固定した。

(2)　レールＡ上の水平な部分から９cmの高さの点ａに小球を静かに置き，手を放して小球を転がし，小球がレールＡ上を運動する様子を，小球が最初に一瞬静止するまで，発光時間間隔0.1秒のストロボ写真で記録した。レールＡ上の水平な部分からの高さが４cmとなる点を点ｂ，レールＡ上の水平な部分に達した点を点ｃとした。

(3)　(2)で使用した小球をレールＢ上の水平な部分から９cmの高さの点ｄに静かに置き，(2)と同様の実験をレールＢ上で行った。レールＢ上の水平な部分からの高さが5.2cmとなる点を点ｅ，レールＢ上の水平な部分に達した点を点ｆとした。

(4)　ストロボ写真に記録された結果から，小球がレールＡ上の点ａから運動を始め，最初に一瞬静止するまでの0.1秒ごとの位置を模式的に表すと図２のようになった。さらに，0.1秒ごとに①から⑪まで，順に区間番号を付けた。

(5)　レールＢについて，(4)と同様に模式的に表し，0.1秒ごとに①から⑪まで，順に区間番号を付けた。

(6)　レールＡとレールＢにおいて，①から⑪までの各区間における小球の移動距離を測定した。

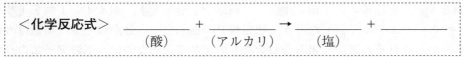

図1

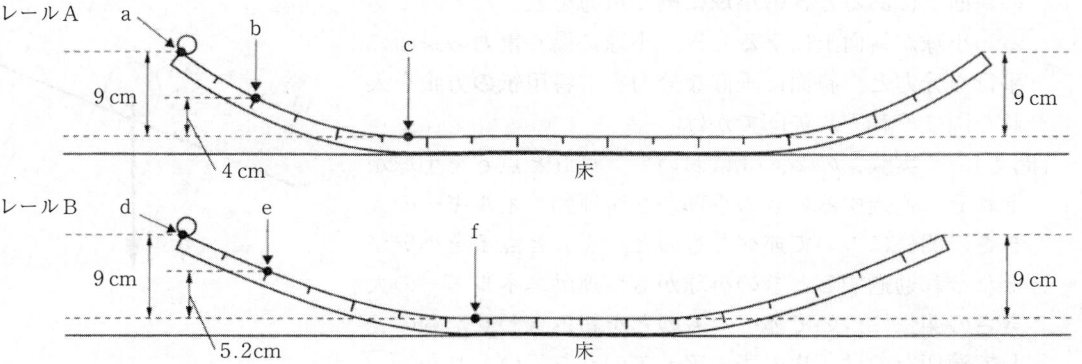

図2

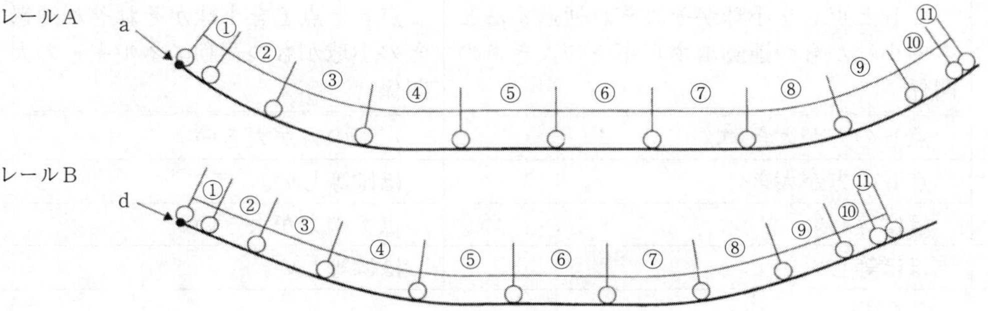

＜**結果**＞

区間番号	①	②	③	④	⑤	⑥	⑦	⑧	⑨	⑩	⑪
時間〔s〕	0～ 0.1	0.1～ 0.2	0.2～ 0.3	0.3～ 0.4	0.4～ 0.5	0.5～ 0.6	0.6～ 0.7	0.7～ 0.8	0.8～ 0.9	0.9～ 1.0	1.0～ 1.1
レールAにおける移動距離〔cm〕	3.6	7.9	10.4	10.9	10.9	10.9	10.8	10.6	9.0	5.6	1.7
レールBにおける移動距離〔cm〕	3.2	5.6	8.0	10.5	10.9	10.9	10.6	9.5	6.7	4.2	1.8

〔問1〕　＜**結果**＞から，レールA上の⑧から⑩までの小球の平均の速さとして適切なのは，次のうちではどれか。

ア　0.84m/s　　**イ**　0.95m/s

ウ　1.01m/s　　**エ**　1.06m/s

〔問2〕　＜**結果**＞から，小球がレールB上の①から③まで運動しているとき，小球が運動する向きに働く力の大きさと小球の速さについて述べたものとして適切なのは，次のうちではどれか。

ア　力の大きさがほぼ一定であり，速さもほぼ一定である。

イ　力の大きさがほぼ一定であり，速さはほぼ一定の割合で増加する。

ウ　力の大きさがほぼ一定の割合で増加し，速さはほぼ一定である。

エ　力の大きさがほぼ一定の割合で増加し，速さもほぼ一定の割合で増加する。

〔問３〕　図３の矢印は，小球がレールＢ上の⑨から⑪までの斜面上にあるときの小球に働く重力を表したものである。小球が斜面上にあるとき，小球に働く重力の斜面に平行な分力と，斜面に垂直な分力を解答用紙の方眼を入れた図にそれぞれ矢印でかけ。

図３

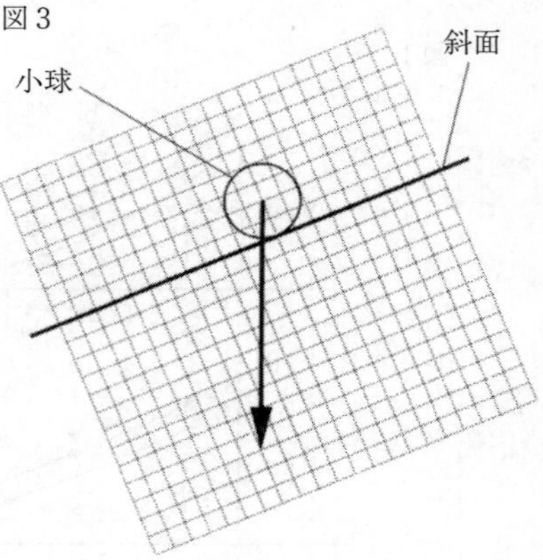

〔問４〕　＜**実験**＞の(2)，(3)において，点ｂと点ｅを小球がそれぞれ通過するときの小球がもつ運動エネルギーの大きさの関係について述べたものと，点ｃと点ｆを小球がそれぞれ通過するときの小球がもつ運動エネルギーの大きさの関係について述べたものとを組み合わせたものとして適切なのは，次の表の**ア**～**エ**のうちではどれか。

	点ｂと点ｅを小球がそれぞれ通過するときの小球がもつ運動エネルギーの大きさの関係	点ｃと点ｆを小球がそれぞれ通過するときの小球がもつ運動エネルギーの大きさの関係
ア	点ｂの方が大きい。	点ｆの方が大きい。
イ	点ｂの方が大きい。	ほぼ等しい。
ウ	ほぼ等しい。	点ｆの方が大きい。
エ	ほぼ等しい。	ほぼ等しい。

社会解答

1〔問１〕エ　〔問２〕ウ
〔問３〕ア

2〔問１〕略地図中のＡ～Ｄ…Ｄ
Ⅱのア～エ…イ
〔問２〕Ｐ…ア　Ｑ…エ　Ｒ…イ
Ｓ…ウ
〔問３〕略地図中のＷ～Ｚ…Ｙ
ⅠとⅡの表のア～エ…エ

3〔問１〕Ａ…ウ　Ｂ…イ　Ｃ…ア
Ｄ…エ
〔問２〕Ⅰのア～エ…ア
略地図中のＷ～Ｚ…Ｗ
〔問３〕変化　(例)地区計画により，工場であった土地に，商業施設が建てられた。
要因　(例)多くの人が集まる駅に近いこと。

4〔問１〕ア→イ→エ→ウ　〔問２〕イ
〔問３〕イ→ウ→エ→ア　〔問４〕ウ

5〔問１〕エ　〔問２〕ウ
〔問３〕(例)情報処理・通信に携わる人材は，アメリカ合衆国では，情報通信技術を利用する業種についている割合が高いが，我が国では，情報通信技術を提供する業種についている割合が高い。
〔問４〕イ

6〔問１〕エ→ア→ウ→イ
〔問２〕ⅠのＡ～Ｄ…Ｂ
ⅠのＡ～Ｄのア～ウ…イ
〔問３〕Ｘ

1〔三分野総合―小問集合問題〕

〔問１〕＜地形図と資料の読み取り＞特にことわりのないかぎり，地形図上では上が北となる。Ａ～Ｃ点に関する資料の説明や写真と，ア～エの地形図を照らし合わせながら考える。まずＡ点について，資料ではＡ点から東を見ると川が曲がっている様子が見えること，Ａ点がある橋を渡った先に水準点(⊡)があることが書かれている。この２つに当てはまるのはエの地形図である。アの川は直線状であり，イではＡ点から東の川は曲がっておらず，ウではＡ点の東に川はない。次にＢ点からＣ点までの道のりについて，資料では，川に並行した道路(約450m)→北東へ曲がって橋を渡る→北西に曲がる→川に並行した道路(約250m)，という順路が書かれている。これに当てはまるのもエであり，ア～ウは曲がる方向や歩く距離(地形図の下に示された目盛りを目安に大まかな距離をつかむ)などが違っている。最後にＣ点について学校の前にあると書かれており，これに当てはまるのは付近に小・中学校(文)が見られるア，ウ，エとなる。以上から，資料はエの地形図についてのものである。

〔問２〕＜唐招提寺の所在地＞Ⅱの文章は，奈良時代に鑑真が建立した唐招提寺について述べたものである。文中の「都」は，現在の奈良市に位置する平城京を指す。唐招提寺は，周辺の東大寺などとともに「古都奈良の文化財」としてユネスコ〔国連教育科学文化機関〕の世界文化遺産に登録されている。

〔問３〕＜地方裁判所＞地方裁判所は，各都府県に１か所と北海道に４か所の計50か所に設置されている。地方裁判所では，刑事裁判と行政裁判(国民が原告，国や地方公共団体が被告となる裁判のことで，日本では民事裁判と同じ仕組みで行われる)の第一審，民事裁判の第一審または第二審(簡易裁判所で第一審が行われたもの)が行われる。なお，家庭裁判所は家庭内の争いや少年事件を扱う裁判所(地方裁判所と同数)，高等裁判所は主に第二審の裁判を行う裁判所(８か所)，簡易裁判所は比較的軽微な事件を扱う裁判所(全国438か所)である。

2〔**世界地理─世界の諸地域**〕

〔**問1**〕**＜世界の気候と歴史＞略地図中のA～D**．季節風(モンスーン)の影響を受ける気候に属すること，イスラム商人が活動していたことから，アジアに位置するDと判断する。東アジア，東南アジア，南アジアなどの気候に大きな影響を与える季節風は，Dの地域では夏季にインド洋から大陸に向かう南西の風，冬季に大陸からインド洋に向かう北東の風となる。西アジアのイスラム商人は，季節風や海流を利用しながら東南アジアなどと行き来した。　**Ⅱのア～エ**．Dの範囲内に●で示した都市は，インドの西岸に位置する。この地域は熱帯のサバナ気候に属し，海からの季節風が吹く季節には雨季，大陸からの季節風が吹く季節には乾季となる。したがって，一年中高温で，降水量が多い時期と非常に少ない時期があるイが当てはまる。なお，冷帯〔亜寒帯〕と温帯の境界付近に位置するAの範囲内の都市はウ，寒帯と冷帯の境界付近に位置するBの範囲内の都市はア，南半球にあり熱帯に属するCの範囲内の都市はエに当てはまる。

〔**問2**〕**＜世界の国々と港湾都市＞略地図中のP～Sの都市は**，それぞれPが釜山(韓国)，Qがシンガポール，Rがドバイ(アラブ首長国連邦)，Sがロッテルダム(オランダ)である。　**P**．釜山は，日本と中国という2つの経済大国を最短距離で結ぶ大圏航路上付近に位置しており，東アジアの物流の拠点となっているのでアが当てはまる。　**Q**．シンガポールは，人口密度が8000人/km²を超え，東南アジアの国々で構成される東南アジア諸国連合〔ASEAN〕に加盟している。早くから経済が発展し，世界有数の貿易港となっているのでエが当てはまる。　**R**．ドバイは，石油の輸送路となるホルムズ海峡付近に位置している。近年は，石油で得た資金を使って港湾など交通・通信網の整備や新たな産業への進出なども行われているのでイが当てはまる。　**S**．ロッテルダムは，国際河川であるライン川の河口に位置し，EU〔ヨーロッパ連合〕域内の中心的な貿易港となっているのでウが当てはまる。

〔**問3**〕**＜フィリピンの産業と貿易＞略地図中のW～Z**．Wはペルー，Xはコスタリカ，Yはフィリピン，Zはマレーシアである。Ⅲの文章のうち，バナナ栽培が盛んであること，人口が1億人を超えていること，英語が公用語であることなどに注目し，フィリピンについて述べた文と判断する。アジア太平洋経済協力会議〔APEC〕には，W～Zの4か国中，コスタリカをのぞく3か国が参加している。　**ⅠとⅡの表のア～エ**．アとエは，Ⅰの表より日本の輸入総額が他の2か国に比べて大きく，Ⅱの表より輸出相手国の上位に日本やアジアの国が多く見られることから，アジアに位置するフィリピンかマレーシアであると考えられる。このうち，隣国のシンガポールへの輸出額が大きいアがマレーシアであり，1999年の日本の主な輸入品目に果実が見られるエが，バナナの生産・輸出が盛んなフィリピンである。また，イとウのうち，日本の輸入総額がより大きいイがペルーであり，ウがコスタリカとなる。ここでⅢの文中の「1999年と比較して2019年では，…中華人民共和国の重要性が増している。」の部分を見ると，Ⅱの表のエに合致する内容であることが確認できる。

3〔**日本地理─日本の諸地域，地形図**〕

〔**問1**〕**＜都道府県の自然と工業＞**Aは北海道，Bは兵庫県，Cは福岡県，Dは長崎県である。　**A**．北海道は面積が大きいため海岸線が最も長い。室蘭の製鉄所で鉄鋼が生産されており，造船に比べて鉄鋼の生産額が多いのでウが当てはまる。　**B**．「南部」の工業用地には阪神工業地帯の一部が形成され，鉄鋼と造船の製造品出荷額等が4道県中で最も大きいのは兵庫県である。また，「国際貿易港」とは神戸港であるのでイが当てはまる。　**C**．「北東部」の湾の埋め立て地に北九州工業地域があるのは福岡県で，「国内炭と中国産の鉄鉱石を原料に鉄鋼を生産していた製鉄所」とは八幡製鉄所であるのでアが当てはまる。　**D**．島が多くリアス海岸などの入り組んだ地形が見られるため，北海道に次いで海岸線が長いのは長崎県である。長崎や佐世保などで造船業が盛んであり，鉄鋼に比べて造船の生産額が多いのでエが当てはまる。

〔問２〕＜工業地域の特徴＞略地図中のW～Z． Wは北関東工業地域，Xは北陸工業地域，Yは東海工業地域，Zは瀬戸内工業地域が分布する県を示している。まず，Ⅱの文章はどの地域について述べたものかを考える。絹織物業や航空機産業が早くから発達し，現在は輸送用機械や電気機械の製造が盛んであることなどから，北関東工業地域に当てはまる。群馬県や栃木県では古くから絹織物の生産が盛んで，群馬県では大正時代から航空機の製造が行われた。1980年には関越自動車道によって西部（群馬県）が，1987年には東北自動車道によって中部（栃木県）が東京とつながり，2011年には北関東自動車道によって北関東工業地域と常陸那珂港（茨城県）が結ばれた。 **Ⅰのア～エ．** 2019年の製造品出荷額等が大きいアとウは，瀬戸内工業地域と北関東工業地域のいずれかであると考えられる。このうち，機械工業（輸送用機械，電気機械，その他機械）の割合が高いアが内陸に位置する北関東工業地域であり，化学工業の割合が高いウが臨海部に位置する瀬戸内工業地域である。残るイとエのうち，輸送用機械の割合が高いイは浜松市周辺などでオートバイや自動車の生産が盛んな東海工業地域であり，エが北陸工業地域となる。ここでⅡの文中で「2019年には電気機械の出荷額等は約２兆円…輸送用機械の出荷額等が…５兆円を超える」の部分をⅠの表のアのグラフから算出すると，305296億×0.073≒22287億＝２兆円，305296億×0.184≒56174億＝5.6兆円となり，合致する内容であることが確認できる。

〔問３〕＜地形図と資料の読み取り＞変化． 太線で囲まれた地域には，Ⅰの(2)とⅡの(2)では工場が見られ，Ⅰの(3)とⅡの(3)では商業施設が見られる。つまり，ⅠとⅡのどちらも，1980年代には工場であった場所が現在（2017・2018年）は商業施設となっていることがわかる。その理由は，Ⅰ，Ⅱの(1)の地区計画において，この地域を商業地域とする方針が示されたためである。 **要因．** Ⅰ，Ⅱの太線で囲まれた地域は，それぞれ福島駅，岡山駅の近くに位置する。乗降客数の多いこれらの駅の周辺には多くの人が集まってくることから，商業施設をつくるのに適していると考えられる。

4 〔歴史―古代～現代の日本と世界〕

〔問１〕＜年代整序＞ 年代の古い順に，ア（奈良時代―墾田永年私財法），イ（平安時代―摂関政治），エ（鎌倉時代―元寇），ウ（南北朝時代―建武の新政）となる。

〔問２〕＜太閤検地＞ Ⅱは，安土桃山時代に豊臣秀吉が行った太閤検地について述べたものである。太閤検地では，統一的な基準で全国の田畑の面積や土地のよしあしなどを調べ，予想収穫量を「石」で表した。秀吉が政治を行ったのは，Ⅰの略年表中のイの時期である。なお，1560年に桶狭間の戦いで織田信長によって倒されたのは今川義元，1582年に本能寺の変によって倒されたのは織田信長，1600年に関ヶ原の戦いに勝利して全国支配の実権をにぎったのは徳川家康である。

〔問３〕＜年代整序＞ 年代の古い順に，イ（18世紀後半―寛政の改革），ウ（19世紀半ば―黒船来航），エ（1902年―日英同盟），ア（1920年代―地下鉄の運行開始）となる。

〔問４〕＜昭和～平成時代の出来事＞ 東西ドイツが統一されたのは1990年，京都議定書が採択されたのは1997年，長野でオリンピック・パラリンピック冬季競技大会が開催されたのは1998年である。したがって，Ⅱの文章で述べている時期はⅠのグラフ中のウの時期に当てはまる。

5 〔公民・歴史総合―情報を題材とする問題〕

〔問１〕＜精神の自由＞「集会・結社及び言論，出版その他一切の表現の自由」（日本国憲法第21条）は，自由権の１つである精神の自由のうち，自分の意見や感情などを外部に発表する権利である。なお，イの「思想及び良心の自由」も精神の自由に含まれるが，これは心の中で自由に物事を考えたり判断したりする権利である。アは身体の自由，ウは経済活動の自由に含まれる。

〔問２〕＜昭和時代の出来事＞ Ⅱの文章中に「石油危機から３年後の現在」とある。石油危機が起こったのは1973年で，その３年後は1976年となる。これは，Ⅰの略年表中のウの時期に当てはまる。

〔問３〕＜資料の読み取り＞Ⅱのグラフから読み取れることを整理すると，次の２つにまとめられる。まず，日本では，情報処理・通信に携わる人材のうち，情報通信技術を提供する業種についている人の割合が高く，情報通信技術を利用する業種についている人の割合は低いことがⅡの日本のグラフからわかり，次に，アメリカ合衆国では，情報処理・通信に携わる人材のうち，情報通信技術を利用する業種についている人の割合が高く，情報通信技術を提供する業種についている人の割合は低いことがⅡのアメリカ合衆国のグラフから読み取れる。このような現状を受けて，今後は「情報通信技術を利用する業種に十分な情報通信技術をもった人材が必要である」とするⅠの文章が示されたことがわかる。解答の際には，「アメリカ合衆国と比較して，情報通信技術を提供する業種と利用する業種の構成比の違いに着目」するという設問の条件に注意しながらまとめる。

〔問４〕＜法律案の審議＞内閣や議員によって国会に提出された法律案は，数十人の議員で構成される委員会でまず審議される。その後，議員全員が参加する本会議で審議・議決が行われる。可決された法律案はもう一方の議院へ送られ，同様の過程で審議・議決される。衆参両議院で可決された法律案は法律となり，内閣の助言と承認に基づいて天皇が公布する。Ⅱの文中に「衆議院の内閣委員会」とあることから，Ⅱは衆議院の委員会での審議について述べたものである。したがって，ⅠのＢとＣの間に行われたことになる。

6〔三分野総合―都市を題材とする問題〕

〔問１〕＜年代整序＞年代の古い順に，エ(18世紀―絶対王政とマリア・テレジア)，ア(19世紀―ビスマルクとドイツ帝国)，ウ(1930年代―ニューディール政策)，イ(20世紀後半―冷戦)となる。

〔問２〕＜オタワ＞ⅠのＡ～Ｄ．地図中のＡはブラジル，Ｂはカナダ，Ｃはオーストラリア，Ｄはナイジェリアの首都周辺の地域を示している。Ⅱの文章は，カナダの首都オタワについて述べたものである。カナダはかつてイギリスの植民地であった国だが，東部のケベック州を中心とする地域は最初にフランスが進出した。そのため，国内にはイギリスとフランスの２つの文化圏が形成され，現在も英語とフランス語が公用語となっている。文中の「首都から約350km離れイギリス系住民が多い都市」はトロント，「首都から約160km離れフランス系住民が多い都市」はモントリオールである。　ⅠのＡ～Ｄのア～ウ．オタワは，Ｂの地図中のイに位置する。なお，同じ地図中のアはモントリオール，ウはトロントである。トロントが面している湖は五大湖の１つであるオンタリオ湖であり，オンタリオ湖から北東に流れ出ている川はセントローレンス川である。

〔問３〕＜インドネシアと資料の読み取り＞地図中のＷはメキシコ，Ｘはインドネシア，Ｙはバングラデシュ，Ｚはエジプトである。Ⅱの文章は，オランダから独立したこと，イスラム教徒が８割を超えることなどからインドネシアについて述べた文と判断できる。また，ⅠのＸのグラフをⅡの文章と照らし合わせると，第１位の都市圏と第２位の都市圏の人口差は，1950年に100万人を下回っており，1990年には1950年の約７倍になっていることや，1990年以降は拡大傾向が緩やかであることが確認できる。

理科解答

1 〔問1〕 イ　〔問2〕 ア
〔問3〕 エ　〔問4〕 ウ
〔問5〕 エ

2 〔問1〕 ア　〔問2〕 イ
〔問3〕 エ　〔問4〕 ウ

3 〔問1〕 ウ　〔問2〕 イ
〔問3〕 エ　〔問4〕 ア

4 〔問1〕 ウ　〔問2〕 エ
〔問3〕 ア　〔問4〕 ウ

5 〔問1〕 イ　〔問2〕 ア
〔問3〕 $\underset{\text{(酸)}}{\underline{\mathrm{HCl}}}+\underset{\text{(アルカリ)}}{\underline{\mathrm{NaOH}}}\longrightarrow\underset{\text{(塩)}}{\underline{\mathrm{NaCl}}}+\mathrm{H_2O}$
〔問4〕 ウ

6 〔問1〕 ア
〔問2〕 イ
〔問3〕 右図
〔問4〕 イ

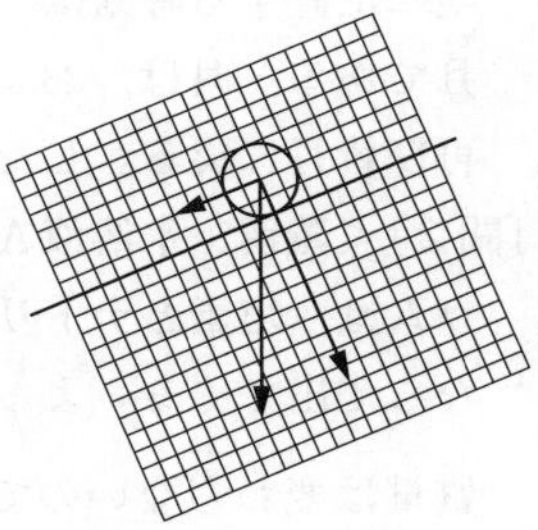

1 〔小問集合〕

〔問1〕＜燃焼＞木片を燃焼させると，木片に含まれる炭素が空気中の酸素と結びついて二酸化炭素になり，空気中に出ていく。そのため，燃焼させた後の木片の質量は小さくなり，石灰水が白くにごる。一方，スチールウール(鉄)を燃焼させると，鉄と空気中の酸素が結びついて酸化鉄ができるため，燃焼させた後のスチールウールの質量は大きくなる。なお，二酸化炭素は発生しないので，石灰水は変化しない。

〔問2〕＜心臓＞図3で，全身から血管C(大静脈)を通って右心房に戻った血液は，右心室に入り，右心室から血管A(肺動脈)を通って肺へ送り出される。肺で酸素を取り入れた血液は，血管D(肺静脈)から左心房に入り，左心室へ移動し，血管B(大動脈)を通って全身に送り出される。動脈は心臓から送り出された血液が流れる血管だから，血管Aと血管Bである。また，動脈血は酸素を多く含む血液だから，血管Dと血管Bに流れる。なお，静脈は心臓に戻る血液が流れる血管だから，血管Cと血管Dで，静脈血は血管Cと血管Aに流れる。

〔問3〕＜光の屈折＞右図1のように，光が水中から空気中へ進むときは，入射角より屈折角の方が大きくなり，水面に近づくように屈折する。また，図1では，「A」の文字の下端から出て水面で屈折した光は目に届かないが，右図2のように，容器の中の水の量を増やすと，下端から出た光も目に届くようになり，文字の形が全て見えるようになる。

図1

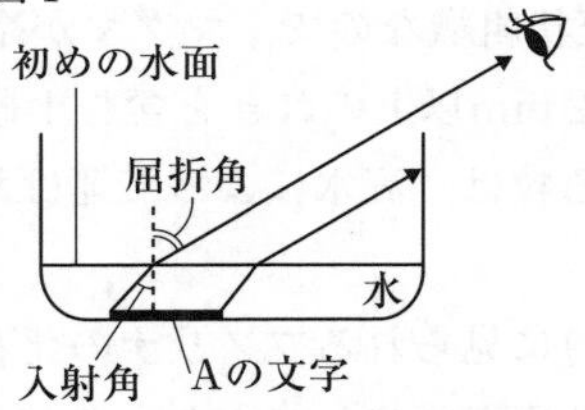

図2

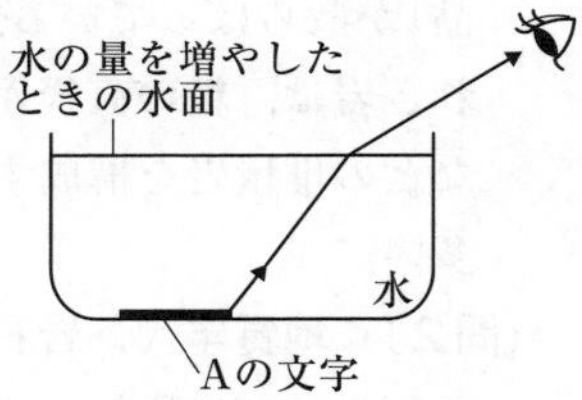

〔問4〕＜温暖前線＞温暖前線は暖気が寒気の上にはい上がりながら寒気を押して進む前線であるから，温暖前線付近の暖気と寒気の動きを表しているのはBである。また，空気はあたたまると膨張して，体積が大きくなる。このとき，質量は変わらないから，$〔密度(\mathrm{g/cm^3})〕=\dfrac{〔質量(\mathrm{g})〕}{〔体積(\mathrm{cm^3})〕}$ より，密度は小さくなる。よって，密度が小さいのは暖気である。なお，Aは寒冷前線付近の暖気と寒気の動きを表している。また，密度が小さい空気は上昇するため，A，Bで上昇している暖気の方が密度が小さいことがわかる。

〔問5〕＜回路と電流＞図5で，抵抗器Bと抵抗器Cは並列につながれているので，どちらにも同じ大きさの電圧が加わる。よって，オームの法則 $〔電流〕=\dfrac{〔電圧〕}{〔抵抗〕}$ より，抵抗が小さいほど流れる電流は大きくなるので，$Q>R$である。また，点pを流れる電流の大きさは，点q，rを流れる電流の大きさの和になるから，$P=Q+R$となる。以上より，$R<Q<P$である。

2〔小問集合〕

〔問１〕＜月の見え方＞図１のとき，観測地点Ａでは，月は太陽と同じ方向に見えるから，月が真南の空に位置する時刻は，太陽が真南の空に位置する時刻で，12時である。また，図１のとき，月は新月である。月は，およそ１週間ごとに新月から上弦の月，満月，下弦の月と変化して，約29.5日で再び新月に戻る。したがって，図１の日から１週間後に観察できる月は，上弦の月である。

〔問２〕＜蒸留＞水溶液Ａから水を蒸発させると，塩化ナトリウム(食塩)の結晶が現れる。塩化ナトリウムは，塩素とナトリウムの化合物である。また，塩化ナトリウム水溶液を加熱すると水が気体となって出てくる。よって，加熱により水溶液Ａの質量は減少するが，溶質である塩化ナトリウムの質量は変わらないので，$〔質量パーセント濃度(\%)〕=\frac{〔溶質の質量(g)〕}{〔水溶液の質量(g)〕}\times 100$ より，水溶液の質量が小さくなると質量パーセント濃度は大きくなるから，濃度は５%より高くなる。

〔問３〕＜植物の体のつくり＞上下にある葉が互いに重ならないようにつくことで，光が当たる面積が大きくなり，光合成によって多くの養分をつくり出すことができる。また，光合成でつくられた養分が通る管は師管である。なお，道管は根から吸収した水や水に溶けた養分が通る管である。

〔問４〕＜重さと質量＞上皿てんびんではかることができるのは物体の質量で，物体そのものの量だから場所が変わっても変化しない。そのため，質量300gの物体Ａは月面でも300gの分銅とつり合う。一方，はかりではかることができるのは物体の重さで，物体にはたらく重力の大きさだから場所によって変化し，月面では，質量300gの物体Ａにはたらく重力の大きさは地球上の約$\frac{1}{6}$になる。よって，質量300gの物体Ａを月面ではかりに載せたときの目盛りの値は$300\times\frac{1}{6}=50$より，約50gになる。

3〔大地の変化〕

〔問１〕＜岩石＞表１より，岩石Ｐは長石や輝石を含み，小さな鉱物(石基)の間にやや大きな鉱物(斑晶)が散らばっている斑状組織なので，マグマが冷えてできた火成岩の火山岩と考えられる。また，れき岩は，粒の直径が２mm以上のれきを含む土砂が押し固められてできた堆積岩である。れき岩などの堆積岩を構成する粒は，流水によって運ばれる間に角がけずられ，丸みを帯びているものが多い。

〔問２〕＜地質年代＞岩石Ｑに見られるフズリナの化石は古生代の示準化石である。古生代には，魚類や両生類が出現し，三葉虫が生息していた。なお，鳥類が出現し，アンモナイトが生息していたのは中生代である。

〔問３〕＜泥岩＞泥岩を構成する粒は，直径が0.06mm以下である。流水によって海まで運搬された土砂は，粒の大きなものほど沈みやすいので，陸の近くに堆積し，粒の小さなものほど沈みにくいので，河口から遠い深い海に堆積する。よって，泥岩の層が堆積した時代の地域Ｂ周辺は，河口から遠い深い海であったと考えられる。

〔問４〕＜地層の広がり＞Ｘ点の標高は40.3m，Ｙ点の標高は36.8mであり，図２より，凝灰岩の層の上面の地表からの深さは，Ｘ点では11.0m，Ｙ点では9.0mなので，凝灰岩の層の上面の標高は，Ｘ点では$40.3-11.0=29.3$(m)，Ｙ点では$36.8-9.0=27.8$(m)である。よって，Ｘ点の方が，Ｙ点より，$29.3-27.8=1.5$(m)高くなっている。

4〔生物の世界，生命・自然界のつながり〕

〔**問１**〕＜**植物の分類**＞〈結果１〉の(1)より，花弁が１枚１枚離れていたので，エンドウは離弁花類である。離弁花類は双子葉類に分類されるから，子葉の枚数は２枚である。また，胚珠が子房の中にある植物を被子植物という。なお，子葉の枚数が１枚なのは単子葉類で，裸子植物は子房がなく，胚珠はむき出しである。

〔**問２**〕＜**受精**＞花粉の中を移動する生殖細胞は精細胞である。花粉管が胚珠に達すると，精細胞は胚珠の中の卵細胞と受精して受精卵ができる。精細胞や卵細胞などの生殖細胞は減数分裂によってつくられ，染色体数は体細胞の半分である。よって，卵細胞に含まれる染色体数は，精細胞と同じ７本で，精細胞と卵細胞の受精によってできる受精卵１個に含まれる染色体数は$7+7=14$(本)になる。なお，卵は動物の雌がつくる生殖細胞で，雄がつくる生殖細胞である精子と受精する。

〔**問３**〕＜**遺伝の規則性**＞〈実験〉の(2)，(4)で，草たけの高い個体を自家受粉してできた種子を育てると，〈結果２〉の(1)より，全て草たけの高い個体になったことから，図４のＰは草たけの高い純系である。一方，〈実験〉の(3)，(5)で，草たけの低い個体を自家受粉してできた種子を育てると，〈結果２〉の(2)より，全て草たけの低い個体になったことから，図４のＱは草たけの低い純系である。また，〈実験〉の(7)，(8)で，ＰとＱをかけ合わせると，〈結果２〉の(3)より，全て草たけの高い個体になったことから，草たけの高さは，高いが顕性形質，低いが潜性形質である。ここで，草たけを高くする遺伝子をＢ，低くする遺伝子をｂとすると，草たけの高い純系のＰの遺伝子の組み合わせはBB，草たけの低い純系のＱの遺伝子の組み合わせはbbになる。草たけの高い純系と低い純系のエンドウがつくる生殖細胞には，それぞれＢとｂだけが含まれるから，これらをかけ合わせてできた子である図４のＲの遺伝子の組み合わせは全てBbになる。よって，ＲとＱをかけ合わせてできた種子の遺伝子の組み合わせと個数の比は，右表のように，Bb：bb＝２：２＝１：１となる。Bbは草たけの高い個体，bbは草たけの低い個体になるので，これらの個体数のおよその比は1：1である。

	B	b
b	Bb	bb
b	Bb	bb

〔**問４**〕＜**遺伝の規則性**＞エンドウの種子の形は，丸形が顕性形質，しわ形が潜性形質だから，親の代の丸形の種子の遺伝子の組み合わせはAAかAaであり，〈モデル実験の結果〉の(1)で，子の代では丸形の種子だけが得られたことから，両親がともにａを持つことはないのがわかる。また，〈モデル実験の結果〉の(2)で，子の代の種子を自家受粉させると，孫の代には丸形の種子だけが得られた個体と丸形・しわ形の種子が得られた個体があったことから，孫の代に丸形の種子だけが得られた個体の遺伝子の組み合わせはAA，丸形・しわ形の種子が得られた個体の遺伝子の組み合わせはAaとなる。これより，親の代の種子の一方はａを持つので，親の代の遺伝子の組み合わせはAAとAaである。

5〔**化学変化とイオン**〕

〔**問１**〕＜**ダニエル電池**＞亜鉛板Ｐは溶けたので，亜鉛板Ｐの表面では，亜鉛原子(Zn)が電子を２個放出して亜鉛イオン(Zn^{2+})となって水溶液中に溶け出している。また，銅板Ｑには赤茶色の物質が付着したので，銅板Ｑの表面では，水溶液中の銅イオン(Cu^{2+})が電子２個を受け取って銅原子(Cu)になって付着する。よって，亜鉛板Ｐの様子はＡ，銅板Ｑの様子はＤである。

〔**問２**〕＜**ダニエル電池，水の電気分解**＞図１のダニエル電池では，亜鉛板Ｐから亜鉛原子(Zn)が亜鉛イオン(Zn^{2+})となって溶け出すので，水溶液中のZn^{2+}の数は増える。一方，銅板Ｑでは，銅イオン(Cu^{2+})が銅原子(Cu)になって付着するので，水溶液中のCu^{2+}の数は減る。また，図２では水の電気分解が起こり，電源装置の－極につながれた電極Ｒは陰極，＋極につながれた電極Ｓは陽極で，電極Ｒでは水分子(H_2O)が電子を受け取り水素が発生し，電極Ｓでは，水酸化物イオン(OH^-)が電子を渡し，水と酸素ができる。水素は最も軽い気体で，空気より軽く，酸素は水に溶けにくい気体である。

〔問３〕＜中和＞〈実験２〉で，酸の性質を持つ物質は，薄い塩酸中に溶けている塩化水素(HCl)であり，アルカリの性質を持つ物質は水酸化ナトリウム水溶液中に溶けている水酸化ナトリウム(NaOH)である。HClとNaOHが中和すると，水(H_2O)と，塩《えん》として塩化ナトリウム(NaCl)ができる。

〔問４〕＜中和とイオン＞薄い塩酸中には，塩化水素(HCl)が電離して生じた水素イオン(H^+)と塩化物イオン(Cl^-)が同数含まれ，水酸化ナトリウム水溶液中には，水酸化ナトリウム(NaOH)が電離して生じたナトリウムイオン(Na^+)と水酸化物イオン(OH^-)が同数含まれる。また，薄い塩酸に水酸化ナトリウム水溶液を加えると，H^+とOH^-が結びついて水(H_2O)になり，Cl^-とNa^+が結びついて塩として塩化ナトリウム(NaCl)になるが，NaClは溶液中で電離しているため，イオンのままCl^-とNa^+として含まれる。〈実験２〉の(4)より，薄い塩酸12cm^3と水酸化ナトリウム水溶液６cm^3がちょうど中和するので，水酸化ナトリウム水溶液を６cm^3加えるまでは，加えたOH^-はH^+と結びつき，減ったH^+と同数のNa^+が増えるので，イオンの総数は変わらない。さらに，水酸化ナトリウム水溶液を加えると，H^+の数は０のままで，加えたNa^+とOH^-が増えていくので，イオンの総数は増加していく。なお，Cl^-の数は変化しない。

6 〔運動とエネルギー〕

〔問１〕＜速さ＞〈結果〉より，レールＡにおける⑧から⑩までの移動距離は，$10.6+9.0+5.6=25.2$(cm)で，25.2cmは$25.2\div100=0.252$(m)である。また，かかった時間は，$1.0-0.7=0.3$(秒)である。よって，このときの小球の平均の速さは，〔平均の速さ(m/s)〕=〔移動した距離(m)〕÷〔移動にかかった時間(s)〕より，$0.252\div0.3=0.84$(m/s)となる。

〔問２〕＜運動と力＞斜面上にある小球には，重力の斜面に平行な方向の分力が運動の方向にはたらく。また，小球に一定の力がはたらくとき，小球の速さは一定の割合で増加する。よって，図２で，レールＢ上の①から③までは斜面の傾きがほぼ一定なので，小球には，重力の斜面に平行な方向の分力がほぼ一定の大きさではたらき続け，速さはほぼ一定の割合で増加する。なお，〈結果〉より，レールＢ上の①から③まで，0.1秒ごとの移動距離は，$5.6-3.2=2.4$(cm)，$8.0-5.6=2.4$(cm)と等しいから，速さは一定の割合で増加していることがわかる。

〔問３〕＜力の分解＞重力の矢印を対角線として，斜面に平行な方向と斜面に垂直な方向を２辺とする平行四辺形(この場合は長方形)をかくと，２辺がそれぞれ分力になる。解答参照。

〔問４〕＜運動エネルギー＞小球が斜面上を下るとき，小球が点ａと点ｄで持っていた位置エネルギーは運動エネルギーに移り変わる。図１で，点ａと点ｄは高さが等しいから，それぞれの点で小球が持つ位置エネルギーの大きさは等しく，点ｂは点ｅより高さが低いから，小球が持つ位置エネルギーの大きさは点ｂの方が点ｅより小さい。よって，位置エネルギーが移り変わった運動エネルギーの大きさは，点ｂの方が点ｅより大きい。また，点ｃと点ｆは高さが等しく，位置エネルギーの大きさは等しいから，運動エネルギーの大きさも等しい。

●2021年度

都立戸山高等学校

独自問題

【英語・数学・国語】

2021年度 都立戸山高等学校

【英　語】（50分）〈満点：100点〉

1 リスニングテスト（**放送**による**指示**に従って答えなさい。）

〔問題A〕 次のア～エの中から適するものをそれぞれ一つずつ選びなさい。

＜対話文1＞

ア On the highest floor of a building.

イ At a temple.

ウ At their school.

エ On the seventh floor of a building.

＜対話文2＞

ア To see Mr. Smith.　　イ To return a dictionary.

ウ To borrow a book.　　エ To help Taro.

＜対話文3＞

ア At eleven fifteen.　　イ At eleven twenty.

ウ At eleven thirty.　　エ At eleven fifty-five.

〔問題B〕 ＜Question 1＞ では，下のア～エの中から適するものを一つ選びなさい。
＜Question 2＞ では，質問に対する答えを英語で書きなさい。

＜Question 1＞

ア For six years.　　イ For three years.

ウ For two years.　　エ For one year.

＜Question 2＞

（15秒程度，答えを書く時間があります。）

※（編集部注）＜**英語学力検査リスニングテスト台本**＞を英語の問題の終わりに掲載しています。

2 次の対話文を読んで，あとの各問に答えなさい。
（＊印の付いている単語・語句には，本文のあとに〔**注**〕がある。）

Jim, a high school student from England, talks with Ms. Tamura, his science teacher, after a class in the school science room. His classmates, Kota and Momoko, join them.

Jim: Ms. Tamura, may I ask you a question?

Ms. Tamura: Sure, Jim. No problem.

Jim: I had a strange happening in the kitchen yesterday.

Kota: Did you say a strange happening, Jim? I like strange things. Can I join you?

Momoko: What are you talking about? Can I join you, too?

Jim: Of course you can.

Ms. Tamura: Do join us.

Kota: Did you drop a glass or something?

Jim: No, no. Water in the pot began to *boil suddenly.

Momoko: Did it? Were you OK?

Jim: Yes, but I was a little scared.

Ms. Tamura: Did it boil suddenly all by itself?

Jim: No. When I put a **dashi* pack into the pot, it suddenly started to boil.

Kota: The water suddenly began to boil. That sounds strange.

Ms. Tamura: Are you sure, Kota? I'm sure all of you know about it very well.

Kota: Do we?

Ms. Tamura: You certainly do. Well, [(1)-a].

Momoko: Really? Please tell us more, Ms. Tamura.

Ms. Tamura: Just a minute, everyone. Before that, I'll show you something.

*Ms. Tamura goes into the science teachers' room and comes back with little white things in her hand. They look like very small *sponge balls.*

Ms. Tamura: Maybe you all know what these are.

Jim: Of course. They are *boiling chips.

Ms. Tamura: What are they for?

Momoko: They stop... uh, I don't know what it is called in English.

Jim: *Bumping.... Oh!

Momoko: You call it "bumping" in English.

Ms. Tamura: Yes, it is bumping. So, can you explain what bumping is?

Kota: I'll try. *Liquid sometimes gets too hot and *heats up over its *boiling point. This is called "*superheated." When liquid is superheated and receives a *stimulus from outside, it starts to boil suddenly.

Ms. Tamura: Well done, Kota. And Jim, have you found something?

Jim: Well, (2) I【① boiling ② did ③ in ④ not ⑤ the ⑥ think ⑦ the pot ⑧ was ⑨ water】, but actually it was above the boiling point.

Kota: It was superheated.

Jim: More than that, bumping happened in the kitchen.

Ms. Tamura: Yes. Maybe you have had similar experiences.

Momoko: Now I remember something. My coffee suddenly began to boil when I added sugar after I heated it in the *microwave. Was that also bumping, Ms. Tamura?

Ms. Tamura: Yes, it was.

Momoko: Then I could stop bumping with some boiling chips in the kitchen.

Kota: But almost no families have such things in their kitchen.

Jim: I see. Also, [(1)-b].

Momoko: Will you tell us why, Ms. Tamura?

Ms. Tamura: When did you add sugar?

Momoko: I added it after I heated my coffee.

Ms. Tamura: When do you usually add boiling chips to a liquid?

Kota: Before you heat it.

Ms. Tamura: If you put them in a very hot liquid….

Kota: The liquid may boil suddenly because they will be a stimulus to a superheated liquid.

Jim: There is a difference between "before" and "after." In Momoko's coffee, sugar was a stimulus.

Ms. Tamura: Well, let me show you something. Maybe you can find some hints in this book.

Ms. Tamura passes her science dictionary to Kota.

Kota: Thank you, Ms. Tamura. Let me see…. Look. The book says, "Boiling is a change of *state from a liquid to a gas at its boiling point. It happens when *bubbles appear in the liquid."

Jim: Maybe bubbles are the key for boiling.

Momoko: I know boiling chips stop bumping, but I didn't realize [(1)-c]. Am I right, Ms. Tamura?

Ms. Tamura: Yes, you are. So now you know why you have to add them before you heat liquid.

Kota: Then what should we do to stop bumping in the kitchen without boiling chips? There is no way!

Momoko: Why not?

Jim: We can do something.

Momoko: (3)We can, if we try.

Jim: Now, I remember. My host mother put a *steel egg into the pot when she cooked black beans for New Year.

Ms. Tamura: Well, that's another thing, Jim.

Jim: What? It wasn't used for stopping bumping.

Momoko: When my grandmother made *Japanese pickles, she put a steel egg in the pot. It gave a bright, beautiful color to the pickles. Will it be true with black beans, Ms. Tamura?

Ms. Tamura: That will be true.

Jim: So, [(1)-d] .

Ms. Tamura: Yes, maybe she did.

Jim: Momoko's grandmother and my host mother did the same thing for the same purpose.

Kota: Then you cannot stop bumping with a steel egg!

Momoko: I think you can stop it, but you should put it in before you start cooking.

Jim: Then you can stop bumping.

Ms. Tamura: Steel eggs may sometimes work just like boiling chips, but remember what boiling chips look like.

Momoko: They look like very small sponge balls.

Ms. Tamura: That's an important thing, Momoko.

Kota: Then the holes will be helpful when bubbles appear in boiling, right?

Ms. Tamura: That's right.

Jim: Then, [(4)] .

Momoko: Let me see….

Jim: How about *disposable chopsticks? You know, some disposable chopsticks are made of wood and they have a lot of little holes like sponges. If you put some in the pot, they will work like boiling chips.

Momoko: Then bubbles will appear easily.

Kota: I've got another idea. You just have to keep *stirring the pot while heating it. That will be a simple way to stop bumping.

Ms. Tamura: Why do you think so?

Kota: When you heat a *test tube with liquid in it, you should shake it in a gentle way. That is also for stopping bumping, right? If you want to do a similar thing in the kitchen, you can stir the pot. It is so easy that maybe you don't need a special tool.

Jim: That sounds interesting. Maybe we can try and see by ourselves.

Ms. Tamura: Good idea. By the way, have all of you seen a *siphon coffee maker?

Momoko: No, I haven't. What is it, Ms. Tamura?

Ms. Tamura: It is an old type of coffee maker. You heat a pot of water with a lamp and make coffee. The pot has a *chain inside to stop bumping.

Kota: A lamp? Is that used on a desk?

Momoko: No, no. It is not a light, but a tool to heat something.

Kota: Oh, I see. A tool for heating. We don't have such a coffee maker in my house.

Jim: I have seen one at my grandparents' house, but at that time I didn't think of bumping at all. I thought it was just an old coffee maker. Actually, it was science. That is surprising!

Kota: Yes. Some kitchen tools are designed to stop bumping. Science really makes cooking safe and easy. It helps us a lot and makes our life convenient.

Jim: Cooking and science often share a lot of things. Our everyday life is full of science.

Momoko: I quite agree with you. Some may say [(5)].

Ms. Tamura: That's an interesting idea. So, now all of you clearly know what bumping is.

Kota: Now we know what you meant.

Ms. Tamura: And Jim, why don't you make a short speech about your idea next class?

Jim: Oh, I would love to do it, Ms. Tamura. Maybe Kota and Momoko will help me. Will you?

Momoko: Sure.

Kota: Of course.

〔注〕

boil 沸騰《ふっとう》する	*dashi* pack だしパック	sponge スポンジ
boiling chip 沸騰石	bumping 突沸	liquid 液体
heat 熱する	boiling point 沸点	superheat 過熱する
stimulus 刺激	microwave 電子レンジ	state 状態
bubble 気泡	steel egg 鉄玉子	Japanese pickles 漬物《つけもの》
disposable chopstick わりばし		
stirring stir（かきまぜる）の -ing 形		test tube 試験管
siphon coffee maker コーヒーサイフォン		chain 鎖《くさり》

〔問１〕 本文の流れに合うように，(1)-a ～ (1)-d の中に英語を入れるとき，最も適切なものを次のア～オの中からそれぞれ一つずつ選びなさい。ただし，同じものは二度使えません。

ア　my host mother added the egg to make her beans beautiful

イ　bubbles would appear easily with them

ウ　maybe you don't realize it

エ　I wonder why the sugar didn't work as boiling chips

オ　I don't know for sure, but I have found something

〔問２〕 (2)I【 ① boiling ② did ③ in ④ not ⑤ the ⑥ think ⑦ the pot ⑧ was ⑨ water 】，とあるが，本文の流れに合うように，【　】内の単語・語句を正しく並べかえたとき，【　　　】内で**２番目**と**６番目**と**８番目**にくるものの組み合わせとして最も適切なものは，次のア～カの中ではどれか。

	２番目	**６番目**	**８番目**
ア	④	①	⑤
イ	④	③	⑧
ウ	④	⑧	⑤
エ	⑥	③	⑧
オ	⑥	④	⑤
カ	⑥	⑨	④

〔問３〕 (3)We can, if we try. とあるが，この内容を最もよく表しているものは，次の中ではどれか。

ア　We can stop bumping in the kitchen, if we try to change the state of water.

イ　We can think of something in the kitchen, if we try to find a lot of hints in Ms. Tamura's book.

ウ　We can do something in the kitchen, if we try to stop bumping by putting boiling chips in the water.

エ　We can stop bumping in the kitchen, if we try to find another way.

〔問 4〕 本文の流れに合うように，[(4)]に英語を入れるとき，最も適切なものは，次の中ではどれか。

ア if you have something with many little holes in the kitchen, it can work as boiling chips

イ if you have something helpful when you cook beans, it will never work as boiling chips

ウ if you have some things like sponge balls, they can work as steel eggs, not as boiling chips

エ if you have something like a chain, it can be as helpful as steel eggs to stop bumping

〔問 5〕 本文の流れに合うように，[(5)]に英語を入れるとき，最も適切なものは，次の中ではどれか。

ア cooking and science are similar in some parts, but only science makes our life convenient

イ cooking was very close to science, because our everyday life is full of science

ウ cooking is one thing and science is another, but that is quite a mistake

エ cooking is different from science because science makes cooking safe and easy

〔問 6〕 本文の内容と合っているものを，次のア～キの中から**二つ**選びなさい。

ア The three students went to see Ms. Tamura to enjoy talking about something strange and interesting all together.

イ Even boiling chips can be a stimulus and bumping happens when a pot is superheated.

ウ Momoko's grandmother sometimes uses steel eggs as boiling chips when she cannot find any chips.

エ Momoko doesn't believe that steel eggs work as boiling chips and stop bumping.

オ You really have to use ordinary cooking tools when you want to see bumping in the kitchen easily.

カ Jim didn't understand siphon coffee makers used science until he talked with Ms. Tamura.

キ The three students have realized that they can live a convenient life every day without science.

〔問7〕 次の絵と文章は，Jim が作ったプレゼンテーションのスライドの一部とその説明文である。（ a ）～（ d ）の中に英語を入れるとき，最も適切なものを下のア～クの中からそれぞれ一つずつ選びなさい。ただし，同じものは二度使えません。

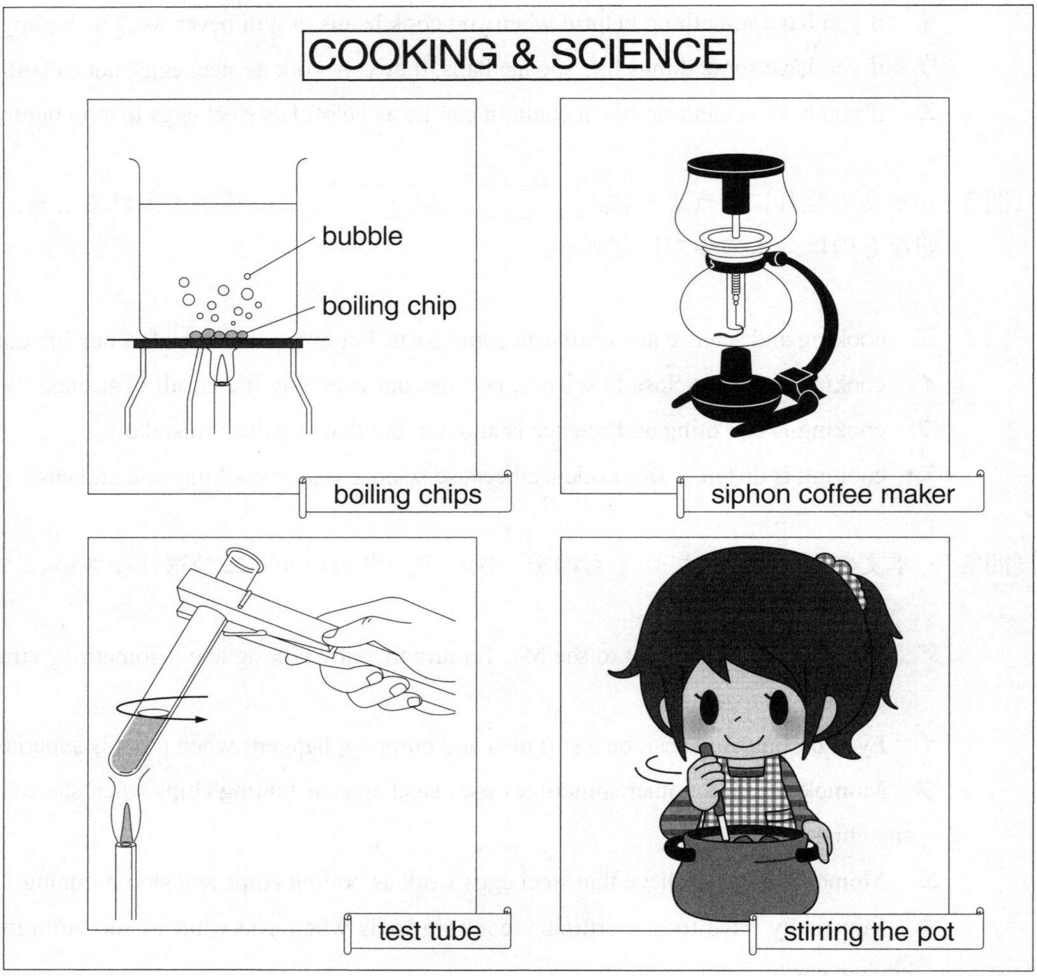

Today, I want to tell you something about cooking and science. Can you imagine what these four things （ a ）? They are designed to stop bumping. At first, I thought bumping happened only in the science room, but later I learned it （ b ） happens in the kitchen. There are ways to stop bumping both in the science room and in the kitchen. These ways come from a similar idea. I was （ c ） to find science is often （ d ） when you are cooking.

ア	also	イ	share	ウ	helpful	エ	never
オ	surprised	カ	safe	キ	understand	ク	interesting

3 次の文章を読んで，あとの各問に答えなさい。
（＊印の付いている単語・語句には，本文のあとに〔注〕がある。）

Bento is simple but it is not just a meal. It is in fact a very important part of Japanese culture. *Bento* usually has rice, vegetables and meat or fish in it. *Bento* is seen at every place in Japan, from convenience stores, train stations, and department stores to airports and theaters, and of course at work places and at schools. In fact, *bento* has *nutritious *ingredients, and their colors are beautiful. However, some people say the main part of *bento* is rice. (1)Rice produced in Japan is【 ① abroad ② because ③ is ④ more popular ⑤ Japanese rice ⑥ rice grown ⑦ soft ⑧ than 】. It keeps *moisture in *bento* boxes. Other people even say that *bento* without rice cannot be called *bento*. However, sometimes *bento* has sandwiches instead of rice.

Now let's look at a short history of *bento*. The first *bento* appeared in the Kamakura period. It was very different from *bento* today. It was called *hoshi-ii*（*dried rice）and it was in bamboo leaves. It was not very nutritious but it was easy to carry. People walked for days with their *bento*. *Bento* culture *developed in the Edo period and during this period people started enjoying *makunouchi bento*. This is maybe the most *classic *bento* of all. It was born as a meal eaten at theaters between *maku*（acts）. It usually had small rice balls with *kurogoma*（black sesame）, and *umeboshi*（pickled red plum）was on the rice balls to kill bad *bacteria and keep the food safe. *Makunouchi bento* is not only good for your health but also delicious and beautiful because each nutritious ingredient has a different *taste, *texture and color. This is part of *washoku* culture.

Bento found another way to go around in the Meiji period. *Ekiben*（train station *bento*）appeared. When and where was the first *ekiben* sold? Many people have different answers to this question. Here is a popular story about it.

（2）

It also had some *tsukemono*（pickles）. *Tsukemono* is used for the same purpose as *umeboshi*. Those people enjoyed eating *ekiben* during their long train trip. They made their travel memories by eating *ekiben* and the people selling it made some money. However, when *shinkansen* started to run, travel by train changed a lot. People did not need to eat *ekiben* on the long train ride any more. (3)-aHas *ekiben* disappeared?

Ekiben shows you local food culture. At the beginning of the 20th century, many *ekiben* with local foods were sold at many stations. Among them were *Ikameshi* and *Oshizushi* from towns near the sea, and *Kamameshi* and *Beef Sukiyaki* from farm villages in the mountains. *Ekiben* tells you about each place. For example, what ingredients are produced in that place? Local stations used *ekiben* to become known to other places. In 1966, department stores in Tokyo and Osaka had the first *ekiben* events. Since then, *ekiben* has become more popular and now you can get *ekiben* on the Internet at home. By buying *ekiben*, you will help the local people. (3)-b Why can you say so?

Eating *ekiben* brings you something more. *Ekiben* boxes often have something from the local industry. For example, *Kamameshi* started in Kanto in about 1960. It was in a pot, and the pot was from a town famous for making pots. So, when you eat *Kamameshi* and see the pot, you can understand it is connected to the local industry. In addition to pots, wood and bamboo are used for *ekiben* boxes in places with a lot of good trees and bamboo. After eating *ekiben*, you can keep their boxes as travel memories on your desk, or you can use some of them many times as lunch boxes because they are strong and easy to carry.

Like the pots of *Kamameshi*, there are many other unique *bento* boxes. Look at Picture 1. It is called *Magewappa* and it is made of wood. It keeps the food inside fresher because wood *absorbs the moisture out of it. Another beautiful and useful *bento* box is in Picture 2. It is an *urushinuri bento* box. *Urushinuri bento* boxes were already popular during the Edo period. People used *urushinuri bento* boxes for special events such as *ohanami* (cherry blossom viewing). A special *urushinuri bento* box is called *jubako*. *Jubako* is usually used to keep many kinds of food fresh for the first three days of the New Year. This dish is called *osechi ryori*. Families can celebrate the New Year all together without cooking each meal. In Picture 2, you can also see that the *bento* boxes are *separated into two or three parts. [(4)] This time, it is about these parts. Do you know where they are from? People say that they came from the special boxes used by farmers in the 16th century. The farmers used the boxes to keep *seeds. Separating a box into smaller parts was a very good idea. However, the idea was not used for *bento* until the Showa period. In *bento* boxes with separated parts, different ingredients are put in different parts, so each color and taste is separated. It makes the *bento* good for "the eye" and "the stomach". Farmers' seed boxes in the 16th century developed into *bento* boxes after a long time. (3)-c What do you think of this?

Japanese *bento* is part of *washoku* culture. *Washoku* has an important rule about cooking. It is called *gomi goshoku goho* (the five tastes, the five colors and the five ways of cooking). The five tastes are enjoyed in *washoku*. The five colors make the meal beautiful and nutritious because each color shows a different nutritious ingredient. The five ways of cooking increase nutrition and the *flavors of many ingredients. For example, fish has different tastes when it is *boiled, *grilled or when it is eaten as *sashimi*.

When you make *washoku*, you need some special *seasonings and foods. These are *dashi* and *fermented foods. Fermented foods such as *miso*, *shoyu*, *umeboshi* and *tsukemono* have good bacteria and they can improve your *digestion. When you make them, *koji* is needed. *Koji* makes them sweeter and more nutritious. *Koji* and *dashi* produce *umami* in foods. *Umami* is called the sixth taste and it was discovered in *kombu dashi* by a Japanese person in 1908. Because *umami* gives flavors to ingredients, you can reduce the use of salt. Too much salt is bad for your health. When *dashi* is made from more than one ingredient, *umami* is increased because of adding different *amino acids. Amino acids make *umami*.

Washoku became an *Intangible Cultural Heritage in 2013. Since then, more and more people have become interested in it. What is so special about *washoku*? *Washoku* is beautiful because it uses many different kinds of ingredients. They are produced in Japan's rich natural environment. Many of the pots and dishes used for *washoku* are made in local industries. *Washoku* also uses fermented foods. They are traditional Japanese foods and they are good for your health. So, *washoku* is connected with local foods and industries. (3)-d Is this also true about *bento* and *ekiben*? Next time you eat *bento* or *ekiben*, please just look at it for a short time and remember what you have read here.

Picture 1

Picture 2

〔注〕

nutritious　栄養のある	ingredient　料理等の材料	moisture　湿気
dried　乾燥《かんそう》した	develop　発展する	classic　典型的な
bacteria　細菌《さいきん》	taste　味	texture　食感
absorb　吸収する	separate　分ける	seed　種
flavor　風味	boil　煮る	grill　焼く
seasoning　調味料	ferment　発酵《はっこう》する	digestion　消化
amino acid　アミノ酸	Intangible Cultural Heritage　世界無形文化遺産	

〔問1〕 (1)Rice produced in Japan is【 ① abroad ② because ③ is ④ more popular ⑤ Japanese rice ⑥ rice grown ⑦ soft ⑧ than 】. とあるが，本文の流れに合うように，【 】内の単語・語句を正しく並べかえたとき，【 】内で**2番目**と**5番目**と**7番目**にくるものの組み合わせとして最も適切なものは，次の**ア**～**カ**の中ではどれか。

	2番目	5番目	7番目
ア	⑤	⑧	①
イ	⑤	⑧	⑥
ウ	⑥	①	④
エ	⑥	⑧	①
オ	⑧	②	③
カ	⑧	⑥	⑤

〔問2〕 (2) の中には，次の**A**～**D**の文が入る。本文の流れに合うように，正しく並べかえたとき，その組み合わせとして最も適切なものは，下の**ア**～**カ**の中ではどれか。

A In 1885, a new train line opened from Ueno Station to Utsunomiya Station.

B It was *ekiben* and it was very simple with just two rice balls.

C That was about 10 years after Japan's first railway was opened between Shimbashi Station and Yokohama Station.

D People waiting for their train on the platform at Utsunomiya Station were surprised to see something to eat on the train.

ア A→B→D→C　　イ D→B→A→C　　ウ B→D→A→C
エ A→C→D→B　　オ C→B→D→A　　カ C→D→B→A

〔問3〕 (3)-a ～ (3)-d の質問に対する答えとして最も適切なものを，次の**ア**～**ク**の中から一つずつ選びなさい。ただし，同じものは二度使えません。

ア I am surprised because people stopped using seed boxes as *bento* boxes in the 16th century.

イ I don't think it is true because they always have fermented foods.

ウ I've never thought about that, but now I can say yes. I've learned they are also connected with local culture.

エ　It's really interesting and I want to know more about the first *bento* boxes with separated parts.

オ　The local people can sell *ekiben* on the Internet and in large department stores.

カ　Yes, it has. Not only *shinkansen* but also other trains stopped selling it.

キ　You cannot tell that. *Shinkansen* is not the only train selling *ekiben*.

ク　Your *ekiben* and its box are probably made by the local people and with local things.

〔問４〕　本文の流れに合うように，［　　(4)　　］に英語を入れるとき，次のＡ～Ｆの組み合わせとして最も適切なものは，下のア～クの中ではどれか。

A	If you can't see anything	→	C	and you think it is natural,	→	E	there may be something familiar to you.
B	When you see something		D	but you think it is natural,		F	there may be something special about it.

ア　A→C→E　　イ　A→C→F　　ウ　A→D→E　　エ　A→D→F

オ　B→C→E　　カ　B→C→F　　キ　B→D→E　　ク　B→D→F

〔問５〕　本文の内容と合っているものを，次のア～クの中から二つ選びなさい。

ア　*Bento* is very popular in Japan because only Japanese rice is used.

イ　*Ekiben* usually has local ingredients and its boxes are always produced in the local places.

ウ　Both *tsukemono* and *umeboshi* are good for your health but *tsukemono* does not have good bacteria.

エ　*Ekiben* did not disappear when *shinkansen* started to run and now people can buy it at many places and on the Internet.

オ　*Bento* boxes are sometimes used many times because they are not strong but beautiful.

カ　You need *dashi* if you want to make good *washoku*, and *dashi* with one ingredient produces more *umami*.

キ　*Umami* is produced in *dashi* and fermented foods, and it can reduce salt used in cooking.

ク　*Washoku* is very popular around the world now because it became an Intangible Cultural Heritage for its good *bento*.

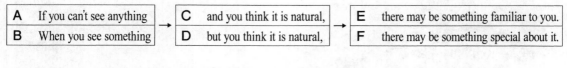

〔問６〕　下の資料を見て，**本文の内容をふまえ**，次の質問に対するあなたの考えを **40 語以上 50 語程度の英語**で答えなさい。「.」「,」「!」「?」などは語数に含《ふく》めません。これらの符号は，解答用紙の下線部と下線部の間に書きなさい。

Ekiben is covered with *kakegami*（wrapping）. Write one thing about the wrappings from each period. What can you tell from them?

1. wrappings in the early Showa period

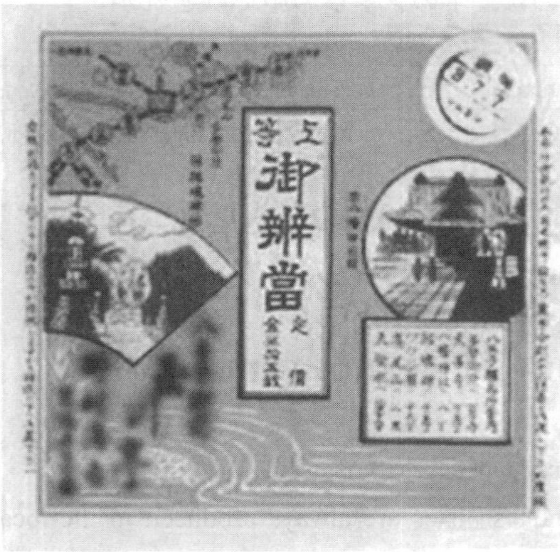

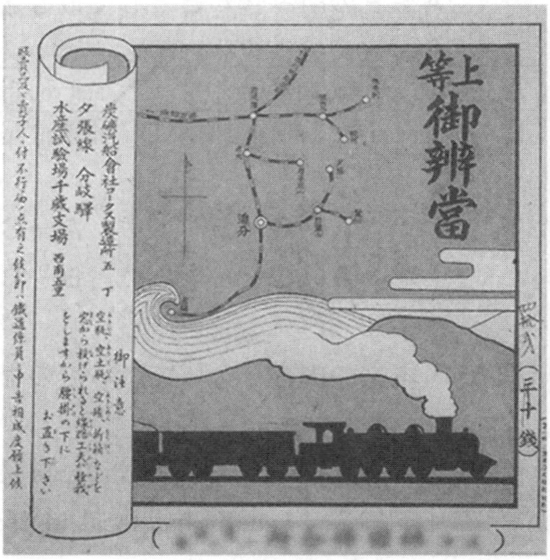

2. wrappings today

2021 年度　英語学力検査リスニングテスト台本

開始時の説明

これから，リスニングテストを行います。

問題用紙の１ページを見なさい。リスニングテストは，全て放送による指示で行います。リスニングテストの問題には，問題Ａと問題Ｂの二つがあります。問題Ａと，問題Ｂの ＜Question 1＞ では，質問に対する答えを選んで，その記号を答えなさい。問題Ｂの ＜Question 2＞ では，質問に対する答えを英語で書きなさい。

英文とそのあとに出題される質問が，それぞれ全体を通して二回ずつ読まれます。問題用紙の余白にメモをとってもかまいません。答えは全て解答用紙に書きなさい。

（２秒の間）

〔問題Ａ〕

問題Ａは，英語による対話文を聞いて，英語の質問に答えるものです。ここで話される対話文は全部で三つあり，それぞれ質問が一つずつ出題されます。質問に対する答えを選んで，その記号を答えなさい。

では，＜対話文１＞を始めます。

（３秒の間）

Yumi: David, we are on the highest floor of this building. The view from here is beautiful.

David: I can see some temples, Yumi.

Yumi: Look! We can see our school over there.

David: Where?

Yumi: Can you see that park? It's by the park.

David: Oh, I see it. This is a very nice view.

Yumi: I'm glad you like it. It's almost noon. Let's go down to the seventh floor. There are nice restaurants there.

（３秒の間）

Question： Where are Yumi and David talking?

（５秒の間）

繰り返します。

（２秒の間）

（対話文１の繰り返し）

（３秒の間）

Question： Where are Yumi and David talking?

（10秒の間）

＜対話文２＞を始めます。

（３秒の間）

Taro: Hi, Jane. Will you help me with my homework? It's difficult for me.

Jane: OK, Taro. But I have to go to the teachers' room now. I have to see Mr. Smith to give this dictionary back to him.

Taro: I see. Then, I'll go to the library. I have a book to return, and I'll borrow a new one for my homework.

Jane: I'll go there later and help you.

Taro: Thank you.

（３秒の間）

Question： Why will Jane go to the library?

（５秒の間）

繰り返します。

（２秒の間）

（対話文２の繰り返し）

（３秒の間）

Question： Why will Jane go to the library?

（10秒の間）

＜対話文３＞を始めます。

（３秒の間）

Woman: Excuse me. I'd like to go to Minami Station. What time will the next train leave?

Man: Well, it's eleven o'clock. The next train will leave at eleven fifteen.

Woman: My mother hasn't come yet. I think she will get here at about eleven twenty.

Man: OK. Then you can take a train leaving at eleven thirty. You will arrive at Minami Station at eleven fifty-five.

Woman: Thank you. We'll take that train.

（３秒の間）

Question： When will the woman take a train?

（5秒の間）

繰り返します。

（2秒の間）

（対話文3の繰り返し）

（3秒の間）

Question： When will the woman take a train?

（10秒の間）

これで問題Aを終わり，問題Bに入ります。

〔問題B〕

（3秒の間）

これから聞く英語は，ある外国人の英語の先生が，新しく着任した中学校の生徒に対して行った自己紹介です。内容に注意して聞きなさい。

あとから，英語による質問が二つ出題されます。＜Question 1＞では，質問に対する答えを選んで，その記号を答えなさい。＜Question 2＞では，質問に対する答えを英語で書きなさい。

なお，＜Question 2＞のあとに，15秒程度，答えを書く時間があります。

では，始めます。（2秒の間）

Good morning, everyone. My name is Margaret Green. I'm from Australia. Australia is a very large country. Have you ever been there? Many Japanese people visit my country every year. Before coming to Japan, I taught English for five years in China. I had a good time there.

I have lived in Japan for six years. After coming to Japan, I enjoyed traveling around the country for one year. I visited many famous places. Then I went to school to study Japanese for two years. I have taught English now for three years. This school is my second school as an English teacher in Japan. Please tell me about your school. I want to know about it. I'm glad to become a teacher of this school. Thank you.

（3秒の間）

＜Question 1＞ How long has Ms. Green taught English in Japan?

（5秒の間）

＜Question 2＞ What does Ms. Green want the students to do?

（15秒の間）

繰り返します。

（2秒の間）

（問題Bの英文の繰り返し）

（3秒の間）

＜Question 1＞ How long has Ms. Green taught English in Japan?

（5秒の間）

＜Question 2＞ What does Ms. Green want the students to do?

（15秒の間）

以上で，リスニングテストを終わります。2ページ以降の問題に答えなさい。

【数　学】（50分）〈満点：100点〉

1　次の各問に答えよ。

〔問１〕　$(\sqrt{3}+1)^2-2(\sqrt{3}+1)(\sqrt{2}+1)+(\sqrt{2}+1)^2$　を計算せよ。

〔問２〕　２次方程式　$(x-1)^2+(x+1)(x-1)-(2x+1)(2x-3)=0$　を解け。

〔問３〕　x，yについての連立方程式　$\begin{cases} ax+4y=2b \\ bx-ay=-7 \end{cases}$　の解が$x=-1$，$y=2$であるとき，

定数a，bの値《あたい》を求めよ。

〔問４〕　右の**図１**のように，袋Ａと袋Ｂがある。

袋Ａには１，３，４，５，７，９の数字が１つずつ書かれたカードが１枚ずつ合計６枚入っている。

袋Ｂには１，２，４，５，６，８の数字が１つずつ書かれたカードが１枚ずつ合計６枚入っている。

袋Ａ，袋Ｂから同時にそれぞれ１枚ずつカードを取り出すとき，取り出した２枚のカードに書かれた数の和が偶数になる確率を求めよ。

ただし，袋Ａ，袋Ｂそれぞれにおいて，どのカードが取り出されることも同様に確からしいものとする。

図１

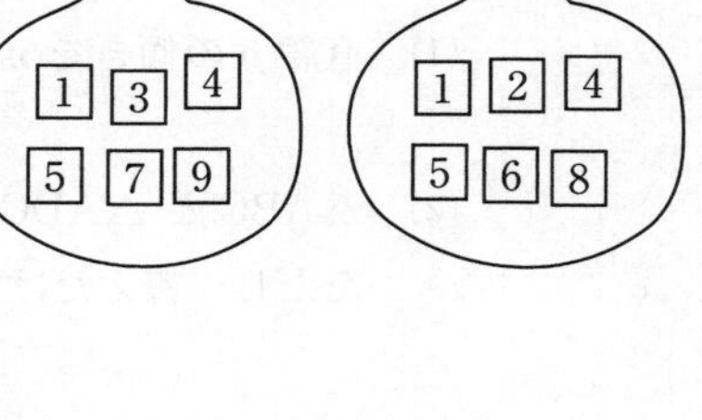

〔問５〕　右の**図２**で，直線ℓ，m，nは，円Ｏの３本の異なる接線であり，点Ａは，直線ℓと円Ｏの接点である。

解答欄《かいとうらん》に示した図をもとにして，点Ａを定規とコンパスを用いて作図によって求め，点Ａの位置を示す文字Ａも書け。

ただし，作図に用いる線は決められた解答欄にかき，消さないでおくこと。

図２

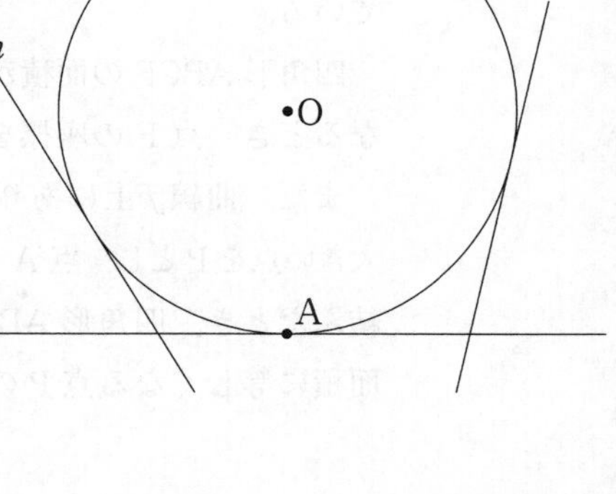

2 右の**図１**で，点Ｏは原点，曲線fは$y=\frac{1}{4}x^2$のグラフを表している。

３点Ａ，Ｂ，Ｃは全て曲線f上にあり，x座標はそれぞれ-6，-1，２である。

点Ａと点Ｂ，点Ｂと点Ｃ，点Ｃと点Ａをそれぞれ結ぶ。

次の各問に答えよ。

図１

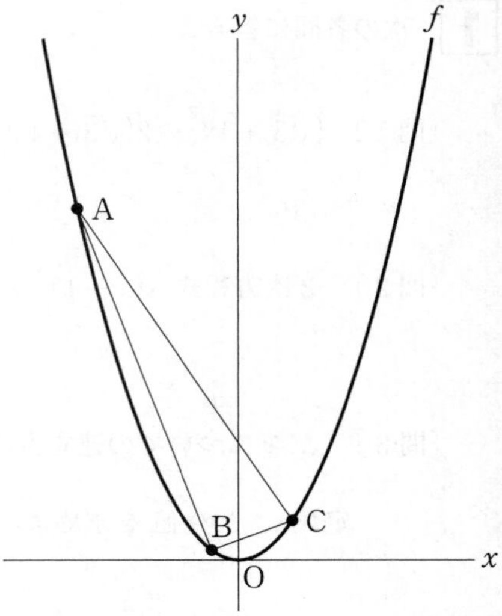

〔問１〕 **図１**において，線分BC上にある点をＤとし，２点Ａ，Ｄを通る直線をgとする場合を考える。次の (1)，(2) に答えよ。

(1) 直線gの傾きをmとするとき，mのとる値《あたい》の範囲を不等号を使って表せ。

(2) △ABCと△ADCの面積の比が6：1になるとき，直線gの式を求めよ。
ただし，答えだけでなく，答えを求める過程が分かるように，途中の式や計算なども書け。

〔問２〕 右の**図２**は，**図１**において，x座標が点Ａのx座標に等しく，y座標が点Ｃのy座標に等しい点をＥとし，x座標が点Ｃのx座標に等しく，y座標が点Ｃのy座標より大きい点をＦとし，点Ａと点Ｅ，点Ｅと点Ｂ，点Ａと点Ｆ，点Ｆと点Ｃをそれぞれ結んだ場合を表している。

四角形ABCFの面積が四角形AEBCの面積に等しくなるとき，点Ｆの座標を求めよ。

また，曲線f上にあり，x座標が点Ｃのx座標より大きい点をＰとし，点Ａと点Ｐ，点Ｃと点Ｐをそれぞれ結んだとき，四角形ABCPの面積が四角形AEBCの面積に等しくなる点Ｐの座標を求めよ。

図２

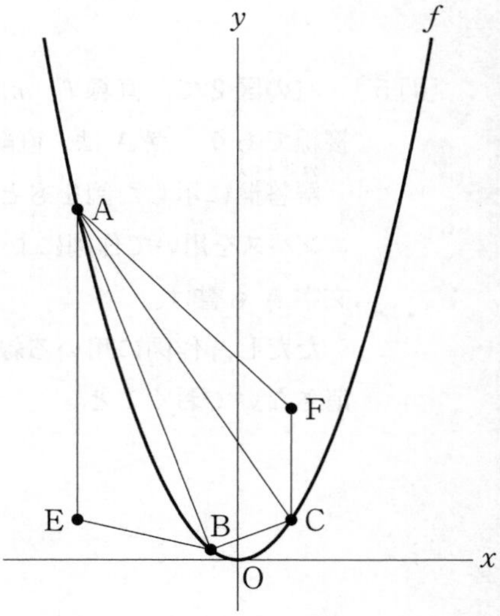

3 右の**図1**で，△ABC は AB＞AC の三角形である。

∠BAC の二等分線と辺 BC との交点を D とし，頂点 C を通り線分 AD に垂直な直線と，線分 AD，辺 AB との交点をそれぞれ E，F とする。

次の各問に答えよ。

図1

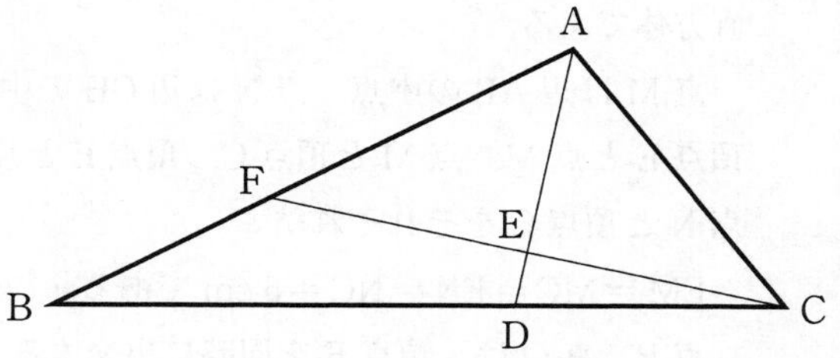

〔問1〕 右の**図2**は，**図1**において，辺 BC の中点を M とし，点 E と点 M を結んだ場合を表している。

次の (1)，(2) に答えよ。

図2

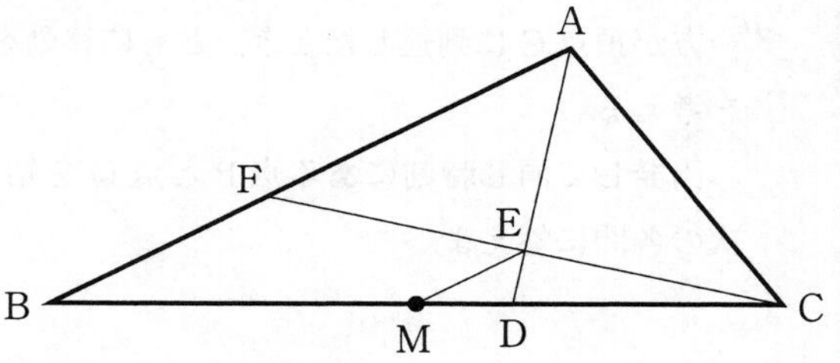

(1) EM ∥ AB であることを証明せよ。

(2) AB＝7 cm，AC＝4 cm，BC＝9 cm であるとき，AE：ED を最も簡単な整数の比で表せ。

〔問2〕 右の**図3**は，**図1**において，辺 BC 上の点 G は，∠BGF＝∠BAC となる点であり，点 F と点 G を結んだ場合を表している。

△BGF の面積を S cm^2，四角形 AFGD の面積を T cm^2 とする。

AB＝7 cm，AC＝4 cm，BC＝9 cm であるとき，S：T を最も簡単な整数の比で表せ。

図3

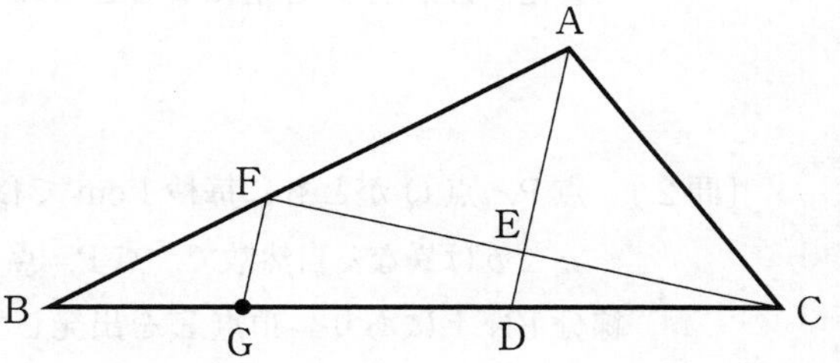

4 右の図に示した立体 ABCD－EFGH は，AD＝AE の直方体である。

点 M は辺 AB の中点，点 N は辺 GH の中点であり，頂点 E と点 M，点 M と頂点 C，頂点 E と点 N，点 N と頂点 C をそれぞれ結ぶ。

EM＝MC＝EN＝NC＝5 cm である。

点 P，点 Q は，頂点 E を同時に出発する点とし，

点 P は線分 EM と線分 MC 上を E → M → C の順に，

点 Q は線分 EN と線分 NC 上を E → N → C の順に，

それぞれ一定の速度で移動し，点 P，点 Q の少なくとも一方が頂点 C に到達したとき，ともに移動を止める場合を考える。

出発して同じ時刻にある点 P と点 Q を結ぶとき，次の各問に答えよ。

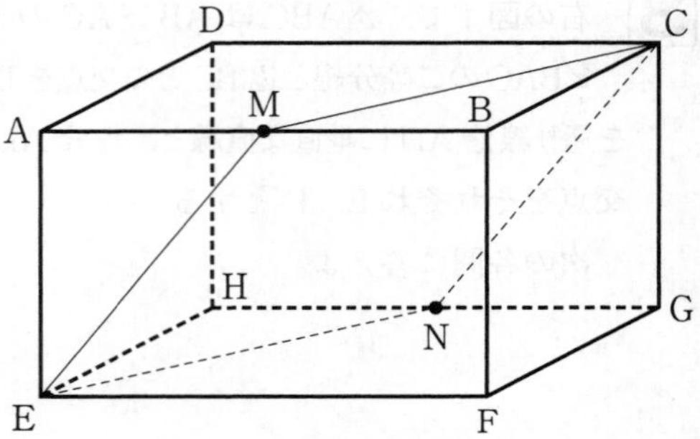

〔問 1〕 点 M と点 N を結び，MN＝5 cm とし，点 P，点 Q がともに毎秒 1 cm で移動する場合を考える。

点 P，点 Q が頂点 E を出発してから t 秒後までに点 P が通過した部分と点 Q が通過した部分，および t 秒後の線分 PQ とで囲まれる図形の周の長さを L cm とする。

$t=3$ のときの L の値《あたい》を K とする。K の値を求めよ。

また，L が K の 2 倍になるときの t の値を求めよ。

〔問 2〕 点 P，点 Q がともに毎秒 1 cm で移動する場合を考える。

a と b は異なる自然数で，点 P，点 Q は，頂点 E を出発してから a 秒後にそれぞれ線分 EM，線分 EN 上にあり，頂点 E を出発してから b 秒後にそれぞれ線分 MC，線分 NC 上にある。

a 秒後の点 P，点 Q をそれぞれ P′，Q′ とする。

b 秒後の点 P，点 Q をそれぞれ P″，Q″とし，頂点 E と点 P″，頂点 E と点 Q″ をそれぞれ結ぶ。

△EP′Q′ の面積が △EP″Q″ の面積に等しくなるとき，異なる自然数 a，b の値の組を全て求め，（a，b）の形で表せ。

ただし，答えだけでなく，答えを求める過程が分かるように，途中の式や計算なども書け。

〔問 3〕 点 P が毎秒 2 cm，点 Q が毎秒 1 cm でそれぞれ移動する場合を考える。

4 点 P，E，F，Q をそれぞれ結んでできる立体 PEFQ の体積が，立体 ABCD－EFGH の体積の $\dfrac{3}{20}$ 倍になるのは，点 P，点 Q が頂点 E を出発してから何秒後か。

〔問5〕 波線部 中宮様のために私が選んだ教材 とあるが、私はなぜ中宮様のために「新楽府」を選んだのか。次のうちから最も適切なものを選べ。

ア 『白氏文集』にある「新楽府」は民が天子に心を伝える詩であるため、中宮彰子にとって身近で理解しやすい内容であり、善政を行う意欲に満ちた帝の心に近づけると思ったから。

イ 『白氏文集』にある「新楽府」を愛読し、天皇親政を目指している帝は絶対的な権力の座にあるため、帝の心をとらえることは中宮の地位の安定につながることになると思ったから。

ウ 『白氏文集』にある「新楽府」は政治向きで堅い内容ではあるが、漢詩文の心得のある中宮彰子が、善政を行う意欲に満ちた帝と心を通わせるためには絶好の教材だと考えたから。

エ 『白氏文集』にある「新楽府」は善政により民を救うことが詠まれているので、中宮彰子がそれを学ぶことによって真摯に政治に向き合う帝の心に寄り添うことができると考えたから。

中務宮具平親王《なかつかさのみやともひらしんのう》
——中務省《なかつかさしょう》の長官である具平親王。天皇親政を行った村上天皇の第七皇子。諸芸に優《すぐ》れた博学多才な人物。
虞帝《ぐてい》——中国古代の立派な君主である舜《しゅん》。
儒者《じゅしゃ》——儒学を修めた人。
兼愛——自他の区別なく、平等に人を愛するという墨子《ぼくし》の説。
本朝麗藻《ほんちょうれいそう》——一条天皇の時代の皇族・貴族の漢詩を集めたもの。作者には一条天皇、具平親王、藤原道長、藤原為時らがいる。
下僕——めし使い。

〔問1〕(1)最も世間一般に知れ渡った漢詩文集 とあるが、『白氏文集』が当時、人気を博していたのはなぜか。次のうちから最も適切なものを選べ。

ア　幻想的な歴史悲劇を描いた「長恨歌」や善政によって民を救うために作られた『白氏文集』は、政治的ではあるが、文章が分かりやすく面白いため当時の日本の貴族に愛好されていたから。

イ　幻想的な歴史悲劇を描いた「長恨歌」や日常生活などを詠んだ詩、また様々な文章が収められている『白氏文集』は、当時の日本の貴族にも分かりやすく、好まれていたから。

ウ　玄宗皇帝と楊貴妃の悲恋を描いた「長恨歌」や日常生活を詠んだ詩や文章を収めた『白氏文集』は、白居易の死後に日本に伝わり、そのわかりやすさから当時の日本の貴族にもてはやされていたから。

エ　玄宗皇帝と楊貴妃の悲恋を描いた「長恨歌」や善政によって民を救うために作られた『白氏文集』は、多少難解ではあったが、当時の日本の貴族に愛読されていたから。

〔問2〕(2)そうした気概 とあるが、帝が詠んだ詩の中でそれが最も強く表れているのはどこか。漢詩中の句である①～⑧のうちから最も適切なものを選び、**ア～クの記号**で答えよ。

ア ①　イ ②　ウ ③　エ ④
オ ⑤　カ ⑥　キ ⑦　ク ⑧

〔問3〕(3)寒家 とあるが、ここでの「寒」と同じ意味の使い方として最も適切なものを次のうちから選べ。

ア　寒花
イ　寒心
ウ　寒村
エ　寒温

〔問4〕(4)真の漢学者の求めていたやりとりだ。とあるが、どういうことか。次のうちから最も適切なものを選べ。

ア　君と臣と民とが心を一つにして社会を整えるという儒教の思想に基づき、善政を行えるようにともに努めること。

イ　臣下は帝の未熟なところをいさめ、帝は国家や人民のために善い政治を行うよう君臣がともに切磋琢磨《せっさたくま》すること。

ウ　君臣が心を一つにし、法律によって社会を整えるという思想に基づいて善い政治を行うことをともに目指すこと。

エ　摂政主導の政治をし、君と臣と民とが心を一つにして儒教に基づいた寛仁の政治を行うようともに努力すること。

書物の中には過ぎ去った日々の出来事がある。

心静かに古漢籍《かんせき》に向かって日を過ごしていると　御製（一条天皇）
書中に書かれた過ぎ去った出来事が心に染み入ってくる。
頁《ぺーじ》を開けば代々の王達《たち》の残した素晴らしい業績が見える。
巻子《かんす》を展べれば往古からの聖者賢人たちもはっきりとその姿を現す。
遠く*虞帝《ぐてい》の賢政から学ぶこともできるし
読むにつれてますます漢の文帝《ぶんてい》の誉《ほま》れに感じ入り、我が身を恥ずかしく思うこともある。
だが、我も多年読書を重ね、*儒者《じゅしゃ》たちや墨子《ぼくし》*兼愛の学を修めてきた。
このように儒学の本道を志して寛仁《かんじん》の政治を心がけてきたのだから、
どうしてわが国の世の泰平が実現しないでおかれようか。

（『*本朝麗藻《ほんちょうれいそう》』巻下）

漢学を学び、為政者《いせいしゃ》としてこの国を安寧《あんねい》に導きたい。帝は(2)そうした気概を詠まれたのだ。

中務宮は、政治的に強い権限をお持ちではないが、学問によって人望を集めたお方だ。儒学を深く尊び、父のような漢学者を招いては厚く顧《かえり》みて下さっていた。その傘下《さんか》の多くは、高い能力を持っているにもかかわらず、縁故が無くて世の人事から取り残されてしまった学者たちだ。本当の意味での漢学とは何か。それは儒学だ。君と臣と民とが心を一つにして社会を整える思想だ。それが国のために役に立つ世こそが、宮や父たち(3)寒家の文人の描く夢だった。今の貴族社会でそれは叶《かな》いそうにない。だが少なくとも、帝の志はそこにあるという。

宮は、帝の漢学とまつりごとに対する真摯《しんし》な姿勢に感銘《かんめい》をうけた。そして自ら帝を称《たた》える詩を作り、帝に贈《おく》られた。帝は嬉《うれ》しく思われたのだろう。あるいは、本音を吐ける味方を得たとお感じになったのだろう。宮に返答の詩を書かれて、またそれに宮が返され、結局やりとりは二往復にもなった（『本朝麗藻』巻下）。儒学に基づき善政を行う意欲に満ちた帝。帝を理解し、支える宮。お二人の詩の往復を、宮家の長年の*下僕である父は、しみじみとした思いで聞いたことだろう。私とて同じ気持ちだ。これこそ(4)真の漢学者の求めていたやりとりだ。

帝は『白氏文集』もお好きだ。そして、その中で最も儒学的な作品が「新楽府」だ。民が天子に心を伝えるための詩。天子が民の心を知るための詩、善きまつりごとのための詩だ。もしも中宮様が帝の心に寄り添いたくて漢学に手を伸ばされたのであれば、内容が無骨だろうがおしゃれでなかろうが、この教材こそ最適だ。中宮様は、最初は驚かれるかもしれないが、きっと分かって下さる。私が中宮様の帝への気持ちに気づいたということも含《ふく》めて、受け入れて下さるだろう。私はそう思って、中宮様に「新楽府」を進講した。果たして中宮様は、その後何年も粘り強く勉学に励まれたのだ。

（山本淳子「紫式部ひとり語り」による）

〔注〕
玄宗皇帝《げんそうこうてい》――唐の第六代の皇帝。晩年、楊貴妃を愛するに及び、安禄山《あんろくざん》の乱が起こり、四川《しせん》の地に逃れた。
楊貴妃《ようきひ》――玄宗皇帝の妃《きさき》。安禄山の乱により四川に逃れる途中で殺された。
藤原兼家《かねいえ》――一条天皇の母方の祖父であり、摂政・太政大臣《だいじょうだいじん》となった。
道長――兼家の息子で、道隆の弟。中宮彰子の父。
公卿《くぎょう》――大臣や大納言《だいなごん》、中納言などの高官。
父――紫式部の父である藤原為時《ためとき》。

五　次の文章中の「私」とは『源氏の物語』を書いた紫式部のことであり、紫式部は一条天皇の后《きさき》である中宮彰子《ちゅうぐうしょうし》に仕えていた。この文章を読んで、あとの各問に答えよ。（＊印の付いている言葉には、本文のあとに〔注〕がある。）

中宮様が私に『白氏文集』を読めと言われたのは、それが(1)最も世間一般に知れ渡った漢詩文集だったからだろう。漢文のことを何も知らぬ中宮様でも、『白氏文集』の名はご存じだったというわけだ。作者白《はく》居易《きょい》は唐《とう》代の詩人だが、本人の在世中から作品が日本にも伝わり、人気を博していた。最も有名なのは、実在の＊玄宗皇帝《げんそうこうてい》と＊楊貴妃《ようきひ》の悲恋《ひれん》を題材にした、幻想的な歴史悲劇「長恨歌《ちょうごんか》」だ。私も『源氏の物語』を書く際、大いに参考にした。また白居易には日常生活を詠《よ》んだ美しい詩がたくさんある。友情の詩、田舎暮らしの詩、引退して悠々自適の生活を味わう詩。総じて彼の詩には漢文につきものの堅苦しさが少ない。文章が平易で日本人にも垣根《かきね》が低いことも、人気の理由だろう。そんな白居易の自選全集が『白氏文集』だ。

だが、中宮様のために私が選んだ教材は、彼の作品にしては多少毛色の違ったものだった。『白氏文集』全七十五巻のうち第三巻と第四巻の二巻を占《し》める連作「新楽府《しんがふ》」五十首である。白居易はその序で、「この作品は文学のために作ったのではない」と言っている。ならば何のために作ったのか。それは、政治のためだ。白居易の詩は、曲がつけられ歌となって、中国各地で万人に口ずさまれていた。白居易はそれを利用して、民衆の声として役人や皇帝に聞き届けられ、政治を変える詩を作ろうと企《くわだ》てたのだ。だから「新楽府」の内容は政治向きで、大変お堅い。例えば、税金を無駄《むだ》に使うな。善政で民を天災から救え。胸躍る恋《こい》も切々たる感傷も無く、娯楽的《ごらくてき》とはとても言えず、品格はあるが面白《おもしろ》くないとされている。特に、女性向きでは全くないといってよいだろう。

それでも私がこれを中宮様のために選んだのには、理由があった。それは帝《みかど》だ。帝は内裏《だいり》でしばしば詩の会を催され、自らも詠まれる。その御好みは、一般の方々とは少し違っていた。

帝は即位なさった時にはわずか七歳の幼さだったから、当初は祖父の＊藤原兼家《かねいえ》様が摂政《せっしょう》になられ、全権を掌握《しょうあく》された。そしてその後は、兼家様の息子の道隆《みちたか》様へ、また＊道長殿《どの》へと権力がつながれた。だがそれは帝が無力なお飾《かざ》りだったということではない。特に道長殿が権力の座に就《つ》かれてからは、＊公卿《くぎょう》の意見を道長殿がとりまとめ、それを聞いて帝が決定なさるという形での、天皇親政を敷いておられる。政治に取り組まれる姿勢は実にひたむきで、そのことは漢学を学ぶ態度にも表れている。帝は、政治の思想と制度の先進国である中国に学ぼうとして、漢学にいそしまれているのだ。

私はこの話を＊父から聞き、父は帝の叔父《おじ》である＊中務宮具平親王《なかつかさのみやともひらしんのう》から聞いた。ある時中務宮は、帝のこのような詩を、ひそかに耳にされたのだ。

書中に往事有り　　御製《ぎょせい》

① 閑《しつ》かに典墳《てんぷん》に就きて日を送る裡《うち》
② 其《そ》の中の往事　心情に染《し》む
③ 百王の勝躅《しょうちょく》　篇《へん》を開けば見え
④ 万代《ばんだい》の聖賢　巻を展《の》ぶるに明らかなり
⑤ 学び得ては　遠く虞帝《ぐてい》の化を追ひ
⑥ 読み来《きた》つては　更《さら》に漢文の名に恥《は》づ
⑦ 多年　稽古　儒墨《じゆぼく》を属《をさ》むれば
⑧ 底《なに》に縁《よ》りてか　此《こ》の時泰平《たいへい》ならざらむ

せるものであったということ。

エ　もとは一つの大陸であったものが東西に離れた経緯《けいい》をもつ日本と中国であるからこそ、日本にとって中国は異国とは思えず、再びの結びつきを予見させるものであったということ。

〔問4〕(4)ただ輸入したのではなく、日本人はこれを劇的な方法で編集した。とあるが、どのようなことか。その内容を説明した次の語句につづく形で**四十五字以上六十字以内**で説明せよ。

日本人は【　　　　　　　　】

〔問5〕(5)これはそうとう画期的なことでした。とあるが、「画期的な」表現を獲得《かくとく》するに至った経緯について五人の生徒が話し合いをした。話し合いの中でその経緯について正しく述べている生徒は誰か。次のうちから最も適切なものを選べ。

ア　「漢字の束《たば》」は四世紀末か五世紀初頭に、阿直岐と王仁が経典《きょうてん》という形で日本にもたらした。菟道稚郎子は彼らに学んで日本に漢字を広めたんだ。

イ　いや阿直岐は経典をもたらしたけど、王仁は「中国の儒教の言葉」をもたらしたのであって、漢字というより日本に重要な思想を伝える使命があったと言った方が正しいよ。

ウ　いずれにしても「漢字の束」や「中国儒教の言葉」が日本に入ってきたことで中国語で会話できる日本人が増え、朝廷《ちょうてい》での意思疎通が便利になったんだね。

エ　もちろん一部の日本人は中国語を駆使《くし》できたけれど、チャイニーズ・ジャパニーズのような言葉ができたことで、その後の表現革命につながったんだ。

オ　このチャイニーズ・ジャパニーズがまさに画期的だったんだね。漢字の音を使うことで、日本語の語順に従って漢字と仮名で日本語を表現することができたんだ。

〔問6〕次の文は本文の(a)～(d)のどこに入れるのが適切か。次のうちから最も適切なものを選び、**ア～エの記号**で答えよ。

まさに文明的な転換がおこったのです。

ア　(a)

イ　(b)

ウ　(c)

エ　(d)

〔問7〕波線部 和漢の境をまたぐとは、中国（漢）と日本（和）の交流が融合《ゆうごう》しつつ、しだいに日本独自の表現様式や認知《にんち》様式や、さらには中世や近世で独特の価値観をつくっていった とあるが、このように中国の文化をもとに日本の文化を形成していったことについてどう思うか。また広く外国の文化を取り入れていくことについてどう考えるか。具体的な事例も含《ふく》めてあなたの考えを**二百字以内**で書け。なお、書き出しや改行の際の空欄《くうらん》、、や。や「などもそれぞれ字数に数えよ。

るとして、地震や火山などの地学現象を統一的に解釈《かいしゃく》しようとする考え方。

プロトコル――ここでは言語の規約の意。

オラル・コミュニケーション――口頭でのコミュニケーション。

百済《くだら》――古代朝鮮の国名。

阿直岐《あちき》――この時代に百済から日本へ派遣《はけん》されたとされる人物。

儒教《じゅきょう》――孔子《こうし》の教えを中心とした、中国の伝統的な政治・道徳の教え。

ムーブメント――運動、動き。

リテラシー――ある分野についての知識やそれを活用する能力。

勅命《ちょくめい》――天皇の命令。

誦習《しょうしゅう》――よみ習うこと。

万葉仮名――漢字の音訓を借りて発音を写した文字。

リミックス――素材を混ぜて全く新しい作品に作り上げること。

〔問1〕(1)「グローカルな文化様式」とあるが、それを「誕生させた」とはどのようなことか。次のうちから最も適切なものを選べ。

ア　他国の文化に遅れをとらないように、競《きそ》い合《あ》いつつも、独自の文化を磨き上げていったこと。

イ　それぞれの地域の個性を生かしながら、統一された国としての文化の土台を固めていったこと。

ウ　自国の文化の特徴に一つの基準を設け、それを用いて他国と比較《ひかく》し独自性を明確にしていったこと。

エ　規範となる文化に学びつつ、自分たち独自の生活や風土に根ざした文化をつくりあげていったこと。

〔問2〕(2)日本は「漢」に学んで漢を離れ、「和」を仕込んで和漢の境に遊ぶようになったのです。とあるが、それはどのようなことか。次のうちから最も適切なものを選べ。

ア　日本人は、中国文化に学んで素材として採り入れたものを、日本の自然や感覚に合わせて差し引きし、そこで生まれた独自の価値観を賞美するような文化をつくりあげていったこと。

イ　日本人は、中国文化と日本文化を融合した結果生まれた文化様式を受容し、一つの国の枠組《わくぐ》みにとどまらない、多様な表現を楽しめるような文化をつくりあげていったこと。

ウ　日本人は、中国文化の様式を採り入れた上で、余計なものを除き素《そ》朴《ぼく》さや単純さを愛する国民性を強調することで、日本人の心情に即して余情を感じさせるような文化をつくりあげていったこと。

エ　日本人は、中国文化から学んだことを日本古来の形式にあてはめて文化を再創造するため、人工物を排除し、自然物を利用して和漢の融合を象徴的に表現するような文化をつくりあげていったこと。

〔問3〕(3)「稲《いね》・鉄・漢字」という黒船の到来です。とあるが、「黒船の到来」とはどのようなことか。次のうちから最も適切なものを選べ。

ア　大陸と孤絶しており、文化的に未熟であった日本にとって、国力の伸長を示す威圧的なものであり、他国より劣っていると感じさせるものであったということ。

イ　大陸と分断されているため、他文化が自然に流入しなかった日本にとって、生活様式や考え方が根本的に変わってしまうほど先進的であり、圧倒的《あっとうてき》な衝撃を与えるものであったということ。

ウ　独自の高度な文化が既に発展していた島国の日本にとって、新鮮に感じられ、今後自文化がさらに深化していくきっかけとなると期待さ

中国語をそのまま使っていくのではなく、漢字を日本語に合わせて使ったり日本語的な漢文をつくりだしたりした。（c）

『日本書紀』の推古《すいこ》天皇二八年（六二〇）に、聖徳《しょうとく》太子と蘇我馬子《そがのうまこ》が『天皇記《すめらみことのふみ》』と『国記《くにつふみ》』の編述にとりくんだという記事があります。

このとき、おそらく中国語ではない「中国的日本語のような記述」が誕生したのだろうと思います。いわばチャイニーズ・ジャパニーズです。ただし、この『天皇記』と『国記』は乙巳《いっし》の変（大化改新）のとき、蘇我蝦夷《えみし》の家とともに焼けてしまった。

まことに残念なことですが、さいわい天武《てんむ》天皇のとき（六八一）、川《かわ》島《しま》皇子と忍壁《おさかべ》皇子が*勅命《ちょくめい》によって『帝紀《すめろきのひつぎ》』と『旧辞《ふること》』を編纂《へんさん》することになりました。

当然、漢字ばかりのものです。しかし、これも中国語ではない。やはりチャイニーズ・ジャパニーズっぽいものでした。しかもこのとき、この中身を稗田阿礼《ひえだのあれ》が*誦習《しょうしゅう》して半ばを暗記した。稗田阿礼という人物はまだ正体がわかっていないので、ひょっとしたら一人ではない集団名だったのかもしれないのですが、それはともかく、阿礼は『帝紀』や『旧辞』の漢字漢文を中国語で誦習したのではありません。日本語として誦習した。（d）

ついで和銅四年（七一一）、元明《げんめい》天皇は太安万侶《おおのやすまろ》に命じて『古事記』を著作させました。ここでついに画期的な表現革命がおこりました。

太安万侶は稗田阿礼に口述させ、それを漢字四万六〇二七字で『古事記』に仕上げるのですが、表記に前代未聞《ぜんだいみもん》の工夫をほどこした。漢字を音読みと訓読みに自在に変えて、音読みにはのちの*万葉仮名にあたる使用法を芽生えさせたのです。

(5)これはそうとう画期的なことでした。表記上で画期的だっただけでなく、日本人が縄文以来つかってきた言葉を「漢字の声」であらわすことができたということが、さらに画期的なのです。私たちは漢字を見ても、日本語の声で読めるようになったのです。

たとえば「大」という字を音読みすると「ダイ」になるのは、もともと中国でこの字を「ダィ」と発音していたことにもとづいています。近《きん》似音《じおん》でダイにした。しかし日本人は「大」を自分たちの古来の言葉であった「おお」「おおし」「おおき」などの言葉に適用するために訓読みもするようになり、さらに音読みと訓読みを平然と使いわけるようにさえなっていったのです。「生」はショウ（一生）ともセイ（生活）ともキ（生蕎麦《そば》）とも読み、かつ「いきる」「うまれる」「なま」などとも読んだのです。まことに驚くべきことです。

自分たちの発明した漢字をこのように使えることは、中国人にとっては予想もつかないことでした。私たちは中国というグローバルスタンダードを導入し、学び始めたその最初の時点で早くも*リミックスを始めていたのです。

かくてここに登場してきたのが日本独自の「仮名」でした。

（松岡正剛「日本文化の核心」による）

〔注〕グローバルスタンダード――国際的に共通の基準。
クレオール――混交的な文化。
禅宗《ぜんしゅう》――仏教の一派。日本では、栄西《えいさい》の臨済宗《りんざいしゅう》、道元《どうげん》の曹洞宗《そうとうしゅう》がある。
侘《わ》び茶――桃山《ももやま》時代に流行した、簡素静寂《かんそせいじゃく》の境地を重んじたもの。村田珠光《むらたじゅこう》が祖と言われている。
躙口《にじりぐち》――茶室特有の小さな出入り口。
テーゼ――命題。ある判断を言葉で言い表したもの。
プレートテクトニクス
――地球のさまざまな変動の原動力はプレートの運動にあ

日本列島は二〇〇〇万年前まではユーラシア大陸の一部でした。それが地質学でいうところの*プレートテクトニクスなどの地殻《ちかく》変動によって、アジア大陸の縁の部分が東西に離れ、そこに海水が浸入することで日本海ができて大陸と分断され、日本列島ができあがったと考えられています。

このような成り立ちをもつゆえに、日本列島が縄文《じょうもん》時代の終わり頃《ころ》まで長らく大陸と孤絶していたという事実には、きわめて重いものがあります。日本海が大陸と日本を隔《へだ》てていたということが、和漢をまたいだ日本の成り立ちにとって、きわめて大きいのです。

その孤立した島に、遅くとも約三〇〇〇年前の縄文時代後期までには稲作《いなさく》が、紀元前四~前三世紀には鉄が、四世紀後半には漢字が、いずれも日本海を越えて大陸からもたらされることになった。(3)「稲《いね》・鉄・漢字」という黒船の到来です。

とりわけ最後にやってきた漢字のインパクトは絶大でした。日本人が最初に漢字と遭遇《そうぐう》したのは、筑前国《ちくぜんのくに》(現在の福岡県北西部)の志賀島《しかのしま》から出土した、あの「漢委奴国王《かんのわのなのこくおう》」という金印であり、銅鏡に刻印された呪文《じゅもん》のような漢字群でした。これを初めて見た日本人(倭人《わじん》)たちはそれが何を意味しているかなどまったくわからなかったにちがいありません。しかし中国は当時のグローバルスタンダードの機軸国《きじくこく》であったので、日本人はすなおにこの未知の*プロトコルを採り入れることを決めた。 (b)

ところが、最初こそ漢文のままに漢字を認識し、学習していったのですが、途中から変わってきた。日本人はその当時ですでに一万~二万種類もあった漢字を、中国のもともとの発音に倣《なら》って読むだけではなく、縄文時代からずっと喋《しゃべ》っていた自分たちの*オラル・コミュニケーションの発話性に合わせて、それをかぶせるように読み下してしまったのです。

私はこれは日本史上、最初で最大の文化事件だったと思っています。日本文明という見方をするなら、最も大きな文明的事件だったでしょう。(4)ただ輸入したのではなく、日本人はこれを劇的な方法で編集した。

漢字の束《たば》を最初に日本(倭国)に持ってきたのは、*百済《くだら》からの使者たちでした。

応神《おうじん》天皇の時代だから四世紀末か五世紀初頭でしょう。*阿直岐《あちき》が数冊の経典《きょうてん》を持ってきた。当時の日本は百済と同盟関係になるほどに親交を深めていました。

阿直岐の来朝からまもなく、天皇の皇子だった菟道稚郎子《うじのわきいらつこ》がこの漢字に関心をもち、阿直岐を師と仰いで読み書きを習いはじめました。これを見た応神天皇が、宮廷《きゅうてい》で交《か》わしている言葉を文字であらわすことに重大な将来的意義があると感じて、阿直岐に「あなたに勝《まさ》る博士《ふみよみびと》はおられるか」と尋《たず》ねたところ、「王仁《わに》という秀《すぐ》れた者がいる」と言います。さっそく使者を百済に遣《つか》わしてみると、王仁が辰孫《しんそん》王とともにやってきた。このとき『論語』『千字文《せんじもん》』あわせて一一巻の書物を持ってきた。

このことは、見慣れない「文字」とともに「中国*儒教《じゅきょう》の言葉」がやってきたことを意味します。そうして朝廷《ちょうてい》に中国語の読み書きができる人材がいよいよ出現してきたのです。

それなら、こうした外国語学習*ムーブメントが日本の中に少しずつ広まって、みんなが英会話を習いたくなるように、やがて中国語に堪能《たんのう》な日本人(倭人)がふえていくはずです。実際、たしかにそういう*リテラシーの持ち主はふえたのですが(貴族階級や僧侶《そうりょ》に)、だとすれば今日の日本人が英会話をし、英語そのままの読み書きができるのと同じように、多くの日本人が中国語の会話をするようになって当然だったのですが、そうはならなかった。

ア「青く透きとおった風」、「彼の痩《や》せた青白い手」など色の表現を用いることで、多感な青春時代のさわやかな空気をそれとなく表現している。

イ「……」の後では、「ぼく」の心中で思い浮かんだことを記し、「——」の後では直前で述べられたことの事情や補足説明を記すなどの使い分けがされている。

ウ「ぼくの舌は、ごく自然にぼくを裏切ってしまっていた」では、人ではないものを主語にすることで、思いがけない心情の揺らぎを表現している。

エ「ぼく」の視点を中心にして心理を描くことによって、「山口」の視点で語っている箇所を際立《きわだ》たせて、その印象を強める効果を上げている。

四 次の文章を読んで、あとの各問に答えよ。（*印の付いている言葉には、本文のあとに〔注〕がある。）

和漢の境をまたぐとは、中国（漢）と日本（和）の交流が融合《ゆうごう》しつつ、しだいに日本独自の表現様式や認知《にんち》様式や、さらには中世や近世で独特の価値観をつくっていったということです。

これはおおざっぱには、次のようなことを意味しています。アジア社会では長らく中国が発するものを*グローバルスタンダードとしての規範《きはん》にしてきたのですが、そのグローバルスタンダードに学んだ日本が、奈《な》良朝《らちょう》の『古事記』や『万葉集』の表記や表現において、一挙にローカルな趣向《しゅこう》を打ち出し、ついに「仮名」の出現によって、まさにまったく新たな(1)「グローカルな文化様式」や「*クレオールな文化様式」を誕生させたということです。しかも、その後はこれを徹底《てってい》して磨いていった。

何を磨いたかというとクレオールな「和漢の境」を磨いていったのです。

なぜ、このようなことをしたのか。なぜそんなことが可能になったのか。たんに知恵に富んでいたわけではないのです。

二、三の例で説明します。

たとえば*禅宗《ぜんしゅう》は中国からやってきたもので、鎌倉時代には栄西《えいさい》や道《どう》元《げん》はじっさいに中国に行って修行《しゅぎょう》もしています。しかし、日本に入って各地に禅寺が造営されるようになると、その一角に「枯山水《かれさんすい》」という岩組みや白砂の庭が出現します。竜安寺《りょうあんじ》や大徳寺《だいとくじ》が有名ですが、このような庭は中国にはないものです。

中国の庭園（園林《えんりん》と総称《そうしょう》します）は植物も石もわんさとあります。日本の禅庭は最小限の石と植栽《しょくさい》だけでつくられ、枯山水にいたっては水を使わずに石だけで水の流れを表現します。つまり引き算がおこっているのです。

（a）

お茶も中国からやってきたものでした。栄西が『喫茶養生記《きっさようじょうき》』でその由来を綴《つづ》っている。しかし日本では、最初こそ中国の喫茶習慣をまねていたのですが、やがて「草庵《そうあん》の茶」という*侘《わ》び茶の風味や所作に転化していきました。またそのための茶室を独特の風情《ふぜい》でつくりあげた。身ひとつが出入りできるだけの小さな*躙口《にじりぐち》を設け、最小のサイズの床の間をしつらえた。部屋の大きさも広間から四畳半へ、三帖台目《じょうだいめ》へ、さらには二帖台目というふうになっていく。こんなことも中国の喫茶にはありません。ここにも引き算がおこっているのです。

侘び茶や草庵の茶に傾いた村田珠光《むらたじゅこう》は、短いながらもとても重要な「心の文《ふみ》」という覚え書《がき》のなかで、そうした心を「和漢の境をまぎらかす」と述べました。たいへん画期的な*テーゼでした。

このように、(2)日本は「漢」に学んで漢を離れ、「和」を仕込んで和漢の境に遊ぶようになったのです。

中して心を乱されないようにしようということ。

イ　せっかく空想の慶早戦に熱中しているのだから、「山口」に心を乱されないようにしようということ。

ウ　自分を非難するような態度をとる「山口」に怒りを覚えたので、自分も徹底的《てっていてき》に彼を無視し続けるということ。

エ　「山口」の存在が気になりつつも、そうした素振りを見せないで自分の世界に入り込もうとしたということ。

〔問2〕 (2)山肌に淡く雲影が動くような、無気力な微笑をうかべた。とあるが、「山口」のどのような様子をたとえたものか。その説明として最も適切なのは次のうちではどれか。

ア　「ぼく」の爽快《そうかい》な笑顔を見て、一人遊びのむなしさを感じとってしまい、とまどいを覚えている様子。

イ　「ぼく」のほがらかな笑顔を見て、思わずそれに応じるかのようにはにかんだ表情を見せた様子。

ウ　「ぼく」の無心な笑顔を見て、意味のない一人遊びに熱中していた「ぼく」をあざ笑っている様子。

エ　「ぼく」のすがすがしい笑顔を見て、お互いの気持ちが通じ合い、友情が確かなものだと喜びを感じている様子。

〔問3〕 (3)ぼくは、自分の弱さをそのまま投げかえされ、嘲笑《ちょうしょう》されるのは、もうたくさんだと考えたのだ。とあるが、どのようなことか。その説明として最も適切なのは次のうちではどれか。

ア　「山口」への好意を拒絶されることで、自分の人のよさを改めて浮き彫りにされ、冷ややかに見られたくないということ。

イ　「山口」に善意を踏みにじられることで、母への罪悪感に後悔する自分の善良さを自覚させられることはうんざりだということ。

ウ　無理して弁当を分けることで、結局空腹で不快になる様をさらけ出し「山口」にばかにされるのは耐《た》えられないということ。

エ　自分一人で弁当を食べられない気の弱さを自覚させられ、善人ぶっているのだと「山口」にあざ笑われるのはごめんだということ。

〔問4〕 (4)はりつめた気がふいに弛《ゆる》み、ぼくは大声をあげて笑った。とあるが、それはなぜか。その理由を説明した次の文章にあてはまることばを**二十字以上三十字以内**で書け。

お互いがどう接するかわからず、はりつめて向き合っている時に、

【　　　　　　　　　　】から。

〔問5〕 (5)「——ありがとう。」と、彼はぼくの目を見ずにいった。とあるが、それはなぜか。その説明として最も適切なのは次のうちではどれか。

ア　「ぼく」の申し出に対してあいまいに反応をしていたのに弁当に自然と手が伸びてしまったので、合わせる顔がないと思ったから。

イ　「ぼく」の申し出に素早く答えることができずに怒らせてしまったので、申し訳ないことをしたという気持ちがわいてきたから。

ウ　繰り返し「ぼく」の申し出を断った後で好意を受け入れようと決心したので、面と向かって礼を言うことが気恥ずかしかったから。

エ　思いもよらぬ「ぼく」の申し出にすっかり感激してしまったので、喜びの表情を読み取られてからかわれたくなかったから。

〔問6〕 本作品の表現について述べた説明として最も適切なのは、次のうちではどれか。

た微笑が消え、なにか、*うつけたような*茫漠《ぼうばく》とした表情になって、目を遠くの空へ放した。……*激昂《げっこう》が、ぼくをおそった。せっかくの先刻の思慮《しりょ》分別や後悔の予感も忘れはてて、恥をかかされたみたいに、ぼくの頭と頰《ほお》に血がのぼった。

ぼくは、くりかえし低く、強くいった。

「ぼくは素直な気持ちでいってるんだ。お節介なことくらい、わかってる。でも、腹がへってるんだったら、だめだ、食べなきゃ、食べなきゃ……、食べたらいいだろう? 食べたかったら。」

絶句して、やっとぼくは昂奮《こうふん》から身を離すべきだと気づいた。ぼくは握り飯の一つを取り、頰張《ほおば》って横を向いた。もうどうにでもなれ、と思った。こん畜生《ちくしょう》。もう、こんなバカとは、*ツキアイきんない。……そのとき、山口の手が、ごく素直な態度で、弁当にのびた。

(5)「――ありがとう。」と、彼はぼくの目を見ずにいった。そして、握り飯をまっすぐ口にほうりこんだ。

まるで、ありえないことが起こったように、ぼくは目の隅《すみ》で山口が食べるのを見ていた。一口で口に入れて、彼は、わざとゆっくり嚙《か》んでいるようであった。

ある照れくささから、相手の目を見たくない気持ちはぼくにもあった。無言のまま、ぼくらは正確に交互に弁当箱に手をのばした。当然の権利のように、彼はぼくがイカの丸煮をつまむと、ちゃんと残った一つをつまんだ。……だんだん、ぼくはかれが傷つけられてはいないこと、あるいはそう振舞《ふるま》ってくれていることに、ある安堵《あんど》と信頼を抱きはじめた。それは、最後に残った山口の分の一つに、彼の瘦《や》せた青白い手が躊躇なくのびたのを見とどけたとき、ほとんど、感謝にまで成長した。――ぼくは、彼が*狷介《けんかい》なひねくれた態度を固執《こしつ》せずに、気持ちよくぼくにこたえてくれたことがむしょうに嬉《うれ》しかった。

ぼくと山口とは、それからは毎日屋上を密会の場所と定めて、いつもぼくの弁当を半分こするようになった。

(山川方夫「煙突」による)

〔注〕旧制中学――第二次大戦前の制度で、高等普通教育を行った男子中等学校。

頑《かたく》なに背を向けたまま――以前「ぼく」が話しかけた時、素っ気ない態度をとられたことがあった。

敵愾心《てきがいしん》――敵を打ち倒そうとする気持ち。

自分だけの慶早戦《けいそうせん》――「ぼく」は慶応対早稲田《わせだ》の大学野球対抗戦をイメージして、屋上で壁《かべ》にボールを投げる一人遊びをしていた。

疼痛《とうつう》――うずくような痛み。

孤高――ひとり超然としている様子。

フランク――率直な様子。

アルマイト――アルミニウム製の食器。

膠着《こうちゃく》――ねばりついたように動かない様子。

うつけたような――ぼんやりした様子。

茫漠《ぼうばく》――ぼうっとしてはっきりしない様子。

激昂《げっこう》――怒りはげしく興奮すること。

ツキアイきんない――付き合いきれない。

狷介《けんかい》――かたくなな様子。

〔問1〕(1)彼を無視する強さを、ぼくは獲得《かくとく》しようとしていたのだ。とあるが、どのようなことか。その説明として最も適切なのは次のうちではどれか。

ア 「山口」が下界を眺めている意味を考えつつも、空想の慶早戦に熱

——友人になれる。そんな無邪気《むじゃき》な直観が、ぼくを陽気にした。ぼくはボールをポケットに押しこみ、拾った弁当箱を片手に、まっすぐに山口のほうに歩み寄ろうとした。

そのとき、弱よわしく視線を落《おと》した山口の目が、ぼくの弁当にふれると、急にそれを滑りぬけて流れた。はっと、はじめてぼくはあることに気づいた。そうだ、彼はいつも昼食をたべてないのだ。——昼休みのはじまるころになると、彼はいつでもスーッと部屋を出て行ってしまう。なんの気なしにその姿勢を憶《おぼ》えていながら、その理由にいままで気づかなかったぼくは、なんてバカだ。……だが、はたしていま、彼に弁当を半分すすめたものだろうか？

じつをいえば、そのときぼくを躊躇《ちゅうちょ》させたものは、ほかならぬ自分自身の昼食が半分に減ること、そんな自分の空腹の想像などではなかった。そんなことは、まったくぼくの頭にはなかった。——それは、恥ずかしいことだが、「善いこと」をするときの、あの照れくささであり、奇妙な後ろめたさだった。

つづいて、ぼくに弁当をつくるために昼食を抜いている、母への罪悪がはじまる予感がきた。気の弱いぼくのことだ、一度それをしたら、おそらく習慣にせざるをえなくなってしまうだろう。すると、帰途の汽車の中での、あの*疼痛《とうつう》に似たせつない空腹感、やがて空《す》ききってそれが痛みかどうかさえわからなくなり、ただ、どこにも力の入れようのない苛《いら》立《だ》たしさがからだ全体に漂《ただよ》いだし、遠くのものがかすみ、近いものが揺《ゆ》れて見えはじめる、あのその次の状態が、なまなましくぼくによみがえった。……だが、結局ぼくが弁当を分けることを中止しようと思ったのは、神経質で*孤高で傲慢《ごうまん》なほどプライドのつよい山口が、そのぼくの押売《おしう》りじみた親切に、虚心にこたえてくれっこないという判断であり、おそれだった。(3)ぼくは、自分の弱さをそのまま投げかえされ、嘲《ちょう》笑《しょう》されるのは、もうたくさんだと考えたのだ。

ぼくは思った。ぼくは、一人でほがらかに弁当を食おう。それはぼくの権利の*フランクな主張であり、彼のプライドへのフランクな尊敬である。あたりまえのことをするのに、あたりまえの態度でしよう。人間どうしのつきあいでは、けっして触れてはいけない場所に触れるのは、いくらそれが好意・善意・親切からであっても、あきらかに非礼なのだ。……しかし、ぼくの足はもう、金網から手を放した彼のすぐ横にまで、自分を運んできてしまっていた。

「あすこ、日当《ひあた》りがいいな。……行こう。」

独り言のようにいうと、ぼくは晴れた冬の日がしずかにきらきらと溜《たま》っている、屋上の片隅《かたすみ》にあるいた。返事はなかったが、山口はなにを考えてか、おとなしくぼくにつづいてきた。へんに反抗して、見透かされたくないのだろうか？　ぼくは、彼の不思議な素直さに、そう思った。

その片隅に腰を下ろしても、ぼくは黙《だま》っていた。同様に坐《すわ》りながら、山口も無言だった。黙ったまま、ぼくが弁当の風呂敷包《ふろしきづつ》みを解き終ったとき、異様なほどの大きさでぼくの腹が、ク、ルル、ル、と鳴った。

(4)はりつめた気がふいに弛《ゆる》み、ぼくは大声をあげて笑った。……それがいけなかった。*アルマイトの蓋《ふた》をめくり、いつものとおり細いイカの丸煮が二つと、粟《あわ》の片手にぎりほどの塊《かたまり》が六つ、コソコソと片寄っている中身を見たとき、ぼくの舌は、ごく自然にぼくを裏切ってしまっていた。

「よかったら、たべろよ。半分。」

山口は奇妙な微笑をこわばらせて、首を横に振った。それは、意志的な拒否というより、まだ首の坐らない赤《あか》ん坊《ぼう》が見せるような、あの意味もなにもないたよりない反射的な重心の移動のように、ぼくの目には映った。

「たべなよ。いいんだ。」

山口は振幅をこころもち大きくして、もう一回首を振った。*膠着《こうちゃく》し

二〇二一年度 都立戸山高等学校

【国語】（五〇分）〈満点：一〇〇点〉

一 次の各文の――を付けた漢字の読みがなを書け。

(1) 限界に挑む。

(2) こんな荒天では船は出せない。

(3) 足袋を履く。

(4) 高楼に上る。

(5) 条件が斉一になる。

二 次の各文の――を付けたかたかなの部分に当たる漢字を楷書《かいしょ》で書け。

(1) 新年ハイガ式が行われる。

(2) ソカク当日の様子が報道される。

(3) 光沢《こうたく》のあるジキの皿を贈《おく》る。

(4) 平和主義の理念を憲法にモる。

(5) 彼はチョクジョウケイコウな人物である。

三 次の文章を読んで、あとの各問に答えよ。（*印の付いている言葉には、本文のあとに〔注〕がある。）

終戦後の昭和二十年の冬、十五歳の「ぼく」は上級学校進学のために、再開された私学の中学校（*旧制中学）にもどった。勉強する態勢が十分でなく、様々な境遇《きょうぐう》、年齢《ねんれい》の生徒がいる中で、ただ一人の同学年生である「山口《やまぐち》」を話し相手にしようと「ぼく」は考えていた。ある日の昼、「ぼく」は「山口」と屋上で出くわした。

ぼくは、*頑《かたく》なに背を向けたままのその山口に、ある*敵愾心《てきがいしん》をかんじた。彼に目もくれず、だからぼくも一人で壁《かべ》に向かい、*自分だけの慶早《けいそう》戦をはじめた。真向《まっこう》から吹きつけてくる青く透きとおった風を感じながら、耳のなかに、かつて通った神宮《じんぐう》球場の歓声や選手たちの掛声《かけごえ》をよみがえらせ、怒ったように力いっぱいぼくは投げつづけた。

(1)彼を無視する強さを、ぼくは獲得《かくとく》しようとしていたのだ。山口は、だが、なにもいわず、そうかといってそのぼくを眺めるでもなく、散歩するでもなく降りて行くでもなく、ただじっと金網越しの下界を眺めつづけている。そしてぼくは、しだいにその彼の存在を忘れ、空想の慶早戦に熱中しだしていた。

四対零《ぜろ》。ケイオーのリードで三回は終《お》った。さあ、飯をたべよう。振りかえって、ぼくは自分の強さの確認《かくにん》と、専心していたスポーツに一段落のついた爽快《そうかい》で無心な気分から、ほがらかに山口を見て笑った。すると、彼は意外にも、偶然《ぐうぜん》ぼくと目を合わせたのを恥じるように、(2)山肌に淡く雲影が動くような、無気力な微笑をうかべた。……彼の、そんな微笑なんて、ぼくには初めての経験であった。その笑顔《えがお》には、いわば秘密の頒《わか》ちあいめいた暗黙《あんもく》の連帯と、それを恥じながら認める感情の手ごたえとが、たとえ力無くではあろうと含《ふく》まれていたのだ。

英語解答

1 A ＜対話文１＞ ア
＜対話文２＞ エ
＜対話文３＞ ウ
B Q１ イ
Q２ To tell her about their school.

2 〔問１〕 (1)－a…ウ (1)－b…エ
(1)－c…イ (1)－d…ア
〔問２〕 イ 〔問３〕 エ
〔問４〕 ア 〔問５〕 ウ
〔問６〕 イ，カ
〔問７〕 a…イ b…ア c…オ
d…ウ

3 〔問１〕 オ 〔問２〕 エ
〔問３〕 (3)－a…キ (3)－b…ク
(3)－c…エ (3)－d…ウ
〔問４〕 カ 〔問５〕 エ，キ
〔問６〕 (例)In the early Showa period, we can find a railroad map on wrappings. Wrappings help people traveling by train, because *ekiben* were sold only at stations. But now, we can buy *ekiben* at department stores and so on. Pictures of *ekiben*'s contents are useful, because they show its appeal as food. (51語)

1 〔放送問題〕

〔問題Ａ〕＜対話文１＞≪全訳≫ユミ(Y)：デービッド，私たちはこの建物の最上階にいるの。ここからの眺めはきれいね。／デービッド(D)：お寺がいくつか見えるね，ユミ。／Y：見て！　向こうに私たちの学校が見えるわ。／D：どこ？／Y：あの公園が見える？　その公園のそばよ。／D：ああ，見えた。これはすごくすてきな景色だね。／Y：あなたが気に入ってくれてよかったわ。もうすぐ正午ね。７階まで降りましょう。そこにいいレストランがあるの。

Q：「ユミとデービッドはどこで話しているか」―ア．「建物の最上階」

＜対話文２＞≪全訳≫タロウ(T)：やあ，ジェーン。宿題を手伝ってくれない？　僕には難しくて。／ジェーン(J)：いいわよ，タロウ。でも，今は職員室に行かなきゃならないの。スミス先生のところへ行ってこの辞書を返さないといけないのよ。／T：わかった。じゃあ，僕は図書館に行ってる。返す本があるし，宿題のために新しい本を借りるよ。／J：後でそこへ行ってあなたを手伝うわね。／T：ありがとう。

Q：「なぜジェーンは図書館へ行くのか」―エ．「タロウを手伝うため」

＜対話文３＞≪全訳≫女性(W)：すみません。ミナミ駅へ行きたいんです。次の電車は何時に出ますか？／男性(M)：えっと，今は11時ですね。次の電車は11時15分に発車します。／W：母がまだ来ないんです。11時20分頃にはここに着くと思うんですが。／M：わかりました。それなら11時30分発の電車に乗れますよ。ミナミ駅には11時55分に到着します。／W：ありがとうございます。その電車に乗ることにします。

Q：「この女性はいつ電車に乗るか」―ウ．「11時30分」

〔問題Ｂ〕≪全訳≫皆さん，おはようございます。私の名前はマーガレット・グリーンです。オーストラリア出身です。オーストラリアはとても広い国です。皆さんはそこへ行ったことがありますか？　毎年，大勢の日本人が私の国を訪れます。日本に来る前，私は中国で５年間英語を教えていました。そこで楽しく過ごしました。／私は日本に住んで６年になります。日本に来た後，１年間はこの国中を旅して楽しみました。数多くの有名な場所を訪れました。それから，２年間学校へ通って日本語を学びました。今は英語を教えて３年になります。この学校は私が日本で英語教師として勤める２つ目の学校となります。どうぞ皆さんの学校について私に教えてください。この学校のことを知りたいのです。この学校の先生になれてうれしく思います。ありがとうございます。

Ｑ１：「グリーン先生はどのくらいの間，日本で英語を教えているか」―イ．「３年間」

Ｑ２：「グリーン先生が生徒にしてほしいことは何か」―「彼らの学校について彼女に教えること」

２〔長文読解総合―会話文〕

≪全訳≫**1**イギリスから来ている高校生ジムは，授業後に理科室で理科のタムラ先生と話す。彼のクラスメートのコウタとモモコが彼らに加わる。**2**ジム（Ｊ）：タムラ先生，質問してもいいですか？**3**タムラ先生（Ｔ）：もちろん，ジム。いいわよ。**4**Ｊ：昨日，台所で不思議なことがあったんです。**5**コウタ（Ｋ）：不思議なことって言った，ジム？　僕は不思議なことが好きなんだ。入っていい？**6**モモコ（Ｍ）：何を話してるの？　私も入っていい？**7**Ｊ：もちろんいいよ。**8**Ｔ：ぜひ入って。**9**Ｋ：コップか何かを落としたの？**10**Ｊ：違う違う。鍋の水が突然沸騰し始めたんだ。**11**Ｍ：そうなの？　大丈夫だった？**12**Ｊ：うん，だけどちょっと怖かった。**13**Ｔ：全く何もしないのに急に沸騰したの？**14**Ｊ：いいえ。鍋の中にだしのパックを入れたら，突然沸騰し始めたんです。**15**Ｋ：水が突然沸騰したなんて。不思議だな。**16**Ｔ：本当にそう思う，コウタ？　きっとあなたたちはみんなそれについてよく知っているはずよ。**17**Ｋ：そうですか？**18**Ｔ：そうよ。ただ，(1)-aたぶんあなたたちはそれに気づいていないの。**19**Ｍ：本当ですか？　もっと話してください，タムラ先生。**20**Ｔ：ちょっと待って，みんな。その前に，見せるものがあるわ。**21**タムラ先生は理科準備室に行き，手に小さな白いものを持って戻ってくる。それらは非常に小さいスポンジのボールのように見える。**22**Ｔ：たぶんみんなはこれが何か知ってるわよね。**23**Ｊ：もちろん。沸騰石です。**24**Ｔ：何のためのもの？**25**Ｍ：それは止める…うーん，英語で何て言うのかわからない。**26**Ｊ：突沸…そうか！**27**Ｍ：英語では「bumping」と言うのね。**28**Ｔ：そう，突沸ね。では突沸とは何か説明できる？**29**Ｋ：やってみます。液体はときどき熱くなりすぎて沸点より温度が上がることがあります。これを「過熱」と言います。液体が過熱されているとき外部から刺激を受けると，突然沸騰し始めます。**30**Ｔ：よくできました，コウタ。で，ジムは何かわかった？**31**Ｊ：えっと，(2)僕は鍋の中の水が沸騰しているとは思わなかったけど，実際は沸点を超えていたんですね。**32**Ｋ：過熱されていたんだ。**33**Ｊ：それに加えて台所で突沸が起こったんだ。**34**Ｔ：そうね。たぶんみんなは似た経験をしたことがあるでしょう。**35**Ｍ：今思い出したことがあります。コーヒーをレンジで温めた後に砂糖を入れたら急に沸騰し始めたんです。これも突沸ですか，タムラ先生？**36**Ｔ：ええ，そうよ。**37**Ｍ：では台所にある沸騰石を入れれば突沸は止められるのですね。**38**Ｋ：でもそんなものが台所にある家はほとんどないよ。**39**Ｊ：そうだね。それに，(1)-bどうして砂糖が沸騰石としてきかなかったんだろう。**40**Ｍ：どうしてか教えてくれますか，タムラ先生？**41**Ｔ：砂糖を入れたのはいつ？**42**Ｍ：コーヒーを温めてから入れました。**43**Ｔ：普通は液体に沸騰石をいつ入れる？**44**Ｋ：加熱する前です。**45**Ｔ：もしすごく熱い液体にそれを入れたら…。**46**Ｋ：液体は急に沸騰するかも，なぜなら過熱された液体への刺激になるからです。**47**Ｊ：「前」と「後」の違いがあるんだね。モモコのコーヒーでは砂糖は刺激になったんだ。**48**Ｔ：では，これを見て。たぶんこの本の中にいくつかヒントが見つかるわ。**49**タムラ先生は自分の理科辞典をコウタに渡す。**50**Ｋ：ありがとうございます，タムラ先生。えっと…。見て。本によると「沸騰とは，沸点における液体から気体への状態の変化である。それは液体の中に泡が現れたときに起こる」だって。**51**Ｊ：もしかすると泡が沸騰のかぎなのかも。**52**Ｍ：沸騰石が突沸を防ぐことは知ってるけど，(1)-c沸騰石があると泡が出やすいことに気づいてなかったわ。それで合っていますか，タムラ先生？**53**Ｔ：そうね，合ってるわ。これで，液体を加熱する前に沸騰石を入れなければならない理由がわかったわね。54K：じゃあ，沸騰石を使わずに台所で突沸を防ぐにはどうしたらいいのかな？　方法がないよ！55M：どうして？56J：何かできるよ。57M：やってみればできるよ。58J：思い出した。僕のホストマザーは新年のために黒豆を煮たときに鍋に鉄玉子を入れていたよ。59T：ああ，それは別のことよ，ジム。60J：えっ？　突沸を防ぐために使われたのではないんだ。61M：おばあちゃんが漬物をつくるとき，鍋に鉄玉子を入れていたわ。それは漬物に明るいきれいな色をつけてくれるのよ。それは黒豆にも当てはまりますか，タムラ先生？62T：当てはまるわね。63J：ということは，(1)-d僕のホストマザーは豆をきれいにするためにその玉子を入れたんだ。64T：ええ，おそらくそうね。65J：モモコのおばあちゃんと僕のホストマザーは同じ目的で同じことをしたんだ。66K：じゃ，鉄玉子では突沸は防げないね！67M：私はできると思う，だけど料理を始める前に入れておかないとね。68J：そうしたら突沸が防げる。69T：鉄玉子が沸騰石と同じようにはたらく場合もあるけど，沸騰石の見た目がどんなものかを思い出して。70M：とても小さなスポンジのボールに似ています。71T：それが大事なことなのよ，モモコ。72K：で，その穴が沸騰時に泡が出てくるのに役立つのですね？73T：そのとおりよ。74J：ということは，(4)台所に何か小さな穴がいっぱい開いたものがあれば，それは沸騰石として使えるね。75M：ええと…。76J：割りばしはどうかな？　一部の割りばしは木でできていてスポンジのように小さな穴がたくさんあるよ。鍋に割りばしを入れたら沸騰石のような役割をするよ。77M：そうしたら泡が簡単に出てくるわ。78K：僕は別の考えがある。加熱している間ずっと鍋をかき混ぜ続けるんだ。それが突沸を防ぐ簡単な方法だよ。79T：どうしてそう思うの？80K：液体が入った試験管を熱するとき，試験管をゆっくりと振らなければなりません。それも突沸を防ぐためですよね？　台所で同じことをしたいなら，鍋をかき混ぜればいい。特別な道具を必要としない，とても簡単な方法です。81J：それはおもしろい。自分でやってみたらいいね。82T：いい考えね。ところで，みんなはコーヒーサイフォンを見たことがある？83M：いいえ，ありません。それは何ですか，タムラ先生？84T：古いタイプのコーヒーメーカーよ。水の入った容器をランプで温めてコーヒーをいれるの。その容器には突沸を防ぐために中に鎖が入っているのよ。85K：ランプ？　机の上で使うのですか？86M：違うわ。明かりじゃなくて，物を温める道具よ。87K：ああ，わかった。加熱する道具だね。うちにはそういうコーヒーメーカーはないな。88J：祖父母の家で見たことがあるけど，そのときは突沸のことは全く考えなかった。ただの古いコーヒーメーカーだと思ってた。実はそれは科学だったんだね。びっくりだよ！89K：うん。台所道具の中には突沸を防ぐためにデザインされているものがある。本当に科学は料理を安全で簡単なものにしているんだ。科学は僕たちにとても役立ち，僕たちの生活を便利にしているんだ。90J：料理と科学には共通点が多いね。僕たちの毎日の生活は科学でいっぱいだ。91M：私も本当にそう思う。(5)料理と科学は別物だと言う人もいるかもしれないけれど，それは全く間違ってるわ。92T：それはおもしろい考えね。さて，みんなはもう突沸が何かはっきりわかったわね。93K：先生が言おうとしていたことがわかりました。94T：そしてジム，次の授業であなたの考えについて短いスピーチをしたらどう？95J：ああ，ぜひやりたいです，タムラ先生。コウタとモモコが手伝ってくれるかな。くれるよね？96M：いいわよ。97K：もちろん。

〔問1〕<適文選択>(1)-a．タムラ先生がこの前で「あなたたちはみんなそれについてよく知っているはずよ」と言っている一方で，生徒たちはそのことに気づいていない様子が読み取れる。

(1)-b．直後で空所の内容の理由を尋ねたモモコに対し，タムラ先生が砂糖を入れたタイミングを尋ねていることから，ジムは砂糖について何か疑問を述べたのだと考えられる。　(1)-c．泡について話している場面。イにある them は同じ文の前半にある boiling chips を受けている。

(1)-d．直後のタムラ先生の発言にある she は，アの主語である my host mother を受けていると考えられる。ジムは，直前のモモコとタムラ先生のやりとりから，ホストマザーが鍋に入れた鉄玉子は突沸防止ではなく豆の発色のためだと理解したのである。

〔問２〕＜整序結合＞突沸についてのコウタの説明を聞いて，ジムが鍋で突沸が起こった経緯について推測する発言なので，鍋の中の水が実は過熱状態になっていたことに気づかなかったという内容になると推測できる。まずI did not thinkとし，その後をthe water in the pot was boiling「鍋の中の水が沸騰していた」とまとめればよい。なお，the water was boiling in the potも可能だが，選択肢に該当するものがない。　..., I did not think the water in the pot was boiling, ...

〔問３〕＜英文解釈＞下線部(3)は直前のジムのWe can do something.を受けているが，これはその前のコウタの発言「じゃあ，沸騰石を使わずに台所で突沸を防ぐにはどうしたらいいのかな？　方法がないよ」を受けての発言である。よって，下線部も「沸騰石を使わずに台所で突沸を防ぐために何かできる」という内容になると考えられる。選択肢の中でこの意味に近いのは，エ．「別の方法を見つけようとすれば，台所で突沸を止めることができる」。下線部のtryは，具体的にはboiling chipsに代わる方法を探そうとするといった意味。

〔問４〕＜適文選択＞この前で，沸騰石の小さな穴が泡をつくるのに役立つことがわかり，この後でジムが小さい穴がたくさんあることを理由に割りばしを提案していることから，ここでは小さな穴がたくさんある物体が沸騰石の代わりになるという内容が入ればよい。

〔問５〕＜適文選択＞この前のジムの発言に賛成する内容となるものを選ぶ。イは一見すると正しそうに見えるが，cooking was ... と過去形になっているうえに，becauseの前後の内容に因果関係が成立しない。ここではSome may sayと合わせて「～と言う人もいるかもしれないが，それは…」という形で料理と科学の共通性を，逆接を用いて述べるウが適切。

〔問６〕＜内容真偽＞ア.「３人の生徒は一緒に不思議でおもしろいことについて話して楽しむためにタムラ先生に会いに行った」…×　第１～６段落参照。ジムが始めた先生との会話に他の２人が加わった。　イ.「沸騰石さえも刺激になることがあり，容器が過熱されたときに突沸が起こる」…○　第29段落および第53段落に一致する。第53段落の「液体を加熱する前に沸騰石を入れなければならない」というのは，加熱後に入れると刺激になって突沸が起こるからである。　ウ.「モモコの祖母は沸騰石が見つからないときは鉄玉子をその代わりに使うことがある」…×　第61段落参照。漬物の色をきれいにするために使う。　エ.「モモコは鉄玉子が沸騰石としてはたらいて突沸を防ぐとは考えていない」…×　第66，67段落参照。　オ.「台所で突沸を簡単に見たいなら，普通の調理道具を使わなければならない」…×　このような記述はない。　カ.「ジムはタムラ先生と話すまで，コーヒーサイフォンが科学を使っていると知らなかった」…○　第88段落に一致する。　キ.「３人の生徒は，科学がなくても毎日便利な生活が送れると気づいた」…×　第89～91段落参照。

〔問７〕＜内容一致＞≪全訳≫今日僕は料理と科学についてお話ししたいと思います。これらの４つのものに共通するのは何だと思いますか？　これらは突沸を防ぐことが意図されています。最初僕は，突沸は理科室だけで起こるものと考えていましたが，その後，台所でも起こることを知りました。理科室にも台所にも突沸を防ぐ方法があります。これらの方法は同じような考えから生まれています。料理しているときに科学が役に立つことが多いとわかって，僕はびっくりしました。

＜解説＞a．what以下はimagineの目的語にあたる間接疑問(疑問詞＋主語＋動詞...)になるので，空所には動詞が入る。選択肢にある動詞の中で適切なのは「～を共有する」のshare。　**b．**「理科室でだけ…，だが台所でも～」という流れなので「～もまた」の意味のalsoが適切。

c．本文第88段落参照。「～とわかって驚いた」となるsurprised (to ～)が適切。　**d．**本文第89段落参照。「役立つ」の意味のhelpfulが適切。

3 〔長文読解総合─説明文〕

≪全訳≫❶「弁当」はシンプルだが，ただの食事ではない。実はそれは日本文化のとても重要な一部である。弁当には普通，ご飯，野菜，それに肉か魚が入っている。弁当はコンビニエンスストアから鉄道の駅，デパート，空港や劇場まで，そしてもちろん職場や学校など日本の至る所で見られる。実際，弁当には栄養価の高い具材が入っていて，色も美しい。しかし，弁当の中心はご飯だと言う人もいる。(1)日本産の米は柔らかいので外国産の米より人気がある。それは弁当箱の中で湿気を保つ。ご飯がない弁当は弁当とは呼べないとまで言う人もいる。しかし，ご飯ではなくサンドイッチが入った弁当もある。❷ここで弁当の簡単な歴史を見てみよう。最初の弁当は鎌倉時代に登場した。それは今日の弁当とはずいぶん違っていた。それは「ほしいい(乾燥させた飯)」と呼ばれ，竹の葉に包まれていた。それはあまり栄養はなかったが，持ち運びしやすかった。人々は弁当を持って何日も歩いた。弁当文化は江戸時代に発達し，この時代に人々は「幕の内弁当」を楽しむようになった。これがおそらく最も典型的な弁当だろう。これは劇場で「幕(芝居)」間に食べる食事として生まれた。それは通常，黒ゴマをふりかけた小さなおにぎりが入っていて，悪い菌を殺し食品を安全に保つために梅干し(赤い梅の漬物)がおにぎりの上に乗っていた。幕の内弁当は健康に良いばかりでなくおいしくてきれいだ，というのも栄養価の高い具材にそれぞれ異なる味と食感と色があるからだ。これは和食文化の一部である。❸明治時代に弁当は別の広がり方をするようになった。「駅弁(鉄道の駅の弁当)」が登場したのだ。最初の駅弁が販売されたのはいつどこでだろうか。この問いには多くの人がさまざまな答えを出している。1つの通説がここにある。／→A．1885年，上野駅から宇都宮駅まで新しい鉄道が開業した。／→C．それは日本で最初の鉄道が新橋駅と横浜駅間で開通してからおよそ10年後のことだった。／→D．宇都宮駅のプラットホームで列車を待っていた人々は，車内で食べるためのものを見て驚いた。／→B．それは駅弁で，おにぎり2個だけのとても簡素なものだった。／それには漬物も入っていた。漬物は梅干しと同じ目的で使われる。人々は長い列車の旅の間に駅弁を食べるのを楽しんだ。彼らは駅弁を食べることで旅の思い出をつくり，それを売る人々はお金を稼いだ。しかし，新幹線が走り始めたときに鉄道旅行は大きく変化した。長い乗車時間で駅弁を食べる必要がもうなくなったのだ。駅弁は姿を消してしまったのだろうか。❹駅弁は地方の食文化を伝えてくれる。20世紀の初め，多くの駅で地元の食べ物が入ったたくさんの駅弁が販売された。それらの中には海に近い町の「いかめし」や「押しずし」，山間の農村の「釜めし」や「牛すき焼き」などがあった。駅弁はそれぞれの場所について教えてくれる。例えばどのような食材がその場所で生産されているか。地方の駅は他の場所に知ってもらえるように駅弁を利用した。1966年，東京と大阪のデパートが初めての駅弁大会を行った。それ以来，駅弁はさらに人気が出て，今では家にいながらインターネットで駅弁が買える。駅弁を買うことで地方の人々を援助することができる。どうしてそう言えるのだろう。❺駅弁を食べることはさらに多くのことをもたらしてくれる。駅弁の器は地元の産業に由来するものであることが多い。例えば釜めしは1960年頃に関東で始まった。それは釜に入っていて，その釜は陶器づくりで有名な町のものだった。だから，釜めしを食べて器を見れば，それが地元の産業に結びついていることが理解できる。釜の他にも，良質の木や竹がたくさんある場所では木や竹が駅弁の器に使われる。駅弁を食べた後でその器を旅の思い出として机の上に置いておくこともできるし，丈夫で持ち運びしやすいので弁当箱として繰り返して使えるものもある。❻釜めしの釜のように，他にも多くのユニークな弁当箱がある。写真1を見てみよう。これは「曲げわっぱ」といって木でできている。木が中の食べ物の水分を吸収するので，これは食べ物をより新鮮に保つ。写真2には，また別の美しくて役に立つ弁当箱がある。これは漆塗り弁当箱だ。漆塗り弁当箱はすでに江戸時代に人気があった。人々は漆塗り弁当箱をお花見(桜の花を見ること)のような特別な行事のために使った。特製の漆塗り弁当箱は「重箱」と呼ばれる。重箱は通例，新年の三が日に多くの種類の料理を新鮮なまま保管するために使われる。この料理は「おせち料理」と呼ばれる。家族は毎回の食事をつくることなく新年をそろって祝うことができる。写真２では弁当箱が２つか３つに仕切られていることもわかる。(4)あなたが何かを見てそれが当たり前だと思ったら，そこには何か特別なことがあるかもしれない。今回，それはこの仕切りについてである。あなたはそれがどこからきたか知っているだろうか。それは16世紀に農民が使った特別な箱に由来すると言われている。農民たちは種を保管するためにその箱を使った。箱をより小さい部分に分けることはとても良いアイデアだった。しかしこのアイデアが弁当箱に使われたのは昭和の時代になってからである。仕切られた弁当箱の中には異なる食材が異なる場所に入れられたので，それぞれの色や味が分けられた。そのことが弁当を「目」にも「胃袋」にもうれしいものにしている。16世紀の農民の種の箱が長い時を経て弁当箱に進化したのだ。あなたはこれをどう思うだろうか。❼日本の弁当は和食文化の一部である。和食には調理に関して大切なルールがある。それは「五味，五色，五法」(５つの味，５つの色，５つの料理法)と呼ばれる。和食では５つの味を楽しむ。５つの色は食事を美しく栄養豊かにする，なぜならそれぞれの色が異なる栄養を持つ食材を示すからだ。５つの料理法は多くの食材の栄養価と風味を高める。例えば，魚は煮る，焼く，あるいは刺身として食べるときに異なる味がする。❽和食をつくるとき，いくつかの特有の調味料や食品が必要だ。それは「だし」と発酵食品である。みそ，しょうゆ，梅干しや漬物のような発酵食品は善玉菌を含み消化を良くする。それらをつくるときには「こうじ」が必要だ。こうじはそれらを甘くし，栄養価を高める。こうじとだしは食品の「うまみ」を生み出す。うまみは６番目の味と言われ，1908年に日本人によってこんぶだしから発見された。うまみが食材に風味を与えるので，塩の使用を減らすことができる。塩分の取りすぎは健康に悪い。だしが複数の材料からつくられると，さまざまなアミノ酸が加わるのでうまみが増す。アミノ酸がうまみをつくるのだ。❾2013年に和食は世界無形文化遺産になった。それ以来，和食に興味を持つ人はますます多くなっている。和食の何がそんなに特別なのだろう。和食は多くのさまざまな材料を使うので美しい。それらは日本の豊かな自然環境の中で生み出される。和食に使われる器や皿の多くは地方の産業でつくられる。和食はまた発酵食品を使う。それらは伝統的な日本の食品で健康に良い。そういうわけで，和食は地方の食品と産業に結びついているのだ。このことは弁当や駅弁にも当てはまるだろうか。次回あなたが弁当や駅弁を食べるとき，それを少しの間眺めてみて，ここで読んだことを思い出してほしい。

〔問１〕＜整序結合＞because の前後のどちらかが比較級の文になる。比較級のまとまりは (is) more popular than ～，もう１つが (is) soft となり，「日本産の米は柔らかいので外国産の米(→rice grown abroad)より人気がある」という文意になると推測できる。 … more popular than rice grown abroad because Japanese rice is soft.

〔問２〕＜文整序＞代名詞を手がかりに個々の文の関係を考える。Cの主語 that はAで述べられた上野－宇都宮間の鉄道の開業を受けていると考えられるので，A→Cとする。また，Bの主語 it はDの something to eat on the train を受けていると考えられるので，D→Bとなる。さらに，空所直後の主語 it はBの it と同じものを指すと考えられるので，D→Bを後ろに置く。

〔問３〕＜文脈把握―英問英答＞(3)－ａ．新幹線の登場で旅行時間が短くなり，駅弁の必要がなくなったという文脈での「駅弁は消えたのか」という質問だが，その答えは明らかにノーである。新幹線に言及してその理由を述べる，キ．「そうは言えない。新幹線は駅弁を売っている唯一の列車ではない」が適切。　(3)－ｂ．質問文中の so は「駅弁を買うことで地方の人々を援助できる」という前の文の内容を指す。その理由となるのは，ク．「駅弁とその器はおそらく地元の人々によって，地元のものを使ってつくられている」が適切。　(3)－ｃ．弁当箱の仕切りの由来を述べた後の質問。仕切りのある弁当箱に興味を示す，エ．「とてもおもしろいと思う，仕切りのある最初の弁当箱についてもっと知りたい」が適切。　(3)-d．質問文の主語thisは前文で述べられている「地方の食品や産業に結びついている」ということを指す。この内容を文章の主題である弁当と駅弁に関連づける，ウ．「今までそれについて考えたことはなかったが，今はイエスと言える。それら(＝弁当や駅弁)は地方の文化にも結びついていると知った」が適切。

〔問4〕＜適文選択＞写真2の弁当箱の中が仕切られていることを指摘した後の文。この仕切りは私たちの目にはごく普通で特別な背景があるように見えないということが，解答を考えるための前提になる。空所の後にこの仕切りの意外な由来が述べられていることから，「何かを見て普通だと思うときに何か特別なことがあるかもしれない」という内容の文にする。なお，BとDの内容には‘逆接’の関係が成立しないのでクは不適切。

〔問5〕＜内容真偽＞ア．「日本産の米だけが使用されているので，弁当は日本で大変人気がある」…×　イ．「駅弁には通常地元の食材が入っていて，弁当箱は必ず地元の場所で生産されている」…×　第5段落第2文参照。「必ず」ではない。　ウ．「漬物と梅干しは両方とも健康に良いが，漬物には善玉菌がいない」…×　第8段落第3文参照。漬物には善玉菌がいる。　エ．「新幹線が走り始めたときに駅弁はなくならず，現在人々はいろいろな場所やインターネットでそれを買うことができる」…○　問3(3)-aの解説および第4段落終わりから4，3文目参照。　オ．「弁当箱の中には丈夫ではないが美しいので何度も使えるものがある」…×　第5段落最終文参照。丈夫で持ち運びしやすいので繰り返し使える。　カ．「おいしい和食をつくるにはだしが必要で，1つの材料からとるだしはうまみをより多く生み出す」…×　第8段落終わりから2文目参照。キ．「うまみはだしや発酵食品の中で生み出され，調理に使われる塩分を減らすことができる」…○　第8段落第6，8文参照。　ク．「和食は現在世界中でとても人気が高いが，それはおいしい弁当のおかげで和食が世界無形文化遺産になったからである」…×　最終段落参照。世界無形文化遺産指定の理由が弁当だとは述べられていない。

〔問6〕＜テーマ作文―絵を見て答える問題＞(質問訳)「駅弁は『掛け紙(包装紙)』で覆われている。それぞれの時代の包装紙について1つのことを書きなさい。それらから何が言えますか」　(絵のキャプション)1．昭和初期の包装紙／2．現代の包装紙　(解答例訳)「昭和初期には，包装紙には鉄道路線図が見られる。駅弁は駅でしか売られていなかったので，包装紙は列車で旅行をする人に役立つ。しかし現在，私たちは駅弁をデパートなどで買うことができる。駅弁の中身の絵は食べ物としての魅力を示しているので便利である」　昭和初期の包装紙には路線図がかかれていること，現代の包装紙には弁当の内容がかかれていること，それぞれの理由あるいは目的と考えられることを書く。　(その他の表現例)「路線図」train map　「その弁当の販売駅を示す」show the station where the *bento* is sold　「列車の旅を楽しむ」enjoy train travel　「弁当の内容」the food in the *bento*　「買う弁当を選ぶ」choose a *bento* to buy

数学解答

1 〔問１〕 $5-2\sqrt{6}$

〔問２〕 $x=\dfrac{1\pm\sqrt{7}}{2}$

〔問３〕 $a=2$，$b=3$ 〔問４〕 $\dfrac{7}{18}$

〔問５〕 右下図

2 〔問１〕 (1) $-\dfrac{7}{4}\leqq m\leqq -1$

(2) $y=-\dfrac{13}{12}x+\dfrac{5}{2}$

〔問２〕 F(2, 6)，P(4, 4)

3 〔問１〕

(1) (例)△AEFと△AECについて，仮定より，∠EAF＝∠EAC……① 線分AEと線分FCは垂直であるから，∠AEF＝∠AEC＝90°……② また，共通な辺であるから，AE＝AE……③ ①，②，③より，１組の辺とその両端の角がそれぞれ等しいから，△AEF≡△AEC したがって，EF＝EC……④ また，点Mは辺BCの中点であるから，BM＝MC……⑤ ④，⑤より，△CFBにおいて，点E，点Mはそれぞれ辺FC，辺BCの中点であるから，EM∥FB よって，EM∥AB

(2) 11：3

〔問２〕 11：52

4 〔問１〕 $K=9$，$t=8$

〔問２〕 $(a,\ b)=(3,\ 9)$，$(4,\ 8)$

〔問３〕 $\dfrac{9}{2}$秒後

(例)

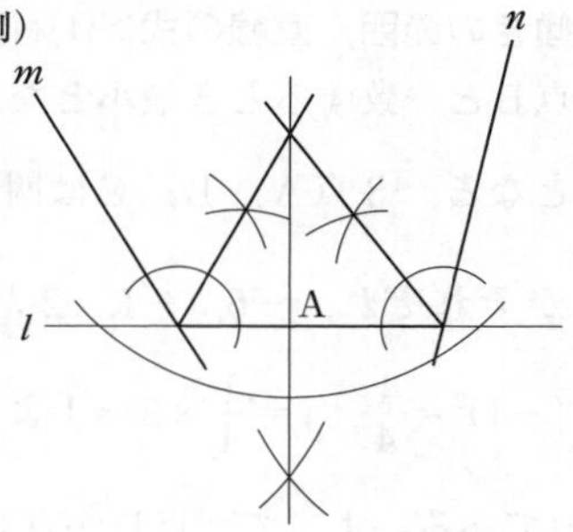

1 〔独立小問集合題〕

〔問１〕＜平方根の計算＞与式＝$(3+2\sqrt{3}+1)-2(\sqrt{6}+\sqrt{3}+\sqrt{2}+1)+(2+2\sqrt{2}+1)=4+2\sqrt{3}-2\sqrt{6}-2\sqrt{3}-2\sqrt{2}-2+3+2\sqrt{2}=5-2\sqrt{6}$

≪別解≫$\sqrt{3}+1=A$，$\sqrt{2}+1=B$とおくと，与式＝$A^2-2AB+B^2=(A-B)^2=\{(\sqrt{3}+1)-(\sqrt{2}+1)\}^2=(\sqrt{3}+1-\sqrt{2}-1)^2=(\sqrt{3}-\sqrt{2})^2=3-2\sqrt{6}+2=5-2\sqrt{6}$となる。

〔問２〕＜二次方程式＞$x^2-2x+1+x^2-1-(4x^2-6x+2x-3)=0$，$x^2-2x+1+x^2-1-(4x^2-4x-3)=0$，$x^2-2x+1+x^2-1-4x^2+4x+3=0$，$-2x^2+2x+3=0$，$2x^2-2x-3=0$となるので，解の公式より，$x=\dfrac{-(-2)\pm\sqrt{(-2)^2-4\times2\times(-3)}}{2\times2}=\dfrac{2\pm\sqrt{28}}{4}=\dfrac{2\pm2\sqrt{7}}{4}=\dfrac{1\pm\sqrt{7}}{2}$である。

〔問３〕＜連立方程式の応用＞$ax+4y=2b$……①，$bx-ay=-7$……②とする。①，②の連立方程式の解が$x=-1$，$y=2$だから，①より，$a\times(-1)+4\times2=2b$，$a+2b=8$……③となり，②より，$b\times(-1)-a\times2=-7$，$2a+b=7$……④となる。③，④をa，bの連立方程式として解くと，③－④×2より，$a-4a=8-14$，$-3a=-6$，$a=2$となり，これを④に代入して，$2\times2+b=7$，$b=3$となる。

〔問４〕＜確率―数字のカード＞袋A，袋Bに６枚ずつカードが入っているから，袋A，袋Bから同時に１枚ずつカードを取り出すとき，取り出し方はそれぞれ６通りあり，全部で$6\times6=36$(通り)ある。このうち，取り出した２枚のカードの数の和が偶数となるのは，２枚とも奇数の場合か，２枚とも偶数の場合である。２枚とも奇数のとき，袋Aからの取り出し方は１，３，５，７，９の５通り，袋Bからの取り出し方は１，５の２通りより，$5\times2=10$(通り)ある。２枚とも偶数のとき，袋Aからの取り出し方は4の1通り，袋Bからの取り出し方は2，4，6，8の4通りより，1×4＝4(通り)ある。よって，取り出した2枚のカードの数の和が偶数になる場合は10＋4＝14(通り)あるから，求める確率は $\frac{14}{36}=\frac{7}{18}$ である。

〔問5〕＜図形―作図＞右図のように，円Oと直線 m，直線 n の接点をそれぞれB，C，直線 l と直線 m，直線 n の交点をそれぞれP，Qとし，点Oと5点A，B，C，P，Qを結ぶ。直線 l は点Aで円Oに接しているから，OA⊥l である。また，∠OAP＝∠OBP＝90°，OP＝OP，OA＝OBより，△OAP≡△OBPとなるから，∠OPA＝∠OPBである。同様にして，△OAQ≡△OCQとなるから，∠OQA＝∠OQCである。解答参照。

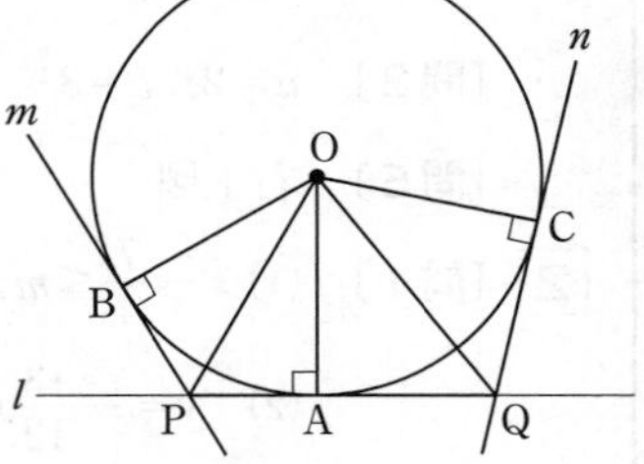

2 **〔関数―関数 $y=ax^2$ と直線〕**

≪基本方針の決定≫〔問2〕 △ACFと△AEB，△ACPと△ACFに着目する。

〔問1〕＜傾きの範囲，直線の式＞(1)右図1で，直線 g の傾き m は，点Dが点Bと一致するとき最小となり，点Dが点Cと一致するとき最大となる。3点A，B，Cは関数 $y=\frac{1}{4}x^2$ のグラフ上にあり，x 座標がそれぞれ，−6，−1，2だから，$y=\frac{1}{4}\times(-6)^2=9$，$y=\frac{1}{4}\times(-1)^2=\frac{1}{4}$，$y=\frac{1}{4}\times2^2=1$ より，A(−6，9)，B$\left(-1，\frac{1}{4}\right)$，C(2，1)である。よって，点Dが点Bと一致するとき $m=\left(\frac{1}{4}-9\right)\div\{-1-(-6)\}=-\frac{7}{4}$，点Dが点Cと一致するとき $m=\frac{1-9}{2-(-6)}=-1$ だから，m のとる値の範囲は $-\frac{7}{4}\leqq m\leqq-1$ となる。　(2)図1で，△ABC：△ADC＝6：1だから，BC：DC＝6：1である。点B，点Dを通り x 軸に平行な直線と点Cを通り y 軸に平行な直線の交点をそれぞれH，Iとすると，△BCH∽△DCIとなるから，BH：DI＝CH：CI＝BC：DC＝6：1となる。B$\left(-1，\frac{1}{4}\right)$，C(2，1)より，BH＝2−(−1)＝3，CH＝$1-\frac{1}{4}=\frac{3}{4}$ だから，DI＝$\frac{1}{6}$BH＝$\frac{1}{6}\times3=\frac{1}{2}$，CI＝$\frac{1}{6}$CH＝$\frac{1}{6}\times\frac{3}{4}=\frac{1}{8}$ となる。よって，点Dの x 座標は $2-\frac{1}{2}=\frac{3}{2}$，$y$ 座標は $1-\frac{1}{8}=\frac{7}{8}$ となり，D$\left(\frac{3}{2}，\frac{7}{8}\right)$ である。A(−6，9)だから，直線 g の傾きは $\left(\frac{7}{8}-9\right)\div\left\{\frac{3}{2}-(-6)\right\}=-\frac{65}{8}\div\frac{15}{2}=-\frac{13}{12}$ となり，その式は $y=-\frac{13}{12}x+b$ とおける。これが点Aを通るから，$9=-\frac{13}{12}\times(-6)+b$ より，$b=\frac{5}{2}$ となり，直線 g の式は $y=-\frac{13}{12}x+\frac{5}{2}$ である。

図1

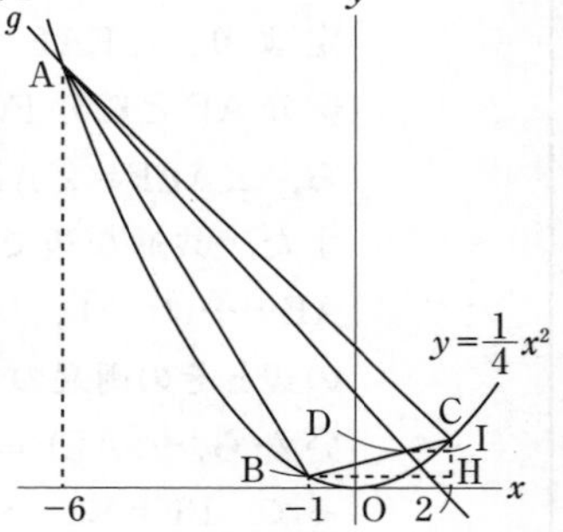

〔問2〕＜座標＞次ページの図2で，〔四角形ABCF〕＝△ABC＋△ACF，〔四角形AEBC〕＝△ABC＋△AEBだから，〔四角形ABCF〕＝〔四角形AEBC〕のとき，△ACF＝△AEBとなる。また，A(−6，9)，C(2，1)だから，E(−6，1)であり，線分AEは y 軸に平行だから，AE＝9−1＝8となる。辺AEを底辺と見ると，点Bの x 座標が−1より，△AEBの高さは−1−(−6)＝5となるから，△AEB＝$\frac{1}{2}\times8\times5=20$ となる。よって，△ACF＝△AEB＝20である。辺CFは y 軸に平行だから，辺

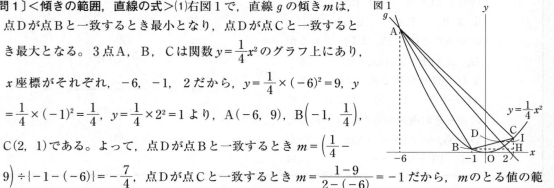

CF を底辺と見ると，2点C，Aの x 座標より，△ACF の高さは $2-(-6)=8$ である。△ACF の面積について，$\frac{1}{2}\times CF\times 8=20$ が成り立ち，CF$=5$ となる。したがって，点Cの y 座標が1より，点Fの y 座標は $1+5=6$ となるから，F(2, 6)である。次に，〔四角形 ABCP〕=〔四角形 AEBC〕より，〔四角形 ABCP〕=〔四角形 ABCF〕である。〔四角形 ABCP〕=△ABC＋△ACP だから，△ACP＝△ACF となり，FP∥AC である。〔問１〕⑴より，直線 AC の傾きは -1 だから，直線 FP の傾きも -1 であり，直線 FP の式は $y=-x+c$ とおける。これが点Fを通るから，$6=-2+c$ より，$c=8$ となり，直線 FP の式は $y=-x+8$ である。点Pは関数 $y=\frac{1}{4}x^2$ のグラフと直線 $y=-x+8$ の交点となるから，$\frac{1}{4}x^2=-x+8$ より，$x^2+4x-32=0$，$(x+8)(x-4)=0$　$\therefore x=-8,\ 4$　よって，$x>2$ より，点Pの x 座標は4であり，$y=\frac{1}{4}\times 4^2=4$ だから，P(4, 4)である。

図２

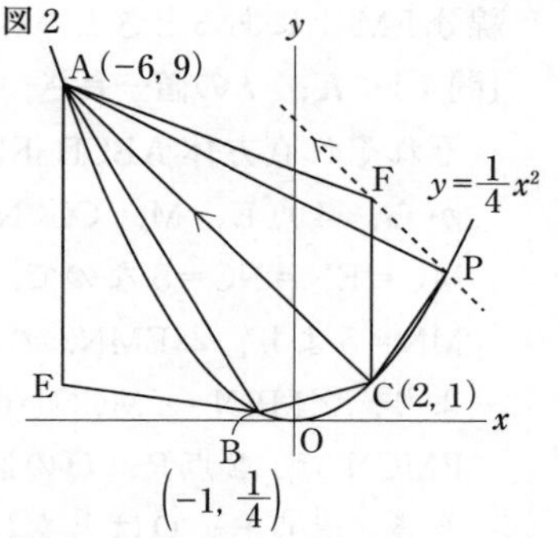

3 〔平面図形―三角形〕

≪基本方針の決定≫〔問１〕⑵　△ABD∽△EMD である。　〔問２〕　△BAD の面積を S で表してみよう。

〔問１〕＜論証，長さの比＞⑴右図１で，点Mは辺 BC の中点だから，点Eが線分 FC の中点になることがいえれば，△CFB で中点連結定理より，EM∥FB，つまり EM∥AB となる。解答参照。　⑵図１で，∠ADB＝∠EDM であり，⑴より，AB∥EM だから，∠ABD＝∠EMD である。よって，△ABD∽△EMD となるから，AD：ED＝AB：EM となる。⑴の証明より，△AEF≡△AEC だから，AF＝AC＝4 となり，FB＝AB−AF＝7−4＝3 となる。また，△CFB で中点連結定理より，EM＝$\frac{1}{2}$FB＝$\frac{1}{2}\times 3=\frac{3}{2}$ となる。したがって，AB：EM＝7：$\frac{3}{2}$＝14：3 となるから，AD：ED＝14：3 となり，AE：ED＝(14−3)：3＝11：3 である。

図１

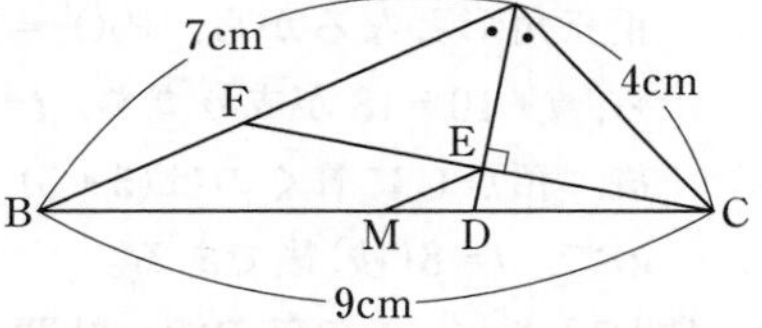

〔問２〕＜面積の比―相似＞右図２で，∠BGF＝∠BAC，∠GBF＝∠ABC より，△BGF∽△BAC であり，相似比は BF：BC＝3：9＝1：3 だから，△BGF：△BAC＝1^2：3^2＝1：9 となる。よって，△BAC＝9△BGF＝$9S$ となる。次に，点Bから線分 AD の延長に垂線 BH を引くと，∠BAH＝∠CAE，∠AHB＝∠AEC＝90° より，△AHB∽△AEC となるから，BH：CE＝AB：AC＝7：4 となる。さらに，∠BDH＝∠CDE，∠BHD＝∠CED＝90° より，△BHD∽△CED だから，BD：CD＝BH：CE＝7：4 となり，△BAD：△CAD＝BD：CD＝7：4 である。これより，△BAD＝$\frac{7}{7+4}$△BAC＝$\frac{7}{11}\times 9S=\frac{63}{11}S$ となるので，T＝〔四角形 AFGD〕＝△BAD−△BGF＝$\frac{63}{11}S-S=\frac{52}{11}S$ である。したがって，S：T＝S：$\frac{52}{11}S$＝11：52 である。

図２

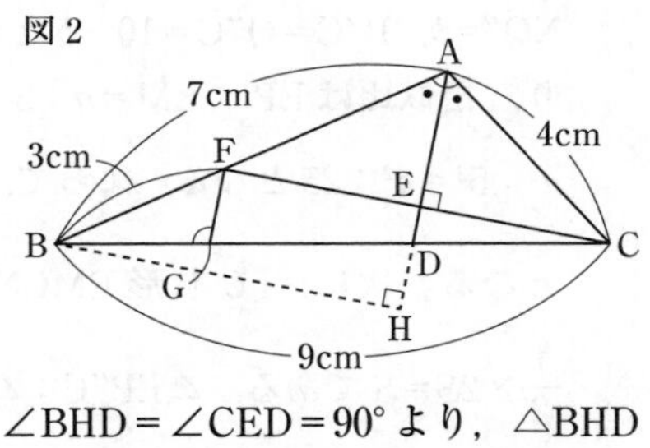

4 〔空間図形―直方体〕

≪基本方針の決定≫〔問１〕　L を t を用いて表す。　〔問２〕　△EMN，△CMN の面積を基準にして，△EP′Q′，△EP″Q″ の面積がそれぞれ何倍なのかを a，b を用いて表す。　〔問３〕　点Pが線分EM上にあるときと，線分MC上にあるときを考える。

〔問１〕＜K，tの値—長さ，時間＞右図１で，２点M，Nはそれぞれ直方体ABCD-EFGHの辺AB，辺GHの中点だから，４点E，M，C，Nは同一平面上にある。EM＝MC＝EN＝NC＝5なので，四角形EMCNはひし形であり，MN＝5より，△EMN，△CMNは正三角形となる。これより，∠MEN＝∠MCN＝60°である。右下図２のひし形EMCNで，２点P，Qの速さは毎秒1cmだから，$t=3$のとき，２点P，Qはともに$1\times3=3$(cm)移動する。このときの２点P，QをそれぞれP_1，Q_1とすると，点P_1，点Q_1はそれぞれ線分EM上，線分EN上にあり，$EP_1=EQ_1=3$である。$\angle P_1EQ_1=60°$より，$\triangle EP_1Q_1$は正三角形となるから，$K=L=3EP_1=3\times3=9$となる。次に，$L=2K=2\times9=18$になるときを考える。△EMNの周の長さは$3EM=3\times5=15$だから，２点P，Qがそれぞれ線分EM上，線分EN上にあるときに，$L=18$になることはない。２点P，Qがそれぞれ線分MC上，線分NC上にあるときの２点P，QをそれぞれP_2，Q_2とすると，$L=(EM+MP_2)+(EN+NQ_2)+P_2Q_2$である。$EM+MP_2=EN+NQ_2=1\times t=t$である。また，$P_2C=(EM+MC)-(EM+MP_2)=(5+5)-t=10-t$であり，同様に$Q_2C=10-t$となる。$\triangle CP_2Q_2$も正三角形となるから，$P_2Q_2=P_2C=10-t$である。以上より，$L=t+t+(10-t)=t+10$と表せるから，$t+10=18$が成り立ち，$t=8$となる。点P，点Qがそれぞれ点M，点Nに着くのは$5\div1=5$(秒)後，頂点Cに着くのは$(5+5)\div1=10$(秒)後だから，$5\leqq t\leqq10$である。よって，$5\leqq t\leqq10$を満たすので，$t=8$(秒)後である。

図１

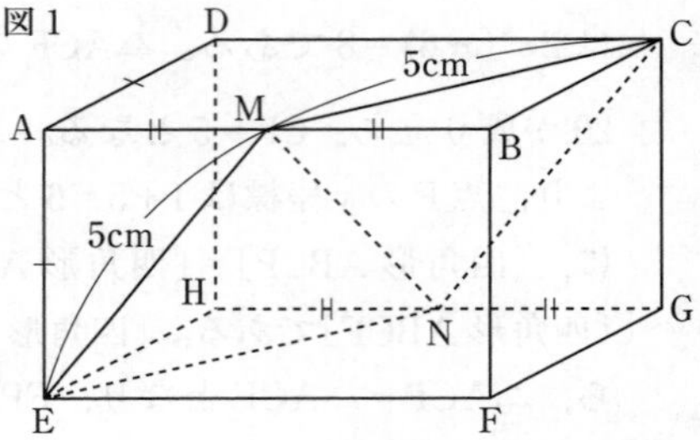

図２

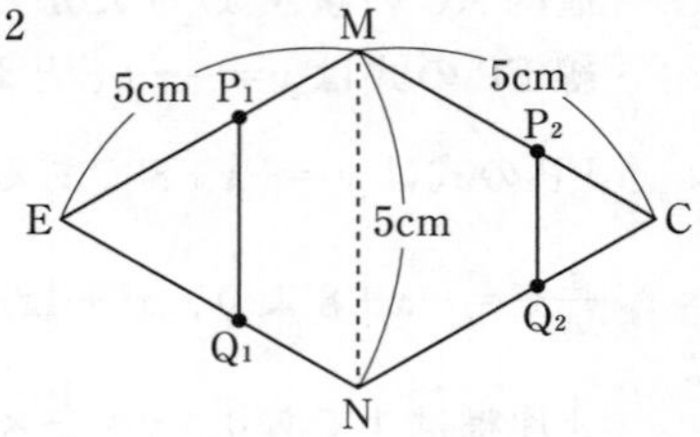

〔問２〕＜a，bの値の組—時間＞２点P，Qの速さは毎秒1cmであり，a，bは異なる自然数で，a秒後に２点P，Qはそれぞれ線分EM上，線分EN上，b秒後に２点P，Qはそれぞれ線分MC上，線分NC上にあるので，$a=1$，2，3，4，5，$b=5$，6，7，8，9，10である。右図３で，△EMN＝△CMN＝Sとする。〔問１〕と同様に考えて，$EP'=EQ'=a$，$EM+MP''=EN+NQ''=b$，$P''C=Q''C=10-b$となる。$\triangle EP'Q'\backsim\triangle EMN$であり，相似比は$EP':EM=a:5$だから，$\triangle EP'Q':\triangle EMN=a^2:5^2=a^2:25$となる。よって，$\triangle EP'Q'=\dfrac{a^2}{25}\triangle EMN=\dfrac{a^2}{25}S$となる。次に，〔ひし形EMCN〕＝2△EMN＝$2S$だから，△EMC＝△ENC＝$\dfrac{1}{2}$〔ひし形EMCN〕＝$\dfrac{1}{2}\times2S=S$である。$\triangle EP''C:\triangle EMC=P''C:MC=(10-b):5$だから，$\triangle EP''C=\dfrac{10-b}{5}\triangle EMC=\dfrac{10-b}{5}S$となる。同様に，$\triangle EQ''C=\dfrac{10-b}{5}S$となるので，〔四角形$EP''CQ''$〕＝$\triangle EP''C+\triangle EQ''C=\dfrac{10-b}{5}S+\dfrac{10-b}{5}S=\dfrac{20-2b}{5}S$となる。また，$\triangle CP''Q''\backsim\triangle CMN$となり，相似比は$P''C:MC=(10-b):5$だから，$\triangle CP''Q'':\triangle CMN=(10-b)^2:5^2=(10-b)^2:25$となり，$\triangle CP''Q''=\dfrac{(10-b)^2}{25}\triangle CMN=\dfrac{(10-b)^2}{25}S$となる。よって，$\triangle EP''Q''$＝〔四角形$EP''CQ''$〕$-\triangle CP''Q''=\dfrac{20-2b}{5}S-\dfrac{(10-b)^2}{25}S=$

図３

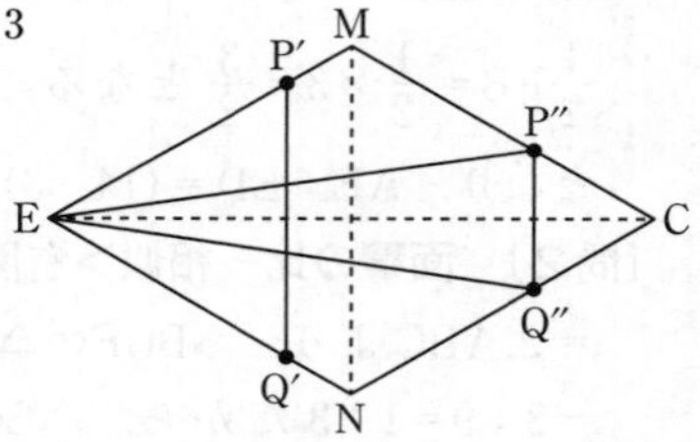

$\frac{10b-b^2}{25}S=\frac{b(10-b)}{25}S$ となる。したがって，$\triangle \mathrm{EP'Q'}=\triangle \mathrm{EP''Q''}$ より，$\frac{a^2}{25}S=\frac{b(10-b)}{25}S$ が成り立ち，$a^2=b(10-b)$ となる。$a=1,\ 2,\ 3,\ 4,\ 5$ のとき，a^2 の値は，それぞれ，$1^2=1$，$2^2=4$，$3^2=9$，$4^2=16$，$5^2=25$ となる。$b=5,\ 6,\ 7,\ 8,\ 9,\ 10$ のとき，$b(10-b)$ の値は，それぞれ，$5\times(10-5)=25$，$6\times(10-6)=24$，$7\times(10-7)=21$，$8\times(10-8)=16$，$9\times(10-9)=9$，$10\times(10-10)=0$ となる。以上より，$\triangle \mathrm{EP'Q'}=\triangle \mathrm{EP''Q''}$ となるのは，$a=b=5$ のとき，$a=3$，$b=9$ のとき，$a=4$，$b=8$ のときであるが，a，b は異なる自然数なので，求める自然数 a，b の組は $(a,\ b)=(3,\ 9)$，$(4,\ 8)$ である。

〔問３〕＜時間＞右図４で，点Ｐの速さは毎秒２cm だから，$5\div2=\frac{5}{2}$，$10\div2=5$ より，点Ｐが点Ｍに着くのは $\frac{5}{2}$ 秒後，頂点Ｃに着くのは５秒後である。また，点Ｑの速さは毎秒１cm だから，点Ｑが点Ｎに着くのは５秒後である。s 秒後に立体 PEFQ の体積が直方体 ABCD-EFGH の体積の $\frac{3}{20}$ になるとする。$\mathrm{AD}=\mathrm{AE}=x$(cm)，$\mathrm{EF}=y$(cm) とすると，直方体 ABCD-EFGH の体積は x^2ycm³ と表せるので，立体 PEFQ の体積は $\frac{3}{20}x^2y$cm³ となる。

図 4

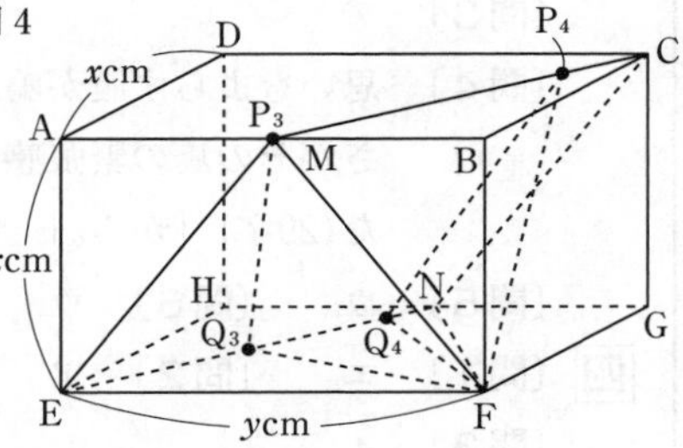

$\frac{5}{2}$ 秒後の２点Ｐ，Ｑをそれぞれ $\mathrm{P_3}$，$\mathrm{Q_3}$ とすると，点 $\mathrm{P_3}$ は点Ｍと一致し，点 $\mathrm{Q_3}$ は線分 EN 上にある。$\mathrm{EQ_3}=\frac{5}{2}$ だから，$\triangle \mathrm{EFQ_3}:\triangle \mathrm{EFN}=\mathrm{EQ_3}:\mathrm{EN}=\frac{5}{2}:5=1:2$ である。これより，$\triangle \mathrm{EFQ_3}=\frac{1}{2}\triangle \mathrm{EFN}=\frac{1}{2}\times\left(\frac{1}{2}\times y\times x\right)=\frac{1}{4}xy$ となるので，立体 $\mathrm{P_3EFQ_3}$ の体積は，$\frac{1}{3}\times\triangle \mathrm{EFQ_3}\times \mathrm{AE}=\frac{1}{3}\times\frac{1}{4}xy\times x=\frac{1}{12}x^2y$ となる。$\frac{1}{12}x^2y<\frac{3}{20}x^2y$ であるから，点Ｐが線分 EM 上にあるとき，立体 PEFQ の体積は直方体 ABCD-EFGH の体積の $\frac{3}{20}$ になることはない。点Ｐが線分 MC 上にあるときの２点Ｐ，Ｑをそれぞれ $\mathrm{P_4}$，$\mathrm{Q_4}$ とする。$\mathrm{EQ_4}=s$ より，$\triangle \mathrm{EFQ_4}:\triangle \mathrm{EFN}=\mathrm{EQ_4}:\mathrm{EN}=s:5$ だから，$\triangle \mathrm{EFQ_4}=\frac{s}{5}\triangle \mathrm{EFN}=\frac{s}{5}\times\frac{1}{2}xy=\frac{s}{10}xy$ となり，立体 $\mathrm{P_4EFQ_4}$ の体積は $\frac{1}{3}\times\triangle \mathrm{EFQ_4}\times \mathrm{AE}=\frac{1}{3}\times\frac{s}{10}xy\times x=\frac{s}{30}x^2y$ となる。これが $\frac{3}{20}x^2y$ となるので，$\frac{s}{30}x^2y=\frac{3}{20}x^2y$ が成り立ち，$\frac{s}{30}=\frac{3}{20}$，$s=\frac{9}{2}$ となる。$\frac{5}{2}\leqq s\leqq5$ より，適するので，出発してから $\frac{9}{2}$ 秒後である。

国語解答

一 ⑴ いど　⑵ こうてん　⑶ たび
⑷ こうろう　⑸ せいいつ

二 ⑴ 拝賀　⑵ 組閣　⑶ 磁器
⑷ 盛　⑸ 直情径行

三 〔問１〕 エ　〔問２〕 イ
〔問３〕 ア
〔問４〕 思いもよらず腹が鳴ったおかしさがその場の緊張感を解き放った(29字)［から。］
〔問５〕 ウ　〔問６〕 ウ

四 〔問１〕 エ　〔問２〕 ア
〔問３〕 イ
〔問４〕 中国の発音にならって読むだけではなく，既存の自分たちのオラル・コミュニケーションの発話性に合わせて読み下したということ。(60字)
〔問５〕 エ　〔問６〕 ウ
〔問７〕 (例)もともと文字を持たなかった日本が中国に学んで独自の文化を発展させたことはすばらしいことであると思う。／今グローバル時代を迎えて多様な外国の文化が日本に入ってきている。服装はほぼ洋装になっており，それが当たり前にもなっている。しかし，日本には和服の伝統がある。夏に浴衣ぐらいしか着ることはないが，日本人らしさを感じる時でもある。よいものは取り入れつつ伝統を守る生活が大切だと考える。(200字)

五 〔問１〕 イ　〔問２〕 ク
〔問３〕 ウ　〔問４〕 ア
〔問５〕 エ

一〔漢字〕
⑴音読みは「挑戦」などの「チョウ」。　⑵「荒天」は，天候が悪く荒れていること。　⑶「足袋」は，足首から下に履く袋状の履き物のこと。　⑷「高楼」は，高くつくった建物のこと。　⑸「斉一」は，ととのって一つにそろっていること。

二〔漢字〕
⑴「拝賀」は，目上の人にお祝いの喜びを述べること。　⑵「組閣」は，内閣を組織すること。
⑶「磁器」は，生地がガラス化している焼き物のこと。　⑷音読みは「盛衰」などの「セイ」と「繁盛」などの「ジョウ」。　⑸「直情径行」は，周りのことを気にせず，思ったままにまっすぐ行動すること。

三〔小説の読解〕出典；山川方夫『煙突』。
〔問１〕＜文章内容＞「ぼく」は，山口の存在が気になっているが，「ぼく」に背を向けたままの山口の存在を無理にでも忘れようと，壁に向かってボールを投げ続けて，山口に左右されない自分の世界に入り込もうとしたのである。
〔問２〕＜表現＞「ぼく」が自然にほがらかに笑いかけると，今まで背を向けていた山口は，「偶然ぼくと目を合わせたのを恥じるように」微笑を浮かべたのである。
〔問３〕＜心情＞「ぼく」は，山口に弁当を半分食べるように誘おうと思ったが，山口が「押売りじみた親切に，虚心にこたえて」くれるとは思えなかった。弁当を分け与えるというのは，いわゆる「善いこと」であるが，「ぼく」は，自分の気持ちを山口に冷ややかにとらえられたくなかったのである。

〔問４〕＜文章内容＞「ぼく」は，山口のプライドを尊重して，弁当を分け与えずに一人で食べようと思ったのに，なりゆきで同じ場所に座ってしまった。二人とも無言でいたところ，突然「ぼく」のおなかが異様なほど大きく鳴り，そのことがおかしくて，「ぼく」は，場の緊張した空気が破れたように思ったのである。

〔問５〕＜心情＞「ぼく」は，山口に何度も弁当を食べるように言ったが，山口は拒絶した。「ぼく」が，「もうどうにでもなれ」と思っていると山口は「ぼく」の握り飯を取ったが，山口は自分の行為が恥ずかしくて，「ぼく」の目を見られなかったのである。

〔問６〕＜表現＞「青く透きとおった風」は，「ぼく」が山口を無視して「空想の慶早戦に熱中」しようとした状況での描写であり，「彼の痩せた青白い手」は，「いつも昼食をたべてない」山口を描写したものであり，どちらも「さわやかな空気」を表現したものとはいえない(ア…×)。「……」は，会話文中でも使われ，その後には，「ぼく」の気持ちだけでなく「ぼく」の状況も書かれており，また，「——」の後にも，「ぼく」の考えや会話文が含まれている(イ…×)。「ぼくの舌は，ごく自然にぼくを裏切ってしまっていた」には，擬人法が使われていて，「ぼく」が自分の意識とは別のことをつい口にしてしまったことを表し，「心情の揺らぎ」が読み取れる(ウ…○)。この文章は，全て「ぼく」の視点から書かれている(エ…×)。

四〔論説文の読解—文化人類学的分野—日本文化〕出典；松岡正剛『日本文化の核心　「ジャパン・スタイル」を読み解く』。

≪本文の概要≫「和漢の境をまたぐ」とは，中国(漢)と日本(和)の交流が融合しつつ，しだいに日本独自の表現様式や認知様式，中世や近世での独特の価値観をつくっていったということである。中国のものを規範として，日本独自の「仮名」を生み出し，クレオールな文化様式を誕生させて，「和漢の境」を磨いていった。このクレオールな文化様式の成立は，日本海で大陸と隔たっていた日本列島の成り立ちに大きく影響されている。大陸からは「稲・鉄・漢字」が順次もたらされたが，「漢字」の導入が一番大きな出来事であった。最初は，漢文のままに漢字を学習したが，自分たちのオラル・コミュニケーションの発話性に合わせて漢文を読み下していった。そのことが，画期的な出来事であり，文明の転換ともいえることであった。その後『古事記』がつくられるが，このときの表記は，漢字を音読みと訓読みに自在に変えて，音読みには後の万葉仮名にあたる使用法を芽生えさせるものであった。これは日本人が使った言葉を「漢字の声」で表すという画期的なものであり，その後日本独自の「仮名」の登場につながった。

〔問１〕＜文章内容＞「グローバルスタンダードとしての規範」である中国発の漢字を学んだ日本人は，『古事記』や『万葉集』の表記や表現で，自分たち独自のローカルな漢字の使い方を打ち出し，その後「仮名」をつくり出すことによって「グローカルな文化様式」を誕生させたのである。

〔問２〕＜文章内容＞日本人は，中国の禅宗を学んだとき，禅宗の庭園をそのまま取り入れるのではなく，日本の自然に合わせて「引き算」をして「枯山水」をつくった。また，中国から取り入れたお茶も，「引き算」して「侘び茶」に転化し，日本人の感覚に合うものにした。つまり，日本人は，中国の文化を取り入れて学んだうえで，それらを自分たちの生活に合わせたものにしていったのである。

〔問３〕＜表現＞大陸とは日本海で隔てられていた日本に，大陸から「稲・鉄・漢字」という未知のものが到来して，それまでの生活様式が一変したという衝撃的な出来事が起こったことを，「黒船の到来」にたとえたのである。「黒船」は，江戸時代の末期に日本の浦賀沖に現れ開国を迫った米国の艦隊のことで，転じて国内に大きな衝撃をもたらす海外から入ってきた事物のことを表す。

〔問４〕＜文章内容＞日本人が，中国から伝わった漢字を，そのまま中国のもともとの発音どおりに読むだけではなく，自分たちの独自の「オラル・コミュニケーションの発話性」に合わせて読み下していったことが，「劇的な方法」であったのである。

〔問５〕＜文章内容＞日本に百済から漢字がもたらされ，朝廷に中国語の読み書きができる人も出現したが，中国語をそのまま使うのではなく，「中国的日本語のような記述」，いわばチャイニーズ・ジャパニーズが生まれたことが，その後の万葉仮名などを生み出すことにつながったのである。

〔問６〕＜文脈＞中国から入ってきた漢文を，中国の発音のとおりに読むのではなく，日本の「オラル・コミュニケーション」に合わせて読み下していったこと，つまり「日本語的な漢文をつくりだした」ことが，日本の文明上の最も大きな事件であり，「文明的な転換」といえるものである。

〔問７〕＜作文＞まず，日本文化が中国の文化をもとに形成されたことに対する意見が求められていることを押さえる。次に，外国の文化を取り入れていくことへの意見が求められているので，どのように取り入れていくべきかなどを考えてみる。自分の体験もふまえて，自分の言葉で表現すること。誤字に気をつけて，字数を守って書いていくこと。

五〔説明文の読解─芸術・文学・言語学的分野─文学〕出典；山本淳子『紫式部ひとり語り』。

〔問１〕＜文章内容＞『白氏文集』には，幻想的な歴史悲劇「長恨歌」や，「日常生活を詠んだ美しい詩」がたくさんあり，文章が平易で，日本で人気が高く世の中に知れ渡っていたのである。

〔問２〕＜文章内容＞一条帝は，中国の「政治の思想と制度」を学ぶために漢学に取り組み，日本が安定するように，自分の政治に漢学を生かそうとした。その気持ちは，第八句「底に縁りてか　此の時泰平ならざらむ」に表されている。

〔問３〕＜語句＞漢学の高い能力はあっても，縁故がなく高い地位につけない学者たちが「寒家の文人」たちである。「寒家」は，貧しい家，いやしい家柄のこと。「寒花」は，冬に咲く花のこと。「寒心」は，ぞっとするほど心配なこと。「寒村」は，貧しい村のこと。「寒温」は，寒いことと暖かいこと。

〔問４〕＜文章内容＞漢学の中心は儒学であり，儒学に基づいた善政を行いたい帝と，帝を理解し，支えようとする宮の「詩の往復」は，真の漢学者の求めていた「君と臣と民とが心を一つにして社会を整える思想」の表れである。

〔問５〕＜文章内容＞『白氏文集』の中で，最も儒学的な作品が「新楽府」であり，「新楽府」は「善きまつりごとのための詩」である。漢学を学び，善政を心がけていた一条帝の心に寄り添うために，漢学を学ぼうとする中宮彰子に一番ふさわしいのは「新楽府」だと，紫式部は考えたのである。

●2021年度

東京都立高等学校

共 通 問 題

【社会・理科】

2021年度 東京都立高等学校（共通問題）

【社　会】（50分）〈満点：100点〉

1　次の各問に答えよ。

〔問１〕 次のページのⅠの地形図は，2006年と2008年の「国土地理院発行２万５千分の１地形図（川越《かわごえ》南部・川越北部）」の一部を拡大して作成したものである。３ページのⅡの図は，埼玉《さいたま》県川越市中心部の地域調査で確認《かくにん》できる城下町の痕跡を示したものである。Ⅰの**ア**～**エ**の経路は，地域調査で地形図上に●で示した地点を起点に矢印（➡）の方向に移動した様子を —— で示したものである。Ⅱの図で示された痕跡を確認することができる経路に当てはまるのは，Ⅰの**ア**～**エ**のうちではどれか。

I

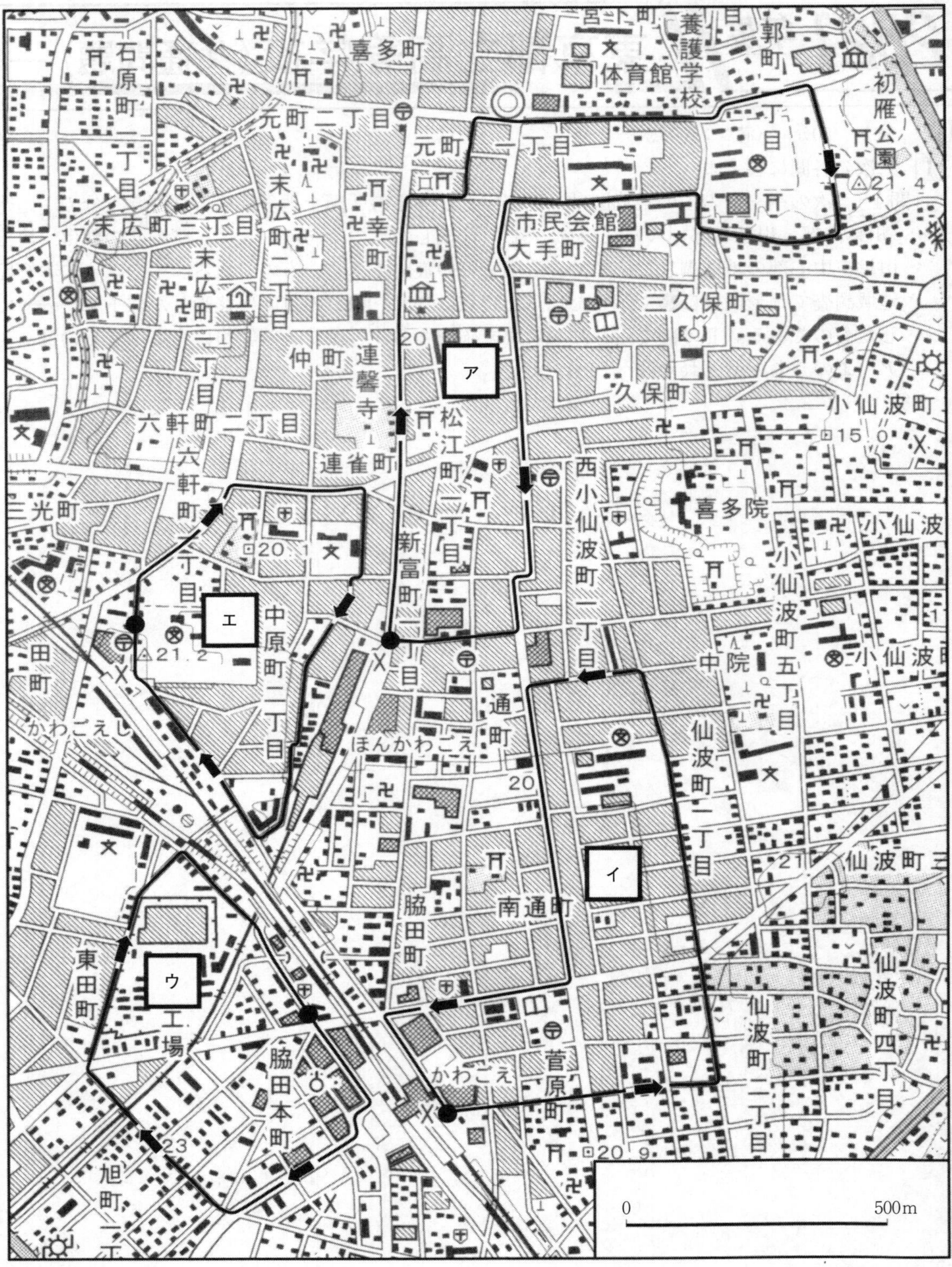
石原町一丁目
喜多町
養護学校
体育館
初雁公園
21.4
元町二丁目
元町一丁目
末広町二丁目
幸町
市民会館
大手町
末広町三丁目
末広町一丁目
三久保町
仲町
連馨寺
20
ア
久保町
小仙波町
15.0
六軒町二丁目
松江町一丁目
連雀町
六軒町一丁目
西小仙波町一丁目
喜多院
三光町
20.1
新富町一丁目
小仙波町五丁目
小仙波
中原町二丁目
エ
21.2
田町
中院
かわごえし
ほんかわごえ
通町
仙波町一丁目
20
イ
南通町
21
脇田町
東田町
ウ
工場
脇田本町
かわごえ
菅原町
23
旭町
20.9
仙波町二丁目
仙波町四丁目
0
500m

Ⅱ

城下町の痕跡を探そう

調 査 日　令和２年10月３日(土)　　集合時刻　午前９時

集合場所　駅前交番前

移動距離《きょり》　約4.1km

痕跡１　城に由来するものが，現在の町名に残っている。

郭町《くるわまち》　城の周囲にめぐらした郭に由来する。

大手町《おおてまち》　川越城の西大手門に由来する。

痕跡２　城下に「時」を告げてきた鐘つき堂

地形図上では，「高塔」の地図記号で示されている。

痕跡３　見通しを悪くし，敵が城に侵入《しんにゅう》しづらくなるようにした鍵《かぎ》型《がた》の道路

通行しやすくするために，鍵型の道路は直線的に結ばれている。

（↓は写真を撮った向きを示す。）

〔問２〕　次の文章で述べている我が国の歴史的文化財は，下の**ア**～**エ**のうちのどれか。

平安時代中期の貴族によって建立《こんりゅう》された，阿弥陀如来坐像《あみだにょらいざぞう》を安置する阿弥陀堂であり，極楽浄土《ごくらくじょうど》の世界を表現している。1994年に世界遺産に登録された。

ア　法隆寺《ほうりゅうじ》　　**イ**　金閣　　**ウ**　平等院鳳凰堂《びょうどういんほうおうどう》　　**エ**　東大寺

〔問３〕　次の文章で述べている人物は，下の**ア**～**エ**のうちのどれか。

この人物は，江戸《えど》を中心として町人文化が発展する中で，波間から富士山を垣間見《かいまみ》る構図の作品に代表される「富嶽三十六景《ふがくさんじゅうろっけい》」などの風景画の作品を残した。大胆《だいたん》な構図や色《しき》彩《さい》はヨーロッパの印象派の画家に影響を与えた。

ア　雪舟　　**イ**　葛飾北斎《かつしかほくさい》　　**ウ**　菱川師宣《ひしかわもろのぶ》　　**エ**　狩野永徳《かのうえいとく》

〔問4〕　次の条文がある法律の名称《めいしょう》は，下の**ア**～**エ**のうちのどれか。

○労働条件は，労働者と使用者が，対等の立場において決定すべきものである。
○使用者は，労働者に，休憩《きゅうけい》時間を除き一週間について四十時間を超えて，労働させてはならない。

ア　男女共同参画社会基本法　　**イ**　労働組合法
ウ　男女《だんじょ》雇用《こよう》機《き》会均等法《かいきんとうほう》　　**エ**　労働基準法

2　次の略地図を見て，あとの各問に答えよ。

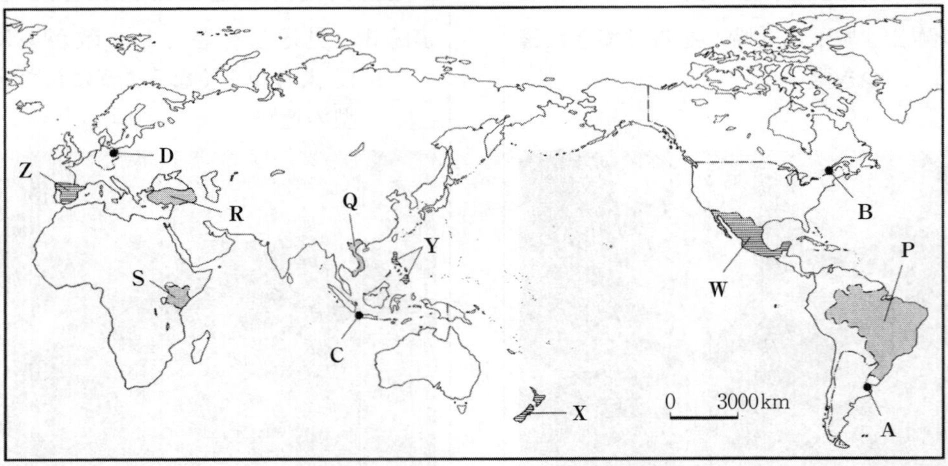

〔問1〕　次のⅠの**ア**～**エ**のグラフは，略地図中に**A**～**D**で示した**いずれか**の都市の，年平均気温と年降水量及び各月の平均気温と降水量を示したものである。Ⅱの表の**ア**～**エ**は，略地図中に**A**～**D**で示した**いずれか**の都市を含《ふく》む国の，2017年における米，小麦，とうもろこし，じゃがいもの生産量を示したものである。略地図中の**D**の都市のグラフに当てはまるのは，Ⅰの**ア**～**エ**のうちのどれか，また，その都市を含む国の，2017年における米，小麦，とうもろこし，じゃがいもの生産量に当てはまるのは，Ⅱの表の**ア**～**エ**のうちのどれか。

Ⅰ

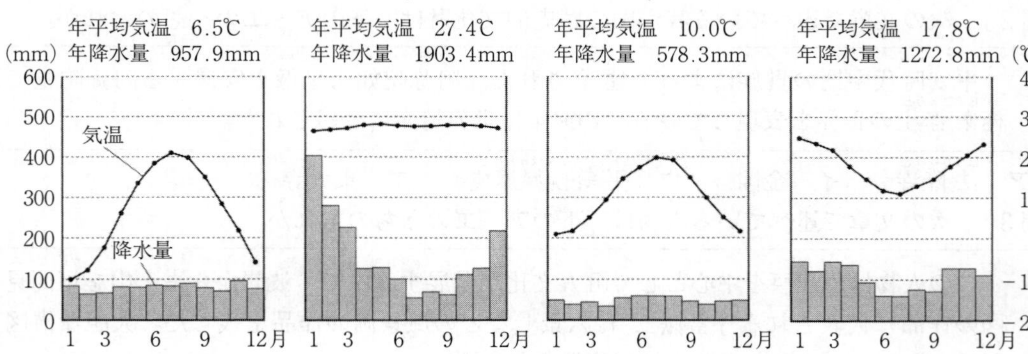

(「理科年表」令和2年などより作成)

Ⅱ

	米(万ｔ)	小麦(万ｔ)	とうもろこし(万ｔ)	じゃがいも(万ｔ)
ア	8138	—	2795	116
イ	133	1840	4948	245
ウ	—	2998	1410	441
エ	—	2448	455	1172

（注）　ーは，生産量が不明であることを示す。　（「データブック オブ・ザ・ワールド」2020年版などより作成）

〔問２〕　次の表の**ア～エ**は，略地図中に ▒▒▒ で示した**Ｐ～Ｓ**の**いずれか**の国の，2017年におけるコーヒー豆と茶の生産量，国土と食文化の様子についてまとめたものである。略地図中の**Ｐ～Ｓ**のそれぞれの国に当てはまるのは，次の表の**ア～エ**のうちではどれか。

	コーヒー豆(百ｔ)	茶(百ｔ)	国土と食文化の様子
ア	—	2340	○北西部には二つの州を隔《へだ》てる海峡《かいきょう》が位置し，北部と南部も海に面し，中央部には首都が位置する高原が広がっている。 ○帝国《ていこく》時代からコーヒーが飲まれ，共和国時代に入り紅茶の消費量も増え，トマトや羊肉のスープを用いた料理などが食べられている。
イ	26845	5	○北部の盆地《ぼんち》には流域面積約700万km^2の河川《かせん》が東流し，南部にはコーヒー栽培《さいばい》に適した土壌《どじょう》が分布し，首都が位置する高原が広がっている。 ○ヨーロッパ風に，小さなカップで砂糖入りの甘《あま》いコーヒーが飲まれ，豆と牛や豚《ぶた》の肉を煮込んだ料理などが食べられている。
ウ	15424	2600	○南北方向に国境を形成する山脈が走り，北部には首都が位置する平野が，南部には国内最大の稲作《いなさく》地域である三角州《さんかくす》が広がっている。 ○練乳入りコーヒーや主に輸入小麦で作られたフランス風のパンが見られ，スープに米粉の麺《めん》と野菜を入れた料理などが食べられている。
エ	386	4399	○中央部には標高5000ｍを超える火山が位置し，西部には茶の栽培に適した土壌が分布し，首都が位置する高原が広がっている。 ○イギリス風に紅茶を飲む習慣が見られ，とうもろこしの粉を湯で練った主食と，野菜を炒《いた》め塩で味付けした料理などが食べられている。

（注）　ーは，生産量が不明であることを示す。　（「データブック オブ・ザ・ワールド」2020年版などより作成）

〔問３〕　次のⅠとⅡの表の**ア～エ**は，略地図中に ▒▒▒ で示した**Ｗ～Ｚ**の**いずれか**の国に当てはまる。Ⅰの表は，1999年と2019年における日本の輸入総額，農産物の日本の主な輸入品目と輸入額を示したものである。Ⅱの表は，1999年と2019年における輸出総額，輸出額が多い上位３位までの貿易相手国を示したものである。Ⅲの文章は，ⅠとⅡの表における**ア～エ**の**いずれか**の国について述べたものである。Ⅲの文章で述べている国に当てはまるのは，ⅠとⅡの表の**ア～エ**のうちのどれか，また，略地図中の**Ｗ～Ｚ**のうちのどれか。

Ⅰ

		日本の輸入総額(億円)	農産物の日本の主な輸入品目と輸入額(億円)					
ア	1999年	2160	野菜	154	チーズ	140	果実	122
	2019年	2918	果実	459	チーズ	306	牛肉	134
イ	1999年	6034	果実	533	野菜	34	麻類《あさるい》	6
	2019年	11561	果実	1033	野菜	21	植物性原材料	8
ウ	1999年	1546	アルコール飲料	44	果実	31	植物性原材料	11
	2019年	3714	豚肉	648	アルコール飲料	148	野菜	50
エ	1999年	1878	豚肉	199	果実	98	野菜	70
	2019年	6440	豚肉	536	果実	410	野菜	102

（財務省「貿易統計」より作成）

Ⅱ

		輸出総額 (億ドル)	輸出額が多い上位3位までの貿易相手国		
			1位	2位	3位
ア	1999年	125	オーストラリア	アメリカ合衆国	日本
	2019年	395	中華《ちゅうか》人民《じんみん》共和《きょうわ》国《こく》	オーストラリア	アメリカ合衆国
イ	1999年	350	アメリカ合衆国	日本	オランダ
	2019年	709	アメリカ合衆国	日本	中華人民共和国
ウ	1999年	1115	フランス	ドイツ	ポルトガル
	2019年	3372	フランス	ドイツ	イタリア
エ	1999年	1363	アメリカ合衆国	カナダ	ドイツ
	2019年	4723	アメリカ合衆国	カナダ	ドイツ

(国際連合貿易統計データベースより作成)

Ⅲ

現在も活動を続ける造山帯に位置しており，南部には氷河に削られてできた複雑に入り組んだ海岸線が見られる。偏西風《へんせいふう》の影響を受け，湿潤《しつじゅん》な西部に対し，東部の降水量が少ない地域では，牧羊が行われている。一次産品が主要な輸出品となっており，1999年と比べて2019年では，日本の果実の輸入額は3倍以上に増加し，果実は外貨獲《かく》得《とく》のための貴重な資源となっている。貿易の自由化を進め，2018年には，日本を含む6か国による多角的な経済連携協定《けいざいれんけいきょうてい》が発効したことなどにより，貿易相手国の順位にも変化が見られる。

3 次の略地図を見て，あとの各問に答えよ。

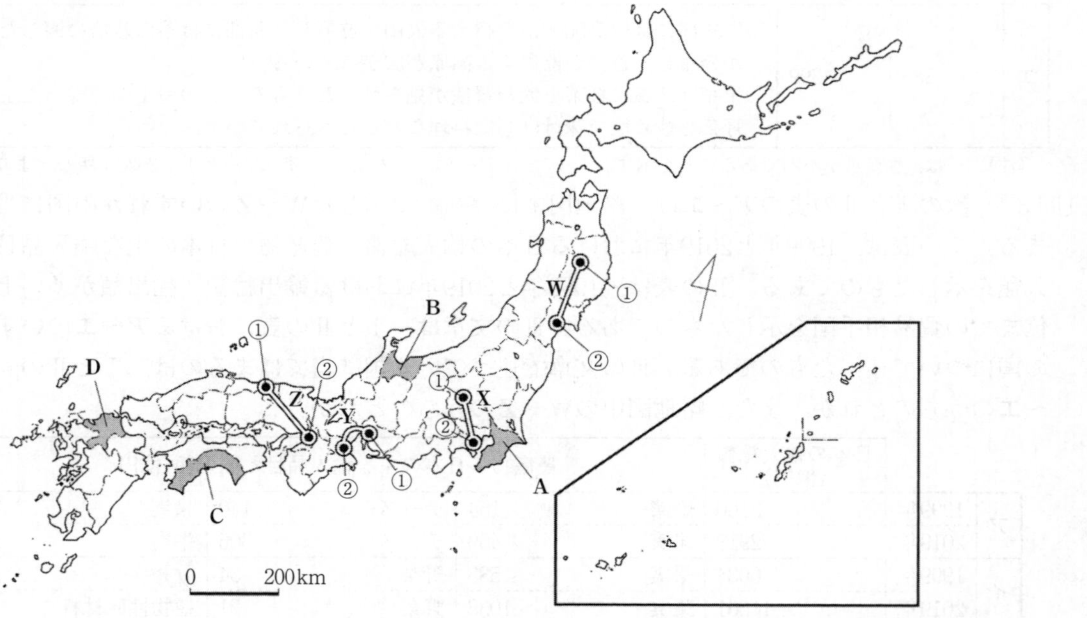

〔問1〕 次の表の**ア**～**エ**は，略地図中に ▒ で示した，**A**～**D**の**いずれか**の県の，2019年における人口，県庁所在地(市)の人口，県内の自然環境と情報通信産業などの様子についてまとめたものである。**A**～**D**のそれぞれの県に当てはまるのは，次の表の**ア**～**エ**のうちではどれか。

	人口（万人） 県庁所在地（市）の人口（万人）	県内の自然環境と情報通信産業などの様子
ア	70	○北部には山地が位置し，中央部には南流する複数の河川《かせん》により形成された平野が見られ，沖合《おきあい》を流れる暖流の影響で，気候が温暖である。
	33	○県庁が所在する平野部には，園芸農業を行う施設内の環境を自動制御《せいぎょ》するためのシステムを開発する企業《きぎょう》が立地している。
イ	510	○北西部に広がる平野の沖合には暖流が流れ，北東部には潮流が速い海峡《かいきょう》が見られ，南西部に広がる平野は干満差の大きい干潟《ひがた》のある海に面している。
	154	○県庁所在地の沿岸部には，住宅地開発を目的に埋め立てられた地域に，報道機関やソフトウェア設計の企業などが集積している。
ウ	104	○冬季に降水が多い南部の山々を源流とし，北流する複数の河川が形成する平野が中央部に見られ，東部には下流に扇状地を形成する河川が見られる。
	42	○県庁が所在する平野部には，豊富な水を利用した医薬品製造拠点があり，生産管理のための情報技術などを開発する企業が立地している。
エ	626	○平均標高は約40mで，北部にはローム層が堆積する台地があり，西部には大都市が立地し，南部には温暖な気候の丘陵《きゅうりょう》地帯が広がっている。
	97	○県庁所在地に近い台地には，安定した地盤《じばん》であることを生かして金融《きんゆう》関係などの情報を処理する電算センターが立地している。

（「日本国勢図会《にほんこくせいずえ》」2020/21年版などより作成）

〔問２〕 略地図中に① ◉━◉ ②で示した**W～Z**は，それぞれの①の府県の府県庁所在地と②の府県の府県庁所在地が，鉄道と自動車で結び付く様子を模式的に示したものである。次の表の**ア～エ**は，**W～Z**の**いずれか**の府県庁所在地間の直線距離《きょり》，2017年における，府県相互間の鉄道輸送量，自動車輸送量，起点となる府県の産業の様子を示したものである。略地図中の**W～Z**のそれぞれに当てはまるのは，次の表の**ア～エ**のうちではどれか。

	起点 終点	直線距離（km）	鉄道（百ｔ）	自動車（百ｔ）	起点となる府県の産業の様子
ア	①→②	117.1	1078	32172	輸送用機械関連企業が南部の工業団地に立地し，都市部では食品加工業が見られる。
	②→①		10492	25968	沿岸部では鉄鋼業や石油化学コンビナートが，内陸部では電子機械工業が見られる。
イ	①→②	161.1	334	41609	中山間部には畜産業《ちくさんぎょう》や林業，木材加工業が，南北に走る高速道路周辺には電子工業が見られる。
	②→①		3437	70931	平野部には稲作《いなさく》地帯が広がり，沿岸部では石油精製業が見られる。
ウ	①→②	147.9	209	11885	漁港周辺には水産加工業が，砂丘が広がる沿岸部には果樹栽《さい》培《ばい》が見られる。
	②→①		33	9145	沿岸部には鉄鋼業が，都市中心部には中小工場が，内陸部には電気機械工業が見られる。
エ	①→②	61.8	1452	79201	世界を代表する輸送用機械関連企業が内陸部に位置し，沿岸部には鉄鋼業などが見られる。
	②→①		1777	95592	石油化学コンビナートや，岬《みさき》と入《い》り江《え》が入り組んだ地形を生かした養殖業《ようしょくぎょう》が見られる。

（国土交通省「貨物地域流動調査」などより作成）

〔問３〕　次のⅠとⅡの地形図は，千葉県八千代《やちよ》市の1983年と2009年の「国土地理院発行２万５千分の１地形図(習志野《ならしの》)」の一部である。Ⅲの略年表は，1980年から1996年までの，八千代市(萱田《かやだ》)に関する主な出来事についてまとめたものである。ⅠとⅡの地形図を比較《ひかく》して読み取れる，◯で示した地域の変容について，宅地に着目して，簡単に述べよ。また，Ⅰ～Ⅲの資料から読み取れる，◯で示した地域の変容を支えた要因について，八千代中央駅と東京都(大《おお》手町《てまち》)までの所要時間に着目して，簡単に述べよ。

Ⅰ

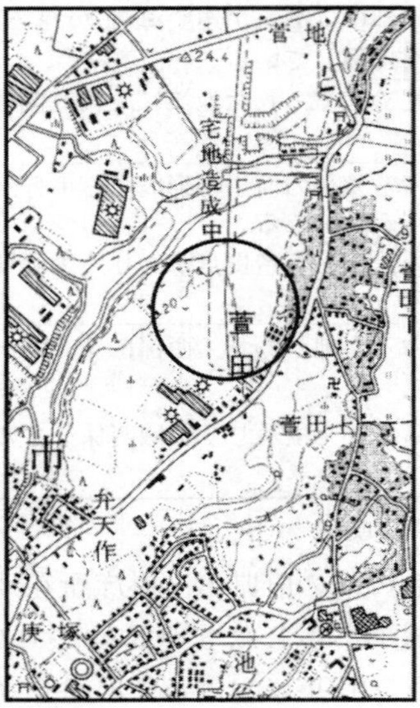

(1983年)

Ⅱ

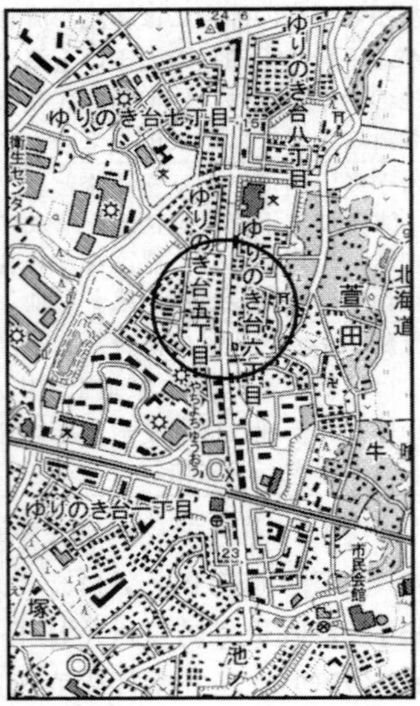

(2009年)

Ⅲ

西暦《せいれき》	八千代市(萱田)に関する主な出来事
1980	●萱田の土地区画整理事業が始まった。
1985	●東葉高速鉄道建設工事が始まった。
1996	●東葉高速鉄道が開通した。 ●八千代中央駅が開業した。 ●東京都(大手町)までの所要時間は60分から46分に，乗換回数は３回から０回になった。

(注)　所要時間に乗換時間は含《ふく》まない。

(「八千代市統計書」などより作成)

4　次の文章を読み，あとの各問に答えよ。

政治や行政の在り方は，時代とともにそれぞれ変化してきた。

古代では，クニと呼ばれるまとまりが生まれ，政治の中心地が，やがて都となり，行政を行う役所が設けられるようになった。さらに，(1)都から各地に役人を派遣《はけん》し，土地や人々を治める役所を設け，中央集権体制を整えた。

中世になると，武家が行政の中心を担《にな》うようになり，(2)支配を確実なものにするために，独自の行政の仕組みを整え，新たな課題に対応してきた。

明治時代に入ると，近代化政策が推進され，欧米《おうべい》諸国を模範《もはん》として，(3)新たな役割を担う行政機関が設置され，地方自治の制度も整備された。そして，社会の変化に対応した政策を実現するため，(4)様々な法律が整備され，行政が重要な役割を果たすようになった。

〔問１〕　(1)都から各地に役人を派遣《はけん》し，土地や人々を治める役所を設け，中央集権体制を整えた。とあるが，次の**ア**～**エ**は，飛鳥《あすか》時代から室町《むろまち》時代にかけて，各地に設置された行政機関について述べたものである。時期の古いものから順に記号を並べよ。

ア　足利尊氏《あしかがたかうじ》は，関東への支配を確立する目的で，関東８か国と伊豆《いず》・甲斐《かい》の２か国を支配する機関として，鎌倉府《かまくらふ》を設置した。

イ　桓武《かんむ》天皇は，支配地域を拡大する目的で，東北地方に派遣した征夷大将軍《せいいたいしょうぐん》に胆沢城《いさわじょう》や志《し》波城《わじょう》を設置させた。

ウ　中大兄皇子《なかのおおえのおうじ》は，白村江《はくすきのえ》《はくそんこう》の戦いに敗北した後，大陸からの防御《ぼうぎょ》を固めるため，水城《みずき》や山城《やまじろ》を築き，大宰府《だざいふ》を整備した。

エ　北条義時《ほうじょうよしとき》を中心とする幕府は，承久《じょうきゅう》の乱《らん》後の京都の治安維持《いじ》，西国で発生した訴訟《そしょう》の処理，朝廷《ちょうてい》の監視《かんし》等を行う機関として，六波羅探題《ろくはらたんだい》を設置した。

〔問２〕 (2)支配を確実なものにするために，独自の行政の仕組みを整え，新たな課題に対応してきた。とあるが，次のⅠの略年表は，室町時代から江戸《えど》時代にかけての，外国人に関する主な出来事をまとめたものである。Ⅱの略地図中の**A**～**D**は，幕府が設置した奉行所《ぶぎょうしょ》の所在地を示したものである。Ⅲの文章は，幕府直轄地《ばくふちょっかつち》の奉行への命令の一部を分かりやすく書き改めたものである。Ⅲの文章が出されたのは，Ⅰの略年表中の**ア**～**エ**の時期のうちではどれか。また，Ⅲの文章の命令を主に実行する奉行所の所在地に当てはまるのは，Ⅱの略地図中の**A**～**D**のうちのどれか。

Ⅰ

西暦《せいれき》	外国人に関する主な出来事	
1549	●フランシスコ・ザビエルが，キリスト教を伝えるため来航した。	
		ア
1600	●漂着《ひょうちゃく》したイギリス人ウィリアム・アダムスが徳川家康《とくがわいえやす》と会見した。	
		イ
1641	●幕府は，オランダ商館長によるオランダ風説書の提出を義務付けた。	
		ウ
1709	●密入国したイタリア人宣教師シドッチを新井白石《あらいはくせき》が尋問《じんもん》した。	
		エ
1792	●ロシア使節のラクスマンが来航し，通商を求めた。	

Ⅱ

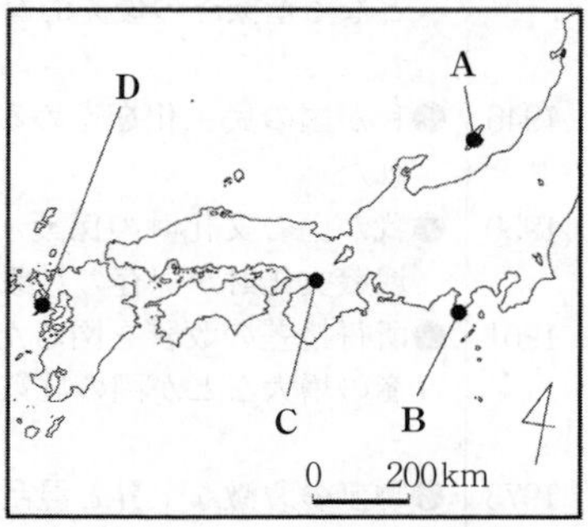

Ⅲ

○外国へ日本の船を行かせることを厳禁とする。
○日本人を外国へ渡航させてはならない。

〔問３〕 (3)新たな役割を担う行政機関が設置され，とあるが，次の文章は，帝都復興院総裁《ていとふっこういんそうさい》を務めることになる後藤新平《ごとうしんぺい》が，1923年９月６日に，閣議に文書を提出する際に記した決意の一部を分かりやすく書き改めたものである。この決意をした時期の東京の様子について述べているのは，下の**ア**～**エ**のうちではどれか。

○大変災は突如《とつじょ》として帝都を震え上がらせた。
○火災に包まれる帝都を目撃し，自分の任務が極《きわ》めて重要であることを自覚すると同時に，復興の計画を策定することが急務であることを痛感した。
○第一に救護，第二に復旧，第三に復興の方針を執《と》るべきである。

ア　新橋《しんばし》・横浜《よこはま》間に鉄道が開通するなど，欧米の文化が取り入れられ始め，現在の銀座《ぎんざ》通りに洋風れんが造りの２階建ての建物が建設された。

イ　我が国の国際的な地位を高めるために，イギリスと同盟を結び，我が国最初の国立図書館である帝国図書館が上野《うえの》公園内に建設された。

ウ　大日本帝国憲法が制定され，近代的な政治制度が整えられ，東京では，都市の整備が進み，我が国最初のエレベーターを備える凌雲閣《りょううんかく》が浅草《あさくさ》に建設された。

エ　東京駅が開業し，都市で働くサラリーマンや工場労働者の人口が大きく伸び，バスの車掌やタイピストなどの新しい職業に就《つ》く女性が増え，丸《まる》の内《うち》ビルヂング（丸ビル）が建設された。

〔問４〕 (4)様々な法律が整備され，行政が重要な役割を果たすようになった。とあるが，次の略年表は，大正時代から昭和時代にかけての，我が国の法律の整備に関する主な出来事についてまとめたものである。略年表中の**Ａ**～**Ｄ**のそれぞれの時期に当てはまるのは，下の**ア**～**エ**のうちではどれか。

西暦	我が国の法律の整備に関する主な出来事	
1921	●工業品規格の統一を図るため，度量衡法《どりょうこうほう》が改正され，メートル法への統一が行われた。	
		Ａ
1931	●国家による電力の管理体制を確立するため，電気事業法が改正され，国家経済の基礎となる産業への優先的な電力供給が始まった。	
		Ｂ
1945	●我が国の民主化を進めるため，衆議院議員選挙法が改正され，女性に選挙権が与えられた。	
1950	●我が国の文化財の保護・活用のため，文化財保護法が公布され，新たに無形文化財や埋蔵文化財が保存の対象として取り入れられた。	**Ｃ**
1961	●所得格差の改善を図るため，農業基本法が公布され，農業の生産性向上及び農業総生産の増大などが国の施策として義務付けられた。	
		Ｄ
1973	●物価の急激な上昇と混乱に対処するため，国民生活安定緊急措置法《きんきゅうそちほう》が公布され，政府は国民生活に必要な物資の確保と価格の安定に努めることを示した。	

ア　普通選挙などを求める運動が広がり，連立内閣が成立し，全ての満25歳以上の男子に選挙権を認める普通選挙法が制定され，国民の意向が政治に反映される道が開かれた。

イ　急速な経済成長をとげる一方で，公害が深刻化し，国民の健康と生活環境を守るため，公害対策基本法が制定され，環境保全に関する施策が展開された。

ウ　農地改革などが行われ，日本国憲法の精神に基づく教育の基本を確立するため，教育基本法が制定され，教育の機会均等，男女共学などが定められた。

エ　日中戦争が長期化し，国家総動員法《こっかそうどういんほう》が制定され，政府の裁量により，経済，国民生活，労務，言論などへの広範《こうはん》な統制が可能となった。

５　次の文章を読み，あとの各問に答えよ。

地方自治は，民主政治を支える基盤《きばん》である。地方自治を担《にな》う地方公共団体は，住民が安心した生活を送ることができるように，地域の課題と向き合い，その課題を解決する重要な役割を担っている。(1)日本国憲法では，我が国における地方自治の基本原則や地方公共団体の仕組みなどについて規定している。

地方自治は，住民の身近な生活に直接関わることから，(2)住民の意思がより反映できるように，直接民主制の要素を取り入れた仕組みになっている。

国は，民主主義の仕組みを一層充実《じゅうじつ》させ，住民サービスを向上させるなどの目的で，(3)1999年に地方分権一括法《ちほうぶんけんいっかつほう》を成立させ，国と地方が，「対等・協力」の関係で仕事を分担できることを目指して，地方公共団体に多くの権限を移譲《いじょう》してきた。現在では，全国の地方公共団体が地域の課題に応じた新たな取り組みを推進できるように，国に対して地方分権改革に関する提案を行うことができる仕組みが整えられている。

〔問１〕　(1)日本国憲法では，我が国における地方自治の基本原則や地方公共団体の仕組みなどについて規定している。とあるが，日本国憲法が規定している地方公共団体の仕事について述べているのは，次の**ア**～**エ**のうちではどれか。

ア　条約を承認《しょうにん》する。

イ　憲法及び法律の規定を実施するために，政令を制定する。

ウ　条例を制定する。

エ　一切の法律，命令，規則又《また》は処分が憲法に適合するかしないかを決定する。

〔問２〕　(2)住民の意思がより反映できるように，直接民主制の要素を取り入れた仕組みになっている。とあるが，住民が地方公共団体に対して行使できる権利について述べているのは，次の**ア**～**エ**のうちではどれか。

ア　有権者の一定数以上の署名を集めることで，議会の解散や，首長及び議員の解職，事務の監査《かんさ》などを請求《せいきゅう》することができる。

イ　最高裁判所の裁判官を，任命後初めて行われる衆議院議員総選挙の際に，直接投票によって適任かどうかを審査《しんさ》することができる。

ウ　予算の決定などの事項《じこう》について，審議して議決を行ったり，首長に対して不信任決議を行ったりすることができる。

エ　国政に関する調査を行い，これに関して，証人の出頭及び証言，記録の提出を要求することができる。

〔問３〕　(3)1999年に地方分権一括法《ちほうぶんけんいっかつほう》を成立させ，国と地方が，「対等・協力」の関係で仕事を分担できることを目指して，地方公共団体に多くの権限を移譲《いじょう》してきた。とあるが，次のⅠのグラフは，1995年から2019年までの我が国の地方公共団体への事務・権限の移譲を目的とした法律改正数を示したものである。Ⅱの文章は，2014年に地方公共団体への事務・権限の移譲を目的とした法律改正が行われた後の，2014年６月24日に地方分権改革有識者会議が取りまとめた「個性を活《い》かし自立した地方をつくる～地方分権改革の総括と展望～」の一部を分かりやすく書き改めたものである。ⅠとⅡの資料を活用し，1995年から2014年までの期間と比較《ひかく》した，2015年から2019年までの期間の法律改正数の動きについて，地方分権改革の推進手法と，毎年の法律改正の有無及び毎年の法律改正数に着目して，簡単に述べよ。

Ⅰ

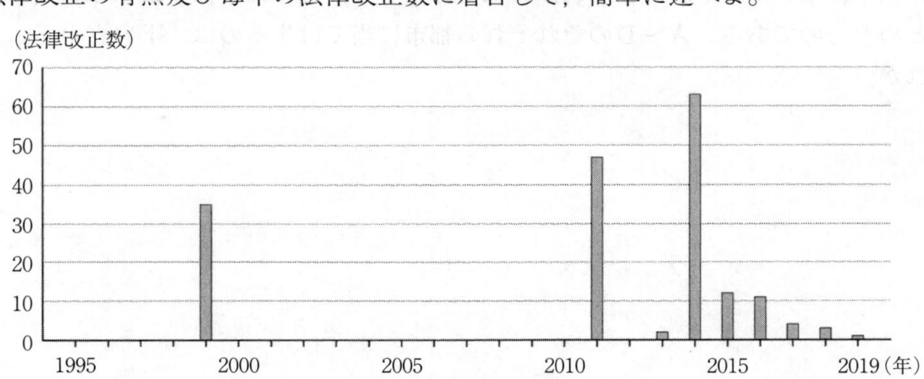

(内閣府資料より作成)

Ⅱ

○これまでの地方分権改革の推進手法は，国が主導する短期集中型の方式であり，この取組を実施することで一定の成果を得ることができた。
○今後は，これまでの改革の理念を継承し，更《さら》に発展させていくことが重要である。
○今後の地方分権改革の推進手法については，地域における実情や課題を把握《はあく》している地方公共団体が考え提案する長期継続型の方式を導入する。

6 次の文章を読み，あとの各問に答えよ。

世界各国では，株式会社や国営《こくえい》企業《きぎょう》などが，(1)利潤《りじゅん》を追求するなどの目的で誕生してきた。

人口が集中し，物資が集積する交通の要衝に設立された企業や，地域の自然環境や地下資源を生かしながら発展してきた企業など，(2)企業は立地条件に合わせ多様な発展を見せてきた。

(3)我が国の企業は，世界経済の中で，高度な技術を生み出して競争力を高め，我が国の経済成長を支えてきた。今後は，国際社会において，地球的規模で社会的責任を果たしていくことが，一層求められている。

〔問１〕 (1)利潤《りじゅん》を追求するなどの目的で誕生してきた。とあるが，次の**ア**～**エ**は，それぞれの時代に設立された企業について述べたものである。時期の古いものから順に記号を並べよ。

ア 綿織物を大量に生産するために産業革命が起こったイギリスでは，動力となる機械の改良が進み，世界最初の蒸気機関製造会社が設立された。

イ 南部と北部の対立が深まるアメリカ合衆国では，南北戦争が起こり，西部《せいぶ》開拓《かいたく》を進めるために大陸を横断する鉄道路線を敷設《ふせつ》する会社が設立された。

ウ 第一次世界大戦の休戦条約が結ばれ，ベルサイユ条約が締結されるまでのドイツでは，旅《りょ》客《かく》輸送機の製造と販売《はんばい》を行う会社が新たに設立された。

エ スペインの支配に対する反乱が起こり，ヨーロッパの貿易で経済力を高めたオランダでは，アジアへの進出を目的とした東インド会社が設立された。

〔問２〕 (2)企業は立地条件に合わせ多様な発展を見せてきた。とあるが，下の表の**ア**～**エ**の文章は，略地図中に示した**A**～**D**の**いずれか**の都市の歴史と，この都市に立地する企業の様子についてまとめたものである。**A**～**D**のそれぞれの都市に当てはまるのは，下の表の**ア**～**エ**のうちではどれか。

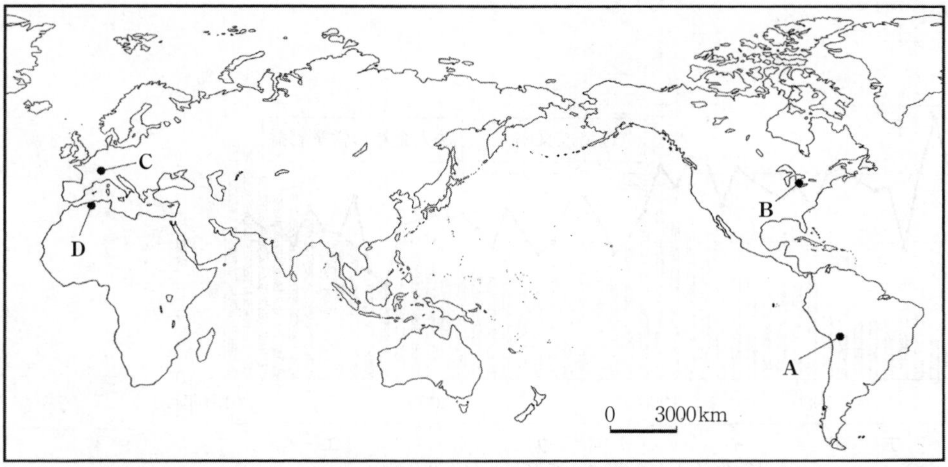

	都市の歴史と，この都市に立地する企業の様子
ア	○この都市は，標高3000mを超え，強風を遮《さえぎ》るすり鉢《ばち》状の地形に位置する首都で，1548年にスペイン人により建設され，金鉱もあったことから発展し，政治と経済の拠点となった。 ○国営企業が，銀，亜鉛《あえん》などの鉱山開発を行っており，近年では，新たに国営企業が設立され，塩湖でのリチウムイオン電池の原料の採取を複数の外国企業と共同で行っている。
イ	○この都市は，標高3000mを超える山脈の北側に位置する首都で，内陸部にはイスラム風の旧市街地が，沿岸部にはフランスの影響を受けた建物が見られる港湾都市となっている。 ○独立後に設立された，砂漠《さばく》地帯で採掘《さいくつ》される天然ガスや石油などを扱う国営企業は，近年，石油の増産と輸出の拡大に向けて外国企業との共同開発を一層進めている。
ウ	○この都市は，1701年にフランス人により砦《とりで》が築かれ，毛皮の交易が始まり，水運の拠点となり，1825年に東部との間に運河が整備され，20世紀に入り海洋とつながった。 ○19世紀後半には自動車の生産が始まり，20世紀に入ると大量生産方式の導入により，自動車工業の中心地へと成長し，現在でも巨大自動車会社が本社を置いている。
エ	○この都市は，20世紀に入り，湖の南西部に広がる市街地に国際連盟の本部が置かれ，第二次世界大戦後は200を超える国際機関が集まる都市となった。 ○16世紀後半に小型時計製造の技術が伝わったことにより精密機械関連企業が立地し，近年では生産の合理化や販売網の拡大などを行い，高価格帯腕時計の輸出量を伸ばしている。

〔問３〕 (3)我が国の企業は，世界経済の中で，高度な技術を生み出して競争力を高め，我が国の経済成長を支えてきた。とあるが，次のⅠのグラフは，1970年度から2018年度までの我が国の経済成長率と法人企業の営業利益の推移を示したものである。Ⅱの文章は，Ⅰのグラフの**ア**～**エ**の**いずれか**の時期における我が国の経済成長率と法人企業の営業利益などについてまとめたものである。Ⅱの文章で述べている時期に当てはまるのは，Ⅰのグラフの**ア**～**エ**の時期のうち

ではどれか。

Ⅰ

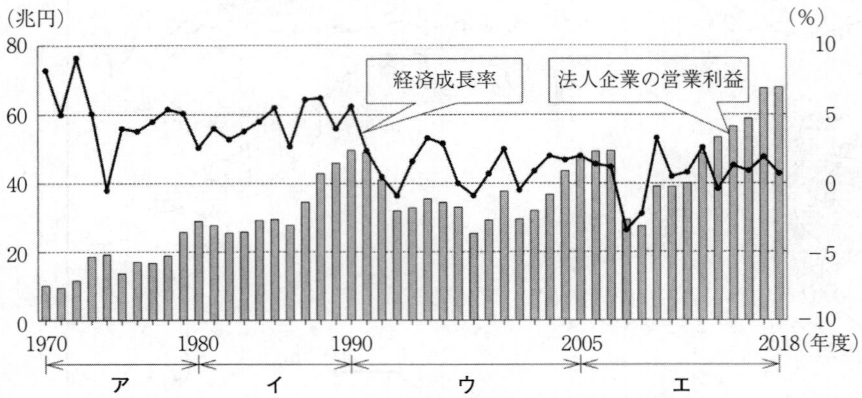

(財務省「法人企業統計調査」などより作成)

Ⅱ

○この時期の前半は，アメリカ合衆国の経済政策によって円安・ドル高が進行し，自動車などの輸送用機械や電気機械の輸出量が増えたことで，我が国の貿易収支は大幅な黒字となり，経済成長率は上昇傾向を示した。

○この時期の後半は，国際社会において貿易収支の不均衡《ふきんこう》を是正《ぜせい》するために為替相場《かわせそうば》を円高・ドル安へ誘導《ゆうどう》する合意がなされ，輸出量と輸出額が減少し，我が国の経済成長率は一時的に下降した。その後，日本銀行が貸付のための金利を下げたことなどで，自動車や住宅の購入《こうにゅう》，株式や土地への投資が増え，株価や地価が高騰《こうとう》する好景気となり，法人企業の営業利益は増加し続けた。

【理　科】 (50分)〈満点：100点〉

1　次の各問に答えよ。

〔問1〕 図1は，ヒトのからだの器官を模式的に表したものである。消化された養分を吸収する器官を図1のA，Bから一つ，アンモニアを尿《にょう》素《そ》に変える器官を図1のC，Dから一つ，それぞれ選び，組み合わせたものとして適切なのは，次のうちではどれか。

図1

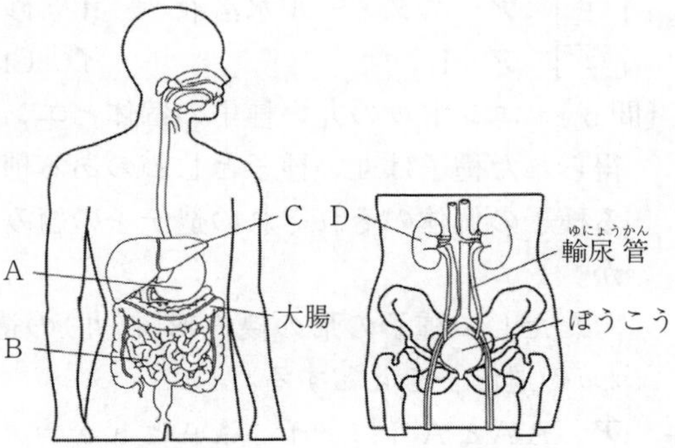

ア　A，C

イ　A，D

ウ　B，C

エ　B，D

〔問2〕 音さXと音さYの二つの音さがある。音さXをたたいて出た音をオシロスコープで表した波形は，図2のようになった。図中のAは1回の振動にかかる時間を，Bは振幅を表している。音さYをたたいて出た音は，図2で表された音よりも高くて大きかった。この音をオシロスコープで表した波形を図2と比べたとき，波形の違いとして適切なのは，次のうちではどれか。

図2

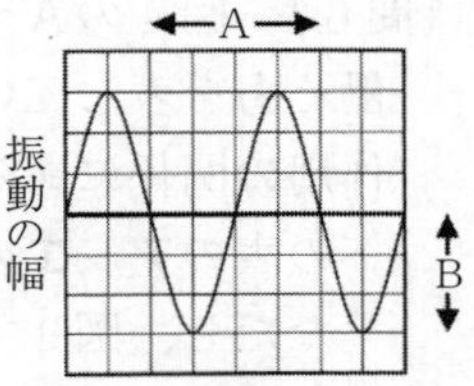

ア　Aは短く，Bは大きい。　　**イ**　Aは短く，Bは小さい。

ウ　Aは長く，Bは大きい。　　**エ**　Aは長く，Bは小さい。

〔問3〕 表1は，ある場所で起きた震源が浅い地震の記録のうち，観測地点A～Cの記録をまとめたものである。この地震において，震源からの距離《きょり》が90kmの地点で初期微動の始まった時刻は10時10分27秒であった。震源からの距離が90kmの地点で主要動の始まった時刻として適切なのは，下の**ア**～**エ**のうちではどれか。

ただし，地震の揺《ゆ》れを伝える2種類の波は，それぞれ一定の速さで伝わるものとする。

表1

観測地点	震源からの距離	初期微動の始まった時刻	主要動の始まった時刻
A	36km	10時10分18秒	10時10分20秒
B	54km	10時10分21秒	10時10分24秒
C	108km	10時10分30秒	10時10分36秒

ア　10時10分28秒　　**イ**　10時10分30秒

ウ　10時10分31秒　　**エ**　10時10分32秒

〔問4〕 スライドガラスの上に溶液Aをしみ込ませたろ紙を置き，図3のように，中央に ✕ 印を付けた2枚の青色リトマス紙を重ね，両端をクリップで留めた。薄い塩酸と薄い水酸化ナトリウム水溶液を青色リトマス紙のそれぞれの ✕ 印に少量付けたところ，一方が赤色に変色した。両端のクリップ

図3

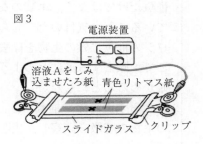

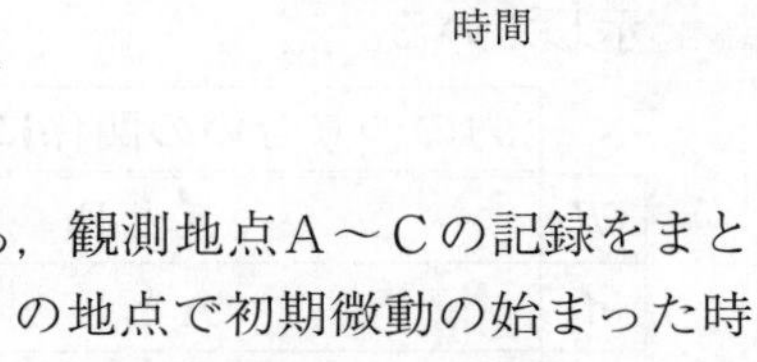

を電源装置につないで電流を流したところ，赤色に変色した部分は陰極側に広がった。このとき溶液Aとして適切なのは，下の ① のア～エのうちではどれか。また，青色リトマス紙を赤色に変色させたイオンとして適切なのは，下の ② のア～エのうちではどれか。

① **ア** エタノール水溶液　**イ** 砂糖水　**ウ** 食塩水　**エ** 精製水(蒸留水)

② **ア** H^+　**イ** Cl^-　**ウ** Na^+　**エ** OH^-

〔問５〕 エンドウの丸い種子の個体とエンドウのしわのある種子の個体とをかけ合わせたところ，得られた種子は丸い種子としわのある種子であった。かけ合わせた丸い種子の個体としわのある種子の個体のそれぞれの遺伝子の組み合わせとして適切なのは，下の**ア**～**エ**のうちではどれか。

ただし，種子の形の優性形質(丸)の遺伝子をＡ，劣性形質(しわ)の遺伝子をａとする。

ア ＡＡとＡａ　**イ** ＡＡとａａ

ウ ＡａとＡａ　**エ** Ａａとａａ

〔問６〕 図４のＡ～Ｃは，机の上に物体を置いたとき，机と物体に働く力を表している。力のつり合いの関係にある２力と作用・反作用の関係にある２力とを組み合わせたものとして適切なのは，下の表の**ア**～**エ**のうちではどれか。

ただし，図４ではＡ～Ｃの力は重ならないように少しずらして示している。

図４

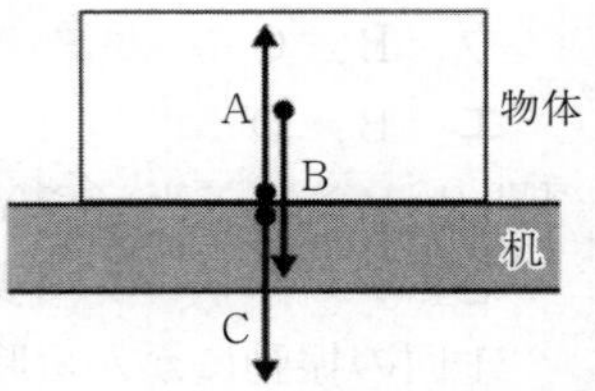

Ａ：机が物体を押す力
Ｂ：物体に働く重力
Ｃ：物体が机を押す力

	力のつり合いの関係にある２力	作用・反作用の関係にある２力
ア	ＡとＢ	ＡとＢ
イ	ＡとＢ	ＡとＣ
ウ	ＡとＣ	ＡとＢ
エ	ＡとＣ	ＡとＣ

２ 生徒が，毎日の暮らしの中で気付いたことを，科学的に探究しようと考え，自由研究に取り組んだ。生徒が書いたレポートの一部を読み，次の各問に答えよ。

＜レポート１＞ しらす干しに混じる生物について

食事の準備をしていると，しらす干しの中にはイワシの稚魚だけではなく，エビのなかまやタコのなかまが混じっていることに気付いた。しらす干しは，製造する過程でイワシの稚魚以外の生物を除去していることが分かった。そこで，除去する前にどのような生物が混じっているのかを確かめることにした。

表１

グループ	生物
Ａ	イワシ・アジのなかま
Ｂ	エビ・カニのなかま
Ｃ	タコ・イカのなかま
Ｄ	二枚貝のなかま

しらす漁の際に捕れた，しらす以外の生物が多く混じっているものを購入《こうにゅう》し，それぞれの生物の特徴を観察し，表１のように４グループに分類した。

〔問１〕 **＜レポート１＞**から，生物の分類について述べた次の文章の ① と ② にそれぞれ当てはまるものとして適切なのは，下の**ア**～**エ**のうちではどれか。

表1の4グループを，セキツイ動物とそれ以外の生物で二つに分類すると，セキツイ動物のグループは，［①］である。また，軟体動物《なんたいどうぶつ》とそれ以外の生物で二つに分類すると，軟体動物のグループは，［②］である。

［①］　**ア**　A　　**イ**　AとB　　**ウ**　AとC　　**エ**　AとBとD

［②］　**ア**　C　　**イ**　D　　**ウ**　CとD　　**エ**　BとCとD

＜レポート2＞　おもちゃの自動車の速さについて

ぜんまいで動くおもちゃの自動車で弟と遊んでいたときに，本物の自動車の速さとの違いに興味をもった。そこで，おもちゃの自動車が運動する様子をビデオカメラで撮影し，速さを確かめることにした。

ストップウォッチのスタートボタンを押すと同時におもちゃの自動車を走らせて，方眼紙の上を運動する様子を，ビデオカメラの位置を固定して撮影した。おもちゃの自動車が運動を始めてから0.4秒後，0.5秒後及び0.6秒後の画像は，図1のように記録されていた。

図1

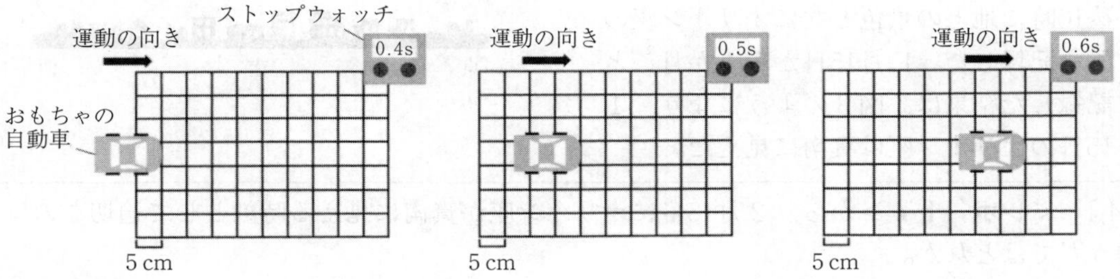

〔問2〕　＜レポート2＞から，おもちゃの自動車が運動を始めて0.4秒後から0.6秒後までの平均の速さとして適切なのは，次のうちではどれか。

ア　2.7km/h　　**イ**　5.4km/h　　**ウ**　6.3km/h　　**エ**　12.6km/h

＜レポート3＞　プラスチックごみの分別について

ペットボトルを資源ごみとして分別するため，ボトル，ラベル，キャップに分けて水を入れた洗いおけの中に入れた。すると，水で満たされたボトルとラベルは水に沈み，キャップは水に浮くことに気付いた。ボトルには，図2の表示があったのでプラスチックの種類はPETであることが分かったが，ラベルには，プラスチックの種類の表示がなかったため分からなかった。そこで，ラベルのプラスチックの種類を調べるため食塩水を作り，食塩水への浮き沈みを確かめることにした。

図2

水50cm^{3}に食塩15gを加え，体積を調べたところ55cm^{3}であった。この食塩水に小さく切ったラベルを，空気の泡が付かないように全て沈めてから静かに手を放した。すると，小さく切ったラベルは食塩水に浮いた。

また，ペットボトルに使われているプラスチックの種類を調べたところ，表2のうちの，いずれかであることが分かった。

表2

プラスチックの種類	密度〔g/cm^3〕
ポリエチレンテレフタラート	1.38～1.40
ポリスチレン	1.05～1.07
ポリエチレン	0.92～0.97
ポリプロピレン	0.90～0.92

〔問3〕 ＜**レポート3**＞から，食塩水に浮いたラベルのプラスチックの種類として適切なのは，下の**ア**～**エ**のうちではどれか。

ただし，ラベルは1種類のプラスチックからできているものとする。

ア　ポリエチレンテレフタラート

イ　ポリスチレン

ウ　ポリエチレン

エ　ポリプロピレン

＜**レポート4**＞ **夜空に見える星座について**

毎日同じ時刻に戸じまりをしていると，空に見える星座の位置が少しずつ移動して見えることに気付いた。そこで，南の空に見られるオリオン座の位置を，同じ時刻に観察して確かめることにした。

方位磁針を使って東西南北を確認《かくにん》した後，午後10時に地上の景色と共にオリオン座の位置を記録した。11月15日から1か月ごとに記録した結果は，図3のようになり，1月15日のオリオン座は真南に見えた。

図3

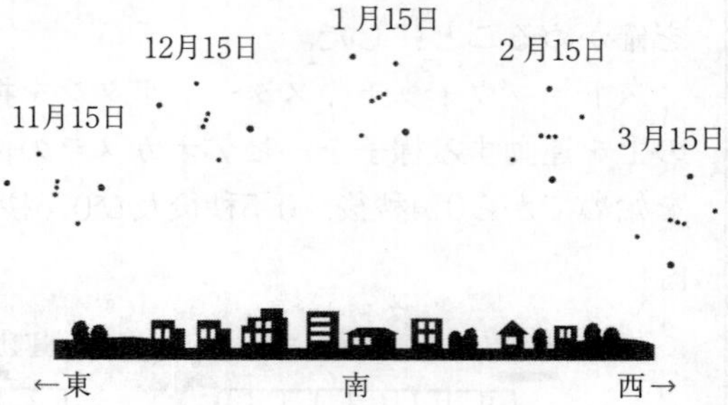

〔問4〕 ＜**レポート4**＞から，2月15日にオリオン座が真南に見える時刻として適切なのは，次のうちではどれか。

ア　午前0時頃《ころ》

イ　午前2時頃

ウ　午後6時頃

エ　午後8時頃

3　天気の変化と気象観測について，次の各問に答えよ。

＜**観測**＞を行ったところ，＜**結果**＞のようになった。

＜**観測**＞

天気の変化について調べるために，ある年の3月31日から連続した3日間，観測地点Pにおいて，気象観測を行った。気温，湿度，気圧は自動記録計により測定し，天気，風向，風力，天気図はインターネットで調べた。図1は観測地点Pにおける1時間ごとの気温，湿度，気圧の気象データを基に作成したグラフと，3時間ごとの天気，風向，風力の気象データを基に作成した天気図記号を組み合わせたものである。図2，図3，図4はそれぞれ3月31日から4月2日までの12時における日本付近の天気図であり，前線X（▼▼）は観測を行った期間に観測地点Pを通過した。

＜**結果**＞

図1

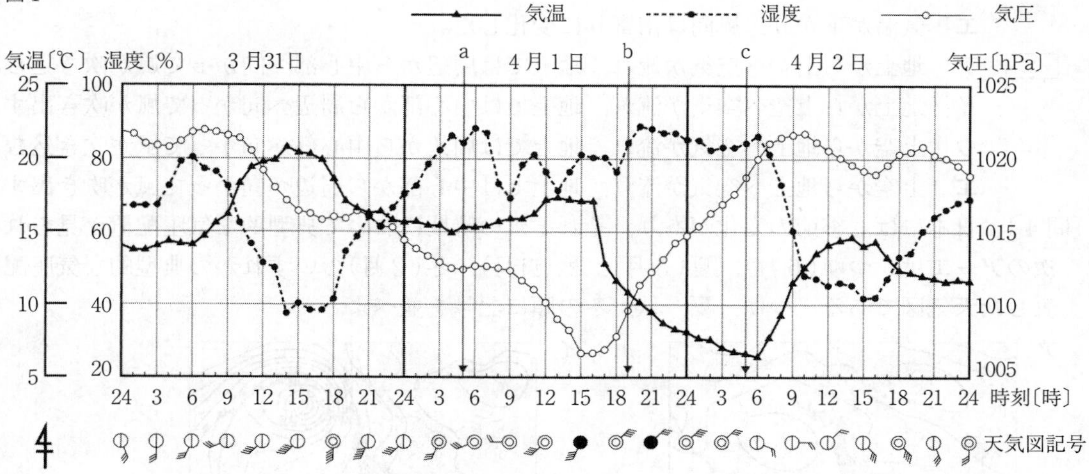

図2　3月31日12時の天気図

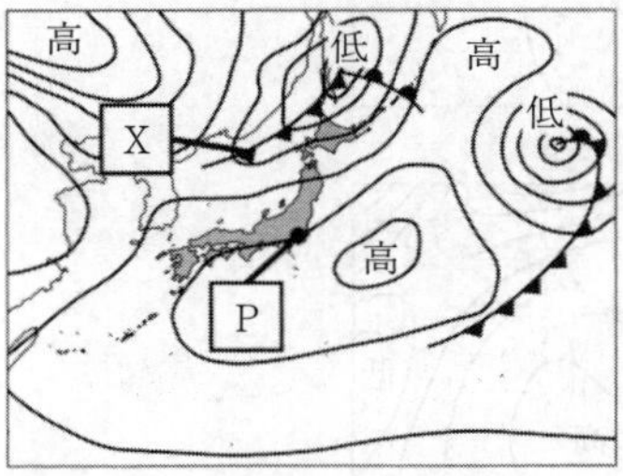

図3　4月1日12時の天気図

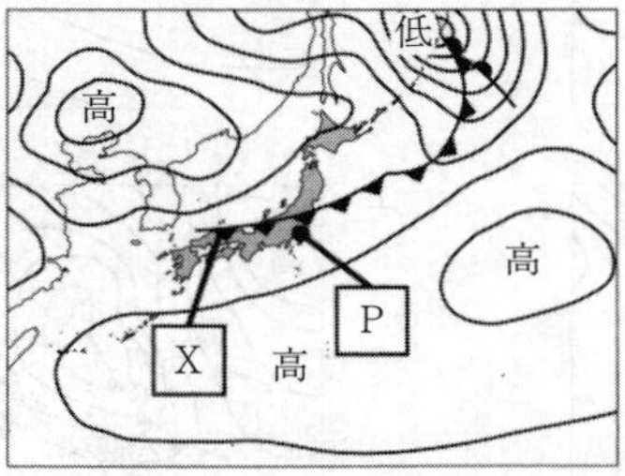

図4　4月2日12時の天気図

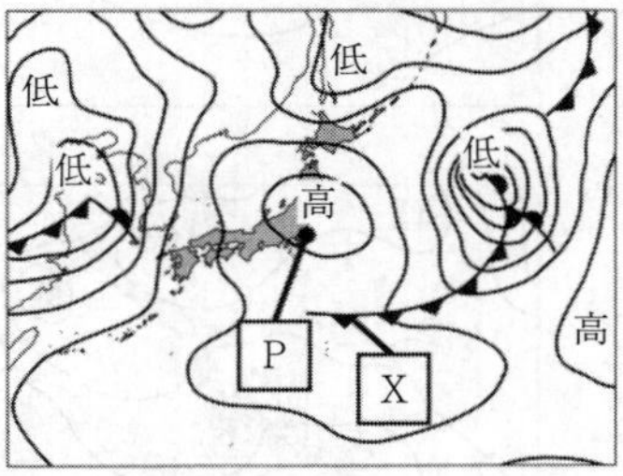

〔問1〕　＜**結果**＞の図1のa，b，cの時刻における湿度は全て84%であった。a，b，cの時刻における空気中の水蒸気の量をそれぞれA〔g/m^3〕，B〔g/m^3〕，C〔g/m^3〕としたとき，A，B，Cの関係を適切に表したものは，次のうちではどれか。

ア　A＝B＝C　　**イ**　A＜B＜C　　**ウ**　B＜A＜C　　**エ**　C＜B＜A

〔問2〕　＜**結果**＞の図1から分かる，3月31日の天気の概況について述べた次の文章の ① ～ ③ にそれぞれ当てはまるものとして適切なのは，下の**ア**～**ウ**のうちではどれか。

> 日中の天気はおおむね ① で， ② が吹く。 ③ は日が昇るとともに上がり始め，昼過ぎに最も高くなり，その後しだいに下がる。

① **ア** 快晴　**イ** 晴れ　**ウ** くもり

② **ア** 東寄りの風　**イ** 北寄りの風　**ウ** 南寄りの風

③ **ア** 気温　**イ** 湿度　**ウ** 気圧

〔問3〕　＜**結果**＞から，4月1日の15時～18時の間に前線Xが観測地点Pを通過したと考えられる。前線Xが通過したときの観測地点Pの様子として適切なのは，下の ① の**ア**～**エ**のうちではどれか。また，図4において，観測地点Pを覆《おお》う高気圧の中心付近での空気の流れについて述べたものとして適切なのは，下の ② の**ア**～**エ**のうちではどれか。

① **ア**　気温が上がり，風向は北寄りに変化した。

イ　気温が上がり，風向は南寄りに変化した。
ウ　気温が下がり，風向は北寄りに変化した。
エ　気温が下がり，風向は南寄りに変化した。

② ア　地上から上空へ空気が流れ，地上では周辺から中心部へ向かって風が吹き込む。
イ　地上から上空へ空気が流れ，地上では中心部から周辺へ向かって風が吹き出す。
ウ　上空から地上へ空気が流れ，地上では周辺から中心部へ向かって風が吹き込む。
エ　上空から地上へ空気が流れ，地上では中心部から周辺へ向かって風が吹き出す。

〔問4〕 日本には，季節の変化があり，それぞれの時期において典型的な気圧配置が見られる。次のア～エは，つゆ（6月），夏（8月），秋（11月），冬（2月）のいずれかの典型的な気圧配置を表した天気図である。つゆ，夏，秋，冬の順に記号を並べよ。

ア
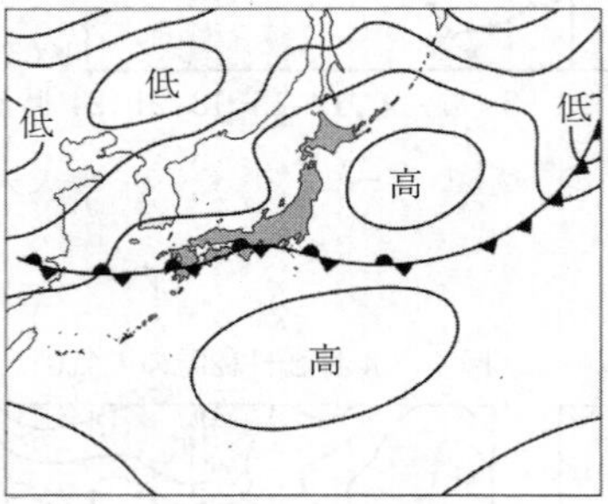

イ
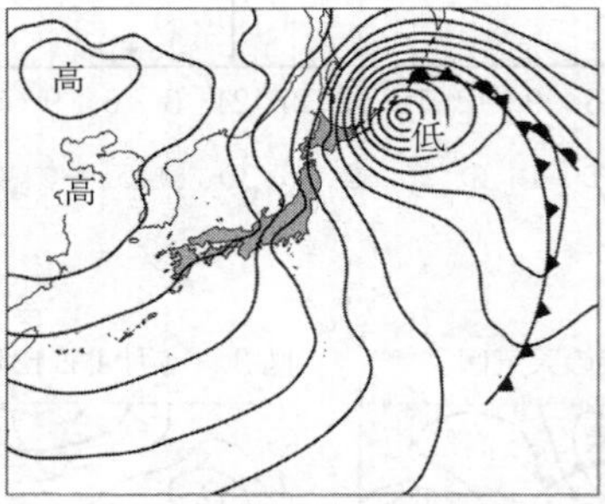

ウ
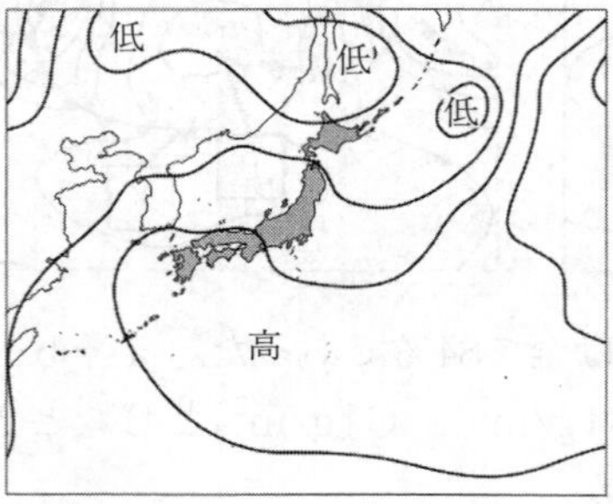

エ

4 ツユクサを用いた観察，実験について，次の各問に答えよ。
<**観察**>を行ったところ，<**結果1**>のようになった。

<**観察**>

(1) ツユクサの葉の裏側の表皮をはがし，スライドガラスの上に載せ，水を1滴《てき》落とし，プレパラートを作った。

(2) (1)のプレパラートを顕微鏡《けんびきょう》で観察した。

(3) (1)の表皮を温めたエタノールに入れ，脱色されたことを顕微鏡で確認《かくにん》した後，スライドガラスの上に載せ，ヨウ素液を1滴落とし，プレパラートを作った。

(4) (3)のプレパラートを顕微鏡で観察した。

図1

<**結果1**>

(1) <**観察**>の(2)では，図1のAのような2個の三日月形の細胞で囲まれた隙間《すきま》が観察された。三日月形の細胞にはBのような緑色の粒《つぶ》が複数見られた。

(2)　＜**観察**＞の(4)では，＜**結果１**＞の(1)のＢが青紫色に変化した。

〔問１〕　＜**結果１**＞で観察されたＡについて述べたものと，Ｂについて述べたものとを組み合わせたものとして適切なのは，次の表の**ア**～**エ**のうちではどれか。

	Ａについて述べたもの	Ｂについて述べたもの
ア	酸素，二酸化炭素などの気体の出入り口である。	植物の細胞に見られ，酸素を作る。
イ	酸素，二酸化炭素などの気体の出入り口である。	植物の細胞の形を維持《いじ》する。
ウ	細胞の活動により生じた物質を蓄《たくわ》えている。	植物の細胞に見られ，酸素を作る。
エ	細胞の活動により生じた物質を蓄えている。	植物の細胞の形を維持する。

次に，＜**実験１**＞を行ったところ，＜**結果２**＞のようになった。

＜**実験１**＞

(1)　無色透明なポリエチレンの袋４枚と，ツユクサの鉢《はち》植《う》えを１鉢用意した。大きさがほぼ同じ４枚の葉を選び，葉Ｃ，葉Ｄ，葉Ｅ，葉Ｆとした。

(2)　図２のように，葉Ｄ，葉Ｆは，それぞれアルミニウムはくで葉の両面を覆《おお》った。葉Ｃ，葉Ｄは，それぞれ袋で覆い，紙ストローで息を吹き込み密封した。葉Ｅ，葉Ｆは，それぞれ袋で覆い，紙ストローで息を吹き込んだ後，二酸化炭素を吸収する性質のある水酸化ナトリウム水溶液をしみ込ませたろ紙を，葉に触れないように入れて密封した。

図２

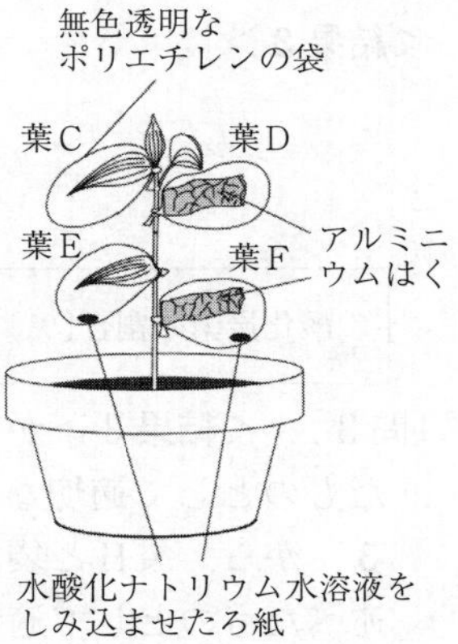

(3)　<u>＜**実験１**＞の(2)のツユクサの鉢植えを暗室に24時間置いた。</u>

(4)　＜**実験１**＞の(3)の鉢植えを明るい場所に３時間置いた後，葉Ｃ～Ｆをそれぞれ切り取った。

(5)　切り取った葉Ｃ～Ｆを温めたエタノールに入れて脱色し，ヨウ素液に浸して色の変化を調べた。

＜**結果２**＞

	色の変化
葉Ｃ	青紫色に変化した。
葉Ｄ	変化しなかった。
葉Ｅ	変化しなかった。
葉Ｆ	変化しなかった。

〔問２〕　＜**実験１**＞の(3)の下線部のように操作する理由として適切なのは，下の ① の**ア**～**ウ**のうちではどれか。また，＜**結果２**＞から，光合成には二酸化炭素が必要であることを確かめるための葉の組合せとして適切なのは，下の ② の**ア**～**ウ**のうちではどれか。

①　**ア**　葉にある水を全て消費させるため。
　　イ　葉にある二酸化炭素を全て消費させるため。
　　ウ　葉にあるデンプンを全て消費させるため。

②　**ア**　葉Ｃと葉Ｄ　　**イ**　葉Ｃと葉Ｅ　　**ウ**　葉Ｄと葉Ｆ

次に，＜**実験２**＞を行ったところ，＜**結果３**＞のようになった。

＜**実験２**＞

(1) 明るさの度合いを１，２の順に明るくすることができる照明器具を用意した。葉の枚数や大きさ，色が同程度のツユクサを入れた同じ大きさの無色透明なポリエチレンの袋を３袋用意し，袋Ｇ，袋Ｈ，袋Ｉとした。

図３

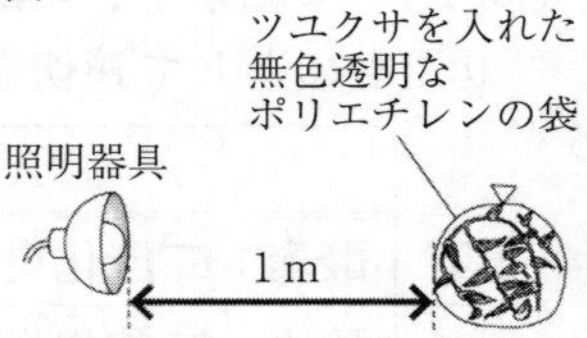

(2) 袋Ｇ～Ｉのそれぞれの袋に，紙ストローで息を十分に吹き込み，二酸化炭素の割合を気体検知管で測定した後，密封した。

(3) 袋Ｇは，暗室に５時間置いた後，袋の中の二酸化炭素の割合を気体検知管で測定した。

(4) 袋Ｈは，図３のように，照明器具から１m離れたところに置き，明るさの度合いを１にして５時間光を当てた後，袋の中の二酸化炭素の割合を気体検知管で測定した。

(5) 袋Ｉは，図３のように，照明器具から１m離れたところに置き，明るさの度合いを２にして５時間光を当てた後，袋の中の二酸化炭素の割合を気体検知管で測定した。

＜**結果３**＞

		暗い → 明るい		
		袋Ｇ 暗室	袋Ｈ 明るさの度合い１	袋Ｉ 明るさの度合い２
二酸化炭素の割合〔%〕	実験前	4.0	4.0	4.0
	実験後	7.6	5.6	1.5

〔問３〕 ＜**結果３**＞から，袋Ｈと袋Ｉのそれぞれに含《ふく》まれる二酸化炭素の量の関係について述べたものとして適切なのは，下の ① の**ア**～**ウ**のうちではどれか。また，＜**結果２**＞と＜**結果３**＞から，袋Ｈと袋Ｉのそれぞれのツユクサでできるデンプンなどの養分の量の関係について述べたものとして適切なのは，下の ② の**ア**～**ウ**のうちではどれか。

① **ア** 呼吸によって出される二酸化炭素の量よりも，光合成によって使われた二酸化炭素の量の方が多いのは，袋Ｈである。

イ 呼吸によって出される二酸化炭素の量よりも，光合成によって使われた二酸化炭素の量の方が多いのは，袋Ｉである。

ウ 袋Ｈも袋Ｉも呼吸によって出される二酸化炭素の量と光合成によって使われた二酸化炭素の量は，同じである。

② **ア** デンプンなどの養分のできる量が多いのは，袋Ｈである。

イ デンプンなどの養分のできる量が多いのは，袋Ｉである。

ウ 袋Ｈと袋Ｉでできるデンプンなどの養分の量は，同じである。

5 物質の変化やその量的な関係を調べる実験について，次の各問に答えよ。

＜**実験１**＞を行ったところ，＜**結果１**＞のようになった。

図１

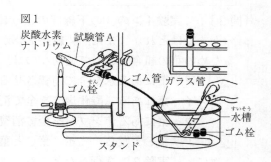

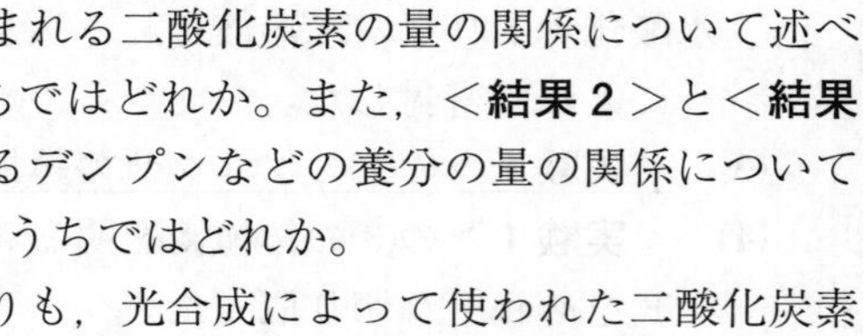

＜**実験１**＞

(1) 乾いた試験管Ａに炭酸水素ナトリウム2.00gを入れ，ガラス管をつなげたゴム栓《せん》をして，試験管Ａの口を少し下げ，スタンドに固定した。

(2)　図１のように，試験管Ａを加熱したところ，ガラス管の先から気体が出てきたことと，試験管Ａの内側に液体が付いたことが確認《かくにん》できた。出てきた気体を３本の試験管に集めた。

(3)　ガラス管を水槽《すいそう》の水の中から取り出した後，試験管Ａの加熱をやめ，試験管Ａが十分に冷めてから試験管Ａの内側に付いた液体に青色の塩化コバルト紙を付けた。

(4)　気体を集めた３本の試験管のうち，１本目の試験管には火のついた線香を入れ，２本目の試験管には火のついたマッチを近付け，３本目の試験管には石灰水《せっかいすい》を入れてよく振った。

(5)　加熱後の試験管Ａの中に残った物質の質量を測定した。

(6)　水 $5.0 cm^3$ を入れた試験管を２本用意し，一方の試験管には炭酸水素ナトリウムを，もう一方の試験管には＜**実験１**＞の(5)の物質をそれぞれ1.00ｇ入れ，水への溶け方を観察した。

＜**結果１**＞

塩化コバルト紙の色の変化	火のついた線香の変化	火のついたマッチの変化	石灰水の変化	加熱後の物質の質量	水への溶け方
青色から赤色(桃色《ももいろ》)に変化した。	線香の火が消えた。	変化しなかった。	白く濁った。	1.26ｇ	炭酸水素ナトリウムは溶け残り，加熱後の物質は全て溶けた。

〔問１〕　＜**実験１**＞の(3)の下線部のように操作する理由として適切なのは，下の ① の**ア**～**エ**のうちではどれか。また，＜**実験１**＞の(6)の炭酸水素ナトリウム水溶液と加熱後の物質の水溶液のpHの値《あたい》について述べたものとして適切なのは，下の ② の**ア**～**ウ**のうちではどれか。

①　**ア**　試験管Ａ内の気圧が上がるので，試験管Ａのゴム栓が飛び出すことを防ぐため。
　　イ　試験管Ａ内の気圧が上がるので，水槽の水が試験管Ａに流れ込むことを防ぐため。
　　ウ　試験管Ａ内の気圧が下がるので，試験管Ａのゴム栓が飛び出すことを防ぐため。
　　エ　試験管Ａ内の気圧が下がるので，水槽の水が試験管Ａに流れ込むことを防ぐため。

②　**ア**　炭酸水素ナトリウム水溶液よりも加熱後の物質の水溶液の方がpHの値が小さい。
　　イ　炭酸水素ナトリウム水溶液よりも加熱後の物質の水溶液の方がpHの値が大きい。
　　ウ　炭酸水素ナトリウム水溶液と加熱後の物質の水溶液のpHの値は同じである。

〔問２〕　＜**実験１**＞の(2)で試験管Ａ内で起きている化学変化と同じ種類の化学変化として適切なのは，下の ① の**ア**～**エ**のうちではどれか。また，＜**実験１**＞の(2)で試験管Ａ内で起きている化学変化をモデルで表した図２のうち，ナトリウム原子１個を表したものとして適切なのは，下の ② の**ア**～**エ**のうちではどれか。

①　**ア**　酸化銀を加熱したときに起こる化学変化
　　イ　マグネシウムを加熱したときに起こる化学変化
　　ウ　鉄と硫黄《いおう》の混合物を加熱したときに起こる化学変化
　　エ　鉄粉と活性炭の混合物に食塩水を数滴《すうてき》加えたときに起こる化学変化

図２

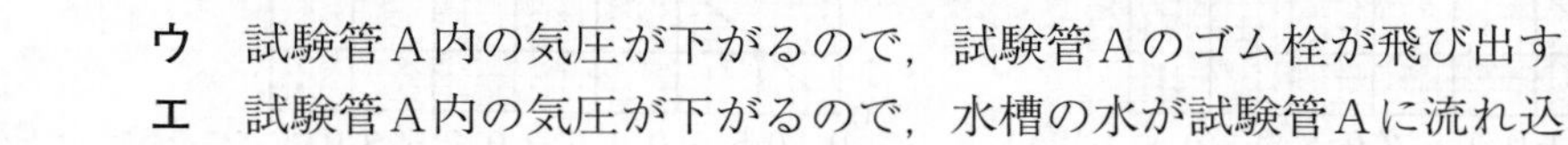

②　**ア**　●　　**イ**　○　　**ウ**　◎　　**エ**　■

次に，＜**実験２**＞を行ったところ，＜**結果２**＞のようになった。

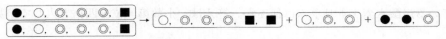

＜実験２＞

図３

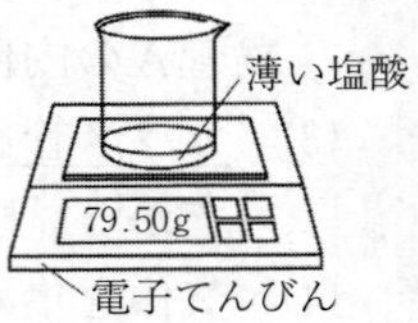

(1)　乾いたビーカーに薄い塩酸10.0cm^{3}を入れ，図３のようにビーカーごと質量を測定し，反応前の質量とした。

(2)　炭酸水素ナトリウム0.50ｇを，**＜実験２＞**の(1)の薄い塩酸の入っているビーカーに少しずつ入れたところ，気体が発生した。気体の発生が止まった後，ビーカーごと質量を測定し，反応後の質量とした。

(3)　**＜実験２＞**の(2)で，ビーカーに入れる炭酸水素ナトリウムの質量を，1.00ｇ，1.50ｇ，2.00ｇ，2.50ｇ，3.00ｇに変え，それぞれについて**＜実験２＞**の(1)，(2)と同様の実験を行った。

＜結果２＞

反応前の質量〔ｇ〕	79.50	79.50	79.50	79.50	79.50	79.50
炭酸水素ナトリウムの質量〔ｇ〕	0.50	1.00	1.50	2.00	2.50	3.00
反応後の質量〔ｇ〕	79.74	79.98	80.22	80.46	80.83	81.33

〔問３〕　**＜結果２＞**から，炭酸水素ナトリウムの質量と発生した気体の質量との関係を表したグラフとして適切なのは，次のうちではどれか。

ア

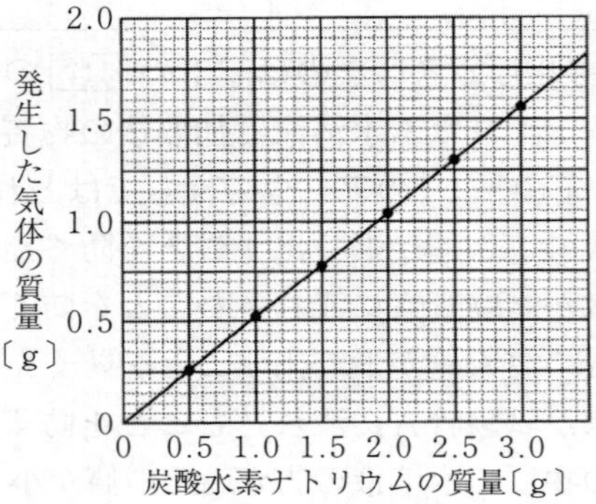

イ

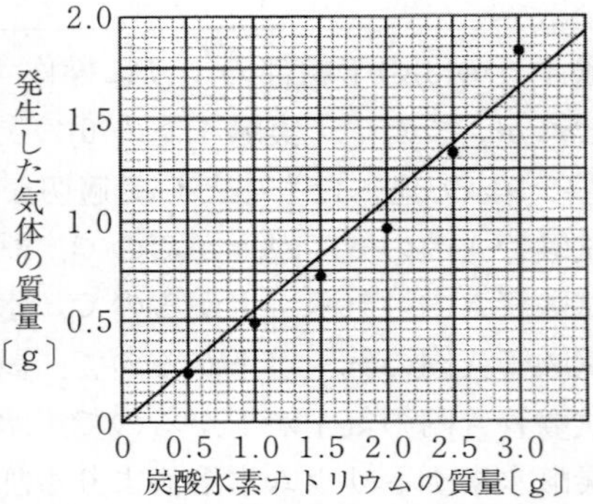

ウ

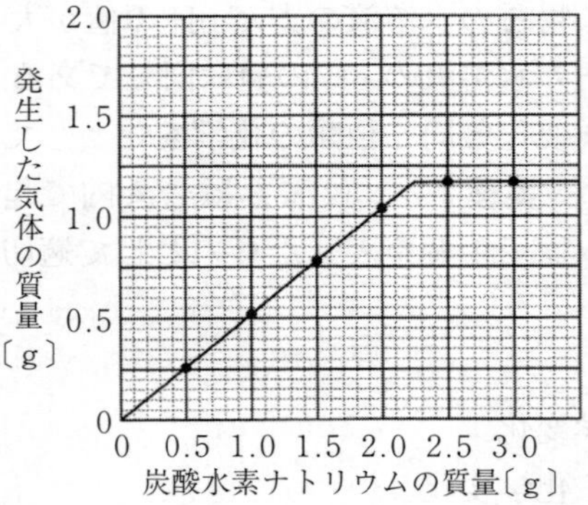

エ

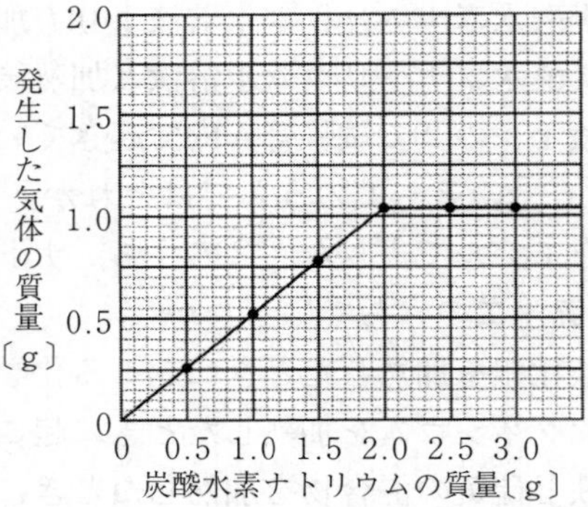

〔問４〕　**＜実験２＞**で用いた塩酸と同じ濃度《のうど》の塩酸10.0cm^{3}に，炭酸水素ナトリウムが含《ふく》まれているベーキングパウダー4.00ｇを入れたところ，0.65ｇの気体が発生した。ベーキングパウダーに含まれている炭酸水素ナトリウムは何％か。答えは，小数第一位を四捨五入して整数で求めよ。

ただし，発生した気体はベーキングパウダーに含まれている炭酸水素ナトリウムのみが反応して発生したものとする。

6　電流と磁界に関する実験について，次の各問に答えよ。
　<**実験 1** >を行ったところ，<**結果 1** >のようになった。

<**実験 1** >

(1)　木の棒を固定したスタンドを水平な机の上に置き，図1のように電源装置，導線，スイッチ，20Ωの抵抗器《ていこうき》，電流計，コイルAを用いて回路を作った。

(2)　コイルAの下にN極が黒く塗《ぬ》られた方位磁針を置いた。

(3)　電源装置の電圧を5Vに設定し，回路のスイッチを入れた。

(4)　<**実験 1** >の(1)の回路に図2のようにU字型磁石をN極を上にして置き，<**実験 1** >の(3)の操作を行った。

<**結果 1** >

(1)　<**実験 1** >の(3)では，磁針は図3で示した向きに動いた。

(2)　<**実験 1** >の(4)では，コイルAは図2のHの向きに動いた。

図1

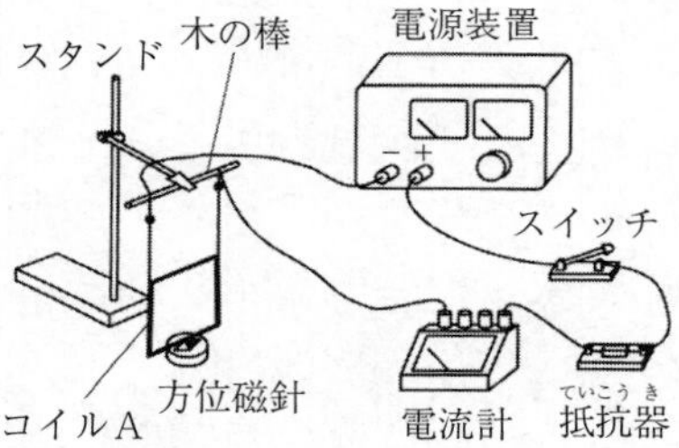

図2

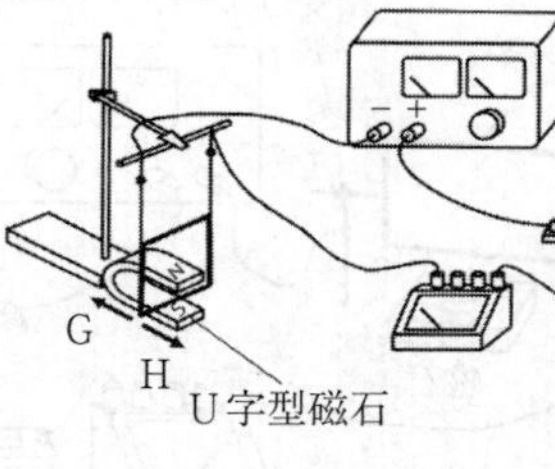

図3

〔問1〕　<**実験 1** >の(1)の回路と木の棒を固定したスタンドに図4のようにアクリル板2枚を取り付け，方位磁針2個をコイルAの内部と上部に設置し，<**実験 1** >の(3)の操作を行った。このときの磁針の向きとして適切なのは，次のうちではどれか。

図4

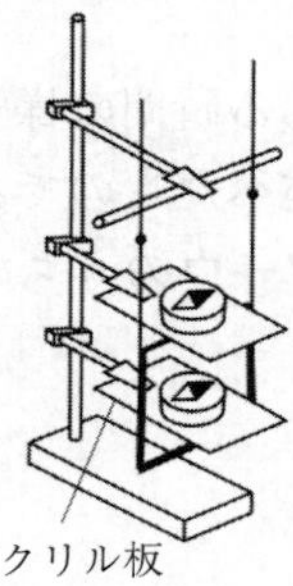

ア　　**イ**　　**ウ**　　**エ**

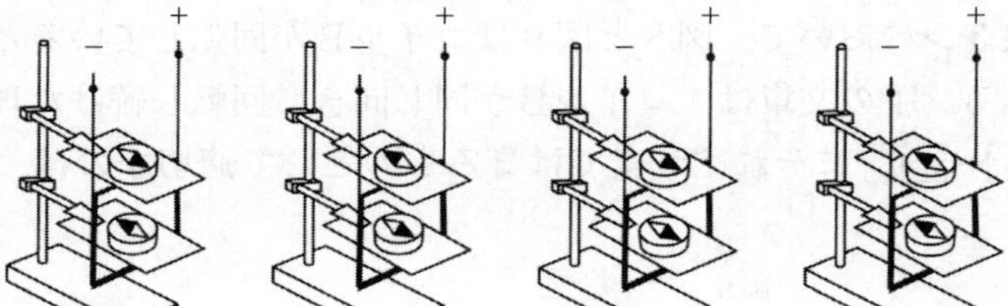

　次に，<**実験 2** >を行ったところ，<**結果 2** >のようになった。

<**実験 2** >

(1)　図5のようにコイルAに導線で検流計をつないだ。

(2)　コイルAを手でGとHの向きに交互に動かし，検流計の針の動きを観察した。

図5

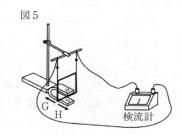

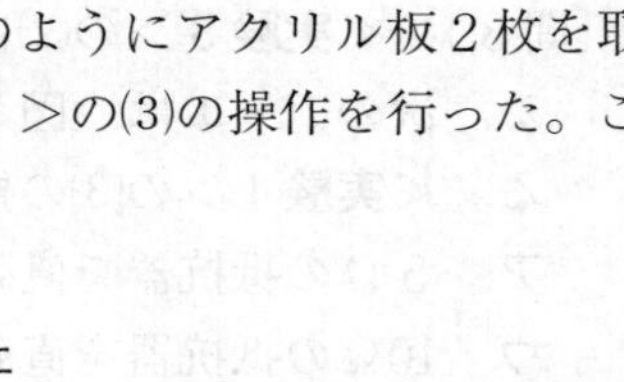

<**結果 2** >

　コイルAを動かすと，検流計の針は左右に振れた。

〔問2〕　<**結果 2** >から，コイルAに電圧が生じていることが分かる。コイルAに電圧が生じる理由を簡単に書け。

次に，<**実験3**>を行ったところ，<**結果3**>のようになった。

<**実験3**>

(1) 図6において，電流をeからfに流すとき，a→b→c→dの向きに電流が流れるようエナメル線を巻き，左右に軸を出した。e側の軸のエナメルを下半分，f側の軸のエナメルを全てはがしたコイルBを作った。

なお，図6のエナメル線の白い部分はエナメルをはがした部分を表している。

(2) 図7のように，磁石のS極を上にして置き，その上にコイルBをabの部分が上になるように金属製の軸受けに載せた。電源装置，導線，スイッチ，20Ωの抵抗器，電流計，軸受けを用いて回路を作り，<**実験1**>の(3)の操作を行った。

<**結果3**>

コイルBは，同じ向きに回転し続けた。

図6

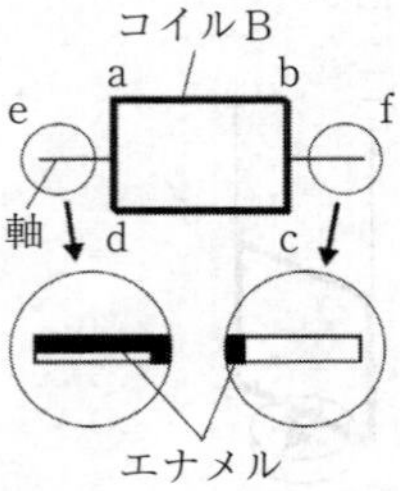

図7

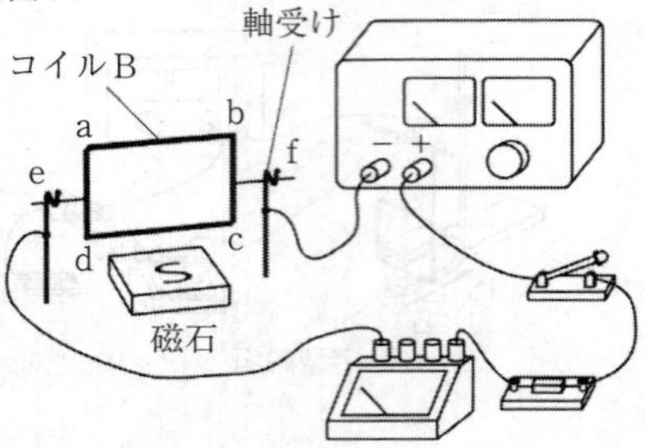

〔問3〕 <**実験3**>の(2)において，コイルBを流れる電流を大きくするとコイルの回転が速くなる。次の**ア**～**エ**は，図7の回路の抵抗器にもう一つ抵抗器をつなぐ際の操作を示したものである。<**実験1**>の(3)の操作を行うとき，コイルBが速く回転するつなぎ方の順に記号を並べよ。

ア 5Ωの抵抗器を直列につなぐ。 **イ** 5Ωの抵抗器を並列《へいれつ》につなぐ。

ウ 10Ωの抵抗器を直列につなぐ。 **エ** 10Ωの抵抗器を並列につなぐ。

〔問4〕 <**結果3**>において，図8と図9はコイルBが回転しているときのある瞬間の様子を表したものである。下の文章は，コイルBが同じ向きに回転し続けた理由を述べたものである。文章中の ① ～ ④ にそれぞれ当てはまるものとして適切なのは，下の**ア**～**ウ**のうちではどれか。

図8

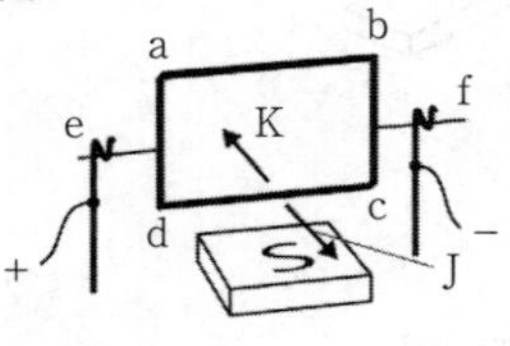

図9

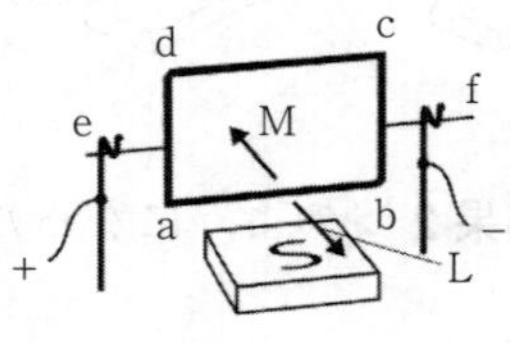

> 図8の状態になったときには，コイルBのcdの部分には ① ため，磁界から ② 。半回転して図9の状態になったときには，コイルBのabの部分には ③ ため，磁界から ④ 。そのため，同じ向きの回転を続け，さらに半回転して再び図8の状態になるから。

①	ア　ｃ→ｄの向きに電流が流れる
	イ　ｄ→ｃの向きに電流が流れる
	ウ　電流が流れない
②	ア　Ｊの向きに力を受ける
	イ　Ｋの向きに力を受ける
	ウ　力を受けない
③	ア　ａ→ｂの向きに電流が流れる
	イ　ｂ→ａの向きに電流が流れる
	ウ　電流が流れない
④	ア　Ｌの向きに力を受ける
	イ　Ｍの向きに力を受ける
	ウ　力を受けない

社会解答

1 〔問1〕 ア　〔問2〕 ウ
〔問3〕 イ　〔問4〕 エ

2 〔問1〕 Ⅰのア～エ…ウ
Ⅱの表のア～エ…エ
〔問2〕 P…イ　Q…ウ　R…ア
S…エ
〔問3〕 ⅠとⅡの表のア～エ…ア
略地図中のW～Z…X

3 〔問1〕 A…エ　B…ウ　C…ア
D…イ
〔問2〕 W…イ　X…ア　Y…エ
Z…ウ
〔問3〕 変容　(例)畑や造成中だった土地に，住宅がつくられた。
要因　(例)八千代中央駅が開業し，東京都(大手町)までの所要時間が短くなり，移動が便利になった。

4 〔問1〕 ウ→イ→エ→ア
〔問2〕 Ⅰの略年表中のア～エ…イ
Ⅱの略地図中のA～D…D
〔問3〕 エ
〔問4〕 A…ア　B…エ　C…ウ
D…イ

5 〔問1〕 ウ　〔問2〕 ア
〔問3〕 (例)国が主導する短期集中型の方式から地方公共団体が考え提案する長期継続型の方式となり，毎年ではなく特定の年に多く見られていた法律改正数は，数は少なくなったものの毎年見られるようになった。

6 〔問1〕 エ→ア→イ→ウ
〔問2〕 A…ア　B…ウ　C…エ
D…イ
〔問3〕 イ

1 〔三分野総合―小問集合問題〕

〔問1〕＜地形図の読み取り＞特にことわりのないかぎり，地形図上では上が北となる。Ⅱの図中の痕跡1～3に書かれた内容が，Ⅰの地形図中のア～エのどの経路で見られるかを読み取る。痕跡1については，アの経路の北東端付近に「郭町二丁目」，そこから矢印(➡)の向きに経路を進んだ先に「大手町」の地名が見られる。痕跡2については，アの経路沿いの「元町」付近に「高塔」の地図記号(□)があり，これが鐘つき堂だと考えられる。痕跡3については，「大手町」のすぐ西側に鍵型の道路が見られる。以上から，Ⅱの図はアの経路についてのものである。

〔問2〕＜平等院鳳凰堂＞平安時代には，阿弥陀如来にすがって死後に極楽浄土に生まれ変わることを願う浄土信仰が広まり，阿弥陀如来像とそれを納める阿弥陀堂が各地につくられた。平等院鳳凰堂は，1053年に藤原頼通が京都の宇治に建てた阿弥陀堂であり，世界文化遺産に登録されている。なお，法隆寺は飛鳥時代に聖徳太子が建てた寺院，金閣は室町時代に足利義満が建てた建物，東大寺は奈良時代に聖武天皇が建てた寺院である。

〔問3〕＜葛飾北斎＞葛飾北斎は，江戸時代後期に栄えた化政文化を代表する浮世絵画家で，「富嶽三十六景」などの作品を残した。北斎などによる浮世絵は，幕末に始まった貿易を通じて欧米諸国に広まり，印象派の画家などに影響を与えた。なお，雪舟は室町時代に日本の水墨画を大成した人物，菱川師宣は江戸時代前期に栄えた元禄文化の頃に「見返り美人図」などの浮世絵を描いた人物，狩野永徳は安土桃山時代に「唐獅子図屏風」などの屏風絵やふすま絵を描いた人物である。

〔問4〕＜労働基準法＞労働基準法は，労働条件の最低基準を定めた法律である。労働条件は労働者と使用者が対等の立場で決定するものとし，労働時間を週40時間以内，1日8時間以内とすること，毎週少なくとも1日を休日とすること，男女同一賃金とすることなどを定めている。なお，男女共同参画社会基本法は男女が個人として尊厳を重んじられ対等な立場で能力を発揮しながら活動できる社会を目指すための法律，労働組合法は労働者の団結権や労働組合の活動を守るための法律，男女雇用機会均等法は雇用における男女平等を目指すための法律である。

2〔世界地理―世界の諸地域〕

〔問1〕＜世界の気候と農業＞Ⅰのア～エ．Dの都市はベルリン(ドイツ)で，温帯の西岸海洋性気候に属する。したがって，温暖で季節による気温の変化があり，年間を通して少しずつ雨が降るウがDの気候を示したグラフである。なお，Aの都市はブエノスアイレス(アルゼンチン)で，温暖で夏の降水量が多い温帯の温帯〔温暖〕湿潤気候(エ)，Bの都市はモントリオール(カナダ)で，夏と冬の気温差が大きく冬の寒さが厳しい冷帯〔亜寒帯〕気候(ア)，Cの都市はジャカルタ(インドネシア)で，1年中高温で降水量が多い熱帯の熱帯雨林気候(イ)に属する。　　Ⅱの表のア～エ．A～Dの都市を含む国とは，アルゼンチン(A)，カナダ(B)，インドネシア(C)，ドイツ(D)である。ドイツは，じゃがいもの生産量が世界有数であり，また混合農業などによる小麦の生産も盛んである。したがって，Ⅱの表中でじゃがいもの生産量が最も多く，小麦の生産量も2番目に多いエがドイツとなる。なお，米の生産量が最も多いアはインドネシア，とうもろこしの生産量が最も多いイはアルゼンチン，小麦の生産量が最も多いウはカナダである。

〔問2〕＜国々の特徴＞Pはブラジル，Qはベトナム，Rはトルコ，Sはケニアである。　ア．「二つの州を隔てる海峡」とは，トルコにあるボスポラス海峡であり，アジア州とヨーロッパ州の境界となっている。北部が黒海，南部が地中海に面しているトルコでは，20世紀初めまでおよそ600年にわたってオスマン帝国が存続したが，第一次世界大戦後に現在のトルコ共和国が成立した。

イ．ブラジルの北部には，世界最大の流域面積を持つアマゾン川がおよそ西から東へ流れている。ブラジル南東部に位置するブラジル高原の南部ではコーヒーの栽培が盛んに行われ，内陸には首都のブラジリアが位置している。　　ウ．ベトナムは，国土が南北に細長く，西側に位置するラオスとの国境地帯には山脈(アンナン山脈)が走っている。北部には首都のハノイがあり，メコン川の三角州が広がる南部では稲作が盛んである。ベトナムコーヒーと呼ばれる練乳入りのコーヒーがよく知られているほか，かつてこの地域を植民地としていたフランスの影響を受けた食生活も見られる。

エ．ケニアは，中央部に標高5000mを超えるケニア〔キリニャガ〕山がそびえ，首都のナイロビをはじめ国土の大部分が高原になっている。高原の気候や土壌が茶の栽培に適しており，茶の生産量は世界有数となっている。

〔問3〕＜ニュージーランドの特徴と各国の貿易＞Wはメキシコ，Xはニュージーランド，Yはフィリピン，Zはスペインである。まず，Ⅲの文章がどの国について述べたものかを考える。「南部には氷河に削られてできた複雑に入り組んだ海岸線が見られる」という記述に注目すると，高緯度地域に分布するフィヨルドが国土の南部に見られることから，南半球に位置するニュージーランドであると推測できる。また，偏西風の影響を受けた気候(温帯の西岸海洋性気候)であること，牧羊が盛んであることもニュージーランドの特徴に当てはまる。なお，2018年に発効した「日本を含む6か国による多角的な経済連携協定」とは環太平洋経済連携協定〔TPP〕を指す。次にⅠとⅡの表を見ると，アは，日本の主な輸入品目にチーズが含まれていること，貿易相手国の上位にオーストラリアが含まれていることからニュージーランドである。また，Ⅲの文章中には「1999年と比べて2019年では，日本の果実の輸入額は3倍以上に増加し」とあり，Ⅰの表中のアで日本の果実の輸入額を見ると，2019年(459億円)は1999年(122億円)の3倍以上であることが確認できる。なお，イは，1999年，2019年とも日本の最大の輸入品目が果実であることから，日本がバナナを多く輸入しているフィリピンである。ウは，日本の主な輸入品目にアルコール飲料(ワインなど)が含まれていること，貿易相手国の上位がヨーロッパの国々であることからスペインである。エは貿易相手国の上位にアメリカ合衆国とカナダが含まれていることから，これらの国と自由貿易協定を結んでいるメキシコである。

3〔日本地理―日本の諸地域，地形図〕

〔問１〕＜都道府県の特徴＞Ａは千葉県，Ｂは富山県，Ｃは高知県，Ｄは福岡県である。　ア．４県の中で最も人口が少ないのは高知県である。高知県は，北部に四国山地，中央部に高知平野が分布し，沖合を流れる黒潮〔日本海流〕の影響で温暖な気候である。高知平野では，ビニールハウスなどを用いて野菜の促成栽培を行う施設園芸農業が行われている。　イ．県の北東部に海峡が見られるのは福岡県である。福岡県の北西部には福岡平野が広がり，沖合には暖流の対馬海流が流れる。北東部の海峡は，山口県との県境である関門海峡である。また，南西部の筑紫平野は，干潟のある有明海に面する。県庁所在地の福岡市は九州地方の中心都市であり，報道機関や大企業，政府の出先機関などが集中している。　ウ．冬季に降水(雪)が多いのは北陸地方に位置する富山県である。富山県では，南部の山地から神通川などの河川が北へ向かって流れ，富山平野を通って日本海へ注いでいる。また，東部を流れる黒部川の下流には扇状地が見られる。地場産業として古くから製薬・売薬が行われており，また豊富な雪解け水を利用した産業が盛んである。　エ．４県の中で最も人口が多いのは千葉県である。千葉県は，北部に関東ロームと呼ばれる赤土におおわれた下総台地が広がり，南部の房総半島は温暖な丘陵地帯となっている。県庁所在地の千葉市をはじめとする大都市は東京湾沿いの西部に集まっている。

〔問２〕＜都道府県の産業や交通＞ア．②→①の鉄道輸送量が最も多く，②は，沿岸部に重化学工業が発達していることから神奈川県横浜市である。よって，Ｘが当てはまる。なお，①は，県の南部で輸送用機械工業(自動車工業)などが発達している群馬県前橋市である。　イ．２地点間の直線距離が最も長く，①は，畜産業や林業が盛んで，南北に走る高速道路周辺で電子工業が見られることから岩手県盛岡市である。よって，Ｗが当てはまる。なお，②は，仙台平野で稲作が盛んな宮城県仙台市である。　ウ．２地点間の直線距離が２番目に長く，①は，水産加工業が盛んで砂丘が広がることから鳥取県鳥取市である。よって，Ｚが当てはまる。なお，②は，都市中心部に中小工場が密集する大阪府大阪市である。　エ．２地点間の直線距離が最も短く，①は，輸送用機械工業(自動車工業)が特に盛んであることから愛知県名古屋市である。よって，Ｙが当てはまる。なお，②は，石油化学コンビナートが見られ，リアス海岸が広がることなどから三重県津市である。

〔問３〕＜地形図と資料の読み取り＞変容．Ⅰの地形図では，○で示した地域には畑(∨)が広がり，付近一帯は「宅地造成中」となっている。Ⅱの地形図では，同じ地域に小規模な建物()が多く見られ，住宅地が形成されていることがわかる。　**要因**．Ⅱの地形図中には，Ⅰの地形図中にはなかった鉄道線路と「やちよちゅうおう」駅が見られる。Ⅲの資料から，八千代中央駅は1996年に開業し，これにより東京都(大手町)までの所要時間が短縮されたことがわかる。そのため，東京への通勤通学が便利になったこの地域で宅地開発が進んだと考えられる。

４〔歴史―古代～現代の日本〕

〔問１〕＜年代整序＞年代の古い順に，ウ(飛鳥時代)，イ(平安時代)，エ(鎌倉時代)，ア(室町時代)となる。

〔問２〕＜鎖国政策＞江戸幕府は，キリスト教の禁止や貿易の統制を徹底するため，外国船の来航や日本人の海外渡航などを段階的に禁止していった。Ⅲは，この過程で1635年に出されたものであり，日本人の海外渡航と帰国を全面的に禁止した。同年，外国船の来航地が平戸と長崎のみに制限され，1641年にはオランダ商館が平戸から出島(どちらも現在の長崎県)に移されて，以後は中国とオランダのみが長崎での貿易を許されることになった。したがって，Ⅲの命令を主に実行したのは，略地図中のＤに置かれた長崎奉行所であったと考えられる。

〔問３〕＜大正時代の様子＞問題中の文章は，1923年９月１日に発生した関東大震災に関する内容である。大正時代にあたるこの時期には，工業の発展とともに都市人口が増え，職業について働く女性も見られるようになった。また，東京駅が開業し，鉄筋コンクリートの丸の内ビルヂングが建設された。なお，新橋・横浜間に日本初の鉄道が開通したのは1872年，イギリスとの間に日英同盟を結んだのは1902年，大日本帝国憲法が制定されたのは1889年であり，いずれも明治時代のことである。

〔問４〕＜大正時代～昭和時代の出来事＞ア．第二次護憲運動の結果，1924年に連立内閣である加藤高明内閣が成立し，翌1925年に満25歳以上の全ての男子に選挙権を認める普通選挙法が制定された(Ａ)。　イ．高度経済成長期に公害が深刻化し，1967年に公害対策基本法が制定された(Ｄ)。ウ．第二次世界大戦が終結した1945年から日本の民主化が進められ，農地改革や教育基本法の制定などが行われた(Ｃ)。　エ．1937年に始まった日中戦争が長期化する中，1938年に国家総動員法が制定された(Ｂ)。

5〔公民─地方自治〕

〔問１〕＜地方公共団体の仕事＞日本国憲法第94条では，地方公共団体は「法律の範囲内で条例を制定することができる」と定めている。なお，アの条約の承認は国会，イの政令の制定は内閣，エの違憲審査は裁判所の仕事である。

〔問２〕＜直接請求権＞住民は，一定数以上の署名を集めることにより，地方公共団体に政治上の請求を行うことが認められている。これを直接請求権といい，条例の制定・改廃，議会の解散，首長・議員などの解職，事務の監査を請求することができる。なお，イの最高裁判所の裁判官に対する国民審査は地方公共団体に対して行使する権利ではない。ウは地方議会が持つ権限，エは国会が持つ権限である。

〔問３〕＜資料の読み取り＞この問題で求められているのは，「1995年から2014年までの期間と比較した，2015年から2019年までの期間の法律改正数の動き」について，①「地方分権改革の推進手法」と②「毎年の法律改正の有無及び毎年の法律改正数」に着目して述べることである。これをふまえて，Ⅰ，Ⅱからわかることを整理する。まず，Ⅰのグラフから，1995年から2014年までは法律改正が毎年ではなく特定の年に多く行われており，2015年から2019年までは法律改正が毎年行われているが，年ごとの改正数は少ないことがわかる(着目点②)。次に，Ⅱの文章から，2014年までは国が主導する短期集中型の推進手法が行われており，2014年より後は地方公共団体が考え提案する長期継続型の推進手法が導入されたことがわかる。以上の内容を組み合わせ，「1995年から2014年まで」と「2015年から2019年まで」の特徴を比較する形で説明する。

6〔三分野総合─企業を題材とする問題〕

〔問１〕＜年代整序＞年代の古い順に，エ(オランダ東インド会社の設立─1602年)，ア(ワットによる蒸気機関の改良─1765～69年)，イ(アメリカ南北戦争─1861～65年)，ウ(ベルサイユ条約の締結─1919年)となる。

〔問２〕＜世界の都市＞ア．標高3000mを超えること，16世紀にスペイン人が進出していることから，アンデス山脈中に位置するＡのラパス(ボリビア)である。ボリビアでは，銀や亜鉛などの鉱産資源が豊富に産出する。　イ．山脈の北側に位置する港湾都市であること，イスラム教とフランスの影響が見られること，砂漠地帯があることから，アトラス山脈の北側に位置するＤのアルジェ(アルジェリア)である。アルジェリアは，天然ガスや石油の産出量が多い。　ウ．水運の拠点であったこと，20世紀に自動車工業の中心地となったことから，五大湖沿岸に位置するＢのデトロイト(アメリカ合衆国)である。　エ．国際連盟の本部が置かれたこと，時計などの精密機械工業が盛んであることから，Ｃのジュネーブ(スイス)である。

〔問３〕＜1980年代の日本経済＞Ⅱの文章の内容と，Ⅰのグラフのア～エの時期を照らし合わせて考える。Ⅱの文中には，この時期の前半は，「経済成長率は上昇傾向を示した」とあり，またこの時期の後半は，「経済成長率は一時的に下降した。その後，(中略)法人企業の営業利益は増加し続けた」とまとめられている。これらをもとにⅠのグラフを確認すると，当てはまる期間はイとなる。Ⅱの文中の「株価や地価が高騰する好景気」とは，1980年代後半から1990年代初めに見られたバブル経済のことである。

理科解答

1 〔問1〕ウ　〔問2〕ア
〔問3〕エ　〔問4〕①…ウ　②…ア
〔問5〕エ　〔問6〕イ

2 〔問1〕①…ア　②…ウ　〔問2〕ウ
〔問3〕イ　〔問4〕エ

3 〔問1〕エ
〔問2〕①…イ　②…ウ　③…ア
〔問3〕①…ウ　②…エ
〔問4〕ア→ウ→エ→イ

4 〔問1〕ア　〔問2〕①…ウ　②…イ
〔問3〕①…イ　②…イ

5 〔問1〕①…エ　②…イ
〔問2〕①…ア　②…エ
〔問3〕ウ　〔問4〕31％

6 〔問1〕ア
〔問2〕(例)コイルAの中の磁界が変化するから。
〔問3〕イ→エ→ア→ウ
〔問4〕①…ア　②…ア　③…ウ　④…ウ

1〔小問集合〕

〔問1〕＜吸収，排出＞図1で，消化された養分を吸収するのはBの小腸，アンモニアを尿素に変えるのはCの肝臓である。なお，Aは胃で，タンパク質が消化され，Dはじん臓で，血液中から尿素などがこし取られて尿がつくられる。

〔問2〕＜音＞音が高くなると振動数が大きくなり，音が大きくなると振幅が大きくなる。よって，図2のときと比べて，音が高くなると振動数が大きくなり，振動数は1秒間に振動する回数なので，Aは短くなる。また，音が大きくなると，Bは大きくなる。

〔問3〕＜地震＞初期微動はP波によって伝えられ，主要動はS波によって伝えられる。地震の揺れを伝えるP波とS波はそれぞれ一定の速さで伝わるから，2種類の波の到着時刻の差である初期微動継続時間は，震源からの距離に比例する。震源からの距離が36kmの観測地点Aでの初期微動継続時間は，10時10分20秒－10時10分18秒＝2秒だから，震源からの距離が90kmの地点での初期微動継続時間をx秒とすると，$36:90=2:x$が成り立つ。これを解くと，$36\times x=90\times 2$より，$x=5$(秒)となるから，主要動が始まった時刻は，初期微動が始まった10時10分27秒の5秒後で，10時10分32秒である。

〔問4〕＜酸・アルカリ＞溶液Aには，電流を流れやすくし，結果に影響を与えない中性の電解質の水溶液である食塩水を使う。なお，エタノール水溶液や砂糖水，精製水には電流が流れない。また，青色リトマス紙を赤色に変色させる酸性の性質を示すイオンは，水素イオン(H^+)である。薄い塩酸は塩化水素(HCl)の水溶液で，水溶液中でH^+と塩化物イオン(Cl^-)に電離している。このうち，＋の電気を帯びたH^+が陰極側に引かれるため，青色リトマス紙の赤色に変色した部分が陰極側に広がる。なお，薄い水酸化ナトリウム水溶液には，アルカリ性の性質を示す水酸化物イオン(OH^-)が含まれ，赤色リトマス紙を青色に変色させる。

〔問5〕＜遺伝の規則性＞エンドウの種子の形は丸が優性(顕性)形質だから，丸い種子の遺伝子の組み合わせはAAかAa，しわのある種子の遺伝子の組み合わせはaaである。まず，AAとaaをかけ合わせた場合，AAがつくる生殖細胞の遺伝子はAのみ，aaがつくる生殖細胞の遺伝子はaのみだから，かけ合わせてできる子の遺伝子の組み合わせは全てAaで，丸い種子しか得られない。一方，Aaとaaをかけ合わせた場合，Aaがつくる生殖細胞の遺伝子はAとaだから，aaとかけ合わせてできる子の遺伝子の組み合わせはAaとaaになり，丸い種子(Aa)としわのある種子(aa)ができる。よって，かけ合わせたエンドウの遺伝子の組み合わせは，Aaとaaである。

〔問6〕＜力＞力のつり合いの関係にある2力は，1つの物体にはたらくので，図4では，机が物体を押す力(垂直抗力)Aと物体にはたらく重力Bである。また，作用・反作用の関係にある2力は，2

つの物体の間で互いにはたらくので，図４では，机が物体を押す力Ａと物体が机を押す力Ｃである。

2〔小問集合〕

〔問１〕＜動物の分類＞表１で，セキツイ動物のグループはＡの魚類である。また，ＢとＣ，Ｄは無セキツイ動物のグループで，このうち，軟体動物のグループはＣとＤで，Ｂは節足動物の甲殻類のグループである。

〔問２〕＜速さ＞おもちゃの自動車は，0.6－0.4＝0.2(秒)で，図１より，5×7＝35(cm)運動している。よって，平均の速さは，35÷0.2＝175(cm/s)である。これより，１秒間に175cm運動するので，１時間，つまり，60×60＝3600(秒)で運動する距離は，175×3600＝630000(cm)で，630000÷100÷1000＝6.3(km)となる。したがって，平均の速さは 6.3km/hである。

〔問３〕＜浮き沈み＞水の密度を1.0g/cm^{3}とすると，液体の密度より密度が大きい物質は液体に沈み，密度が小さい物質は液体に浮くから，水に沈んだラベルの密度は1.0g/cm^{3}より大きいことがわかる。また，水50cm^{3}の質量は50gとなるから，食塩水の質量は50＋15＝65(g)で，体積が55cm^{3}より，食塩水の密度は，65÷55＝1.181…となり，約1.18g/cm^{3}である。よって，ラベルが食塩水に浮いたことから，ラベルの密度は，1.18g/cm^{3}より小さいことがわかる。したがって，ラベルは，表２で，密度が1.0g/cm^{3}より大きく，1.18g/cm^{3}より小さいポリスチレンである。

〔問４〕＜星の動き＞星の南中する時刻は１か月に約２時間ずつ早くなるので，１月15日午後10時に南中したオリオン座は，１か月後の２月15日には午後10時の２時間前の午後８時頃に南中する。なお，地球の公転により，南の空の星は東から西へ，１か月に360°÷12＝30°動いて見えるので，午後10時のオリオン座は，１月15日から２月15日までの１か月で約30°動いて見える。また，１日のうちでは，地球の自転により，南の空の星は東から西へ，１時間に360°÷24＝15°動いて見える。よって，２月15日午後10時のオリオン座が約30°東に見えていたのは，午後10時の30°÷15°＝2(時間)前の午後８時頃である。

3〔気象とその変化〕

〔問１〕＜水蒸気量＞湿度は，その気温での飽和水蒸気量に対する実際に含まれる水蒸気の量の割合である。よって，気温が高くなるほど飽和水蒸気量は大きくなるため，湿度が同じとき，気温が高いほど空気中の水蒸気の量は大きくなる。図１より，それぞれの時刻の気温は，大きい順にa＞b＞cだから，空気中の水蒸気の量は，Ａ＞Ｂ＞Ｃである。

〔問２〕＜天気＞図１で，３月31日の天気記号の⦶は晴れ，◎はくもりだから，日中の天気はおおむね晴れである。天気図の記号で風向は矢の向きで表されるから，日中は南寄りの風である。また，日が昇るとともに上がり始め，昼過ぎに最も高くなり，その後下がっているのは気温である。

〔問３〕＜前線，高気圧＞図１より，４月１日の15時から18時の間に前線Ｘ(寒冷前線)が通過したとき，気温は急激に下がり，風向は南寄りから北寄りに変化している。また，高気圧の中心付近では，上空から地上へ向かう空気の流れである下降気流が生じ，地上では中心部から周辺へ向かって風が吹き出している。なお，低気圧の中心付近では上昇気流が生じ，地上では周辺から中心部へ向かって風が吹き込んでいる。

〔問４〕＜日本の気象＞つゆ(６月)の天気図は，日本列島付近に東西にのびる停滞前線(梅雨前線)が見られるアである。夏(８月)の天気図は，日本の南側に高気圧，北側に低気圧がある南高北低の気圧配置のウである。秋(11月)の天気図は，日本付近を西から東へ移動性高気圧と温帯低気圧が交互に通過するエであり，冬(２月)の天気図は，日本の西側に高気圧(シベリア高気圧)，東側に低気圧がある西高東低の気圧配置のイである。

4〔植物の生活と種類〕

〔問１〕＜葉のはたらき＞図１のＡは気孔で，呼吸や光合成で吸収・放出する酸素や二酸化炭素の出入り口であり，蒸散で放出する水蒸気の出口である。また，Ｂは葉緑体で，水と二酸化炭素を原料に光のエネルギーを利用して光合成を行い，デンプンと酸素をつくる。なお，細胞の活動により生じた物質を蓄えているのは液胞であり，植物の細胞の形を維持するのは細胞壁である。

〔問２〕＜光合成＞実験１では，光合成に必要な条件を調べているので，実験前に葉にあったデンプンを全て消費しておく必要がある。暗室に24時間置くと，葉にあるデンプンは水に溶けやすい物質に変えられて，体全体に運ばれる。また，光合成に二酸化炭素が必要であることは，袋の中の二酸化炭素の有無だけが異なり，それ以外の光合成に必要な条件(光)は同じもので比較する。息には二酸化炭素が多く含まれているから，光が当たっている条件は同じで，二酸化炭素がある葉Ｃと，水酸化ナトリウム水溶液をしみ込ませたろ紙を入れたため，二酸化炭素が吸収され，ほとんど含まれていない葉Ｅで比較する。なお，結果２より，青紫色に変化した葉Ｃでは，デンプンがつくられたことから，光合成が行われ，変化しなかった葉Ｅでは，デンプンがつくられなかったことから，光合成が行われていない。よって，葉Ｃと葉Ｅの結果から，光合成には二酸化炭素が必要であることがわかる。

〔問３〕＜光合成と呼吸＞結果３より，実験後の二酸化炭素の割合は，袋Ｈでは増加し，袋Ｉでは減少している。二酸化炭素は，呼吸によって出され，光合成によって吸収されるから，呼吸によって出される二酸化炭素の量よりも，光合成によって使われた二酸化炭素の量の方が多いのは袋Ｉで，袋Ｉでは呼吸よりも光合成が盛んに行われたことになる。また，光合成によってデンプンなどの養分がつくられるので，デンプンなどの養分のできる量も多いのは，二酸化炭素を多く使った袋Ｉである。なお，二酸化炭素の割合が増加していた袋Ｈでは，光合成は行われたが，光の強さが弱かったため，呼吸よりも光合成のはたらきの方が小さかったと考えられる。

５ 〔化学変化と原子・分子〕

〔問１〕＜炭酸水素ナトリウムの分解＞ガラス管を水槽の水の中に入れたまま試験管Ａの加熱をやめると，試験管Ａ内の気体が冷えて気圧が下がり，水槽の水が試験管Ａに流れ込む。流れ込んだ水が，加熱部分に触れると，試験管Ａが割れるおそれがあり，危険である。そのため，ガラス管を水槽の中から取り出してから加熱をやめる必要がある。また，加熱後の物質は炭酸ナトリウムで，炭酸水素ナトリウム水溶液は弱いアルカリ性を示すが，炭酸ナトリウム水溶液は強いアルカリ性を示す。pHの値は中性で７で，数値が大きいほどアルカリ性が強くなるので，炭酸水素ナトリウム水溶液よりも加熱後の物質(炭酸ナトリウム)の水溶液の方がpHの値は大きい。

〔問２〕＜分解＞試験管Ａ内で起こっている化学変化は，１種類の物質が２種類以上の別の物質に分かれる分解である。①のア～エのうち，分解が起こっているのは，酸化銀を加熱したときで，酸化銀は銀と酸素に分解する。なお，イ，ウ，エで起こっている化学変化は，２種類以上の物質が結びついて別の新しい物質ができる化合である。また，炭酸水素ナトリウム($NaHCO_3$)は，加熱すると，炭酸ナトリウム(Na_2CO_3)と二酸化炭素(CO_2)と水(H_2O)に分解する。加熱後の３つの物質全てに酸素原子(O)が含まれているので，図２で酸素原子を表しているのは◎である。さらに，◎２個と○１個がCO_2を表しているから，○は炭素原子(C)で，◎１個と●２個がH_2Oを表しているから，●は水素原子(H)となる。よって，ナトリウム原子(Na)を表しているのは■である。

〔問３〕＜反応する物質の質量＞実験２で発生した気体は二酸化炭素だけで，空気中に逃げるから，発生した気体の質量は，結果２の反応前の質量と加えた炭酸水素ナトリウムの質量の和から，反応後の質量をひくことで求められる。よって，加えた炭酸水素ナトリウムの質量が0.50gのときに発生した気体の質量は，$79.50+0.50-79.74=0.26$(g)となる。以下同様に，発生した気体の質量を求めると，加えた炭酸水素ナトリウムの質量が1.00gのときは0.52g，1.50gのときは0.78g，2.00gのときは1.04g，2.50gのときは1.17g，3.00gのときは1.17gとなる。よって，グラフは，点(0.50，0.26)，(1.00，0.52)，(1.50，0.78)，(2.00，1.04)，(2.50，1.17)，(3.00，1.17)を通る。なお，この反応を化学反応式で表すと，$NaHCO_3 + HCl \longrightarrow NaCl + H_2O + CO_2$となる。

〔問4〕**＜反応する物質の質量＞**〔問3〕で，ウより，発生した気体の質量が1.17g以下のとき，グラフは原点を通る直線なので，加えた炭酸水素ナトリウムの質量と発生した気体の質量は比例している。よって，炭酸水素ナトリウムの質量が1.00gのときに発生した気体の質量は0.52gより，発生した気体の質量が0.65gのときに反応した炭酸水素ナトリウムの質量をxgとすると，$1.00 : x = 0.52 : 0.65$が成り立つ。これを解くと，$x \times 0.52 = 1.00 \times 0.65$より，$x = 1.25$(g)となる。したがって，ベーキングパウダー4.00gに含まれている炭酸水素ナトリウムは1.25gなので，$1.25 \div 4.00 \times 100 = 31.25$より，炭酸水素ナトリウムは約31%含まれている。

6 〔電流とその利用〕

〔問1〕**＜電流と磁界＞**右図のように，コイルの内側と外側には，逆向きの磁界ができる。よって，コイルAの内部に置いた方位磁針のN極は，コイルの下部に置いた方位磁針のN極と反対の向きに動き，コイルの上部に置いた方位磁針のN極は，コイルの下部に置いた方位磁針のN極と同じ向きに動く。

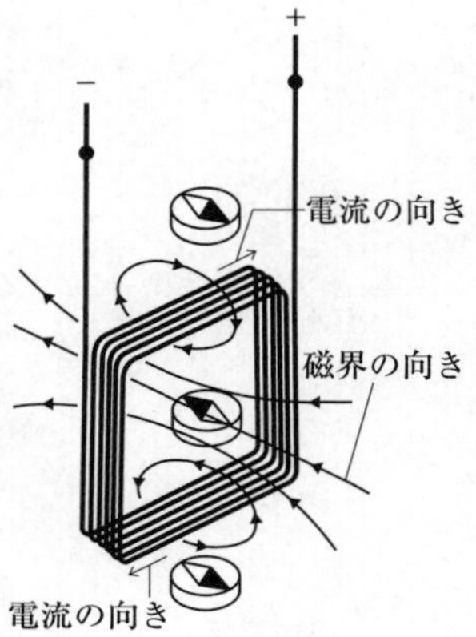

〔問2〕**＜電磁誘導＞**コイルAを動かして，コイルAの中の磁界が変化すると，コイルAに電圧が生じて電流が流れる。この現象を電磁誘導といい，流れる電流を誘導電流という。

〔問3〕**＜回路と電流＞**電源装置の電圧が同じとき，オームの法則$〔\text{電流}〕=\dfrac{〔\text{電圧}〕}{〔\text{抵抗}〕}$より，コイルBに流れる電流は，２つの抵抗器全体の抵抗(合成抵抗)が小さいほど大きくなり，コイルの回転が速くなる。まず，直列つなぎでも並列つなぎでも，抵抗の小さな抵抗器をつないだ方が合成抵抗は小さくなるから，合成抵抗は，ア＜ウ，イ＜エである。次に，抵抗器を直列につなぐと合成抵抗は各抵抗の和になるから，アの合成抵抗は$5 + 20 = 25(\Omega)$となる。また，抵抗器を並列につなぐと合成抵抗は各抵抗より小さくなるから，エの合成抵抗は10Ωより小さい。よって，合成抵抗は，エ＜アとなり，合成抵抗の大きさは，イ＜エ＜ア＜ウである。したがって，コイルが速く回転する順も，イ，エ，ア，ウとなる。

〔問4〕**＜モーター＞**図８の状態のとき，ｅ側の軸はエナメルをはがした部分が軸受けに接していて，電流はｅからｆに流れるから，コイルBにはａ→ｂ→ｃ→ｄの向きに電流が流れる。このとき，流れる電流の向きと，磁石からの磁界の向きは，実験１の(4)と同じだから，結果１の(2)より，図８ではコイルBは磁界からＪの向きに力を受ける。次に，図９の状態のとき，ｅ側の軸はエナメルをはがしていない部分が軸受けに接しているので，コイルBに電流は流れず，磁界から力を受けない。そのため，コイルBは慣性で回転し，再び図８の状態になって同じ向きに回転を続ける。

Memo

Memo

Memo

●2020年度

都立戸山高等学校

独自問題

【英語・数学・国語】

2020年度 都立戸山高等学校

【英　語】（50分）〈満点：100点〉

1　リスニングテスト（**放送**による**指示**に従って答えなさい。）

〔**問題A**〕　次のア～エの中から適するものをそれぞれ**一つずつ**選びなさい。

＜対話文１＞

ア　Tomorrow.　　イ　Next Monday.

ウ　Next Saturday.　　エ　Next Sunday.

＜対話文２＞

ア　To call Ken later.　　イ　To leave a message.

ウ　To do Bob’s homework.　　エ　To bring his math notebook.

＜対話文３＞

ア　Because David learned about *ukiyoe* pictures in an art class last weekend.

イ　Because David said some museums in his country had *ukiyoe*.

ウ　Because David didn’t see *ukiyoe* in his country.

エ　Because David went to the city art museum in Japan last weekend.

〔**問題B**〕　＜Question 1＞ では，下のア～エの中から適するものを**一つ**選びなさい。
＜Question 2＞ では，質問に対する答えを英語で書きなさい。

＜Question 1＞

ア　In the gym.　　イ　In the library.

ウ　In the lunch room.　　エ　In front of their school.

＜Question 2＞

（15秒程度，答えを書く時間があります。）

※（編集部注）＜**英語学力検査リスニングテストCD台本**＞を英語の問題の終わりに掲載しています。

2 次の対話文を読んで，あとの各問に答えなさい。
（＊印の付いている単語・語句には，本文のあとに〔注〕がある。）

Chisato, Ryotaro and Hanae are high school students in Tokyo. One day, they see Mr. Brown, a science teacher from the United States, in the science room.

Chisato: Hello, Mr. Brown.

Mr. Brown: Hi, everyone.

Ryotaro: What are you doing, Mr. Brown?

Mr. Brown: I'm going to have a special class for junior high school students next Saturday. So, now I'm preparing for it.

Hanae: What are you going to talk about?

Mr. Brown: Animals' sleep *habits. Look at this *chart. It shows the sleeping time of different animals. This book gave me a lot of information to make it.

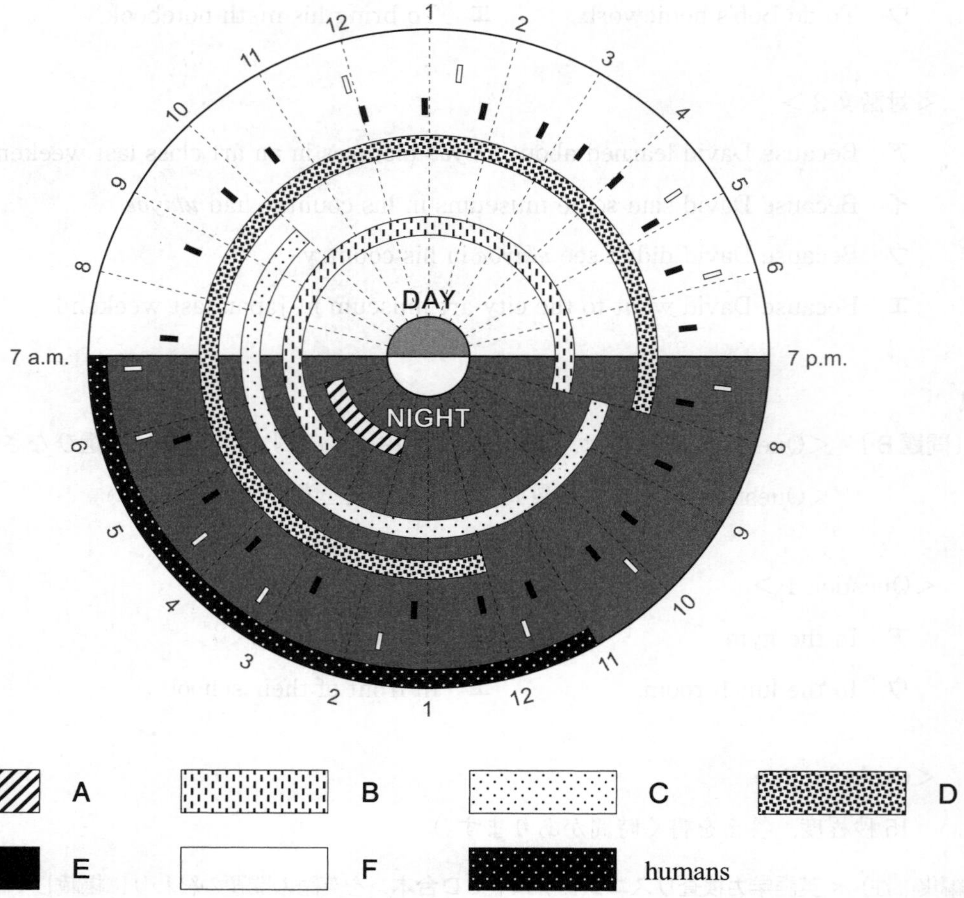

Ryotaro: There are a lot of differences among animals.

Hanae: Some animals sleep for about twenty hours and some for a very short time.

Mr. Brown: That's right. We all need to sleep, and we sleep for about one-third of the day. However, scientists don't know why we need to sleep. You know, every animal needs to sleep but [(2)-a].

Chisato: This chart also shows the difference between animals that sleep at night and those during the day.

Ryotaro: It really does. The numbers of hours cats and dogs sleep are about the same. Though dogs almost always sleep at night, cats almost always sleep in the daytime.

Chisato: I knew *bats act during the night. In fact, they sleep most of the day.

Ryotaro: I thought every animal sleeps just once a day, but I have realized some animals sleep several times a day.

Mr. Brown: I'm not surprised if (3) you thought so.

Hanae: This chart shows that horses sleep many times a day but elephants sleep just once. Both animals eat plants but have different sleep habits.

Ryotaro: And both of them sleep for a short time.

Mr. Brown: You have a good point. Then, why do they sleep so little?

Hanae: They are plant-eating animals, so I think meat-eating animals like lions may *attack them while they are sleeping.

Mr. Brown: It's true for horses.

Hanae: How about elephants?

Mr. Brown: Baby elephants can be attacked by lions but their parents can't, because they are very big. They only eat plants...

Chisato: Now I've got it! They won't be full because plants don't give them a lot of energy.

Mr. Brown: You're right. They don't need to divide their sleep into several times, because usually they are not attacked. However, they need a lot of time to eat plants. As a result, [(2)-b]. Horses, on the other hand, can be attacked anytime, so they have to divide their sleep into many times.

Ryotaro: I feel sorry that horses cannot have a nice long sleep.

Mr. Brown: In addition, they sleep on their feet because they always have to be prepared to run when something dangerous happens around them.

Ryotaro: I can't believe it.

Mr. Brown: Of course, they sometimes need to lie down for deep sleep. I mean, while a few horses are lying down to get some deep sleep, others are sleeping on their feet to take care of their *surroundings. By using the two kinds of sleep across the group, its members *take turns getting deep sleep.

Ryotaro: Amazing!

Mr. Brown: However, they lie down to sleep for about ten minutes.

Hanae: I don't think they can get a lot of rest in such a short time.

Chisato: Mr. Brown, *frigatebirds have the shortest time for sleeping in this chart. Why?

Mr. Brown: Frigatebirds are a kind of seabird and they can fly for weeks without stopping.

Chisato: Do you mean they don't sleep while they are flying?

Mr. Brown: Good question. Flying uses a lot of energy. So, for a long time, (4)scientists【 ① birds ② especially study ③ had ④ sleep ⑤ that ⑥ these birds ⑦ thought ⑧ to ⑨ who 】 in some way. But they didn't know how they were sleeping in the air. A few years ago, a group of scientists caught fifteen frigatebirds and put a small *device on their heads, then *released them again. They checked the birds' *brainwaves while they were flying. They were taking trips for ten days and 3,000 kilometers without a break. Finally, the team found that the birds actually slept while they were flying.

Chisato: Wow. They can fly and sleep at [(5)−a] time.

Mr. Brown: Each day they slept for only about forty minutes in total, but each sleep lasted for only about ten *seconds.

Ryotaro: Will they fall into the sea if they fall *asleep when they are flying?

Mr. Brown: No. In fact, all of the sleep happened when they were going up on the wind.

Ryotaro: Oh, I see.

Mr. Brown: While they were sleeping in the air, only one side of their brain was resting and the other side was *awake.

Hanae: I learned that dolphins sleep in such a way when I was in elementary school. When the left side of their brain sleeps, their right eye is closed. When the right side of the brain sleeps, their left eye is closed. Their way of sleeping is necessary for them to come up to the *surface of the sea and take in air. It also protects them from any fish that may want to hurt them.

Mr. Brown: True. But frigatebirds fly high in the sky and have no animals that attack them.

Chisato: Then, why do their brains have to take turns resting?

Mr. Brown: One reason is that [(2)−c].

Chisato: I'm surprised that they cannot do that though they are seabirds.

Mr. Brown: Actually, their *wings are weak against water. If they get wet, it will be difficult for frigatebirds to fly. If they are on the ocean, they may be eaten by big fish.

Ryotaro: So, they have to keep flying.

Mr. Brown: Yes. Another reason is that they have to keep one eye open to watch where they are going. And they don't want to hit other frigatebirds while they are flying.

Chisato: Great.

Mr. Brown: I've got one more surprise for you. Frigatebirds sometimes rest both sides of the brain at [(5)-b] time.

Hanae: Do they get deep sleep while they are flying?

Mr. Brown: Yes, they do. As I said before, each sleep is very short and happens when they are going up. So they never fall into the sea.

Hanae: I see.

Mr. Brown: But they sleep for about twelve hours on land.

They all laugh.

Mr. Brown: Some animals living under the sea and some birds are known to put only half of their brain to sleep at a time. Some scientists these days think that something similar might be happening in our brains when we are in a strange environment.

Ryotaro: What do you mean?

Mr. Brown: For example, if you have ever slept in a hotel, gone camping, or even slept over at a friend's house, you have sometimes felt sleepy or tired the next day.

Ryotaro: Yes, I have.

Mr. Brown: When we sleep in a new place, something special is happening in our brains. Only one side of the brain falls asleep, but the other side of the brain is awake. The reason for this is not clear, but it could be because [(2)-d].

Chisato: That means the left brain is watching out for our surroundings, right?

Mr. Brown: Right.

Hanae: Our brains may have [(5)-c] sleep system as frigatebirds.

Mr. Brown: Yes. I hope scientists will find why some animals sleep in that way.

Ryotaro: Thank you, Mr. Brown. We had a great time.

Mr. Brown: Nice talking to you, everyone. Now I've got a hint about what to talk about to junior high school students.

Chisato: I enjoyed talking with you.

Hanae: Good luck on your special class.

Mr. Brown: Thank you. I'm sure it will be fun.

〔注〕 habit 習性　chart 図　bat コウモリ
attack 攻撃する　surroundings 周囲の状況
take turns ～ing 交代で～する　frigatebird グンカンドリ
device 機器　release 解き放す　brainwave 脳波
second 秒　asleep 眠っている　awake 起きている
surface 表面　wing 翼

〔問1〕 Mr. Brown が作成した図の**A**～**F**にあてはまるものは，次の**ア**～**カ**のどれか。

ア bats　**イ** cats　**ウ** dogs
エ elephants　**オ** frigatebirds　**カ** horses

〔問2〕 本文の流れに合うように，［ (2)-a ］～［ (2)-d ］の中に英語を入れるとき，最も適切なものを次の**ア**～**オ**の中からそれぞれ一つずつ選びなさい。ただし，同じものは二度使えません。

ア their sleeping time becomes shorter because of their body size
イ they have to protect themselves from some dangerous animals
ウ they are not able to rest on the ocean while they are flying over it
エ some areas in the left side of the brain are acting as a "night watch"
オ it isn't always good for some animals to sleep for eight hours as we do

〔問3〕 (3)<u>you thought so</u>とあるが，この内容を最もよく表しているものは，次の中ではどれか。

ア Ryotaro found that cats and dogs have different sleep habits because the chart shows the different sleeping time.
イ Ryotaro imagined that other animals also sleep like humans because most people usually sleep once a day.
ウ Ryotaro learned that every animal once slept in the daytime but some of them have changed their sleep habits.
エ Ryotaro believed that elephants and horses sleep in a similar way because they are plant-eating animals.

〔問４〕 (4)scientists【① birds ② especially study ③ had ④ sleep ⑤ that ⑥ these birds ⑦ thought ⑧ to ⑨ who】in some way とあるが，本文の流れに合うように，【　　　　　】内の単語・語句を正しく並べかえたとき，【　　　　　】内で**３番目**と**６番目**と**９番目**にくるものの組み合わせとして最も適切なものは，次の**ア～カ**の中ではどれか。

	３番目	６番目	９番目
ア	①	⑥	④
イ	①	⑧	⑥
ウ	⑤	⑧	①
エ	⑤	⑧	⑥
オ	⑥	①	④
カ	⑥	⑧	①

〔問５〕 本文の流れに合うように，［(5)-a］～［(5)-c］の中に共通して入る**連続する２語**を本文中から抜き出しなさい。

〔問６〕 本文の内容と合っているものを，次の**ア～キ**の中から**二つ**選びなさい。

ア Mr. Brown is going to teach junior high school students why animals need to sleep.

イ Chisato has found that bats are asleep in the daytime and awake all through the night.

ウ Ryotaro is surprised to know that horses usually keep standing while they are sleeping.

エ Hanae has realized that dolphins close one side of their eyes while they are sleeping.

オ Frigatebirds don't sleep in the air because they have to protect themselves from other birds.

カ Some scientists have found that human brains have a sleep system like dolphins.

キ The right side of human brains is asleep while they are sleeping in a strange environment.

3 次の文章を読んで，あとの各問に答えなさい。
（*印の付いている単語・語句には，本文のあとに〔注〕がある。）

A new museum of Yurinoki City will soon open. In the museum, visitors will enjoy a lot of exhibitions of traditional Japanese *textile dyeing. People in the city hope that the visitors will be interested in its famous industry. The city has many *dyehouses which change the color of *textile with *dye. By the museum, a small park will be built, and a *stream will *flow there. The people feel glad because their favorite stream of the good old days will come back. The name of the stream is the Sumiya River, or *Sumiyagawa*. *Sumiyagawa* was one of the *branches of the Marumo River, or *Marumogawa*. The Sumiya River flowed from Yurinoki Memorial Park and went through the city. Another branch of *Marumogawa*, the Eida River, or *Eidagawa*, used to flow in the town of Tsujitani and reached Tsujitani Station, the center of the *transportation network in the city. There were many branches of *Marumogawa* before, but most of them were [(1)-a] under the ground when new towns were built in the city around 1960. *Sumiyagawa* and *Eidagawa* were among them. People today know *Eidagawa* as the name of the town near Tsujitani Station. In the town of Tsujitani, they have a large project including the *revival of *Eidagawa*. Soon, people visiting the new Yurinoki museum will enjoy soft wind from *Sumiyagawa* just like people facing *Eidagawa*.

In the north of Yurinoki City, Nanasaka High School stands on the hill called *Komagaoka*. If you look at the west side of the school, you will find some strange views. A back street running almost in line with the main street is just like a *valley. Some houses on the street stand on something like a side wall of a river. Between the buildings you will see some stairs [(1)-b] to another back street. In addition, the back street shows a gentle *curve. Can you imagine what was there?

The strange back street used to be a stream called *Narukawa*, and it flowed into its main stream *Marumogawa* about 150 years ago. Today, you will never see the real *Narukawa*, and just a back street goes down to *Marumogawa*. This kind of street is often called a *culvert. People often think of culverts as covered rivers or *waterways flowing under the ground, but here, culverts are the places which used to be rivers, *irrigation canals, or open waterways. So, at a culvert, (2)【① find ② flow ③ lost ④ can ⑤ the signs ⑥ you ⑦ the ⑧ of】. Some culverts are lower than other areas and look like valleys. Other culverts are too narrow for cars to go through, and they go zigzag or sometimes run into different courses from the main street. Some culverts are designed as *walkways or public walks and people can follow the lost original stream by walking along them. On a culvert, you can sometimes find something like a *railing of a bridge, and see that actually there was a bridge over a stream flowing long ago. All these are helpful to imagine how streams were flowing when they were above ground.

(3)

They covered some of those waterways and changed them into streets. Today, people walk along those culverts without knowing it, but most culverts in Yurinoki City have such histories.

There is another culvert of *Marumogawa* near Nanasaka High School. The Hane River, or *Hanekawa*, used to run along the east side of *Komagaoka*, went through the rice field in the area and flowed into its main stream, *Marumogawa*. The rice field became a large textile factory, but even today, (4) when you walk around the area. A narrow back street by the factory tells you the history.

In the seventeenth century, people built a *riding ground on *Komagaoka* and a lot of *samurai warriors came to the ground and practiced *horseback riding. People didn't call the hill *Komagaoka* at that time, but those warriors gave it the new name as the riding ground stood on the hill. The word "*koma*" comes from horses. The local people were kind and welcomed the samurai warriors, so some warriors wanted to do something to thank them; they did a performance of horseback *archery at a local shrine. That was the beginning of *Yabusame*, a traditional Japanese archery done while riding a horse. By the *Yabusame* performance, warriors prayed for peace in *Komagaoka*, and the local people's good rice harvest. They stopped the performance for some period of time, but people started it again about fifty years ago to celebrate the new birth of the town, when the original *Sumiyagawa* went under the ground.

Today, people are happy to enjoy both the performance of *Yabusame* and flow of the stream.

〔注〕

textile dyeing　染織	dyehouse　染織工房	textile　織物
dye　染料	stream　小川	flow　流れる
branch　支流	transportation network　交通網	
revival　復活	valley　谷	curve　カーブ
culvert　暗渠《あんきょ》	waterway　水路	irrigation canal　灌漑《かんがい》用水
walkway　遊歩道	railing　欄干《らんかん》	riding ground　馬場
samurai warrior　武士	horseback riding　馬術	archery　弓術

〔問1〕 (1)-a と (1)-b の中に，それぞれ次のA～Dのどれを入れるのがよいか。その組み合わせとして最も適切なものは，下のア～カの中ではどれか。

A buried　　B burying　　C led　　D leading

	(1)-a	(1)-b
ア	A	B
イ	A	D
ウ	B	C
エ	C	A
オ	D	B
カ	D	C

〔問2〕 (2)【① find ② flow ③ lost ④ can ⑤ the signs ⑥ you ⑦ the ⑧ of】とあるが，本文の流れに合うように，【　　】内の単語・語句を正しく並べかえたとき，【　　】内で2番目と5番目と8番目にくるものの組み合わせとして最も適切なものは，次のア～カの中ではどれか。

	2番目	5番目	8番目
ア	②	①	③
イ	②	⑤	①
ウ	④	⑧	①
エ	④	⑧	②
オ	⑧	②	①
カ	⑧	⑥	③

〔問3〕 (3) の中には，次のA～Dの文が入る。本文の流れに合うように，正しく並べかえたとき，その組み合わせとして最も適切なものは，下のア～カの中ではどれか。

A　People tried to solve those problems and they decided to put several streams or waterways under the ground.

B　Later, about a century and a half ago, they began to use those waterways for irrigation and industries in the area.

C　About 400 years ago, people built several towns in the Yurinoki area and created waterways as transportation networks.

D　At the same time, the number of people living in the area quickly increased and some waterways became dirty and the water sometimes flowed over the land.

ア　A→B→C→D　　イ　A→D→B→C　　ウ　B→A→C→D
エ　B→C→D→A　　オ　C→B→D→A　　カ　C→A→D→B

〔問4〕　本文の流れに合うように，［　　(4)　　］に英語を入れるとき，次のA～Fの組み合わせとして最も適切なものは，下のア～クの中ではどれか。

A　you will see something	→	C　that reminds you	→	E　of the old streams
B　you will see nothing		D　that introduces you		F　of the new streams

ア　A→C→E　　イ　A→C→F　　ウ　A→D→E　　エ　A→D→F
オ　B→C→E　　カ　B→C→F　　キ　B→D→E　　ク　B→D→F

〔問5〕　本文から読み取れる内容をもとに，次の2枚の地図に共通して表れている川として最も適切なものは，下の中ではどれか。

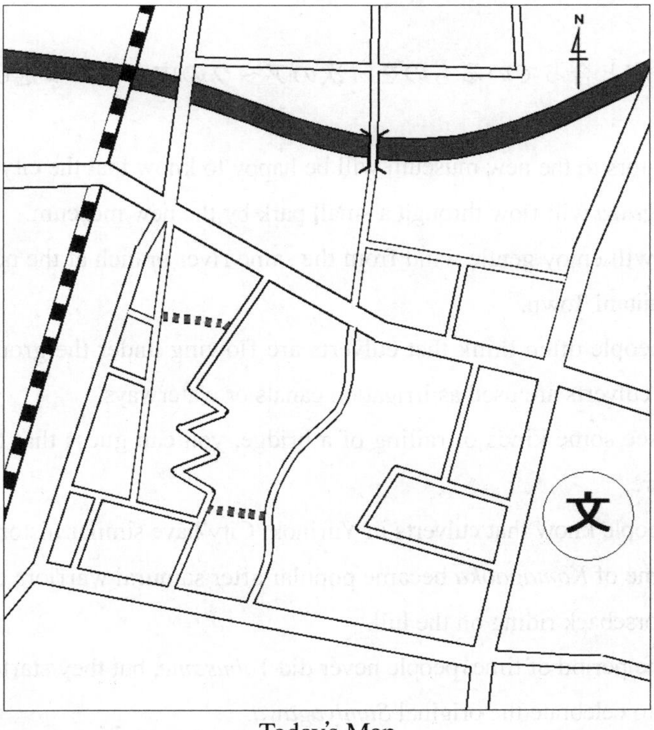

Today's Map

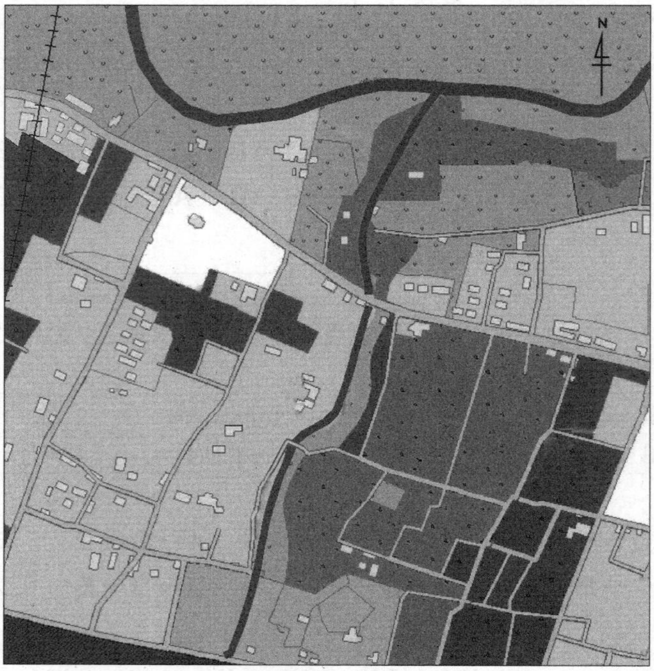

The Map of 100 Years Ago

ア *Eidagawa*　　イ *Hanekawa*　　ウ *Narukawa*　　エ *Sumiyagawa*

〔問6〕 本文の内容と合っているものを，次のア～クの中から二つ選びなさい。

ア The visitors to the new museum will be happy to know that the city has many dyehouses.

イ *Sumiyagawa* will flow through a small park by the new museum.

ウ People will enjoy gentle wind from the same river branch at the new Yurinoki museum and in Tsujitani Town.

エ Some people often think that culverts are flowing under the ground, and other people think that culverts are used as irrigation canals or waterways.

オ If you see some kinds of railing of a bridge, you can guess that there was once was a station there.

カ Most people know that culverts in Yurinoki City have similar histories.

キ The name of *Komagaoka* became popular after samurai warriors came to the ground to practice horseback riding on the hill.

ク For some period of time, people never did *Yabusame*, but they started it again about fifty years ago to celebrate the original *Sumiyagawa*.

〔問７〕 下のグラフを見て，次の質問に対する答えを**40語以上50語程度の英語**で書きなさい。「.」「,」「!」「?」などは語数に含めません。これらの符号は，解答用紙の下線部と下線部の間に書きなさい。

Write about one thing you have found from the graph. What can you tell from the fact?

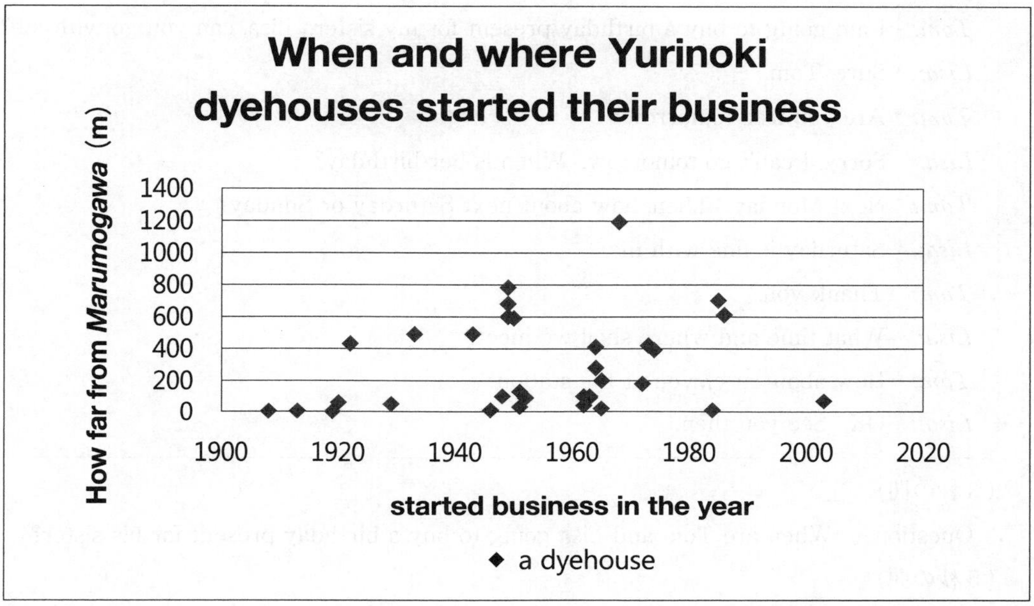

2020年度 英語学力検査リスニングテスト台本

開始時の説明

これから，リスニングテストを行います。

問題用紙の１ページを見なさい。リスニングテストは，全て放送による指示で行います。リスニングテストの問題には，問題Aと問題Bの二つがあります。問題Aと，問題Bの ＜Question 1＞ では，質問に対する答えを選んで，その記号を答えなさい。問題Bの ＜Question 2＞ では，質問に対する答えを英語で書きなさい。

英文とそのあとに出題される質問が，それぞれ全体を通して二回ずつ読まれます。問題用紙の余白にメモをとってもかまいません。答えは全て解答用紙に書きなさい。

（２秒の間）

〔**問題Ａ**〕

問題Ａは，英語による対話文を聞いて，英語の質問に答えるものです。ここで話される対話文は全部で三つあり，それぞれ質問が一つずつ出題されます。質問に対する答えを選んで，その記号を答えなさい。

では，＜対話文１＞を始めます。

（３秒の間）

Tom: I am going to buy a birthday present for my sister. Lisa, can you go with me?

Lisa: Sure, Tom.

Tom: Are you free tomorrow?

Lisa: Sorry, I can't go tomorrow. When is her birthday?

Tom: Next Monday. Then, how about next Saturday or Sunday?

Lisa: Saturday is fine with me.

Tom: Thank you.

Lisa: What time and where shall we meet?

Tom: How about at eleven at the station?

Lisa: OK. See you then.

（３秒の間）

Question : When are Tom and Lisa going to buy a birthday present for his sister?

（５秒の間）

繰り返します。

（２秒の間）

（対話文１の繰り返し）

（３秒の間）

Question : When are Tom and Lisa going to buy a birthday present for his sister?

（10秒の間）

＜対話文２＞を始めます。

（３秒の間）

（呼び出し音）

Bob's mother: Hello?

Ken: Hello. This is Ken. Can I speak to Bob, please?

Bob's mother: Hi, Ken. I'm sorry, he is out now. Do you want him to call you later?

Ken: Thank you, but I have to go out now. Can I leave a message?

Bob's mother: Sure.

Ken: Tomorrow we are going to do our homework at my house. Could you ask him to bring his math notebook? I have some questions to ask him.

Bob's mother:	OK, I will.
Ken:	Thank you.
Bob's mother:	You're welcome.

（３秒の間）

Question： What does Ken want Bob to do?

（５秒の間）

繰り返します。

（２秒の間）

（対話文２の繰り返し）

（３秒の間）

Question： What does Ken want Bob to do?

（10秒の間）

＜対話文３＞を始めます。

（３秒の間）

Yumi: Hi, David. What kind of book are you reading?

David: Hi, Yumi. It's about *ukiyoe* pictures. I learned about them last week in an art class.

Yumi: I see. I learned about them, too. You can see *ukiyoe* in the city art museum now.

David: Really? I want to visit there. In my country, there are some museums that have *ukiyoe*, too.

Yumi: Oh, really? I am surprised to hear that.

David: I have been there to see *ukiyoe* once. I want to see them in Japan, too.

Yumi: I went to the city art museum last weekend. It was very interesting. You should go there.

（３秒の間）

Question： Why was Yumi surprised?

（５秒の間）

繰り返します。

（２秒の間）

（対話文３の繰り返し）

（３秒の間）

Question： Why was Yumi surprised?

（10秒の間）

これで問題Ａを終わり，問題Ｂに入ります。

〔問題B〕

（3秒の間）

これから聞く英語は，カナダの高校に留学している日本の生徒たちに向けて，留学先の生徒が行った留学初日の行動についての説明及び連絡です。内容に注意して聞きなさい。

あとから，英語による質問が二つ出題されます。＜Question 1＞ では，質問に対する答えを選んで，その記号を答えなさい。＜Question 2＞ では，質問に対する答えを英語で書きなさい。

なお，＜Question 2＞ のあとに，15秒程度，答えを書く時間があります。

では，始めます。（2秒の間）

Welcome to our school. I am Linda, a second-year student of this school. We are going to show you around our school today.

Our school was built in 2015, so it's still new. Now we are in the gym. We will start with the library, and I will show you how to use it. Then we will look at classrooms and the music room, and we will finish at the lunch room. There, you will meet other students and teachers.

After that, we are going to have a welcome party.

There is something more I want to tell you. We took a group picture in front of our school. If you want one, you should tell a teacher tomorrow. Do you have any questions? Now let's start. Please come with me.

（3秒の間）

＜Question 1＞ Where will the Japanese students meet other students and teachers?

（5秒の間）

＜Question 2＞ If the Japanese students want a picture, what should they do tomorrow?

（15秒の間）

繰り返します。

（2秒の間）

（問題Bの英文の繰り返し）

（3秒の間）

＜Question 1＞ Where will the Japanese students meet other students and teachers?

（5秒の間）

＜Question 2＞ If the Japanese students want a picture, what should they do tomorrow?

（15秒の間）

以上で，リスニングテストを終わります。2ページ以降の問題に答えなさい。

【数　学】（50分）〈満点：100点〉

1 次の各問に答えよ。

〔問１〕 $\dfrac{6-(\sqrt{54}-4\sqrt{3})}{\sqrt{3}}-(\sqrt{3}-1)^2$ を計算せよ。

〔問２〕 ２次方程式 $(x+2)(x-3)+(x+3)^2=1-x^2$ を解け。

〔問３〕 連立方程式 $\begin{cases} \dfrac{x-1}{2}+2(y+3)=5 \\ 2(x+5)-\dfrac{4y+1}{3}=3 \end{cases}$ を解け。

〔問４〕 右の**図１**のように，1，3，5，7，9の数字が１つずつ書かれた５枚のカードが入っている袋Ａと，0，2，4，6，8の数字が１つずつ書かれた５枚のカードが入っている袋Ｂがある。

袋Ａ，袋Ｂから同時にそれぞれ１枚のカードを取り出す。

袋Ａから取り出したカードの数字を a，袋Ｂから取り出したカードの数字を b とするとき，$3a>2b$ となる確率を求めよ。

ただし，袋Ａ，袋Ｂそれぞれにおいて，どのカードが取り出されることも同様に確からしいものとする。

図１

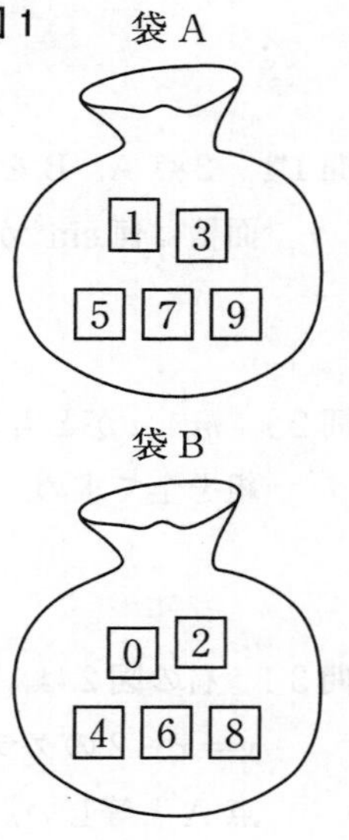

〔問５〕 右の**図２**で，３点Ａ，Ｂ，Ｃは正三角形の頂点であり，点Ｄは辺BCの中点である。

解答欄に示した図をもとにして，頂点Ｂ，頂点Ｃを定規とコンパスを用いて作図によって求め，頂点Ｂ，頂点Ｃを示す文字Ｂ，Ｃも書け。

ただし，作図に用いる線は決められた解答欄にかき，消さないでおくこと。

図２

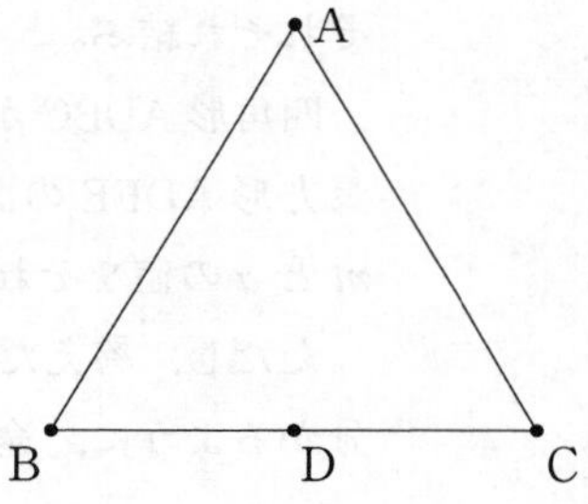

2 右の**図1**で，点Oは原点，曲線fは関数$y=x^2$のグラフを表している。

2点A，Bは，曲線f上にあり，x座標はそれぞれa，bである。

点Cは，x座標が点Aと等しく，y座標が点Bと等しい点であり，点Dは，x座標が点Bと等しく，y座標が点Aと等しい点である。

$a+b=m$，$a-b=n$とするとき，$m>0$，$n>0$である。

点Aと点D，点Dと点B，点Bと点C，点Cと点Aをそれぞれ結ぶ。

原点から点（1，0）までの距離，および原点から点（0，1）までの距離をそれぞれ1cmとして，次の各問に答えよ。

図1

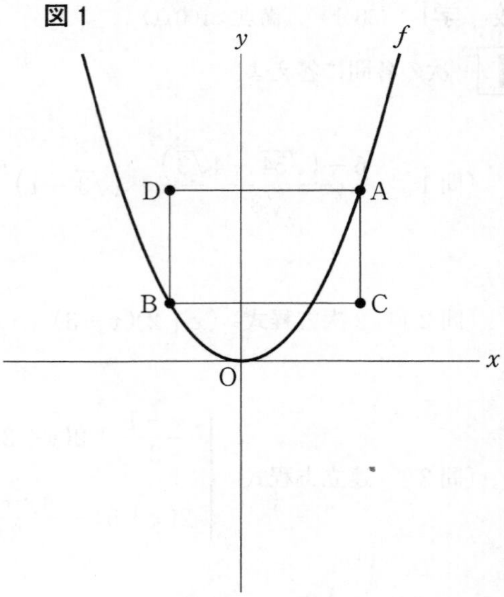

〔問1〕 2点A，Bを通る直線の切片が3で，点Aのx座標が3であるとき，四角形ADBCの面積は何cm^2か。

〔問2〕 m，nがともに自然数で，四角形ADBCの周の長さが20cmとなるようなm，nの値の組を全て求め，（m，n）の形で表せ。

〔問3〕 右の**図2**は，**図1**において，直線gを関数$y=x-2$のグラフとし，直線g上にありx座標が点Aと等しい点をEとし，x座標が点Bと等しくy座標が点Eと等しい点をFとした場合を表している。

点Bと点F，点Fと点E，点Eと点Cをそれぞれ結ぶ。

四角形ADBCが正方形であり，正方形ADBCと，長方形ADFEの面積の比が1：2であるとき，mとaの値をそれぞれ求めよ。

ただし，答えだけでなく，答えを求める過程が分かるように，途中の式や計算なども書け。

図2

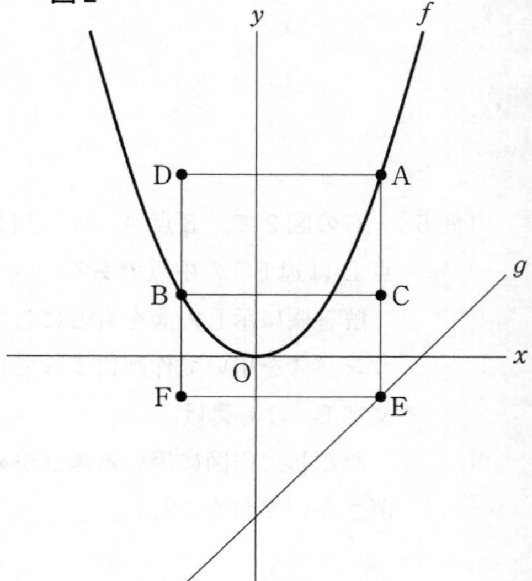

3　右の**図1**で，点Oは△ABCの3つの頂点A，B，Cを通る円の中心であり，△ABCは鋭角三角形で，かつ，AB＞ACである。

頂点Aを通り，辺BCに垂直な直線と円Oの交点のうち，頂点Aと異なる点をDとし，頂点Aと点Dを結ぶ。

次の各問に答えよ。

図1

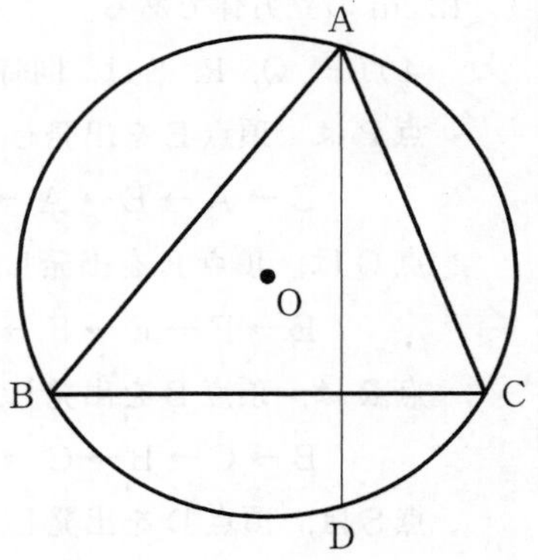

〔問1〕 **図1**において，頂点Cと点Dを結んだ場合を考える。

頂点Aを含まない$\overset{\frown}{BD}$の長さと，頂点Aを含まない$\overset{\frown}{CD}$の長さの比が5：3で，∠ADC＝50°のとき，∠CADの大きさは何度か。

〔問2〕 **図1**において，頂点Cと点D，頂点Bと点Dをそれぞれ結んだ場合を考える。

AB＝$4\sqrt{2}$ cm，BC＝7 cm，AC＝5 cmであるとき，四角形ABDCの面積は何cm^2か。

〔問3〕 右の**図2**は，**図1**において，点Dを通り，辺ABに垂直な直線と円Oの交点のうち，点Dと異なる点をEとし，頂点Aと点Oを通る直線と円Oの交点のうち，頂点Aと異なる点をFとした場合を表している。

頂点Aと点E，頂点Aと点F，点Eと点D，点Eと点F，点Fと頂点Cをそれぞれ結ぶ。

辺ABと線分DEの交点をG，辺BCと線分DEの交点をH，辺BCと線分ADの交点をIとする。

△AEF≡△ACFであることを証明せよ。

図2

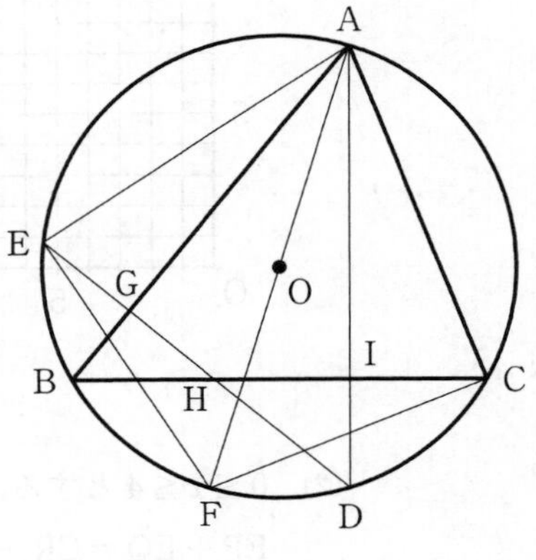

4 右の図に示した立体 ABCD－EFGH は，1辺の長さが12 cm の立方体である。

4点 P，Q，R，S は，同時に移動を開始し，次のように動く。

点 P は，頂点 E を出発し，毎秒 4 cm の速さで辺 EA 上を

E → A → E → A → … の順に移動し続ける。

点 Q は，頂点 E を出発し，毎秒 2 cm の速さで辺 EF 上を

E → F → E → F → … の順に移動し続ける。

点 R は，頂点 B を出発し，毎秒 2 cm の速さで辺 BC 上を

B → C → B → C → … の順に移動し続ける。

点 S は，頂点 D を出発し，毎秒 3 cm の速さで辺 DC 上を

D → C → D → C → … の順に移動し続ける。

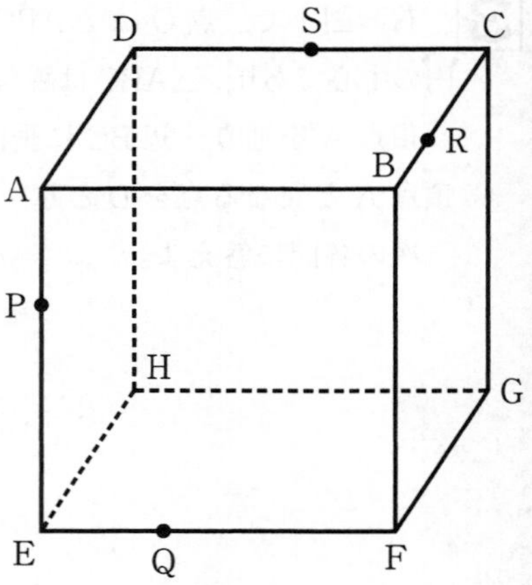

4点 P，Q，R，S が移動を開始してからの時間を x 秒とするとき，次の各問に答えよ。

〔問1〕 次の (1)，(2) に答えよ。

(1) $0 \leqq x \leqq 24$ とする。

x 秒後の線分 EP の長さを y cm としたとき，x と y の関係を表すグラフを $0 \leqq x \leqq 24$ の範囲で，解答欄に示した座標平面にかけ。

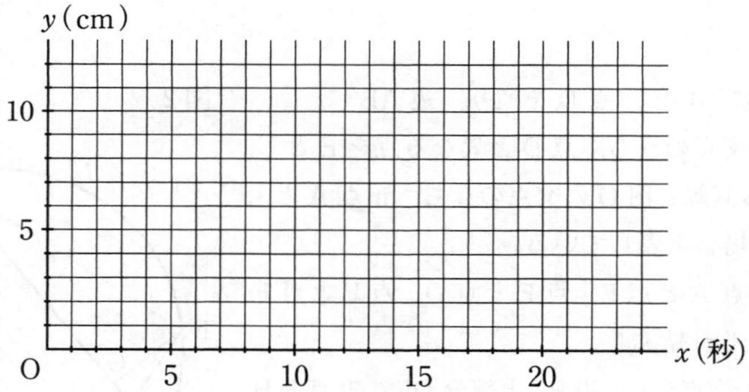

(2) $0 \leqq x \leqq 4$ とする。

EP + EQ = CR + CS となるのは何秒後か。

ただし，答えだけでなく，答えを求める過程が分かるように，途中の式や計算なども書け。

〔問2〕 $0 \leqq x \leqq 24$ とする。

図において，4点P，Q，R，Sがいずれも一致しないときに，点Pと点Q，点Qと点R，点Rと点S，点Sと点Pをそれぞれ結び，線分PQ，線分QR，線分RS，線分SPが全て同じ平面上にあることを，

「4点P，Q，R，Sで四角形ができる」

と言うことにする。

4点P，Q，R，Sで四角形ができる回数は何回か。

また，はじめて4点P，Q，R，Sで四角形ができるとき，四角形PQRSの面積は何 cm^2 か。

〔問3〕 $x=4$ とする。

図において，点Pと点Q，点Pと点R，点Pと点S，点Qと点R，点Qと点S，点Rと点Sをそれぞれ結んだ場合を考える。

立体PQRSの体積は何 cm^3 か。

イ　『古今集』とは、『万葉集』の分類の仕方を踏襲し、四季や恋の歌は始まりから終わりまでの推移を描き出して理知的に表現する歌集の〈型〉を創った編纂物であるということ。

ウ　『古今集』とは、四季の美しさや恋の繊細な感情をその推移に従って象徴的に表現し、歌のことばが対照的になるように配置される歌集の〈型〉を創った編纂物であるということ。

エ　『古今集』とは、四季や恋の歌は始まりから終わりまでの推移を描き出し、連続する歌々がことばの連想関係によって結ばれている歌集の〈型〉を創った編纂物であるということ。

〔問2〕(2)業平の歌はいかにも『古今集』的な表現技巧を駆使したものでありながら、貫之とはまた異なった特質を備えている。とあるが、貫之の歌と異なった業平の歌の特質とはどういうことか。次のうちから最も適切なものを選べ。

ア　業平の歌は貫之の歌とは違い、初老を祝うことばを使って自由奔放に「賀」の歌を詠むなど、期待される典型的な〈型〉から外れているという特質をもっているということ。

イ　業平の歌は貫之の歌とは違い、「賀」の歌に瑞祥のことばを入れずに詠むなど、典型的な〈型〉から外れ、同語反復や大胆な擬人法といった特質をもっているということ。

ウ　業平の歌は貫之の歌とは違い、どの歌もみな歴史的な事実と自らの感慨を中心に詠み、人間のはかなさや世の無常を巧みに表現しているという特質をもっているということ。

エ　業平の歌は貫之の歌とは違い、「賀」の歌に寿ぎのことばを入れて期待される〈型〉を踏まえ、貫之の歌には見られない見立てや倒置法といった特質をもっているということ。

〔問3〕(3)収とあるが、ここでの「収」と同じ意味の使い方として最も適切なものを、次のうちから選べ。

ア　収録

イ　収縮

ウ　収得

エ　収穫

〔問4〕(4)本来かたちのない概念を生々しく具現化する、擬人法の力が働いていよう。とあるが、「桜花」の歌のどの部分に擬人法が使われているか。それに相当する語句を和歌の中から**七字**で抜き出せ。

〔問5〕(5)個の「こころ」を託すかけがえのない器とあるが、「忘れては」の歌には業平のどういう「こころ」が表現されているか。次のうちから最も適切なものを選べ。

ア　親王のもとを訪ねた業平は、親しく接していたころのことを忘れてしまっていたが、また親王のもとでお役に立てる喜びを感じている。

イ　業平は閑居の日々を過ごす親王の姿に接して同情し、都での生活はあるものの、このままずっとお側にいたいと心に決めている。

ウ　雪深い山里の庵室で孤独に過ごす親王のもとを訪ねた業平は、僧形の親王の姿に心を痛め、その数奇な運命を嘆き悲しんでいる。

エ　業平は隠棲してひとりで暮らす親王をいたわしく思い、都に戻る前に歌を詠んで、二人で過ごした幸せな日々を回顧している。

を母に持つ弟（のちの*清和《せいわ》天皇）が生まれたため、皇太子になることはできなかった。業平は紀氏の女性を妻としていた関係からか、かねてから親王と親交を結んでいた。

紀氏と在原氏の期待を担《にな》った惟喬親王が、二十九歳の若さで突然出家をしたのは、貞観《じょうがん》十四年（八七二）七月のことであった。髪を下ろした親王は、比叡山の麓に近い、洛北《らくほく》の小野の里に*隠棲《いんせい》した。翌年の正月、慕わしい親王に*拝謁するために、業平は深い雪を踏み分けて訪ねて行く。ひとりぼっちの親王の姿に心を痛めた彼が、都に帰ったのちに詠んで贈ったのが、「忘れては」の歌であった。業平は出家姿の親王に対面した今なお、あるいは今だからこそ、事の成り行きを「夢」ではないかと「思ふ」。そして「……思ふ／思ひきや……」という同語の反復を跳躍台として、残酷な現実から幸せであった過去へと「こころ」を飛《ひ》翔《しょう》させていく。この歌は、予想外の運命の転変に遭遇した感慨を、そのまま大づかみに捉えている。

業平は、貴族社会の華やかな社交の場において、また失意の親王の傍《かたわ》らで、折に触れて歌を詠んだ。歌は日常生活の彩《いろど》りであり、人々をつなぐ社交の具であり、(5)個の「こころ」を託すかけがえのない器でもあった。そして、それらさまざまな業平の歌には、大胆な「擬人法」や「*見立て」、倒置法や同語反復などの、鮮やかな「ことば」の技が認められる。歌全体の骨格をなす大振りな技巧は、業平の歌を特徴づけるものである。

（鈴木宏子「『古今和歌集』の創造力」による）

〔注〕アンソロジー――詩文などの選集。

各巻のテーマ――『古今集』では、「春上」「春下」「夏」「賀」「離別」など二十巻に分類されている。

意匠――工夫。趣向。

顛末《てんまつ》――事のいきさつ。一部始終。

紀貫之《きのつらゆき》――平安前期の歌人。『古今集』編纂の中心的役割を果たした。歌風は理知的・技巧的で、繊細優美な古今調を代表している。

業平《なりひら》――在原業平。平安前期の歌人。六歌仙《ろっかせん》の一人。

詞書《ことばがき》――和歌を作った日時・場所、成立事情などを述べる前書き。

薬子《くすこ》の変――八一〇年、平城遷都を主張する平城《へいぜい》上皇と嵯峨《さが》天皇が対立して二所朝廷と呼ばれる混乱が発生したが、天皇側が迅速に兵を出して勝利した政変。

大宰府《だざいふ》――律令《りつりょう》制で、筑前《ちくぜん》の国（現在の福岡県）に置かれた役所。

擬人――人間以外のものを人間にたとえて表現すること。

渡辺白泉《わたなべはくせん》――昭和初期の無季派の俳人。

瑞祥《ずいしょう》――めでたいしるし。

染殿后《そめどののきさき》明子――当時、右大臣であった藤原良房《よしふさ》の娘。

清和《せいわ》天皇――文徳天皇の第四皇子。母は藤原明子。幼少で即位したため、外祖父藤原良房が摂政《せっしょう》となった。

隠棲《いんせい》――俗世を離れて静かに暮らすこと。

拝謁――身分の高い人に会うことをいう謙譲語。

見立て――対象を他のものになぞらえて表現すること。

〔問1〕(1)『古今集』とは、歌集の〈型〉を創造した画期的な編纂物なのである。とあるが、どういうことか。次のうちから最も適切なものを選べ。

ア 『古今集』とは、人間の感情や四季の美しさを率直に歌い、見出しを設けてそれぞれの歌をことばの連想によって結びつくようにした歌集の〈型〉を創った編纂物であるということ。

現代語訳1

堀河太政大臣《だいじょう》の四十の賀が、九条《くじょう》の屋敷で行われた時に詠んだ歌

（片桐洋一「古今和歌集全評釈」による）

桜花散りかひくもれ老いらくの来《こ》むといふなる道まがふがに

（賀・三四九）

桜の花よ、散り乱れてあたりを曇《くも》らせておくれ。「老い」がやってくると言われている道が、まぎれてわからなくなるように。

「堀河の大臣」とは藤原基経《もとつね》のこと。基経は貞観《じょうがん》十七年（八七五）に四十歳となり、藤原氏の本拠地の一つである九条邸において、長寿を祝う宴が催された。列席した業平は、基経のもとに「老い」がやって来ないように、と歌う。「老い」がやって来る道があると言われるが、桜の花よ、紛々と散り乱れて視界を曇らせてしまっておくれ、と。いつまでも若々しくあってくださいという寿《ことほ》ぎの歌なのだが、その一方で、桜吹雪の向こう側から避けがたい「老い」がひたひたと近づいてくるという、冷厳な真実も見据えられている。現代の私たちは、大鎌を振りかざした西洋風の死に神のイメージを持っているが、「老い」を*擬人化したら、どのような姿になるのだろうか。昭和の無季俳句「戦争が廊下の奥に立つてゐた」（*渡辺白泉《わたなべはくせん》）などにも通じるような、(4)本来かたちのない概念を生々しく具現化する、擬人法の力が働いていよう。

業平の歌は『古今集』賀の中でも出色の名歌であるが、いささか「型破り」でもある。賀宴の歌は多くの場合、鶴、亀、松、千代、八千代、万代《よろずよ》、千歳《ちとせ》などの*瑞祥《ずいしょう》を連ねて詠まれる。業平の歌が賀歌として期待される〈型〉から逸脱していることは明らかであろう。

『古今集』雑下《ぞうのげ》に収められる歌で、『伊勢物語』八十三段でも知られる。

原文2

惟喬親王《これたかのみこ》のもとにまかり通ひけるを、頭《かしら》おろして小野といふ所に侍《はべ》りけるに、正月《むつき》に訪《とぶら》はむとてまかりたりけるに、比叡《ひえ》の山の麓なりければ、雪いと深かりけり。しひてかの室にまかりいたりて拝みけるに、つれづれとして、いともの悲しくて、帰りまうで来てよみておくりける

在原業平

現代語訳2

惟喬親王のもとによく行っていたのですが、親王は出家剃髪《ていはつ》して、小野という所にいましたので、正月にお見舞いしようと思って出かけましたところ、そこは比叡山《ひえいざん》の麓だったので、雪がたいそう深かった。無理をして親王の庵室《あんしつ》に行き着きまして、拝顔いたしましたところ、親王は所在ない様子で、何となく悲しそうであったので、京に帰って来ましてから、詠んで送った歌

（片桐洋一「古今和歌集全評釈」による）

忘れては夢かとぞ思ふ思ひきや雪踏みわけて君を見むとは

（雑下・九七〇）

つい現実を忘れてしまって、夢ではないかと思うことです。かつて一度でも思ったでしょうか、深い雪を踏み分けて、わが君にお会いすることになろうとは。

惟喬親王は文徳《もんとく》天皇の第一皇子、母は紀名虎《きのなとら》の娘の三条町《さんじょうのまち》（紀静子）である。惟喬親王は父帝に愛されたと言われるが、*染殿后《そめどののきさき》明子

五　次の文章を読んで、あとの各問に答えよ。なお、本文中に引用されている原文の後の［　］内は、現代語訳である。（＊印の付いている言葉には、本文のあとに〔注〕がある。）

四季と恋は『古今集』の、そして古典和歌の二本の柱となるテーマである。この二つを中心にして、『古今集』は人が生きる中で味わうことになるさまざまな「こころ」、たとえば子どもの誕生の喜び、長寿のめでたさ、老いの嘆き、死別の悲しみ、旅立つ者の思い、旅のさなかの哀感、日常生活の折々に心をよぎる感情などを集成し、分類している。情趣を解する人は、何をどのように感じるのか、そして、それはどのような「ことば」で表現されるのか――『古今集』は一つの歌集であると同時に、かくあるべき「こころ」と「ことば」の見本帖《みほんちょう》である。

もちろん『古今集』に先行して『万葉集』や漢詩文の＊アンソロジーが存在しており、それらの中でも何らかの基準によって詩歌《しいか》を分類・配列することが行われている。『万葉集』の中には、収集した歌をテーマによって雑歌《ぞうか》・相聞《そうもん》・挽歌《ばんか》の三つに分類したり、時代や詠作年次の順に並べたり、「花を詠《よ》む」「鳥に寄す」などの小見出しを設けてまとめたりする編纂《へんさん》の工夫が認められる。しかし、一つの歌集の中で、およそ和歌に詠まれ得るすべての「こころ」、つまり人間の感情生活の全体を網羅的・体系的に捉えて、＊各巻のテーマとして掲げたのは、『古今集』が最初であった。

『古今集』はまた、各巻内部の歌々の配列にも＊意匠を凝らしている。たとえば四季歌では、歌を並べることによって、立春から歳暮に至る四季の推移が写しとられている。恋歌では、恋の始まりから終焉《しゅうえん》に至る＊顛末《てんまつ》が描き出されている。そして連続する歌々は、ちょうどのちの時代の連歌を先取りするかのように、なめらかな「ことば」の連想関係によって結ばれている。こうしたことも『古今集』が創始した方法であった。(1)『古今集』とは、歌集の〈型〉を創造した画期的な編纂物なのである。

『古今集』を代表する歌人を一人挙げるとすれば、それはまちがいなく＊紀貫之《きのつらゆき》であるが、もしも＊業平《なりひら》の存在がなかったら、この歌集の魅力は三割がた目減りしてしまうのではないだろうか。(2)業平の歌はいかにも『古今集』的な表現技巧を駆使したものでありながら、貫之とはまた異なった特質を備えている。そして『古今集』は、そのような業平の歌に詳細な＊詞書《ことばがき》を添えて、要所に位置づけている。『古今集』の撰者《せんじゃ》たち、とりわけ貫之は、みずからの理想とは少し異なるのであろう業平の歌を、深く理解し、敬意とともに『古今集』の中に取り入れており、業平の存在は『古今集』を成り立たせる力源の一つとなっているのである。

業平は、平城《へいぜい》天皇の第一皇子である阿保親王《あぼしんのう》の五男として生まれた。母は桓武《かんむ》天皇の皇女伊都内親王《いとないしんのう》。父母双方から皇族の血をひく貴種である。しかし平城天皇は、弟の嵯峨《さが》天皇に譲位したのちの弘仁《こうにん》元年（八一〇）に、いわゆる「＊薬子《くすこ》の変」を起こして失敗、そのまま出家しており、阿保親王もこの事件に連座して、一時期＊大宰府《だざいふ》に左遷されていた。平城天皇の系譜は、業平が生まれる以前に、皇位継承とは無縁になっていたのである。

業平の歌を読んでみよう。『古今集』賀に(3)収められる歌。晴れやかな宴《うたげ》の場で詠まれた歌である。

原文1

堀河《ほりかは》の大臣《おほいまうちぎみ》の四十《よそぢ》の賀、九条《くでう》の家にてしける時によめる

在原業平《ありはらのなりひら》

く民衆を説得しないかぎり民主主義は成立しないから。

ウ　権力争いを繰り広げていく中で、政治家として国家を統治していくためには一般民衆を上手に言いくるめる必要があるから。

エ　真実を話していても、多数の民衆に正しく伝わらなければ民主主義の社会では政治家として敗者となり排除されてしまうから。

〔問5〕(5)この問答のやり方は、いささか変わっていました。とあるが、どのような点で変わっていたのか。次のうちから最も適切なものを選べ。

ア　相手が提示した命題を否定したり、パレーシアではない別の命題を対置したりするという方法をとっていない点。

イ　相手の命題を肯定し反対の命題を引き出すことで、自分の無知を自覚するというパレーシアに気づかせている点。

ウ　相手の命題を肯定することで、最初からパレーシアは人々の心の中に存在しているのだと相手に自覚させている点。

エ　相手の命題をまずは全面的に肯定してしまい、パレーシアの本来の意味をもう一度相手に考えさせるきっかけを与えている点。

〔問6〕本文全体を段落分けした場合に最も適切なものを次のうちから選べ。

ア　第1段～第3段、第4段～第6段、第7段～第14段

イ　第1段～第4段、第5段～第11段、第12段～第14段

ウ　第1段～第3段、第4段～第8段、第9段～第11段、第12段～第14段

エ　第1段～第4段、第5段～第6段、第7段～第11段、第12段～第14段

〔問7〕筆者は「いかなる虚飾も*衒《てら》いもなく、自分が確信するところの真実を、勇気をもって、危険をものともせずに語ること、これが民主主義が機能するための必須の条件である」と述べている。このことについてあなたはどのように考えるか。この文章を読んだ次の五人の発言も参考にしてあなたが考えたことを**二百字以内**で書け。五人の発言やその主旨を用いる場合は、「Aが述べているように」、「Bの意見」等、アルファベットをそのまま利用して構わない。なお、書き出しや改行の際の空欄、、や。や「などもそれぞれ字数に数えよ。

A　「率直な語り、真実を語ること、真理への勇気」を意味するパレーシアは今の社会においても大切なものだよね。

B　そうそう、パレーシアは大切。真実、真理は一つなんだから、正しいことを堂々と語らなきゃいけない。

C　真実、真理が一つっていう考えはどうかな。確かにうそは困るけど、人によってものの見方が異なることってあると思う。

D　レトリックは「うまく語ること」って書いてあったでしょう。ものは言いようっていうじゃない。ちゃんと状況を考えて話はしないと。

E　「ものは言いよう」ってそれはやっぱりうそをついているってことだよね。私もパレーシアが大事だと思うけど、一つの出来事に対して色々な見方があることも確かよね。

でも言うことができます。（第12段）

　つまりこういうことです。ソクラテスは、問答の相手が提示した命題を否定したり、それに別の真なる命題を対置したりはしません。相手の命題をまずは全面的に肯定してしまうのです。その上で、ソクラテスは、問答を通じて、この命題から、反対の命題を引き出しうることを示すのです。そうすると、自然と、相手は自分の前提が虚偽であったことを自覚するようになります。自分が真理であると信じていたことが、そうではなかったということを公然と認めざるをえなくなるわけです。言い換えれば、相手は、自分が実は何も知らなかったということを率直に認めるパレーシアを遂行せざるをえなくなるのです。だから、ソクラテス自身が真理を教えるわけではありません。そもそも、ソクラテスは、何も知らないのであり、そのことを、まさにパレーシアとしてはっきりと認めることから始まっているがゆえに、相手のパレーシアを引き出すことに成功しているわけです。（第13段）

　これがソクラテスの政治の実践でした。これが、当時のアテナイの支配層にきわめて危険な行いと見なされ、ついに、ソクラテス自身がそこから身を引いた民主主義を通じて、ソクラテスへの死刑判決が下された、ということは先ほど述べた通りです。（第14段）

（大澤真幸「社会学史」による）

〔**注**〕フーコー――ミシェル・フーコー。フランスの哲学者。
テーゼ――命題。ある判断を言葉で言い表したもの。
アテナイ――古代ギリシャの都市国家の名。現在のアテネ。
アクチュアル――現実の。
レトリック――表現効果を高めるための技法。修辞。
ソフィスト――弁論や修辞などを教えることを職業とした人。
直接民主主義――国民や住民がその代表者によらず、直接政治的決定をする考え方。
衒《てら》い――才能や知識があるようにひけらかすこと。
コミット――関わりを持つこと。

〔問1〕(1)ソクラテスはそれを戒めていた。とあるが、どのようなことか。本文の語句を用いて**四十五字以内**で説明せよ。

〔問2〕(2)牧人型の権力の支配 とあるが、それはどのようなことか。次のうちから最も適切なものを選べ。

ア　牧人が羊の群れの世話をするように、民衆が不満を主張することのない状態を統治者が保っていくこと。

イ　牧人が羊の群れを危険から守っていく中で、民衆の意見も取り入れつつ権力者が安全を保証すること。

ウ　牧人が羊の群れを訓練していく中で、民衆が自己規制できるように統治者が誘導していくこと。

エ　牧人が羊の群れを統率していくように、権力者が民衆を誘導しながら統治していくこと。

〔問3〕(3)逆説 の説明に当たる**三十字**の箇所を本文から抜き出し、そのまま記せ。

〔問4〕(4)そういうゲームで成功するためには、パレーシアよりレトリックを優先させなくてはなりません。とあるが、それはなぜか。次のうちから最も適切なものを選べ。

ア　真実を話すことよりもうまく表現することで一般民衆の心をつかみ、政治家として認められていく必要があるから。

イ　富の不平等が政治的影響力の不平等を招くので、政治家としてうま

めて危険な因子と見なされたことを示しています。（第6段）

ソクラテスの「パレーシア」をめぐる実践がどのようなものだったのか、もう少し詳しく見ておきましょう。ソクラテスは、公人としての活動を拒否したことで知られています。それは、アテナイの*直接民主主義の政治参加から身を引くということです。しかし、アテナイの市民にとって、公人として直接民主主義に参加するということはとても名誉なことですから、これを拒否するというのはよくよくのことです。（第7段）

すると、ソクラテスは政治に無関心で、私的な世界に閉じこもった、というイメージをもつかもしれません。「パレーシア」とは、それは、私的な趣味のように真理を探究したということだ、と思われるかもしれません。しかし、そうではありません。そうではない、ということを理解することが肝心です。（第8段）

まず、ソクラテスがパレーシアに忠実であろうとしつつ、他方で、民主主義の政治から撤退したということには、(3)逆説があるということを理解しなくてはなりません。もともと、パレーシアと民主主義とはまっすぐにつながっていたのです。フーコーは、パレーシアこそ本来は、民主主義の倫理的な基盤であった、と述べています。いかなる虚飾も*衒《てら》いもなく、自分が確信するところの真実を、勇気をもって、危険をものともせずに語ること、これが民主主義が機能するための必須の条件であることは、すぐにわかるでしょう。アテナイで「パレーシア」ということが大事にされたのは、そこに民主主義があったからです。つまり、もともと、パレーシアと民主主義は表裏一体の関係にあったわけです。だから、パレーシアに対して忠実であろうとするソクラテスが、民主主義の政治には*コミットしないと表明するということは、とても奇妙なことなのです。（第9段）

どうしてこんなことになったのか。それは、ソクラテスの時代のアテナイの民主主義はすでに腐敗し、堕落していたからです。もう少していねいに言えば、富の不平等から来る、政治的影響力の不平等が、民主主義に影を落としていた、ということです。そういう不平等がある中で、民主政の「ゲーム」に参加したらどうなるのか。(4)そういうゲームで成功するためには、パレーシアよりレトリックを優先させなくてはなりません。真実を言うより、言葉たくみに話して、影響力のある人や大衆の願望に迎合したり、それを操作しなくてはならなくなる。「ほんとうのこと」を率直に語る人は、そのような民主主義では敗者になり、最悪の場合には、排除されます。実際、ソクラテスの死後に出てきたアテナイの政治家デモステネスは、当時のアテナイの大多数の市民にとっては不快な真実を、隣国マケドニア王国の危険や陰謀を語ったがために、市民たちの怒りを買い、結局、亡命を余儀なくされるのです。（第10段）

ソクラテスが公人としての政治参加を拒否したのは、彼が私的なことにしか関心がなかったからではなく、むしろ、彼が真に政治的な人物だったからです。彼は、富の不平等によって歪《ゆが》められている民主主義に参加すれば、その不平等を強化することにしかならないことを理解していたのでしょう。このとき、真に政治的、真に公人であろうとすれば、かえって、私人に徹しなくてはならない、という逆説が出てくるのです。この点は、ずっと後、十八世紀の終わりころ、カントが『啓蒙《けいもう》とは何か』（一七八四年）で述べたことを思わせます。カントは、理性を公共的に使用するためには徹底した私人でなくてはならない、という趣旨のことを言っているからです。（第11段）

しかし、公人として直接民主主義の国事に関わらないのだとすると、どうやって政治をしたのでしょうか。どのようにパレーシアが活《い》かされたのでしょうか。ソクラテスが実際に行ったことは、広場に出かけて、誰彼となく市民に話しかけ、問答に巻き込むことでした。(5)この問答のやり方は、いささか変わっていました。これは、自らのまことに正直なパレーシアを通じて、相手にもパレーシアを実践させてしまう手法、と

四 次の文章を読んで、あとの各問に答えよ。(*印の付いている言葉には、本文のあとに〔注〕がある。)

*フーコーによれば、「自己への配慮」は、古代ギリシアの思想の全体を貫通している中核的な観念です。古代の成年男子は、自分自身を自分で配慮できなくてはならない。そういう自己への配慮を実現するために、どのような訓練をすればよいのか。そういうことが、古代ギリシアでは徹底的に探究され、フーコーはそれを掘り起こしています。(第1段)

たとえば、ギリシア思想の中心*テーゼとして、とりわけソクラテスの名と結びつけられているテーゼとして、「汝《なんじ》自身を知れ」という命令があります。これも、自己への配慮の思想の一部です。ただし、「一部」でしかない。ソクラテスが、*アテナイの道行く人をつかまえては説いたのは、自分にとって付属物であるようなものを、自分自身に優先させてはならない、ということです。「自分にとって付属物であるようなもの」というのは、富とか地位とかのことです。現在でも、いや現在においてはなおのこと、私たちは付属物を優先させていますが、(1)ソクラテスはそれを戒めていた。そして、自分自身に気をつけて、できるだけ善い者となるように、思慮ある者となるように配慮しなさい、と説いたわけです。これが「自己への配慮」です。(第2段)

自己への配慮ということの目的は、自己が自己自身を統治できるようにすることです。そのような自己への配慮を保持するための「生の技法」が、古代ギリシアでは探究されていた。フーコーは、この生の技法によって、(2)牧人型の権力の支配から逃れる、抵抗の拠点を確保できる、と考えていたのではないでしょうか。羊が自分で自分を統治できていれば、牧人に頼る必要はなくなるのですから。そして、牧人型の権力こそは、やがて、規律訓練型の権力、つまり近代的な権力へと成長するわけですから、フーコーの晩年の研究は、まことに*アクチュアルな問題意識に支えられていた、ということになるわけです。(第3段)

古典古代における「自己への配慮」という観念を探究する中で、フーコーの関心はやがて、「パレーシア」というギリシアの概念に集中していきます。「パレーシア」とは、率直な語り、真実を語ること、真理への勇気等を意味するギリシア語です。自己への配慮を通じて、真理へ到達した主体は、パレーシアを実践するはずです。したがって、「自己への配慮」が古代ギリシア思想の中心的な観念であるとすれば、パレーシアは、その中心の中のさらなる中心である、ということになります。(第4段)

パレーシアが何であるかを知るためには、パレーシアがことさらに強調されるとき、それが何と対比されているのか、を見ることが重要です。古典古代の文化の内部にあるもので、フーコーがパレーシアと鋭く対立する実践と見なしていたのは、「*レトリック」です。パレーシアとは、端的に言えば、「真理を語ること」です。それに対して、レトリックの眼目は、「うまく語ること」にあります。レトリックの教師の典型は、*ソフィストです。それに対して、ソフィストに対抗し、彼らの欺瞞《ぎまん》を暴《あば》いたソクラテスこそは、パレーシアの人だと言えるでしょう。(第5段)

パレーシアは、権力への対抗のための根拠となりうるでしょうか。フーコーが(密《ひそ》かに)求めていたものは、パレーシアにあるでしょうか。少なくともこういうことは言えるのではないか、と思います。パレーシアは、つまり真理についての率直な語りは、当時の権力にとっては、脅威だったのだ、と。そのことは、よく知られているソクラテスの最期《さいご》を思い起こせば、容易に想像がつきます。彼は、当時のアテナイの支配層、アテナイの民会の意志を左右できるような影響力の大きい者たちにとって、うとましく感じられた。ソクラテスは、ついに民会で死刑を言い渡され、(友人や弟子たちが逃亡を勧めたにもかかわらず)毒杯を仰いで死んだことは、パレーシアの人であるソクラテスが、体制にとってきわ

〔問2〕(2)自分の位置の優越を思い出されると、とあるが、播磨守の行動に対する家茂公の心の動きを、次の【　　】にあてはまるように**三十字以上四十字以内**で書け。

【　　　　】威圧的な目つきで播磨守をじっとご覧になった。

〔問3〕(3)しばらくは、身動きもしないで考え込んだ。とあるが、なぜか。その理由として最も適切なのは、次のうちではどれか。

ア　不始末を犯してしまった恥ずかしさのために身を小さくしながら、家茂公の思いやりをどう伝えるかを考えていたから。

イ　家茂公の心ない振る舞いに身を固くしながら、この事態をどのように乗り切るのが最善かを少しの間、考えていたから。

ウ　自分が書き上げた八文字を不満げに見ていたことを反省し、水をかけてしまった家茂公の名誉回復の策を考えていたから。

エ　幼少とはいえ将軍である家茂公に水をかけられ恥辱にまみれて、自分の進退はきわまったと、処罰のことを考えていたから。

〔問4〕(4)老いた両眼に涙をヒタヒタとたたえていたのである。とはどのような様子をあらわしているのか。その説明として最も適切なのは、次のうちではどれか。

ア　周囲の者には畏敬の涙に見えるが、書を厳しく指導してきた自分に対して思いやり深く対処された家茂公に驚き、涙ぐんでいる様子。

イ　周囲の者には安堵《あんど》の涙に見えるが、家茂公のこれまでの振る舞いを思い出して、老年に待っていた不遇に悔し涙を浮かべている様子。

ウ　周囲の者には感動の涙に見えるが、書に身を捧《ささ》げてきた自分の志が家茂公に伝わらず、あれこれ情けなくて涙がこみ上げている様子。

エ　周囲の者には羞恥の涙に見えるが、不始末を犯した自分の無礼をとがめず、守ってくださった家茂公への感謝の涙があふれている様子。

〔問5〕(5)ニコリともしなかった。とあるが、この時の様子の説明として最も適切なのは、次のうちではどれか。

ア　播磨守が「井伊公に申し上ぐるな」と口止めしたことを井伊大老は耳にして、播磨守にも怒りを感じた。

イ　井伊大老は、江戸城に集まる大名がこぞって家茂公を賛嘆するため、自分の権威低下を憂えて眉をひそめた。

ウ　播磨守が予測したとおりに、幕府最高の役職に就く井伊大老は、家茂公のあまりの幼さにあぜんとした。

エ　井伊大老は、家茂公が水をかけたことを仁愛の行為とはみなさず、悪質な仕返しであると不愉快になった。

〔問6〕本作品の表現や構成について述べた説明として最も適切なのは、次のうちではどれか。

ア　家茂公のすることが「播磨守の心を痛めた」と二度書くことで、長年ひたむきに生きてきた播磨守の姿が読者に伝わるようにしている。

イ　本文中の擬声語・擬態語はすべて片仮名で表現されており、読者に視覚的に訴えかけられるように作者の工夫が細部に徹底されている。

ウ　本文は播磨守の視点から見たものが描かれており、彼以外の登場人物の心情は、動作や会話の描写から読み取れるようになっている。

エ　「名君」という題名には、本文に描かれる家茂公のように仁徳ある君主こそが名君であるとの登場人物や作者の意識が表現されている。

様《よう》はかようでござる。*拙者今日《こんにち》はお机の前にすわって以来、しきりに*小用を催したのを、じっと辛抱いたしおったところ、老年の悲しさには、懸命にお手を執ったみぎり、つい失念して尿を少々もらしたのでござる。君前においてかかる大不敬を犯したことが、もし*大目付《おおめつけ》の耳に入ろうなら、謹慎*閉門はおろか、切腹の御沙汰にも至ろうかと、心も心ならず苦慮いたしおったのを、それとお察し遊ばした上様は、拙者の失策をご自身の悪戯でおおいかくしてたまわったのじゃ。御仁慈のほど、骨身に徹し申したわ。」

と播磨守は、(4)老いた両眼に涙をヒタヒタとたたえていたのである。

小出勢州を初め、並み居る*近衆たちは、アッとばかり膝をたたいて、家茂公の聡明《そうめい》な仁慈に感嘆の声を上げたのである。

その事があってから、この逸話は、江戸城のすみからすみへと伝えられた。登城する大名の一人から一人へと伝えられた。皆が異口同音に、名君家茂公の君徳をたたえぬ者はなかった。ただこれを聞いた井伊大老直弼《なおすけ》だけは、話を半分ほど聞くと、眉をひそめながら、

「お悪戯にもほどがあったものじゃ。」と言ったまま、話し手が家茂公をほめ上げるのを聞いて、(5)ニコリともしなかった。

（菊池寛「名君」による）

〔注〕雲騰致雨露結為霜——雲がわきおこって雨となり、露が固まって霜となる、の意。

奉書——純白できめの美しい和紙。

お草紙——練習の字や絵を書く帳面の類。

二間——約三・六メートル。

小姓——将軍のそばで日常の雑務をつとめる者。

手跡——その人が書いた文字。筆跡。

中臈《ちゅうろう》——江戸幕府の女官の一つ。

いとう——好まないで避ける。いやがる。

いっかな——どのようにしても。

青磁——青緑色をした陶磁器。

側衆《そばしゅう》——将軍のそば近くに仕える者。

大老——江戸幕府最高の役職。この時は井伊《いい》直弼《なおすけ》。

諫言《かんげん》——目上の人の非をいさめる言葉。

上下《かみしも》——江戸時代の武士の礼服。

仁慈——思いやりがあって情け深いこと。

拙者——武士が自分をへりくだっていう一人称。

小用——小便のこと。

大目付《おおめつけ》——諸務を監督する役職。

閉門——武士に科した刑罰の一つ。

近衆——近習。主君のそば近くに仕える者。

〔問1〕(1)いよいよ退屈しはじめた十四代将軍は、とあるが、この時の心情の説明として最も適切なのは、次のうちではどれか。

ア　書いても書いても終わらない書の時間にいらだち、あえて適当に筆を動かして紙を使ううちにより不機嫌になってきた。

イ　落ち着いて書に向きあえず、時々頭を上げては気乗りのしない書の時間を意識して、ますますこの場が嫌になってきた。

ウ　面倒な書の時間にお気に入りの従者は相手になってくれず、漢字を書くことがますます面白くないものになってきた。

エ　書の時間に真面目に取り組むつもりはなく、難しい漢字を避けて適当に書くうちに、次第に気持ちが離れてしまった。

ろは仮名のおけいこが済んで、漢字のお習字に移ることになって、彼はお相手として特に召し出されたのである。林家の人々などを、差しこえてのこうした沙汰は、彼として絶大な名誉であった。彼は、老後のすべてをお役目のために尽くそうとしている。そして将軍家の御*手跡を少しでもよくすれば、この上の御奉公はないと思っている。

ところが、肝心の家茂公は、彼が手を執って、教え始めてから、一字一画も、まじめに書いたことはない。いろは仮名のけいこのお相手が、大奥の*中臈《ちゅうろう》であったためだろう、習字といえば、ただ悪戯をして、時間をつぶしさえすればいいと思っているらしい。

幼少のおりから、きびしい師について、一点一画も、ゆるがせにしないようにと教えられた播磨守は、書道に対してかなり敬虔《けいけん》な心持ちをいだいている。彼は、口を漱《ゆす》いで手を浄《きよ》めたあとでなければ筆を執ったことさえない。それだのに、家茂公は彼の面前で、悪戯ばかりしている。書を書くことの尊さを少しも知っておられない。慰み事か、弄《あそ》び事か何かのように、書を瀆《けが》している。家茂公のなすことがすべて、播磨守の心を痛めた。七十を三つも越している一徹な播磨守の心を痛めた。彼は、どうにかして、主君のこうした心がけを矯《なお》さなければならないと思った。そのためには、たとい御不興をこうむろうとも、お役御免になろうとも、*いとうところはないとまで思っていた。おけいこの日が重なるにつれて、彼の決心はいよいよ堅くなって来た。ところが、今日は家茂公の悪戯が、いつもよりも、もっとひどい。一字だってまじめには書かれないのである。

白絹のようにつやつや光る奉書を、五、六枚もむだにして、さらに幾枚目かの紙に、でたらめな曲線を書かれようとした時である。播磨守は無言のまま家茂公の筆を持った手のひらを、キュッと握りしめた。家茂公は、ハッと本能的におどろかれたようであるが、すぐ子供ながらに、(2)自分の位置の優越を思い出されると、威圧的なはげしい目つきで播磨守の顔を、じっと見られた。が、播磨守はビクともしなかった。彼は、柔らかい小鳥のように生温《なまぬる》い掌《て》を、意識して強く、少しは懲罰的に痛さを感ぜしめるくらいに強く握りしめながら、奉書の上に『雲騰致雨露結為霜』と、書かせた。家茂公は、筋ばった手のひらで握りしめられる痛みに、堪えかねて、中途で二、三度振りほどこうとした。が、播磨守は、*いっかな放さなかったが、その八文字がスッカリ書きおえられた時である。播磨守が、その堅い把握の手をゆるめて、じっと両手を膝に置きながら、公が書いたというよりも、自分の書いた八字にながめ入った時だった。赤くなった右の手のひらをじっと見ていた家茂公は、机の上にあった*青磁の水入れを、持って立ち上がると、いきなりたっぷりとたたえられていた水を、播磨守の白髪の頭へ、ザブリとかけたまま、「わあっはははわあっははは」と、笑いながら大奥の方へ走り込まれたのである。

一徹な播磨守は、主君から——幼少な年齢から来るいたずらではあるとはいえ——はげしい侮辱を受けたので、頭から落ちるしずくをぬぐいもやらず、机に両手をかけたまま、(3)しばらくは、身動きもしないで考え込んだ。

おどろいてかけ寄ったお*側衆《そばしゅう》の小出勢州《こいでせいしゅう》は、懐紙を出して、播磨守の額から顎にかけてふきおろしながら、

「あまりのお悪戯じゃ。御幼少であるとはいえあまりな御乱行じゃ。御主君とはいえ、心外でござろう。拙者から、御*大老に申し上げて、きつい御*諫言《かんげん》を申し上げることにいたそう。御勘弁なされい、御勘弁なされい！」と、気の毒そうに慰めた。

播磨守は、黙然として勢州のふくのにまかせていたが、ぬれた*上下《かみしも》の威儀を正すと、心持ち声を落としながら、

「井伊《いい》公に申し上ぐるなど、軽はずみな事をしてくださるな。今日という今日は、上様の御*仁慈のほどが骨身に徹《こた》え申したわ。勢州殿、有《あり》

二〇二〇年度

都立戸山高等学校

【国語】（五〇分）〈満点：一〇〇点〉

一 次の各文の――を付けた漢字の読みがなを書け。

(1) 世界で僅少の草花。

(2) 水稲の作付け面積を増やす。

(3) 法令を遵守する。

(4) 繊細な透かし彫り。

(5) 目標を公言して自縄自縛に陥る。

二 次の各文の――を付けたかたかなの部分に当たる漢字を楷書で書け。

(1) ハイスイの陣を敷く。

(2) 市政のサッシンに乗り出す。

(3) 勝敗をキソう。

(4) 平和をキキュウする。

(5) 二つの国はイチイタイスイの間柄にある。

三 次の文章を読んで、あとの各問に答えよ。（＊印の付いている言葉には、本文のあとに〔注〕がある。）

十四代将軍家茂《いえもち》公は、さっきから悪戯《わるさ》ばかりしている。戸川播磨守《とがわはりまのかみ》が、懸命に書いた千字文《せんじもん》のなかの＊『雲騰致雨露結為霜』という楷書の立派なお手本の方などは見向きもしないで、＊奉書の＊お草紙の上に、やたらに筆をのたくらせている。雲と書き始めた文句が、雨とならないうちに、筆がのたくって、竜のようなめちゃくちゃな曲線を、幾つも書いている。一番最初の雲という字でさえ、まだハッキリとした形を成していない。まして騰《のぼ》るといったようなむずかしい字は、まるで書く意志がないらしい。雲の形が、中途からくずれ出して、雲中の竜のようなでたらめな曲線になってしまうのである。そして、時々目がお草紙から離れて、かたわらの金蒔絵《きんまきえ》の火鉢の方に移って行く。が、その火鉢の手ざわりの柔らかそうな灰に立てられている線香は、まだ半分もたっていない。それを見ると、(1)いよいよ退屈しはじめた十四代将軍は、＊二間ばかりの下座《しもざ》にかしこまっているお気に入りの＊小姓の一人に、目顔で笑いかけて見る。が、小姓が案外まじめくさっているので、また仕方なしにお草紙に雲と書き始める。が、雲はいつまでたっても、混沌《こんとん》としたままである。雲と書き始めた筆が自由に活発に紙の上を、無意味に一巡すると、家茂公は手荒く新しい紙をめくる。さっきから、何枚まで新しい御献上物の奉書をむだにしたかもしれない。奉書のお草紙は、十五枚綴《と》じになっている。線香の方はともかくも、お草紙の方さえ片が付けば、その日のおけいこは終わったことになるのだ。線香がなかなかたたないと見てとった家茂公は、今度は非常手段に出て、お草紙の方を、なすりつぶそうとしているのである。

戸川播磨守安清《やすきよ》は、黙然として家茂公の乱行を見ていた。彼が、習字のお相手として召し出されてからまだ一月もたっていない。片仮名やい

英語解答

1 A　＜対話文１＞　ウ

＜対話文２＞　エ

＜対話文３＞　イ

B　Q１　ウ

Q２　They should tell a teacher.

2〔問１〕　A…エ　B…イ　C…ウ

D…ア　E…カ　F…オ

〔問２〕　(2)-a…オ　(2)-b…ア

(2)-c…ウ　(2)-d…エ

〔問３〕　イ　〔問４〕　ア

〔問５〕　the same　〔問６〕　ウ，キ

3〔問１〕　イ　〔問２〕　エ

〔問３〕　オ　〔問４〕　ア

〔問５〕　ウ　〔問６〕　イ，キ

〔問７〕　(例) The dyeing industry has developed near *Marumogawa* since around 1910. Workers built dyeing factories in Yurinoki City because they needed fresh water for businesses. They had to put dyed cloth in water and wash the paste away. So, you can say that *Marumogawa* is connected with textile dyeing in Yurinoki City.(51語)

1〔放送問題〕

〔問題A〕＜対話文１＞≪全訳≫トム(T)：妹〔姉〕に誕生日プレゼントを買うつもりなんだ。リサ，僕と一緒に行ってくれる？／**リサ(L)**：もちろんよ，トム。／**T**：明日は空いてる？／**L**：ごめんなさい，明日は行けないの。妹〔お姉〕さんのお誕生日はいつ？／**T**：次の月曜日だよ。じゃあ，今度の土曜日か日曜日はどう？／**L**：私は土曜日がいいな。／**T**：ありがとう。／**L**：何時にどこで待ち合わせようか？／**T**：11時に駅でどう？／**L**：了解。じゃあそのときに。

Q：「トムとリサはいつ彼の妹〔姉〕の誕生日プレゼントを買いに行くつもりか」─ウ．「次の土曜日」

＜対話文２＞≪全訳≫ボブの母(B)：もしもし。／**ケン(K)**：もしもし。ケンです。ボブとお話しできますか？／**B**：こんにちは，ケン。ごめんなさい，ボブは今，出かけてるの。後であの子からかけ直させましょうか？／**K**：ありがとうございます，でも，僕も今から出かけないといけなくて。伝言をお願いできますか？／**B**：もちろんよ。／**K**：明日，僕の家で一緒に宿題をすることになってるんです。彼に数学のノートを持ってきてくれるよう頼んでおいてもらえますか？　彼にききたい質問がいくつかあるんです。／**B**：わかったわ，伝えておくわね。／**K**：ありがとうございます。／**B**：どういたしまして。

Q：「ケンがボブにしてほしいことは何か」─エ．「数学のノートを持ってくること」

＜対話文３＞≪全訳≫ユミ(Y)：こんにちは，デービッド。何の本を読んでるの？／**デービッド(D)**：やあ，ユミ。浮世絵に関する本だよ。先週，美術の授業で浮世絵について習ったんだ。／**Y**：なるほどね。私も浮世絵について習ったわ。今なら市の美術館で浮世絵が見られるわよ。／**D**：ほんと？　そこへ行ってみたいな。僕の国にも浮世絵を所蔵している美術館がいくつかあるんだ。／**Y**：えっ，ほんとに？　それはびっくりだな。／**D**：１度そこへ浮世絵を見に行ったことがあるんだ。日本でも見てみたいな。／**Y**：私は先週末，市の美術館に行ってきたわ。すごくおもしろかったな。あなたも行ってみるべきよ。

Q：「ユミが驚いたのはなぜか」─イ．「デービッドが自分の国にも浮世絵を所蔵する美術館がある

と言ったから」

〔問題Ｂ〕≪全訳≫私たちの学校へようこそ。私はリンダ，この学校の２年生です。今日は私たちが皆さんを連れてこの学校をご案内することになっています。／私たちの学校は2015年に建てられたので，まだ新しいです。今，私たちがいるのが体育館です。図書館からスタートして，図書館の利用の仕方を説明します。それから教室と音楽室を見て，最後に食堂へ行く予定です。そこで他の生徒や先生方と会うことになっています。／その後，歓迎会を開く予定です。／他にも皆さんにお伝えしたいことがあります。校舎の前で集合写真を撮影しましたよね。そのときの写真が欲しい方は，明日先生に申し出てください。何かご質問はありますか？　では出発しましょう。一緒に来てください。

Ｑ１：「日本の生徒たちはどこで他の生徒や先生と会うか」―ウ．「食堂」

Ｑ２：「日本の生徒たちは写真が欲しい場合，明日何をすればよいか」―「先生に伝えればよい」

２〔長文読解総合―会話文〕

≪全訳≫**1**チサト，リョウタロウ，ハナエは東京の高校生である。ある日，彼らは理科室でアメリカ出身の理科の教師ブラウン先生に会った。**2**チサト（Ｃ）：こんにちは，ブラウン先生。**3**ブラウン先生（Ｂ）：こんにちは，皆さん。**4**リョウタロウ（Ｒ）：ブラウン先生，何をなさっているのですか？**5**Ｂ：今度の土曜日に中学生のために特別授業をするんです。それで準備をしています。**6**ハナエ（Ｈ）：何を話すのですか？**7**Ｂ：動物の睡眠習慣です。この図を見てください。これはいろいろな動物の睡眠時間を表しています。これをつくるのに私はこの本からたくさんの情報をもらいました。**8**Ｒ：動物によって大きな違いがありますね。**9**Ｈ：20時間ほど寝る動物もいれば，すごく短い動物もいます。**10**Ｂ：そのとおり。私たちはみんな睡眠を必要としており，１日のだいたい３分の１は眠っています。でも，科学者たちはなぜ私たちが睡眠を必要とするのかわかっていません。どんな動物も眠る必要がありますが，(2)-a動物によっては私たちのように８時間眠るのが必ずしも良いわけではありません。**11**Ｃ：この図からは夜に眠る動物と昼間に眠る動物の違いもわかります。**12**Ｒ：本当だ。猫と犬が眠る時間数はほとんど同じですね。犬はほとんどいつも夜に寝ているけれど，猫は昼間ほとんどいつも寝ています。**13**Ｃ：コウモリが夜行性なのは知っていました。実際，１日の大半は寝ていますね。**14**Ｒ：どんな動物も１日に１度だけ眠るのだと思っていましたが，１日に何度も眠る動物もいるんですね。**15**Ｂ：君がそう思っていたとしても驚かないですよ。**16**Ｈ：この図から，馬は１日に何度も眠るけれど，象は１度しか眠らないことがわかります。両方とも草食だけれど，睡眠習慣は違うんですね。**17**Ｒ：そして両方とも睡眠時間が短いです。**18**Ｂ：いいところに気がつきましたね。では，なぜ彼らはそんなに睡眠時間が短いのでしょう？**19**Ｈ：彼らは草食動物だから，眠っている間にライオンのような肉食動物が攻撃してくるかもしれないからだと思います。**20**Ｂ：馬についてはそのとおりです。**21**Ｈ：象はどうなんですか？**22**Ｂ：赤ちゃん象がライオンに襲われることはあるけれど，親はありえません，彼らはとても大きいから。彼らは植物だけを食べて…**23**Ｃ：わかりました！　彼らは満腹にならないんです，植物から得られるエネルギーが少ないから。**24**Ｂ：そのとおり。彼らは普通襲われることはないので，睡眠を数回に分ける必要はありません。しかし，彼らは植物を食べるために長い時間が必要なのです。その結果，(2)-b体の大きさのせいで彼らの睡眠時間は短くなるのです。一方，馬はいつ襲われるかわからないので，彼らは睡眠を何度にも分けなくてはなりません。**25**Ｒ：馬は長い時間ぐっすり眠れなくてかわいそうですね。**26**Ｂ：そのうえ，周囲で何か危険なことが起こったときにいつでも走れるようにしておかなくてはならないから，彼らは立ったまま眠ります。**27**Ｒ：信じられない。**28**Ｂ：もちろん，彼らはときどき深い眠りのために横になる必要があります。どういうことかというと，数頭の馬が横になって深く眠っている間，他の馬が周囲の状況に気を配るために立って寝ています。集団全体で２通りの睡眠を使うことで，そのメンバーは交代で深い睡眠をとるのです。**29**Ｒ：すごい！**30**Ｂ：しかし，彼らが眠るために横になるのは10分ほどです。31H：そんなに短い時間でしっかり休めるとは思えません。32C：ブラウン先生，この図の中でグンカンドリの睡眠時間が一番短いですね。どうしてですか？33B：グンカンドリは海鳥の仲間で，止まらずに何週間も飛ぶことができます。34C：飛んでいる間は眠らないということですか？35B：いい質問ですね。飛ぶのにはエネルギーを多く使います。だから長い間，(4)鳥を専門に研究する科学者たちは，この鳥が何らかの方法で眠らなくてはならないと考えていました。しかし，彼らがどうやって空中で眠るのかはわかりませんでした。数年前，ある科学者のグループが15羽のグンカンドリを捕まえてその頭に小さな機器をつけて，もう１度放ちました。彼らは飛行中の鳥の脳波を調べました。鳥たちは１度も休まずに10日間3000キロの旅をしていました。ついに，そのチームはグンカンドリが飛びながら実際に眠っていたことを発見したのです。36C：へえー。グンカンドリは飛ぶのと眠るのを同時にできるんですね。37B：毎日彼らは合計で40分ほどしか眠りませんが，１回１回の睡眠はたった10秒ほどの長さです。38R：飛んでいるときに眠ってしまうと海に落ちてしまいますか？39B：いいえ。実は，眠りに入るのはいつも風に乗って上昇しているときでした。40R：ああ，なるほど。41B：彼らが空中で眠っているとき，脳の片側だけが休んでいて，もう一方の側は目覚めているのです。42H：小学生のとき，イルカがそのようなやり方で寝ていると習いました。彼らの脳の左側が眠っているときは右目が閉じます。脳の右側が眠っているときは左目が閉じます。彼らの眠り方は，海面に上がって空気を取り入れるために必要なのです。それはまた，彼らに害をなすかもしれない魚から彼らを守ります。43B：そうですね。でもグンカンドリは空高く飛んでいて，攻撃してくる動物はいません。44C：ではなぜ彼らの脳は交代で休まなくてはならないのですか？45B：１つの理由は，(2)-c彼らは海の上を飛んでいる途中に海面で休めないことです。46C：海鳥なのにそれができないなんてびっくりです。47B：実は，彼らの羽は水に弱いのです。もしぬれたら，グンカンドリは飛ぶのが難しくなってしまいます。海面にいたら大きな魚に食べられてしまうかもしれません。48R：だから，彼らは飛び続けなくてはならないんですね。49B：そのとおり。別の理由は，どこに向かっているかを見ているために一方の目を開けておかなくてはならないことです。それに飛んでいる間に他のグンカンドリにぶつかりたくないですから。50C：すごい。51B：もう１つびっくりさせてあげましょう。グンカンドリはときどき脳の両側を同時に休ませます。52H：飛んでいる間に深く眠るのですか？53B：そうです。さっき言ったように，１回１回の睡眠はとても短くて上昇中に眠りに入ります。だから絶対に海には落ちません。54H：なるほど。55B：でもグンカンドリは陸上では約12時間眠ります。56全員が笑う。57B：海の中にすむ動物や鳥の中には，１度に脳の半分しか眠らせないとわかっているものがあります。一部の科学者は最近，私たちが慣れない環境にいるときに同様のことが私たちの脳でも起きているのかもしれないと考えています。58R：どういうことですか？59B：例えば，これまでホテルで眠ったり，キャンプに行ったり，友達の家に泊まったりしたことがあったら，次の日に眠かったり疲れたりしていたことがあるでしょう。60R：はい，僕はあります。61B：新しい場所で眠るとき，特別なことが私たちの脳の中で起こっているのです。脳の片側だけが眠りに落ちるけれど，もう一方の側が起きている。この理由は明らかではありませんが，(2)-d左脳のどこかの部分が「夜警」としてはたらいているからかもしれません。62C：それはつまり，左脳は周囲を見張っているということですね？63B：そのとおり。64H：私たちの脳もグンカンドリと同じ睡眠の仕組みを持っているのかもしれませんね。65B：そうです。なぜ一部の動物がそんなふうに眠るのか，科学者たちが解明してくれるといいですね。66R：ありがとうございました，ブラウン先生。とても楽しかったです。67B：皆さんとお話しできて楽しかったです。これで，中学生に何を話せばいいかヒントをもらいました。68C：お話しできて楽しかったです。69H：特別授業がうまくいきますように。70B：ありがとう。きっとおもしろいものになると思います。

〔問１〕＜要旨把握―図を見て答える問題＞Ａ．第16，17段落参照。象は１日に１度だけ寝て，しかも時間が短いとある。　B・C．第12段落参照。昼間に寝る猫がB，夜に寝る犬がC。　D．第13段落参照。一番睡眠時間が長く昼間寝ているのはコウモリ。　E・F．第16段落より，馬は複数回に分けて眠るとあるのでEかFになる。第32段落にグンカンドリの睡眠が最も短いとあるので，Fがグンカンドリ，Eが馬となる。

〔問2〕＜適文選択＞⑵-a．「どんな動物も眠る必要がありますが」に続く内容として適切なのは，動物がみんな8時間眠るわけではないというオ。not always は「いつも〔必ずしも〕～というわけではない」という部分否定の表現。　⑵-b．「体が大きい」→「たくさんの植物を食べなくてはならない」→「食べるのにたくさんの時間が必要になる」→「睡眠時間が短くなる」という流れを読み取る。　⑵-c．グンカンドリの脳が交代で休む，つまり完全に休まない理由を答える文。この後に続く内容から，海面に下りて休めないからというウが適切。on「～に接触して」と over「～の上を，～を越えて」の意味の違いに注意。　⑵-d．直後のチサトの発言と同様の内容のエが適切。

〔問3〕＜英文解釈＞下線部⑶you thought so の so は「そのように，そう」の意味。you はリョウタロウを指し，リョウタロウは直前で I thought every animal sleeps just once a day と言っているので，この every 以下と同様の内容を表す，イ．「ほとんどの人は普通1日1回眠るので，リョウタロウは他の動物も人間と同じように眠るのだと想像した」が適切。

〔問4〕＜整序結合＞前後の文脈より，「(科学者たちは)これらの鳥が(何らかの方法で)眠る必要があると考えていた」という文ができると考え，これを(scientists) thought that these birds had to sleep (in some way)と組み立てる。sleep が原形なので had to の後にくると見抜くのがポイント。残りの語は who を関係代名詞として scientists を修飾する部分に使う。　…, scientists who especially study birds thought that these birds had to sleep in some way.

〔問5〕＜適語句補充―共通語＞⑸-a・⑸-b. at the same time「同時に」　⑸-c. ‘the same ～ as …’「…と同じ～」　第12段落に the same がある。

〔問6〕＜内容真偽＞ア．「ブラウン先生は中学生になぜ動物は睡眠が必要かを教えることにしている」…×　第10段落参照。動物に睡眠が必要な理由はわかっていない。　イ．チサトはコウモリが昼間は寝ていて夜間はずっと起きていることに気づいた」…×　第13段落参照。　ウ．「リョウタロウは馬が寝ている間も普通立ったままであると知って驚く」…○　第26，27段落に一致する。

エ．「ハナエはイルカが眠っている間に一方の目を閉じることを知ったところだ」…×　第42段落参照。小学生のときから知っていた。　オ．「グンカンドリは他の鳥から身を守らなくてはならないので，空中では眠らない」…×　第35段落最終文および第43段落参照。飛んでいるときも眠る。また，襲われることもないので外敵から身を守る必要はない。　カ．「一部の科学者が人間の脳がイルカに似た睡眠の仕組みを持っていることを発見した」…×　第57段落第2文参照。まだ have found「発見した」わけではなく，think「考えている」段階である。　キ．「人間の脳の右側は，慣れない環境で眠っている間に眠っている」…○　第61段落参照。左脳が「夜警」としてはたらいているということは，右脳は眠っているということ。

3〔長文読解総合―説明文〕

≪全訳≫❶ユリノキ市の新しい美術館がまもなく開館する。その美術館では，来館者は日本の伝統的な染織の展示を数多く見られる。市民は来館者が市の有名な産業に興味を持ってくれることを望んでいる。市には，織物の色を染料で変える染織工房がたくさんある。美術館のそばにはこれから小さい公園がつくられ，小川がそこを流れることになっている。昔懐かしい大好きな小川が戻ってくるので人々は喜んでいる。小川の名前はスミヤ川だ。スミヤ川はマルモ川の支流の1つだった。スミヤ川はユリノキ記念公園から流れ出し，市中を通り抜けていた。マルモ川の別の支流であるエイダ川はかつてツジタニ町を流れ，市の交通網の中心であるツジタニ駅に達していた。以前，マルモ川には多くの支流があったが，そのほとんどは1960年前後に市内にニュータウンがつくられたときに地下に埋設された。スミヤ川とエイダ川もそうだった。現在の人々はエイダ川をツジタニ駅近くの町名として知っている。ツジタニ町ではエイダ川復活を含む大きなプロジェクトがある。もうすぐ，新しいユリノキ美術館を訪れる人々はエイダ川沿いの人々のようにスミヤ川からのそよ風を楽しめるだろう。❷ユリノキ市の北部には，コマガオカという丘の上にナナサカ高校が立っている。その高校の西側を見ると変わった景色が見える。主要道路にほぼ沿って走る裏通りがちょうど谷のようになっている。その道に面して何軒かの家が，川の側壁のようなものの上に立っている。建物と建物の間には別の裏通りに通じる階段がある。さらにその裏通りは緩やかなカーブを描いている。そこに何があったか想像できるだろうか。❸その奇妙な裏通りはかつてはナル川という小川で，150年ほど前はマルモ川本流に流れ込んでいた。現在，実際のナル川は全然見えず，ただマルモ川まで続く裏通りがあるだけだ。この種の通りはしばしば暗渠《あんきょ》と呼ばれる。暗渠とは多くの場合，地下を流れる蓋をした川や水路だと思われているが，ここでは暗渠は，かつて川や灌漑《かんがい》用水，あるいは覆いのない水路だった場所である。だから暗渠では(2)<u>なくなった流れの痕跡を見つけることができる</u>。いくつかの暗渠は他の地域より低く，谷のように見える。他の暗渠は狭くて車は通り抜けられず，ジグザグで，主要道路からくる別の道にぶつかるものもある。暗渠の中には遊歩道，すなわち公共の歩道となったものもあり，人々はそこを歩くことで失われたもともとの流れをたどることができる。暗渠ではときどき橋の欄干のようなものが見られ，ずっと昔に流れていた小川にかかる橋が本当にあったことがわかる。これら全ては小川が地上にあったときどのように流れていたかを想像するのに役立つ。❹／→Ｃ．400年ほど前，人々はユリノキ地区にいくつかの町を建設し，輸送網として水路をつくった。／→Ｂ．その後，約150年前に，人々はこれらの水路を灌漑と地域の産業のために使い始めた。／→Ｄ．同時にその地域に住む人の数が急速に増加し，いくつかの水路は汚れ，水がときどき地上にあふれた。／→Ａ．人々はこれらの問題を解決しようとし，いくつかの小川や水路を地下に埋設することにした。／彼らはこれらの水路のいくつかに蓋をして道路に変えた。現在，人々はそうと知らずにこれらの暗渠を歩いているが，ユリノキ市の暗渠のほとんどにこのような歴史がある。❺ナナサカ高校の近くにマルモ川の別の暗渠がある。ハネ川はかつてコマガオカの東側を流れ，その地域の水田を通って本流のマルモ川に流れ込んでいた。水田は大規模な織物工場となったが，今日でもその地区を歩けば(4)<u>昔の川の流れを想起させるものが見られる</u>。工場わきの狭い裏通りが歴史を物語ってくれる。❻17世紀に，コマガオカに馬場がつくられ，多くの武士がその馬場に来て馬術の練習をした。当時，人々はその丘をコマガオカと呼んでいなかったが，それらの武士が丘の上にその馬場があったことから新しい名前をつけた。‘コマ’という言葉は馬に由来する。地元の人々は親切で武士を歓迎したので，彼らに感謝するために何かしたいと考えた武士もいた。彼らは地元の神社で馬上の弓術を披露した。これが流鏑馬《やぶさめ》，すなわち馬に乗りながら行う日本の伝統的な弓術の始まりである。流鏑馬を行うことによって，武士はコマガオカの平和と地元の人々の米の豊作を祈った。流鏑馬はかなりの間取りやめられていたが，50年ほど前，もとのスミヤ川が地下に埋設されたとき，町の新たな始まりを祝福するために再開した。❼現在では，人々は流鏑馬と小川の流れの両方を楽しめることを喜んでいる。

〔問１〕＜適語選択＞(1)-a．主語 most of them の them が受けるのは同じ文の前半にある many branches「多くの支流」。「支流が地下に(　)」という文脈から考える。buried は bury「～を埋める」の過去分詞。　(1)-b．後ろの to another back street という語句を伴って「別の裏通りに<u>通じる</u>」という意味で直前の some stairs を修飾する現在分詞 leading が適する(現在分詞の形容詞的用法)。

〔問２〕＜整序結合＞文頭に So「だから」があるので，並べかえる文は，前の文で述べた内容の‘結果’となる部分である。前の文の「暗渠はかつて川や水路だった場所」という内容と与えられた語群から，「その印を見つけることができる」という意味になると推測できる。すると，you can find the signs が，まずまとまる。残りは the signs を修飾する語句として of the lost flow「失われた流れの」とする。　…, you can find the signs of the lost flow.

〔問３〕＜文整序＞前後の内容から，空所を含む第４段落では，かつて小川が地上を流れていた時代からの変遷について述べられていると判断できる。時系列順に「400年前」のＣ→次に「150年前」のＢを続ける。Ａの those problems はＤの水の汚染や流れのはんらんを指すと考えられるので，Ｄ→Ａとまとめる。水路が灌漑や地域産業に利用されると同時に人口が増え汚染問題が生じたと考えられるので，Ｂの後にＤが続くとわかる。

〔問４〕＜適語句選択＞直後の文の「狭い裏通り」が昔の川の跡と考えられるので「あなたに昔の流れを思い出させるものを目にする」という文にする。‘remind＋人＋of ～’「〈人〉に～を思い出させる」の形。

〔問５〕＜要旨把握―地図を見て答える問題＞第２段落～第３段落第１文の記述から，100年前の地図のほぼ中央を南から北に流れている川が，ナル川だと判断できる。エイダ川，スミヤ川については明確な位置が地図上で特定できず，ハネ川は第５段落より高校のある丘の東側とわかるので地図から外れている。なお，２枚の地図の上部に東西に流れている大きい川はマルモ川本流と考えられるが，選択肢にはない。

〔問６〕＜内容真偽＞ア．「新しい美術館の来館者は，その市に多くの染織工房があると知って喜ぶだろう」…×　このような記述はない。　イ．「スミヤ川は新しい美術館のそばの小さい公園を流れるだろう」…○　第１段落第５文および第７文参照。　ウ．「人々は新しいユリノキ美術館とツジタニ町で同じ支流からのそよ風を楽しめるだろう」…×　前者はスミヤ川，後者はエイダ川である。　エ．「暗渠が地下を流れていると考えがちな人もいれば，暗渠はかつて灌漑用の運河や水路として使われていたと考える人もいる」…×　第３段落第４文参照。多くの場合，人は前者と考える。　オ．「もしある種の橋の欄干を見かけたら，そこにはかつて駅があったと考えてよい」…×　小川にかかる橋の名残である。　カ．「ほとんどの人はユリノキ市の暗渠は似たような歴史を持っていると知っている」…×　このような記述はない。　キ．「コマガオカという名前は武士がその丘で馬術を練習するためにその場所に来てから広まった」…○　第６段落第１，２文参照。武士がコマガオカと名づけた。　ク．「かなりの間，人々は流鏑馬を行わなかったが，約50年前にもとのスミヤ川を祝ってそれを再開した」…×　第６段落最終文参照。もとのスミヤ川が地下に埋設されたときに，町の新たな始まりを祝うために再開された。

〔問７〕＜テーマ作文―グラフを見て答える問題＞（質問の訳）「グラフからわかった１つのことについて書きなさい。その事実からどのようなことがいえますか」　（解答例訳）「1910年頃以来，マルモ川の近くで染織業が発達してきた。仕事にきれいな水が必要だったので，職工たちはユリノキ市に染織工場を建てた。彼らは染めた布を水につけてのりを洗い流さなければならなかった。だから，マルモ川はユリノキ市の染織に結びついているといえる」

数学解答

1 〔問1〕 $4\sqrt{3}-3\sqrt{2}$

〔問2〕 $x=-1,\ -\dfrac{2}{3}$

〔問3〕 $x=-3,\ y=\dfrac{1}{2}$ 〔問4〕 $\dfrac{18}{25}$

〔問5〕 右下図1

2 〔問1〕 32cm^2

〔問2〕 $(m,\ n)=(1,\ 5),\ (4,\ 2),\ (9,\ 1)$

〔問3〕 $m=1,\ a=1,\ 4$

3 〔問1〕 24° 〔問2〕 $\dfrac{49}{2}\text{cm}^2$

〔問3〕 (例)△BGHと△DIHについて，∠BGH＝∠DIH＝90°……① 対頂角は等しいので，∠BHG＝∠DHI……② 三角形の内角の和は180°であるから，①，②より，∠GBH＝∠IDH……③ △AEFと△ACFについて，③より，∠ABC＝∠ADEであり，$\overset{\frown}{\text{AC}}$に対する円周角は等しいので，∠ABC＝∠AFC $\overset{\frown}{\text{AE}}$に対する円周角は等しいので，∠ADE＝∠AFEであるから，∠AFE＝∠AFC……④ 辺AFは円Oの直径であるから，∠AEF＝∠ACF＝90°……⑤ 共通な辺であるから，AF＝AF……⑥ ④，⑤，⑥より，直角三角形の斜辺と1つの鋭角がそれぞれ等しいので，△AEF≡△ACF

4 〔問1〕 (1) 下図2 (2) $\dfrac{24}{11}$秒後

〔問2〕 2回，$108\sqrt{2}\text{cm}^2$

〔問3〕 $\dfrac{256}{3}\text{cm}^3$

図1
(例)

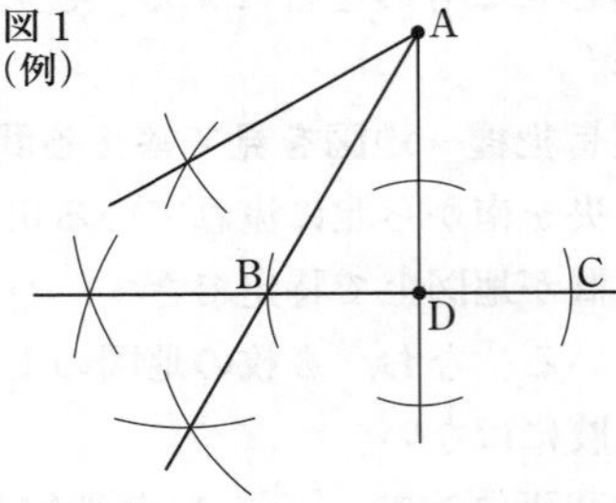

図2

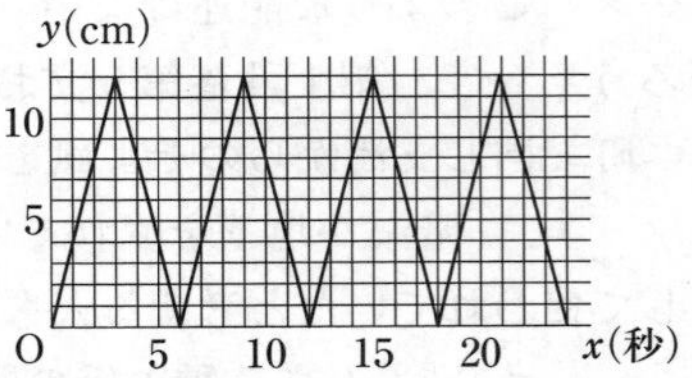

1 〔独立小問集合題〕

〔問1〕＜平方根の計算＞与式＝$\dfrac{6-(3\sqrt{6}-4\sqrt{3})}{\sqrt{3}}-(3-2\sqrt{3}+1)=\dfrac{6-3\sqrt{6}+4\sqrt{3}}{\sqrt{3}}-(4-2\sqrt{3})=\dfrac{6}{\sqrt{3}}-\dfrac{3\sqrt{6}}{\sqrt{3}}+\dfrac{4\sqrt{3}}{\sqrt{3}}-4+2\sqrt{3}=\dfrac{6\times\sqrt{3}}{\sqrt{3}\times\sqrt{3}}-3\sqrt{2}+4-4+2\sqrt{3}=\dfrac{6\sqrt{3}}{3}-3\sqrt{2}+2\sqrt{3}=2\sqrt{3}-3\sqrt{2}+2\sqrt{3}=4\sqrt{3}-3\sqrt{2}$

〔問2〕＜二次方程式＞$x^2-x-6+x^2+6x+9=1-x^2$，$3x^2+5x+2=0$となるので，解の公式より，$x=\dfrac{-5\pm\sqrt{5^2-4\times3\times2}}{2\times3}=\dfrac{-5\pm\sqrt{1}}{6}=\dfrac{-5\pm1}{6}$である。よって，$x=\dfrac{-5-1}{6}$より，$x=-1$となり，$x=\dfrac{-5+1}{6}$より，$x=-\dfrac{2}{3}$となる。

〔問3〕＜連立方程式＞$\dfrac{x-1}{2}+2(y+3)=5$……①，$2(x+5)-\dfrac{4y+1}{3}=3$……②とする。①×2より，$x-1+4(y+3)=10$，$x-1+4y+12=10$，$x+4y=-1$……①′ ②×3より，$6(x+5)-(4y+1)=9$，$6x+30-4y-1=9$，$6x-4y=-20$……②′ ①′＋②′より，$x+6x=-1+(-20)$，$7x=-21$ ∴$x=-3$ これを①′に代入して，$-3+4y=-1$，$4y=2$ ∴$y=\dfrac{1}{2}$

〔問4〕＜確率―数字のカード＞袋A，袋Bにはそれぞれ5枚のカードが入っているので，袋A，袋B

から同時にそれぞれ1枚のカードを取り出すとき，取り出し方は全部で$5\times5=25$(通り)あり，a，bの組は25通りとなる。このうち，$3a>2b$を満たすのは，$b=0$のとき，$3a>0$だから，$a=1$，3，5，7，9の5通りある。$b=2$のとき，$3a>4$だから，$a=3$，5，7，9の4通りある。以下同様にして，$b=4$のとき$a=3$，5，7，9の4通り，$b=6$のとき$a=5$，7，9の3通り，$b=8$のとき$a=7$，9の2通りある。よって，$3a>2b$となるa，bの組は$5+4+4+3+2=18$(通り)だから，求める確率は$\frac{18}{25}$である。

〔問5〕＜図形―作図＞右図で，△ABCは正三角形であり，点Dは辺BCの中点だから，AD⊥BCである。よって，2点B，Cは，点Dを通り直線ADに垂直な直線上にある(この直線をlとする)。また，$\angle BAD=\frac{1}{2}\angle BAC=\frac{1}{2}\times60°=30°$である。$30°=\frac{1}{2}\times60°$だから，図のように，線分ADを1辺とする正三角形APDを考えると，$\angle PAD=60°$より，$\angle BAD=\frac{1}{2}\angle PAD$となる。これより，点Bは∠PADの二等分線と直線$l$との交点である。点CはDB＝DCとなる直線$l$上の点である。解答参照。

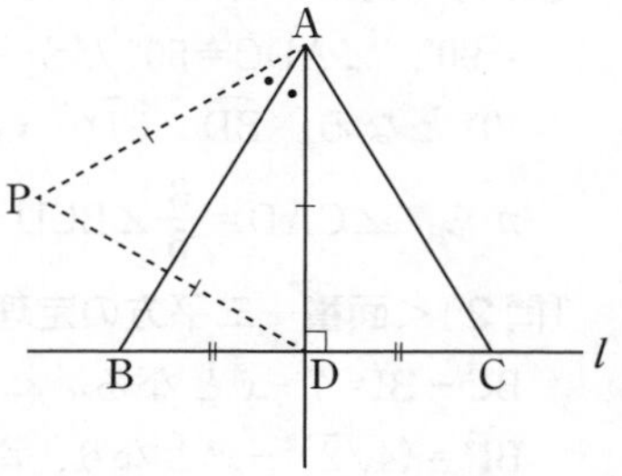

2 〔関数―関数$y=ax^2$と直線〕

〔問1〕＜面積＞右図1で，点Aは関数$y=x^2$のグラフ上にあり，x座標が3なので，$y=3^2=9$より，A(3，9)である。また，直線ABの切片が3なので，直線ABは点(0，3)を通る。よって，直線ABの傾きは$\frac{9-3}{3-0}=2$となり，直線ABの式は$y=2x+3$である。点Bは関数$y=x^2$のグラフと直線$y=2x+3$の交点となるから，2式からyを消去して，$x^2=2x+3$より，$x^2-2x-3=0$，$(x+1)(x-3)=0$　$\therefore x=-1$，3　よって，点Bのx座標は-1であり，$y=(-1)^2=1$より，B(-1，1)となる。線分ACはy軸に平行，線分BCはx軸に平行だから，$AC=9-1=8$，$BC=3-(-1)=4$であり，四角形ADBCは長方形なので，求める面積は$8\times4=32$(cm^2)である。

図1

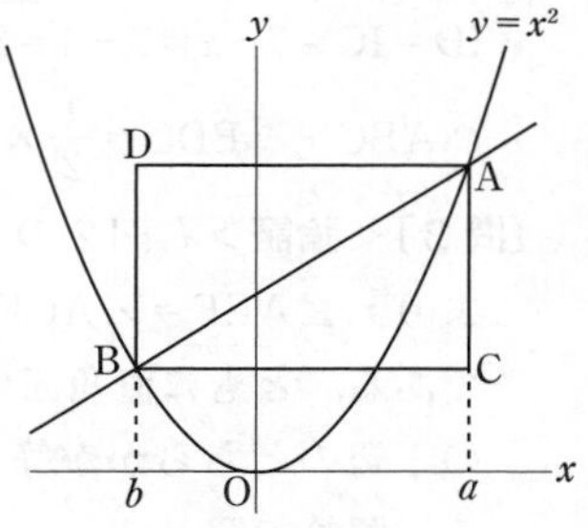

〔問2〕＜m，nの組＞右上図1で，2点A，Bは関数$y=x^2$のグラフ上にあり，x座標がそれぞれa，bだから，A(a，a^2)，B(b，b^2)と表せる。これより，$AC=a^2-b^2=(a+b)(a-b)=mn$，$BC=a-b=n$となる。四角形ADBCの周の長さが20cmなので，$2(mn+n)=20$が成り立ち，$mn+n=10$，$n(m+1)=10$となる。m，nは自然数，$m+1$は1より大きい自然数だから，$m+1$，nの組は，$(m+1, n)=(2, 5)$，(5，2)，(10，1)である。このとき，自然数m，nの組は，$(m, n)=(1, 5)$，(4，2)，(9，1)となる。

図2

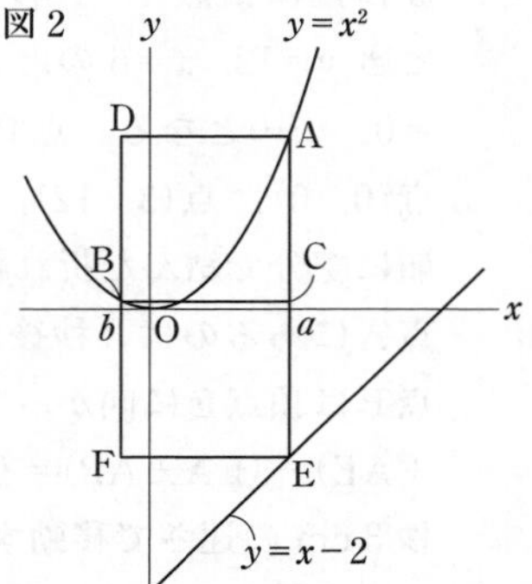

〔問3〕＜m，aの値＞右図2で，四角形ADBCが正方形であることより，AC＝BCであり，〔問2〕より，$AC=mn$，$BC=n$だから，$mn=n$が成り立つ。よって，$mn-n=0$，$n(m-1)=0$となり，$n>0$だから，$m-1=0$より，$m=1$である。このとき，$a+b=m$より，$a+b=1$だから，$b=1-a$と表せる。また，$AC=(a+b)(a-b)=1\times\{a-(1-a)\}=2a-1$と表せる。さらに，点Eは直線$y=x-2$上に

あり，x座標がaだから，$y=a-2$より，$\mathrm{E}(a,\ a-2)$となり，$\mathrm{A}(a,\ a^2)$だから，$\mathrm{AE}=a^2-(a-2)=a^2-a+2$となる。正方形ADBCと長方形ADFEの面積比が1：2のとき，AC：AE＝1：2だから，$(2a-1):(a^2-a+2)=1:2$が成り立つ。これを解くと，$(2a-1)\times2=(a^2-a+2)\times1$より，$a^2-5a+4=0$，$(a-1)(a-4)=0$　$\therefore a=1,\ 4$　$m>0$，$n>0$より，$a+b>0$，$a-b>0$だから，$a>0$である。したがって，$a=1,\ 4$である。

3〔平面図形―三角形，円〕

〔問1〕＜角度＞右図1で，辺BCと線分ADの交点をIとする。$\angle\mathrm{CID}=90^\circ$，$\angle\mathrm{ADC}=50^\circ$だから，$\triangle\mathrm{IDC}$で，$\angle\mathrm{BCD}=180^\circ-90^\circ-50^\circ=40^\circ$となる。$\overset{\frown}{\mathrm{BD}}:\overset{\frown}{\mathrm{CD}}=5:3$より，$\angle\mathrm{BCD}:\angle\mathrm{CAD}=5:3$となるから，$\angle\mathrm{CAD}=\frac{3}{5}\angle\mathrm{BCD}=\frac{3}{5}\times40^\circ=24^\circ$である。

図1

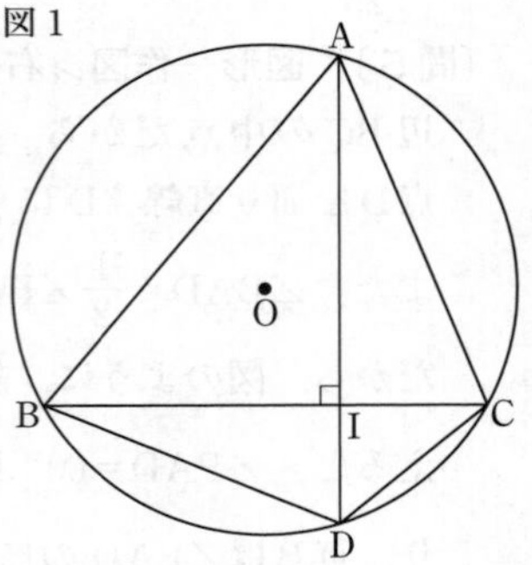

〔問2〕＜面積―三平方の定理＞右図1で，$\mathrm{BI}=x$(cm)とすると，$\mathrm{IC}=\mathrm{BC}-\mathrm{BI}=7-x$となる。$\triangle\mathrm{ABI}$で三平方の定理より，$\mathrm{AI}^2=\mathrm{AB}^2-\mathrm{BI}^2=(4\sqrt{2})^2-x^2$となり，$\triangle\mathrm{AIC}$で，$\mathrm{AI}^2=\mathrm{AC}^2-\mathrm{IC}^2=5^2-(7-x)^2$となるから，$(4\sqrt{2})^2-x^2=5^2-(7-x)^2$が成り立つ。これを解くと，$32-x^2=25-49+14x-x^2$より，$x=4$となるので，$\mathrm{AI}=\sqrt{(4\sqrt{2})^2-4^2}=\sqrt{16}=4$である。また，$\mathrm{AI}=\mathrm{BI}=4$となるので，$\triangle\mathrm{ABI}$は直角二等辺三角形であり，$\angle\mathrm{BAI}=45^\circ$である。$\overset{\frown}{\mathrm{BD}}$に対する円周角より，$\angle\mathrm{ICD}=\angle\mathrm{BAI}=45^\circ$だから，$\triangle\mathrm{IDC}$も直角二等辺三角形となり，$\mathrm{ID}=\mathrm{IC}=7-x=7-4=3$となる。よって，四角形ABDCの面積は，$\triangle\mathrm{ABC}+\triangle\mathrm{BDC}=\frac{1}{2}\times7\times4+\frac{1}{2}\times7\times3=\frac{49}{2}$(cm²)である。

図2

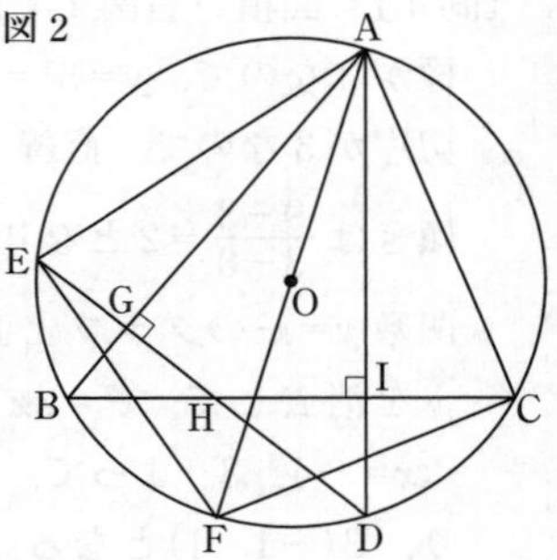

〔問3〕＜論証＞右図2の$\triangle\mathrm{AEF}$と$\triangle\mathrm{ACF}$で，線分AFが円Oの直径より，$\angle\mathrm{AEF}=\angle\mathrm{ACF}=90^\circ$であり，共通の辺だから，AF＝AFである。ともに直角三角形で，斜辺が等しいので，1つの鋭角か他の1辺のどちらかが等しいことがいえれば，$\triangle\mathrm{AEF}\equiv\triangle\mathrm{ACF}$となる。解答参照。

4〔空間図形―立方体〕

〔問1〕＜グラフ，時間＞⑴右図1で，点Pは頂点Eを出発し，辺EA上を毎秒4cmの速さで移動するから，頂点Eから頂点A，頂点Aから頂点Eまで移動するのにかかる時間は$12\div4=3$(秒)である。よって，点Pは，出発してから3秒後に頂点A，6秒後に頂点E，9秒後に頂点A，12秒後に頂点E，……にある。つまり，$x=3$のとき$y=12$，$x=6$のとき$y=0$，$x=9$のとき$y=12$，$x=12$のとき$y=0$，……となる。点Pの移動する速さは一定だから，グラフは，点(0，0)，点(3，12)，点(6，0)，点(9，12)，点(12，0)，……を順に線分で結んだ折れ線となる。解答参照。　⑵図1で，⑴より，点Pが出発してから初めて頂点Aにあるのは3秒後だから，$0\leqq x\leqq3$のとき，点Pは頂点Aに向かって移動し，$3\leqq x\leqq4$のとき，点Pは頂点Eに向かって移動している。よって，$0\leqq x\leqq3$のとき$\mathrm{EP}=4x$，$3\leqq x\leqq4$のとき$\mathrm{EP}=(\mathrm{EA}+\mathrm{AE})-(\mathrm{EA}+\mathrm{AP})=(12+12)-4x=24-4x$と表せる。また，点Q，点Rは毎秒2cm，点Sは毎秒3cmの速さで移動するから，$12\div2=6$，$12\div3=4$より，点Qが初めて頂点Fに，点Rが初めて頂点Cにあるのは6秒後，点Sが初めて頂点Cにあるのは4秒後である。このことから，$0\leqq x\leqq4$

図1

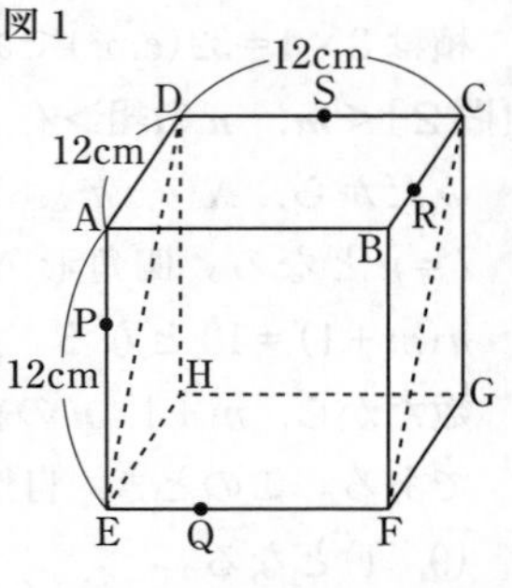

のとき，EQ＝BR＝$2x$，DS＝$3x$であり，CR＝BC－BR＝$12-2x$，CS＝DC－DS＝$12-3x$と表せる。したがって，$0\leqq x\leqq 3$のとき，EP＋EQ＝CR＋CSより，$4x+2x=(12-2x)+(12-3x)$が成り立ち，$x=\dfrac{24}{11}$となる。これは$0\leqq x\leqq 3$を満たすので適する。$3\leqq x\leqq 4$のとき，$(24-4x)+2x=(12-2x)+(12-3x)$が成り立ち，$x=0$となるので，適さない。以上より，$\dfrac{24}{11}$秒後である。

〔問２〕＜回数，面積―特別な直角三角形＞前ページの図１で，４点Ｐ，Ｑ，Ｒ，Ｓで四角形ができるのは，点Ｐが頂点Ｅ，点Ｒが頂点Ｃに同時にあるときである。〔問１〕(1)より，点Ｐが頂点Ｅにあるのは，$x=6$，12，18，24のときである。また，〔問１〕(2)より，点Ｒが初めて頂点Ｃにあるのが６秒後だから，点Ｒが頂点Ｃにあるのは，$x=6$，$6\times3=18$のときである。以上より，点Ｐが頂点Ｅ，点Ｒが頂点Ｃに同時にあるのは，$x=6$，18のときである。$x=6$のとき，$2\times6=12$，$3\times6=18=12+6$より，点Ｑは頂点Ｆ，点Ｓは辺DC上にあり，$x=18$のとき，$2\times18=36=12\times3$，$3\times18=54=12\times4+6$より，点Ｑは頂点Ｆ，点Ｓは辺DC上にある。どちらの場合においても４点Ｐ，Ｑ，Ｒ，Ｓのいずれも一致しないので，４点Ｐ，Ｑ，Ｒ，Ｓで四角形ができるのは，$x=6$，18のときの２回である。初めて四角形ができる$x=6$のとき，四角形PQRSは右図２のようになり，SR∥PQの台形である。∠SRQ＝∠DCF＝90°だから，高さは辺RQである。SR＝SC＝6，PQ＝EF＝12であり，△BCFは直角二等辺三角形だから，RQ＝CF＝$\sqrt{2}$BF＝$\sqrt{2}\times12=12\sqrt{2}$である。したがって，求める面積は，$\dfrac{1}{2}\times(6+12)\times12\sqrt{2}=108\sqrt{2}$(cm²)となる。

図２

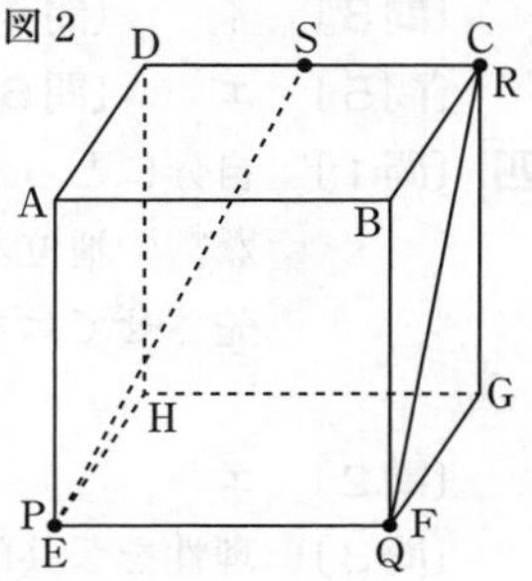

〔問３〕＜体積＞$x=4$のとき，$4\times4=16=12+4$より，点Ｐは辺EA上で，AP＝4である。$2\times4=8$より，点Ｑ，点Ｒはそれぞれ辺EF上，辺BC上で，EQ＝BR＝8である。$3\times4=12$より，点Ｓは頂点Ｃにある。よって，立体PQRSは右図３のようになる。頂点Ｂと点Ｐ，点Ｑをそれぞれ結ぶと，立体PQRSは，三角錐S-PQBから三角錐R-PQBを除いた立体と見ることができる。BC⊥〔面AEFB〕なので，三角錐S-PQB，三角錐R-PQBは，底面を△PQBと見ると，高さは，それぞれ，BS＝BC＝12，BR＝8となる。EP＝12－4＝8，QF＝12－8＝4より，△PQB＝〔正方形AEFB〕－△APB－△PEQ－△QFB$=12^2-\dfrac{1}{2}\times4\times12-\dfrac{1}{2}\times8\times8-\dfrac{1}{2}\times4\times12=64$となるから，立体PQRSの体積は，〔三角錐S-PQB〕－〔三角錐R-PQB〕$=\dfrac{1}{3}\times64\times12-\dfrac{1}{3}\times64\times8=\dfrac{256}{3}$(cm³)である。

図３

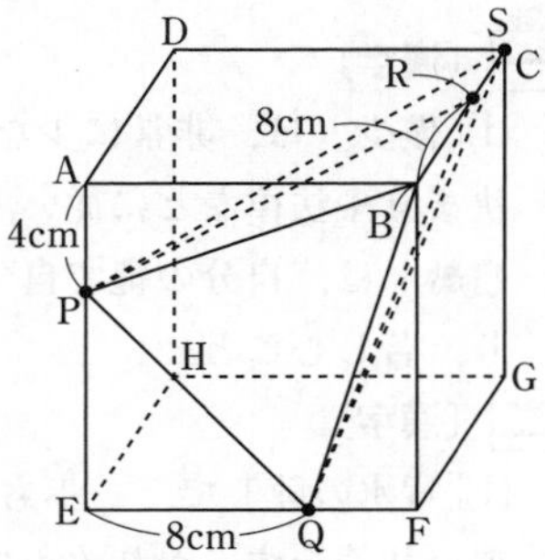

＝読者へのメッセージ＝

１〔問１〕で平方根の計算をしました。平方根を表す記号($\sqrt{\ }$)が初めて使われたのは，ドイツの数学者ルドルフによる1525年の著書といわれています。ルドルフは上の横線のない記号(√)を使い，その後デカルトによって，今の横線のある記号になったようです。

国語解答

一 ⑴ きんしょう　⑵ すいとう　⑶ じゅんしゅ　⑷ す　⑸ じじょうじばく

二 ⑴ 背水　⑵ 刷新　⑶ 競　⑷ 希求　⑸ 一衣帯水

三 〔問１〕 イ
〔問２〕 急に手をつかまれて一瞬驚いたものの，将軍という自分の強い立場を思い出して(36字)
〔問３〕 イ　〔問４〕 ウ
〔問５〕 エ　〔問６〕 ア

四 〔問１〕 自分にとって付属物であるような富や地位などを自分自身に優先させてはならないということ(42字)
〔問２〕 エ
〔問３〕 理性を公共的に使用するためには徹底した私人でなくてはならない
〔問４〕 ア　〔問５〕 イ
〔問６〕 ア
〔問７〕 (例)私は筆者の意見に基本的に賛成するが，疑問も感じている。／うそも方便という言葉がある。真実をそのまま語ったからといって物事が全てうまくいくとはかぎらない。Dが言うように状況を考えることも大事であり，臨機応変の対応でうまくいく場合も多いのではないか。集団の中では協調性がないとチームとしての仕事ができないと聞いたことがある。民主主義にとってもある程度のレトリックは必要だと思う。(200字)

五 〔問１〕 エ　〔問２〕 イ
〔問３〕 ア　〔問４〕 老いらくの来む
〔問５〕 ウ

一〔漢字〕

⑴「僅少」は，非常に少ないこと。　⑵「水稲」は，水田で栽培する稲のこと。　⑶「遵守」は，決まりや法律などに従い，きちんと守ること。　⑷音読みは「透明」などの「トウ」。　⑸「自縄自縛」は，自分の縄で自分を縛ることから，自分の言葉や行動によって自分自身の動きが取れなくなり，苦しむこと。

二〔漢字〕

⑴「背水の陣」で，一歩もひけないような絶体絶命の状況下で，全力を尽くすこと。　⑵「刷新」は，悪い状態をすっかり改めて，全く新しくすること。　⑶音読みは「競争」などの「キョウ」と「競馬」などの「ケイ」。　⑷「希求」は，願い求めること。　⑸「一衣帯水」は，一筋の帯のような細い川や海を隔てているだけで，非常に接近していること。

三〔小説の読解〕出典；菊池寛『名君』。

〔問１〕＜心情＞家茂公は，楷書の立派なお手本を見る気もなく，書に真剣に取り組もうともしていなかった。そして，早く書の練習が終わればいいと，時計がわりの火鉢の線香を見るが，時間はなかなかたたず，ますます書に取り組むのが嫌になっていたのである。

〔問２〕＜心情＞播磨守に突然手を握られた家茂公は，子どもらしく驚いたけれども，自分は将軍であり，播磨守よりも身分が高いと子どもながらに自分の優位な立場を思い起こしたのである。

〔問３〕＜心情＞播磨守は，自分の役目を全力で果たそうとする真面目で一途な性格である。そんな播磨守にとっては，いたずらであっても，主君である家茂公に水を頭からかけられるという事態は，屈辱であった。侮辱されたという衝撃で身を硬くした播磨守は，この状況をどのように乗り切ればよいかと考えたのである。

〔問4〕＜文章内容＞家茂公に水をかけられた播磨守は，家茂公が，いたずらしたかのように見せかけて失態をかばってくれたのだと言って涙を流した。周囲の者は，播磨守が感動して泣いたように思ったが，播磨守自身は，自分が大切に思っている書を嫌がる家茂公の振る舞いや，家茂公から受けた侮辱が情けなく悲しかったのである。

〔問5〕＜文章内容＞周囲の者は，播磨守の話を信じ，家茂公が聡明で慈愛あふれる名君だとほめたたえたが，井伊大老だけは，本当のことを見抜き，播磨守を侮辱した家茂公の行為を快く思っていなかったのである。

〔問6〕＜表現＞書に真剣に向き合おうとしない家茂公の振る舞いを嘆かわしいと思い，家茂公の心がけを直したいと強く思った播磨守の思いが，「播磨守の心を痛めた。七十を三つも越している一徹な播磨守の心を痛めた」という繰り返しによって表現されている(ア…○)。「たっぷりと」「じっと」という擬態語は，ひらがなで書かれている(イ…×)。物語の前半は，習字に退屈する家茂公の視点から描かれている(ウ…×)。本文に描かれている家茂公は，幼く仁徳のある君主ではない(エ…×)。

四 〔論説文の読解─哲学的分野─人間〕出典；大澤真幸『社会学史』。

≪本文の概要≫フーコーは，古代ギリシアの思想の全体を貫通している中核的な観念である「自己への配慮」を，再評価している。「自己への配慮」とは，富や地位という自分にとっての付属物を自分自身に優先させず，自分自身に気をつけて，自分ができるだけ思慮ある者となるように配慮しなさいということである。自己への配慮の目的は，権力の支配から逃れ，自分が自分自身を統治できるようにすることである。次に，フーコーの関心は，「パレーシア」というギリシアの概念に集中する。パレーシアとは，真理を語ることである。フーコーは，パレーシアと対立するものとして「レトリック」，すなわち「うまく語ること」を挙げている。パレーシア，つまり真理についての率直な語りは，当時の権力者にとっては脅威であった。パレーシアを実践したのが，ソクラテスである。ソクラテスは，パレーシアを実践するために，公人としての政治活動を拒否した。もともとパレーシアは，民主主義の倫理的な基盤であったが，ソクラテスの時代のアテナイの民主主義は，政治的影響力の不平等によって腐敗していたので，レトリックによって他者を操作することが，政治的な成功には必要であったのである。そこでソクラテスは，広場で市民と問答することで，政治活動をした。ソクラテスは，相手の命題を全面的に肯定し，そのうえで反対の命題を引き出し，相手が自分は何も知らなかったと認めるパレーシアを，実践したのである。

〔問1〕＜文章内容＞「それ」とは，「付属物を優先」させることであり，「自分にとって付属物であるようなもの」とは，富や地位のことである。ソクラテスは，自分にとって付属物であるような富や地位を自分自身に優先させてはならないと説いていたのである。

〔問2〕＜文章内容＞フーコーは，「自己が自己自身を統治できるようにすること」ができれば，牧人型の支配から逃れられると考えていた。羊は，自分で自分を統治できないから牧人に頼ることになるのであり，人間も，自分たちで自分たちを統治できなければ，権力者に頼ることになるのである。

〔問3〕＜文章内容＞「逆説」とは，真理に反しているようであるが，よくよく考えればそれが真理であるという説のこと。ソクラテスが公人としての政治参加を拒否したのは，彼が私的なことにしか関心がなかったからではなく，むしろ彼自身が真に政治的な人物だったからである。ソクラテスは，当時の「歪められている民主主義」に自分が参加すれば，その不平等を強化することに手を貸すことになるとわかっていたから，かえって私人に徹したということが「逆説」である。つまり，「理性を公共的に使用するためには徹底した私人でなくてはならない」ということである。

〔問４〕＜文章内容＞ソクラテスの時代の腐敗した民主主義のもとでは，真実を語るよりも，言葉巧みに話すことで影響力のある人や大衆の支持を得ることが，政治家として成功するためには必要だったのである。

〔問５〕＜文章内容＞広場で市民に話しかけ，問答に巻き込むとき，ソクラテスは，相手の命題をまずは全面的に肯定し，そのうえで，その命題から反対の命題を引き出していった。そうすると相手は，自分が真理であると思っていたことが虚偽であったと気づき，実は自分が何も知らなかったということを率直に認めるというパレーシアに至るのであった。

〔問６〕＜段落関係＞フーコーが再評価した，古代ギリシアの思想の全体を貫通している中核的な観念の「自己への配慮」とは，富や地位といった自己の付属物を優先させずに自分自身に気をつけることで，自己自身を統治できるようにすることであると，説明されている（第１段～第３段）。次に，「自己への配慮」という観念を探究する中で，フーコーの関心が集中していった「パレーシア」とは，「真理を語ること」であり，それは「うまく語ること」である「レトリック」とは，対立するものであることが説明されている（第４段～第６段）。そして最後に，ソクラテスが，パレーシアを，公人として政治の場においてではなく，私人として市民に問いかけることで実践しようとしたことが説明されている（第７段～第14段）。

〔問７〕＜作文＞「自分が確信するところの真実を，勇気をもって，危険をものともせずに語ること」という考え方に，ＡとＢは賛同している。それに対して，人によって物の見方は違うから，真実は人によって違うかもしれないという意見を，ＣとＥは述べている。Ｄは，「レトリック」を全て否定できないという意見である。自分の考えは誰に近いのか，そう思う理由や，自分の体験もふまえて，自分の考えを表現すること。誤字に気をつけて，字数を守って書いていくこと。

五〔説明文の読解―芸術・文学・言語学的分野―文学〕出典；鈴木宏子『「古今和歌集」の創造力』。

〔問１〕＜文章内容＞『古今集』は，一つの歌集の中で，和歌によみ込まれる全ての「こころ」，つまり人間の感情生活の全体を，体系的にとらえて，各巻のテーマとして掲げている。また，四季をよむ歌では，立春から歳暮に至るまでの推移が写し取られているし，恋の歌では，恋の始まりから終わりまでがとらえられている。連続する歌々が，「ことば」の連想関係によって結ばれているという「型」を持っているのである。

〔問２〕＜文章内容＞業平の歌は，『古今集』の型からはずれている。例えば，賀宴の歌は，めでたい言葉を連ねてよむものだが，業平の「桜花」の歌は，その型から逸脱していて，業平は，「老い」を擬人化することで，賀宴の歌を真実を見据えたものにしているのである。また，「忘れては」の歌では，同じ語を反復するという技法を通して，予想外の運命に遭遇した感慨をとらえている。

〔問３〕＜語句＞『古今集』に「収められる」ということは，『古今集』に取り入れて記録されたということだから，「収録」されたということである。

〔問４〕＜和歌の技法＞「擬人法」は，人でないものを人に見立てて表現する方法。「老い」が人のように「やってくる」というのだから，「老いらくの来む」が擬人法である。

〔問５〕＜文章内容＞「忘れては」の歌は，業平が，雪深い所に隠棲するひとりぼっちの親王の姿に心を痛めてよんだものである。業平は，出家姿の親王に対面して，事の成り行きを「夢」ではないかと思った。業平は，「残酷な現実から幸せであった過去へと『こころ』を飛翔させていく」のであり，「予想外の運命の転変に遭遇した感慨」をよんでいるのである。

●2020年度

東京都立高等学校

共通問題

【社会・理科】

2020年度 東京都立高等学校（共通問題）

【社　会】（50分）〈満点：100点〉

1 次の各問に答えよ。

〔問１〕 次の図は，神奈川県藤沢《ふじさわ》市の「江《え》の島《しま》」の様子を地域調査の発表用資料としてまとめたものである。この地域の景観を，●で示した地点から矢印⬋の向きに撮影した写真に当てはまるのは，下の**ア**～**エ**のうちではどれか。

発表用資料

江の島の地域調査　　調査日　令和元年11月16日（土）　天候　晴れ

自然地理コース　トンボロ（陸繋島《りくけいとう》）→　ヨットハーバー　→　海食台と海食崖

○ 片瀬江ノ島駅から海岸沿いを進み，●で示した地点から⬋の向きに写真を撮った。

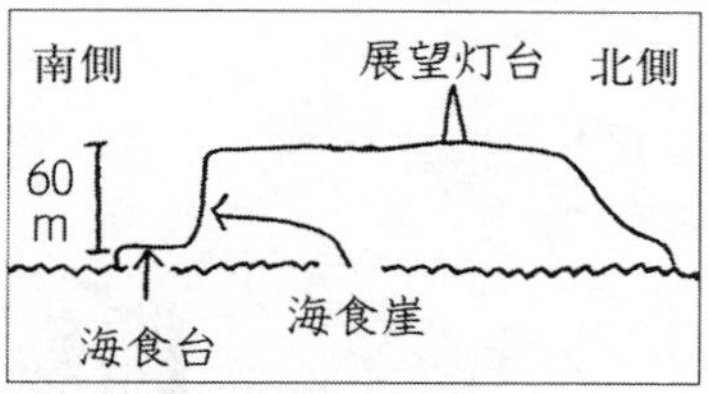

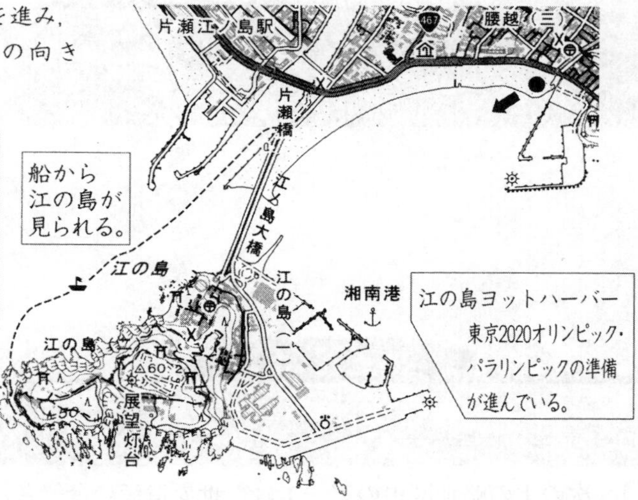

○ 江ノ島大橋を渡る時には，橋の下に，砂が堆積した部分が見えた。

○ 島の東側を南に進むと，切り立った崖が見えた。

○ 島の南側では，海が浸食した地形が観察できた。

ア

イ

ウ

エ

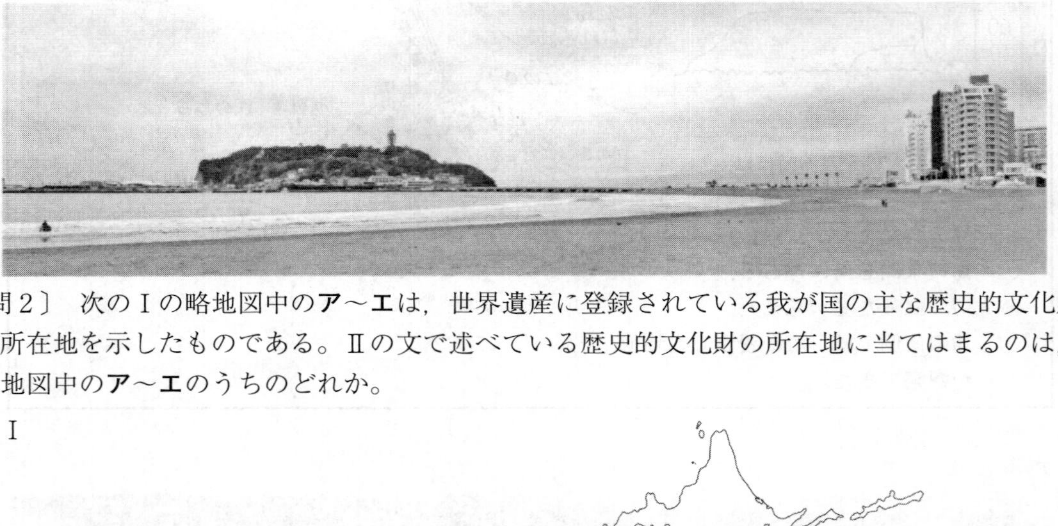

〔問２〕　次のⅠの略地図中の**ア**～**エ**は，世界遺産に登録されている我が国の主な歴史的文化財の所在地を示したものである。Ⅱの文で述べている歴史的文化財の所在地に当てはまるのは，略地図中の**ア**～**エ**のうちのどれか。

Ⅰ

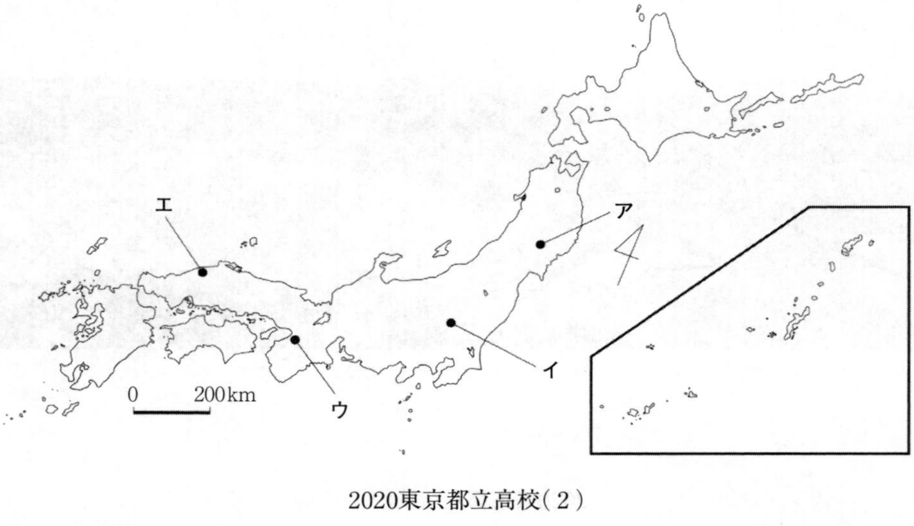

Ⅱ

5世紀中頃に造られた，大王《おおきみ》の墓と言われる日本最大の面積を誇る前方後円墳で，周囲には三重の堀が巡らされ，古墳の表面や頂上等からは，人や犬，馬などの形をした埴輪《はにわ》が発見されており，2019年に世界遺産に登録された。

〔問3〕 次の文で述べている国際連合の機関に当てはまるのは，下の**ア**～**エ**のうちのどれか。

国際紛争を調査し，解決方法を勧告する他，平和を脅《おびや》かすような事態の発生時には，経済封鎖や軍事的措置などの制裁を加えることができる主要機関である。

ア 国連難民高等弁務官事務所
イ 安全保障理事会
ウ 世界保健機関
エ 国際司法裁判所

2 次の略地図を見て，あとの各問に答えよ。

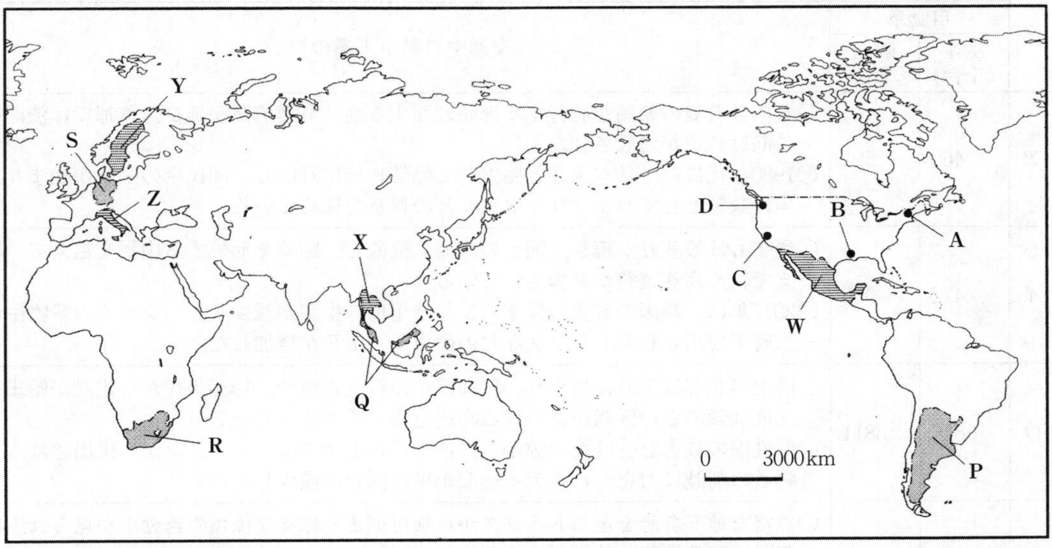

〔問1〕 次のⅠの文章は，略地図中の**A**～**D**の**いずれか**の都市の様子についてまとめたものである。Ⅱのグラフは，**A**～**D**の**いずれか**の都市の，年平均気温と年降水量及び各月の平均気温と降水量を示したものである。Ⅰの文章で述べている都市に当てはまるのは，略地図中の**A**～**D**のうちのどれか，また，その都市のグラフに当てはまるのは，Ⅱの**ア**～**エ**のうちのどれか。

Ⅰ

サンベルト北限付近に位置し，冬季は温暖で湿潤だが，夏季は乾燥し，寒流の影響で高温にならず，一年を通して過ごしやすい。周辺には1885年に大学が設立され，1950年代から半導体の生産が始まり，情報分野で世界的な企業が成長し，現在も世界各国から研究者が集まっている。

Ⅱ

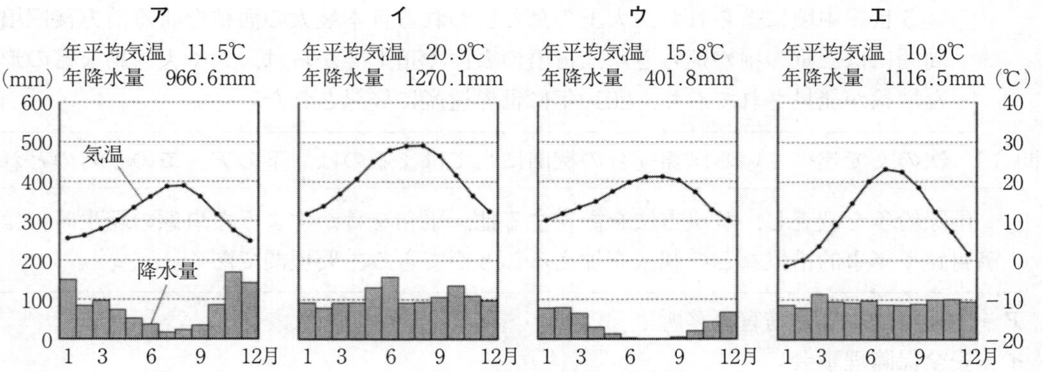

（気象庁のホームページなどより作成）

〔問２〕　次の表の**ア**～**エ**は，略地図中に ▒▒ で示した**P**～**S**の**いずれか**の国の，2017年における自動車の生産台数，販売台数，交通や自動車工業の様子についてまとめたものである。略地図中の**P**～**S**のそれぞれの国に当てはまるのは，次の表の**ア**～**エ**のうちではどれか。

	自動車		交通や自動車工業の様子
	生産（千台）	販売（千台）	
ア	460	591	○年間数万隻の船舶が航行する海峡に面する港に高速道路が延び，首都では渋滞解消に向け鉄道が建設された。 ○1980年代には，日本企業と協力して熱帯地域に対応した国民車の生産が始まり，近年は政策としてハイブリッド車などの普及を進めている。
イ	472	900	○現在も地殻変動が続き，国土の西側に位置し，国境を形成する山脈を越えて，隣国まで続く高速道路が整備されている。 ○2017年は，隣国の需要の低下により乗用車の生産が減少し，パンパでの穀物生産や牧畜で使用されるトラックなどの商用車の生産が増加した。
ウ	5646	3811	○国土の北部は氷河に削られ，城郭都市の石畳の道や，1930年代から建設が始まった速度制限のない区間が見られる高速道路が整備されている。 ○酸性雨の被害を受けた経験から，自動車の生産では，エンジンから排出される有害物質の削減に力を入れ，ディーゼル車の割合が減少している。
エ	590	556	○豊富な地下資源を運ぶトラックから乗用車まで様々な種類の自動車が見られ，1970年代に高速道路の整備が始められた。 ○欧州との時差が少なく，アジアまで船で輸送する利便性が高いことを生かして，欧州企業が日本向け自動車の生産拠点を置いている。

（「世界国勢図会」2018/19年版などより作成）

〔問３〕　次のⅠとⅡの表の**ア**～**エ**は，略地図中に ▤ で示した**W**～**Z**の**いずれか**の国に当てはまる。Ⅰの表は，1993年と2016年における進出日本企業数と製造業に関わる進出日本企業数，輸出額が多い上位３位までの貿易相手国，Ⅱの表は，1993年と2016年における日本との貿易総額，日本の輸入額の上位３位の品目と日本の輸入額に占める割合を示したものである。Ⅲの文章は，ⅠとⅡの表における**ア**～**エ**の**いずれか**の国について述べたものである。Ⅲの文章で述べている国に当てはまるのは，略地図中の**W**～**Z**のうちのどれか，また，ⅠとⅡの表の**ア**～**エ**のうちのどれか。

Ⅰ

		進出日本企業数		輸出額が多い上位３位までの貿易相手国		
			製造業	１位	２位	３位
ア	1993年	875	497	アメリカ合衆国	日本	シンガポール
	2016年	2318	1177	アメリカ合衆国	中華人民共和国	日本
イ	1993年	44	4	ドイツ	イギリス	アメリカ合衆国
	2016年	80	19	ノルウェー	ドイツ	デンマーク
ウ	1993年	113	56	アメリカ合衆国	カナダ	スペイン
	2016年	502	255	アメリカ合衆国	カナダ	中華人民共和国
エ	1993年	164	46	ドイツ	フランス	アメリカ合衆国
	2016年	237	72	ドイツ	フランス	アメリカ合衆国

（国際連合「貿易統計年鑑」2016などより作成）

Ⅱ

		貿易総額（億円）	日本の輸入額の上位３位の品目と日本の輸入額に占める割合（％）					
			１位		２位		３位	
ア	1993年	20885	魚介類	15.3	一般機械	11.3	電気機器	10.7
	2016年	51641	電気機器	21.1	一般機械	13.6	肉類・同調製品	8.0
イ	1993年	3155	電気機器	20.4	医薬品	16.7	自動車	15.3
	2016年	3970	医薬品	29.4	一般機械	11.9	製材	9.7
ウ	1993年	5608	原油・粗油	43.3	塩	8.1	果実及び野菜	7.8
	2016年	17833	原油	23.2	電気機器	17.0	自動車部品	7.9
エ	1993年	7874	一般機械	11.6	衣類	10.3	織物用糸・繊維製品	10.2
	2016年	14631	一般機械	12.1	バッグ類	10.9	医薬品	10.0

（国際連合「貿易統計年鑑」2016などより作成）

Ⅲ

雨季と乾季があり，国土の北部から南流し，首都を通り海に注ぐ河川の両側に広がる農地などで生産される穀物が，1980年代まで主要な輸出品であったが，1980年代からは工業化が進んだ。2016年には，製造業の進出日本企業数が1993年と比較し２倍以上に伸び，貿易相手国として中華人民共和国の重要性が高まった。また，この国と日本との貿易総額は1993年と比較し２倍以上に伸びており，電気機器の輸入額に占める割合も２割を上回るようになった。

3　次の略地図を見て，あとの各問に答えよ。

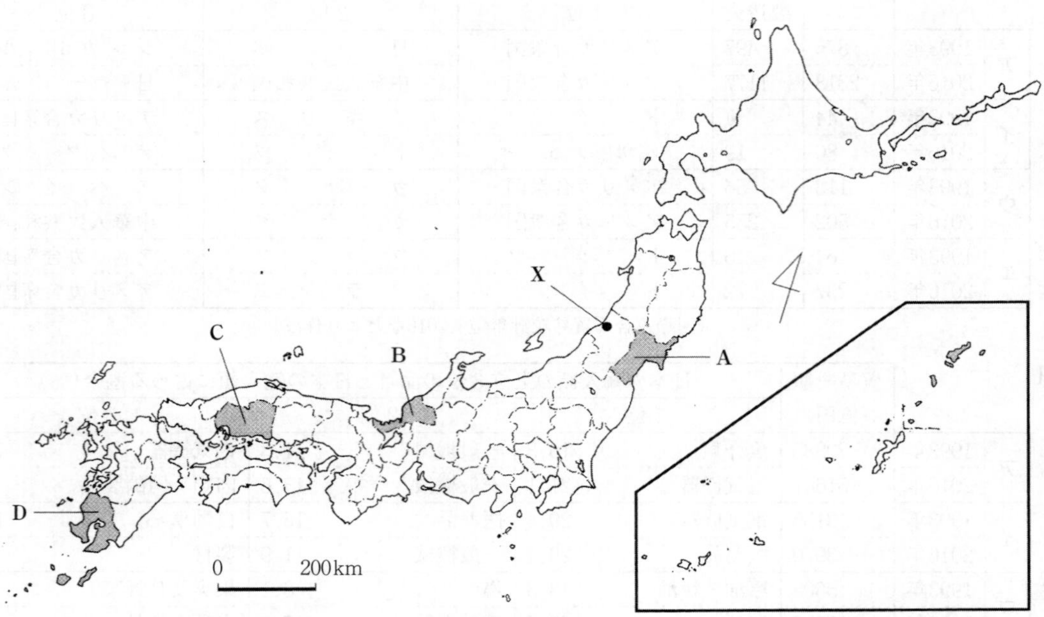

〔問１〕 次の表の**ア**～**エ**の文章は，略地図中に　　　で示した，**A**～**D**の**いずれか**の県の，2017年における鉄道の営業距離，県庁所在地(市)の人口，鉄道と県庁所在地の交通機関などの様子についてまとめたものである。略地図中の**A**～**D**のそれぞれの県に当てはまるのは，次の表の**ア**～**エ**のうちではどれか。

	営業距離(km) 人口(万人)	鉄道と県庁所在地の交通機関などの様子
ア	710 119	○内陸部の山地では南北方向に，造船業や鉄鋼業が立地する沿岸部では東西方向に鉄道が走り，新幹線の路線には５駅が設置されている。 ○この都市では，中心部には路面電車が見られ，1994年に開業した鉄道が北西の丘陵地に形成された住宅地と三角州上に発達した都心部とを結んでいる。
イ	295 27	○リアス海岸が見られる地域や眼鏡産業が立地する平野を鉄道が走り，2022年には県庁所在地を通る新幹線の開業が予定されている。 ○この都市では，郊外の駅に駐車場が整備され，自動車から鉄道に乗り換え通勤できる環境が整えられ，城下町であった都心部の混雑が緩和されている。
ウ	642 109	○南北方向に走る鉄道と，西側に位置する山脈を越え隣県へつながる鉄道などがあり，1982年に開通した新幹線の路線には４駅が設置されている。 ○この都市では，中心となるターミナル駅に郊外から地下鉄やバスが乗り入れ，周辺の道路には町を象徴する街路樹が植えられている。
エ	423 61	○石油の備蓄基地が立地する西側の半島に鉄道が走り，2004年には北西から活動中の火山の対岸に位置する県庁所在地まで新幹線が開通した。 ○この都市では，路面電車の軌道を芝生化し，緑豊かな環境が整備され，シラス台地に開発された住宅地と都心部は，バス路線で結ばれている。

(「データでみる県勢」第27版などより作成)

〔問2〕　次のⅠとⅡの地形図は，1988年と1998年の「国土地理院発行2万5千分の1地形図（湯《ゆ》野浜《のはま》）」の一部である。Ⅲの文章は，略地図中に**X**で示した庄内空港《しょうないくうこう》が建設された地域について，ⅠとⅡの地形図を比較して述べたものである。Ⅲの文章の P ～ S のそれぞれに当てはまるのは，下の**ア**と**イ**のうちではどれか。なお，Ⅱの地形図上において，**Y**－**Z**間の長さは8cmである。

Ⅰ

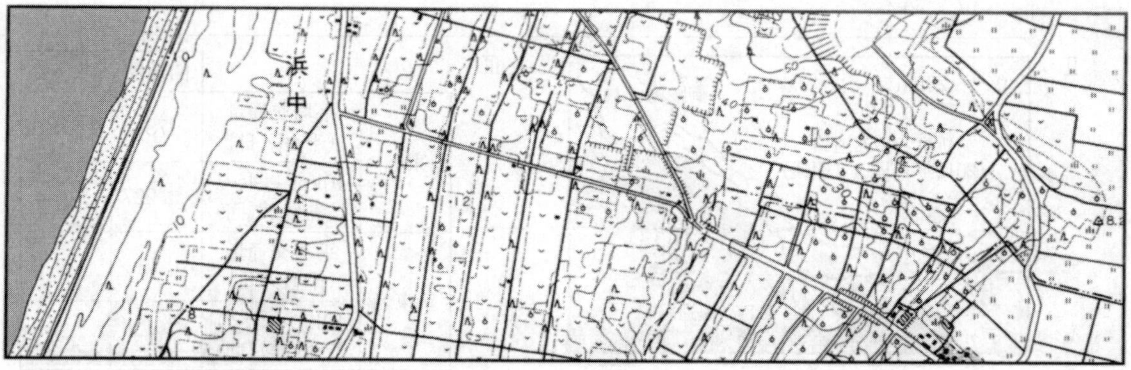

（1988年）

Ⅱ

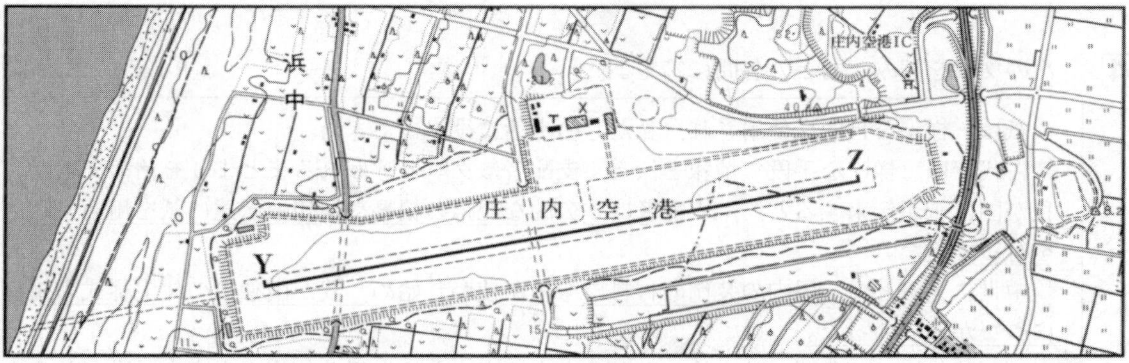

（1998年）

Ⅲ

この空港は，主に標高が約10mから約 P mにかけて広がる Q であった土地を造成して建設された。ジェット機の就航が可能となるよう約 R mの長さの滑走路が整備され，海岸沿いの針葉樹林は， S から吹く風によって運ばれる砂の被害を防ぐ役割を果たしている。

P　**ア**　40　**イ**　80　　Q　**ア**　果樹園・畑　**イ**　水田

R　**ア**　1500　**イ**　2000　　S　**ア**　南東　**イ**　北西

〔問3〕　次のⅠの文章は，2012年4月に示された「つなぐ・ひろがる　しずおかの道」の内容の一部をまとめたものである。Ⅱの略地図は，2018年における東名高速道路と新東名高速道路の一部を示したものである。Ⅲの表は，Ⅱの略地図中に示した御殿場《ごてんば》から三ヶ日《みっかび》までの，東名と新東名について，新東名の開通前（2011年4月17日から2012年4月13日までの期間）と，開通後（2014年4月13日から2015年4月10日までの期間）の，平均交通量と10km以上の渋滞回数を示したものである。自然災害に着目し，ⅠとⅡの資料から読み取れる，新東名が現在の位置に建設された理由と，平均交通量と10km 以上の渋滞回数に着目し，新東名が建設された効果について，それぞれ簡単に述べよ。

Ⅰ

> ○東名高速道路は，高波や津波などによる通行止めが発生し，経済に影響を与えている。
> ○東名高速道路は，全国の物流・経済を支えており，10km 以上の渋滞回数は全国1位である。

Ⅱ

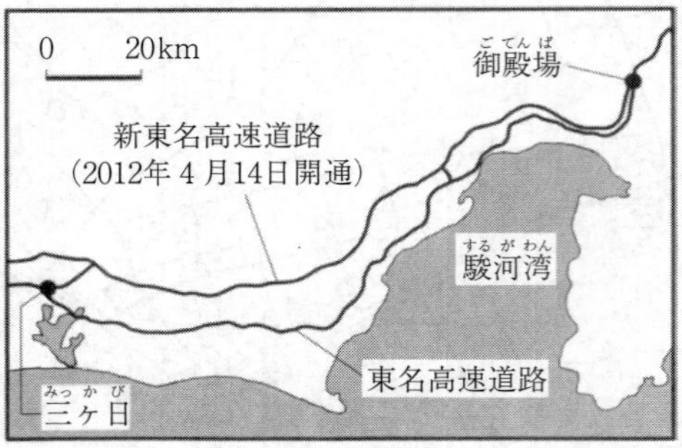

Ⅲ

		開通前	開通後
東名	平均交通量（千台／日）	73.2	42.9
	10km 以上の渋滞回数(回)	227	4
新東名	平均交通量（千台／日）	—	39.5
	10km 以上の渋滞回数(回)	—	9

（注）　—は，データが存在しないことを示す。
（中日本高速道路株式会社作成資料より作成）

4　次の文章を読み，あとの各問に答えよ。

> 　紙は，様々な目的に使用され，私たちの生活に役立ってきた。
> 　古代では，様々な手段で情報を伝え，支配者はクニと呼ばれるまとまりを治めてきた。我が国に紙が伝来すると，(1)支配者は，公的な記録の編纂《へんさん》や情報の伝達に紙を用い，政治を行ってきた。
> 　中世に入ると，(2)屋内の装飾の材料にも紙が使われ始め，我が国独自の住宅様式の確立につながっていった。
> 　江戸時代には，各藩のひっ迫した財政を立て直すために工芸作物の生産を奨励される中で，各地で紙が生産され始め，人々が紙を安価に入手できるようになった。(3)安価に入手できるようになった紙は，書物や浮世絵《うきよえ》などの出版にも利用され，文化を形成してきた。
> 　明治時代以降，欧米の進んだ技術を取り入れたことにより，従来から用いられていた紙に加え，西洋風の紙が様々な場面で使われるようになった。さらに，(4)生産技術が向上すると，紙の大量生産も可能となり，新聞や雑誌などが広く人々に行き渡ることになった。

〔問１〕　(1)支配者は，公的な記録の編纂《へんさん》や情報の伝達に紙を用い，政治を行ってきた。とあるが，次の**ア**～**エ**は，飛鳥《あすか》時代から室町時代にかけて，紙が政治に用いられた様子について述べたものである。時期の古いものから順に記号を並べよ。

ア　大宝律令《たいほうりつりょう》が制定され，天皇の文書を作成したり図書の管理をしたりする役所の設置など，大陸の進んだ政治制度が取り入れられた。

イ　武家政権と公家政権の長所を政治に取り入れた建武式目が制定され，治安回復後の京都に幕府が開かれた。

ウ　全国に支配力を及ぼすため，紙に書いた文書により，国ごとの守護と荘園《しょうえん》や公領ごとの地頭を任命する政策が，鎌倉で樹立された武家政権で始められた。

エ　各地方に設置された国分寺と国分尼寺《こくぶんにじ》へ，僧を派遣したり経典の写本を納入したりするなど，様々な災いから仏教の力で国を守るための政策が始められた。

〔問２〕　(2)屋内の装飾の材料にも紙が使われ始め，我が国独自の住宅様式の確立につながっていった。とあるが，次のⅠの略年表は，鎌倉時代から江戸時代にかけての，我が国の屋内の装飾に関する主な出来事についてまとめたものである。Ⅱの略地図中の**A**～**D**は，我が国の主な建築物の所在地を示したものである。Ⅲの文は，ある時期に建てられた建築物について述べたものである。Ⅲの文で述べている建築物が建てられた時期に当てはまるのは，Ⅰの略年表中の**ア**～**エ**の時期のうちではどれか。また，Ⅲの文で述べている建築物の所在地に当てはまるのは，Ⅱの略地図中の**A**～**D**のうちのどれか。

Ⅰ

西暦	我が国の屋内の装飾に関する主な出来事	
1212	●鴨長明《かものちょうめい》が「方丈記《ほうじょうき》」の中で，障《しょう》子《じ》の存在を記した。	ア
1351	●藤原隆昌《ふじわらのたかまさ》と父が「慕帰絵《ぼきえ》」の中で，襖《ふすま》に絵を描く僧の様子を表した。	イ
1574	●織田信長《おだのぶなが》が上杉謙信《うえすぎけんしん》に「洛中洛《らくちゅうらく》外図屏風《がいずびょうぶ》」を贈った。	ウ
1626	●狩野探幽《かのうたんゆう》が二条城の障壁画《しょうへきが》を描いた。	エ
1688	●屏風の売買の様子を記した井原西《いはらさい》鶴《かく》の「日本永代蔵《にほんえいたいぐら》」が刊行された。	

Ⅱ

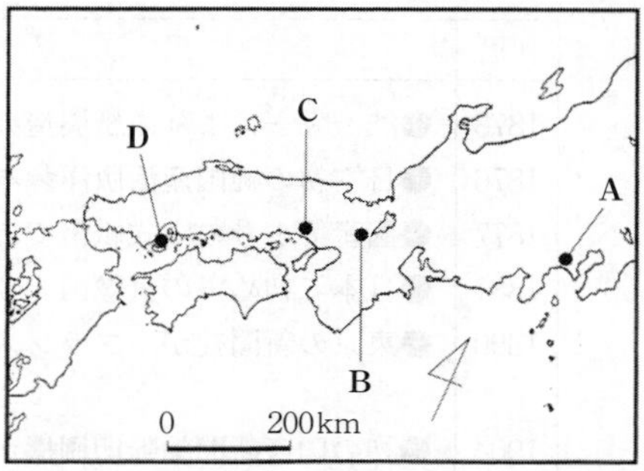

Ⅲ

慈照寺《じしょうじ》にある東求堂同仁斎《とうぐどうどうじんさい》には，障子や襖といった紙を用いた建具《たてぐ》が取り入れられ，我が国の和室の原点と言われる書院造《しょいんづくり》の部屋が造られた。

〔問３〕　(3)安価に入手できるようになった紙は，書物や浮世絵《うきよえ》などの出版にも利用され，文化を形成してきた。とあるが，次の文章は，江戸時代の医師が著した「後見草《のちみぐさ》」の一部を分かりやすく示したものである。下の**ア**～**エ**は，江戸時代に行われた政策について述べたものである。この書物に書かれた出来事の４年後から10年後にかけて主に行われた政策について当てはまるのは，下の**ア**～**エ**のうちではどれか。

○天明《てんめい》３年７月６日夜半，西北の方向に雷のような音と振動が感じられ，夜が明けても空はほの暗く，庭には細かい灰が舞い降りていた。７日は灰がしだいに大粒になり，８日は早朝から激しい振動が江戸を襲ったが，当初人々は浅間山《あさまやま》が噴火したとは思わず，日光か筑波山《つくばさん》で噴火があったのではないかと噂《うわさ》し合った。

○ここ３，４年，気候も不順で，五穀の実りも良くなかったのに，またこの大災害で，米価は非常に高騰し，人々の困窮は大変なものだった。

ア　物価の引き下げを狙って，公認した株仲間を解散させたり，外国との関係を良好に保つよう，外国船には燃料や水を与えるよう命じたりするなどの政策を行った。

イ　投書箱を設置し，民衆の意見を政治に取り入れたり，税収を安定させて財政再建を図ることを目的に，新田開発を行ったりするなどの政策を行った。

ウ　税収が安定するよう，株仲間を公認したり，長崎貿易の利益の増加を図るため，俵物《たわらもの》と呼ばれる海産物や銅の輸出を拡大したりするなどの政策を行った。

エ　幕府が旗本らの生活を救うため借金を帳消しにする命令を出したり，江戸に出稼ぎに来ていた農民を農村に返し就農を進め，飢饉《ききん》に備え各地に米を蓄えさせたりするなどの政策を行った。

〔問４〕 (4)生産技術が向上すると，紙の大量生産も可能となり，新聞や雑誌などが広く人々に行き渡ることになった。とあるが，次の略年表は，明治時代から昭和時代にかけての，我が国の紙の製造や印刷に関する主な出来事についてまとめたものである。略年表中の**A**の時期に当てはまるのは，下の**ア**～**エ**のうちではどれか。

西暦	我が国の紙の製造や印刷に関する主な出来事	
1873	●渋沢栄一《しぶさわえいいち》により洋紙製造会社が設立された。	
1876	●日本初の純国産活版洋装本が完成した。	
1877	●国産第１号の洋式紙幣《しへい》である国立銀行紙幣が発行された。	
1881	●日本で初めての肖像画入り紙幣が発行された。	
1890	●東京の新聞社が，フランスから輪転印刷機を輸入し，大量高速印刷が実現した。	
1904	●初の国産新聞輪転印刷機が大阪の新聞社に設置された。	
1910	●北海道の苫小牧《とまこまい》で，新聞用紙国内自給化の道を拓《ひら》く製紙工場が操業を開始した。	↑
1928	●日本初の原色グラビア印刷が開始された。	**A**
1933	●３社が合併し，我が国の全洋紙生産量の85％の生産量を占める製紙会社が誕生した。	↓
1940	●我が国の紙・板紙の生産量が過去最大の154万トンになった。	

ア　国家総動員法が制定され国民への生活統制が強まる中で，東京市が隣組回覧板を10万枚配布し，毎月２回の会報の発行を開始した。

イ　官営の製鉄所が開業し我が国の重工業化が進む中で，義務教育の就学率が90％を超え，国定教科書用紙が和紙から洋紙に切り替えられた。

ウ　東京でラジオ放送が開始されるなど文化の大衆化が進む中で，週刊誌や月刊誌の発行部数が急速に伸び，東京の出版社が初めて１冊１円の文学全集を発行した。

エ　廃藩置県により，実業家や政治の実権を失った旧藩主による製紙会社の設立が東京において相次ぐ中で，政府が製紙会社に対して地券用紙を大量に発注した。

5　次の文章を読み，あとの各問に答えよ。

(1)我が国の行政の役割は，国会で決めた法律や予算に基づいて，政策を実施することである。行政の各部門を指揮・監督する(2)内閣は，内閣総理大臣と国務大臣によって構成され，国会に対し，連帯して責任を負う議院内閣制をとっている。

行政は，人々が安心して暮らせるよう，(3)社会を支える基本的な仕組みを整え，資源配分や経済の安定化などの機能を果たしている。その費用は，(4)主に国民から納められた税金により賄われ，年を追うごとに財政規模は拡大している。

〔問１〕 (1)我が国の行政の役割は，国会で決めた法律や予算に基づいて，政策を実施することである。とあるが，内閣の仕事を規定する日本国憲法の条文は，次の**ア**～**エ**のうちではどれか。

ア　条約を締結すること。但し，事前に，時宜《じぎ》によっては事後に，国会の承認を経ることを必要とする。

イ　両議院は，各々《おのおの》国政に関する調査を行ひ，これに関して，証人の出頭及び証言並びに記録の提出を要求することができる。

ウ　すべて国民は，個人として尊重される。生命，自由及び幸福追求に対する国民の権利については，公共の福祉に反しない限り，立法その他の国政の上で，最大の尊重を必要とする。

エ　地方公共団体の組織及び運営に関する事項は，地方自治の本旨に基いて，法律でこれを定める。

〔問２〕 (2)内閣は，内閣総理大臣と国務大臣によって構成され，国会に対し，連帯して責任を負う議院内閣制をとっている。とあるが，次の表は，我が国の内閣と，アメリカ合衆国の大統領の権限について，「議会に対して法律案を提出する権限」，「議会の解散権」があるかどうかを，権限がある場合は「○」，権限がない場合は「×」で示そうとしたものである。表の**A**と**B**に入る記号を正しく組み合わせているのは，下の**ア**～**エ**のうちのどれか。

	我が国の内閣	アメリカ合衆国の大統領
議会に対して法律案を提出する権限	○	**A**
議会の解散権	**B**	×

	ア	**イ**	**ウ**	**エ**
A	○	○	×	×
B	○	×	○	×

〔問３〕 (3)社会を支える基本的な仕組みを整え，資源配分や経済の安定化などの機能を果たしている。とあるが，次の文章は，行政が担《にな》う役割について述べたものである。この行政が担う役割に当てはまるのは，下の**ア**～**エ**のうちではどれか。

社会資本は，長期間にわたり，幅広く国民生活を支えるものである。そのため，時代の変化に応じて機能の変化を見通して，社会資本の整備に的確に反映させ，蓄積・高度化を図っていくことが求められる。

ア　収入が少ない人々に対して，国が生活費や教育費を支給し，最低限度の生活を保障し，自立を助ける。

イ　国民に加入を義務付け，毎月，保険料を徴収し，医療費や高齢者の介護費を支給し，国民の負担を軽減する。

ウ　保健所などによる感染症の予防や食品衛生の管理，ごみ処理などを通して，国民の健康維持・増進を図る。

エ　公園，道路や上下水道，図書館，学校などの公共的な施設や設備を整え，生活や産業を支える。

〔問4〕 (4)主に国民から納められた税金により賄われ，年を追うごとに財政規模は拡大している。とあるが，次のⅠのグラフは，1970年度から2010年度までの我が国の歳入と歳出の決算総額の推移を示したものである。Ⅱの文章は，ある時期の我が国の歳入と歳出の決算総額の変化と経済活動の様子について述べたものである。Ⅱの文章で述べている経済活動の時期に当てはまるのは，Ⅰのグラフの**ア**～**エ**の時期のうちではどれか。

Ⅰ

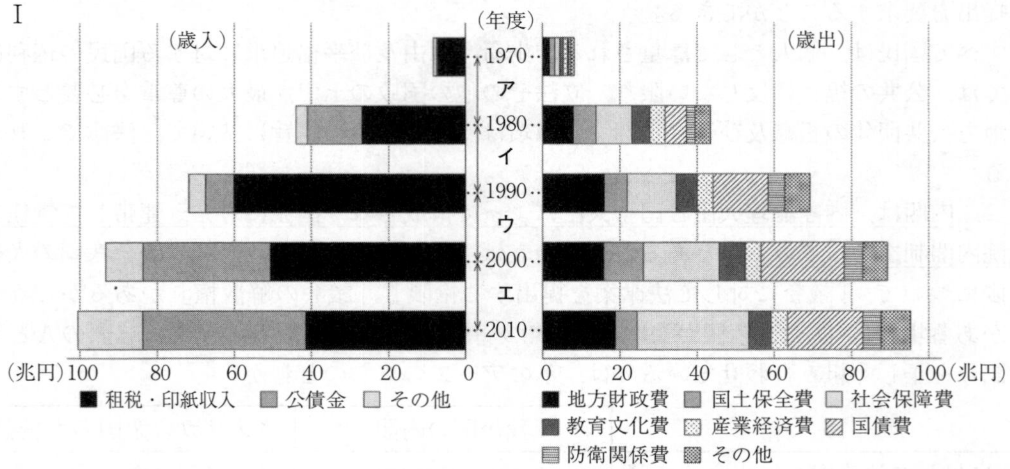

(財務省の資料より作成)

Ⅱ

○この10年間で，歳入総額に占める租税・印紙収入の割合の増加に伴い，公債金の割合が低下し，歳出総額は約1.5倍以上となり，国債費も約2倍以上に増加した。 ○この時期の後半には，6％台の高い経済成長率を示すなど景気が上向き，公営企業の民営化や税制改革が行われる中で，人々は金融機関から資金を借り入れ，値上がりを見込んで土地や株の購入を続けた。

6 次の文章を読み，あとの各問に答えよ。

> 世界の国々は，地球上の様々な地域で，人々が活動できる範囲を広げてきた。そして，(1)対立や多くの困難に直面する度に，課題を克服し解決してきた。また，(2)科学技術の進歩や経済の発展は，先進国だけでなく発展途上国の人々の暮らしも豊かにしてきた。
>
> グローバル化が加速し，人口増加や環境の変化が急速に進む中で，持続可能な社会を実現するために，(3)我が国にも世界の国々と協調した国際貢献が求められている。

〔問1〕 (1)対立や多くの困難に直面する度に，課題を克服し解決してきた。とあるが，次の**ア**～**エ**は，それぞれの時代の課題を克服した様子について述べたものである。時期の古いものから順に記号で並べよ。

ア 特定の国による資源の独占が国家間の対立を生み出した反省から，資源の共有を目的とした共同体が設立され，その後つくられた共同体と統合し，ヨーロッパ共同体(EC)が発足した。

イ アマゾン川流域に広がるセルバと呼ばれる熱帯林などの大規模な森林破壊の解決に向け，リオデジャネイロで国連環境開発会議(地球サミット)が開催された。

ウ パリで講和会議が開かれ，戦争に参加した国々に大きな被害を及ぼした反省から，アメリカ合衆国大統領の提案を基にした，世界平和と国際協調を目的とする国際連盟が発足した。

エ　ドイツ，オーストリア，イタリアが三国同盟を結び，ヨーロッパで政治的な対立が深まる一方で，科学者の間で北極と南極の国際共同研究の実施に向け，国際極年が定められた。

〔問２〕　(2)科学技術の進歩や経済の発展は，先進国だけでなく発展途上国の人々の暮らしも豊かにしてきた。とあるが，下のⅠのグラフの**ア**～**エ**は，略地図中に　　　で示した**A**～**D**の**いずれか**の国の1970年から2015年までの一人当たりの国内総生産の推移を示したものである。Ⅱのグラフの**ア**～**エ**は，略地図中に　　　で示した**A**～**D**の**いずれか**の国の1970年から2015年までの乳幼児死亡率の推移を示したものである。Ⅲの文章で述べている国に当てはまるのは，略地図中の**A**～**D**のうちのどれか，また，ⅠとⅡのグラフの**ア**～**エ**のうちのどれか。

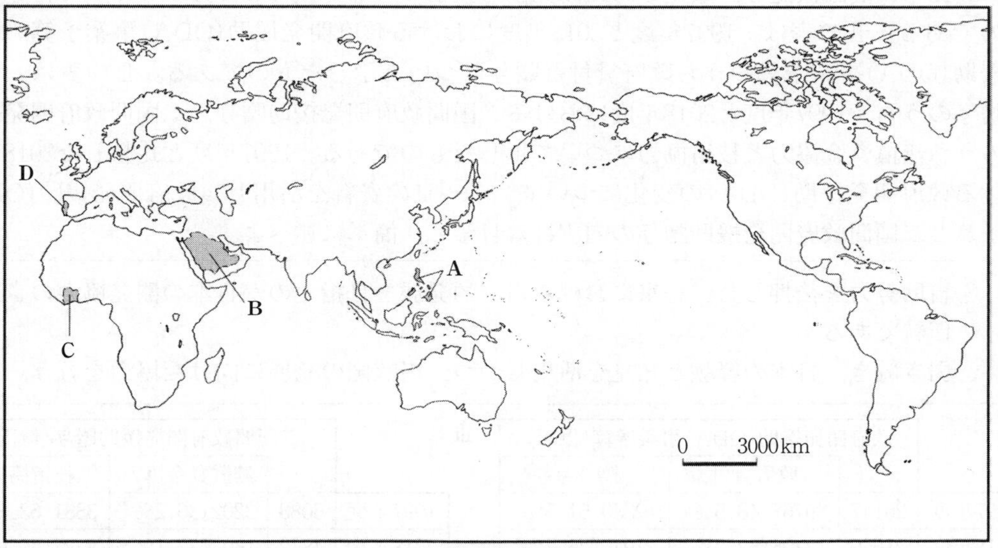

Ⅰ

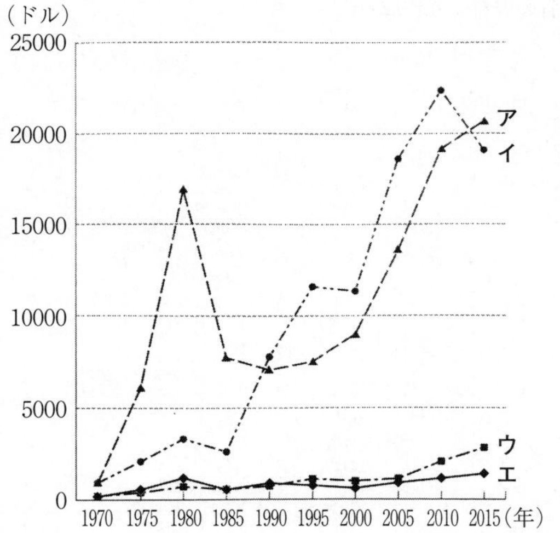

Ⅱ

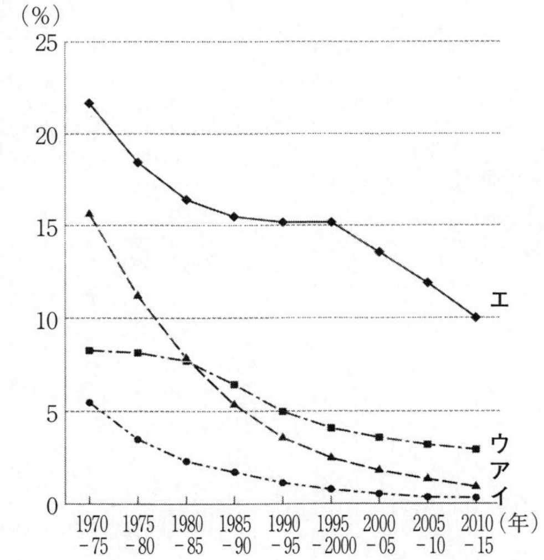

（注）　国内総生産とは，一つの国において新たに生み出された価値の総額を示した数値のこと。

（国際連合のホームページより作成）

Ⅲ

文字と剣が緑色の下地に描かれた国旗をもつこの国は，石油輸出国機構(OPEC《オペック》)に加盟し，二度の石油危機を含む期間に一人当たりの国内総生産が大幅に増加したが，一時的に減少し，1990年以降は増加し続けた。また，この国では公的医療機関を原則無料で利用することができ，1970年から2015年までの間に乳幼児死亡率は約10分の1に減少し，現在も人口増加が続き，近年は最新の技術を導入し，高度な医療を提供する病院が開業している。

〔問3〕 (3)我が国にも世界の国々と協調した国際貢献が求められている。とあるが，次のⅠの文章は，2015年に閣議決定し，改定された開発協力大綱の一部を抜粋して分かりやすく書き改めたものである。Ⅱの表は，1997年度と2018年度における政府開発援助(ODA)事業予算，政府開発援助(ODA)事業予算のうち政府貸付と贈与について示したものである。Ⅲの表は，Ⅱの表の贈与のうち，1997年度と2018年度における二国間政府開発援助贈与，二国間政府開発援助贈与のうち無償資金協力と技術協力について示したものである。1997年度と比較した2018年度における政府開発援助(ODA)の変化について，Ⅰ～Ⅲの資料を活用し，政府開発援助(ODA)事業予算と二国間政府開発援助贈与の内訳に着目して，簡単に述べよ。

Ⅰ

○自助努力を後押しし，将来における自立的発展を目指すのが日本の開発協力の良き伝統である。

○引き続き，日本の経験と知見を活用しつつ，当該国の発展に向けた協力を行う。

Ⅱ

	政府開発援助(ODA)事業予算(億円)		
		政府貸付	贈　与
1997年度	20147	9767(48.5%)	10380(51.5%)
2018年度	21650	13705(63.3%)	7945(36.7%)

Ⅲ

	二国間政府開発援助贈与(億円)		
		無償資金協力	技術協力
1997年度	6083	2202(36.2%)	3881(63.8%)
2018年度	4842	1605(33.1%)	3237(66.9%)

(外務省の資料より作成)

【理　科】（50分）〈満点：100点〉

1　次の各問に答えよ。

〔問１〕　有性生殖では，受精によって新しい一つの細胞ができる。受精後の様子について述べたものとして適切なのは，次のうちではどれか。

ア　受精により親の体細胞に含まれる染色体の数と同じ数の染色体をもつ胚《はい》ができ，成長して受精卵になる。

イ　受精により親の体細胞に含まれる染色体の数と同じ数の染色体をもつ受精卵ができ，細胞分裂によって胚になる。

ウ　受精により親の体細胞に含まれる染色体の数の２倍の数の染色体をもつ胚ができ，成長して受精卵になる。

エ　受精により親の体細胞に含まれる染色体の数の２倍の数の染色体をもつ受精卵ができ，細胞分裂によって胚になる。

〔問２〕　図１のように，電気分解装置に薄い塩酸を入れ，電流を流したところ，塩酸の電気分解が起こり，陰極からは気体Ａが，陽極からは気体Ｂがそれぞれ発生し，集まった体積は気体Ａの方が気体Ｂより多かった。気体Ａの方が気体Ｂより集まった体積が多い理由と，気体Ｂの名称とを組み合わせたものとして適切なのは，次の表の**ア**～**エ**のうちではどれか。

図１

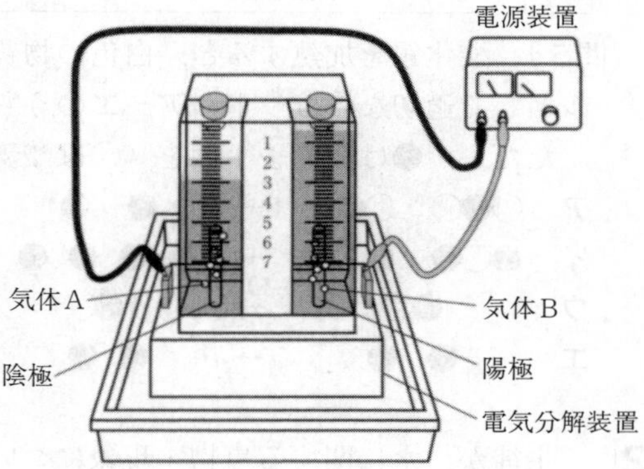

	気体Ａの方が気体Ｂより集まった体積が多い理由	気体Ｂの名称
ア	発生する気体Ａの体積の方が，発生する気体Ｂの体積より多いから。	塩素
イ	発生する気体Ａの体積の方が，発生する気体Ｂの体積より多いから。	酸素
ウ	発生する気体Ａと気体Ｂの体積は変わらないが，気体Ａは水に溶けにくく，気体Ｂは水に溶けやすいから。	塩素
エ	発生する気体Ａと気体Ｂの体積は変わらないが，気体Ａは水に溶けにくく，気体Ｂは水に溶けやすいから。	酸素

〔問３〕　150ｇの物体を一定の速さで1.6ｍ持ち上げた。持ち上げるのにかかった時間は２秒だった。持ち上げた力がした仕事率を表したものとして適切なのは，下の**ア**～**エ**のうちではどれか。

ただし，100ｇの物体に働く重力の大きさは１Ｎとする。

ア　1.2W　　**イ**　2.4W　　**ウ**　120W　　**エ**　240W

〔問４〕 図２は，ある火成岩をルーペで観察したスケッチである。観察した火成岩は有色鉱物の割合が多く，黄緑色で不規則な形の有色鉱物Ａが見られた。観察した火成岩の種類の名称と，有色鉱物Ａの名称とを組み合わせたものとして適切なのは，次の表の**ア**～**エ**のうちではどれか。

図２
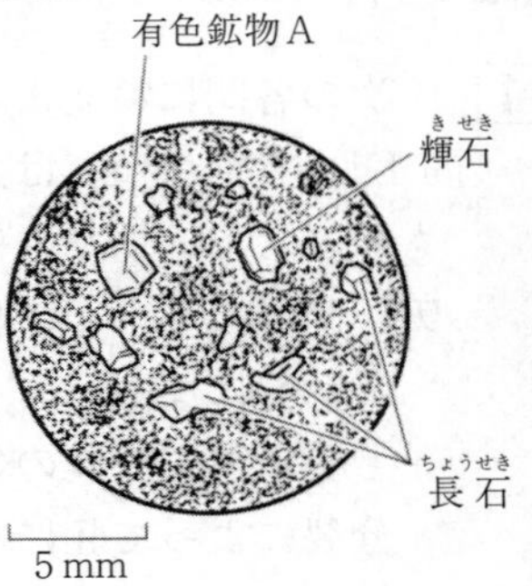

	観察した火成岩の種類の名称	有色鉱物Ａの名称
ア	はんれい岩	石英《せきえい》
イ	はんれい岩	カンラン石
ウ	玄武岩《げんぶがん》	石英《せきえい》
エ	玄武岩《げんぶがん》	カンラン石

〔問５〕 酸化銀を加熱すると，白色の物質が残った。酸化銀を加熱したときの反応を表したモデルとして適切なのは，下の**ア**～**エ**のうちではどれか。

ただし，●は銀原子１個を，○は酸素原子１個を表すものとする。

ア ○●○ ○●○ → ● ● ＋ ○○ ○○
イ ●○● ●○● → ● ● ● ● ＋ ○○
ウ ●○ → ● ＋ ○
エ ●○● → ● ● ＋ ○

２ 生徒が，水に関する事物・現象について，科学的に探究しようと考え，自由研究に取り組んだ。生徒が書いたレポートの一部を読み，次の各問に答えよ。

＜レポート１＞ 空気中に含まれる水蒸気と気温について

雨がやみ，気温が下がった日の早朝に，霧が発生していた。同じ気温でも，霧が発生しない日もある。そこで，霧の発生は空気中に含まれている水蒸気の量と温度に関連があると考え，空気中の水蒸気の量と，水滴が発生するときの気温との関係について確かめることにした。

図１

表１

温度〔℃〕	飽和水蒸気量〔g/m^3〕
12	10.7
14	12.1
16	13.6
18	15.4
20	17.3
22	19.4
24	21.8

教室の温度と同じ24℃のくみ置きの水を金属製のコップＡに半分入れた。次に，図１のように氷を入れた試験管を出し入れしながら，コップＡの中の水をゆっくり冷やし，コップＡの表面に水滴がつき始めたときの温度を測ると，14℃であった。教室の温度は24℃で変化がなかった。

また，飽和水蒸気量〔g/m^3〕は表１のように温度によって決まっていることが分かった。

〔問１〕 **＜レポート１＞**から，測定時の教室の湿度と，温度の変化によって霧が発生するときの空気の温度の様子について述べたものとを組み合わせたものとして適切なのは，次の表の**ア**～**エ**のうちではどれか。

	測定時の教室の湿度	温度の変化によって霧が発生するときの空気の温度の様子
ア	44.5%	空気が冷やされて，空気の温度が露点より低くなる。
イ	44.5%	空気が暖められて，空気の温度が露点より高くなる。
ウ	55.5%	空気が冷やされて，空気の温度が露点より低くなる。
エ	55.5%	空気が暖められて，空気の温度が露点より高くなる。

＜レポート２＞　凍結防止剤と水溶液の状態変化について

雪が降る予報があり，川にかかった橋の歩道で凍結防止剤が散布されているのを見た。凍結防止剤の溶けた水溶液は固体に変化するときの温度が下がることから，凍結防止剤は，水が氷に変わるのを防止するとともに，雪をとかして水にするためにも使用される。そこで，溶かす凍結防止剤の質量と温度との関係を確かめることにした。

３本の試験管Ａ～Ｃにそれぞれ10cm^3の水を入れ，凍結防止剤の主成分である塩化カルシウムを試験管Ｂには１ｇ，試験管Ｃには２ｇ入れ，それぞれ全て溶かした。試験管Ａ～Ｃのそれぞれについて－15℃まで冷却し試験管の中の物質を固体にした後，試験管を加熱して試験管の中の物質が液体に変化するときの温度を測定した結果は，表２のようになった。

表２

試験管	Ａ	Ｂ	Ｃ
塩化カルシウム〔ｇ〕	0	1	2
試験管の中の物質が液体に変化するときの温度〔℃〕	0	－5	－10

〔問２〕　**＜レポート２＞**から，試験管Ａの中の物質が液体に変化するときの温度を測定した理由について述べたものとして適切なのは，次のうちではどれか。

ア　塩化カルシウムを入れたときの水溶液の沸点が下がることを確かめるには，水の沸点を測定する必要があるため。

イ　塩化カルシウムを入れたときの水溶液の融点が下がることを確かめるには，水の融点を測定する必要があるため。

ウ　水に入れる塩化カルシウムの質量を変化させても，水溶液の沸点が変わらないことを確かめるため。

エ　水に入れる塩化カルシウムの質量を変化させても，水溶液の融点が変わらないことを確かめるため。

＜レポート３＞　水面に映る像について

池の水面にサクラの木が逆さまに映って見えた。そこで，サクラの木が水面に逆さまに映って見える現象について確かめることにした。

鏡を用いた実験では，光は空気中で直進し，空気とガラスの境界面で反射することや，光が反射するときには入射角と反射角は等しいという光の反射の法則が成り立つことを学んだ。水面に映るサクラの木が逆さまの像となる現象も，光が直進することと光の反射の法則により説明できることが分かった。

〔問３〕　**＜レポート３＞**から，観測者が観測した位置を点Ｘとし，水面とサクラの木を模式的に表したとき，点Ａと点Ｂからの光が水面で反射し点Ｘまで進む光の道筋と，点Ｘから水面を見たときの点Ａと点Ｂの像が見える方向を表したものとして適切なのは，下の**ア**～**エ**のうちではどれか。ただし，点Aは地面からの高さが点Xの２倍の高さ，点Bは地面からの高さが点Xと同じ高さとする。

ア

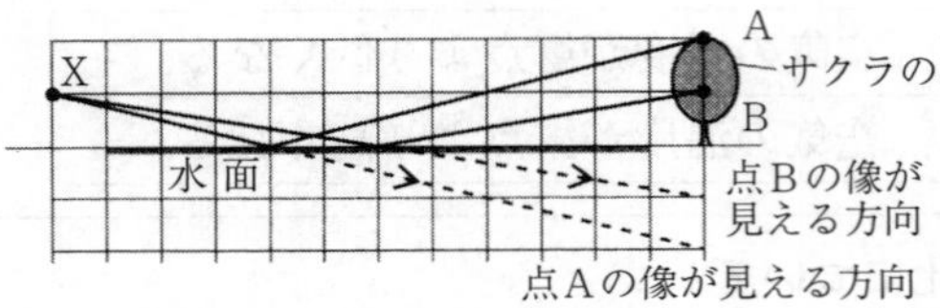

イ

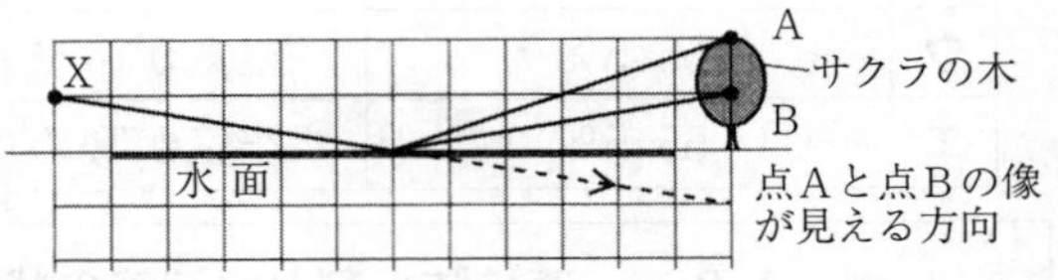

ウ

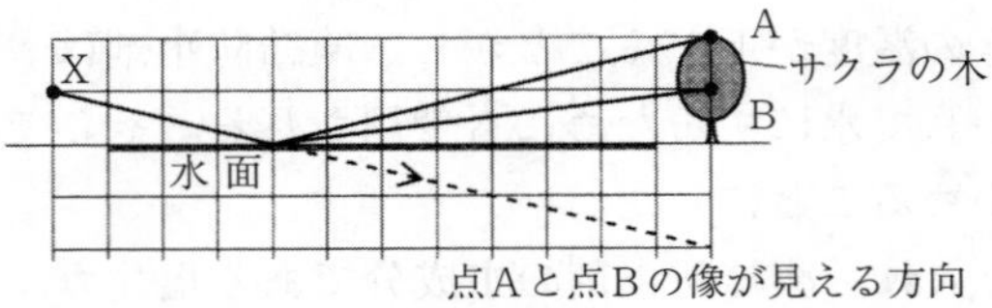

エ

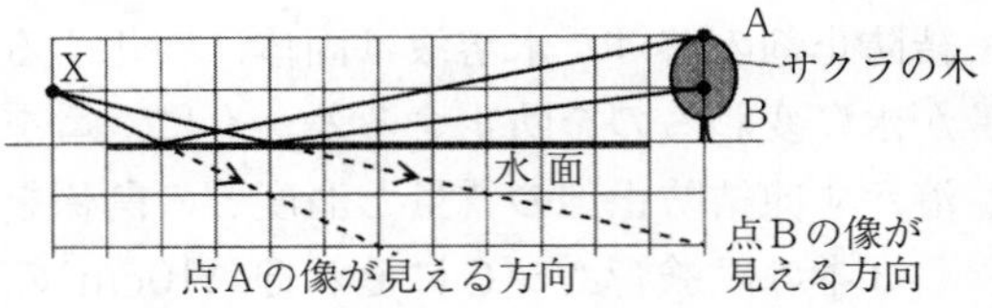

＜レポート４＞　水生生物による水質調査について

川にどのような生物がいるかを調査することによって，調査地点の水質を知ることができる。水生生物による水質調査では，表３のように，水質階級はⅠ～Ⅳに分かれていて，水質階級ごとに指標生物が決められている。調査地点で見つけた指標生物のうち，個体数が多い上位２種類を２点，それ以外の指標生物を１点として，水質階級ごとに点数を合計し，最も点数の高い階級をその地点の水質階級とすることを学んだ。そこで，学校の近くの川について確かめることにした。

表３

水質階級	指標生物
Ⅰ きれいな水	カワゲラ・ナガレトビケラ・ウズムシ・ヒラタカゲロウ・サワガニ
Ⅱ ややきれいな水	シマトビケラ・カワニナ・ゲンジボタル
Ⅲ 汚い水	タニシ・シマイシビル・ミズカマキリ
Ⅳ とても汚い水	アメリカザリガニ・サカマキガイ・エラミミズ・セスジユスリカ

学校の近くの川で調査を行った地点では，ゲンジボタルは見つからなかったが，ゲンジボタルの幼虫のエサとして知られているカワニナが見つかった。カワニナは内臓が外とう膜で覆われている動物のなかまである。カワニナのほかに，カワゲラ，ヒラタカゲロウ，シマトビケラ，シマイシビルが見つかり，その他の指標生物は見つからなかった。見つけた生物のうち，シマトビケラの個体数が最も多く，シマイシビルが次に多かった。

〔問４〕 **＜レポート４＞**から，学校の近くの川で調査を行った地点の水質階級と，内臓が外とう膜で覆われている動物のなかまの名称とを組み合わせたものとして適切なのは，次の表の**ア**～**エ**のうちではどれか。

	調査を行った地点の水質階級	内臓が外とう膜で覆われている動物のなかまの名称
ア	Ⅰ	節足動物
イ	Ⅰ	軟体動物
ウ	Ⅱ	節足動物
エ	Ⅱ	軟体動物

3　太陽の１日の動きを調べる観察について，次の各問に答えよ。
東京の地点X（北緯35.6°）で，ある年の夏至の日に，＜**観察**＞を行ったところ，＜**結果１**＞のようになった。

＜**観察**＞

(1)　図１のように，白い紙に透明半球の縁と同じ大きさの円と，円の中心Oで垂直に交わる直線ACと直線BDをかいた。かいた円に合わせて透明半球をセロハンテープで固定した。

(2)　日当たりのよい水平な場所で，N極が黒く塗られた方位磁針の南北に図１の直線ACを合わせて固定した。

(3)　９時から15時までの間，１時間ごとに，油性ペンの先の影が円の中心Oと一致する透明半球上の位置に●印と観察した時刻を記入した。

(4)　図２のように，記録した●印を滑らかな線で結び，その線を透明半球の縁まで延ばして東側で円と交わる点をFとし，西側で円と交わる点をGとした。

図１

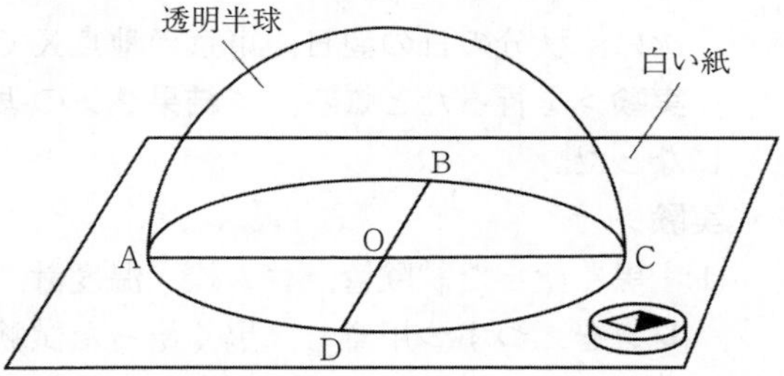

図２

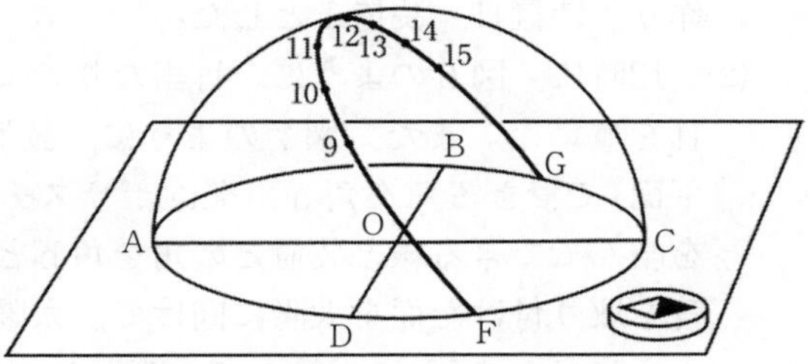

(5)　透明半球にかいた滑らかな線に紙テープを合わせて，１時間ごとに記録した●印と時刻を写し取り，点Fから９時までの間，●印と●印の間，15時から点Gまでの間をものさしで測った。

＜**結果１**＞

図３のようになった。

図３

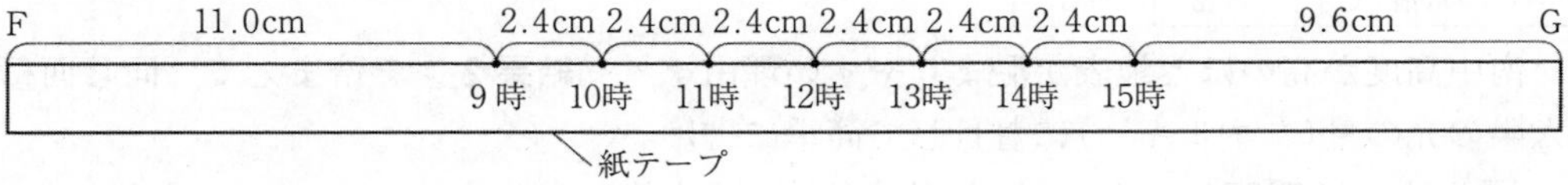

〔問１〕　＜**観察**＞を行った日の日の入りの時刻を，＜**結果１**＞から求めたものとして適切なのは，次のうちではどれか。

ア　18時　　**イ**　18時35分　　**ウ**　19時　　**エ**　19時35分

〔問２〕　＜**観察**＞を行った日の南半球のある地点Y（南緯35.6°）における，太陽の動きを表した模式図として適切なのは，次のうちではどれか。

ア

イ

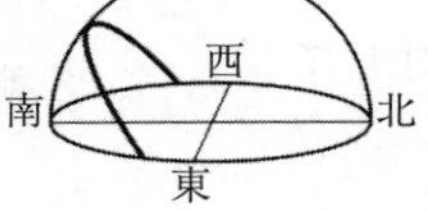

ウ

エ

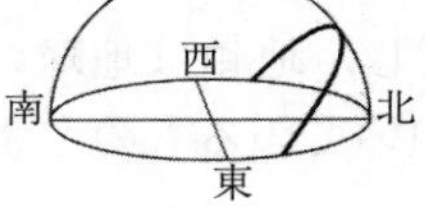

次に，<**観察**>を行った東京の地点Xで，秋分の日に<**観察**>の(1)から(3)までと同様に記録し，記録した●印を滑らかな線で結び，その線を透明半球の縁まで延ばしたところ，図4のようになった。

次に，秋分の日の翌日，東京の地点Xで，<**実験**>を行ったところ，<**結果2**>のようになった。

図4

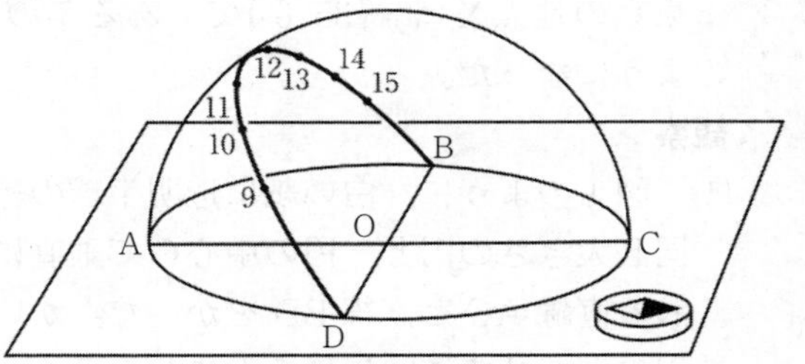

<**実験**>

(1) 黒く塗った試験管，ゴム栓，温度計，発泡ポリスチレンを二つずつ用意し，黒く塗った試験管に24℃のくみ置きの水をいっぱいに入れ，空気が入らないようにゴム栓と温度計を差し込み，図5のような装置を2組作り，装置H，装置Iとした。

(2) 12時に，図6のように，日当たりのよい水平な場所に装置Hを置いた。また，図7のように，装置Iを装置と地面(水平面)でできる角を角a，発泡ポリスチレンの上端と影の先を結んでできる線と装置との角を角bとし，黒く塗った試験管を取り付けた面を太陽に向けて，太陽の光が垂直に当たるように角bを90°に調節して，12時に日当たりのよい水平な場所に置いた。

(3) 装置Hと装置Iを置いてから10分後の試験管内の水温を測定した。

図5

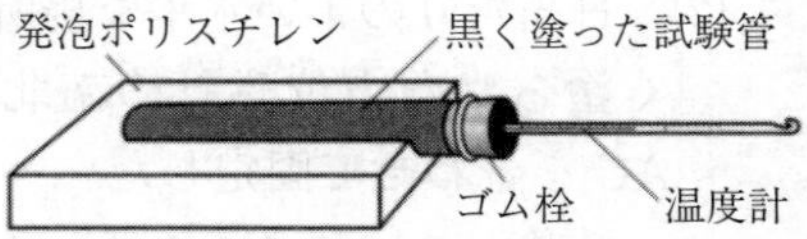

図6

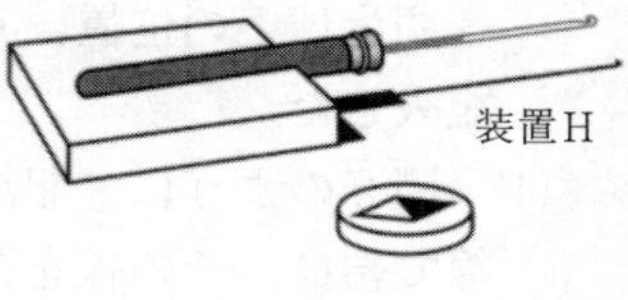

図7

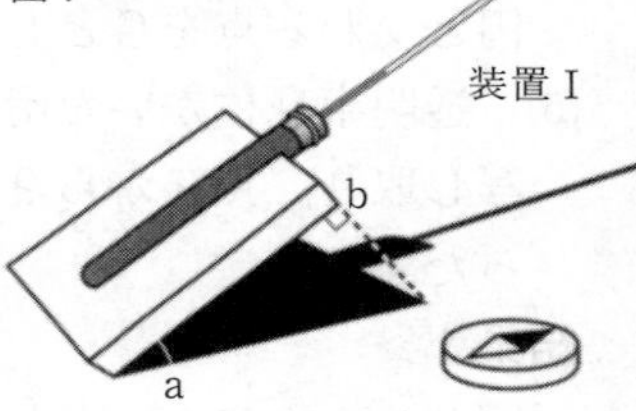

<**結果2**>

	装置H	装置I
12時の水温〔℃〕	24.0	24.0
12時10分の水温〔℃〕	35.2	37.0

〔問3〕 南中高度が高いほど地表が温まりやすい理由を，<**結果2**>を踏まえて，同じ面積に受ける太陽の光の量(エネルギー)に着目して簡単に書け。

〔問4〕 図8は，<**観察**>を行った東京の地点X(北緯35.6°)での冬至の日の太陽の光の当たり方を模式的に表したものである。次の文は，冬至の日の南中時刻に，地点Xで図7の装置Iを用いて，黒く塗った試験管内の水温を測定したとき，10分後の水温が最も高くなる装置Iの角aについて述べている。

文中の ① と ② にそれぞれ当てはまるものとして適切なのは，下の**ア**～**エ**のうちではどれか。

ただし，地軸は地球の公転面に垂直な方向に対して23.4°傾いているものとする。

図8

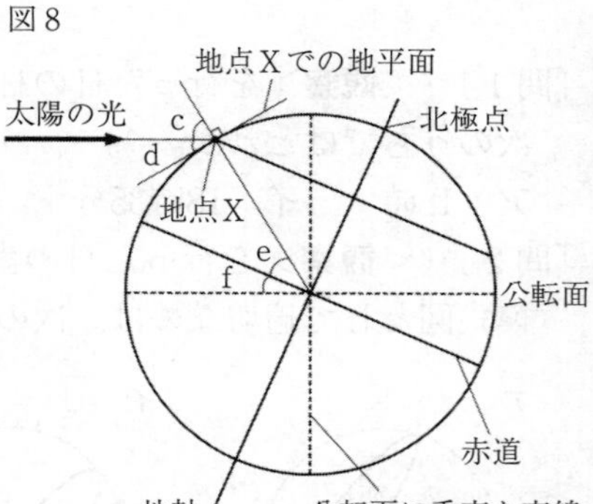

地点Xで冬至の日の南中時刻に，図7の装置Ⅰを用いて，黒く塗った試験管内の水温を測定したとき，10分後の水温が最も高くなる角aは，図8中の角 ① と等しく，角の大きさは ② である。

① ア c　イ d　ウ e　エ f

② ア 23.4°　イ 31.0°　ウ 59.0°　エ 66.6°

4 消化酵素の働きを調べる実験について，次の各問に答えよ。

＜**実験1**＞を行ったところ，＜**結果1**＞のようになった。

＜**実験1**＞

(1) 図1のように，スポンジの上に載せたアルミニウムはくに試験管用のゴム栓を押し付けて型を取り，アルミニウムはくの容器を6個作った。

(2) (1)で作った6個の容器に1％デンプン溶液をそれぞれ2 cm^3ずつ入れ，容器A～Fとした。

(3) 容器Aと容器Bには水1 cm^3を，容器Cと容器Dには水で薄めた唾液1 cm^3を，容器Eと容器Fには消化酵素Xの溶液1 cm^3を，それぞれ加えた。容器A～Fを，図2のように，40℃の水を入れてふたをしたペトリ皿の上に10分間置いた。

(4) (3)で10分間置いた後，図3のように，容器A，容器C，容器Eにはヨウ素液を加え，それぞれの溶液の色を観察した。また，図4のように，容器B，容器D，容器Fにはベネジクト液を加えてから弱火にしたガスバーナーで加熱し，それぞれの溶液の色を観察した。

図1

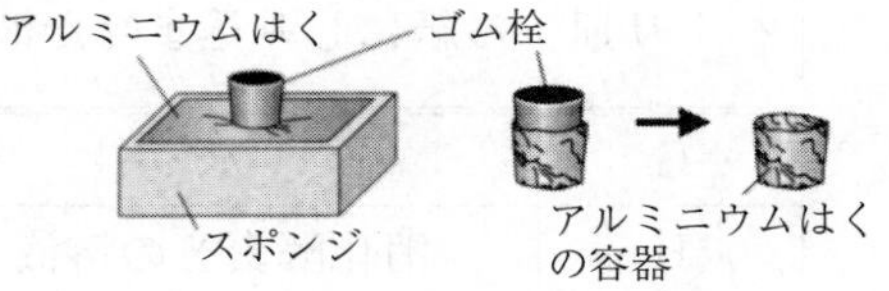

図2

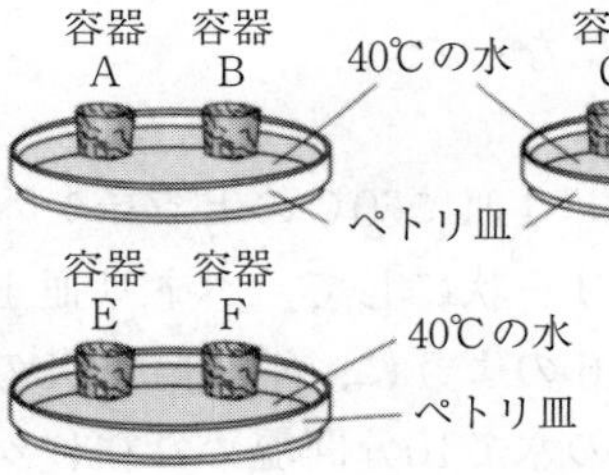

図3

図4

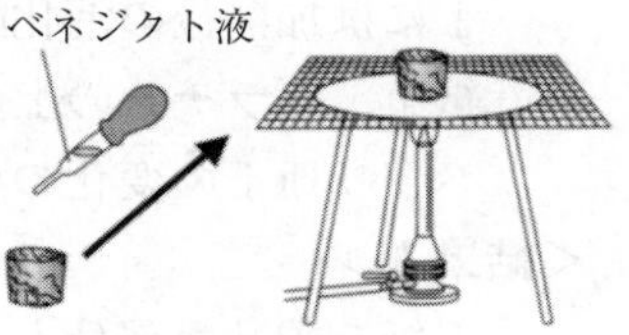

＜**結果1**＞

容器	1％デンプン溶液2 cm^3に加えた液体	加えた試薬	観察された溶液の色
A	水1 cm^3	ヨウ素液	青紫色
B		ベネジクト液	青色
C	水で薄めた唾液1 cm^3	ヨウ素液	茶褐色
D		ベネジクト液	赤褐色
E	消化酵素Xの溶液1 cm^3	ヨウ素液	青紫色
F		ベネジクト液	青色

次に，＜**実験1**＞と同じ消化酵素Xの溶液を用いて＜**実験2**＞を行ったところ，＜**結果2**＞のようになった。

＜**実験2**＞

(1) ペトリ皿を2枚用意し，それぞれのペトリ皿に60℃のゼラチン水溶液を入れ，冷やしてゼ

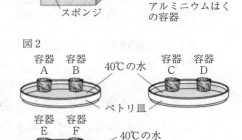

リー状にして，ペトリ皿GとHとした。ゼラチンの主成分はタンパク質であり，ゼリー状のゼラチンは分解されると溶けて液体になる性質がある。

(2)　図5のように，ペトリ皿Gには水をしみ込ませたろ紙を，ペトリ皿Hには消化酵素Xの溶液をしみ込ませたろ紙を，それぞれのゼラチンの上に載せ，24℃で15分間保った。

(3)　(2)で15分間保った後，ペトリ皿GとHの変化の様子を観察した。

図5

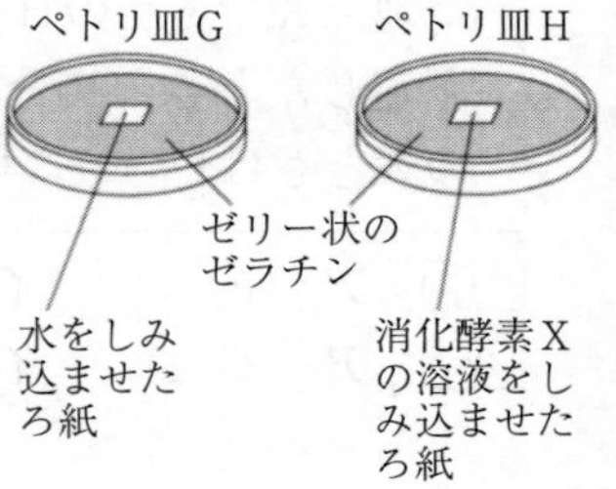

＜**結果2**＞

ペトリ皿	ろ紙にしみ込ませた液体	ろ紙を載せた部分の変化	ろ紙を載せた部分以外の変化
G	水	変化しなかった。	変化しなかった。
H	消化酵素Xの溶液	ゼラチンが溶けて液体になった。	変化しなかった。

次に，＜**実験1**＞と同じ消化酵素Xの溶液を用いて＜**実験3**＞を行ったところ，＜**結果3**＞のようになった。

＜**実験3**＞

(1)　ペトリ皿に60℃のゼラチン水溶液を入れ，冷やしてゼリー状にして，ペトリ皿Ｉとした。

(2)　図6のように，消化酵素Xの溶液を試験管に入れ80℃の水で10分間温めた後に24℃に戻し，加熱後の消化酵素Xの溶液とした。図7のように，ペトリ皿Ｉには加熱後の消化酵素Xの溶液をしみ込ませたろ紙を，ゼラチンの上に載せ，24℃で15分間保った後，ペトリ皿Ｉの変化の様子を観察した。

図6

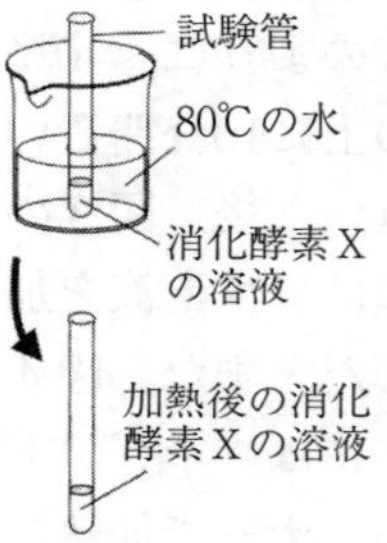

図7

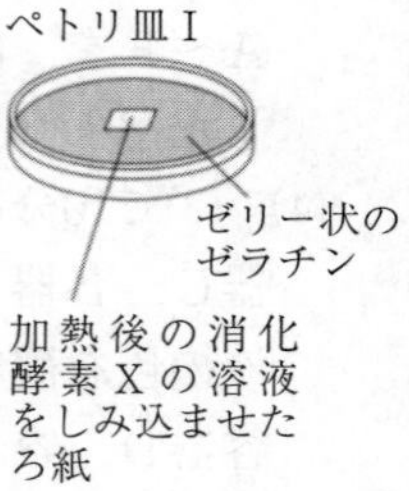

＜**結果3**＞

ろ紙を載せた部分も，ろ紙を載せた部分以外も変化はなかった。

〔問1〕　＜**結果1**＞から分かる，消化酵素の働きについて述べた次の文の ① ～ ③ にそれぞれ当てはまるものとして適切なのは，下の**ア**～**エ**のうちではどれか。

> 　 ① の比較から，デンプンは ② の働きにより別の物質になったことが分かる。さらに， ③ の比較から， ② の働きによりできた別の物質は糖であることが分かる。

①　**ア**　容器Aと容器C　　**イ**　容器Aと容器E
　　ウ　容器Bと容器D　　**エ**　容器Bと容器F

②　**ア**　水　　**イ**　ヨウ素液
　　ウ　唾液　　**エ**　消化酵素X

③　**ア**　容器Aと容器C　　**イ**　容器Aと容器E
　　ウ　容器Bと容器D　　**エ**　容器Bと容器F

〔問2〕　＜**結果1**＞と＜**結果2**＞から分かる，消化酵素Xと同じ働きをするヒトの消化酵素の名称と，＜**結果３**＞から分かる，加熱後の消化酵素Xの働きの様子とを組み合わせたものとして適切なのは，次の表の**ア**〜**エ**のうちではどれか。

	消化酵素Xと同じ働きをするヒトの消化酵素の名称	加熱後の消化酵素Xの働きの様子
ア	アミラーゼ	タンパク質を分解する。
イ	アミラーゼ	タンパク質を分解しない。
ウ	ペプシン	タンパク質を分解する。
エ	ペプシン	タンパク質を分解しない。

〔問３〕 ヒトの体内における，デンプンとタンパク質の分解について述べた次の文の ① 〜 ④ にそれぞれ当てはまるものとして適切なのは，下の**ア**〜**エ**のうちではどれか。

> デンプンは， ① から分泌される消化液に含まれる消化酵素などの働きで，最終的に ② に分解され，タンパク質は， ③ から分泌される消化液に含まれる消化酵素などの働きで，最終的に ④ に分解される。

① **ア** 唾液腺・胆のう　**イ** 唾液腺・すい臓
　ウ 胃・胆のう　**エ** 胃・すい臓

② **ア** ブドウ糖　**イ** アミノ酸
　ウ 脂肪酸　**エ** モノグリセリド

③ **ア** 唾液腺・胆のう　**イ** 唾液腺・すい臓
　ウ 胃・胆のう　**エ** 胃・すい臓

④ **ア** ブドウ糖　**イ** アミノ酸
　ウ 脂肪酸　**エ** モノグリセリド

〔問４〕 ヒトの体内では，食物は消化酵素などの働きにより分解された後，多くの物質は小腸から吸収される。図８は小腸の内壁の様子を模式的に表したもので，約１mmの長さの微小な突起で覆われていることが分かる。分解された物質を吸収する上での小腸の内壁の構造上の利点について，微小な突起の名称に触れて，簡単に書け。

図８

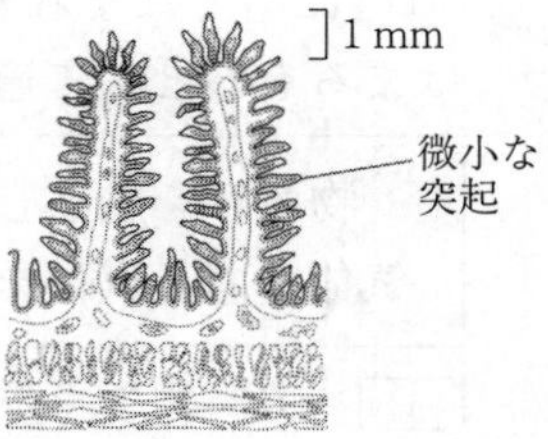

5 物質の性質を調べて区別する実験について，次の各問に答えよ。

４種類の白色の物質Ａ〜Ｄは，塩化ナトリウム，ショ糖(砂糖)，炭酸水素ナトリウム，ミョウバンのいずれかである。

＜**実験１**＞を行ったところ，＜**結果１**＞のようになった。

＜**実験１**＞

(1) 物質Ａ〜Ｄをそれぞれ別の燃焼さじに少量載せ，図１のように加熱し，物質の変化の様子を調べた。

(2) ＜**実験１**＞の(1)では，物質Ｂと物質Ｃは，燃えずに白色の物質が残り，区別がつかなかった。そのため，乾いた試験管を２本用意し，それぞれの試験管に物質Ｂ，物質Ｃを少量入れた。物質Ｂの入った試験管にガラス管がつながっているゴム栓をして，図２のように，試験管の口を少し下げ，スタンドに固定した。

図１

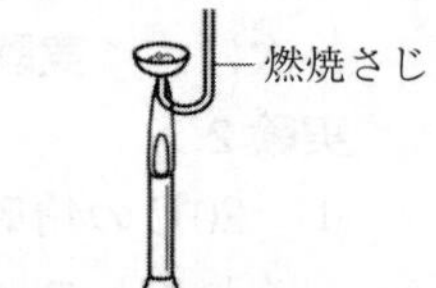

(3)　試験管を加熱し，加熱中の物質の変化を調べた。気体が発生した場合，発生した気体を水上置換法で集めた。

(4)　＜**実験１**＞の(2)の物質Ｂの入った試験管を物質Ｃの入った試験管に替え，＜**実験１**＞の(2)，(3)と同様の実験を行った。

図２

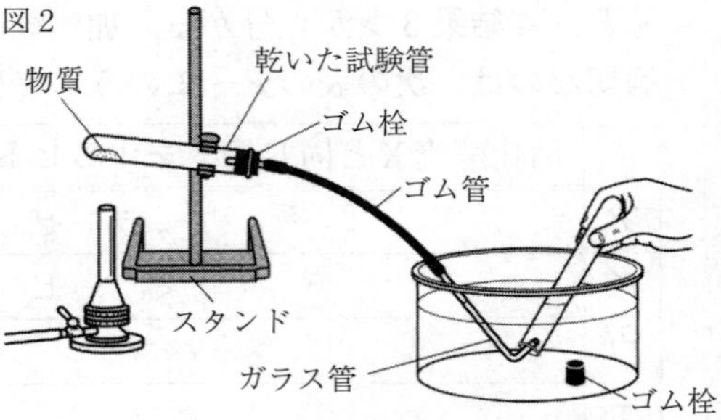

＜**結果１**＞

	物質Ａ	物質Ｂ	物質Ｃ	物質Ｄ
＜**実験１**＞の(1)で加熱した物質の変化	溶けた。	白色の物質が残った。	白色の物質が残った。	焦げて黒色の物質が残った。
＜**実験１**＞の(3)，(4)で加熱中の物質の変化		気体が発生した。	変化しなかった。	

〔問１〕　＜**実験１**＞の(1)で，物質Ｄのように，加熱すると焦げて黒色に変化する物質について述べたものとして適切なのは，次のうちではどれか。

ア　ろうは無機物であり，炭素原子を含まない物質である。
イ　ろうは有機物であり，炭素原子を含む物質である。
ウ　活性炭は無機物であり，炭素原子を含まない物質である。
エ　活性炭は有機物であり，炭素原子を含む物質である。

〔問２〕　＜**実験１**＞の(3)で，物質Ｂを加熱したときに発生した気体について述べた次の文の [①] に当てはまるものとして適切なのは，下の**ア**～**エ**のうちではどれか。また，[②] に当てはまるものとして適切なのは，下の**ア**～**エ**のうちではどれか。

> 物質Ｂを加熱したときに発生した気体には [　①　] という性質があり，発生した気体と同じ気体を発生させるには，[　②　] という方法がある。

[①]　**ア**　物質を燃やす
　　イ　空気中で火をつけると音をたてて燃える
　　ウ　水に少し溶け，その水溶液は酸性を示す
　　エ　水に少し溶け，その水溶液はアルカリ性を示す

[②]　**ア**　石灰石に薄い塩酸を加える
　　イ　二酸化マンガンに薄い過酸化水素水を加える
　　ウ　亜鉛に薄い塩酸を加える
　　エ　塩化アンモニウムと水酸化カルシウムを混合して加熱する

次に，＜**実験２**＞を行ったところ，＜**結果２**＞のようになった。

＜**実験２**＞

(1)　20℃の精製水(蒸留水)100ｇを入れたビーカーを４個用意し，それぞれのビーカーに図３のように物質Ａ～Ｄを20ｇずつ入れ，ガラス棒でかき混ぜ，精製水(蒸留水)に溶けるかどうかを観察した。

図３

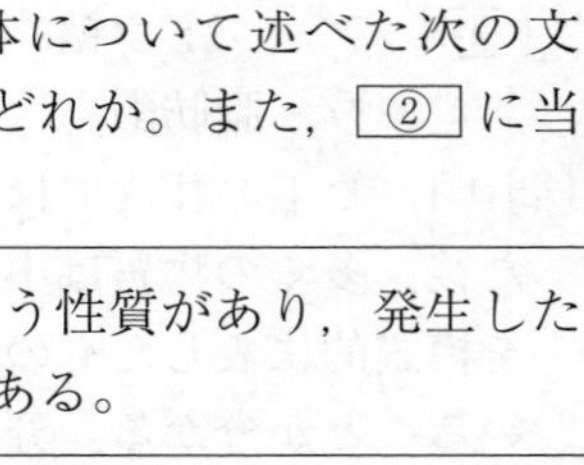

(2)　図4のように，ステンレス製の電極，電源装置，豆電球，電流計をつないで回路を作り，＜**実験2**＞の(1)のそれぞれのビーカーの中に，精製水(蒸留水)でよく洗った電極を入れ，電流が流れるかどうかを調べた。

(3)　塩化ナトリウム，ショ糖(砂糖)，炭酸水素ナトリウム，ミョウバンの水100gに対する溶解度を，図書館で調べた。

図4

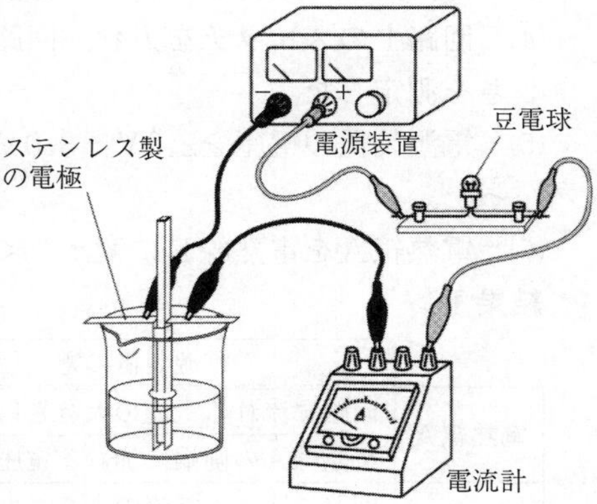

＜**結果2**＞

(1)　＜**実験2**＞の(1)，(2)で調べた結果は，次の表のようになった。

	物質A	物質B	物質C	物質D
20℃の精製水(蒸留水)100gに溶けるかどうか	一部が溶けずに残った。	一部が溶けずに残った。	全て溶けた。	全て溶けた。
電流が流れるかどうか	流れた。	流れた。	流れた。	流れなかった。

(2)　＜**実験2**＞の(3)で調べた結果は，次の表のようになった。

水の温度〔℃〕	塩化ナトリウムの質量〔g〕	ショ糖(砂糖)の質量〔g〕	炭酸水素ナトリウムの質量〔g〕	ミョウバンの質量〔g〕
0	35.6	179.2	6.9	5.7
20	35.8	203.9	9.6	11.4
40	36.3	238.1	12.7	23.8
60	37.1	287.3	16.4	57.4

〔問3〕　物質Cを水に溶かしたときの電離の様子を，化学式とイオン式を使って書け。

〔問4〕　＜**結果2**＞で，物質の一部が溶けずに残った水溶液を40℃まで加熱したとき，一方は全て溶けた。全て溶けた方の水溶液を水溶液Pとするとき，水溶液Pの溶質の名称を書け。また，40℃まで加熱した水溶液P120gを20℃に冷やしたとき，取り出すことができる結晶の質量〔g〕を求めよ。

6　電熱線に流れる電流とエネルギーの移り変わりを調べる実験について，次の各問に答えよ。

＜**実験1**＞を行ったところ，＜**結果1**＞のようになった。

＜**実験1**＞

(1)　電流計，電圧計，電気抵抗の大きさが異なる電熱線Aと電熱線B，スイッチ，導線，電源装置を用意した。

(2)　電熱線Aをスタンドに固定し，図1のように，回路を作った。

図1

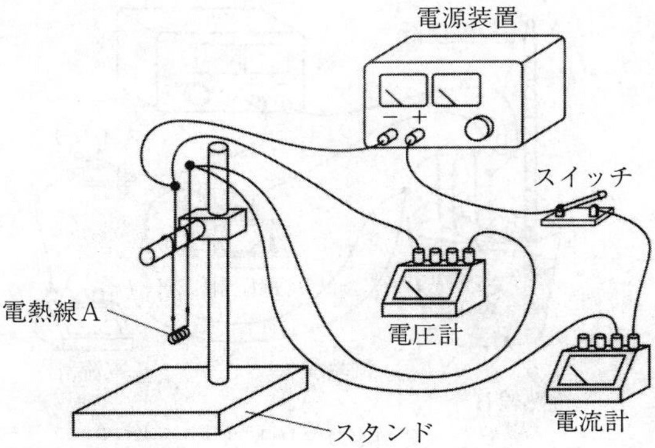

(3)　電源装置の電圧を1.0Vに設定した。

(4)　回路上のスイッチを入れ，回路に流れる電流の大きさ，電熱線の両端に加わる電圧の大きさを測定した。

(5)　電源装置の電圧を2.0V，3.0V，4.0V，5.0Vに変え，＜**実験１**＞の(4)と同様の実験を行った。

(6)　電熱線Aを電熱線Bに変え，＜**実験１**＞の(3)，(4)，(5)と同様の実験を行った。

＜**結果１**＞

	電源装置の電圧〔V〕	1.0	2.0	3.0	4.0	5.0
電熱線A	回路に流れる電流の大きさ〔A〕	0.17	0.33	0.50	0.67	0.83
	電熱線Aの両端に加わる電圧の大きさ〔V〕	1.0	2.0	3.0	4.0	5.0
電熱線B	回路に流れる電流の大きさ〔A〕	0.25	0.50	0.75	1.00	1.25
	電熱線Bの両端に加わる電圧の大きさ〔V〕	1.0	2.0	3.0	4.0	5.0

〔問１〕　＜**結果１**＞から，電熱線Aについて，電熱線Aの両端に加わる電圧の大きさと回路に流れる電流の大きさの関係を，解答用紙の方眼を入れた図に●を用いて記入し，グラフをかけ。また，電熱線Aの両端に加わる電圧の大きさが9.0Vのとき，回路に流れる電流の大きさは何Aか。

　次に，＜**実験２**＞を行ったところ，＜**結果２**＞のようになった。

＜**実験２**＞

(1)　電流計，電圧計，＜**実験１**＞で使用した電熱線Aと電熱線B，200gの水が入った発泡ポリスチレンのコップ，温度計，ガラス棒，ストップウォッチ，スイッチ，導線，電源装置を用意した。

(2)　図２のように，電熱線Aと電熱線Bを直列に接続し，回路を作った。

(3)　電源装置の電圧を5.0Vに設定した。

(4)　回路上のスイッチを入れる前の水の温度を測定し，ストップウォッチのスタートボタンを押すと同時に回路上のスイッチを入れ，回路に流れる電流の大きさ，回路上の点aから点bまでの間に加わる電圧の大きさを測定した。

(5)　１分ごとにガラス棒で水をゆっくりかきまぜ，回路上のスイッチを入れてから５分後の水の温度を測定した。

図２

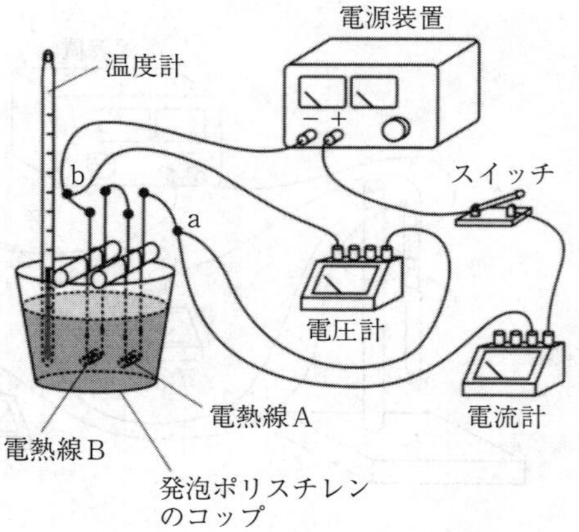

図３

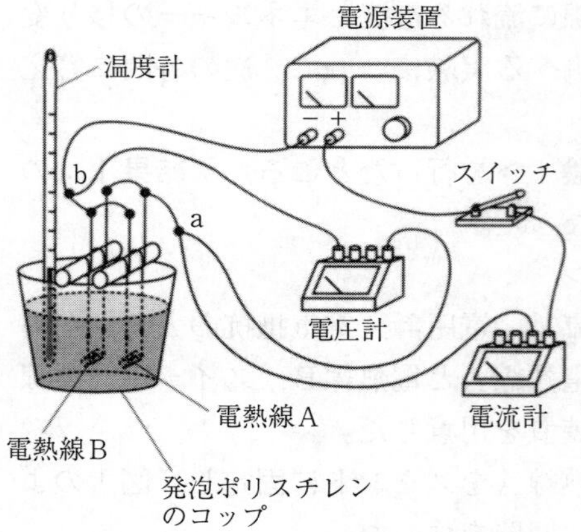

(6)　図３のように，電熱線Ａと電熱線Ｂを並列に接続し，回路を作り，＜**実験２**＞の(3)，(4)，(5)と同様の実験を行った。

＜**結果２**＞

	電熱線Ａと電熱線Ｂを直列に接続したとき	電熱線Ａと電熱線Ｂを並列に接続したとき
電源装置の電圧〔Ｖ〕	5.0	5.0
スイッチを入れる前の水の温度〔℃〕	20.0	20.0
回路に流れる電流の大きさ〔Ａ〕	0.5	2.1
回路上の点ａから点ｂまでの間に加わる電圧の大きさ〔Ｖ〕	5.0	5.0
回路上のスイッチを入れてから５分後の水の温度〔℃〕	20.9	23.8

〔問２〕　＜**結果１**＞と＜**結果２**＞から，電熱線Ａと電熱線Ｂを直列に接続したときと並列に接続したときの回路において，直列に接続したときの電熱線Ｂに流れる電流の大きさと並列に接続したときの電熱線Ｂに流れる電流の大きさを最も簡単な整数の比で表したものとして適切なのは，次のうちではどれか。

ア　1：5　　**イ**　2：5　　**ウ**　5：21　　**エ**　10：21

〔問３〕　＜**結果２**＞から，電熱線Ａと電熱線Ｂを並列に接続し，回路上のスイッチを入れてから５分間電流を流したとき，電熱線Ａと電熱線Ｂの発熱量の和を＜**結果２**＞の電流の値を用いて求めたものとして適切なのは，次のうちではどれか。

ア　12.5Ｊ　　**イ**　52.5Ｊ　　**ウ**　750Ｊ　　**エ**　3150Ｊ

〔問４〕　＜**結果１**＞と＜**結果２**＞から，電熱線の性質とエネルギーの移り変わりの様子について述べたものとして適切なのは，次のうちではどれか。

ア　電熱線には電気抵抗の大きさが大きくなると電流が流れにくくなる性質があり，電気エネルギーを熱エネルギーに変換している。

イ　電熱線には電気抵抗の大きさが大きくなると電流が流れにくくなる性質があり，電気エネルギーを化学エネルギーに変換している。

ウ　電熱線には電気抵抗の大きさが小さくなると電流が流れにくくなる性質があり，熱エネルギーを電気エネルギーに変換している。

エ　電熱線には電気抵抗の大きさが小さくなると電流が流れにくくなる性質があり，熱エネルギーを化学エネルギーに変換している。

社会解答

1 〔問１〕 エ　〔問２〕 ウ
〔問３〕 イ

2 〔問１〕 略地図中のＡ～Ｄ…Ｃ
Ⅱのア～エ…ウ
〔問２〕 Ｐ…イ　Ｑ…ア　Ｒ…エ
Ｓ…ウ
〔問３〕 略地図中のＷ～Ｚ…Ｘ
ⅠとⅡの表のア～エ…ア

3 〔問１〕 Ａ…ウ　Ｂ…イ　Ｃ…ア
Ｄ…エ
〔問２〕 Ｐ…ア　Ｑ…ア　Ｒ…イ
Ｓ…イ
〔問３〕 理由　(例)内陸に建設されたのは，高波や津波などの影響を受けにくいからである。
効果　(例)東名高速道路と新東名高速道路の交通量の合計は増加したが，分散が図られたことで渋滞回数が減少した。

4 〔問１〕 ア→エ→ウ→イ
〔問２〕 Ⅰの略年表中のア～エ…イ
Ⅱの略地図中のＡ～Ｄ…Ｂ
〔問３〕 エ　〔問４〕 ウ

5 〔問１〕 ア　〔問２〕 ウ
〔問３〕 エ　〔問４〕 イ

6 〔問１〕 エ→ウ→ア→イ
〔問２〕 略地図中のＡ～Ｄ…Ｂ
ⅠとⅡのグラフのア～エ…ア
〔問３〕 (例)政府開発援助事業予算に占める，政府貸付の割合を増やすとともに，二国間政府開発援助贈与に占める，技術協力の割合を増やすことで，自助努力を後押しし，自立的発展を目指している。

1 〔三分野総合―小問集合問題〕

〔問１〕＜地図の読み取り＞地図上の撮影地点から矢印の方向を見ると，ほぼ正面に江の島が見えることから，イとエが当てはまる。さらに地図を確認すると，撮影地点から見て右手には砂浜があり，砂浜と江の島をつなぐ江ノ島大橋がある。このような風景が写っている写真はエである。

〔問２〕＜大仙古墳＞Ⅱは大仙古墳〔仁徳陵古墳〕についての説明である。大仙古墳は，５世紀につくられた日本最大の前方後円墳で，大阪府堺市にある。2019年には，大仙古墳と周辺の多数の古墳が「百舌鳥・古市古墳群」としてUNESCO〔国連教育科学文化機関〕の世界文化遺産に登録された。

〔問３〕＜安全保障理事会＞国際連合〔国連〕の安全保障理事会は，国際社会の平和と安全の維持を目的とする機関である。アメリカ，イギリス，フランス，ロシア，中国の５か国の常任理事国と，任期２年の10か国の非常任理事国で構成されている。安全保障理事会は国連の中でも強い権限を与えられており，平和を脅かすような事態が発生した際には，経済的・軍事的な制裁を行うことを決定できる。加盟国は，安全保障理事会の決定に従う義務がある。なお，国連難民高等弁務官事務所〔UNHCR〕は難民の保護や支援などの活動を行う機関，世界保健機関〔WHO〕は保健事業の指導や感染症対策などを行う機関，国際司法裁判所〔ICJ〕は加盟国間の紛争を解決するための裁判を行う機関である。

2 〔世界地理―世界の姿と諸地域〕

〔問１〕＜サンフランシスコの特徴と気候＞略地図中のＡ～Ｄ．サンベルトとはアメリカの北緯37度以南の地域を指すので，「サンベルトの北限付近」とは北緯37度付近である。北緯37度の緯線はアメリカの中央部を通るので，Ⅰの文章に当てはまるのはＣの都市だと考えられる。Ｃはサンフランシスコである。サンフランシスコを含むアメリカの太平洋沿岸地域は，夏季に乾燥して冬季に比較的降水量が多い，温帯の地中海性気候に属する。また，サンフランシスコの周辺では半導体や情報技術〔IT〕などに関連する産業が盛んであり，特にサンフランシスコ郊外のサンノゼ周辺は，これらの企業や研究所が集中していることからシリコンバレーと呼ばれている。　Ⅱのア〜エ．地中海性気候に属するのは，地図中のＡ〜ＤのうちＣとＤの都市である。また，Ⅱのグラフ中で地中海性気候に当てはまるのはアとウである。ＣとＤのうち，より北に位置するＤの方が年平均気温が低いと考えられることから，Ｃのグラフがウの気候を，Ｄのグラフがアの気候を表していると判断する。なお，ＡとＢの都市は，季節による気温の変化がはっきりしていて年降水量が多い温帯の温帯〔温暖〕湿潤気候に属しており，より北に位置するＡのグラフがエ，Ｂのグラフがイとなる。

〔問２〕＜国々の特徴＞Ｐはアルゼンチン，Ｑはマレーシア，Ｒは南アフリカ共和国，Ｓはドイツである。　ア．「熱帯地域」とあることから，赤道に近い地域に位置するマレーシアと判断する。マレー半島とインドネシアのスマトラ島の間に位置するマラッカ海峡は，太平洋とインド洋を結ぶ海上交通の要地であり，現在も年間数万隻の船舶が航行している。　イ．「パンパ」と呼ばれる草原地帯が広がるのは，アルゼンチンのラプラタ川流域である。アルゼンチンの西部にはアンデス山脈が南北に通り，隣国であるチリとの国境となっている。アンデス山脈は，現在も地殻変動が活発な環太平洋造山帯に属する。　ウ．自動車の生産・販売台数が非常に多いことや，「国土の北部は氷河に削られ」という記述から，ヨーロッパに位置するドイツと判断する。ドイツには，1930年代から建設が始まったアウトバーンと呼ばれる高速道路があり，一部区間を除いて速度無制限となっている。また，工業地帯の排出ガスなどを原因とする酸性雨の被害を受けた経験から，環境問題への取り組みが盛んである。　エ．「欧州との時差が少なく」という記述から，南アフリカ共和国と推測する。「豊富な地下資源」とあるように，南アフリカ共和国では，希少金属〔レアメタル〕を含むさまざまな鉱産資源が産出される。また，アフリカ最大の工業国であり，外国企業の進出も進んでいる。

〔問３〕＜タイの特徴と資料の読み取り＞略地図中のＷ〜Ｚ．Ｗはメキシコ，Ｘはタイ，Ｙはスウェーデン，Ｚはイタリアである。まず，「雨季と乾季」がある気候は熱帯のサバナ気候であり，この気候が国内に分布する国はメキシコとタイである。次に，「国土の北部から南流し，首都を通り海に注ぐ河川」という記述に注目すると，タイの国土を北から南へ流れ，首都バンコクを通って海に注ぐチャオプラヤ川が当てはまり，Ⅲはタイについて述べた文章であると判断できる。チャオプラヤ川の流域は世界的な稲作地帯であり，文中の「穀物」は米である。　**ⅠとⅡの表のア〜エ．**Ⅲの文章の後半部分の記述内容と，Ⅰ，Ⅱの表を照らし合わせて考える。まず，Ⅲの文中の「2016年には，製造業の進出日本企業数が1993年と比較し２倍以上に伸び」という記述をもとにⅠの表を見ると，これに当てはまるのはアとウである。さらに，「貿易相手国として中華人民共和国の重要性が高まった」とあり，2016年の貿易相手国の上位３位以内に中華人民共和国が含まれているのもアとウである。次に，Ⅲの文中の「(2016年の)この国と日本の貿易総額は1993年と比較し２倍以上に伸びており」という記述をもとにⅡの表を見ると，これに当てはまるのもアとウである。さらに，「(2016年の)電気機器の輸入額に占める割合も２割を上回る」とあり，これに当てはまるのはアである。以上から，アがタイとなる。これらに加えて，進出日本企業数が４か国中で最も多いこと，上位の貿易相手国にアジア諸国が多いことなども，アがタイであると判断するヒントとなる。なお，イはスウェーデン，ウはメキシコ，エはイタリアである。

３　**〔日本地理―日本の諸地域，地形図〕**

〔問１〕＜都道府県と県庁所在地の特徴＞Ａは宮城県，Ｂは福井県，Ｃは広島県，Ｄは鹿児島県である。

ア．広島県の瀬戸内海沿岸には瀬戸内工業地域が分布し，造船業や鉄鋼業などが立地している。また，この地域には山陽新幹線などの鉄道が東西方向に走っている。県庁所在地である広島市の中心部は，瀬戸内海に流れ込む太田川の三角州上に形成されている。　イ．福井県の若狭湾沿岸にはリアス海岸が見られ，また鯖江市では眼鏡産業が盛んである。現在，東京－金沢(石川県)間が開業している北陸新幹線は，2022年度末に金沢－敦賀(福井県)間が開業する予定であり，県庁所在地である福井市も経由する。福井市では，自宅から最寄り駅まで自動車で行き，鉄道などの公共交通機関に乗り換えて都心部の目的地に向かうというパークアンドライドと呼ばれる仕組みが整備されており，都心部の混雑解消に効果をあげている。　ウ．宮城県では，1982年に開通した東北新幹線などの鉄道が南北方向に走っており，西側には奥羽山脈が位置する。県庁所在地である仙台市は「杜《もり》の都」と呼ばれ，街路樹などによる緑豊かな町並みが見られる。　エ．鹿児島県には薩摩半島と大隅半島という２つの大きな半島がある。西側の薩摩半島には，県庁所在地の鹿児島市があり，大規模な石油備蓄基地が市の南部に位置する。鹿児島市は，噴火活動が活発な桜島の対岸に位置し，2004年に開通した九州新幹線の終点となる駅が置かれている。また，鹿児島県から宮崎県にかけて，火山噴出物が積もってできたシラス台地が分布している。

〔問２〕＜地形図の読み取り＞Ｐ．特にことわりのないかぎり，地形図上では北が上となる。ⅠとⅡの地形図では，西側に海があり，東へ行くにつれてゆるやかに標高が高くなっていることが等高線からわかる。これをふまえて庄内空港の西端付近と東端付近の標高を確認すると，西端付近には10mの等高線があり，東端付近には40mや50mの等高線が見られることがわかる。　**Ｑ．**庄内空港ができる前の土地利用の様子をⅠの地形図で確認すると，畑(∨)や果樹園(○)が広がっている。なお，水田(॥)は，庄内空港よりも東の地域に見られる。　**Ｒ．**庄内空港の滑走路に相当するＹ－Ｚの長さは地形図上で約８cmである。この地形図の縮尺は２万５千分の１なので，実際の距離は，８cm×25000＝200000cm＝2000mとなる。　**Ｓ．**この地域は日本海沿岸に位置するため，冬に北西から季節風が吹く。したがって，海岸沿いに見られる針葉樹林(Λ)は，この北西風によって砂浜から運ばれる砂を防ぐ防砂林と考えられる。

〔問３〕＜高速道路と交通の変化＞理由．「自然災害に着目」という点を念頭に置きながらⅠとⅡの資料を確認する。東名高速道路で高波や津波による通行止めが発生していること(Ⅰ)，新東名高速道路が東名高速道路よりも内陸を通っていること(Ⅱ)から，海からの災害を避けるために新東名高速道路は内陸に建設されたと考えられる。　**効果．**Ⅲの資料で，東名高速道路と新東名高速道路の「平均交通量」と「10km以上の渋滞回数」をそれぞれ比較する。「平均交通量」については，開通前に比べて開通後の東名の平均交通量が減少していること，また開通後の東名と新東名の平均交通量を合計すると開通前の平均交通量を上回っていることが読み取れる。次に「10km以上の渋滞回数」については，開通前に比べて開通後は大きく減少している。以上から，開通後は開通前に比べて平均交通量の合計は増加したが，東名と新東名に分散されたことによって渋滞回数が減少したことがわかる。

４〔歴史―古代～現代の日本と世界〕

〔問１〕＜年代整序＞年代の古い順に，ア(８世紀初め―律令制度の整備)，エ(８世紀半ば―聖武天皇の政治)，ウ(12世紀末―鎌倉幕府の成立)，イ(14世紀半ば―室町幕府の成立)となる。

〔問２〕＜東求堂同仁斎＞Ⅲの文章中の「慈照寺」は，京都の東山にある寺院で，一般には銀閣寺とも呼ばれている。もとは室町幕府第８代将軍の足利義政の別荘であり，敷地内にある銀閣や東求堂は義政が建てたものである。義政の頃には，寺院の部屋の様式を取り入れ，床の間などを備えた書院造と呼ばれる住宅様式が広まり，現在の和風建築の原型となった。東求堂の一室である同仁斎は，代表的な書院造である。義政が政治を行ったのは15世紀後半であり，Ⅰの年表中のイの時期にあたる。

〔問３〕**＜江戸時代の政策と時期＞**「天明」という元号や「浅間山が噴火」という言葉から，この文章は18世紀後半に起こった浅間山の大噴火について述べたものであるとわかる。同時期に天明のききん(1782年〔天明２年〕)が起こったこともあり，各地で百姓一揆や打ちこわしが相次いだため，このとき政治を行っていた田沼意次は老中を辞めさせられた。この後，18世紀末には松平定信が寛政の改革(1787～93年)を行っており，「４年後から10年後にかけて主に行われた政策」とは寛政の改革の政策を指す。ア～エのうち，寛政の改革で行われた政策はエである。なお，アは水野忠邦が19世紀半ばに行った天保の改革，イは徳川吉宗が18世紀前半に行った享保の改革，ウは田沼意次が行った政策の内容である。

〔問４〕**＜1910～33年の出来事＞**大正時代には文化の大衆化が進み，1925年には東京でラジオ放送が開始された。なお，国家総動員法が制定されたのは1938年，官営の八幡製鉄所が開業したのは1901年，廃藩置県が行われたのは1871年である。

5 〔公民―総合〕

〔問１〕**＜内閣の仕事＞**内閣の仕事は，日本国憲法第73条で規定されている。アに書かれた条約の締結のほか，法律の執行，予算の作成，政令の制定などがある。なお，イは国会が政治全般について調査する権限である国政調査権について規定した条文(第62条)である。ウは，国民の権利や義務を定めた条文の１つで，個人の尊重，幸福追求権，公共の福祉について規定している(第13条)。エは，地方自治の基本原則を定めた条文(第92条)である。

〔問２〕**＜日本の議院内閣制とアメリカの大統領制＞**議院内閣制をとる日本では，国民の選挙で選ばれた議員で構成される国会が国権の最高機関と位置づけられ，内閣は国会の信任に基づいて成立し，国会に対して連帯して責任を負う。衆議院で内閣不信任案が可決(または内閣信任案が否決)されて内閣が国会の信任を失った場合，内閣は10日以内に衆議院を解散するか，総辞職しなければならない(B…○)。一方，大統領制をとるアメリカでは，国民が行政の長である大統領と立法を行う議会の議員をそれぞれ選挙で選ぶ。そのため，大統領と議会は対等で互いに独立しており，大統領は議会に法律案を提出したり議会を解散したりすることはできない一方，議会が可決した法律案を拒否する権限を持つ(A…×)。

〔問３〕**＜行政の役割＞**社会資本とは，公園，道路や上下水道，図書館，学校などの公共的な施設や設備のことである。これらは国民の生活や産業の支えとなる重要なものであるが，利潤を目的とする民間企業だけでは提供が難しいものが多いため，行政によって整備されている。なお，ア～ウは社会保障制度に関する内容で，アは公的扶助，イは社会保険，ウは公衆衛生について述べたものである。

〔問４〕**＜資料の読み取り＞**Ⅱの文章の記述内容とⅠのグラフを照らし合わせて考える。「歳入総額に占める租税・印紙収入の割合の増加」に当てはまる時期はアとイであり，「公債金の割合が低下」に当てはまる時期はイである。なお，イの時期にあたる1980年代の後半には，土地や株の価格が実際の価値以上に上昇するバブル経済と呼ばれる好景気が到来し，経済成長率は６％台となった。また，この時期には電話や鉄道などの公営企業の民営化が行われ，消費税が初めて導入された。

6 〔三分野総合―国際社会を題材とした問題〕

〔問１〕**＜年代整序＞**年代の古い順に，エ(三国同盟の成立―1882年)，ウ(国際連盟の発足―1920年)，ア(ヨーロッパ共同体〔EC〕の発足―1967年)，イ(国連環境開発会議〔地球サミット〕の開催―1992年)となる。

〔問２〕＜サウジアラビアの特徴と資料の読み取り＞略地図中のＡ～Ｄ．Ａはフィリピン，Ｂはサウジアラビア，Ｃはコートジボワール，Ｄはポルトガルである。Ⅲの文章の石油輸出国機構〔OPEC〕に加盟しているという記述から，世界有数の石油産出国であるサウジアラビアと判断する。サウジアラビアの国旗は，緑色の下地にアラビア文字と剣が描かれたデザインとなっている。　**ⅠとⅡのグラフのア～エ．**Ⅲの文章の記述内容と，Ⅰ，Ⅱのグラフを照らし合わせて考える。まず，Ⅲの文中の「二度の石油危機を含む期間」とは，1973年(第一次石油危機)～1979年(第二次石油危機)である。この期間に「一人当たりの国内総生産が大幅に増加」し，その後「一時的に減少し，1990年以降は増加し続けた」国をⅠのグラフで確認すると，当てはまるのはアとなる。また，「1970年から2015年までの間に乳幼児死亡率は約10分の１に減少」した国をⅡのグラフで確認すると，やはりアが当てはまる。したがって，アがサウジアラビアである。なお，イはポルトガル，ウはフィリピン，エはコートジボワールである。

〔問３〕＜日本のODAの変化＞この問題で求められているのは，「1997年度と比較した2018年度の政府開発援助(ODA)の変化」について，①Ⅰ～Ⅲの資料を活用し，②政府開発援助事業予算(Ⅱの表)と二国間政府開発援助贈与(Ⅲの表)の内訳に着目して述べることである。これを念頭に置き，Ⅰ～Ⅲの資料からわかることを整理する。まずⅠを見ると，現在の日本は政府開発援助を行うにあたり，援助相手国の自助努力や自立的発展を重視していることがわかる。次にⅡを見ると，2018年度は1997年度と比べて，政府開発援助事業予算のうち政府貸付の割合が増え，贈与の割合が減っていることがわかる。次にⅢを見ると，2018年度は1997年度と比べて，二国間政府開発援助贈与のうち無償資金協力の割合が減り，技術協力の割合が増えていることがわかる。以上から，援助相手国の自助努力や自立的発展を促すという方針のもとで，単純に資金を提供する形態の援助を減らし，返済の必要がある貸付や技術援助を増やすという変化が生じていると考えられる。

理科解答

1 〔問１〕 イ　〔問２〕 ウ
〔問３〕 ア　〔問４〕 エ
〔問５〕 イ

2 〔問１〕 ウ　〔問２〕 イ
〔問３〕 ア　〔問４〕 エ

3 〔問１〕 ウ　〔問２〕 エ
〔問３〕 (例)太陽の光の当たる角度が地面に対して垂直に近いほど，同じ面積に受ける光の量が多いから。
〔問４〕 ①…ア　②…ウ

4 〔問１〕 ①…ア　②…ウ　③…ウ
〔問２〕 エ
〔問３〕 ①…イ　②…ア　③…エ　④…イ
〔問４〕 (例)柔毛で覆われていることで小腸の内側の壁の表面積が大きくなり，効率よく物質を吸収することができる点。

5 〔問１〕 イ　〔問２〕 ①…ウ　②…ア
〔問３〕 $NaCl \longrightarrow Na^+ + Cl^-$
〔問４〕 溶質の名称…ミョウバン
結晶の質量…8.6g

6 〔問１〕
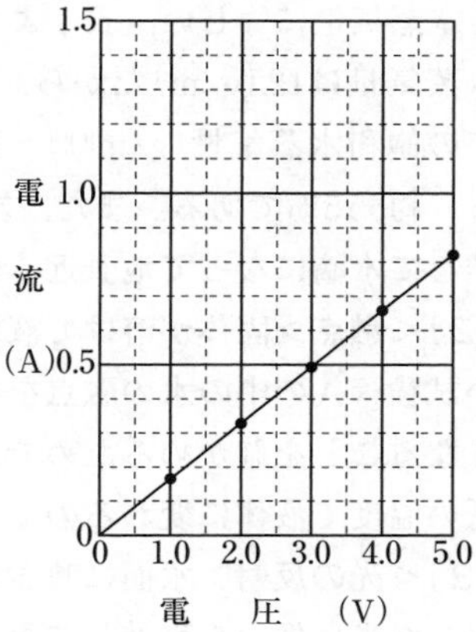

電流の大きさ…1.5A
〔問２〕 イ　〔問３〕 エ
〔問４〕 ア

1 〔小問集合〕

〔問１〕＜有性生殖＞有性生殖では，減数分裂によってつくられた生殖細胞が受精して受精卵ができる。生殖細胞に含まれる染色体の数は体細胞の半分なので，受精卵の染色体の数は親の体細胞の染色体の数と同じになる。また，受精卵は細胞分裂を繰り返して胚になる。

〔問２〕＜塩酸の電気分解＞薄い塩酸は塩化水素(HCl)の水溶液で，水溶液中には塩化水素が電離した水素イオン(H^+)と塩化物イオン(Cl^-)が存在している。そのため，薄い塩酸に電流を流すと，陽イオンであるH^+が陰極に引かれて水素(H_2)となって発生し，陰イオンであるCl^-が陽極に引かれて塩素(Cl_2)となって発生する。よって，気体Ａは水素，気体Ｂは塩素である。また，この実験で発生する水素と塩素の体積は同じだが，水素が水に溶けにくいのに対し，塩素は水に溶けやすいので，集まる体積は水素の方が塩素より多くなる。

〔問３〕＜仕事率＞100gの物体にはたらく重力の大きさを１Ｎとするから，150gの物体にはたらく重力の大きさは$150 \div 100 = 1.5$(N)である。よって，持ち上げた力がした仕事の大きさは，〔仕事(J)〕＝〔力の大きさ(N)〕×〔力の向きに動いた距離(m)〕より，$1.5 \times 1.6 = 2.4$(J)となるから，求める仕事率は，〔仕事率(W)〕＝〔仕事(J)〕÷〔かかった時間(s)〕より，$2.4 \div 2 = 1.2$(W)となる。

〔問４〕＜火成岩＞図２より，観察した火成岩のつくりは，石基の中に斑晶が散らばった斑状組織だから，この火成岩は火山岩である。火山岩のうち，有色鉱物の割合が多い岩石は玄武岩である。また，黄緑色で不規則な形の鉱物はカンラン石である。なお，はんれい岩は深成岩だから，つくりは等粒状組織で，石英は無色鉱物である。

〔問５〕＜酸化銀の分解＞酸化銀(Ag_2O)を加熱すると，銀(Ag)と酸素(O_2)に分解される。酸化銀は銀原子と酸素原子が２：１の数の比で結びついているから，モデルでは ●○● と表され，反応後の酸素は原子が２個結びついて酸素分子として存在しているから，モデルでは○○と表される。よって，ア～エのうち，適切なのはイである。

2 〔小問集合〕

〔問１〕＜空気中の水蒸気＞コップの表面に水滴がつき始めたときの温度は，空気中の水蒸気が凝結して水滴ができ始める温度で，これを露点という。露点での飽和水蒸気量は，実際に空気中に含まれる水蒸気量に等しい。表１より，教室の温度24℃での飽和水蒸気量は21.8g/m^3，露点14℃での飽和水蒸気量は12.1g/m^3だから，〔湿度(％)〕＝〔空気１m^3中に含まれる水蒸気量(g/m^3)〕÷〔その気温での飽和水蒸気量(g/m^3)〕×100より，測定時の教室の湿度は，12.1÷21.8×100＝55.50…となるから，約55.5％である。また，霧は，水蒸気を含んだ空気が冷やされて露点以下になり，水蒸気が凝結して水滴になって地表近くに浮かんだものである。

〔問２〕＜融点＞固体が溶けて液体に変化するときの温度を融点という。塩化カルシウムを入れていない試験管Ａの中の水の融点を調べたのは，塩化カルシウムを入れた水溶液の融点が水の融点より低くなることを確かめるためである。なお，この実験のように，凍結防止剤を入れると，固体はより低い温度で液体に変わるので，雪が溶けやすくなる。

〔問３〕＜光の反射＞水面に映る像は，水面に対して物体と対称の位置にできる。このとき，水面で反射した光は像から直進してきたように見える。よって，ア～エのうち，適切なのはアである。

〔問４〕＜水質調査＞見つけた生物のうち，水質階級Ⅰに属するのはカワゲラとヒラタカゲロウで，どちらも１点だから，合計で１+１＝２(点)，水質階級Ⅱに属するのはシマトビケラとカワニナで，それぞれ２点と１点だから，合計で２+１＝３(点)，水質階級Ⅲに属するのはシマイシビルで２点である。よって，最も点数の高い階級は３点のⅡなので，この地点の水質階級はⅡである。また，カワニナのように内臓が外とう膜で覆われている動物を軟体動物という。なお，節足動物はからだが外骨格で覆われ，からだやあしに節がある動物である。

3 〔地球と宇宙〕

〔問１〕＜太陽の動き＞図３より，太陽は透明半球上を１時間で2.4cm動く。紙テープで日の入りの位置を表しているのは点Ｇだから，太陽が15時から点Ｇまでの9.6cmを動くのにかかる時間は，9.6÷2.4＝4(時間)となる。よって，日の入りの時刻は，15時の４時間後の19時である。

〔問２〕＜太陽の動き＞南半球では，太陽は東の空から昇り，北の空を通って西の空に沈む。また，北半球と南半球では季節が逆になるため，日本で夏のとき，南半球では冬になる。よって，夏至の日，南半球では太陽の南中高度は最も低くなるので，ア～エのうち，この日の太陽の動きを表しているのはエである。なお，ウは南半球での冬至の日頃の太陽の動きを表している。

〔問３〕＜太陽の高度とエネルギー＞太陽の光が当たる角度が垂直に近いほど，同じ面積で比較したときの太陽から受ける光の量(エネルギー)が多くなる。よって，太陽の光が当たる角度が地面に対して垂直に近くなるのは，太陽の南中高度が高いときだから，このとき，地面が得るエネルギーが多くなり，地表が温まりやすくなる。

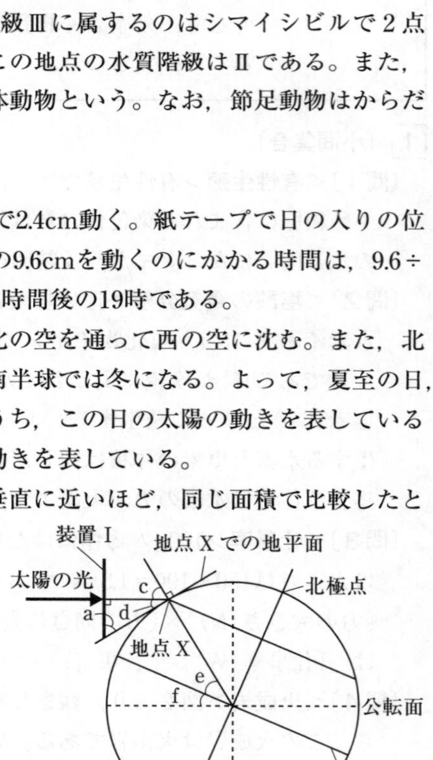

〔問４〕＜太陽の高度＞①10分後の水温が最も高くなるのは，右図のように，装置Ⅰに太陽の光が垂直に当たるときである。図より，角ａ＝90°－角ｄ，角ｄ＝90°－角ｃだから，角ａ＝90°－(90°－角ｃ)＝角ｃとなる。　②図で，太陽の光と公転面が平行で，同位角が等しいから，角ｃ＝角ｅ

＋角ｆとなる。ここで，角ｅは地点Ｘの緯度に等しいので35.6°であり，角ｆは地軸の公転面に垂直な方向に対する傾きである23.4°に等しい。よって，角ｃ＝角ｅ＋角ｆ＝35.6°＋23.4°＝59.0°となる。

4〔動物の生活と生物の変遷〕

〔**問１**〕＜**唾液のはたらき**＞ヨウ素液は茶褐色で，デンプンによって青紫色に変わり，ベネジクト液は青色で，糖があると赤褐色の沈殿ができる。結果１で，デンプンがなくなっているのは，ヨウ素液が茶褐色のままで，青紫色に変化していない容器Ｃである。容器Ｃには唾液を加えたので，唾液を加えていない容器のうち，ヨウ素液を加えた容器Ａと比較することで，デンプンが唾液のはたらきで別の物質になったことがわかる。また，唾液のはたらきで糖ができたことは，ベネジクト液を加えた容器のうち，唾液を加えていない容器Ｂではベネジクト液が青色のままで糖がないのに対して，唾液を加えた容器Ｄでは赤褐色に変化して糖があることからわかる。

〔**問２**〕＜**消化酵素**＞まず，結果１より，消化酵素Ｘを加えた容器Ｅ，Ｆで，デンプンがそのまま残り糖はできていないので，消化酵素Ｘはデンプンを分解しないことがわかる。次に，結果２より，タンパク質を主成分とするゼラチンは，消化酵素Ｘを加えていない容器Ｇでは変化がなく，消化酵素Ｘを加えた容器Ｈでは溶けているので，消化酵素Ｘがタンパク質を分解したことがわかる。よって，消化酵素Ｘと同じはたらきをする消化酵素は，タンパク質を分解するペプシンである。また，結果３でゼラチンに変化がなかったことから，加熱後の消化酵素Ｘはタンパク質を分解しないことがわかる。なお，アミラーゼは，唾液に含まれる消化酵素で，デンプンを分解する。

〔**問３**〕＜**養分の分解**＞デンプンは，唾液腺から分泌される唾液中のアミラーゼ，すい臓から分泌されるすい液中のアミラーゼ，さらに小腸の壁にある消化酵素のはたらきによって，ブドウ糖にまで分解される。また，タンパク質は，胃から分泌される胃液中のペプシン，すい臓から分泌されるすい液中のトリプシン，さらに小腸の壁にある消化酵素のはたらきによって，アミノ酸にまで分解される。なお，脂肪は，胆汁のはたらきと，すい液中のリパーゼによって，脂肪酸とモノグリセリドにまで分解される。

〔**問４**〕＜**柔毛**＞小腸の内壁のひだの表面にある微小な突起を柔毛という。小腸の内壁に多数のひだと柔毛があることで，小腸の内壁の表面積が非常に大きくなり，養分を効率よく吸収できる。

5〔化学変化と原子・分子〕

〔**問１**〕＜**有機物**＞加熱すると焦げて黒色に変化する物質は有機物である。ろうは有機物で，炭素原子を含むので，燃やすと二酸化炭素が発生する。なお，活性炭の主な成分は炭素だが，活性炭は有機物ではなく無機物である。

〔**問２**〕＜**炭酸水素ナトリウム**＞結果１より，加熱して溶けた物質Ａはミョウバン，焦げて黒色の物質が残った物質Ｄはショ糖である。一方，燃えずに白色の物質が残った物質のうち，加熱しても変化がない物質Ｃは塩化ナトリウムで，気体が発生した物質Ｂは炭酸水素ナトリウムである。炭酸水素ナトリウムを加熱すると，炭酸ナトリウムと水，二酸化炭素に分解されるので，発生した気体は二酸化炭素である。二酸化炭素は水に少し溶け，その水溶液は酸性を示す。なお，①のアは酸素，イは水素の性質に当てはまる。また，②で，二酸化炭素が発生するのは，石灰石に薄い塩酸を加えるときである。なお，②のイでは酸素，ウでは水素，エではアンモニアが発生する。

〔**問３**〕＜**塩化ナトリウム**＞〔問２〕より，物質Ｃは塩化ナトリウム($NaCl$)で，水に溶けるとナトリウムイオン(Na^+)と塩化物イオン(Cl^-)に電離する。電離の様子を式で表すときには，矢印の左側に電離前の物質の化学式を，右側に電離後の物質のイオン式を書き，矢印の左側と右側で原子の数が等しいことと，矢印の右側で＋の数と－の数が等しいことを確かめる。

〔問４〕＜溶解度と再結晶＞100gの水に物質を20g入れたとき，20℃では一部が溶け残り，40℃では全て溶けるのは，20℃での溶解度が20g未満で，40℃での溶解度が20g以上の物質である。よって，結果２の⑵の表より，水溶液Ｐの溶質はミョウバンである。また，40℃の水100gにミョウバンが20g溶けている水溶液Ｐ120gを，20℃まで冷やすと，⑵の表より，ミョウバンは20℃では11.4gまで溶けるので，溶けきれずに出てくる結晶の質量は，20－11.4＝8.6(g)となる。

6〔電流とその利用〕

〔問１〕＜電流と電圧＞結果１より，電熱線Ａでの測定値を・などで記入しグラフをかくと，原点を通る直線になる。このグラフより，電流は電圧に比例することがわかる(オームの法則)。よって，結果１で，電熱線Ａに3.0Ｖの電圧を加えると0.50Ａの電流が流れることから，9.0Ｖの電圧を加えるときに流れる電流の大きさは，$0.50 \times \frac{9.0}{3.0} = 1.5$(Ａ)となる。

〔問２〕＜電流＞直列回路では，電流は回路のどの点でも同じだから，実験２で，直列に接続したときに電熱線Ｂに流れる電流は，結果２より0.5Ａである。一方，並列回路では，電熱線に加わる電圧は電源の電圧に等しい。実験２で，並列に接続したときの電熱線Ｂに加わる電圧は5.0Ｖだから，結果１より，流れる電流は1.25Ａとなる。よって，求める比は，0.5：1.25＝２：５である。

〔問３〕＜熱量＞結果２より，電熱線Ａ，Ｂを並列に接続したとき，加わる電圧は5.0Ｖ，回路に流れる電流は2.1Ａである。よって，〔熱量(Ｊ)〕＝〔電力(Ｗ)〕×〔時間(s)〕＝(〔電圧(Ｖ)〕×〔電流(Ａ)〕)×〔時間(s)〕より，求める発熱量の和は，5.0×2.1×(60×5)＝3150(Ｊ)となる。

〔問４〕＜抵抗，エネルギー＞オームの法則〔抵抗〕＝〔電圧〕÷〔電流〕より，結果１で，電熱線Ａの電気抵抗は3.0÷0.50＝6.0(Ω)，電熱線Ｂの電気抵抗は4.0÷1.00＝4.0(Ω)である。よって，同じ電圧を加えたとき，流れる電流は電気抵抗の大きい電熱線Ａの方が小さいから，電熱線の電気抵抗の大きさが大きくなると電流は流れにくくなることがわかる。また，結果２で，電熱線に電流を流すと熱が発生して水の温度が上昇していることから，電熱線は電気エネルギーを熱エネルギーに変換していることがわかる。

Memo

Memo

025年度用　都立戸山高校

5年間スーパー過去問

試水準と傾向をさぐり、合格への展望をひらく！

公立高校過去問シリーズ

■編集者　(株)声の教育社 編集部
■発行所　(株)声　の　教　育　社
〒162-0814 東京都新宿区新小川町8-15
☎03-5261-5061(代)
御不明な点は直接本社にお問い合わせ下さい。

2024年7月　第1刷発行

2025年度用

別冊

都立戸山高校

書き込み式

解答用紙集

お客様へ
●解答用紙は別冊になっていますので本体からていねいに抜き取ってご使用ください。

声の教育社

2024年度　都立戸山高校　英語
解　答　用　紙　（１）

1	〔問題Ａ〕	＜対話文１＞		＜対話文２＞		＜対話文３＞	
	〔問題Ｂ〕	＜Question 1＞					
		＜Question 2＞					

2	〔問１〕	(1)-a		(1)-b	
		(1)-c		(1)-d	
	〔問２〕		〔問３〕		
	〔問４〕		〔問５〕		
	〔問６〕				
	〔問７〕	a		b	
		c		d	

3	〔問１〕	(1)-a		(1)-b	
		(1)-c		(1)-d	
	〔問２〕		〔問３〕		
	〔問４〕				
	〔問５〕				

解　答　用　紙　（2）

3	〔問6〕	40語 50語

（注）この解答用紙は実物を縮小してあります。
B4用紙に135%拡大コピーすると、
ほぼ実物大で使用できます。
（タイトルと配点表は含みません）

配点		計
	1　各4点×5 2　問1　各2点×4　問2～問6　各4点×6　問7　各2点×4 3　問1　各2点×4　問2～問5　各4点×5　問6　12点	100点

2024年度　都立戸山高校　数学

解　答　用　紙　（1）

1

〔問1〕

〔問2〕

〔問3〕　$x=$　　　，　$y=$

〔問4〕

〔問5〕

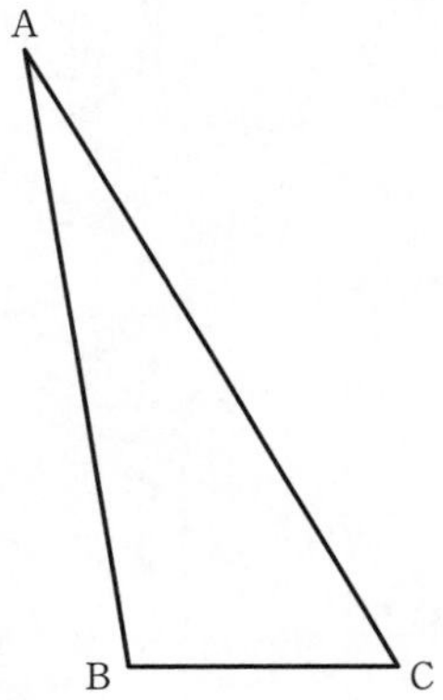

2

〔問1〕

〔問2〕　(1)　【 途中の式や計算など 】

（答え）　D（　　　，　　　）

〔問2〕　(2)　△OAB：△OCD =　　　：

（注）この解答用紙は実物を縮小してあります。
B4用紙に135%拡大コピーすると、
ほぼ実物大で使用できます。
（タイトルと配点表は含みません）

解答用紙（2）

3

〔問1〕		cm^2
〔問2〕	⑴	【証明】
〔問2〕	⑵	cm

4

〔問1〕	cm
〔問2〕	cm^2
〔問3〕	【途中の式や計算など】 （答え）

配点		計
	1 各5点×5 2 問1 6点 問2 ⑴ 12点 ⑵ 7点 3 問1 6点 問2 ⑴ 12点 ⑵ 7点 4 問1 6点 問2 7点 問3 12点	100点

四

〔問3〕

〔問4〕

〔問5〕

〔問6〕

〔問7〕

20

100

200

五

〔問1〕

〔問2〕

〔問3〕

〔問4〕

〔問5〕

（注）この解答用紙は実物を縮小してあります。
B4用紙に147%拡大コピーすると、
ほぼ実物大で使用できます。
（タイトルと配点表は含みません）

配点		計
	一, 二　各2点×10 三　問1～問3　各4点×3　問4　5点　問5，問6　各4点×2 四　問1　5点　問2～問6　各4点×5　問7　10点 五　各4点×5	100点

二〇二四年度　都立戸山高校　国語　解答用紙

一

(1) 干（る）　る

(2) 崇高

(3) 鈍痛

(4) 更迭

(5) 率先垂範

二

(1) オガ（む）　む

(2) ソウギョウ

(3) タンボウ

(4) カタイジ

(5) タキボウヨウ

三

〔問1〕

〔問2〕

〔問3〕

〔問4〕

35

45

〔問5〕

〔問6〕

四

〔問1〕

80

100

〔問2〕

2024年度　東京都立高校 社会

解 答 用 紙

▭部分がマークシート方式により解答する問題です。

マーク上の注意事項

1　ＨＢ又はＢの鉛筆（シャープペンシルも可）を使って，〇の中を正確に塗りつぶすこと。

2　答えを直すときは，きれいに消して，消しくずを残さないこと。

3　決められた欄以外にマークしたり，記入したりしないこと。

良い例	悪い例		
●	線	小さい	はみ出し
	丸囲み	レ点	うすい

受	検	番	号			
⓪	⓪	⓪	⓪	⓪	⓪	⓪
①	①	①	①	①	①	①
②	②	②	②	②	②	②
③	③	③	③	③	③	③
④	④	④	④	④	④	④
⑤	⑤	⑤	⑤	⑤	⑤	⑤
⑥	⑥	⑥	⑥	⑥	⑥	⑥
⑦	⑦	⑦	⑦	⑦	⑦	⑦
⑧	⑧	⑧	⑧	⑧	⑧	⑧
⑨	⑨	⑨	⑨	⑨	⑨	⑨

1

	B	C	D	E
〔問 1〕	㋐㋑㋒㋓	㋐㋑㋒㋓	㋐㋑㋒㋓	㋐㋑㋒㋓
〔問 2〕	㋐　㋑　㋒　㋓			
〔問 3〕	㋐　㋑　㋒　㋓			

2

〔問 1〕	略地図中のA～D		Ⅱのア～エ	
	Ⓐ Ⓑ Ⓒ Ⓓ		㋐ ㋑ ㋒ ㋓	
〔問 2〕	P	Q	R	S
	㋐㋑㋒㋓	㋐㋑㋒㋓	㋐㋑㋒㋓	㋐㋑㋒㋓
〔問 3〕	略地図中のW～Z		ⅠとⅡの表のア～エ	
	Ⓦ Ⓧ Ⓨ Ⓩ		㋐ ㋑ ㋒ ㋓	

3

〔問 1〕	A	B	C	D
	㋐㋑㋒㋓	㋐㋑㋒㋓	㋐㋑㋒㋓	㋐㋑㋒㋓
〔問 2〕	Ⅰのア～エ		略地図中のW～Z	
	㋐ ㋑ ㋒ ㋓		Ⓦ Ⓧ Ⓨ Ⓩ	
〔問 3〕				

4

〔問 1〕	㋐㋑㋒㋓ →	㋐㋑㋒㋓ →	㋐㋑㋒㋓ →	㋐㋑㋒㋓
〔問 2〕				
〔問 3〕	A	B	C	D
	㋐㋑㋒㋓	㋐㋑㋒㋓	㋐㋑㋒㋓	㋐㋑㋒㋓
〔問 4〕	A	B	C	D
	㋐㋑㋒㋓	㋐㋑㋒㋓	㋐㋑㋒㋓	㋐㋑㋒㋓

5

〔問 1〕	㋐　㋑　㋒　㋓	
〔問 2〕	ⅠのA～D	ア～エ
	Ⓐ Ⓑ Ⓒ Ⓓ	㋐ ㋑ ㋒ ㋓
〔問 3〕	㋐　㋑　㋒　㋓	
〔問 4〕		

6

	A	B	C	D
〔問 1〕	㋐㋑㋒㋓	㋐㋑㋒㋓	㋐㋑㋒㋓	㋐㋑㋒㋓
〔問 2〕	㋐　㋑　㋒　㋓			
〔問 3〕	㋐　㋑　㋒　㋓			

（注）この解答用紙は実物を縮小してあります。Ａ３用紙に161％拡大コピーすると、ほぼ実物大で使用できます。（タイトルと配点表は含みません）

配点

1（計15点）			2（計15点）			3（計15点）			4（計20点）				5（計20点）				6（計15点）		
問1	問2	問3	問1	問2	問3	問1	問2	問3	問1	問2	問3	問4	問1	問2	問3	問4	問1	問2	問3
5点	5点	5点	5点	5点	5点	5点	5点	5点	5点	5点	5点	5点	5点	5点	5点	5点	5点	5点	5点

2024年度　東京都立高校　理科

解答用紙

受　検　番　号

1

[問1]　㋐　㋑　㋒　㋓

[問2]　㋐　㋑　㋒　㋓

[問3]　㋐　㋑　㋒　㋓

[問4]　㋐　㋑　㋒　㋓

[問5]　㋐　㋑　㋒　㋓

[問6]　㋐　㋑　㋒　㋓

2

[問1]　㋐　㋑　㋒　㋓

[問2]　㋐　㋑　㋒　㋓

[問3]　㋐　㋑　㋒　㋓

[問4]　㋐　㋑　㋒　㋓

3

[問1]　㋐　㋑　㋒　㋓

[問2]　2時間ごとに記録した透明半球上の・印の
　　　それぞれの間隔は，

[問3]　㋐　㋑　㋒　㋓

[問4]　㋐　㋑　㋒　㋓

4

[問1]　㋐　㋑　㋒　㋓

[問2]　㋐　㋑　㋒　㋓

[問3]　㋐　㋑　㋒　㋓

5

[問1]　㋐　㋑　㋒　㋓

[問2]　㋐　㋑　㋒　㋓

[問3]　＜資料＞から，

[問4]

6

[問1]　㋐　㋑　㋒　㋓

[問2]　① ｜ ②
　　　㋐㋑㋒㋓ ｜ ㋐㋑㋒㋓

[問3]　㋐　㋑　㋒　㋓

[問4]　㋐　㋑　㋒　㋓

配点

	1 (計24点)						**2** (計16点)				**3** (計16点)				**4** (計12点)			**5** (計16点)				**6** (計16点)			
	問1	問2	問3	問4	問5	問6	問1	問2	問3	問4	問1	問2	問3	問4	問1	問2	問3	問1	問2	問3	問4	問1	問2	問3	問4
	4点	4点	4点	4点	4点	4点	4点	4点	4点	4点	4点	4点	4点	4点	4点	4点	4点	4点	4点	4点	4点	4点	4点	4点	4点

2023年度　都立戸山高校　英語

解　答　用　紙　（1）

1	〔問題A〕	＜対話文１＞		＜対話文２＞		＜対話文３＞	
	〔問題B〕	＜Question 1＞					
		＜Question 2＞					

2	〔問１〕	(1)-a		(1)-b	
		(1)-c		(1)-d	
	〔問２〕			〔問３〕	
	〔問４〕			〔問５〕	
	〔問６〕				
	〔問７〕	a		b	
		c		d	

3	〔問１〕	(1)-a		(1)-b	
		(1)-c		(1)-d	
	〔問２〕			〔問３〕	
	〔問４〕				
	〔問５〕				

解 答 用 紙 （2）

3	〔問6〕	40語 50語

（注）この解答用紙は実物を縮小してあります。
B4用紙に135%拡大コピーすると、
ほぼ実物大で使用できます。
（タイトルと配点表は含みません）

配点		計
	1 各４点×５ 2 問１ 各２点×４ 問２～問６ 各４点×６ 問７ 各２点×４ 3 問１ 各２点×４ 問２～問５ 各４点×５ 問６ 12点	100点

2023年度　都立戸山高校　数学

解　答　用　紙　（1）

1

〔問1〕

〔問2〕

〔問3〕　$x=$　　　　，　$y=$

〔問4〕

〔問5〕

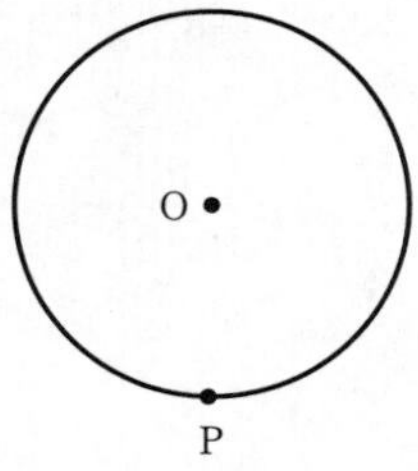

2

〔問1〕

〔問2〕　(1)

【 途中の式や計算など 】

（答え）

〔問2〕　(2)

（注）この解答用紙は実物を縮小してあります。
B4用紙に135％拡大コピーすると、
ほぼ実物大で使用できます。
（タイトルと配点表は含みません）

解答用紙（2）

3

〔問１〕	cm
〔問２〕	cm^2
〔問３〕	【証明】

4

〔問１〕	cm
〔問２〕	【途中の式や計算など】 （答え）　cm^2
〔問３〕	cm^3

配点		計
配点	1 各５点×５ 2 問１　５点　問２　(1)　12点　(2)　８点 3 問１　５点　問２　８点　問３　12点 4 問１　５点　問２　12点　問３　８点	100点

四

問4

問5

問6

問7

20

100

200

五

問1

問2

問3

問4

問5

（注）この解答用紙は実物を縮小してあります。
B4用紙に137%拡大コピーすると、
ほぼ実物大で使用できます。
（タイトルと配点表は含みません）

配点	一，二　各２点×10 三　問１～問３　各４点×３　問４　５点　問５，問６　各４点×２ 四　問１　４点　問２　５点　問３～問６　各４点×４　問７　10点 五　各４点×５	計 100点

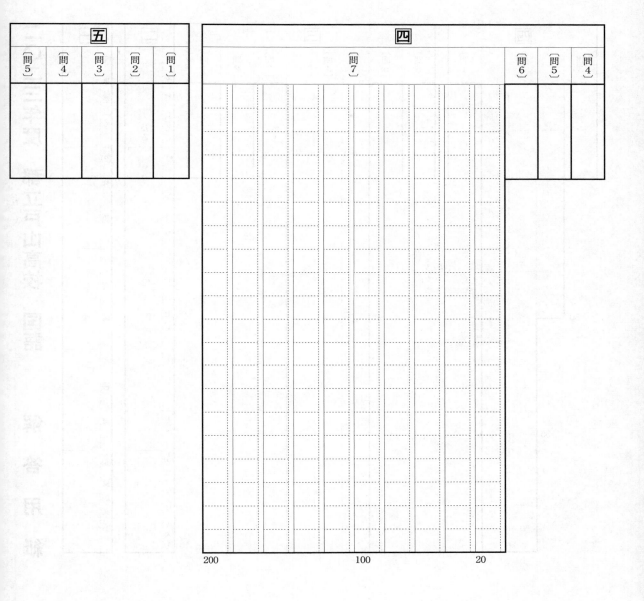

二〇二三年度　都立戸山高校　国語　解答用紙

一

(1) 逆巻（く）　く

(2) 琴線

(3) 養蜂

(4) 逓減

(5) 夏炉冬扇

二

(1) タバ（ねる）　ねる

(2) レンメン

(3) サンセキ

(4) シキンセキ

(5) コウウンリュウスイ

三

〔問1〕

〔問2〕

〔問3〕

〔問4〕

〔問5〕

〔問6〕

四

〔問1〕

〔問2〕

〔問3〕

2023年度　東京都立高校　社会
解　答　用　紙

□部分がマークシート方式により解答する問題です。

マーク上の注意事項

1　ＨＢ又はＢの鉛筆（シャープペンシルも可）を使って，〇の中を正確に塗りつぶすこと。

2　答えを直すときは，きれいに消して，消しくずを残さないこと。

3　決められた欄以外にマークしたり，記入したりしないこと。

良い例	悪い例
●	線　小さい　はみ出し　丸囲み　レ点　うすい

受検番号						
0〜9	0〜9	0〜9	0〜9	0〜9	0〜9	0〜9

1

〔問1〕	ア　イ　ウ　エ
〔問2〕	ア　イ　ウ　エ
〔問3〕	ア　イ　ウ　エ

2

〔問1〕	略地図中のA〜D		Ⅱのア〜エ	
	A　B　C　D		ア　イ　ウ　エ	
〔問2〕	W	X	Y	Z
	アイウエ	アイウエ	アイウエ	アイウエ
〔問3〕	ア　イ　ウ　エ			

3

〔問1〕	A	B	C	D
	アイウエ	アイウエ	アイウエ	アイウエ
〔問2〕	ア　イ　ウ　エ			
〔問3〕	〔(1)目的〕			
	〔(2)敷設《ふせつ》状況及び設置状況〕			

4

〔問1〕	アイウエ → アイウエ → アイウエ → アイウエ			
〔問2〕	ア　イ　ウ　エ			
〔問3〕	時期			略地図
	アイウ → アイウ → アイウ			ア　イ　ウ
〔問4〕	A	B	C	D
	アイウエ	アイウエ	アイウエ	アイウエ

5

〔問1〕	ア　イ　ウ　エ
〔問2〕	ア　イ　ウ　エ
〔問3〕	ア　イ　ウ　エ
〔問4〕	

6

〔問1〕	A	B	C	D
	アイウエ	アイウエ	アイウエ	アイウエ
〔問2〕	Ⅰの略年表中のA〜D		略地図中のW〜Z	
	A　B　C　D		W　X　Y　Z	
〔問3〕	ア　イ　ウ　エ			

（注）この解答用紙は実物を縮小してあります。Ａ３用紙に154%拡大コピーすると，ほぼ実物大で使用できます。（タイトルと配点表は含みません）

配点

1（計15点）			2（計15点）			3（計15点）			4（計20点）				5（計20点）				6（計15点）		
問1	問2	問3	問1	問2	問3	問1	問2	問3	問1	問2	問3	問4	問1	問2	問3	問4	問1	問2	問3
5点	5点	5点	5点	5点	5点	5点	5点	5点	5点	5点	5点	5点	5点	5点	5点	5点	5点	5点	5点

2023年度　東京都立高校　理科
解　答　用　紙

▭部分がマークシート方式により解答する問題です。

マーク上の注意事項

1　ＨＢ又はＢの鉛筆（シャープペンシルも可）を使って，◯の中を正確に塗りつぶすこと。

2　答えを直すときは，きれいに消して，消しくずを残さないこと。

3　決められた欄以外にマークしたり，記入したりしないこと。

良い例	悪い例		
●	線	小さい	はみ出し
	丸囲み	レ点	うすい

受	検	番	号			
⓪	⓪	⓪	⓪	⓪	⓪	⓪
①	①	①	①	①	①	①
②	②	②	②	②	②	②
③	③	③	③	③	③	③
④	④	④	④	④	④	④
⑤	⑤	⑤	⑤	⑤	⑤	⑤
⑥	⑥	⑥	⑥	⑥	⑥	⑥
⑦	⑦	⑦	⑦	⑦	⑦	⑦
⑧	⑧	⑧	⑧	⑧	⑧	⑧
⑨	⑨	⑨	⑨	⑨	⑨	⑨

1

〔問1〕	㋐　㋑　㋒　㋓
〔問2〕	㋐　㋑　㋒　㋓
〔問3〕	㋐　㋑　㋒　㋓
〔問4〕	㋐　㋑　㋒　㋓
〔問5〕	㋐　㋑　㋒　㋓
〔問6〕	㋐　㋑　㋒　㋓

2

〔問1〕	㋐　㋑　㋒　㋓	
〔問2〕	①	②
	㋐　㋑	㋐　㋑
〔問3〕	㋐　㋑　㋒　㋓	
〔問4〕	㋐　㋑　㋒　㋓	

3

〔問1〕				
〔問2〕	①	②		
	㋐　㋑	㋐　㋑		
〔問3〕	①	②	③	④
	㋐　㋑	㋐　㋑	㋐　㋑	㋐　㋑
〔問4〕	㋐　㋑　㋒　㋓			

4

〔問1〕	㋐　㋑　㋒　㋓
〔問2〕	㋐　㋑　㋒　㋓
〔問3〕	㋐　㋑　㋒　㋓

5

〔問1〕	㋐　㋑　㋒　㋓　㋔	
〔問2〕	㋐　㋑　㋒　㋓	
〔問3〕	㋐　㋑　㋒　㋓	
〔問4〕	①	②
	㋐　㋑　㋒	㋐　㋑　㋒

6

〔問1〕	㋐　㋑　㋒　㋓
〔問2〕	㋐　㋑　㋒　㋓　㋔　㋕
〔問3〕	㋐　㋑　㋒　㋓　㋔
〔問4〕	㋐　㋑　㋒　㋓

（注）この解答用紙は実物を縮小してあります。Ａ３用紙に152％拡大コピーすると，ほぼ実物大で使用できます。（タイトルと配点表は含みません）

配点

1（計24点）						2（計16点）				3（計16点）				4（計12点）			5（計16点）				6（計16点）			
問1	問2	問3	問4	問5	問6	問1	問2	問3	問4	問1	問2	問3	問4	問1	問2	問3	問1	問2	問3	問4	問1	問2	問3	問4
4点	4点	4点	4点	4点	4点	4点	4点	4点	4点	4点	4点	4点	4点	4点	4点	4点	4点	4点	4点	4点	4点	4点	4点	4点

2022年度　都立戸山高校　英語
解　答　用　紙　（1）

1	〔問題A〕	＜対話文1＞		＜対話文2＞		＜対話文3＞	
	〔問題B〕	＜Question 1＞					
		＜Question 2＞					

2	〔問1〕	(1)-a		(1)-b	
		(1)-c		(1)-d	
	〔問2〕		〔問3〕		
	〔問4〕		〔問5〕		
	〔問6〕				
	〔問7〕	a		b	
		c		d	

3	〔問1〕		〔問2〕	
	〔問3〕			
	〔問4〕			
	〔問5〕			
	〔問6〕			

解 答 用 紙 （2）

3	〔問7〕	40語 50語

（注）この解答用紙は実物を縮小してあります。
B4用紙に135%拡大コピーすると、
ほぼ実物大で使用できます。
（タイトルと配点表は含みません）

配点		計
	1　各４点×５ 2　問１　各２点×４　問２～問６　各４点×６　問７　各２点×４ 3　問１～問６　各４点×７　問７　12点	100点

2022年度　都立戸山高校　数学

解　答　用　紙　（1）

1

〔問1〕

〔問2〕

〔問3〕　$x=$　　　　，　$y=$

〔問4〕

〔問5〕

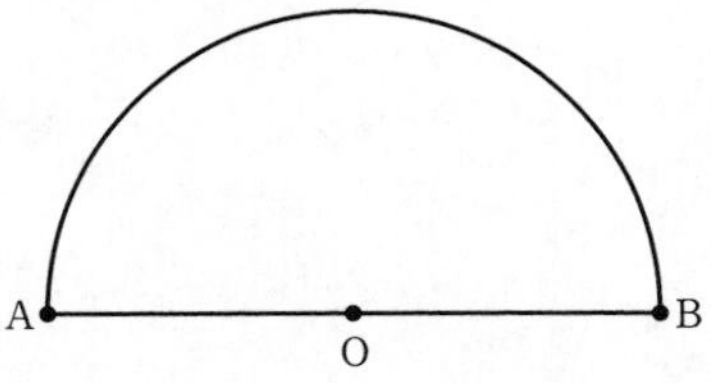

2

〔問1〕

〔問2〕　$a=$　　　　，　$b=$

〔問3〕　【 途中の式や計算など 】

（答え）

（注）この解答用紙は実物を縮小してあります。
B4用紙に135%拡大コピーすると、
ほぼ実物大で使用できます。
（タイトルと配点表は含みません）

解　答　用　紙　（2）

3

〔問１〕		度
〔問２〕	(1)	【　証　明　】
〔問２〕	(2)	cm

4

〔問１〕	cm^3
〔問２〕	【 途中の式や計算など 】 （答え）　　cm^2
〔問３〕	cm^3

配点		計
	1　各５点×５ 2　問１　５点　問２　８点　問３　12点 3　問１　７点　問２　⑴　10点　⑵　８点 4　問１　７点　問２　10点　問３　８点	100点

四

問5

問6

問7

20

100

200

五

問1

12

問2

問3

問4

問5

（注）この解答用紙は実物を縮小してあります。
B4用紙に137%拡大コピーすると、
ほぼ実物大で使用できます。
（タイトルと配点表は含みません）

配点		計
	一, 二　各２点×10 三　各４点×６ 四　問１～問６　各４点×６　問７　12点 五　各４点×５	100点

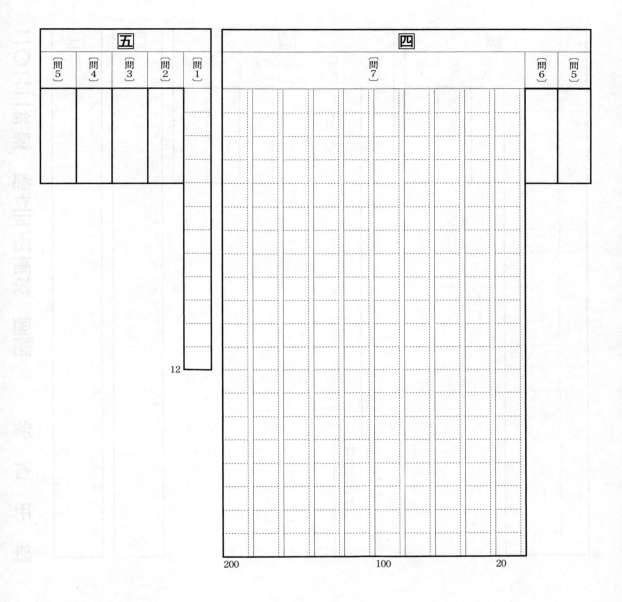

二〇二二年度　都立戸山高校　国語　解答用紙

一

(1) 面映（ゆい）　ゆい

(2) 辣腕

(3) 雪渓

(4) 穏当

(5) 万古不易

二

(1) サイダン

(2) ヒョウカイ

(3) ユダ（ねる）　ねる

(4) ダイダンエン

(5) イッシドウジン

三

〔問1〕

〔問2〕

〔問3〕

〔問4〕

〔問5〕　から笑った。

〔問6〕

四

〔問1〕

〔問2〕

〔問3〕

〔問4〕

2022年度　東京都立高校　社会
解　答　用　紙

▭ 部分がマークシート方式により解答する問題です。

マーク上の注意事項

1　ＨＢ又はＢの鉛筆（シャープペンシルも可）を使って，〇の中を正確に塗りつぶすこと。

2　答えを直すときは，きれいに消して，消しくずを残さないこと。

3　決められた欄以外にマークしたり，記入したりしないこと。

良い例	悪い例
●	線　小さい　はみ出し　丸囲み　レ点　うすい

受検番号						
⓪①②③④⑤⑥⑦⑧⑨	⓪①②③④⑤⑥⑦⑧⑨	⓪①②③④⑤⑥⑦⑧⑨	⓪①②③④⑤⑥⑦⑧⑨	⓪①②③④⑤⑥⑦⑧⑨	⓪①②③④⑤⑥⑦⑧⑨	⓪①②③④⑤⑥⑦⑧⑨

1

〔問1〕	㋐ ㋑ ㋒ ㋓
〔問2〕	㋐ ㋑ ㋒ ㋓
〔問3〕	㋐ ㋑ ㋒ ㋓

2

〔問1〕	略地図中のA～D		Ⅱのア～エ	
	Ⓐ Ⓑ Ⓒ Ⓓ		㋐ ㋑ ㋒ ㋓	
〔問2〕	P	Q	R	S
	㋐㋑㋒㋓	㋐㋑㋒㋓	㋐㋑㋒㋓	㋐㋑㋒㋓
〔問3〕	略地図中のW～Z		ⅠとⅡの表のア～エ	
	Ⓦ Ⓧ Ⓨ Ⓩ		㋐ ㋑ ㋒ ㋓	

3

〔問1〕	A	B	C	D
	㋐㋑㋒㋓	㋐㋑㋒㋓	㋐㋑㋒㋓	㋐㋑㋒㋓
〔問2〕	Ⅰのア～エ		略地図中のW～Z	
	㋐ ㋑ ㋒ ㋓		Ⓦ Ⓧ Ⓨ Ⓩ	
〔問3〕	〔変化〕			
	〔要因〕			

4

〔問1〕	㋐㋑㋒㋓ → ㋐㋑㋒㋓ → ㋐㋑㋒㋓ → ㋐㋑㋒㋓
〔問2〕	㋐ ㋑ ㋒ ㋓
〔問3〕	㋐㋑㋒㋓ → ㋐㋑㋒㋓ → ㋐㋑㋒㋓ → ㋐㋑㋒㋓
〔問4〕	㋐ ㋑ ㋒ ㋓

5

〔問1〕	㋐ ㋑ ㋒ ㋓
〔問2〕	㋐ ㋑ ㋒ ㋓
〔問3〕	
〔問4〕	㋐ ㋑ ㋒ ㋓

6

〔問1〕	㋐㋑㋒㋓ → ㋐㋑㋒㋓ → ㋐㋑㋒㋓ → ㋐㋑㋒㋓	
〔問2〕	ⅠのA～D	ⅠのA～Dのア～ウ
	Ⓐ Ⓑ Ⓒ Ⓓ	㋐ ㋑ ㋒
〔問3〕	Ⓦ Ⓧ Ⓨ Ⓩ	

（注）この解答用紙は実物を縮小してあります。Ａ３用紙に154％拡大コピーすると，ほぼ実物大で使用できます。（タイトルと配点表は含みません）

配点

1（計15点）			2（計15点）			3（計15点）			4（計20点）				5（計20点）				6（計15点）		
問1	問2	問3	問1	問2	問3	問1	問2	問3	問1	問2	問3	問4	問1	問2	問3	問4	問1	問2	問3
5点	5点	5点	5点	5点	5点	5点	5点	5点	5点	5点	5点	5点	5点	5点	5点	5点	5点	5点	5点

2022年度　東京都立高校　理科
解　答　用　紙

□部分がマークシート方式により解答する問題です。

マーク上の注意事項

1　ＨＢ又はＢの鉛筆（シャープペンシルも可）を使って，◯の中を正確に塗りつぶすこと。

2　答えを直すときは，きれいに消して，消しくずを残さないこと。

3　決められた欄以外にマークしたり，記入したりしないこと。

良い例	悪い例
●	⊘線　⊙小さい　はみ出し　○丸囲み　レ点　うすい

受	検	番	号			
⓪	⓪	⓪	⓪	⓪	⓪	⓪
①	①	①	①	①	①	①
②	②	②	②	②	②	②
③	③	③	③	③	③	③
④	④	④	④	④	④	④
⑤	⑤	⑤	⑤	⑤	⑤	⑤
⑥	⑥	⑥	⑥	⑥	⑥	⑥
⑦	⑦	⑦	⑦	⑦	⑦	⑦
⑧	⑧	⑧	⑧	⑧	⑧	⑧
⑨	⑨	⑨	⑨	⑨	⑨	⑨

1	〔問1〕	㋐　㋑　㋒　㋓
	〔問2〕	㋐　㋑　㋒　㋓
	〔問3〕	㋐　㋑　㋒　㋓
	〔問4〕	㋐　㋑　㋒　㋓
	〔問5〕	㋐　㋑　㋒　㋓

2	〔問1〕	㋐　㋑　㋒　㋓
	〔問2〕	㋐　㋑　㋒　㋓
	〔問3〕	㋐　㋑　㋒　㋓
	〔問4〕	㋐　㋑　㋒　㋓

3	〔問1〕	㋐　㋑　㋒　㋓
	〔問2〕	㋐　㋑　㋒　㋓
	〔問3〕	㋐　㋑　㋒　㋓
	〔問4〕	㋐　㋑　㋒　㋓

4	〔問1〕	㋐　㋑　㋒　㋓
	〔問2〕	㋐　㋑　㋒　㋓
	〔問3〕	㋐　㋑　㋒　㋓
	〔問4〕	㋐　㋑　㋒

5	〔問1〕	㋐　㋑　㋒　㋓
	〔問2〕	㋐　㋑　㋒　㋓　㋔　㋕
	〔問3〕	<化学反応式> ＿＿＿＿（酸）＋＿＿＿＿（アルカリ）→ ＿＿＿＿（塩）＋＿＿＿＿
	〔問4〕	㋐　㋑　㋒　㋓

6	〔問1〕	㋐　㋑　㋒　㋓
	〔問2〕	㋐　㋑　㋒　㋓
	〔問3〕	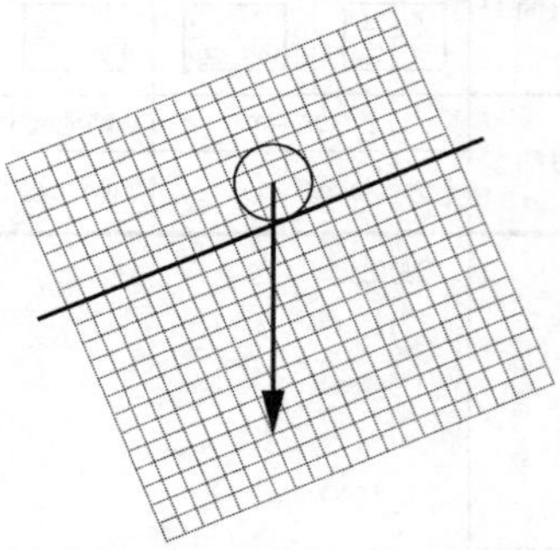
	〔問4〕	㋐　㋑　㋒　㋓

（注）この解答用紙は実物を縮小してあります。A３用紙に152％拡大コピーすると、ほぼ実物大で使用できます。（タイトルと配点表は含みません）

配点

1（計20点）					2（計16点）				3（計16点）				4（計16点）				5（計16点）				6（計16点）			
問1	問2	問3	問4	問5	問1	問2	問3	問4	問1	問2	問3	問4	問1	問2	問3	問4	問1	問2	問3	問4	問1	問2	問3	問4
4点	4点	4点	4点	4点	4点	4点	4点	4点	4点	4点	4点	4点	4点	4点	4点	4点	4点	4点	4点	4点	4点	4点	4点	4点

2021年度　都立戸山高校　英語

解　答　用　紙　（1）

1	〔問題A〕	<対話文1>		<対話文2>		<対話文3>	
	〔問題B〕	<Question1>					
		<Question2>					

2	〔問1〕	(1)-a		(1)-b	
		(1)-c		(1)-d	
	〔問2〕			〔問3〕	
	〔問4〕			〔問5〕	
	〔問6〕				
	〔問7〕	a		b	
		c		d	

3	〔問1〕			〔問2〕	
	〔問3〕	(3)-a		(3)-b	
		(3)-c		(3)-d	
	〔問4〕				
	〔問5〕				

解 答 用 紙 （2）

3	〔問6〕	40語 50語

（注）この解答用紙は実物を縮小してあります。
B4用紙に135%拡大コピーすると、
ほぼ実物大で使用できます。
（タイトルと配点表は含みません）

配点		計
	1 各４点×５ 2 問１　各２点×４　問２～問６　各４点×６　問７　各２点×４ 3 問１，問２　各４点×２　問３　各２点×４ 問４，問５　各４点×３　問６　12点	100点

2021年度　都立戸山高校　数学

解　答　用　紙　（1）

1

〔問1〕	
〔問2〕	
〔問3〕	$a=$　　　　，$b=$
〔問4〕	
〔問5〕	

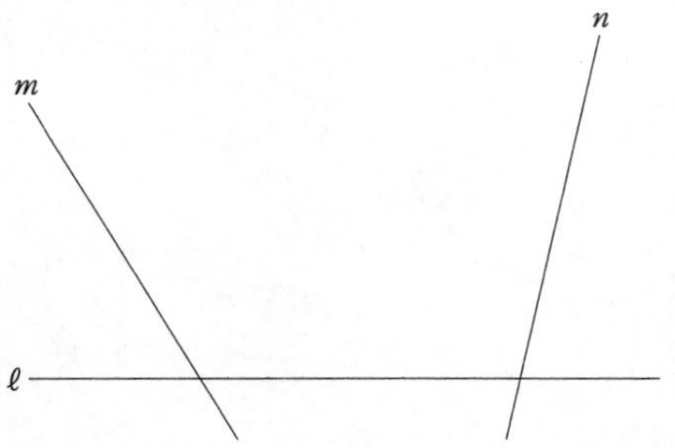

2

〔問1〕	(1)	
	(2)	【途中の式や計算など】 （答え）$y=$
〔問2〕	点F （　　，　　）	点P （　　，　　）

（注）この解答用紙は実物を縮小してあります。
B4用紙に135%拡大コピーすると、
ほぼ実物大で使用できます。
（タイトルと配点表は含みません）

解　答　用　紙　（2）

3

〔問1〕	(1)	【 証　明 】
〔問1〕	(2)	AE：ED　=　　：
〔問2〕		$S:T$　=　　：

4

〔問1〕	$K=$　　　　, $t=$
〔問2〕	【 途中の式や計算など 】 （答え）
〔問3〕	秒後

配 点	1　各5点×5 2　問1　(1)　5点　(2)　12点　問2　8点 3　問1　(1)　10点　(2)　7点　問2　8点 4　問1　8点　問2　10点　問3　7点	計 100点

四

問5

問6

問7

20

100

200

五

問1

問2

問3

問4

問5

（注）この解答用紙は実物を縮小してあります。
B4用紙に143%拡大コピーすると、
ほぼ実物大で使用できます。
（タイトルと配点表は含みません）

配点		計
	一, 二　各２点×10 三　各４点×６ 四　問１～問６　各４点×６　問７　12点 五　各４点×５	100点

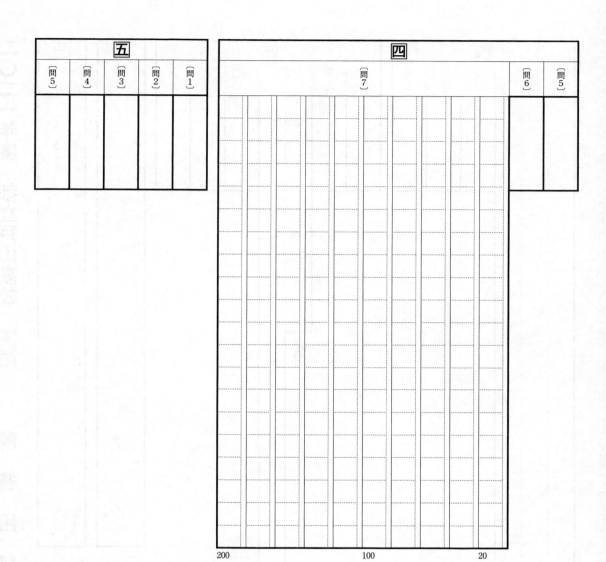

二〇二一年度　都立戸山高校　国語　解答用紙

一

(1) 挑（む）　む

(2) 荒天

(3) 足袋

(4) 高楼

(5) 斉一

二

(1) ハイガ

(2) ソカク

(3) ジキ

(4) モ（る）　る

(5) チョクジョウケイコウ

三

〔問1〕

〔問2〕

〔問3〕

〔問4〕　から。

〔問5〕

〔問6〕

四

〔問1〕

〔問2〕

〔問3〕

〔問4〕

2021年度　東京都立高校　社会

解　答　用　紙

▭部分がマークシート方式により解答する問題です。

マーク上の注意事項《ちゅういじこう》

1　ＨＢ又《また》はＢの鉛筆（シャープペンシルも可）を使って，◯の中を正確に塗《ぬ》りつぶすこと。

2　答えを直すときは，きれいに消して，消しくずを残さないこと。

3　決められた欄《らん》以外にマークしたり，記入したりしないこと。

良い例	悪い例
●	線　小さい　はみ出し　丸囲み　レ点　うすい

受	検	番	号			
⓪	⓪	⓪	⓪	⓪	⓪	⓪
①	①	①	①	①	①	①
②	②	②	②	②	②	②
③	③	③	③	③	③	③
④	④	④	④	④	④	④
⑤	⑤	⑤	⑤	⑤	⑤	⑤
⑥	⑥	⑥	⑥	⑥	⑥	⑥
⑦	⑦	⑦	⑦	⑦	⑦	⑦
⑧	⑧	⑧	⑧	⑧	⑧	⑧
⑨	⑨	⑨	⑨	⑨	⑨	⑨

1

〔問1〕	㋐　㋑　㋒　㋓
〔問2〕	㋐　㋑　㋒　㋓
〔問3〕	㋐　㋑　㋒　㋓
〔問4〕	㋐　㋑　㋒　㋓

2

〔問1〕	Ⅰのア～エ		Ⅱの表のア～エ	
	㋐㋑㋒㋓		㋐㋑㋒㋓	
〔問2〕	P	Q	R	S
	㋐㋑㋒㋓	㋐㋑㋒㋓	㋐㋑㋒㋓	㋐㋑㋒㋓
〔問3〕	ⅠとⅡの表のア～エ		略地図中のW～Z	
	㋐㋑㋒㋓		ⓌⓍⓎⓏ	

3

〔問1〕	A	B	C	D
	㋐㋑㋒㋓	㋐㋑㋒㋓	㋐㋑㋒㋓	㋐㋑㋒㋓
〔問2〕	W	X	Y	Z
	㋐㋑㋒㋓	㋐㋑㋒㋓	㋐㋑㋒㋓	㋐㋑㋒㋓
〔問3〕	〔地域の変容〕			
	〔要因〕			

4

〔問1〕	㋐㋑㋒㋓ →	㋐㋑㋒㋓ →	㋐㋑㋒㋓ →	㋐㋑㋒㋓
〔問2〕	Ⅰの略年表中のア～エ		Ⅱの略地図中のA～D	
	㋐㋑㋒㋓		ⒶⒷⒸⒹ	
〔問3〕	㋐　㋑　㋒　㋓			
〔問4〕	A	B	C	D
	㋐㋑㋒㋓	㋐㋑㋒㋓	㋐㋑㋒㋓	㋐㋑㋒㋓

5

〔問1〕	㋐　㋑　㋒　㋓
〔問2〕	㋐　㋑　㋒　㋓
〔問3〕	

6

〔問1〕	㋐㋑㋒㋓ →	㋐㋑㋒㋓ →	㋐㋑㋒㋓ →	㋐㋑㋒㋓
〔問2〕	A	B	C	D
	㋐㋑㋒㋓	㋐㋑㋒㋓	㋐㋑㋒㋓	㋐㋑㋒㋓
〔問3〕	㋐　㋑　㋒　㋓			

（注）この解答用紙は実物を縮小してあります。A3用紙に154％拡大コピーすると，ほぼ実物大で使用できます。（タイトルと配点表は含みません）

配点

1（計20点）				2（計15点）			3（計15点）			4（計20点）				5（計15点）			6（計15点）		
問1	問2	問3	問4	問1	問2	問3	問1	問2	問3	問1	問2	問3	問4	問1	問2	問3	問1	問2	問3
5点	5点	5点	5点	5点	5点	5点	5点	5点	5点	5点	5点	5点	5点	5点	5点	5点	5点	5点	5点

2021年度　東京都立高校　理科
解　答　用　紙

受検番号						
⓪	⓪	⓪	⓪	⓪	⓪	⓪
①	①	①	①	①	①	①
②	②	②	②	②	②	②
③	③	③	③	③	③	③
④	④	④	④	④	④	④
⑤	⑤	⑤	⑤	⑤	⑤	⑤
⑥	⑥	⑥	⑥	⑥	⑥	⑥
⑦	⑦	⑦	⑦	⑦	⑦	⑦
⑧	⑧	⑧	⑧	⑧	⑧	⑧
⑨	⑨	⑨	⑨	⑨	⑨	⑨

▭部分がマークシート方式により解答する問題です。

マーク上の注意《ちゅうい》事項《じこう》

1　ＨＢ又《また》はＢの鉛筆（シャープペンシルも可）を使って，◯の中を正確に塗《ぬ》りつぶすこと。

2　答えを直すときは，きれいに消して，消しくずを残さないこと。

3　決められた欄《らん》以外にマークしたり，記入したりしないこと。

良い例	悪い例
●	線　小さい　はみ出し　丸囲み　レ点　うすい

1

〔問1〕	㋐ ㋑ ㋒ ㋓	
〔問2〕	㋐ ㋑ ㋒ ㋓	
〔問3〕	㋐ ㋑ ㋒ ㋓	
〔問4〕	①	②
	㋐ ㋑ ㋒ ㋓	㋐ ㋑ ㋒ ㋓
〔問5〕	㋐ ㋑ ㋒ ㋓	
〔問6〕	㋐ ㋑ ㋒ ㋓	

2

〔問1〕	①	②
	㋐ ㋑ ㋒ ㋓	㋐ ㋑ ㋒ ㋓
〔問2〕	㋐ ㋑ ㋒ ㋓	
〔問3〕	㋐ ㋑ ㋒ ㋓	
〔問4〕	㋐ ㋑ ㋒ ㋓	

3

〔問1〕	㋐ ㋑ ㋒ ㋓		
〔問2〕	①	②	③
	㋐ ㋑ ㋒	㋐ ㋑ ㋒	㋐ ㋑ ㋒
〔問3〕	①	②	
	㋐ ㋑ ㋒ ㋓	㋐ ㋑ ㋒ ㋓	
〔問4〕	㋐㋑㋒㋓ → ㋐㋑㋒㋓ → ㋐㋑㋒㋓ → ㋐㋑㋒㋓		

4

〔問1〕	㋐ ㋑ ㋒ ㋓	
〔問2〕	①	②
	㋐ ㋑ ㋒	㋐ ㋑ ㋒
〔問3〕	①	②
	㋐ ㋑ ㋒	㋐ ㋑ ㋒

5

〔問1〕	①	②
	㋐ ㋑ ㋒ ㋓	㋐ ㋑ ㋒
〔問2〕	①	②
	㋐ ㋑ ㋒ ㋓	㋐ ㋑ ㋒ ㋓
〔問3〕	㋐ ㋑ ㋒ ㋓	
〔問4〕	%	

6

〔問1〕	㋐ ㋑ ㋒ ㋓			
〔問2〕				
〔問3〕	㋐㋑㋒㋓ → ㋐㋑㋒㋓ → ㋐㋑㋒㋓ → ㋐㋑㋒㋓			
〔問4〕	①	②	③	④
	㋐ ㋑ ㋒	㋐ ㋑ ㋒	㋐ ㋑ ㋒	㋐ ㋑ ㋒

（注）この解答用紙は実物を縮小してあります。Ａ３用紙に152％拡大コピーすると、ほぼ実物大で使用できます。（タイトルと配点表は含みません）

配点

1（計24点）						2（計16点）				3（計16点）				4（計12点）			5（計16点）				6（計16点）			
問1	問2	問3	問4	問5	問6	問1	問2	問3	問4	問1	問2	問3	問4	問1	問2	問3	問1	問2	問3	問4	問1	問2	問3	問4
4点	4点	4点	4点	4点	4点	4点	4点	4点	4点	4点	4点	4点	4点	4点	4点	4点	4点	4点	4点	4点	4点	4点	4点	4点

2020年度　都立戸山高校　英語
解　答　用　紙　（1）

1	〔問題A〕	＜対話文1＞		＜対話文2＞		＜対話文3＞	
	〔問題B〕	＜Question1＞					
		＜Question2＞					

2	〔問1〕	A		B		C	
		D		E		F	
	〔問2〕	(2)-a		(2)-b			
		(2)-c		(2)-d			
	〔問3〕		〔問4〕				
	〔問5〕						
	〔問6〕						

3	〔問1〕		〔問2〕		〔問3〕	
	〔問4〕		〔問5〕			
	〔問6〕					

解答用紙（2）

3	〔問7〕	______ 40語 ______ ______ ______ ______ ______ ______ ______ ______ 50語

（注）この解答用紙は実物を縮小してあります。
B4用紙に135%拡大コピーすると、
ほぼ実物大で使用できます。
（タイトルと配点表は含みません）

配点		計
	1　各４点×５ 2　問１，問２　各２点×10　問３～問６　各４点×５ 3　問１～問６　各４点×７　問７　12点	100点

2020年度　都立戸山高校　数学
解　答　用　紙　（1）

1

〔問1〕

〔問2〕

〔問3〕　$x=$　　　，　$y=$

〔問4〕

〔問5〕

•A

•D

2

〔問1〕　　cm^2

〔問2〕

〔問3〕　【途中の式や計算など】

（答え）　$m=$　　　，　$a=$

（注）この解答用紙は実物を縮小してあります。
B4用紙に135%拡大コピーすると、
ほぼ実物大で使用できます。
（タイトルと配点表は含みません）

解 答 用 紙（2）

3

〔問1〕	度
〔問2〕	cm^2
〔問3〕	【 証 明 】

4

〔問1〕 (1)

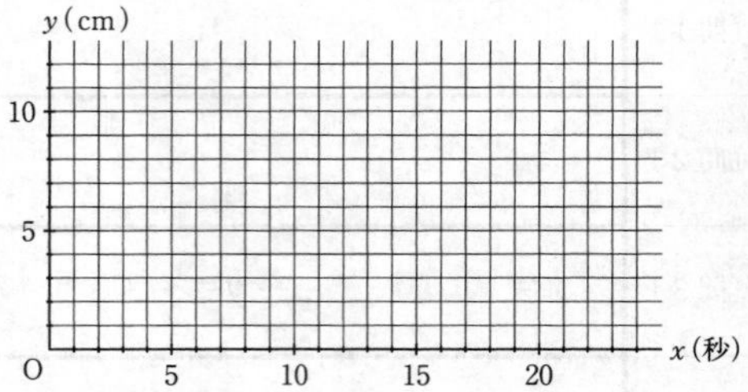

〔問1〕 (2) 【 途中の式や計算など 】

（答え） 秒後

〔問2〕	回， cm^2
〔問3〕	cm^3

配点		計
	1 各5点×5 2 問1 6点 問2 7点 問3 12点 3 問1 6点 問2 7点 問3 12点 4 問1 ⑴ 5点 ⑵ 10点 問2，問3 各5点×2	100点

四

問4

問5

問6

問7

20

100

200

五

問1

問2

問3

問4

7

問5

(注) この解答用紙は実物を縮小してあります。
B4用紙に139%拡大コピーすると、
ほぼ実物大で使用できます。
(タイトルと配点表は含みません)

配点	一, 二　各2点×10　　三　各4点×6 四　問1〜問6　各4点×6　問7　12点 五　各4点×5	計 100点

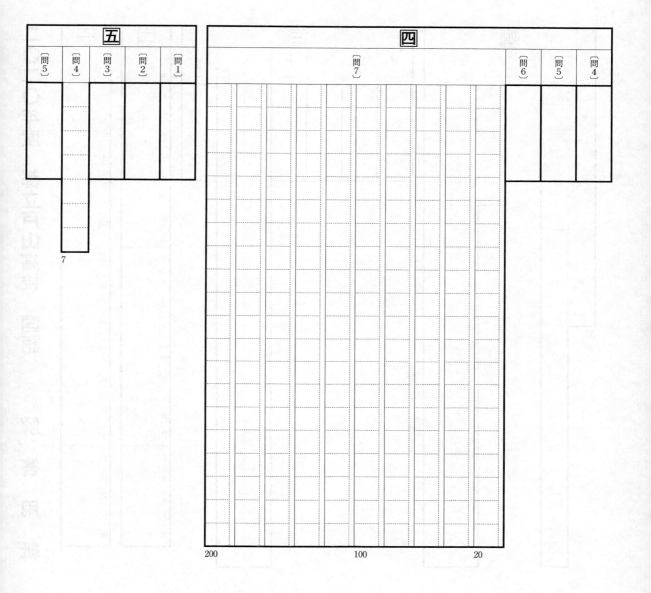

二〇二〇年度　都立戸山高校　国語　解答用紙

一

(1) 僅少

(2) 水稲

(3) 遵守

(4) 透（かし）　かし

(5) 自縄自縛

二

(1) ハイスイ

(2) サッシン

(3) キソ（う）　う

(4) キキュウ

(5) イチイタイスイ

三

〔問1〕

〔問2〕 30 40

〔問3〕

〔問4〕

〔問5〕

〔問6〕

四

〔問1〕 45

〔問2〕

〔問3〕 30

2020年度　東京都立高校　社会
解　答　用　紙

受検番号						
⓪	⓪	⓪	⓪	⓪	⓪	⓪
①	①	①	①	①	①	①
②	②	②	②	②	②	②
③	③	③	③	③	③	③
④	④	④	④	④	④	④
⑤	⑤	⑤	⑤	⑤	⑤	⑤
⑥	⑥	⑥	⑥	⑥	⑥	⑥
⑦	⑦	⑦	⑦	⑦	⑦	⑦
⑧	⑧	⑧	⑧	⑧	⑧	⑧
⑨	⑨	⑨	⑨	⑨	⑨	⑨

▭部分がマークシート方式により解答する問題です。

マーク上の注意事項

1　ＨＢ又はＢの鉛筆（シャープペンシルも可）を使って，◯の中を正確に塗りつぶすこと。

2　答えを直すときは，きれいに消して，消しくずを残さないこと。

3　決められた欄以外にマークしたり，記入したりしないこと。

良い例	悪い例		
●	線	小さい	はみ出し
	丸囲み	レ点	うすい

1

〔問1〕	㋐ ㋑ ㋒ ㋓
〔問2〕	㋐ ㋑ ㋒ ㋓
〔問3〕	㋐ ㋑ ㋒ ㋓

2

〔問1〕	略地図中の**A～D**		Ⅱの**ア～エ**	
	Ⓐ Ⓑ Ⓒ Ⓓ		㋐ ㋑ ㋒ ㋓	
〔問2〕	**P**	**Q**	**R**	**S**
	㋐㋑㋒㋓	㋐㋑㋒㋓	㋐㋑㋒㋓	㋐㋑㋒㋓
〔問3〕	略地図中の**W～Z**		ⅠとⅡの表の**ア～エ**	
	Ⓦ Ⓧ Ⓨ Ⓩ		㋐ ㋑ ㋒ ㋓	

3

〔問1〕	**A**	**B**	**C**	**D**
	㋐㋑㋒㋓	㋐㋑㋒㋓	㋐㋑㋒㋓	㋐㋑㋒㋓
〔問2〕	**P**	**Q**	**R**	**S**
	㋐ ㋑	㋐ ㋑	㋐ ㋑	㋐ ㋑
〔問3〕	〔建設された理由〕 〔建設された効果〕			

4

〔問1〕	㋐㋑㋒㋓ → ㋐㋑㋒㋓ → ㋐㋑㋒㋓ → ㋐㋑㋒㋓	
〔問2〕	Ⅰの略年表中の**ア～エ**	Ⅱの略地図中の**A～D**
	㋐ ㋑ ㋒ ㋓	Ⓐ Ⓑ Ⓒ Ⓓ
〔問3〕	㋐ ㋑ ㋒ ㋓	
〔問4〕	㋐ ㋑ ㋒ ㋓	

5

〔問1〕	㋐ ㋑ ㋒ ㋓
〔問2〕	㋐ ㋑ ㋒ ㋓
〔問3〕	㋐ ㋑ ㋒ ㋓
〔問4〕	㋐ ㋑ ㋒ ㋓

6

〔問1〕	㋐㋑㋒㋓ → ㋐㋑㋒㋓ → ㋐㋑㋒㋓ → ㋐㋑㋒㋓	
〔問2〕	略地図中の**A～D**	ⅠとⅡのグラフの**ア～エ**
	Ⓐ Ⓑ Ⓒ Ⓓ	㋐ ㋑ ㋒ ㋓
〔問3〕		

（注）この解答用紙は実物を縮小してあります。A3用紙に154％拡大コピーすると，ほぼ実物大で使用できます。（タイトルと配点表は含みません）

配点

1（計15点）			2（計15点）			3（計15点）			4（計20点）				5（計20点）				6（計15点）		
問1	問2	問3	問1	問2	問3	問1	問2	問3	問1	問2	問3	問4	問1	問2	問3	問4	問1	問2	問3
5点	5点	5点	5点	5点	5点	5点	5点	5点	5点	5点	5点	5点	5点	5点	5点	5点	5点	5点	5点

2020年度　東京都立高校　理科
解　答　用　紙

▭部分がマークシート方式により解答する問題です。

マーク上の注意事項

1　ＨＢ又はＢの鉛筆（シャープペンシルも可）を使って，◯の中を正確に塗りつぶすこと。

2　答えを直すときは，きれいに消して，消しくずを残さないこと。

3　決められた欄以外にマークしたり，記入したりしないこと。

良い例	悪い例
●	線　小さい　はみ出し　丸囲み　レ点　うすい

受検番号						
⓪	⓪	⓪	⓪	⓪	⓪	⓪
①	①	①	①	①	①	①
②	②	②	②	②	②	②
③	③	③	③	③	③	③
④	④	④	④	④	④	④
⑤	⑤	⑤	⑤	⑤	⑤	⑤
⑥	⑥	⑥	⑥	⑥	⑥	⑥
⑦	⑦	⑦	⑦	⑦	⑦	⑦
⑧	⑧	⑧	⑧	⑧	⑧	⑧
⑨	⑨	⑨	⑨	⑨	⑨	⑨

1		
1	〔問 1〕	㋐　㋑　㋒　㋓
	〔問 2〕	㋐　㋑　㋒　㋓
	〔問 3〕	㋐　㋑　㋒　㋓
	〔問 4〕	㋐　㋑　㋒　㋓
	〔問 5〕	㋐　㋑　㋒　㋓

2		
2	〔問 1〕	㋐　㋑　㋒　㋓
	〔問 2〕	㋐　㋑　㋒　㋓
	〔問 3〕	㋐　㋑　㋒　㋓
	〔問 4〕	㋐　㋑　㋒　㋓

3			
3	〔問 1〕	㋐　㋑　㋒　㋓	
	〔問 2〕	㋐　㋑　㋒　㋓	
	〔問 3〕	＊ 解答欄は次頁にあります。	
	〔問 4〕	①	②
		㋐ ㋑ ㋒ ㋓	㋐ ㋑ ㋒ ㋓

4					
4	〔問 1〕	①	②	③	
		㋐ ㋑ ㋒ ㋓	㋐ ㋑ ㋒ ㋓	㋐ ㋑ ㋒ ㋓	
	〔問 2〕	㋐　㋑　㋒　㋓			
	〔問 3〕	①	②	③	④
		㋐ ㋑ ㋒ ㋓	㋐ ㋑ ㋒ ㋓	㋐ ㋑ ㋒ ㋓	㋐ ㋑ ㋒ ㋓
	〔問 4〕	＊ 解答欄は次頁にあります。			

5			
5	〔問 1〕	㋐　㋑　㋒　㋓	
	〔問 2〕	①	②
		㋐ ㋑ ㋒ ㋓	㋐ ㋑ ㋒ ㋓
	〔問 3〕		
	〔問 4〕	溶質の名称	
		結晶の質量	g

6			
6	〔問 1〕	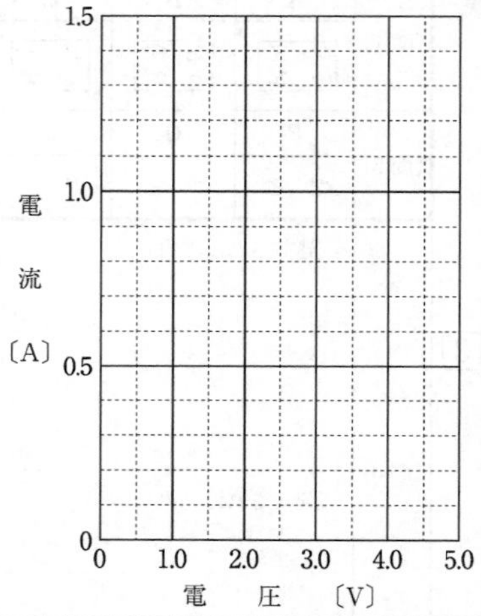	
		電流の大きさ	A
	〔問 2〕	㋐　㋑　㋒　㋓	
	〔問 3〕	㋐　㋑　㋒　㋓	
	〔問 4〕	㋐　㋑　㋒　㋓	

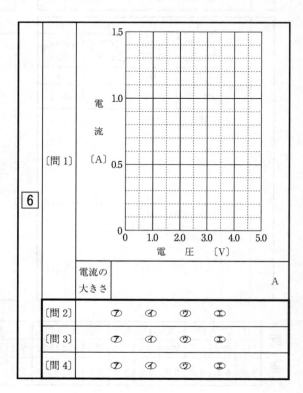

2020年度　東京都立高校　理科
解　答　用　紙

受　検　番　号

3	〔問 3〕

4	〔問 4〕

(注) この解答用紙は実物を縮小してあります。Ｂ４用紙に139％拡大コピーすると、ほぼ実物大で使用できます。（タイトルと配点表は含みません）

配点	1（計20点）					2（計16点）				3（計16点）				4（計16点）				5（計16点）					6（計16点）				
	問1	問2	問3	問4	問5	問1	問2	問3	問4	問1	問2	問3	問4	問1	問2	問3	問4	問1	問2	問3	問4 名称	問4 質量	問1 グラフ	問1 電流	問2	問3	問4
	4点	4点	4点	4点	4点	4点	4点	4点	4点	4点	4点	4点	4点	4点	4点	4点	4点	4点	4点	4点	2点	2点	2点	2点	4点	4点	4点

Memo

Memo

Memo